그림과
미술작품의
이해를 돕는

상징 사전

이근매 · 아오키 도모코 공저

학지사

머리말

한국에서 미술치료가 도입되어 공식화된 지 25년이 지났고, 관련 학술논문도 5천여 편에 달하는 현 시점에, 미술작품의 심도 있는 이해를 바탕으로 보다 질적인 작품분석을 하기 위해 상징에 대한 폭넓은 이해를 돕는 도서의 필요성은 절실하다. 특히 저자는 20년 이상 미술치료 및 콜라주 연수와 슈퍼비전을 진행해 오면서 미술치료사들에게 상징의 개념을 가르치는 데 있어 다의적인 상징의 개념을 총체적으로 다룬 참고도서의 한계를 느껴 왔다. 이에 단순한 상징의 해설이나 사전으로서의 기능만이 아닌, 다양한 사물의 상징에 대한 다의적 의미와 실제 작품 이미지를 통한 상징적 의미를 구체적으로 제시해야 할 필요성을 느꼈다.

심리치료에서 내담자는 말로 자신을 표현할 뿐만 아니라 그림이나 점토, 콜라주 등 비언어적인 방법으로도 자신의 내적세계를 표현한다. 내담자의 미술작품이나 그림은 의식성과 무의식성을 동시에 내포하며 사물을 통한 상징으로 표현한다. 내담자가 자유롭게 그림을 그리거나 점토를 만지고 잡지 사진을 오려 붙이는 등의 활동을 함으로써, 또 그렇게 완성된 작품을 통해 무의식 과정에 억압되어 있던 것이 한층 확실하게 나타난다. 나아가서 자기치유력과 행동 변화가 일어난다. 이와 같이 내담자의 작품에 드러난 상징적인 표현은 내담자의 내면을 이해하고 상담해 나갈 수 있게 하는 단서가 되므로 내담자가 상징을 통해서 무엇을 말하고자 하는지 그 의미를 이해하는 것은 치료사에게 필수적이다. 그러나 상징은 다의적이어서 다양한 각도에서 내담자가 전하고자 하는 메시지를 파악해야 한다.

이에 우리는 치료사가 보다 쉽게 내담자의 작품에 드러난 상징을 이해할 수 있도록 이 책을 집필하였다. 물론 이 책에서 소개하는 상징의 의미는 가장 일반적인 해석에 기반을 둔 것이지만, 이 책이 단순히 상징의 해설서 혹은 사전이라기보다 콜라주 작품이나 그림을 이해하기 위한 단서가 되는 항목을 중심으로 내용을 전개하고 있다는 점에 초점을 둔다면 보다 가치가 있을 것이다.

이 책은 총 10개의 장으로 구성되어 있다. 1장과 2장은 상징의 개념과 상징의 이론적 배경에 대한 전반적인 내용을 다루고, 3장부터 10장까지는 자연환경, 자연물, 동물,

인간, 인공물, 생활공간 및 용품, 시간, 기타의 것 등이 갖고 있는 사전적 의미, 유래, 상징적 의미, 신화와 고전, 이미지를 소개한다.

각 장의 세부 구성은 다음과 같다. 1장 '상징의 개념'에서는 상징의 의미 및 치료에 대한 내용을 개관하고, 2장 '상징의 이론적 배경'에서는 상징학과 작품의 상징 표현에 대한 내용을 제시한다. 특히 상징을 이해하기 위한 지식으로서 신화의 기능, 고전의 구조, 회화의 역사적 배경과 초현실주의 기법 등을 소개한다. 아울러 작품의 상징 표현에서 대표적인 융의 자기, 그림자, 아니마, 아니무스, 페르소나의 다섯 가지 이론적 개념과 공간 상징의 특징 및 중요성을 제시한다. 3장 '자연환경의 상징 이야기'에서는 우주, 물, 육지(땅), 기후가 갖는 상징적 의미를 제시하고, 4장 '자연물의 상징 이야기'에서는 꽃과 식물, 나무가 갖는 상징적 의미를 살펴본다. 5장 '동물의 상징 이야기'에서는 곤충, 하늘에 있는 동물, 육지에 있는 동물, 물에 있는 동물이 갖는 상징적 의미를 제시하고, 6장 '인간의 상징 이야기'에서는 사람의 신체, 표정, 행동과 태도, 물과 관계있는 사람, 직업과 관계되는 사람이 갖는 상징적 의미를 살펴본다. 7장 '인공물의 상징 이야기'에서는 건물, 악기, 탈것, 의복, 액세서리, 도구와 무기가 갖는 상징적 의미를 제시하며, 8장 '생활공간 및 용품의 상징 이야기'에서는 방과 상업 공간이 갖는 상징적 의미를 살펴본다. 9장 '시간의 상징 이야기'에서는 결혼, 임신, 탄생, 졸업식, 죽음, 장례식, 계절이 갖는 상징적 의미를 제시하고, 마지막 10장 '기타 상징 이야기'에서는 음식물, 숫자, 제스처, 색채, 기호가 갖는 상징적 의미를 살펴본다.

이 책은 다음과 같은 특징을 가지고 있다.

- 3장부터 10장까지 대상에 따른 상징의 이해를 돕기 위해 세부 영역별로 사전적 의미, 유래, 상징적 의미, 신화와 고전, 이미지 등의 다섯 가지 항목으로 구성하였다.

- 사전적 의미는 우리나라에서 시판되는 국어사전 중 역사가 오래되고, 가장 대중화되어 있어 사용 빈도가 높은 『엣센스 국어사전』(민중서림)과 『동아 새국어사전』(두산동아) 등을 참고하였다. 두 사전 모두 최신 개정판인 2016년도 발간 서적을 사용했으며, 두 사전에서 반복적인 정의는 제외하고 다른 의미는 조합하여 정리하였다.

- 유래의 경우에는 다양한 서적과 문헌을 참고하여 각각의 대상물이 가지는 여러 가지 이야기를 기술하고, 이해하기 쉽게 정리하였다.

- 상징적 의미는 문헌연구를 통해 각 대상물이 가지는 일반적인 의미와 독특한 의미 등 다양한 상징적 의미를 제시하였다. 또한 상징적인 의미에 대한 실질적인 이해를 돕기 위해 임상 현장에서 활동하는 100명의 미술치료사에게 각 대상물의 상징적 의미에 대한 설문조사를 실시하였다. 그 결과 중복되는 의미를 제외하고 각 대상물이 가지는 의미를 분석 · 기술하여 현대사회에서 나타내는 상징적인 의미를 살펴볼 수 있도록 하였다.

- 신화와 고전 항목에서 동화는 우리가 어린 시절부터 친숙하게 접하여 누구나 쉽게 이해할 수 있는 보편적으로 전해지는 이야기를 우선하여 선정하였다. 그리고 한국의 전래동화와 고전동화를 참고하였으며, 마지막으로 세계 명작 또는 이솝우화를 고려하였다. 그 외 인공물이나 사물 등의 현대물에 관한 이야기는 창작동화를 일부 참고하였다.

- 각 대상물이 가지는 이미지는 임상 현장의 실제 미술치료 사례를 통해 제시했으며, 내담자가 표현한 내용을 중심으로 기술하였다. 이처럼 실제 사례 적용을 통해 실질적인 상징 표현의 예를 살펴봄으로써 상징에 대한 이해를 돕고자 하였다.

우리는 4년간 많은 시행착오를 거치면서 이 책을 집필하였다. 다소 미진한 부분이 있는 것도 사실이지만 투자한 시간과 노력만큼 임상 현장에 있는 많은 치료사에게 실질적인 도움이 되기를 바란다.

이 책이 출판되기까지 많은 분의 도움이 있었다. 우선, 임상 현장에서 작품에 나타난 상징의 의미에 대해 다양한 정보를 제공해 준 콜라주심리치료전문가협회 회원들에게 감사드린다. 또한 최초로 콜라주 기법을 심리치료로 적용하신 스기우라 교수님, 수년간 한국을 방문하여 슈퍼비전을 해 주신 그 열정과 조언은 평생 기억에 깊이 남을 것이며 이 지면을 빌려 깊은 감사의 뜻을 전하고 싶다. 더불어 이 책의 자료 수집과 교정을 위해 애써 준 신현복 박사를 비롯한 콜라주 전문가들, 박정희 선생, 한진덕, 최지혜 선생에게도 감사의 뜻을 전한다. 마지막으로, 이 책의 출판을 위해 노력해 주신 학지사의 김진환 사장님, 편집을 담당해 주신 이지예 님을 비롯한 여러 임직원께도 감사드린다.

2017년 7월

저자 이근매 · 아오키 도모코

차례

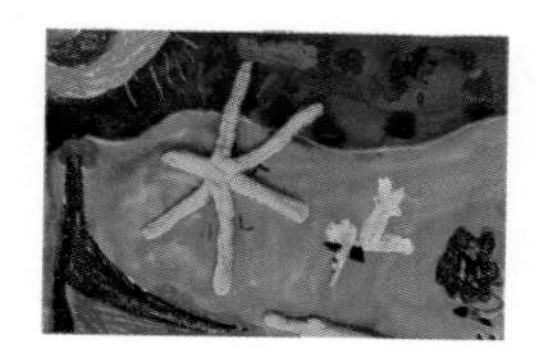

좋은 느낌

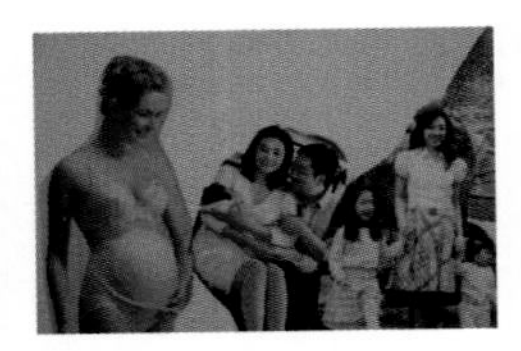

Chapter 01

상징의 개념

1. 상징의 의미
2. 상징과 치료

1. 상징의 의미

심리치료에서는 내담자가 말로 자신을 표현할 뿐만 아니라, 콜라주나 그림과 점토 등의 조형, 춤이나 연주와 같은 음악 활동 등을 통한 비언어적인 방법으로도 자신의 내적 세계를 표현한다. 내담자가 자유롭게 그림을 그리거나 점토를 만지는 등의 조형 활동을 한 후 완성된 작품을 다시 감상하면 내담자 스스로가 예상하지 못한 표현이나 알아차림과 같은 특정한 변화가 발생하는 경우가 있다. 이것은 '외재화된 이미지', 즉 내면의 이미지가 밖으로 표현된 것으로, 내담자가 스스로 통찰할 기회를 제공한다. 자기통찰은 내담자가 특히 자기치유력을 이끌어 내는 것과 연결된다.

그림검사에도 여러 가지가 있지만 심리치료나 미술치료에서 많이 사용되는 투사법(projective method)의 하나인 HTP(House–Tree–Person) 검사는 집 · 나무 · 사람을 그리게 하여 인성을 파악하는 성격검사(personality test)다. 개발자인 벅(J. N. Buck)은 1937년에 9세 소녀의 심리치료를 하던 중 소녀가 그린 그림을 바탕으로 치료적인 대화를 나눈 체험을 통해 '그림'을 심리치료나 평가에 응용할 것을 생각해 냈다. 처음에는 주제를 정하지 않고 자유롭게 그림을 그리게 했지만, 복수의 내담자 그림을 비교 검토하고 평가(사정)하기 위해 '집' '나무' '사람'의 세 가지에 한정하여 그리게 했다. 여기서 그려지는 집은 가정과의 관계, 현실과의 관계 등을, 나무는 무의식적인 자기, 사람은 타인에 대한 태도, 인간관계 등을 나타낸다고 하였다. 즉, 그림검사 역시 그려진 그림이 사람의 내면을 상징한다는 이론적 배경에서 나온 것이다.

그림이나 조형에 나타난 이미지는 창조성과 결합되며, 모든 창조 활동의 배후에는 이미지가 존재한다. 그림, 음악, 문학 등의 예술과 이미지의 관계를 우리는 이미 경험적으로 알고 있다. 게다가 이미지는 상징성이 있다. '상징'은 넓은 의미에서 무언가가 다른 무엇의 대리 역할을 하고 있다는 것을 뜻한다. 예를 들어, 프로이트가 꿈 분석에서 지팡이와 나이프는 남성 성기의 상징이라고 할 때, 그것은 하나의 대리물로서 상징을 설명한다. 한편, 융은 어떤 표현이 기존의 것을 대용하거나 약칭하고 있을 때 그것은 상징이 아니라 '기호'라고 생각했다.

말이나 이미지는 그것이 명백하게 직접적인 의미 이상의 것을 내포할 때 상징적이다. 또한 넓은 '무의식'의 측면이 있어 정확히 정의하거나 완전하게 설명되지 않는다. 아무도 그것을 정의하거나 설명할 수 없다. 인간의 마음이 상징을 탐구하기 시작하면, 이성적 파악을 넘어선 관념에 이끌린다.

이미지는 어느 정도의 상징성을 갖고 있는데, 그중 특히 상징성이 높은 것이 표상(symbol)이다. 그 자체가 상징인 것이다. '십자 표시'를 예로 든다면, 독실한 크리스천은 십자가 그 자체를 의미 있는 것으로 받아들인다. 그러나 어떤 신자는 그것을 그리스도교인임을 나타내는 하나의 기호로만 생각할 수 있다. 또 그리스도교를 믿지 않거나 모르는 아프리카 오지에서는 그 표시가 아무런 의미가 없다. 이처럼 하나의 표현이 어떤 사람에게는 상징으로 기능해도 다른 사람에게는 단지 기호일 뿐 의미가 없는 경우도 있다.

그림이나 조형, 음악 등 예술적 표현에서 상징, 즉 이미지는 치료사가 내담자의 내면을 이해하고 상담을 진행해 나가도록 하는 단서가 된다. 즉, 치료사가 내담자의 그림이나 조형, 콜라주를 보았을 때 그림이나 점토 등의 조형 작품 혹은 콜라주 작품의 상징적 의미에 대한 지식을 가지고 있으면 내담자를 더 깊이 이해할 수 있게 된다.

지금부터는 콜라주 심리치료에서 상징과 이미지를 어떻게 받아들이고 다룰 것인지에 대해서 검토해 본다. 콜라주는 자신이 떠올리는 이미지를 백지에 그려 내는 그림과는 달리, 준비된 사진 조각과 잡지에서 좋아하는, 혹은 마음에 드는 사진을 선택하고 그것들을 조합하여 도화지 위에 이미지로 표현하는 것이다. 아름다운 드레스를 입은 여자의 사진은 고급 드레스를 소개하는 잡지에서 발췌된 것일 수 있다. 혹은 패션쇼에서 발표된 작품의 일부일수도 있다. 또는 결혼식에서 내담자 자신이 입은 웨딩드레스와 유사한 것, 내담자가 파티에서 입고 싶거나 입은 드레스일 수도 있다. 나아가 드레스에 얽힌 내담자의 발달사나 인간관계 등이 투사되어 있을 가능성도 있다. 사진의 이미지는 잡지 속에서 의미 있게 사용되었을 것이지만, 그 사진을 잡지에서 잘라 내어 사용한 콜라주 작품 속에서는 또 다른 의미를 만들어 낸다.

예를 들면, '드레스를 입은 여성'의 사진을 오려서 도화지에 붙인 콜라주 작품은 다음의 사항을 염두에 두며 주목해야 한다.

- 콜라주 작품의 전체적인 첫인상과 드레스를 입은 여성의 위치 및 크기는 어떠한가?
- 어떤 여성인가?
- 여성의 사회적 지위는 어느 정도인가?
- 여성의 전체상이 나타난 사진인가? 남성과 다른 여성이 함께 있는 사진인가?
- 여성의 얼굴이나 손 등 신체의 어느 부분이 강조되고 있는가?
- 여성의 외모와 복장뿐 아니라 손가락에 끼운 반지 등의 장식품, 가방이나 구두에 특징이 있는가?
- 콜라주를 작성한 사람에게 드레스와 여성은 어떤 의미가 있는가?
- 드레스와 여성의 상징적 의미는 무엇인가?

이처럼 주목해야 할 점은 많다. '내담자는 무엇을 표현하려고 했을까?' '강조하고 싶은 것은 무엇일까?' 등을 생각하며 사진 조각과 작품 전체를 이해할 필요가 있다.

1) 작품의 상징 이해

콜라주 작품에 '붉은 장미꽃' 사진 조각이 붙여졌다고 하자. 그것을 이해하기 위해서는 다각적인 관점에서 검토해야 한다. 우선 작품 전체의 인상, 분위기 등을 살핀 뒤 다음의 7가지 사항을 중심으로 관심을 가져야 한다.

(1) 형식 분석

'장미꽃'과 도화지의 균형, 사진 조각이 붙여진 장소와 위치, 크기를 확인한다. 장미가 도화지의 중앙에 붙어 있는지, 아니면 구석의 작은 공간에 붙어 있는지에 따라 해석은 달라질 수 있다. 예를 들어, 중앙에 붙어 있는 장미꽃은 공간상징론에 근거해서 보면 콜라주 작성자(내담자)

자신을 나타내는 것으로 해석할 수 있다.

(2) 내용 분석

내담자에게 '장미꽃'을 붙인 의도를 물어야 한다. "며칠 전에 장미꽃을 받았다." 등 의식적인 이유로 장미꽃을 붙였을 가능성도 있다. 한편으로는 "잘 모르겠다." "마음에 들어서." 등 모호하게 말하는 경우도 있다. 어쨌든 내담자 자신이 설명할 수 없는 것이라도 완성된 작품을 감상해 나가는 과정에서 어떤 깨달음을 얻는 경우도 있다. 이러한 경우 상징학적인 관점에서 검토해 볼 필요가 있다.

(3) 계열 분석

연속하여 작품을 작성하는 경우, 장미꽃과 비슷한 종류의 꽃이 표현된 과거의 작품이 있는지에 주의해야 한다. 반복적으로 표현된 사진 조각에는 어떤 메시지가 담겨 있는 경우가 많다.

(4) 발달사 해석

콜라주 작성자(내담자)의 발달사를 통하여 장미의 의미를 이해한다. 예를 들면, 어린 시절 장미를 키웠던 향기에 관한 추억이 있거나, 장미가 특정 인물을 연상시키는 등의 장미에 관한 추억과 개인적인 이미지를 염두에 두면서 콜라주 작품에 붙여진 장미 사진 조각의 의미를 이해한다.

(5) '꽃(식물로서)' 의 의미 해석

그 나라, 그 지역의 문화에 기초한 해석 및 관용구 등 '꽃' 그 자체가 가지는 의미를 살핀다. 예를 들면, '꽃을 피운다' '꽃이 핀다'는 '성공'을 의미하는 것으로 통용되고 있다.

(6) '장미(꽃의 종류로서)' 의 의미 해석

꽃말(국가나 민족, 언어에 따라 다르게 해석된다)도 참고가 된다. 꽃말은 각 민족이 가진 신화와 전설 등의 역사나 풍습, 책에 따른 내력, 종교 등에서 유래되었기 때문에 같은 종류의 화초라도 나라나 민족에 따라 꽃말이 다른 경우가 많다. 게다가 꽃의 색깔에 따라서도 의미가 다르다. 그 꽃에 얽힌 신화, 기호, 이미지 등을 검토해야 한다. 가령, 장미가 '성모마리아'로 상징되는 의미(붉은 장미는 성모마리아의 모성을, 흰 장미는 순결로 이해되는 경우가 있다) 등을 생각한다. 또 어떤 지역은 그 꽃이 피지 않는 환경일 수도 있다. 그 밖에 작성된 콜라주 작품 속의 다른 꽃도 검토할 필요가 있다.

(7) 상징학적 해석

장미를 작품에 한 송이 꽃으로 표현하였는지, 꽃다발로 표현하였는지에 따라 상징적인 의미는 달라질 수 있다. 즉, 경우에 따라 작은 소망, 큰 소원, 그 문제의 중대성, 무게를 나타낸다. 융 심리학에서 상징 해석 이론은 집단 무의식에 관계한다. 집단 무의식은 인류의 보편적 무의식인 동시에 가까운 장래에 발생할 수 있는 어떠한 일을 알리는 신호일 수 있다.

이처럼 치료사가 최소한 갖추어야 할 지식으로 '사물의 상징'에 관한 지식이 요구된다. 다음으로는 인류와 장미의 역사 등을 예로 들어서 상징에 관한 설명을 하고자 한다.

2) 문학, 예술, 종교에서의 상징

그림이나 콜라주 작품에 표현된 상징적인 사물을 통하여 내담자를 보다 깊게 이해하기 위해서는 치료사는 그 사물의 문학, 예술, 종교에서의 상징적인 의미도 알고 유념해야 한다. 장미의 상징을 예로 들어 보면, 장미가 인류의 역사에 등장하는 것은 고대 바빌로니아의 『길가메시 서사시(Gilgamesh Epoth)』에서다. 이 서사시 속에는 장미 가시에 대해 언급한 부분이 있다. 고대 그리스 · 로마에서는 향기가 선호되면서 향유도 만들어졌다. 이집트의 여왕 클레오파트라(Cleopatra)는 장미를 사랑하여 로마의 정치가 율리우스 카이사르(Julius Caesar)를 환대했을 때도 장미꽃과 향유를 듬뿍 사용했다고 한다. 로마인들은 장미 향유를 즐겨 사용하였으며, 식민지이던 북아프리카와 중동에서도 장미 재배가 성행하였다. 그러나 중세 유럽에서는 장미의 아름다움과 향기가 '사람들을 유혹하는 것'으로 인식되어 교회에서 금기시되었고, 수도원에서 약초로만 재배되기에 이르렀다.

반면에 이슬람 세계에서는 흰 장미가 이슬람교의 창시자 무함마드(Mohammad)를 나타내고 빨간 장미가 유일신 알라를 나타내는 것으로 알려져 향유 등이 생산되었으며, 장미는 이슬람인들의 사랑을 받았다. 페르시아와 아랍 세계의 다양한 설화를 모아 놓은 설화집인 『아라비안 나이트(Alf Lailah and Lailha)』, 페르시아의 수학자 · 천문학자이자 시인인 오마르 하이얌((Omar Khayyám)의 사행시집인 『루바이야트(Rubáiyát)』에도 장미에 대한 설명이 있다. 십자군전쟁 이후에는 중동의 장미가 유럽에 소개되어 르네상스 무렵 장미는 다시 사람들의 사랑을 받게 되었다.

이탈리아 르네상스 시대의 화가인 산드로 보티첼리(Sandro Botticelli)의 걸작 〈비너스의 탄생(The Birth of Venus)〉에도 장미가 그려져, 장미는 미의 상징으로 간주되어 왔다. 이탈리아의 시인인 알리기에리 단테(Alighieri Dante)의 『신곡(La divina commedia)』 '천국 편'에도 천상에 성인과 천사가 모이는 순백의 '천상의 장미'가 등장한다. 또 가톨릭교회는 성모마리아에게 '신비로운 장미꽃(rosa mystica)'이라는 표현을 사용하기도 한다.

장미는 관상용으로 쓰이는 것 외에도 다마스크 로즈의 꽃잎에서 정유를 추출한 '로즈 오일'이 향수와 아로마 테라피의 원료로 널리 알려져 있다. 꽃잎을 증류하여 얻는 액체 '로즈 워터'는 중동이나 인도 등에서 디저트의 향을 내는 데 이용되고 있다. 건조한 꽃잎은 인도의 페르시아 요리 양념에 사용되는 가람 마살라(Garam Masala)를 조제하는 데에도 사용된다. 또한 무농약으로 키운 장미의 꽃잎은 생식용으로 사용되기도 한다.

3) 관용구 · 속담

관용구는 관습적으로 오랫동안 널리 쓰여 온 덩어리의 말 · 문구와 표현이다. 신체 일부를 가리키는 말이 사용되는 관용구는 매우 많으며, 이들도 해석에 도움이 되는 경우가 있다. 예를 들면, '발이 넓다'는 아는 사람이 많다, '머리가 크다'는 식견이 넓다, '손을 끊다/씻다'는 (일을) 그만두다 혹은 중지하다, '손이 크다'는 씀씀이가 크다, '손을 뻗치다'는 어떤 것에 영향을 주다 등의 의미를 지니는데, 이를 염두에 두고 내담자의 작품을 해석해야 한다.

> ▶ 장미꽃의 꽃말과 속담
>
> - **빨간 장미**: '열렬한 사랑'
> - **분홍색 장미**: '행복한 사랑과 우아함'
> - **파란색 장미**: '얻을 수 없는 것' '불가능한 것' '신의 축복'
> - **보라색 장미**: '영원한 사랑' '불완전한 사랑'
> - **'장미꽃에는 가시가 있다'**: 사람이 겉으로 좋고 훌륭하게 보여도 남을 해롭게 할 수 있는 요소를 가지고 있어 상대편이 해를 입을 수 있음을 비유적으로 일컫는 말

4) 신화나 고전, 동화

그림이나 콜라주 작품을 통하여 내담자를 보다 깊게 이해하기 위해 치료사는 앞에서 제시한 영역 이외에도 신화나 고전, 동화 등에서 나오는 사물의 상징적 의미를 이해하고 있어야 한다. 내담자가 어떤 상징적인 의미를 염두에 두고 표현하였을지 알 수 없기 때문이다. 몇 가지 사물의 상징적인 의미를 소개하면 다음과 같다.

- 비: '청개구리의 후회'에는 다음과 같은 이야기가 나온다. 늘 반대로 행동하는 아기 청개구리에게 엄마 청개구리는 자신이 죽거든 산에 묻지 말고 냇가에 묻어 달라는 유언을 남기고 죽는다. 아기 청개구리는 엄마의 유언대로 냇가에 무덤을 만들지만, 며칠 뒤 큰 비가 내리고, 무덤이 떠내려 갈 것을 슬퍼한 아기 청개구리는 밤새 울어 댄다(김영만 편, 2004). 여기에서 비는 슬픔, 이별, 비애 등을 상징적으로 나타낸다.
- 연꽃: '효녀 심청' 이야기에서 심청은 공양미 300석에 몸을 팔고 바다에 뛰어든다. 그 후 바다 위에 연꽃이 피어나고, 임금이 그 연꽃을 어루만지자 꽃봉오리가 열리며 심청이 살아 돌아온다(김선희, 송향란 편, 2013). 여기에서 연꽃은 인간의 부활, 순결함, 생명의 근원을 나타낸다.
- 비둘기: '개미와 비둘기'에서 비둘기는 시냇물에 빠진 개미에게 나뭇잎을 던져 개미가 목숨을 구할 수 있도록 도와준다(김영만 편, 2004). 여기에서 비둘기는 위기에 처한 상대를 위해 도움을 주는 지혜로움과 따뜻한 마음을 가진 대상으로 표현된다.

2. 상징과 치료

상담에서 그림과 콜라주로 대표되는 상징적 표현을 치료에 활용하기 위해서는 우선 치료사가 사전적 지식뿐만 아니라 다양한 상징적 지식과 유연성을 갖추고 있어야 한다. 이는 상징적 표현을 일반화할 수 있는 것이 아니기 때문이다. 따라서 표현에 대한 일련의 시리즈(작품의 시계열 이해)에서 반복해서 나타나는 표현이나 지금까지 보지 못한 표현에 주의해야 한다. 또한 작품 전체의 분위기도 중요하다.

그림과 조형, 합성 등에서 보이는 상징적 표현은 작성한 내담자의 상황을 모르고서는 이해할 수 없다. 아울러 치료사와 내담자의 신뢰 관계, 즉 친밀한 관계도 중요하다. 상징적 표현의 해석

이 치료사의 주관으로 진행된다면 최종적으로 작품의 사전적 해석을 벗어나지 못한다. 이는 초심자가 종종 경험하는 실패의 한 원인이기도 하다.

특히 상징적 표현은 내담자가 관계하는 다양한 정보를 바탕으로 이해하는 것이 중요하다. 예를 들어, 한 젊은 여성 내담자가 콜라주로 꽃을 반복하여 표현하였다고 하자. 여기서 꽃은 비록 여성성의 상징으로 알려져 있긴 하지만 꼭 그 내담자의 풍부한 여성성을 보여 주는 것이라고 단정할 수만은 없다. '여성성을 수용할 수 있게 된' 혹은 '복장이나 화장이 화려해진' 등의 내담자에 관한 정보가 있어야 꽃을 그 여성의 내적인 여성성의 변화로 추측할 수 있다. 또 꽃은 성공의 상징으로 알려져 있지만, 내담자가 성공을 원하는지, 성공했는지, 성공에 대한 갈등이 있는지 등 다양한 측면에서 접근해야 한다. 무엇보다도 콜라주를 작성한 내담자에게 '이야기를 듣는' 적극적인 태도가 필요하다.

시계열 작품에서 차례로 상징성 넘치는 표현을 하는 내담자가 있다면, 그 내담자는 이미 상징적 의미에 대한 지식이 있는 것일 뿐만 아니라 치료사를 기쁘게 하고 만족시키기 위해 굳이 그런 표현을 하는 것일지도 모른다. 또 시계열 작품에 반복해서 나타나는 상징적 표현은 치료사에게 전달되지 않는 무언가를 강조할 수도 있다.

원래 상징은 다의적임을 잊어서는 안 된다. 그뿐만 아니라 상징은 전혀 정반대의 의미를 갖기도 한다. 가령, 합성에 표현된 '새장'은 갇힌 자신의 모습을 보여 줄 수도 있고 한정된 공간에서 지켜지고 있는 자신을 나타내는 것일 수도 있다. 이 경우 '새장'은 부정적인 것으로도, 긍정적인 것으로도 해석된다. 많은 꽃을 붙인 여성은 여성성을 갈망하고 있을지도 모르고, 그 반대로 여성성이 넘치는 여인으로 이해될 수도 있다. 다시 말해, 자신에게 없는 것 혹은 있는 것이 상징으로 나타날 가능성이 있다.

즉, 상징의 의미를 알고 있다고 해서 반드시 그것이 내담자의 상과 일치하는 것은 아니고, 그 상징을 놓고 다양한 가설이 생기는 것이다. 거기에는 치료사가 다양한 판단과 해석의 가능성을 남기면서 내담자를 돕는 것이 요구되며, 내담자의 표현을 있는 그대로 수용하는 것이 치료적이다. 그래서 작품뿐만 아니라 그 작품을 어떻게 이야기하고 거기서 무엇을 발견하는가를 반영하는 내담자의 말이 중요함을 잊어서는 안 된다.

Chapter 02

상징의 이론적 배경

1. 상징학
2. 작품의 상징 표현

1. 상징학

인류는 지금으로부터 20만 년 전부터 언어를 사용하였으며 7만 년 전부터 상징 언어를 사용했다. 400여 년 전 이들의 상징 표현은 언어적 도구로서 알파벳으로 진화되었다고 한다. 즉, 언어로 소통하기 전에는 상징이 그 역할을 담당한 것이다.

상징(symbol)은 그리스어 'symballein'에서 유래된 것으로 '함께 던지다' '비교하다' '부호' '기호'의 어원을 갖고 있다. 상징의 정의는 연구자의 입장에 따라 다양하여 명확히 규정하기는 어렵지만, 원래의 의미 그 이상의 깊고 넓은 의미를 나타내는 것이라고 할 수 있다. 앞에서 설명한 '장미'의 예에서도 볼 수 있듯이, 상징의 행위는 수렵 채취 시대부터 행해지며 인간의 본성에 깊이 뿌리내렸다.

예를 들면, 동물 '사자'는 정글의 왕으로 간주되어 그것과 결합한 '용기' '배짱' '강도' '존경' '권력'을 연상시킨다. 이렇게 '사자'라는 동물의 단순한 이미지는 시간의 경과와 함께 일련의 관념과 연결되었고, 인간과 오랜 역사를 공유하는 가운데 고대적인 연상의 원형인 문화와 결합되어 상징적 의미를 갖게 됐다. 그래서 사자는 예부터 문장이나 무늬에 줄곧 이용되어 왔다.

고대 이집트에서는 사람의 얼굴, 사자의 몸, 독수리의 날개를 지닌 '스핑크스(Sphinx)'를 신격화하였다. 불교에서는 문수보살[불교의 대승보살(大乘菩薩) 가운데 하나로, 훌륭한 복덕과 완전한 지혜를 가진 보살]이 파란 사자를 타는 것으로 알려져 있다. 아시아에서는 사자를 연예, 무용, 연극, 음악 등에서뿐만 아니라 미술 작품의 소재로도 등장시키고 있다. 그리스도교에서는 사자를 성 마르코(St. Mark)의 상징으로 사용하고 있다. 성 마르코는 이탈리아 베네치아 지역의 수호성인으로, 산마르코 광장에 있는 사자 상을 비롯해 베네치아 곳곳에서 성 마르코를 상징한 사자 상을 볼 수 있다. 베네치아 국제 영화제의 황금사자 상도 여기에서 유래되었다.

영국 왕실에서도 왕관을 쓴 사자를 상징으로 이용한다. 이는 노르망디 공(Duke of Normandy) 시절부터 물려받은 것으로, 현재의 프랑스 노르망디 지방에서도 사자를 모티프로 한 깃발이 이용되고 있다. 용맹하였다고 알려진 영국 국왕 리처드 1세(Richard I)는 사자 왕이라고 불리기도 했다. 즉, 그림이나 콜라주에서 사자의 표현은 '용기' '힘' '부성' '권력' '신이 타는 것' 등으로 대표되는 종교성 등 다양한 의미로 해석될 수 있다.

상징은 시대, 역사, 문화에 따라 다르며, 상징의 의미와 그것이 상징하는 것에 대해서 각기 입장의 차이가 있기 때문에 각자 다를 수 있고 전원이 일치하기도 어렵다. 이 책에서 소개하는 것도 가장 일반적인 해석임을 덧붙여 둔다. 또한 이 책은 단순히 상징의 해설서이자 사전이 아니라, 콜라주 작품이나 그림을 이해하기 위한 단서가 되는 항목을 중심으로 전개하고 있다.

고대의 상징 중에는 시간이 경과하면서 의미가 바뀐 것이나, 많은 다른 형태를 가진 것이 있다. 그러나 공통점은 그것들이 가진 원형으로서의 힘을 손상시키지는 않았다는 것이다. 상징의 세계 역시 지식이나 습관이 바뀔 정도로 큰 변화를 겪었다. 예를 들어, 프로이트가 '꿈 분석'에서 주장한 에너지와 남성성의 상징인 '말'은 현대에

베네치아 국제 영화제의 황금사자 상

스리랑카 국기

하트셉수트(Hatshepsut)의 스핑크스

가리노 에이토쿠(狩野永德)의
〈당사자도병풍(唐獅子圖屛風)〉

서는 '자동차'로 대치되고 있다.

박물관과 미술관에서 회화 작품 등을 감상할 때, 상징에 대한 지식은 작품 그 자체의 이해를 돕는다. 예술가는 의식적 · 무의식적으로 상징을 작품 속에 내포해 왔다. 그것은 특히 20세기 이후의 상징파 회화 표현 등에 명백하게 드러났다. 내담자의 작품을 보는 것과 마찬가지로, 예술 작품을 볼 때도 뭔가 눈길을 끄는 물체나 인물에 대해서 그 체험을 더 의미 있게 하기 위해서는 상징적 의미를 생각해야 한다.

성경과 그리스도교 관련 그림에는 항상 특정의 성인이나 등장인물에 밀접하게 결부된 소지품과 소품, 배경이나 첨부물이 그려져 있다. 이를 '어트리뷰트(attribute)'라고 한다. 성모마리아의 어트리뷰트로는 푸른 바다의 별, 하늘의 진실을 뜻하는 청색 망토(베일), 순결의 상징으로 흰

지오반니 바티스타 살비(Giovanni Battista Salvi da Sassoferrato, 1640~1650)의 〈Virgin Mary〉

백합(수술 없는 백합), 신의 자애를 나타내는 빨간색 옷(로마 가톨릭 교회)이 대표적인 상징으로 수많은 서양화에 그려져 있다.

이와 같이 상징에 관해 배움으로써 우리는 얼마나 많은 상징물이 소설이나 영화에 표현되고 있는지 알 수 있다. 이뿐만 아니라 우리는 상징을 의식하며 생활함으로써 그것이 드러내고자 하는 의미와 에너지를 자신의 것으로 획득하여 주위 사람에게 전해 줄 수 있게 된다. 예를 들어, 친구에게 무슨 꽃을 선물할까 망설여질 때 자신이 전하고 싶은 진짜 의미를 상징하는 꽃말의 꽃을 선택할 수 있을 것이다.

연인에게 전하는 반지의 보석, 탄생석도 마찬가지다. 거기에는 모종의 메시지가 담겨 있으며, 그것은 무의식을 표현하기 위한 상징물로 이용된다. 하지만 상징물은 단순히 무의식의 요소를 현세에 있는 뭔가에 옮겨 놓은 것뿐만이 아니라 아직 의식에서 파악되지 않은 감정이나 심지어 의식과 삶에도 영향을 주는 많은 것까지 포함한다. 즉, 상징은 단순한 기호가 아니라 살아 있는 인간의 일부로 받아들여서 이해하는 것이 바람직하다.

1) 신화의 기능

조지프 캠벨(Joseph Campbell)은 신화란 인간이 공통적으로 갖고 있는 진리, 의미, 중요한 가치 등을 밝혀 이야기로 설명하고 있는 것이라고 보았다. 신화는 신에 대한 이야기이고, 인간 안에 숨어 있는 정신적 가능성의 은유로 간주되고 있다. 캠벨에 의하면 신화에는 인간 및 자연계와 연계한 신화, 인간을 특정 사회와 연결하는 신화의 두 종류가 있다. 신화의 기능을 살펴보면 다음과 같다.

(1) 신비적 역할

신화는 모든 현상의 바닥에 있는 신비의 인식으로 사람들을 이끈다. 신화는 인류가 인식하는 자연물이나 자연현상 또는 민족이나 문화, 문명 등 다양한 현상을 세계가 시작된 시대의 신 등 초자연적·형이상적 존재 혹은 문화, 영웅 등과 연결해서 설명하는 이야기다. 다시 말하면, 여러 현상의 기원과 존재 이유를 설명하는 설화이기도 하다.

(2) 우주론적 차원의 기능

근대 이전의 인생경험은 종교 및 이야기적 우

주관과 밀접하게 관계되어 분리될 수 없었다. 그것은 당시 종교는 '입교하는 것'이 아닌 인생의 모든 면에서 존재하는 것이고, 종교나 이야기적 우주관은 인생 그 자체를 구축하는 것이었기 때문이다. 이 시대에 신화는 이른바 '종교적 체험'을 제공하는 일익을 담당하고 있었다. 신화 이야기는 사람을 현실 사회에서 분리시켜 신화의 시대로 안내함으로써 신성해지기 위해 접촉하도록 하는 기능을 가지고 있다. '천지창조' 등 인류, 지구, 생명, 우주의 기원을 설명하는 '창조 신화'가 이에 해당한다. 우리나라의 단군신화도 여기에 준한다.

(3) 사회학적 기능

신화는 어느 정도 사회 질서를 지탱하고 그것에 타당성을 주었다. 신화에서 이야기되는 상징은 때로는 도덕적인 해설을 포함한 사건의 결과를 나타내기도 한다. 예를 들어, 그리스 신화에 나오는 반인반마의 괴물 켄타우로스(Kentauros)는 남성의 상반신과 말의 하반신을 가지고 있는데, 인간 부분은 합리성을 상징하고 동물 부분은 야성적 본능을 나타내는 인간의 전형으로 그려졌다. 이 특이한 모습은 인간 심리가 동물적 본능으로 위협되는 상태임을 상징적으로 표현해 주고 있다.

(4) 교육적 기능

신화는 어떤 상황에서든 인간이 인간답게 살기 위해 어떻게 해야 하는지를 가르쳐 준다. 신화는 세계의 꿈이라고도 말할 수 있으며, 집단 무의식과 연결되는 원형적인 꿈으로서 인간의 큰 문제를 다루고 있다. 이 집단 무의식의 개념은 스위스의 분석심리학자인 칼 융(Carl Jung)이 주창한 것으로, 이후 제3장에서 자세히 설명하도록 한다. 신화는 실망, 기쁨, 실패 또는 성공과 같은 인생의 전기에 어떻게 대응해야 하는지 안내하는 역할을 한다.

사람이 신화에 끌리는 것은 이미 자신의 내면에서 진실이라고 인정하는 것을 표현하고 있기 때문이며, 그것은 조상으로부터 물려받은 무의식에서 유래한다. 이 때문에 신화적 이미지는 거의 무의식 중에 세대에서 세대로 계승된다. 각지의 신화에서 유사성이 인정되는 것은 인간의 정신은 기본적으로는 세계 어디서나 같기 때문이다. 이 공통의 기반을 융은 '원형(archetypes)'이라고 불렀다. 그것이 신화의 공통 이념이다.

융이나 캠벨과 마찬가지로 클로드 레비스트로스(Claude Levi-Strauss)도 신화는 마음 상태를 반영한 것이라고 주장했다. 다만 그는 무의식과 충동이 없는 확실한 정신세계, 특히 대립하는 신화소의 조합인 이항 대립의 존재를 강조했다.

신화와 종교, 어머니의 상징 관계를 연구한 스위스의 문화사학자 요한 야코프 바흐오펜(Johann Jokof Bachofen)은 『모권론(Das Mutterrecht)』(1861)에서 신화는 모권제 사회가 부권제로 변천하는 과정에서 구축되었다고 주장했다. 그 단계는 초기의 난혼제 모계사회에서 일부일처제를 거쳐 대지 모신, 데메테르형의 모권으로 바뀌어 고대 그리스·로마를 전형으로 하는 부권 우위형 신화 체계가 성립되게 하였다. 이 근저에는 어머니는 있는 그대로 어머니로 있을 수 있지만 아버지의 존재에 대한 설명이 정체성 확립을 위해서 필수적으로 필요했기 때문에 신화가 창조된 것이라고 주장한다. 신화의 여신과 여성에게서 보이는 성질은 남성 측의 관념이 반영된 요소를 가지고 있다. 그리스 신화의 아르테미스(Artemis)와 힌두 여신 두르가(Durga)는 풍요 · 은혜라는 어머니의 긍정적인 면을 갖고 있으면서 강력한 힘으로 모든 것을 파괴하는 부정적인 측면도 있다. 그 밖에도 그리스 신화 속 여신들 그리고 그리스도교의 성모마리아는 처녀이자 어머니라는 상반된 성질을 가지고 있다. 이 또한 남성이 여성에게 안긴 이상이 반영되고 이후에 어렵게 설명이 더해진 것이다.

종교학자 미르체아 엘리아데(Mircea Eliade)는 『신화 · 꿈 · 신비(Mythes, rêves et mystères)』(1989)와 『The myth of the eternal return』(1954)에서 현대인의 불안은 신화와 신성한 것의 거절에 기인한다고 주장하고 있다. 이 생각은 훗날의 심리학적인 이해, 즉 융의 상징에 대한 견해와도 유사하다.

시점을 바꿔 가톨릭의 미사나 찬송가 등 종교적 의식으로 눈을 돌려보면, 그것은 어떤 의미에서는 꿈처럼 일련의 이미지 전개라는 사실을 알 수 있다. 깊은 의미를 지니고 있다는 사실은 어느 정도 이해하지만, 명확하게 이해되지 않는 수수께끼 같은 사제의 말이 성도 개개인의 마음에 각 개인 생활과 관련된 생각과 공동체의 공동 기억을 불러일으켜 그들을 평안으로 안내해 준다.

성경은 꿈과 환상으로 가득 찬 보고(寶庫)이며, 성경에 등장하는 인물들의 인생의 전환점까지 제시되고 있다. 그들은 자기 자신 또는 자신이 소속된 사회 집단을 의식화하는 것은 물론 통제도 하지 못하기 때문에 신의 작용, 신의 계시를 통하여 경험하고 있다. 융은 이와 관련된 것이 집단 무의식과의 접점이라고 보았다.

오늘날에는 그리스도교 등의 전통 종교가 사멸하고 있고 반대로 신흥 종교나 그것을 대신하는 것이 속속 나타나 사람들의 마음을 사로잡고 있다. 그러나 종교와 심리학이 제공하는 이미지가 얼마나 사람들의 마음의 욕구에 응하고 있는지 생각해 보아야 할 것이다. 융은 의식을 존중하지 않는 프로테스탄티즘(Protestantism)의 대두로 가톨릭에서 중시되는 그리스도교 의식과 교리 개념, 이미지가 현대인의 마음에 와 닿지 않게 되고 있는 것에 대해 한탄했다. 캠벨 또한 의식이야말로 신화의 재현이며, 사람은 의식에 따라 신화에 참여하고 있다고 보았다. 또한 의식의 역할은 일상생활에서 사람을 끌어내는 것이며, 현대사회에서는 의식의 대부분이 죽어 있다고 주장했다.

즉, 의식과 교리, 종교적인 이미지는 우리가 자기 자신의 집단 무의식에 접근하기 위한 하나의 방법이다. 종교는 조직적인 의식과 교리 등을 통해 집단 무의식의 이미지에 간접적으로 직면함으로써 안전한 방향으로 수로를 설정하고, 현실의 문맥에 체화시키는 기능을 해 왔다. 또한 종교는 미래 가능성과 관련된 과거를 되돌아보면서 현재를 구축하는 노력으로서도 기능해 왔다. 그러나 근대 이후 집단 무의식과의 연계성은 개인에게 맡겨졌고, 그 '안전한 수로'의 상실이 사람들을 신경증으로 몰아넣고 있다. 상징과 이미지를 굳이 표현하도록 하는 심리치료는 지금까지의 종교적 치료 기능을 대체하고 있다고 말할 수 있다. 따라서 심리치료사들이 상징, 이미지를 배우는 것은 매우 중요하다.

2) 신화, 고전, 구전

융은 신화의 기능을 심리학 입장에서 논하였다. 그는 세계 신화의 배경에는 심리학적인 것이 있다고 생각하고 모든 인간은 타고난 심리적인 힘을 무의식적으로 공유한다(집단 무의식)고 주장하며 이를 원형이라고 불렀다. 그는 서로 다른 문화의 신화 간에 나타나는 유사성에서 이와 같은 보편적인 원형의 존재를 확인할 수 있다는 견해를 바탕으로 신화야말로 원형이 표현된 것이라고 주장했다.

이러한 견해의 기초가 되는 것은 정신분석의 창시자인 지그문트 프로이트(Sigmund Freud)의 '꿈 분석'이다. 프로이트는 무의식에 있는 것은 의식화할 수 없기 때문이라는 관점을 바탕으로 자아의 기능을 연구하고 무의식을 이해하기 위하여 노력했다. 특히 꿈의 세계는 무의식이 의식에 혼재되어 있기 때문에 의식의 측면에서 무의식을 이해하는 것이 적절하다고 생각했다. 꿈속에서 드러나는 상징은 무의식이 의식으로 나타난 것이라고 보고 꿈 분석을 시도하였다. 예를 들어, 프로이트는 지팡이를 남성성, 담는 용기와 상자를 여성성, 말이나 자동차 등을 충동성의 상징으로 간주해 꿈을 분석했다. 또한 꿈은 욕망 충족에 관계함은 물론 성애적인 것이 포함된다는 것을 강조했다.

반면, 분석심리학(융 학파)은 꿈은 무의식, 특히 프로이트가 발견한 연구 대상인 개인 무의식이 아닌 집단 무의식 혹은 원형에서의 의식을 위한 메시지도 포함한다고 생각한다. 그리고 그 메시지를 치료자가 수용하여 필요에 따라 내담자와 공유함으로써 꿈속의 메시지를 내담자가 알아차리게 돕는 작업을 꿈 분석이라고 불렀다. 깨어 있는 상태에서의 상상과 공상 혹은 예술적 표현 등도 꿈과 마찬가지로 무의식의 메시지를 포함한다고 인식되고 있는데, 꿈 분석이야말로 그것을 이해하기 위한 가장 중심이 되는 방법이다. 융 학파의 꿈 분석은 일반적인 '꿈 분석'의 이미지와 달리 꿈의 의미를 하나의 해석으로 단정 짓지 않았다. 이들은 꿈에 대해 '확충법'이라는 기법을 적절하게 적용하여 대화나 연상 등을 통해 꿈에서 야기되는 다양한 이미지 및 그 의미 등을 넓힘으로써 의식과 꿈(무의식)의 유대를 재구축하고 심화하는 작업을 실시한다. 이것이 내담자가 무의식의 메시지와 마주 보고 자기실현을 해 나가는 방법이라고 생각하였다.

또한 융은 그 구체적인 종교 연구에서 신앙 내용의 심리학적 차원만을 문제로 삼았으며, 역사적 진리에 대해서는 중시하지 않았다. 미혼 여성의 임신(處女懷妊)을 예로 들면, 이 신화적 모티프의 진실, 진위를 문제 삼는 것이 아니라 이 모티프가 사람에게 주는 심리학적 의미만을 연구 대상으로 삼았다. 그리고 이러한 모티프에 대해 "어느 일정한 관념은 어느 시대에든 보편적으로 나타나지만, 구전과는 전혀 무관하게 저절로 태어나기도 한다. 그것들은 개인이 만들어 낸 것이 아니라 개인적으로 우러나왔다."라고 설명했다. 즉, 개인에게서 우러나온 신화적 모티프가 큰 집단으로 공유 및 객관화되어 나가는 심리적 과정을 주시한 것이다. 이 과정이 심리치료에 활용되고 집단 무의식과 관계가 깊은 꿈 분석을 통해 내담자를 이해하려는 시도로 이어졌다. 그 하나가 예술적 방법으로 그림 등을 통해 표현된 것을 치료 분야에서 활용하는 것이다. 융 자신도 프로이트와의 결별 후 정신적 위기 상태(정신분열증에 가까운 상태였다고 한다)에 있을 때 만다라를 그리며 돌탑을 만드는 창조 활동을 통해 스스로를 회복시켰다.

신화나 동화, 고전, 구전에 대한 연구 또한 집단 무의식에 있는 원형을 알기 위한 것이었다. '아니마(anima)'는 여신, 여왕, 공주, 마녀로 나타난다. 또한 '아니무스(animus)'는 신, 왕, 왕자, 마법사, 악마로 나타난다. 이들은 우리에게 남녀의 이미지를 상징하는 우리 자신의 일면이나 부모, 사랑하는 사람 등을 표현하려고 한다. 아울러 '그림자(shadow)' '위대한 어머니(great mother)' 등을 고전과 동화에서 찾을 수 있다.

1960년대에 클로드 레비스트로스에 의한 신화의 분석(구조 해석)이 관심을 모았고, 그와 함께 재발견된 것이 블라디미르 프로프(Vladimir Propp)의 『민담 형태론(Морфологнясказкн)』(1928)이다. 프로프는 특히 러시아의 마법 고전에 나타난 '이야기 기능', 즉 동기는 31개이며, 이 동기는 이야기 중 거의 일정한 순서로 나타난다고 밝혔다. 다시 말해, 변화에 따라 차이는 있으나 러시아에서 알려진 마법 고전은 모두 동일한 구조라고 설명하였다. 이 발견은 구조주의의 유행 속에서 민화학의 틀을 초월한 영향을 미쳤으며, 다양한 작품군도 이야기 구조에 주목하면 비슷한 것이라는 인식을 가져왔다. 이 발견은 전 세계의 신화나 고전이 구전에 의한 것이 아니라 집단 무의식에 의한 동시적 착상임을 보여 주는 근거가 되고 있다.

예를 들면, '신데렐라' 이야기와 비슷한 이야기가 다른 나라에서도 전해진다. 그림동화 『재투성이 아가씨』는 중국에서 민화를 바탕으로 작성된 당대의 소설 『엽한(葉限)』과 이야기 구조가 비슷하다. 현대에서 이 이야기는 월트디즈니사의 〈신데렐라〉로 널리 알려져 사랑받고 있다. 줄거리는 다음과 같다.

• 『신데렐라(Cinderella)』(Perrault, 2008) 줄거리
- 신데렐라는 계모와 그 의붓자식인 언니들에게 매일 괴롭힘을 당했다. (가해)
- 어느 날 성에서 무도회가 열렸으며, 언니들은 차려입고 나가지만 신데렐라는 드레스가

▶ **블라디미르 프로프의 『민담 형태론』에 나타난 고전의 구조**

• **31개의 기능 분류**

'부재 또는 가두다' '금지' '위반' '수색' '밀고' '모략' '묵인' '가해 또는 결여' '조정' '주인공의 동의' '주인공의 출발' '마법 증여자에게 시험당하는 주인공(증여자의 첫 기능)' '주인공의 반응' '마법의 수단 제공 · 획득' '주인공의 이동' '주인공과 적대자의 투쟁 또는 난제' '노림을 받는 주인공' '적대자에 대한 승리' '발단의 불행 또는 결여 해소' '주인공의 귀환' '추적되는 주인공' '주인공의 구출' '주인공이 신분을 숨기고 집으로 돌아감' '가짜 주인공의 주장' '주인공에게 난제 발생' '난제 실행' '주인공이 재확인됨' '가짜 주인공 또는 적대자의 가면이 벗겨짐' '주인공의 새로운 변신' '적대자 처벌' '결혼(또는 즉위)'

• **7개의 행동 영역**

'적대자(가해자)' '증여자' '조력자' '공주(찾을 사람)와 그 아버지' '파견자(배출하는 자)' '주인공' '가짜 주인공'

없었다. (결여, 주인공과 적대자의 투쟁 또는 난제)

- 무도회에 가고 싶어 하는 신데렐라는 기이한 힘(요정, 쥐, 호박, 백조 등)의 도움으로 모든 준비를 갖추지만, 12시에는 마법이 풀리니 그 전에 돌아오라는 경고를 받는다. (마법 수단의 제공 · 획득, 주인공의 이동)
- 신데렐라는 성에서 왕자에게 첫눈에 반하지만, 12시를 알리는 종소리에 다급해져 달려가다 계단에 구두를 떨어뜨린다. (주인공의 귀환)
- 왕자는 구두를 단서로 신데렐라를 찾는데, 두 의붓언니가 자신이 구두의 주인이라고 주장한다. 하지만 신데렐라가 떨어뜨린 구두는 신데렐라 이외의 누구에게도 맞지 않았다. (가짜 주인공의 주장, 주인공의 재확인)
- 신데렐라는 왕자에게 발견되고 왕비로 간택된다. (결혼)

이와 같이 모든 동화나 고전은 프로프의 31개의 기능 분류로 설명이 가능하다. 즉, 동화나 고전 등은 같은 이야기 구조를 가지고 있으며, 이는 융이 주장한 인류의 유산으로서 무의식, 즉 집단 무의식과 원형의 존재를 증명하는 것이다. 여기서 또한 상징과 이미지의 중요성과 연관성을 이해할 수 있다.

3) 회화

(1) 그리스도교 미술

역사적으로 그리스도교 미술의 탄생 이전에 구석기 시대 후기로 접어들면서 실생활에서 유용하게 기능한다고 보기 어려운 원시 미술 · 선사 미술 등으로 불리는 유물 · 유구가 나타났다. 서양 미술사에서는 동굴 회화나 환조 조각, 동물 뼈 등에 새긴 그림, 암각화 등을 들 수 있다. 또한 실용품으로 동물이나 물고기의 뼈 등을 원재료로 한 생활용품이나 석기류 등에 동물과 어류, 나뭇잎 등을 사실적으로 형상화한 것이 남아 있다. 그러나 이러한 것을 원시 미술로 분류하여 그 지위가 확립된 것은 20세기 이후다.

기원전 2세기 말부터 3세기 초에 지중해 연안 각지에 로마 미술의 흐름이 파급되면서 그리스도교 미술이 탄생했다. 이후 그리스도교 미술은 1500년 이상에 걸쳐 동서 유럽에서 미술의 중심이 되었다. 특히 그리스도교의 탄생부터 5세기 후반까지의 미술은 초기 그리스도교 미술로 불린다. 그리스도교에 대한 탄압 때문에 313년 공포된 밀라노 칙령 이전의 작품은 적지만, 카타콤(Catacomb, 지하 묘소: 열성적인 그리스도교인들은 드러나게 예배를 할 수 없었기 때문에 당시 로마의 도심 안팎에 구축된 지하 묘소에 모여 예배를 하였다)의 벽화나 석관 조각 등의 장례 미술에서 그 특징이 보인다. 카타콤에는 그리스도교인끼리의 암호로서 그려진 그림, 즉 많은 상징적 표현이 남겨졌으며, 닻은 교회를 표하고 비둘기는 성령을 나타내는 것을 볼 수 있다.

또한 그리스도교에서는 우상 부정, 즉 출애굽기에 입각하여 신을 형상화하는 것을 금지한 것이 3세기까지 계속되면서 신을 연상시키는 상징이 많이 쓰였다. 예수의 상징으로는 그리스어로 '예수 그리스도, 신의 아들, 구세주(Iesus Christos Theou Yos Soter)'라는 말의 머리글자를 딴 'ICHTHYS'가 생선을 뜻하기 때문에 물고기가

▶ **그리스도교 미술의 목적**

그리스도교 미술의 목적은 시대에 따라 다소 차이가 있지만 다음과 같이 세 가지로 크게 분류할 수 있다.
첫 번째, 신의 영광에 대한 찬미다. 예수 그리스도의 삶과 죽음, 부활과 승천으로 세상에 나타난 신의 영광을 기리고, 세상의 종말에 대한 심판자인 예수 그리스도의 재림을 신의 집인 지상의 교회(엑레시아)와 그 벽면을 장식하는 벽화나 조각을 통하여 어떻게 표현할 것인가에 집중하였다.
두 번째, 도상 미술로 민중의 교화다. 15세기에 활자 인쇄가 발명되기 전까지 종교적 지식을 전하는 방법으로 성당의 벽(모자이크, 벽화, 조각)과 창(스테인드글라스) 등이 이용되었다. 특히 12~13세기경 중세의 한창 때 서유럽에서는 교회 도상 미술의 교육적 역할이 중요한 것으로 알려져 이 시대의 대성당은 '빈민의 성경'이라고도 불렸다.
세 번째, 미술을 통해 그리스도인의 성서적 신앙심을 고양시키는 것이다. 그리스도와 성모상은 그리스도인들에게 깊은 종교적 감동을 주는 역할을 맡았다. 이처럼 그리스도교에서는 미술이 신앙의 보급이나 성서적 신앙심에 영향을 주는 것으로 활용됐다.

이용되었다. 이렇게 예수 그리스도를 직접 표현하는 것이 금지되다가, 니케아 공회에서 예수를 인간과 신의 양성을 갖는 존재로 공식 인정하면서 사람의 모습으로 표현하는 것이 가능해졌다.

하지만 이런 그리스도교 미술의 시대는 14세기에 끝나고, 르네상스 미술 시대에 접어들면서 미술의 주류가 종교에서 점차 독립해 나감에 따라 그리스도교 미술도 개인 화가의 작업에 맡겨졌다. 성당 벽화나 제단화 등 수많은 그리스도교 미술 작품이 탄생했지만, 그것은 중세까지의 종교적 감정, 도덕, 나아가서 생활 면에서의 민중에 대한 지도적 입장을 잃게 되었다.

16세기 종교개혁의 시대에는 개신교 교회가 기존 미술에 대해 우상 숭배의 위험을 인정했다. 특히 칼뱅파(Calvinists)를 중심으로 대성당의 조각 파괴 운동이 실시되었는데 북부 프랑스 지역에서 격하게 이루어졌다. 한편, 로마 가톨릭 교회는 종교개혁에 맞서면서 나아가 르네상스 문화의 이교주의에도 대응하여, 16세기 후반에 트리엔트 공의회를 열어 로마 가톨릭 교회의 힘을 회복시키기에 이르렀다. 바로크 미술의 웅장한 교회 건축이나 벽화 등 그리스도교 미술도 근대미술에 어울리게 토대를 세웠지만 교회 미술은 19세기까지 쇠퇴했다.

그리스도교 미술의 회화는 성경을 읽지 못하는 사람들의 포교를 목적으로 하였기 때문에 그림 속에 등장인물을 분별할 수 있게 하는 특징을 시작으로 사람들의 성격이나 작품의 의미를 전달하는 상징 등의 정보가 많이 담겨 있다. 예를 들면, 그리스도의 다양한 상징으로 가시 면류관과 빵과 와인(빵은 그리스도의 몸, 와인은 피를 상징) 등이 있다. 성모마리아는 보통 빨간색과 파란색 옷으로 표현하고, '성모영보(수태고지: 그리스도교의 신약성서에 쓰여 있는 일화 가운데 하나로, 가브리엘이 마리아에게 성령에 의해 잉태할 것임을 알린 일)' 장면에서는 순결을 상징하는 흰 백합을 그렸다. 성스러운 식물이나 사물 등 성모마리아의 상징은 매우 많다. 그 밖에 신과의 약속을 나타내는 무지개 등 자연현상이나 동물도 있지만, 예수의 제자를 포함한 성인들의 예를 들자면 배신자 유다는 '은화 주머니'를 손에 들고 있다. 이러한 상징을 통하여 그림의 내용을 추측할 수 있다.

(2) 상징주의

20세기 초, 프랑스를 중심으로 유럽에서 눈에 보이지 않는 것, 느끼는 것, 즉 인간의 내면이나 꿈, 신비함 등을 상징적으로 표현하려는 상징주의(상징파)가 탄생했다. 상징주의는 먼저 문학에서 대두되었다. 샤를 피에르 보들레르(Charles Pierre Baudelaire)는 "미술은 눈을 만족시키는 것 이상으로 감정을 불러일으키는 환기력이 있는 예술"이다. 상상력에 의해 표현된 미술은 본질적인 내적 실재를 파악할 수 있게 해 준다고 하였다. 따라서 상징주의 화가들은 다양한 주제, 성경과 신화, 중세, 민족미술 등에 관심을 가지며 탐미적인 경향을 보였다. 이들은 인간의 내면을 강조하고 비합리성을 추구함으로써 이미지 왜곡과 비사실적인 표현을 하였다. 현실적인 주제보다는 신화적이고 신비한 주제를 다뤘으며, 해설이나 설명 없이 감정에 직접 영향을 미치는 미술에 대한 추구가 가장 핵심이 됐다.

이는 당시 서구 사회에 만연한 물질주의와 과학, 이성에 대한 맹목적인 신뢰에서 벗어나 눈에 보이는 세계를 추구한 '사실주의(realism)'나 '인상주의(impressionism)'에 대한 반동으로 생성되었다. 사실주의는 현실 자체를 그리려 하는 일파로, 지금까지 주관적이고 이상화(理想化)한 역사화나 공상화에는 없는 자연의 객관적인 것을 추구하였다.

이와 달리 '상징주의(symbolism)'는 객관적인 모방에서 벗어나 인간의 내면, 감정, 직관, 관념을 중시했으며, 보이지 않는 사상과 영혼을 그림으로 표현하는 것으로 작가 개인의 내부에서 그 근원을 찾고자 했다. 표현에서도 작품의 형태나 구체적인 묘사, 구조적인 면을 중요시한 것이 아니라 색조 변화, 빛, 분위기 등에 중점을 두는 것이 특징이다. 즉, 형태가 없는 초자연적인 세계와 인간의 관념, 생, 사, 사랑, 불안, 성, 꿈 등을 대신할 수 있는 실체를 찾는 것이다. 상징주의의 대표적 화가인 폴 고갱(Paul Gauguin)은 "미술의 원천은 눈에 있는 것이 아니고, 사유의 신비스러운 중심에 있다."라고 표현하였다. 고갱의 열광적인 후원자이자 평론가 알베르 오리에(Albert Aurier)는 1891년 『메르퀴르 드 프랑스(Mercure de France)』에 발표한 논문 「회화에서의 상징주의」에서 예술 작품은 사상이 있어야 한다고 했다. 그는 사상을 형식으로 표현하는 것은 상징적이어야 하고, 일반적인 이해를 위한 양식으로 여러 형태와 기호를 제시하므로 종합적이고 주관적이어야 한다고 주장하였다.

상징주의의 대표적 화가들의 모임인 '나비파(Les Nabis)'는 1880년대 말부터 1890년대에 걸쳐 고갱의 제자들이 파리에서 결성한 그룹으로, 구성원으로는 피에르 보나르(Pierre Bonnard), 장 밥티스트 드니(Jean Baptiste Denis), 귀스타브 랑송(Gustave Lanson), 알베르 폴 샤를 마리 루셀(Albert Charles Paul Marie Roussel) 등이 있다. 고갱의 지도 아래 있던 폴 세뤼시에(Paul Serusier)는 색채에 대한 고갱의 말에 감명하여 순수 추상에 가까운 과감한 그림을 그렸다. 이 작품을 본 친구들은 초자연적인 힘으로 살아 움직이는 것 같다고 하여 부적이라 칭하고, 그들 자신을 나비스(Nabis), 즉 히브리어로 예언자라고 이름 지었다. 왕성한 활동을 펼친 나비파는 강력한 선언을 체계화하고 배포했다는 점에서 20세기 모든 종류의 미술 활동 모임, 선언, 이론의 선구가 되었다.

이처럼 상징주의는 은유적이고 암시적인 표현이 선호되면서 특정 사물이나 이미지에 상징적 의미를 포함시켰다. 그들은 신화나 꿈의 이미지를 다양하게 쓰고, 널리 보급된 '평화 = 비둘기'와 같은 상징이 아니라 개인적이고 애매한 표현으로 상징을 다루고 있다. 이는 상징주의의 특징으로, 장식성, 환상성, 신비성이 강하고, 또한 인간의 내적 세계에 대해 상징적으로 환기하는

▶ 상징주의의 대표적인 프랑스 화가와 작품

- 퓌뷔 드 샤반(Pierre Puvis de Chavannes), 오딜롱 르동(Odilon Redon), 귀스타브 모로(Gustave Moreau)는 진부함과 고정된 틀에서 벗어나 신화나 내면을 신비로운 분위기로 표현하려 했다.
- 모로는 〈살로메(Salomé)〉를 통해 시대의 변화에 따라 여성의 권리가 강해지는 데 대한 거부감으로 나약한 남성상이 반영된 팜므파탈의 이미지를 담은 여성을 표현하기도 했다.
- 에드바르 뭉크(Edvard Munch)는 주로 인간의 내면에 숨겨진 불안, 공포, 정신적 동요를 그림으로 표현했다. 사물에 대한 인간의 감정을 심도 있게 탐구했으며, 불안하고 추한 인간의 내면을 긴 선과 강한 색채로 표현했다. 대표적인 작품으로 〈절규(The scream)〉 〈흡혈귀(Vampire)〉 〈질투(Jealousy)〉 등이 있다.

〈살로메〉(귀스타브 모로)

〈절규〉(뭉크)

모티프의 다양성이 있다.

(3) 입체파

'입체파(Cubism)'란 1907년부터 1914년 사이 프랑스 파리를 기점으로 유럽 지역에 파급된 20세기의 중요한 예술 운동의 하나로, 유럽 회화를 사실주의적 전통에서 해방시킨 회화 혁명으로 지칭되고 있다. 고전적 규범과 일점원근법의 공간적 환영주의로 지속된 르네상스 이래 500년간의 미술 전통을 파괴하고, 시점의 다각화와 분화된 투시법이라는 새로운 공간 인식에 의해 창출된 새로운 표현 방식이다. 입체파는 시기에 따라 크게 초기 입체파, 분석적 입체파, 종합적 입체파의 3단계로 나눠 볼 수 있다. "자연 속의 모든 형태를 원통, 구, 원추에 따라 취급한다."라는 폴 세잔(Paul Cézanne)의 말은 입체파의 계시가 되었다.

① 초기 입체파

입체파가 등장한 시기로 파블로 피카소(Pablo Picasso), 조르주 브라크(Georges Braque)에 의해 시작된 '형태를 이론적으로 해체'하는 운동이다. 피카소의 〈아비뇽의 처녀들(Les Demoiselles de Avignon)〉이 그 최초의 작품이다. 이 작품에서 얼굴은 조각상처럼 단순하고 과장되게 표현됐으며, 여러 방향에서 본 사람의 모습을 한 화면에 나타냈다. 이는 서양 회화의 전통인 원근법과 명암법, 감성적인 표현과 현실적인 묘사를 지양하고 시점을 복수화한 것이다.

종래의 구상화가 하나의 관점에서 그려졌다면, 입체파는 여러 각도에서 본 사물의 모양을 하나의 화면에 받아들이는 것으로 대상을 한 방향에서 바라보는 고정관념을 깨트렸다. 이는 불변적인 대상의 본질을 파악하기 위해서는 대상과 관찰자의 일시점과 일정한 거리를 포기하고, 사물을 분석적으로 해체하는 것이 필요하다는 관점에 따른 것이다. 입체파들은 대상을 상대적인 것으로 인식하면서 다양한 시점을 추구하되 특정한 시점에 대해서도 배타적이지 않았다. 이들은 모든 대상을 기하학적 입체 형태로 환원한 뒤, 환원된 대상을 다양한 방향의 시점에서 보이는 대로 기하학적 요소로 분해하여 화면 위에 재구성하였다. 색채 또한 녹색과 황토색으로 한정했으며, 대상의 재현보다는 화면의 구성 방식에 관심을 가져 대상을 단순화하고 다시점을 통해 관찰된 많은 부분을 재배치하려고 하였다.

② 분석적 입체파

분석적 입체파는 복수 시점을 중심으로 한 초기 입체파와 달리 복수 시점을 형태 파편화했다. 화면의 파편화로 대상이 분할되어 나타났으며, 일종의 전개도와도 같은 형태를 만들어 냈다. 한 가지 사물도 여러 방향에서 본 형태를 한 화면에 구성하게 되면 혼란스럽기 때문에 직선, 세모, 네모 등으로 단순화해 그 조각들을 한 화면에 구성하였다. 대상이 완전히 기하학적인 단위로 해체되었다가 다시 화면 위에 재구성되면서 분석, 해체, 재구성의 과정을 나타내는 것이 특징이다. 형태는 해체되어 재구성될 뿐만 아니라 배경과 대상의 경계가 허물어지면서 서로 섞인다.

분석적 입체파 시기의 많은 작품에서는 표현된 색 간에 실제 색이 관련이 없다. 이는 조화로운 화면 구성을 위해 갈색, 녹색, 회색 정도의 단색조만 사용함으로써 형태를 분석하는 데 밝은 색상의 방해를 받지 않도록 한 것이다. 표현된 주제는 복잡한 것은 피하고 컵, 술병, 악기 등 단순한 정물이나 인물을 표현하였다. 이때부터 대상을 닮게 표현하기보다 얼마나 조화롭게 구성했는지가 중요한 것으로 나타났다.

분석적 입체파의 대표적인 작품은 오귀스트 르누아르(Auguste Renoir)의 〈앙브루아즈 볼라르의 초상(Portrait d'Ambroise Vollard, marchand de tableaux)〉이다. 이 작품에서 흩어진 화면의 조각들은 일부 따뜻한 색을 통해 미술상의 두상을 드러낸다. 화면은 평면이지만 인물의 두상은 둥글게 튀어나온 입체적인 느낌으로 표현된다. 이처럼 이 시기 작품들은 평면으로 표현되어 사실감은 잃었지만, 대신 조형성을 강하게 만들어 주었다는 점에서 대상이 없어도 조형성은 성립될 수 있다는 가능성을 보여 주었다.

③ 종합적 입체파

풍부한 색채가 부활되며, 대상의 해체 작업이 절정에 달해 대상의 윤곽이 완전히 사라져 사실감이 사라진다. 이를 극복하기 위해 '파피에콜레(papier collé)' '콜라주(collage)' 기법이 생겨나고, 형태를 재현하는 작업을 하게 되었다. 이 기법은 인쇄된 신문, 벽지, 상품 포장지 등의 현실에 존재하는 물체를 작품에 붙이고, 간단한 선과 명암을 추가하는 콜라주를 이용한다. 피카소의 〈등의자가 있는 정물(Still life with chair caning)〉은 회화 역사 최초의 콜라주 작품이다. 밧줄로 틀을 만든 타원형의 캔버스에 등나무 의자 모양이 인쇄된 기름 헝겊을 붙인다. 글라스나 나이프, 물감으로 그림을 그리고 'JOU'라는 문자를 삽입하여 작품에 의미를 부여해 주는 새로운 표현 기법을 사용했다.

이처럼 종합적 입체파는 간결해진 화면, 이미지와 배경의 분리, 추상적으로 양식화된 화면과 대상의 조화를 특징으로 하였다. 이는 기하학적 요소와 오브제를 화면에 재구성하여 혁신적인 새로운 개념들을 만들어 냈다. 이러한 표현은 여러 미술 양식이 생겨나는 데 중요한 발판을 제공했으며, 조각, 디자인, 건축, 사진에까지 영향을 미쳤다.

(4) 다다이즘

'다다이즘(dadaism)'은 1916~1922년경 스위스, 독일, 프랑스 등 유럽과 미국에서 일어난 반문명, 반합리주의 예술 운동이다. '다다(dada)'란 본래 프랑스어로 어린이들이 타고 노는 목마를 가리키는 말이나, 여기에서는 다다이즘의 본질에 뿌리를 둔 '무의미함의 의미'를 나타낸 말이다. 다다이즘은 제1차 세계대전 중 스위스에 망명 온 작가들이 일으킨 운동으로, 전쟁의 파괴에 대한 증오와 냉소를 기본 정신으로 모든 전통의 권위, 예술의 기존 가치, 문화적 가치, 이성에 대한 신뢰를 모두 부정했다. 문화 전반에 대한 근본적인 문제 제기와 광범위한 이념적 운동으로, 인간과 예술이 나아가야 할 방향을 제시하고 인간의 본성을 발견해 내는 노력을 전개했다.

다다이즘은 과학적이고 합리적인 틀에 얽매인 예술의 방향성에 대해 부정적이고 반예술적인 태도를 보였다. 이것의 원인은 합리적이라고 생각한 과학과 기술의 발전이 결국 서구 문명을 자기파괴에 몰아넣고 제1차 세계대전이라는 비극을 만들었다는 것에 대한 분노와 강한 비판의식이다. 따라서 다다의 미술가들은 기성의 모든 사회적 속박으로부터 해방되어 개인의 원초적인 욕구에 충실하려고 했다. 기존의 예술 형식 자체를 무너뜨리며 획기적인 변혁을 나타내어 급진적인 반미학의 경향을 받아들이고 불합리와 부조화를 표현하였다. 합리적인 것과는 정반대의 미술로 대응하며 사회적 반항으로 허무주의적 · 직관적 · 감정적 작품들을 발표했다.

과거 걸작품이 다량으로 복제됨으로써 걸작이 평범하게 여겨지고, 예술과 삶의 경계가 사라져 관객들이 예술 활동에 적극적으로 참여하게 되었다. 오브제의 선택은 생활과 직접적인 연관이 있었으며, 우연적이고 충동적으로 선택되었다. 대상에 대한 합리적인 인식과 해석을 거부하고 새롭게 사물을 보기 시작했으며, 이것은 곧 오브제의 실체를 찾기 위한 것이기도 했다. 자연주의적 재현에 반대하여 기계 오브제를 사용하기도 했다.

또한 빈번하게 미술의 대상이 되던 것들을 비판하기 위해 여러 가지 방법으로 기존 미술을 부정하고 파괴했다. 새로운 퍼포먼스, 시 낭송 등을 혼합한 연극적인 예술 요소를 적극적으로 활용하였고, 전통적인 타이포그래피에 반대하는 반언어적 텍스트를 사용하여 때로는 해독이 불가능한 이미지와 기호를 사용하였다. 응용하는 소재도 신문지나 우표 등에서 우모(羽毛), 철사, 화폐, 성냥개비 등으로 폭을 넓혀 작품 표현은 입체파 시대의 것과 현저하게 달라졌다. 미술에서는 잡지와 포스터 제작을 중심으로 전개되었으며, 대표적인 기법으로는 콜라주, 프로타주(Frottage), 파피에콜레, 데페이즈망(depaysment), 자동기술법(automatism) 등이 있다.

브라크는 콜라주에서 보이는 소재들을 그림의 재료로 취급하는 것이 아니라 그림을 만드는 소재와는 이질적인 것으로 이용하고, 기존 회화의 틀을 부숨으로써 '반미술'로서의 미술 작품을 성립시키려 했다. 콜라주는 '아상블라주(assemblage, 오브제)'라는 방법으로 조각이나 회화와 같은 기존의 미술 형식을 흔들었다.

미국 뉴욕의 다다이즘의 대표적 인물로 알려진 마르셀 뒤샹(Marcel Duchamp)은 조형 예술 영역에 관한 문제를 쟁점으로 하여 기존의 모든 예술 체계와 관습적인 미의 기준을 파괴하고 예술관과 미학을 철저히 비판했다. 뉴욕에서는 취리히의 활동을 계승하지 않고 동시다발적으로 다다적 활동을 펼쳤다. 프랜시스 피카비아(Francis Picabia), 맨 레이(Man Ray) 등이 중심인물이었다.

뒤샹이 1917년에 발표한 〈샘(Fountain)〉은 레디메이드(ready-made) 작품으로, 변기에 제목을 붙여 전시함으로써 시각적 아름다움과 작자의 기교 등의 가치관을 부정했다. 근대 예술의 '순수 미'를 추구해 온 화가의 감각, 감성을 저버린 행위로 '샘'이라는 제목 아래 변기를 '선택'하는 방법으로 표현했다.

전쟁이 마무리되고 사회적 안정과 함께 다다라는 일종의 운동은 약화되었으며, 다다의 행위와 작품은 예술로 인식돼 시민들에게 흡수되었다. 하지만 다다이즘은 20세기 예술에 폭넓은 영향을 미쳤고, 기괴하고 환상적인 것에 몰두하는 태도와 우발적이고 우연한 성질의 창조 기법은 이후 초현실주의 미술로 이어졌다.

(5) 초현실주의

'초현실주의(Surréalism)'는 제1차 세계대전부터 제2차 세계대전 발발 직후까지 약 20년간 예술계를 휩쓴 가장 실험적이고, 영향력이 큰 예술 운동이다. 초현실주의라는 말을 처음 사용한 사람은 프랑스 문인 기욤 아폴리네르(Guillaume Apollinaire)다. 그러나 초현실주의의 시작을 알리며 실천적인 의미를 부여한 사람은 프로이트의 무의식 이론에 열광한 의학도 출신의 시인이자 비평가인 앙드레 브르통(Andre Breton)이다. 브르통은 1924년에 『초현실주의 선언(Manifeste du Surréalisme)』(1924)을 발표했고, 초현실주의란 "이성의 지배를 받지 않는 공상과 환상의 세계를 중요시하며, 모든 미학이나 도덕적 선입견을 벗어난 측면에서 기술된 사고다."라고 정의하였다.

초현실주의의 예술 이념은 문명의 속박에서 인간을 해방하고, 이성에 의한 억압에서 벗어나 인간의 무의식을 밝힘으로써 자유롭고 총체적인 인간의 모습을 표현하는 것이다. 즉, 현실과 상상의 세계를 조합하여 더 확장된 통합적 세계를 드러내고자 하는 것이다. 때문에 초현실주의는 이성의 지배를 받지 않는 공상 및 환상의 세계를 중요시한다. 일반적으로 초현실주의는 사실주의나 추상예술과는 대립되는 것으로 간주하기 쉬우나, 꼭 그런 것만은 아니다. 예를 들어, 살바도르 달리(Salvador Dalí)의 작품 속에서 찾아볼 수 있는 섬세한 묘사력은 사실의 극치이며, 막스 에른스트(Max Ernst)의 작품에서는 추상화의 경향을 볼 수 있다. 따라서 기술적으로는 사실성·추상성을 내포하고 있다고 말할 수 있다.

초현실주의의 기원은 다다이즘에서 찾을 수 있다. 다다이즘은 기성의 전통과 질서에 대한 파괴 운동인 만큼 비합리를 예찬하고 때로는 비윤리적인 방향으로 흐르며, 새로운 기법, 콜라주 및 오브제와 같은 직접적인 표현도 채택했다. 때문에 초현실주의는 다다이즘의 비도덕적인 자세를 그대로 이어받아 새로운 미학을 제창했다고 할 수 있다. 무정부주의적이면서 반예술적이던 다다이즘은 재건이 아닌 혼돈을 선호했고, 기존의 모든 체계를 파괴하기를 원했다. 반면, 초현실주의는 다다이즘이 시도한 것처럼 기존 예술을 파괴하는 데 중점을 두기보다는 프로이트의 정신분석에 영향을 받아 무의식의 영역으로 눈을 돌렸다. 작품의 내용은 현실에 반대하는 무의식에서 나타나는 신비, 광기, 불가사의한 초자연적인 것들이다.

그 방법의 근본은 의식 아래의 무의식 세계를 어떻게 끌어내느냐가 중요한 포인트이며, 그중 꿈의 표현은 모든 초현실주의 작품과 연관되어 있을 만큼 중요하게 작용한다. 초현실주의 작가들이 심층 심리, 무의식의 세계를 구현하는 방법은 꿈속에서 본 영상을 그림으로 그려 보고 우연히 보인 형태를 적극적으로 작품에 적용해 보는 것이었다.

살바도르 달리는 프로이트의 『꿈의 해석(Die Traumdeutung)』(1899)을 통해 꿈이 무의식을 아는 지름길임을 알고, 창작 활동을 통해 자신의 무의식을 해방하는 것을 지향하게 되었다. 프로이트의 저서나 정신분석에 심취한 달리는 초현실주의의 이론을 발전시켜, 스스로는 정신이상을 초래한 적 없이 편집증 환자의 미친 마음을 가장하면서 겉모습의 배후에 있는 이미지를 느끼는 '편집광적 비판적 방법'을 만들어 냈다. 〈나르키소스의 변모(The Metamorphosis of Narcissus)〉는 수면을 들여다보는 인간과 달걀을 쥔 손이 그려진 착시 그림이다. 알을 깨고 나온 수선화가 생명의 탄생을 나타내며, 그 주변의 황폐한 배경은 죽음의 이미지를 표현하고 있다. 수면에 비친 자신의 모습에 홀딱 반해 사랑을 하고 이윽고 수선화로 모습을 바꾼 것으로 알려진 나르키소스의 이야기에 영향을 받았다고 한다.

이와 달리 르네 마그리트(René Magritte)는 달리처럼 왜곡된 현상을 표현하지는 않지만, 익숙한 일상의 이미지를 엉뚱한 곳에 가져다 놓고 낯설게 만드는 것을 강조했다. 큰 바윗덩어리를 공중에 띄워 놓는다든지 낮과 밤이 바뀌어 있게 표현했다. 다른 초현실주의자들과 달리 전통적인 회화 양식에 따라 사실적인 그림을 그렸으나, 초현실주의의 범주를 넘어서 보다 철학적이고 인식론적인 문제에 접근했다. 대표적으로 〈이미지의 반역(The Treachery of Images)〉에서 파이프를 표현했는데, 작품에 "이것은 파이프가 아니다."라고 써서 모순된 어법을 창조했다. 이처럼 이미지와 대상물, 언어의 관계에 질문을 던지며 상징적이고 철학적인 의미를 부여했다.

기법 표현에서는 초현실주의자들 역시 다다이즘과 마찬가지로 그들의 작품이 미술의 대상으로 숭고화되는 것을 반대하여 다양한 기법을 사용했다. 대표적으로 데페이즈망(depaysment), 프로타주(frottage), 데칼코마니(décalcomanie), 콜라주, 포토몽타주(photomontage), 트롱프뢰유(trompe-l'oeil), 오토마티즘(automatism) 등의 기법이 있으며, 그 내용은 다음과 같다.

① 데페이즈망

다른 문맥에 있는 것들을 끌어내 새로운 문맥에 둠으로써 의미의 변용을 꾀하는 일종의 전위법(轉位法)이다. 전혀 무관하다고 생각되는 것들을 조합해 독특한 세계를 이룩하고 생각지도 않은 기묘한 효과, 시적인 효과를 추구하는 방법이다. 모순되거나 대립되는 요소들을 결합시키거나 어떤 오브제를 있어서는 안 될 엉뚱한 환경에 위치시켜 신비감과 신선함, 합리적인 의식을 초월한 세계를 불러일으킨다. 이것은 이미 지각하고 있는 경험적 이미지를 뒤엎어 평소에 인식하지 못하던 사물의 이면을 드러내 그 사물에 대한 총체적인 인식을 가능하게 한다. 표현 방식에는 원근법의 파괴, 전혀 다른 현실의 대상을 나란히 놓기, 눈속임, 세부 요소의 확대 등이 있다.

② 프로타주

'마찰'이라는 의미의 프랑스어 '프로테(frottage)'에서 유래된 말로 1952년 막스 에른스트에 의해 본격적으로 시도된 기법이다. 나무, 돌, 나뭇잎, 금속 등의 거친 표면에 종이를 얹고 연필, 목탄 등으로 문질러 독특한 형태의 이미지를 끌어내는 방법이다. 에른스트는 1926년 출간된 삽화집 『자연사(Histoire naturelle)』에서 베껴 낸 나뭇결의 질감을 전혀 예기치 못한 방향으로 발전시켜 야수처럼 보이도록 하였다. 이렇게 제작된 형상들은 보는 이에게 환상적 이미지를 불러일으키며, 우연한 신비감을 떠올리게 하였다. 이는 의식의 지배에서 벗어난 창의적이고 신기한 방식이며, 작가의 의식이 작용하지 않는 차원에서 우연한 효과를 얻을 수 있다. 표현된 형태는 무의식적 연상 작용을 거쳐 객관성을 띠게 된다.

③ 데칼코마니

1935년 오스카르 도밍게스(Oscar Dominguez)가 최초로 발명해 낸 데칼코마니는 접사법이라는 뜻으로, 종이 등에 잉크, 물감 등을 뿌리고 접었다가 펴서 생기는 우연의 형태를 말한다. 우연적인 기법을 통해 연상을 일으켜 잠재되어 있던 이미지와 느낌을 이끌어 내어 통찰을 일으키는 방법이다. 종이를 같은 크기로 접었다 펴기 때문에 대칭의 이미지가 나타나며, 대칭적인 형상은 무언가 생명체 같은 연상을 주는 경우가 많다. 사람이나 동물도 모두 대칭을 이루고 있으므로 이런 잠재적인 인상이 생명체를 떠올리게 하는 것이다. 데칼코마니에 의해 나타난 독특한 형상은 환각의 세계를 불러일으켜, 결과적으로 회화, 판화 등에 이용되는 등 표현 영역을 확대시켰다.

④ 콜라주

잡지, 그림, 달력, 낙엽, 신문지, 헝겊, 단추 등 우리 주변에 실재하는 물질들을 찢거나 오려서 종이 등에 붙이는 방법이다. 1911년경 피카소와 브라크가 화면 구체감을 강조하고 효과를 높이기 위해, 물감으로 그리는 대신 다양한 실물을 붙여 작품을 구성하는 파피에콜레라는 기법을 창안하였다. 이는 실재하는 물건을 그대로 사용하고 전혀 다른 물체끼리 조합해 새로운 현실을 만들어 냄으로써 연상, 비유, 상징의 효과를 나타나게 한다. 또한 대상의 편집, 배열, 배치를 통해 대상의 속성을 근본적으로 변형하는 과정을 포함하고 있다. 이질적인 요소들을 부적합 면에 붙여 놓고 거기서 생기는 우연한 효과를 이용해 초현실적인 이미지를 확대한다.

⑤ 포토몽타주

사진을 적극적으로 이용하는 기법으로 존 하트필드가 창안하였다. 복수의 이미지 합성 사진이며 평면 위에 사진 조각을 붙이는 콜라주로, 이른바 사진 콜라주라고 한다. 사진을 오려서 합성 이미지를 만들고, 글, 색, 그림을 덧붙임으로써 다양한 효과를 나타낼 수 있다. 이 기법은 현실에 없는 자유로운 이미지를 만들어 낼 수 있다는 장점이 있으며, 사진을 이용한 대중적인 특징으로 작가의 의도를 전달하는 데 매우 효과적인 기법이다.

⑥ 트롱프뢰유

프랑스어로 '눈을 속이다'를 의미하며 착시 그림을 지칭한다. 오늘날에는 '트릭 아트'로 불리는 경우가 많다. 공예적 기법을 통해 구도나 물체의 명암, 질감, 양감을 회화적 양식으로 실물 그대로 재현하는 것이 목적이다. 발상의 전환을 통해 의외성과 환상적 세계를 표현하며, 재미와 신비로움을 제공한다. 표현 방법에서는 작가가 의도하여 기이하고 상상적인 작품을 실제로 착각할 만큼 철저하고 사실적인 묘사로 표현한다. 이 기법은 일상에서 익숙한 것을 낯설고 새롭게 느끼게 한다.

⑦ 오토마티즘

무의식에 창작을 맡겨 두는 것으로 초현실주의 최초의 방법이자 대표적인 기법이다. 외적인 통제와 의식의 통제 없이 '마음 내키는 대로'의 태도로 미적 기준, 윤리 기준을 사용하지 않고 생각과 마음의 움직임 그대로를 기술하는 방법이다. 이렇게 표현된 선이나 형태, 말은 무의식의 표현이며, 이는 보는 사람마다 또 다른 나의 실존을 느끼게 한다. 오토마티즘에서의 자동기술적 표현은 의식적인 규제에서 벗어난 가장 순수한 상태를 지향하는 방법이다. 이는 이후에 추상 표현주의(abstract expressionis)로 전해졌다.

이러한 방법은 현재 미술치료와 예술치료 장면에서도 활용되고 있다. 특히 콜라주 기법은 1970년대부터 집단 회화 기법으로 외국에서 받아들여져 왔으며, 미술사의 다른 표현의 노력이 치료 상황에서도 활용되고 있음을 알 수 있다.

2. 작품의 상징 표현

융은 인간의 정신을 의식과 개인 무의식, 집단 무의식으로 나누어 생각했다. 원형 그 자체는 역동 작용으로 마음에 나타나는 것이다. 우리는 원형 그 자체는 의식할 수 없기 때문에 원형이 마음에 작동하면 패턴화된 이미지 또는 상으로 인식한다. 융의 이론에서 원형은 중심적인 의미와 기능을 가지는데, 즉 특정 시대나 문화에서 공통적으로 나타나는 '형태를 지닌' 이미지나 심상을 말한다. 원형은 시대와 문화를 초월하여 전 시대와 문화에서 나타나기도 하며, 밤에 보는 꿈의 이미지나 상징을 낳는 근원이 되는 존재이기도 하다. 이처럼 원형은 사람들로 하여금 세계를 특정 양식으로 지각하고 경험하고 반응하도록 이끄는 보편적 · 집단적 · 선험적 아이디어나 기억이다. 성격의 주요한 구성 요소이기도 한 원형의 수는 무수히 많다. 융은 인간 정신에 속하는 대표적인 원형으로 자기(self), 그림자(schatten, shadow), 아니마(anima)와 아니무스(animus), 페르소나(persona)의 다섯 가지를 제시하였다. 내담자가 그린 그림이나 콜라주 작품을 이해하고 해석하기 위해서는 그 상징에 나타난 원형에 대한 이해가 전제되어야 한다. 따라서 다음에 제시하는 자기, 그림자, 아니마와 아니무스, 페르소나, 공간 상징, 확충법에 대해 숙지하고 있어야 한다.

1) 자기

셀프(self), 즉 자기는 자기 개인의 의식과 집단 무의식의 통합을 나타내는 것으로, 마음의 발달이나 변용 작용의 근원적인 원점이 되는 원형이다. 이 원형은 정신으로 하여금 전체성 혹은 전일성을 유지케 하는 원동력으로서도 기능한다. 의식 속의 유일한 원형으로 자기는 의식의 중심이며, 개인의 의식적 행동이나 인식의 주체다. 자기는 마음의 모든 측면의 통합이 이루어졌을 때 실현되며, 이렇게 자기실현에 도달한 사람은 통합, 조화, 완전 등의 느낌을 갖게 된다. 융은 자기의 발달을 삶의 궁극적인 목표로 생각했다. 그러나 마음의 여러 측면의 균형과 통합에는 끈기, 통찰력, 지혜 등이 요구되며 이는 중년 이후에나 가능하다고 하였다. 자신의 특별한 능력과 개성을 개인적인 이득을 위해서가 아니라 공동체와 세계 그리고 영적인 목적의 이익을 위해 사용할 때 자아를 초월하여 자기를 실현할 수 있다. 자아초월의 과정에서 원, 만다라, 십자가, 별, 나무 등과 같은 문화보편적인 상징과 표상도 배울 수 있다. 그리기와 콜라주를 이해하는 단서가 될 공간 상징론에서 자기는 중앙에 위치한다. 도화지의 중앙에 그려진 그림과 콜라주의 조각은 작성자 자체를 나타내는 경우가 많다.

2) 그림자

그림자(schatten, shadow)는 우리 자신에 대해 우리가 싫어하는 모든 것, 우리가 스스로에게 조차 인정할 수 없는 모든 검은 진실, '우리가 결코 되고 싶어 하지 않는 모습'이라고 할 수 있다. 우리가 부정하고 근절하려고 한 성질들은 여전히 내부에 숨어 있으며 무의식의 그림자 세계를 움직이고 있다. 즉, 의식의 자아는 자기 자신이나 남들에게 보이고 싶지 않은 면들을 인식하는 것을 거부하고 억눌러서 나타나지 못하도록 한다. 이렇게 억눌러진 요소들은 무의식 속에 뭉쳐서 거대한 에너지 덩어리가 되어 그림자 원형을 형성하게 된다. 사람은 자신의 그림자를 자신의 내면 안에 있는 것으로 인정하지 않는 경우가 많다. 상당한 도덕적 노력이 없으면 누구라도 그림자를 인식할 수 없기 때문이다. 그것을 인식한다는 것은 개성의 어두운 부분이 실재하고 또 그것이 사실임을 깨닫는 것이다. 보통 자기의 추한 모습을 인정하려고 들지 않기 때문에 그림자를 직면하는 것은 상당한 저항에 부딪힌다.

다시 말해, 그림자는 우리가 보이면 안 된다고 믿고 있는 건강하고 자연스러운 감정들을 감추고 있다. 그림자는 표현되지 않은 애정, 창조력, 정신적 능력 등과 같은 발휘되지 않은 가능성이 될 수도 있다. '아직 밟지 않은 길', 즉 다양한 국면의 선택에서 제외된 인생의 가능성이 그림자로 모여서 의식의 빛에 떠오를 때를 기다리고 있는 것이다. 그림자는 본래부터 열등하거나 부정적인 것이 아니라 의식의 그늘에 가려져 무의식에 저장된 것이다. 이러한 그림자는 의식되어 빛을 보는 순간 창조적인 에너지를 발산하며, 긍정적인 역할을 하게 된다.

사람은 자신의 그림자를 자신의 내면 안에 있는 것으로 인정하지 않는 경우가 많기 때문에 그림자는 종종 외부 대상에게 투사된다. 이렇게 외부 대상에게 투사된 자신의 그림자를 인식하게 될 때 그것을 발견할 수 있다. 어떤 사람에게 '나도 모르게' '공연히' '알 수 없는' 거북한 느낌, 불편한 감정, 혐오감, 경멸하는 마음이 일어난다면 분명히 무의식의 투사가 일어나고 있고, 대개 그 내용은 '자아'의 그림자에 해당된다. 예를 들어, 누구나 자신의 일상에서 화가 나는 불쾌한 사람이 있다. 이것은 자신이 그림자로 억압하고 의식하지 않도록 하는 것을 그 '불쾌하게 느끼는 사람'이 자극하기 때문이라고 설명할 수 있다. 그래서 약한 사람, 싫은 사람 등을 만났을 때는 자신의 그림자를 인식할 기회가 될 수 있다. 그림자는 꿈속에서 자신과 같은 성별의 형제자매나 친구, 낯선 사람의 형태를 취하고 나타나는 경향이 있다. 그리고 종종 좋은 인상보다는 무섭게 느껴지는 인상을 하고 있다. 그것은 그림자의 모습이 자신의 모습이며, 현재의 자신을 위협하는 것처럼 느끼기 때문이다.

이 같은 무의식에 저장되어 있는 그림자의 존재를 깨닫고 자신의 일부로 수용하는 것이 필요하다. 콜라주 작품과 그림 등에서도 부담스러운 부분은 장식하여 표현하는 경우가 있다. 이처럼 이유는 모르지만 신경이 쓰이는 사진 조각이나 표현 등은 자신의 그림자, 즉 섀도우라고 해석할 수 있다.

3) 아니마와 아니무스

아니마(anima)와 아니무스(animus)는 인간에게 내재해 있는 양성적인 속성을 반영하는 원형들이다. 아니마는 남성 속의 여성 이미지, 아니무스는 여성 속의 남성 이미지로 알려져 있다. 즉, 남성의 무의식 속에 여성적인 요소가, 여성의 무의식 속에 남성적인 요소가 있다는 말이 된다. 여기서 말하는 남성적 · 여성적의 의미는 사회적인 통념을 넘어선 보편적이고 원초적인 특성을 말한다. 예를 들어, 이성 간 강렬한 사랑을 느낄 때 남성은 여성에게서 객관적인 모습을 보는 것이 아니라 자신의 무의식에 투사된 여성상을 보고 있는 것이다. 여성의 경우는 사랑을 느끼는 남성에게서 현자상, 영웅상을 보는 것이다. 이는 강렬한 사랑 이면에서 남녀의 아니마와 아니무스가 일방적 또는 상호적으로 투사를 일으키고 있음을 의미한다.

아니마와 아니무스, 두 원형은 인류가 태곳적부터 오랜 세월에 걸쳐 이성(異姓)을 경험해 오면서 진화해 집단 무의식 속에 자리 잡은 것이다. 이러한 아니마와 아니무스는 4단계의 발전 단계를 거친다. 아니마의 첫 번째 이미지는 본능적이고 생물학적인 여성상으로서 어머니 같은 여성이다. 두 번째는 성적인 특징을 지니고 있는 창녀 유형의 여성이며, 세 번째는 영적 헌신으로 지양된 에로스적인 성녀 유형이다. 네 번째는 순수한 지혜, 거룩함을 지닌 어진 여성으로 나타난다. 즉, 처음에는 모성에서 시작하고 그 후에 육체적인 욕망, 마지막으로 영적인 욕구를 충족하는 것으로 성장해 나간다. 아니무스의 경우 첫 번째는 운동선수나 타잔 등 육체적인 영웅이며, 두 번째는 전쟁 영웅과 같은 주도적이고 계획된 행동을 하는 낭만적 · 행동적 남성이다. 세 번째는 목사, 교수 등 말씀을 전하는 남성이며, 네 번째는 간디와 같은 영적 진리로 이끄는 지혜로운 안내자다.

남성에게 아니마는 부족한 여성적 감성과 감정, 정서를 보충하여 완성된 인간으로 이끄는 존재다. 한편으로 잘못되면 파멸의 구렁텅이로 끌어가 버리는 위험한 존재이기도 하다. 자기 안의 아니마를 어떻게 발달시켜 나갈 것인가가 중요한 과제로 취급된다. 여성이 가지는 아니무스도 동일하다. 융은 자신의 내면에 존재하는 양성성(兩性性)을 인정하고 표현해서 적절한 균형을 추구하는 것이 자기실현을 향한 진전에 중요하다고 주장했다. 그렇지 않으면 필수적인 특성들이 발달되지 못하여 성격의 성장과 기능에서 한쪽에 치우치는 결과를 초래한다는 것이다. 즉, 아니마와 아니무스를 의식 속에 통합하고 발전시켜 나아가면 더욱더 개성화에 접근할 수 있다.

아니마와 아니무스는 꿈속에서 인간의 모습으로 나타나지만, 더 정확하게는 원형적 유형의 표현으로 볼 수 있다. 예를 들어, 아니마는 상상과 공상, 놀이에 비중을 두는 반면, 아니무스는 의식과 권위 그리고 존경에 초점을 둔다. 따라서 이것은 지각하고 행동하고 평가하는 데서 서로 반대되는 방식을 나타내는 것이라고 볼 수 있다. '반대 성적(자신의 성에 반대되는)' 인물들이 꿈에 나타난다는 사실은 중요한 상징적 과정이 존재한다는 사실을 말해 준다. 그것은 꿈속의 남성 또는 여성은 자신에게 낯선 어떤 요소를 상징적으로 표현한다는 것이다. 아니마와 아니무스는 그 이미지가 갖는 생소함으로 인해 심리적 변화의 선구자 또는 안내자로서의 심리적 가치를 갖는다.

4) 페르소나

페르소나(persona)는 연극의 가면을 뜻하는 라틴어에서 유래되었다. 이것은 우리의 바깥 세계와 사회에 대한 태도를 나타내는 것으로, 우리가 다른 사람과의 관계에서 내보이는 공적인 얼굴이다. 페르소나는 사회적 요구에 반응하여 수행하는 다양한 역할을 반영하며, 다른 사람들에게 어떤 인상을 주거나 자신을 감추는 데 사용된다. 즉, 페르소나는 사회적 계층, 직업, 문화, 국적 등에 의하여 결정되고, 우리는 상황마다 각기 다른 페르소나를 사용한다. 페르소나는 개인과 사회가 '어떤 사람이 무엇으로 보이는 것'에 대해 서로 타협하여 얻은 결과다. 융은 페르소나가 일상생활에서 타인들과 어울려 살아가는 데 필수적이라고 하였다. 그렇지만 페르소나에 너무 가치를 둔다면 피상적이게 되고, 특정 역할에 갇혀 순수한 정서 경험으로부터 괴리되는 결과를 초래할 수 있다.

우리는 집단 또는 사회적 환경에서 자신도 모르게 집단정신에 동화되어 그것이 진정한 자신인 것으로 착각하는 경우가 있다. 즉, 집단 또는 환경에 의해 주입된 가치관이나 생각을 마치 자신의 개성인 것처럼 생각하는 경우가 있는 것이다. 예를 들어, 교사인 남성이 집에서도 교사와 같은 언동을 하는 것, 목사인 아버지가 자녀들에게 아버지 역할보다 목사의 역할을 하는 것, 이는 페르소나에 조종되고 있기 때문이라고 생각할 수 있다. 이는 내가 진정한 나로서 있는 것이 아니라 타인에게 보이는 나를 중요하게 생각한다는 것이다. 누구의 자녀, 누구의 아내, 어느 대학 출신, 어느 지역 출신, 직위 등은 어떤 집단이 그 집단의 구성원에게 요구하는 행동상의 규범 및 제복과 같은 것이다. 이는 환경과 문화에 따라 달리 적용되며, 적용되는 집단이 있고 그렇지 않은 집단이 있다.

페르소나는 가상이다. 그러나 그것은 없애야 할 것이라기보다 구별되어야 할 것이다. 페르소나 자체가 나쁜 것이 아니라 페르소나와의 맹목적인 동일시가 문제가 되는 것이다. 사회적 역할, 의무, 도덕규범, 예의범절, 이러한 것을 없애야 하는 것이 아니라 맹신하지 않아야 하는 것이다. 페르소나의 무조건적인 거부나 다른 것으로의 대치는 결국 개인의 개성의 자유로운 발전을 다시금 제약하는 결과가 된다. 페르소나와의 동일시가 심해지면 결국 그 사람의 자아는 내적 정신세계와의 관계를 상실하게 된다. 그래서 자기 자신을 돌보지 못하게 되고 그 존재조차 잊어버리게 된다. 또한 이러한 사람은 자기가 대단히 역할을 잘한다는 생각에서 지나치게 높은 자존감을 갖기 때문에 강요하기를 좋아한다. 정신건강에서 페르소나의 팽창은 위험한 것이다. 따라서 콜라주를 비롯한 미술 표현에 나타난 페르소나를 이해하고, 그것을 해석에 반영할 필요가 있다.

5) 공간 상징

공간의 의미는 모든 시대와 문화에서 중요한 역할을 한다. 공간은 인간이 존재하고 있는 세계를 인식하는 근거가 되며 우주의 신비를 탐구하는 기본 틀이 된다. 내담자의 그림에 나타나는 내용이 공간상에서 어디에, 어떻게 배열되는가에 따라 내담자의 심리적 · 정신적 · 육체적 상태를 이해할 수 있다. 공간 상징에 대한 연구는 다양하게 개발되고 있으며, 치료사들의 관점에 따라 적용도 다르게 이루어진다고 할 수 있다. 그러나 공간이 지니는 공통적인 면을 파악하게 되면 그림이 주는 공간적 의미를 좀 더 잘 이해할 수 있을 것이다.

공간 도식을 살펴보면, 한 장의 공간은 화면의 상하를 의식과 무의식, 좌우를 과거와 미래로 나눌 수 있다. 중앙은 공간에서 가장 안정된 장소이며, 인간 심리를 상징하는 데서도 가장 안정된 중요한 부분이다. 위는 정신적 · 의식적 부분이고, 아래는 신체적 · 무의식적 부분이며, 왼쪽은 내적인 부분, 오른쪽은 외적인 부분이다. 또 오른쪽 위는 사회 · 감각, 왼쪽 위는 윤리 · 종교 · 부성 · 사고, 왼쪽 아래는 본능 · 직관, 오른쪽 아래는 모성 · 가정 · 감정과 관련되고, 중앙은 정체성 · 자기의 영역이다. 공간 상징 분석에서는 통합과 분열, 조화와 부조화로 구분하여 분석한다. 통합 상태는 여백이 적절한지, 화지를 전체적으로 골고루 사용하였는지로 판단된다. 반면에 한 영역 이상의 공백이 있는지, 여백 없이 빽빽하게 붙였는지 등의 부조화 상태를 파악할 수 있다.

1980년대 후반에 모리타니 히로유키(森谷寬之)와 스기우라 교코(杉浦京子)의 '모래상자의 평면적 활용'이라는 발상에서 콜라주 미술치료가 개발되어 상담 및 심리 치료에서 하나의 기법으로 사용되어 왔다(이근매, 青木智子, 2010). 따라서 콜라주 심리치료는 모래상자 놀이에서 사용하는 공간도식과 그림의 구도에서 해석하는 공간기준을 활용한다. 콜라주 미술치료에서는 일반적으로 아키야마 사토코(秋山さと子, 1972), 그룬왈드(Grünwald), 칼 융(Carl Jung)이 설명한 도식을 도입하는 경우가 많다. 공간에서 가운데 부분을 융은 자기, 아키야마는 전체성, 그룬왈드는 자기중심적 경향이라고 분류했다. 또한 화면의 상하를 의식과 무의식, 좌우를 과거와 미래로 나누었는데 중앙에 자기상이 표현되었는지 혹은 생략되었는지를 평가한다. 따라서 작품의 비중이 중심에 있으면 그것은 정신상태가 안정되어 있고 통합되어 있는 것이라고 볼 수 있다.

코흐는 나무그림검사에서 인간의 신체 도식을 공간 투사의 기본으로 볼 수 있다고 했는데, 이는 신체가 거의 항상 사각형 공간에 있기 때문이다. 코흐는 공간으로서의 사각형은 부분적으로는 동작의 장이며, 힘의 영역이거나 공간 지각 영역이라고 이해함으로써 인간은 외부로서 공간을 상상하고 동시에 자기 자신과 동일시하는 공간을 이루고자 한다고 보았다(한국미술치료학회 편, 1994). 이러한 시각은 우리가 그림을 그리는

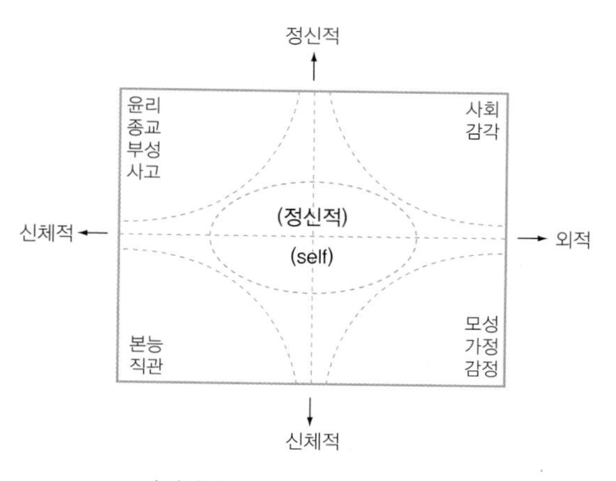

아키야마의 공간 도식(秋山, 1972)

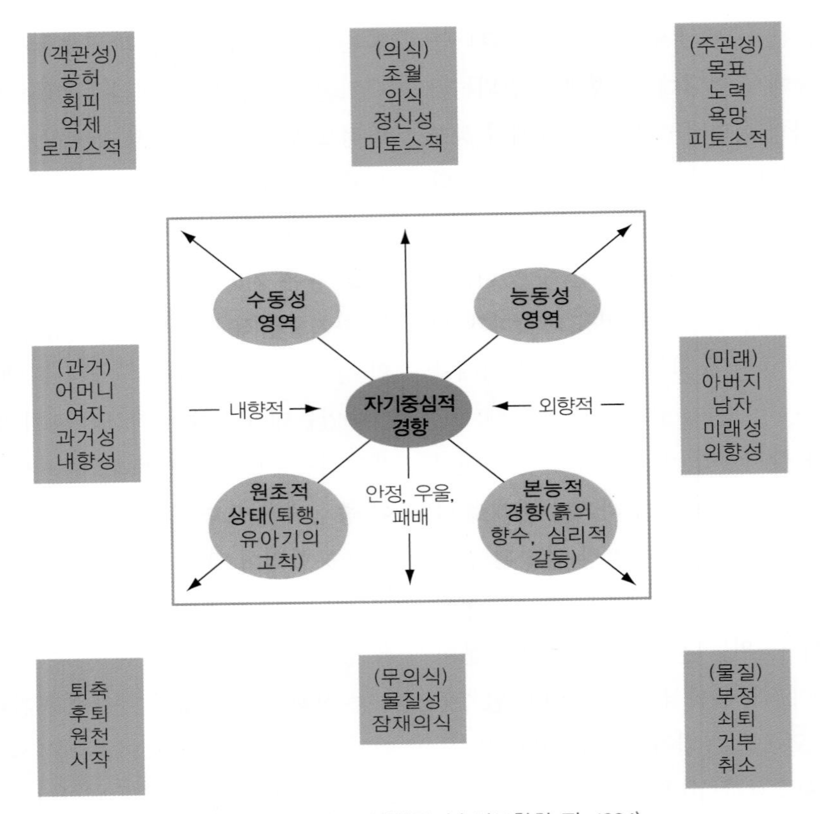

그룬왈드의 공간 도식(한국미술치료학회 편, 1994)

화지와 생활공간을 의식적이거나 무의식적으로 동일시할 수 있다는 전제를 준다.

융은 그림은 인간의 집단 무의식에서 나온 인간 영혼의 방향 표시로, 모든 시대의 종교적·사회문화적 인식과 가치의 상징이 된다고 하였다. 공간에 위치한 형상들의 의미는 우리가 지각하는 구체적인 현실에 대입할 수 있다. 즉, 상부와 하부, 좌우 중심에 따라 형상화된 상징 표상은 다양한 심리적인 의미를 표출한다. 시각예술에 나타난 상징을 공간적인 측면에서 보는 관점은 작품의 공간을 상중하, 좌우로 구분하여 그림의 각 상이 어느 위치에 치중하고 있는가에 따라 해석한다.

필적학자 막스 풀베르(Max Pulver)는 십자 축에 의한 공간 상징을 역설하였다. 화지의 공간 배치에서 화면을 십자 도형으로 나누어 왼쪽은 자신의 과거와 관계된 것, 내향성, 퇴행을 의미한다고 보았고, 반대로 오른쪽은 외향성, 타인과 미래나 목표에 관계된 영역으로 보았다. 또한 공간의 위쪽은 정신적·윤리적·초개인적 의식화, 지적 형태와 형상을 의미한다고 하였고, 중앙은 현재, 개인적인 일상의 의식 상태와 자아 경험 영역을 나타낸다고 보았으며, 아래쪽은 신체적·물질적·육감적·에로스적인 것과 무의식에서 나온 집단적 상징이라고 보았다.

공간상징에 있어 또 다른 모델은, 아르튀스

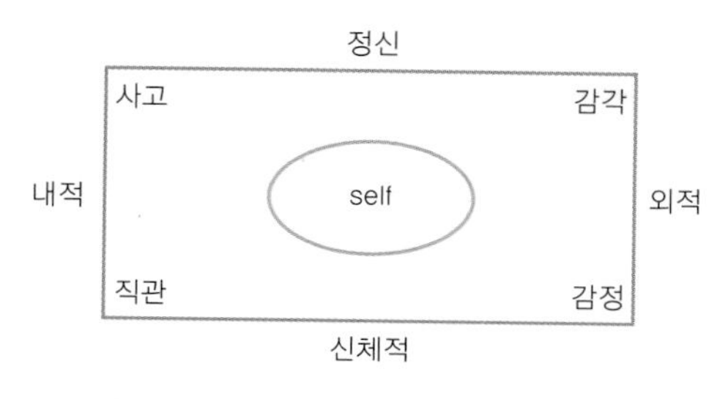

융의 공간 도식(이근매, 青木智子, 2010)

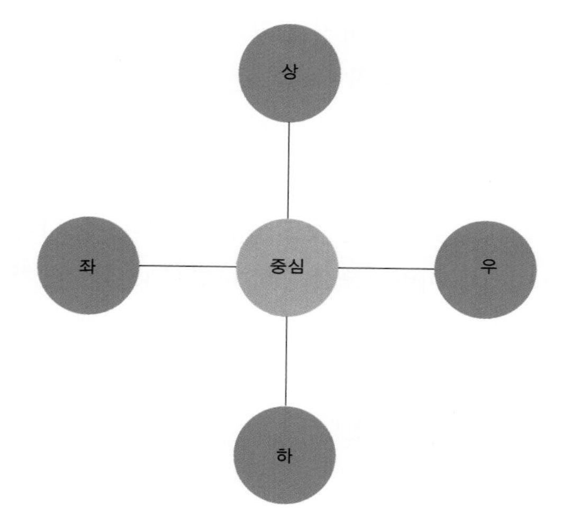

풀베르의 십자 축에 의한 공간 이론(차마리, 2012)

(H. Arthus)의 마을검사다. 마을검사에서는 내담자가 직사각형의 책상 위에 집, 교회, 식물, 사람들, 다리 등 몇 개의 미니어처를 사용하여 마을을 만들도록 한다. 건설된 마을에 대해서 내담자와 대화를 주고받으며 특별한 의미를 가진 장소가 드러나게 된다. 마을검사에서 상징적 위치를 통해 왼쪽에 과거를, 오른쪽에 미래를 잇는 전통적인 서양에서의 관계성을 볼 수 있다. 이 모델의 특징은, 예를 들어 그룬왈드가 그의 공간상징에 대한 관점에서 제시하였듯이 왼쪽을 여성/모친, 오른쪽을 남성/부친이라고 연관 짓지 않은 것에 있다.

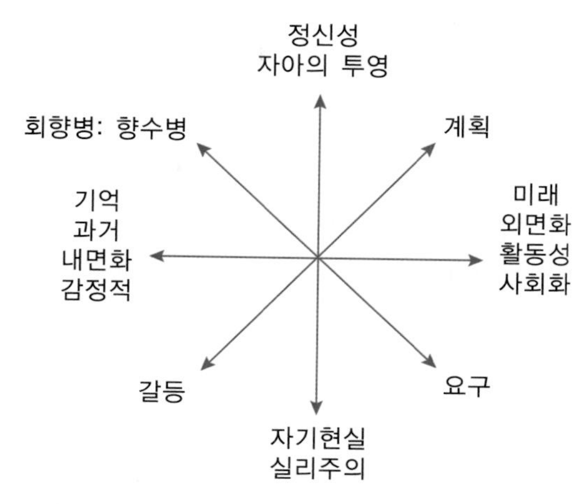

마을검사의 상징적 의미 부여(杉浦京子, 金丸隆太, 2012)

6) 확충법

'확충'이란 일련의 공상을 세밀히 분석하는 것을 의미한다. 치료자는 특정한 언어적 요소 또는 이미지에 관해 가능한 한 많은 지식을 모두 집적할 필요가 있다. 치료자가 박식하고 학식을 갖추고 있을 때 내담자가 드러내는 상징적 의미를 찾을 수 있다. 확충법이란 꿈, 공상, 환각, 그림 등 인간에게서 생긴 모든 상징적인 의미와 원형적 근원을 이해하는 것을 목적으로 한다. 이 방법에서는 상징을 취하고 연상으로 되돌아가는 대신 상징이 현재 자신에게 갖는 모든 의미와 연상을 생각한다. 깨어 있는 상태에서의 상상과 공상 또는 그리기 및 조형 등 예술적 표현도 꿈처럼 무의식의 메시지를 포함하고 파악되고 있지만, 꿈 분석이야말로 그것을 이해하는 가장 중요하고 중심이 되는 방법이라고 본다. 융은 꿈이 무의식, 특히 집단 무의식 또는 원형에서 의식을 향해 보내는 메시지라고 하였으며, 창조적인 무의식의 표현이라고도 하였다. 즉, 꿈의 기능이란 전체적인 정신적 평형을 재정립시켜 주는 꿈의 자료를 만들어 냄으로써 심리적 균형을 회복시켜 주는 것이다. 이처럼 꿈 분석은 그 메시지를 알아차릴 수 있도록 돕는 것이다.

융 학파의 꿈 분석은 프로이트적인 꿈 분석과 달리 '확충법'이라는 기술을 사용하여 꿈에서 소개된 다양한 이미지와 그것이 가지는 의미, 연상 등을 부풀려 의식과 꿈(나아가서는 무의식)의 관계를 다시 구축시켜 나가는 작업을 한다. 또한 개인 연상이 적은 경우에 비슷한 테마를 가진 신화와 고전 등 역사적인 이야기를 사용하여 소재가 가지는 의미를 풍부하게 한다. 자유연상이 때로는 상관없는 재료를 끌어들여 꿈을 꾼 당사자가 꿈을 이해하려는 목표를 회피하게 만든다고 보고, 꿈의 여러 가지 요소를 확충하는 방법을 사용하면 꿈을 꾼 당사자를 꿈 근처에 머물러 있게 할 수 있다고 보았다. 즉, 한 가지 꿈에 집중하기보다는 일련의 여러 가지 꿈을 이용하여 해석하는 확충법을 사용하였다. 개인의 전체 꿈은 순간순간의 심리적 조절뿐만 아니라 한 개인의 전인격적인 삶의 과정을 나타내는 것이다.

한편, 꿈과는 다르지만 '능동적 상상(active imagination)' 이라는, 즉 의식에서 나타나는 감정과 판타지를 비판하지 않고 자유롭게 떠올리며 마음속으로 상호작용하여 문장이나 그리기 등으로 표현하는 방법도 있다. 이와 같이 표현되는 이미지 중에는 개인의 무의식과 함께 보편적인 의식을 표현하는 것도 있을 수 있다. 융 학파는 이러한 이미지를 소중히 하면서 내담자와 치료자의 치료 관계 속에서 심리치료를 진행한다. 즉, 치료자는 내담자의 무의식을 탐험할 때 안내자의 역할을 담당한다.

Chapter 03

자연환경의 상징 이야기

1. 우주

지구상에 존재하는 모든 사물에는 상징적인 의미가 있다. 그중에서도 가장 오랜 역사를 지닌 것이 우주(宇宙, space)의 상징이다. 사람들은 우주의 상징은 육안으로 보이지는 않지만 성스러운 실체가 존재한다고 믿고 그 실체들이 상징으로 드러난다고 보았다. 이 때문에 우주는 성스러움과 신성함을 의미하게 된다.

또한 사람들은 황폐한 가뭄과 지진, 홍수 같은 자연재해를 신들의 징벌이라 여겨 우주와의 조화를 기원하기 위해 신들에게 제물을 바쳤는데, 이를 위해서는 희생이 불가피한 경우도 있었다. 이로써 우주의 상징은 종교와도 깊은 관련을 맺게 되었다. 그 외에도 우주는 높고 거대하며, 강력하고 불변하는 성질로 인해 하늘, 생애 과정, 생명을 주는 물을 상징하기도 한다. 이처럼 우주는 다양한 상징을 가지고 있으며, 이는 곧 만물의 절대적인 존재의 의미라고도 볼 수 있다. 이 절에서는 우주에 해당하는 태양, 달, 지구, 행성 등의 상징적인 의미를 살펴보며 이해를 돕고자 한다.

1) 태양(sun)

① 사전적 의미

"태양계의 중심에 있으며, 지구 등의 행성을 거느린 항성. 고온의 가스 덩어리로 표면 온도는 약 5,800℃, 반지름은 지구의 109배이고, 지구에서의 평균 거리는 1억 5천만 Km다. 약 25일의 주기로 자전하고 있다. 해"(민중서림 편집부 편, 2016). "태양계의 중심을 이루는 항성. 거대한 고온의 가스 덩어리다. 염정(炎情), 염제(炎帝), 해라고도 한다."(두산동아 사서편집국 편, 2016).

당신은 수많은 별과 마찬가지로 거대한 우주의 당당한 구성원이다.
그 사실 하나만으로도 당신은 자신의 삶을 충실히 살아가야 할 권리와 의무가 있다.
–맥스 에흐만(Max Ehrmann)–

② 유래

태양은 전 세계 모든 신 중 가장 위대한 신 또는 신의 힘을 발현하는 주체다. 태양신 라(Ra)는 위대한 수호신이며, 파라오(Pharaoh)는 그의 힘과 은총을 받은 라의 아들이자 태양신 호루스(Horus)가 인간으로 발현된 존재로 칭송된다(Fontana, 2011).

③ 상징적 의미

태양은 희망, 기쁨, 젊음의 상징이며, 탄생, 생명력, 부활, 새로운 시작, 신선함, 애정, 따뜻함, 에너지, 열정, 권위자, 영광, 아버지 등을 의미한다. 태양은 주로 남성을 상징하지만 일본, 북미, 오세아니아에서는 전통적으로 삶의 근원인 여성을 지칭하기도 한다. 또한 태양은 우주의 상징적인 중심으로 왕의 존엄과 황제를 상징한다. 아동화에서 양쪽의 해는 권위적인 부모상에 대한 대립을 의미하며 아동이 부모를 태양으로 지칭하는 경우가 있는데 이때는 색으로 자신의 심리상태를 드러내기도 한다.

▶ 태양의 색이 주는 〈아버지〉 의미

- 빨간색: 태양의 기본형이 원이고 붉은색으로 그려져 있으면 정상적인 가정의 아버지를 나타낸다. 이 경우 아버지는 따뜻하고 건전한 아버지이며, 아동은 일반적인 아동이라고 말할 수 있다.
- 노란색: 노란색 태양은 매우 바쁘며, 부재 혹은 사망과 같이 아동에게 애정을 주기가 쉽지 않고 애정이 적은 아버지를 나타낸다. 아동은 아버지와 말을 주고받기를 원한다.
- 고동색: 고동색 태양을 그리는 아동은 아버지에게 바라는 사물을 받고 싶은 것으로, 그것을 애정의 보상으로 여긴다. 여기서 태양은 애정이 결핍된 아버지를 나타낸다고 말할 수 있다.
- 초록색: 초록색 태양은 아버지의 건강이 좋지 않아 화를 참지 못하고, 아동을 야단치거나 엄격하게 다루는 아버지를 나타낸다. 무서운 아버지, 온화함이 부족한 아버지다.
- 파란색: 파란색 태양은 예절교육이 엄한 아버지로, 아동을 이해하는 것보다 복종하게 하려는 냉정한 아버지, 무서운 아버지를 나타낸다.
- 보라색: 보라색 태양은 사망한 아버지이거나, 병들었거나 상처를 입은 아버지를 나타낸다. 보라색 이외의 태양에서 후광이 보라색인 경우 아버지의 손발의 상처를 의미한다.
- 검은색: 검은색 태양은 사망하였거나 가출한 아버지, 이상하게 아동을 학대하는 아버지이며, 아동의 생활을 위협한다. 그 때문에 어머니가 아버지의 역할을 하게 되고 많게는 히스테리 상태에 놓여 있다.
- 흰색: 도화지가 하얀색인데도 흰색을 칠하는 경우로, 색도화지를 사용한 경우에는 하얀색이 선명하다. 아버지가 사업에 실패한 경우 또는 입원 중이거나 사망한 경우를 나타낸다.

이렇게 사용한 색상에서 의미를 추측할 뿐만 아니라, '왜 그 색을 사용했는지'를 그린 사람에게 들을 필요가 있다. 예를 들어, "검은색을 좋아하기 때문에 검은 태양을 그렸다." 또는 "검은색은 어머니가 좋아하는 색상으로, 어머니는 검은 옷을 즐겨 입었다." 등으로 대답한 경우, 태양의 색은 어머니로부터 영향을 받은 것일 수 있다. 위 내용은 '태양 = 아버지'로 설명하고 있지만 태양이 반드시 아버지를 상징하는 것은 아니며, 반드시 위 색상 분석만이 적용된다는 것은 아니므로 참고로 살펴볼 수 있다.

④ **신화와 고전**

『해와 달이 된 오누이』는 마음씨 착한 오누이가 무서운 호랑이를 피해 동아줄을 타고 하늘로 올라가 해님과 달님이 된다는 이야기다(이혜옥, 배성연 편, 2013). 이 이야기에서는 밤을 무서워하는 동생이 해가 되었는데, 이는 사람들이 자신을 바라보는 것이 부끄러워 그들이 보지 못하도록 강한 빛을 내뿜기 위한 것이다. 그래서 해가 눈부신 것이라고 한다. 여기에서 해는 새롭게 탄생하는 생명, 빛, 전지전능한 힘을 나타낸다.

중국 신화에 따르면 태양은 열 개가 있는데, 그것은 갑, 을, 병, 정, 무, 기, 강, 행, 임, 계라는 이름이었다. 이 태양들은 하루에 한 개씩 차례로 나오며, 1순회를 일순이라고 한다. 우리가 한 달을 3기로 나누어 상순 · 중순 · 하순이라 칭하는 것도 여기에서 유래한다. 이 신화에서는 다음과 같은 이야기가 전해진다. 어느 날 태양들의 장난으로 열 개의 태양이 한꺼번에 나와 지나친 더위에 가뭄이 들었다. 이때 천자가 활의 명인을 시켜 아홉 개의 태양을 쏘아 떨어뜨린 결과, 지금은 태양이 하나뿐이라는 것이다. 이는 이집트 신화에서의 '라'라는 태양신을 지칭하는 것이기도 하다.

⑤ **태양의 이미지**

(초등학교 저학년 틱장애 아동)
강렬한 태양: 권위적인 부모상에 대한 두려움을 표현

(초등학교 저학년 주의산만 아동)
양쪽 해: 권위적인 부모상에 대한 대립을 표현

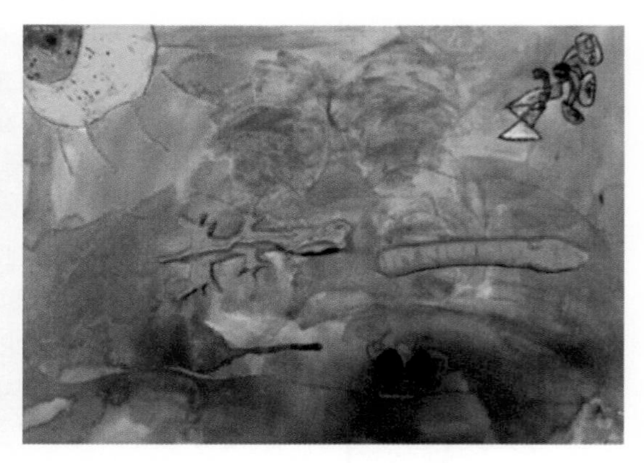

(7세 유치원 부적응 아동)
노란 태양: 부모에 대한 애정의 갈망을 드러냄

(1) 일출(sunrise)

① 사전적 의미

"해가 뜸. 해돋이"(민중서림 편집부 편, 2016).

② 유래

해돋이는 그리스도교에서는 부활을 상징한다. 또한 세상이나 인류의 시초를 상징화할 때 자주 등장하므로 해돋이는 많은 창조 신화와 관련이 있다(Bruce-Mitford & Wilkinson, 2010). 이집트 종교에서 생명과 부활을 가져다주는 부적(장경식, 2013)을 나타낸다. 중국인들은 황제를 '양(陽)'의 상징으로 간주하고, 일본인은 황제를 국기의 표상으로 사용하여 역대 천황을 태양의 여신인 천조대신의 후손이라고 믿었다. 또한 태양은 희망 · 기쁨 · 젊음의 상징이며, 탄생 · 새로운 시작 · 신선함을 의미한다. 그리스도교에서 태양은 부활의 상징이다.

③ 상징적 의미

일출은 재생, 부활, 탄생, 새로운 삶, 새로운 시작, 새로운 단계로 올라섬, 희망, 기쁨 등을 상징한다.

④ 신화와 고전

『로미오와 줄리엣(Romeo and Juliet)』(Shakespeare, 2013)의 줄거리는 다음과 같다. 우연히 만난 로미오와 줄리엣은 사랑에 빠지지만, 두 사람은 서로 원수 집안의 자식으로 사랑을 이룰 수 없다. 동이 트는 아침 두 사람은 신부를 찾아가 결혼을 허락받고 결혼식을 올리지만, 그들의 사랑은 오래가지 못하고 죽음이라는 비극으로 끝난다. 여기에서 일출은 새로운 삶의 시작을 나타내며, 기쁨과 희망을 의미한다.

⑤ 일출의 이미지

(초등학교 고학년 불안 아동)
일출: 긍정적인 하루의 시작, 출발에 대한 희망을 표현

(2) 일몰(sunset)

① 사전적 의미

"해가 짐. 일입(日入)"(민중서림 편집부 편, 2016).

② 유래

오시리스 신 또는 아톤을 상징한다(Cooper, 2007).

③ 상징적 의미

일몰은 죽음, 종료, 소멸, 노인, 노년, 우울, 이별, 적막, 후회, 상실감, 쓸쓸함 등을 상징한다. 또한 심리적으로 에너지 없음, 우울함, 여유와 휴식의 욕구를 암시하기도 한다.

④ 신화와 고전

『악어를 잡은 아기 원숭이(Une histoire de singe)』(d'Alençon & Chaplet, 2013)에서 주인공 아

기 원숭이는 부모님 몰래 밀림을 돌아다니다가 무서운 악어를 만난다. 아기 원숭이는 악어에게 잡아먹힐 위기에 처하지만 재치를 발휘하고 코끼리의 도움을 받아 위기에서 벗어난다. 해가 저물어 모두 잠자리에 들 때, 아기 원숭이는 엄마 원숭이 품에 안겨 잠이 든다. 여기서 일몰은 험난한 모든 일의 해결을 뜻하며, 안심감과 따뜻함을 나타난다.

⑤ 일몰의 이미지

(성인)
일몰 사진을 통해 여유와 휴식의 욕구를 표현

2) 별(star)

① 사전적 의미

"태양, 달, 지구를 제외한 천체"(민중서림 편집부 편, 2016). "넓은 뜻으로는 모든 천체를 가리키고, 좁은 뜻으로는 항성만을 가리킨다."(두산동아 사서편집국 편, 2016).

② 유래

이집트 신화에서 별은 세계의 기원을 향해 떠오르는 힘이며, 그리스도교에서는 신의 인도와 호의, 예수의 강림을 의미한다(이승훈, 2009). 또한 우주의 창문, 하늘로 들어가는 통로로 인식되기도 한다(Tresidder, 2007).

③ 상징적 의미

별은 어두운 밤하늘에서 길을 안내한다는 의미를 담고 있어 지성과 의식 또는 정신 등의 상징성을 포함하고 있다. 또한 희망, 소망, 바람의 상징이며, 길잡이, 영원한 것, 운명, 지혜, 아름다움, 천사 등을 나타낸다. 유성은 하늘의 뜨거운 불꽃을 나타내어 신을 상징하며, 예로부터 길조로 간주되어 탄생의 의미를 갖었다. 또한 신화적 인물이나 죽은 사람을 의미하기도 한다. 심리적으로 별은 자기 자신이나 자신이 원하는 욕구를 표현하기 위해 사용된다. 한편 머리로 생각하는 이성적인 사람인 경우 별자리를 그림에 그리는 경우가 있다. 떨어지는 별은 변화에 대한 의미가 있고, 은하수는 천상의 길, 다리, 강으로서 인간과 신의 범주를 연결하는 매개체로 형상화된다.

④ 신화와 고전

『성냥팔이 소녀(The little match girl)』(Andersen, 1989)의 줄거리는 다음과 같다. 어느 추운 겨울, 길거리에서 성냥을 파는 소녀는 꽁꽁 언 손을 녹이기 위해 성냥에 불을 붙인다. 성냥에 불을 붙이자 맛있는 음식, 크리스마스트리 등 자신이 원하는 것들이 나타난다. 또다시 성냥에 불을 붙이자 크리스마스트리에 달린 불빛이 하늘로 올라가 별이 된다. 모든 성냥을 다 쓴 소녀는 결국 추운 길에서 죽게 된다. 이 동화에서 별이 떨어지면 사람이 죽는다고 말하듯, 별은 생명을 의미하고 천국으로 향하는 통로의 역할을 한다. 또한 반짝거리며 빛나는 아름다움과 고결함을 나타낸다.

일반적으로 크리스마스트리의 꼭대기에는 큰 별이 꾸며진다. 이것은 동방의 박사(현자)들을 아기 예수에게로 이끈 별을 나타내는 것이다. 한편, 아서 에드워드 웨이트(A. E. Waite)의 타로 그림의 설명에서는 별은 '희망과 밝은 전망, 명상, 영감, 포기'를 의미한다고 한다(Nichols, 2001).

⑤ 별의 이미지

(진로탐색 청소년)
별: 밤하늘을 환하게 밝혀 주는 희망을 표현

(성인)
큰 별을 통해 성공 그리고 타인 앞에 드러내고 싶은 자신을 표현

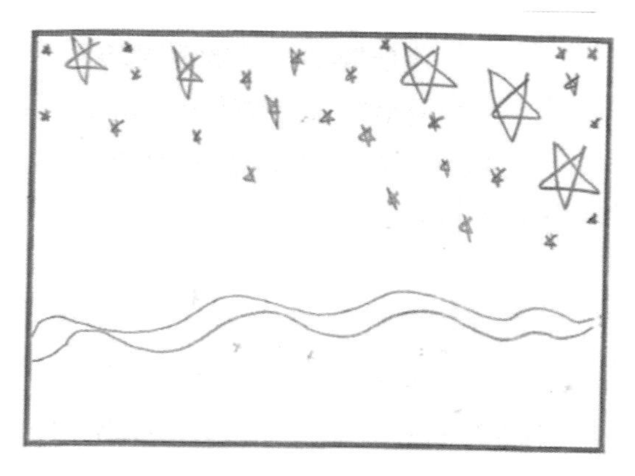

(성인)
많은 별을 통해 자신이 원하는 일과 욕구를 표현

3) 달(moon)

① 사전적 의미

"달은 지구의 위성으로, 햇빛을 반사하여 밤을 밝히는 빛을 낸다. 표면에 많은 분화구가 있고 대기는 없으며, 공전 주기는 27.32일, 반지름은 1,738km다."(민중서림 편집부 편, 2016). "달은 지구에서 가장 가까운 거리에 있는 천체로, 약 27.32일을 주기로 지구 둘레를 공전하면서 약 29.53일을 주기로 차고 기우는데, 스스로 빛을 내지 못하고 반면(半面)에 햇빛을 받아 밝은 빛을 낸다. 월구(月球), 태음(太陰)이라고도 한다."(두산동아 사서편집국 편, 2016).

② 유래

그리스 신화에서 달은 어둠의 빛으로 형상화된다(Fontana, 2011). 이집트 신화에서는 매혹적인 변형, 신비로운 지혜, 어둠의 빛(Fontana, 2011)을 나타낸다.

③ **상징적 의미**

달은 관심사의 방향성과 관련되어 소원, 성취, 목표와 방향성, 희망의 상징이며, 탄생, 부활, 삶, 죽음, 재생, 영생, 고독, 외로움, 변화, 변덕스러움, 충만함 등을 의미한다. 그 외에도 달 자체는 햇빛의 그늘이기 때문에 태양의 대립물로 해석되며, 여성과 여신의 상징으로 취급된다. 달의 주기적인 변화는 탄생, 삶, 죽음, 재생의 의미로, 점차 차오르는 달은 성장을 나타내고 결여되어 가는 달은 죽음과 관련된다. 물에 비친 달은 자신을 되돌아본다는 것으로 자기 자신에 대한 강한 관심으로 해석될 수 있다.

④ **신화와 고전**

『아빠, 달님을 따 주세요(Papa, please get the Moon for me)』(Eric, 2007)에서 모니카는 창문 밖에 있는 달님을 보자 달님과 놀고 싶은 마음에 아빠에게 달을 따 달라고 한다. 아빠는 사다리를 타고 하늘로 올라가 달을 따다 모니카에게 주지만 달은 점점 작아지다가 결국 사라져 버린다. 그러던 어느 날, 모니카는 밤하늘에 가느다란 달이 떠 있는 것을 발견한다. 여기에서 달은 아빠의 무한한 사랑을 나타내고, 보름달에서 초승달로 변화하는 신비로움과 재탄생을 의미한다.

(1) 보름달(full moon)

① **사전적 의미**

"음력 보름날 밤에 뜨는 둥근달. 망월(望月), 명월(明月), 영월(盈月), 백옥반(白玉盤)이라고도 한다."(민중서림 편집부 편, 2016).

② **유래**

중국인들은 보름달을 음과 여성성의 본질과 연결했다. 또한 보름달은 불교도들에게는 영적인 힘을 나타낸다. 과거 사람들은 보름달이 광기를 더 악화시킨다고 생각했으며, 그것이 동물과 인간 내면의 사악한 행동과 관련된다고 믿었다(Bruce-Mitford & Wilkinson, 2010).

③ **상징적 의미**

보름달은 희망, 풍요, 소원의 상징이며, 목표와 방향성, 완전무결함, 완벽함, 영적인 힘을 나타낸다. 또한 음(陰)기, 여성성, 화려함, 아름다움, 이별을 의미하기도 한다. 일의 성취된 상태를 나타내는 보름달은 화려함이나 큰 존재감을 상징한다.

④ **신화와 고전**

일본에서 현존하는 가장 오래된 이야기인 '다케토리 이야기' 혹은 '가구야 공주 이야기'는 다음과 같다. 어느 한 할아버지가 대나무 통 안에서 여자 아기를 발견하여 집으로 데리고 와 정성껏 키운다. 이 여자 아기가 가구야 공주로, 어여쁘게 성장하여 많은 남자가 청혼을 하지만 모두 거절한다. 어느 날 달을 바라보며 울고 있는 가구야 공주를 보고 할아버지가 그 이유를 묻자 가구야 공주는 보름달이 뜨면 달나라로 가야 한다고 말한다. 할아버지는 이를 막기 위해 노력하지만 가구야 공주는 보름달이 뜨는 밤 달나라로 가고 만다. 여기에서 보름달은 이별과 슬픔, 애환을 의미하며, 인간이 조절할 수 없는 거대한 신의 영역을 나타낸다.

달의 차고 기욺을 기준으로 한 달을 정하는 역

법인 '음력'에서는 달의 위상에 따라 대략의 달과 일을 알 수 있는데, 선조들은 이를 기준으로 농사를 했다. 일설에 의하면 부족함 없는 보름달은 풍요의 상징이었다. 따라서 15일 보름달의 밤은 기원의 축제가 열리는 날이기도 했다. 한편, 중국에서는 추석 명월을 감상하는 풍습이 당나라 때부터 전해져 왔다.

⑤ 보름달의 이미지

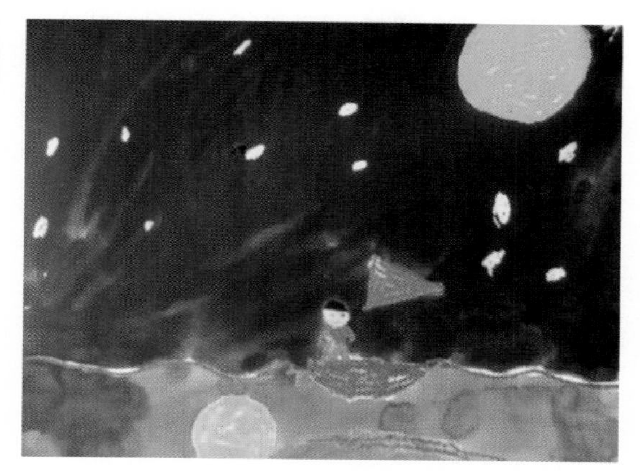

(초등학교 저학년 정서불안 아동)
보름달: 자신이 가고 있는 목표와 방향성을 표현

(2) 초승달(crescent)

① 사전적 의미

초승에 돋는, 눈썹처럼 가는 조각달. "초승에 뜨는 달로, 신월(新月), 초월(初月), 현월(弦月), 각월(却月), 세월(細月), 미월(眉月)이라고도 한다."(민중서림 편집부 편, 2016).

② 유래

서양에서는 암소나 수소의 뿔, 작은 배나 술잔, 밤하늘을 항해하는 배, 밤바다에 떠 있는 빛의 배 등을 상징하며, 중세 서양에서는 낙원을 상징했다(이승훈, 2009).

③ 상징적 의미

초승달은 희망과 변화의 상징이며, 그중 상현달은 성장을, 하현달은 죽음을 나타낸다. 또한 신비로움, 재탄생, 불안정함을 의미하기도 한다. 한편, 위대한 어머니, 하늘 여왕, 우주의 광대한 공간을 항해하는 배, 그리스도교의 십자가에 상응하는 상징으로 사용되기도 한다(tresidder, 2007).

④ 신화와 고전

『헨젤과 그레텔(Hansel and Gretel)』(Jacob & Wilhelm, 2005)에서 의붓어머니에게 버림받아 숲에 버려진 헨젤과 그레텔은 날이 어두워져 길을 잃게 된다. 이때 밝은 초승달이 길을 환하게 비추어 남매는 집으로 돌아올 수 있게 된다. 이 동화에서 초승달은 어둠을 환한 빛으로 바꿔 주인공을 위기에서 구해 주는 수호신의 역할을 하며, 광대한 지구를 환하게 비추는 초자연적인 힘을 가진 존재로 표현된다.

또한 초승달과 별은 이슬람교의 상징이며, 많은 이슬람 국가의 국기에 사용되고 있다. 적십자사에 해당하는 적신월사의 깃발도 초승달이다. 방향은 C자형이 압도적으로 많지만, 역C자형이나 실제로 보이는 밝은 부분이 밑 혹은 대각선 아래로 향한 초승달도 있다.

⑤ 초승달의 이미지

(초등학교 고학년 또래관계에 어려움이 있는 아동)
초승달: 가족의 행복과 축복, 바람을 표현

초승달은 희망의 달이다. 앞으로 크게 성장하려고 하는 이 달은 활발함과 왕성한 호기심의 상징이 된다. 그러나 아직 태어난 지 얼마 되지 않아 불안정을 내재하기도 한다.

4) 지구(earth)

① 사전적 의미

"우리 인류가 살고 있는 천체로, 태양계의 여덟 행성 중의 하나다. 공전에 의해 사계가 생기고, 그 주기는 약 365일이며, 자전에 의해 밤낮의 구별이 생기고, 그 주기는 약 24시간이다. 표면적은 약 5억 2천만 ㎢다."(민중서림 편집부 편, 2016). "인류가 살고 있는 천체로, 태양계에 딸린 행성의 하나로서 지각, 맨틀, 핵의 세 부분으로 이루어졌으며, 지표는 대기층으로 싸여 있다. 자전(自轉)하면서 태양의 세 번째 궤도를 공전한다."(두산동아 사서편집국 편, 2016).

② 상징적 의미

지구는 위대한 어머니, 대지의 여신, 다산, 생명력, 풍요로움을 상징한다. 한편, 멀리서 바라보고 있는 지구는 심리적으로 현실의 상황에서 벗어나고 싶음을 암시한다.

③ 신화와 고전

『어린왕자(Le petit prince)』(Antoine de Saint-Exupéry, 2013)에서 어린왕자는 여러 별을 떠돌다가 일곱 번째 별로 지구에 온다. 어린왕자는 사막에도 가고, 산에 오르기도 하고, 정원에 가기도 한다. 결국 역에 도착하여 특급열차를 보는데, 사람들은 열차를 타고 가지만 무엇을 찾아가는지 알 수가 없다. 어린왕자가 보기에 지구는 참 이상한 세계다. 여기에서 지구는 많은 사람과 수많은 생명체가 사는 거대한 공간으로 다양한 일을 경험하게 하고 깨달음을 주는 곳으로 나타난다.

④ 지구의 이미지

(초등학교 저학년 또래관계에 어려움이 있는 아동)

(초등학교 고학년 주의산만 아동)

지구: 멀리서 바라본 지구의 모습을 통해 현실의 어려움을 회피하여 현재 자신의 모습을 멀리서 바라보고 싶은 심정을 표현

5) 기타

고대의 천문학자들은 하늘에 태양과 달 외에 다섯 개의 작은 빛이 있다는 것을 알고 있었다. 맨눈으로 보이는 그 빛을 '방황하는 사람'이라는 의미에서 '혹성'이라 부르고, 고대 로마의 신들을 딴 이름을 붙였다. 혹성은 그 색상, 움직임, 크기에 따라 성격이 부여되었고, 중세에는 연금술사가 금속에 비추어 조응시켰다.

(초등학교 저학년 아동, 주의산만 아동): 행성

(1) 목성(Jupiter)

① 사전적 의미

"태양계의 다섯째 행성(가장 큰 별로 금성처럼 밝게 빛나며, 열여섯 개의 위성이 있음), 덕성(德星)"(민중서림 편집부 편, 2016). "태양에 다섯 번째로 가까운 행성으로, 태양계의 행성 가운데 가장 큰 천체이며 공전 주기는 약 11.86년, 자전 주기는 약 9시간 55분, 질량은 지구의 317.83배다. 주성분은 수소와 헬륨이며, 표면의 대기는 주로 메탄, 암모니아 가스로 이루어져 있다. 1610년 이탈리아의 천문학자 갈릴레오 갈릴레이(Galileo

(초등학교 고학년 아동, 공격 성향이 있는 아동)
우주: 현재 힘든 상황을 벗어나거나 회피하고 싶은 마음을 표현

Galilei)가 발견하였으며, 예순여섯 개의 위성(衛星)이 있다."

② 유래

목성은 그리스 신화의 제우스(Zeus)와 동일하게 간주되는 로마 신화의 신 유피테르(Jupiter)를 어원으로 한다. 이것은 '명랑한, 유쾌한, 행복한' 등의 의미를 가지고 있으며, 중세의 점성술사로부터 수호 혹성의 의미로 사용되었다(Bruce-Mitford & Wilkinson, 2010).

③ 상징적 의미

목성은 균형, 정의, 목요일, 주석 등을 상징한다. '신들과 인간의 아버지'로 인간의 행복과 불행을 결정하는 그리스 · 로마 신화의 제우스(주피터)와 동일하게 간주되어 행복함과 불행함을 의미하기도 한다.

(2) 금성(Venus)

① 사전적 의미

"수성과 지구의 사이에 있으면서 태양의 주위를 도는 행성[초저녁 하늘에 비치면 태양성, 장경성(長庚星), 새벽에 하늘에 보이면 샛별, 명성으로 불린다]"(민중서림 편집부 편, 2016). "태양에 두 번째로 가까운 행성으로, 지구의 바로 안쪽에서 약 225일의 공전 주기로 태양을 돌고 있다(초저녁에는 개밥바라기, 태양성, 새벽에는 샛별, 계명성 등으로 불린다)."(두산동아 사서편집국 편, 2016).

② 유래

사랑의 여신 비너스의 이름을 땄다(Bruce-Mitford & Wilkinson, 2010). 금성은 서양에서 로마 신화에 등장하는 사랑과 미와 풍요의 여신 비너스(Venus)로 불렸고, 메소포타미아 신화에서는 그 아름다움(밝음) 때문에 미의 여신 이슈타르(Ishtar)의 이름을 얻었으며, 그리스 신화에서는 미의 여신 아프로디테(Aphrodite)로 불렸다. 이처럼 세계 각국에서 금성의 이름은 여성의 이름인 경우가 많다. 특히 유럽에서는 샛별을 능가하는 빛남을 아름다움과 사랑의 여신인 아프로디테에 빗대어 로마식 이름 비너스가 샛별, 즉 금성을 가리키는 이름이 되었다.

그리스도교에서는 라틴어로 '빛을 가져다주는 자', 나아가 샛별(금성)을 뜻하는 말인 '루시퍼(Lucifer)'가 타의 추종을 불허하는 빛과 고귀함을 지니고 유일신을 섬기는 가장 고위의 천사(나중에 지옥의 어둠으로 타락한 천사의 총수)의 이름으로 주어졌다. 불교 전승에서 석가는 새벽 별이 빛나는 것을 보고 진리를 발견했다고 하며, 마야 창세 신화에서 금성은 태양과 쌍둥이 영웅이라고 되어 있는데, 금성을 '전쟁의 수호별'로 삼아 이 별이 특정 위치에 도달했을 때 싸움을 걸면 이길 수 있다고 생각하였다(일종의 군사 점성술이었으며, 금성의 움직임과 전쟁은 연결되어 있었다).

③ 상징적 의미

금성은 생명, 에너지, 사랑, 성적 매력, 성적 쾌락, 금요일, 구리 등을 나타낸다. 또한 그리스 · 로마 신화의 비너스와 동일하게 간주되어 아름다움(밝음)과 풍요를 의미하기도 한다.

(3) 토성(Saturn)

① 사전적 의미

"태양계의 안쪽에서 여섯 번째의 행성으로, 공

전 주기는 29년 167일이고 체적은 지구의 755배다. 적도 둘레에 얇은 판 모양의 테를 가졌으며, 위성은 열여덟 개다. 오황(五黃), 진성(鎭星)이라고도 한다."(민중서림 편집부 편, 2016). "태양계의 안쪽에서 여섯 번째의 행성으로, 목성 다음으로 큰 별로서 주위에 여러 개의 고리가 둘러싸고 있으며, 열 개 이상의 위성을 가졌다."(두산동아 사서편집국 편, 2016).

② 유래

영어명인 '새턴'은 "긴 수염을 단 노인으로 인격화되는 로마 신화 속 농경 신 사투르누스(Saturn)의 이름을 땄다."(Bruce−Mitford & Wilkinson, 2010). 태양으로부터 멀리 떨어져 있으며, 운행 속도가 느린 것에서 '늙은 신'이라는 이름이 붙여졌다. 그리스 신화에서 농경 신은 크로노스(Kronos)로, 그는 제우스(목성)의 아버지이며 제우스에게 살해되었다는 설도 있다.

③ 상징적 의미

토성은 우울, 엄격, 토요일, 납 등을 나타낸다.

(4) 수성(Mercury)

① 사전적 의미

"태양에서 가장 가까운 행성으로, 지름이 지구의 0.38배, 공전 주기는 87.98일, 자전 주기는 59일, 반지름은 2,439km, 질량은 지구의 18분의 1, 태양과의 평균 거리는 5791만 km다. 행성 가운데 가장 작고 태양에 제일 가까운 별로서 일몰 직후나 직전에만 보인다. 진성(辰星)이라고도 한다."(민중서림 편집부 편, 2016).

② 유래

전령의 신 머큐리(Mercury)의 이름을 땄다(Bruce−Mitford & Wilkinson, 2010). 헤르메스의 전령 지팡이 '케리케이온(kerykeion)'[라틴어로 카두케우스(caduceus)라고도 하며, 두 마리의 뱀에 얽힌 지팡이]은 현재는 장사, 교통 등의 상징으로 사용되지만, 점성술, 천문학에서는 오래전부터 이를 도안화한 것이 수성의 상징으로 사용된다. 연금술에서는 혹성을 일곱 금속의 상징으로 보아 헤르메스(Hermes), 메르쿠리우스(Mercurius)가 수은과 연관되었다고 하여 수성의 혹성 기호를 수은의 상징으로 사용한다.

③ 상징적 의미

수성은 명상, 이성, 이성적 사고, 적응력, 자유의지, 수요일, 수은 등을 나타낸다.

(5) 화성(Mars)

① 사전적 의미

태양에 네 번째로 가까운 행성으로, 공전 주기는 1.88년, 자전 주기는 24시간 37분 23초, 지름은 지구의 0.532배, 질량은 지구의 0.1074배다. 두 개의 위성이 있다.

"태양계의 넷째 행성으로, 지구 바로 바깥쪽을 돌며 공전 주기는 1.88년, 자전 주기는 24시간 37분, 적도 반지름은 3,397km이고, 두 개의 위성을 가지고 있다."(민중서림 편집부 편, 2016). "태양계 중 지구의 바로 바깥쪽에서 타원형의 궤도로 태양의 주위를 돌고 있는 넷째 행성이다. 공전 주기는 1.9년으로 두 개의 위성을 거느리고 있다."(두산동아 사서편집국 편, 2016).

② 유래

화성의 명칭은 강력한 남성으로 인격화되는 로마 신화의 군신 마르스[Mars, 그리스 신화의 군신 아레스(Ares)]의 이름을 땄다(Bruce-Mitford & Wilkinson, 2010). 메소포타미아 신화에서는 붉은 혹성이 전쟁과 피를 연상시킨다고 하여 전쟁의 신 네르갈(Nergal)의 이름을 붙였으며, 이밖에도 화성은 각각의 문화권에서 전쟁의 신으로 명명된다.

③ 상징적 의미

화성은 열정, 용기, 대담함, 남성성, 화요일, 철 등을 나타낸다.

④ 신화와 고전

1990년에 개봉한 영화 〈토탈 리콜(Total recall)〉은 21세기 말의 화성을 무대로 한다. 여기에서 화성은 자유롭게 지구와 왕래할 수 있어 많은 인간이 이주하는 혹성으로 등장하는데, 산소가 희박하고 건물 밖으로 쉽게 나올 수 없는 환경으로 그려진다. 게다가 연일 나오는 뉴스는 화성에서의 폭동 모습을 방영한다. 그래도 화성에 대한 동경을 버리지 못한 주인공이 화성에 간 기억만이라도 갖고 싶다고 생각하고 기억을 판다는 리콜사로 향하는 것에서 이야기가 시작된다. 이처럼 화성을 무대로 한 영화가 많은 데서도 인류에게 친숙한 별임을 알 수 있다.

※ 상징적 의미

우주	개척하다, 거대하다, 검은색, 공간, 공상적, 과거, 과학, 광년, 광대함, 궁금하다, 금성, 깊다, 넓다, 넓은 생각, 도전, 두려움, 둥글다, 막막하다, 만물, 멀다, 명상에 잠기고 싶다, 묘하다, 무서움, 무의식, 무중력, 무한한, 미래, 미아, 미지의 세계, 반짝반짝, 밤하늘, 별, 보고 싶다, 부적응, 북두칠성, 블랙홀, 빅뱅, 성좌, 세상, 숨 막힘, 스타워즈, 신비로움, 세계, 아름다움, 알 수 없다, 알파와 오메가, 엄마 품, 암흑, 어둡다, 엄마, 여행, 열, 외계인, 외롭다, 우주선, 운석, 웅대함, 위대함, 은하계, 이상적인 꿈, 일반적이지 않은, 자유로움, 적응해 가다, 전체성, 죽음, 지구와 달, 지구의 탄생, 창의, 천지창조, 크다, 탐험, 태양, 태양계, 태초, 토성, 평안하다, 평온하다, 평화, 포용, 하나, 하나님, 행성, 확장, 환희, 황홀
태양	가까이 갈 수 없는, 강렬함, 고마운 존재, 권위자, 그리움, 녹아든다, 높다, 눈부심, 다혈질, 달성 욕구, 덥다, 든든하다, 따뜻한 햇살, 따뜻함, 뜨겁다, 맑다, 미래, 바라보고 싶다, 밝다, 붉은색, 빛, 빨간색, 사랑하는, 사막, 생명, 성공, 식물, 신, 신비롭다, 아버지, 아빠의 화, 아침, 애정, 엄마, 에너지의 원천, 여름, 열정, 오렌지, 욕구, 우주, 운동력, 웅장함, 유일한 존재, 일인자, 자비로움, 자외선, 자원, 절대적인 힘, 정열, 중심, 크다, 태양계의 중심, 포근함, 해바라기, 핵 폭발, 향기로움, 화가 남, 환하다, 후광, 흑점, 희망, 힘
일출	1월 1일, 각오, 감동, 결심, 계획을 세우고 싶다, 고요함, 기대, 기쁘다, 기상, 깨끗함, 놀람, 눈부시다, 도전, 동해, 두근거림, 따뜻함, 떠오르다, 뜨겁다, 맑다, 바다, 바다와 붉은색의 조화, 바람, 밝다, 붉다, 뿌듯하다, 산, 상쾌함, 새로움, 새벽, 새 출발, 새해 첫날, 새해, 생명, 설렘, 성장하려는 생각, 소망, 소원, 솟아오름, 수평선, 시작, 신비로움, 심장 떨림, 아름답다, 아침, 어둠, 에너지, 역동적, 열정, 염원, 웅장하다, 위대하다, 인간의 바람, 잘 못 본다, 중심, 진행되다, 찬란하다, 처음, 태양, 태어남, 파이팅, 편안함, 행복, 환하다, 환희, 활력, 희망, 힘차다
일몰	가슴 시리다, 감성, 겸손, 고백, 고요함, 고즈넉하다, 귀가, 기다림, 기울다, 끝과 시작의 교차점, 끝마치다, 나도 같이 가고 싶다, 나락, 나이 들어감, 낭만, 노년, 노랑, 노을, 노인, 두려움, 따뜻하다, 떨어지다, 마무리, 맑다, 멋지다, 바다, 반성, 밤, 보고 싶은 풍경, 불타는 아름다움, 붉다, 뿌듯함, 사라짐, 산, 상실감, 서쪽, 서해, 석양, 성찰의 시간, 소멸, 쉼, 슬픔, 시원하다, 쓸쓸함, 아름다움, 아쉬움, 안식, 안쓰럽다, 안정감, 어둠, 엷음, 우울, 이별, 잔잔함, 잠, 저녁, 저물다, 적막, 절망, 정리, 주황빛, 지다, 지친, 지평선, 차갑다, 차분해지다, 추락, 추억, 편안함, 평온함, 평화롭다, 포근함, 하루의 마무리, 향연, 허무함, 헤어짐, 환상적, 황혼, 후회
밤하늘	검은색, 겨울밤, 고요하다, 공상, 금성, 긍정, 기다림, 길을 찾다, 깜깜하다, 꿈, 낭만적이다, 네온사인, 높다, 달, 달무리, 답답하다, 두려움, 마음이 편해지다, 막막함, 맑고 깨끗함, 맑은 공기, 맑음, 멋지다, 목적지, 무서움, 무의식, 바람, 반짝거림, 반짝반짝, 별빛, 별, 별똥별, 별무리, 별자리, 별 찾기, 보라색, 보름달, 보석, 보석별, 북극성, 북두칠성, 불꽃놀이, 불안, 빛나다, 상쾌하다, 서늘하다, 선선하다, 소망, 수놓다, 시원하다, 신비롭다, 실낱같은 희망, 쏟아지는 별빛, 아늑하다, 아름다움, 안정적이다, 앞을 알 수 없는, 앞이 보이지 않다, 여름밤, 여유, 외로움, 어둠, 우주, 위안, 유성, 은하수, 이야기, 잠, 전생, 정다움, 정화, 차가움, 천장, 추억, 춥다, 캄캄하다, 커피 한 잔의 여유, 편안함, 평화롭다, 풀벌레 소리, 하루의 마무리, 할 말이 있는, 향수, 혼자, 회상, 휴식, 희망

달	고요함, 구멍, 그리움, 그림자, 기다림, 기분 좋다, 기억, 깨끗하다, 꿈, 날카로움(초승달), 노란색, 눈썹, 늑대, 다양하다, 달 착륙, 달빛, 동지, 둥글다, 따뜻하다, 떡, 떡방아, 레몬, 마음의 안정, 맑다, 먼 곳의 이야기, 목표, 무서움, 물, 미지의 세계, 바다, 밝다, 밤, 변덕, 변화, 별, 병아리, 보름달, 복, 분화구, 불빛, 비움, 비치다, 사랑, 서러움, 성취, 소원, 손톱 모양, 슬픔, 시리다, 신비로움, 쓸쓸함, 아르테미스, 아름답다, 아폴로 13호, 암스트롱, 어둡다, 어린 시절, 엄마 품, 엄마, 여성성, 여자, 연인, 외로움, 우아하다, 우울, 우주선, 울퉁불퉁하다, 유일한 존재, 은은한, 음기, 음침하다, 쟁반, 절구, 절구통, 제2의 구, 조상, 중력, 지구의 위성, 차가운 빛, 채움, 청아, 초승달, 추석, 충만, 친구, 친근한, 캄캄함을 걷어 주다, 크다, 탐사선, 토끼, 포근하다, 풍성하다, 하늘, 해, 행운, 현실적이지 않은, 호빵, 혼자, 환하다, 희망적
지구	거대함, 경이로움, 넓음, 다양함, 돈다, 둥근, 땅과 바다, 맑음, 모여 삶, 복잡함, 사계절, 사람, 새로움, 생명, 생명력이 있는, 신비로움, 신성함, 아름다움, 어울림, 웅장함, 인류, 자연, 조화, 초록색, 평화, 푸름, 화합, 활기찬
목성	가 보고 싶은, 가스 덩어리, 건조함, 고리, 곰보, 궁금증, 궁금하다, 꿈, 나무, 낯선, 다른 세계, 단단함, 달, 도피하고 싶은, 둥글다, 듬직함, 딱딱한, 땅, 띠, 먼지, 멀리 있는, 모호함, 무섭다, 무한함, 물, 미의 세계, 밝다, 별, 삭막함, 상상, 생각, 생물, 신비로움, 쓸쓸하다, 아름답다, 암흑, 어렵다, 얼음, 외계인, 외롭다, 외톨이, 우주, 우주선, 우주의 하나의 별, 웅장함, 은은하다, 이질성, 자연의 규칙, 주피터(신화), 지구, 척박함, 친구, 큰 행성, 탐사, 태양계, 턱턱 숨이 막히다, 토성, 포근함, 행성, 허리띠, 황토색, 회전, 흙, 희망, SF 영화
금성	가 보고 싶은, 강하다, 개밥바라기, 고급스러움, 고리, 공기, 광활함, 궁금하다, 귀여움, 금, 깨끗함, 남자, 다른 세계, 도달하고자 하는 목표, 동그라미, 따뜻함, 떠다니다, 떠오르는 이미지가 없다, 뜨겁다, 먼 거리, 무섭다, 미래, 미지, 반짝임, 밝다, 밤하늘, 별, 보석, 부지런하다, 불빛, 비너스, 빛나다, 빨강, 새로움, 새벽, 샛별, 서쪽 하늘, 시원하다, 신비감, 신세계, 아름다움, 안 보이다, 암흑, 여성성, 여신, 여자, 예쁘다, 외계인, 우주, 우주선, 자연의 규칙, 작다, 주황색, 차가움, 친구, 친근하다, 크다, 행성, 황금, 희망, 힘

2. 물

물(水, water)은 형태를 가지고 있지 않으며, 끊임없이 변화한다. 고대부터 사람들은 물에서 모든 생명이 태어난다고 믿었기 때문에 물은 가장 원초적인 모성과 풍요를 상징한다. 또한 물은 생명을 유지시켜 주는 존재로 비, 젖, 피, 수액 등의 형태로 자연을 순환하며, 무한함과 불멸을 나타내기도 한다. 무형적인 잠재력을 나타내기도 하여 유연성, 융화와 해체, 출생과 재생의 표상이 되기도 한다. 이슬이나 샘물과 같은 순수한 물의 경우에는 신이 내린 은총, 어머니의 대지, 하늘신의 선물로서 신비롭고 치유적인 성질을 가지고 있다고 여겼다. 때문에 유대교, 이슬람교, 그리스도교 등 세계의 많은 종교의 세례식에서 물은 정화의 상징이며 원죄의 씻김을 나타내기도 한다.

나아가 심리학에서 물은 무의식의 에너지와 신비스러운 깊이, 위험을 나타낸다. 불교에서 고요하지 못한 물은 소란스러운 소용돌이 같은 현상 세계를 가리키고, 고요하고 맑은 물은 명상으로 얻은 인식을 나타낸다. 이처럼 다양한 의미를 가진 물의 상징성을 바다, 강, 연못, 호수 등으로 나누어 구체적으로 살펴보고자 한다.

1) 바다(sea)

① 사전적 의미

"지구상에서, 육지 이외의 부분으로 소금물이 괴어 있는 곳. 지구 표면적의 약 4분의 3을 차지하며, 3억 6천만㎢에 이른다. 해양이라고도 한다."(두산동아 사서편집국 편, 2016).

밤낮 삶의 바다에서 바닷가로 올라오는 것이라고는 그것들이 전부인 것처럼,
우리는 아직도 여전히 바다의 조가비들을 살펴보느라고 바쁘다.
– 칼릴 지브란(Kahlil Gibran)–

② 유래

고대 근동의 아카드(Akkad) 부족은 원초의 바다를 지혜와 결부시켰다. 모든 생명은 달콤한 바다인 아프수(Apsu) 신과 짠 소금물인 티아마트(Tiamat) 여신으로부터 태어난다고 보았다. 또한 힌두교에서는 우주의 대양이 수면에 꽈리를 틀고 있는 뱀 위에 기대 누워 잠자고 있는 비슈누(Vishnu) 신으로 묘사된다. 이 대양은 성전 베다(Vedas)의 제단 주위를 둘러싸고 있는 무수한 돌에 의해서 상징된다. "가장의 제단은 이 세계이며, 둘레의 돌은 바다다."라고 언급된다.

그리스 신화에는 처녀 헤로(Hero)와 미남 청년 레안드로스(Leandros)가 해협을 사이에 둔 연인이었는데, 헤로를 만나기 위해 바다를 헤엄치던 레안드로스가 폭풍으로 죽자 헤로도 바다에 몸을 던졌다는 이야기가 있다. 또한 '세드나(Sedna, 이누크티투트어)'는 북미 북극 지방에 사는 에스키모 계통 원주민(특히 캐나다 이누이트)의 신화에 등장하는 바다의 여신이다. '바다의 여왕'이라고도 불리며, 바다에 사는 동물의 관리를 수행하는 인간의 선조이기도 하다. 고대 근동에서 바다는 힘, 여성 원리, 혼돈이 가진 맹목적인 힘을 상징했으며, 이슬람교에서 염수의 바다는 현교적 교설, 담수의 바다는 비교적 예지를 상징했다(Cooper, 2007).

③ 상징적 의미

바다는 모성, 감정, 무의식을 상징하며, 무한한 자유, 즐거움, 생명력, 재생, 평온함, 외로움, 혼돈, 파괴, 죽음 등을 의미한다. 또한 그 깊이는 지구의 자궁으로 비유되기도 해 위대한 모성, 태모, 여성 등을 나타내기도 한다. 바다에 치는 파도는 열정의 힘, 감정과 무의식의 상태를 나타낸다. 물은 생명의 원천이고 바다가 원초의 물을 의미하므로 바다는 혼돈, 끝없는 운동, 생명의 원천을 상징하며, 풍요와 다산의 상징인 동시에 죽음을 상징하기도 한다. 바다는 다양한 생물이 서식하고 선박과 잠수함 등의 교통로가 되기도 한다. 따라서 '사회의 거센 파도에 내보내다'라든가 '새로운 세계로의 출범' 등의 표현에서 알 수 있듯이 사람이 사회에 나가는 것을 비유할 때 바다를 상징적으로 사용한다. 즉, 이 경우 바다는 사회를 의미한다.

④ 신화와 고전

『효녀 심청』 이야기에서 파도가 거세 바다를 건널 수 없던 사람들은 처녀를 바다에 제물로 바쳐 파도를 잠재우고자 한다. 이에 심청이가 공양미 300석에 몸을 팔고 바다에 뛰어들게 되는데, 그러자 파도가 멈춘다(김선희, 송향란 편, 2013). 여기에서 바다는 인간이 조절하지 못하는 강력한 힘, 혼돈, 파괴력 등을 나타낸다.

⑤ 바다의 이미지

(고등학교 3학년 사회성 결여 청소년)
바다: 차분한 바다를 통해 평온해지고 싶은
현재 심정을 표현

(초등학교 고학년 불안 · 위축 아동)
섬 주변의 바다: 힘든 현실에서 벗어나고
싶은 심정을 표현

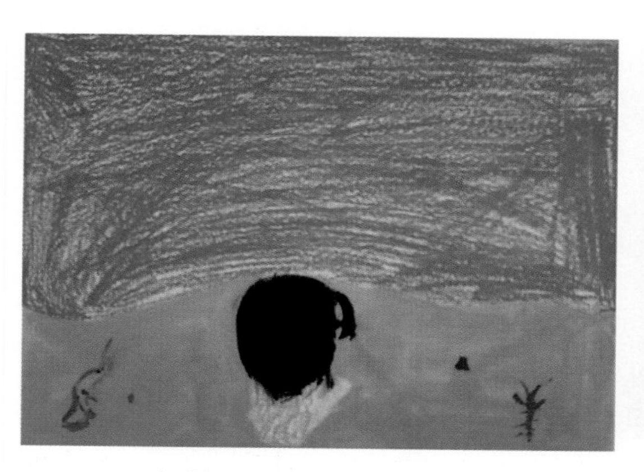

(중학교 1학년 등교거부 청소년)
황량한 바다: 외로움과 쓸쓸한 정서를 표현

(초등학교 저학년 사회성 결여 아동)
활기찬 바다: 즐거움과 생명력, 에너지를 표현

2) 강(river)

① 사전적 의미

"넓고 길게 흐르는 내"(두산동아 사서편집국 편, 2016).

② 유래

낙원의 생명나무에서 흘러나와 동서남북의 기본 방위로 흘러가는 네 개의 강에 담겨 있는 공통의 이미지는 신적인 에너지와 영적인 식량이 우주 전체를 거쳐 흘러간다는 은유였다. 힌두교에서 지고의 강물 여신, 강가로 의인화되는 갠지스(Ganges) 강은 신화에서 하늘로부터 내려와서 땅을 청소하고 지하 세계로 내려가는 것으로 그려지는 추축 상징이다. 갠지스 강에서의 정화는 힌두교의 중심 제의다. 좀 거친 형태의 정화 상징은 그리스 신화에서 헤라클레스(Hercules)가 강물의 흐름을 바꾸어 아우게이아스(Augeas) 왕의 외양간을 청소한 데서 볼 수 있다.

예로부터 강물은 예측 불가능하기 때문에 사람들은 그 지방의 신이나, 흔하게는 여신들에게 제물을 바쳐 비위를 맞췄다. 강물은 흔히 경계선 구실을 하는데, 특히 산 자와 죽은 자의 세계를 나누는 경계일 때가 많다. 켈트 족(Celts)은 강물의 합류점을 신성한 곳으로 여겼다. 중국에서는 익사자는 강물 귀신이 되어 자기들이 깃들 수 있는 산 사람의 몸을 찾고 싶어 한다고 알려져 있다.

고대 근동에서 낙원에 흐르는 네 개의 강은 지상의 네 나라와 네 가지 기본 방위 및 사계절을 만든다. 이 네 개의 강은 영적인 힘과 자양분을 가져다준다. 깨달음을 얻기 위해서는 생명의 강을 그 원천으로까지 거슬러 올라가야만 한다. 불교에서 강은 생명의 흐름을 상징한다.

그리스 신화에서 강의 화신들[물의 신 오케아노스(Oceanos)의 자녀들]은 뿔이 났거나 길게 흘러내리는 수염을 가진 늠름한 남자로서 나타난다. 유대교에서 생명의 강은 '상위 세계'에서 '하위 세계'로 영력을 흘려 보내는 '세피로스(Sephiroth) 나무'에 대응된다. 메루 산에 있는 '생명의 나무(arbor vitae, lignum vitae)'의 근원에서 동서남북의 네 가지 기본 방위로 나뉘는 흐

▶ 바다와 강에 관한 관용구

• 바다에 관한 관용구

– 山戰水戰(산전수전): 산에서의 싸움과 물에서의 싸움. 세상의 온갖 고난을 다 겪어 세상일에 경험이 많음을 이르는 말
– 桑田碧海(상전벽해): 뽕나무밭이 푸른 바다가 되었다. 세상이 몰라볼 정도로 바뀐 것
– 望洋之嘆(망양지탄): 넓은 바다를 보고 탄식하다. 남의 원대함에 감탄하고 나의 미흡함을 부끄러워함
– 萬頃蒼波(만경창파): 만 이랑의 푸른 물결. 한없이 넓고 푸른 바다
– 茫茫大海(망망대해): 넓고 큰 바다
– 山海珍味(산해진미): 산과 바다의 산물을 다 갖추어 잘 차린 귀한 음식
– 人海戰術(인해전술): 대규모 인원을 동원하는 전술
– 불바다: 화재로 넓은 지역이 불길에 휩싸인 상태
– 피바다: 사고나 사건 등의 현장에서 주변 일대에 피가 낭자한 상태
– 수해: 울창하고 광범위하게 퍼져 있어서 더 높은 곳이나 상공에서 보면 바다처럼 보이는 삼림
– 운해: 넓게 깔려 있어서 높은 산이나 비행기에서 보면 바다처럼 보이는 구름

• 강에 관한 관용구

– 강 건너 불구경: 강 저쪽의 싸움, 자신에게는 조금도 영향이 없는 것을 비유한다.
– 수영 잘하면 강에서 죽는다: 자신의 특기인 재능과 솜씨 때문에 오히려 몸을 버릴 수 있다. 잘하는 것에 대해 방심하는 경향이 있음을 일컫는다.
– 강 건너간 호랑이다: 일이 잘 해결되었음을 의미한다.
– 앉은뱅이 강 건너듯: 벼르기만 하였지 실제 하지는 못하고 우물쭈물하는 모양을 비유적으로 이른다.

름이다. 한편, 갠지스 강 등 성스러운 강에서 하는 목욕은 정화의 의례다(Cooper, 2007). 힌두교에서 여신 강가를 형상화하는 갠지스 강은 파괴의 신인 시바(Shiva, 힌두교 시바파의 최고신)의 머리카락을 타고 흐르는 정화의 강을 상징한다(Fontana, 2011).

③ 상징적 의미

강은 무의식의 흐름, 의식과 무의식의 경계, 삶과 죽음의 경계, 방향성, 정화 등을 상징한다. 또한 시간의 흐름을 의미해 되돌아갈 수 없는 시간, 상실과 망각, 세월의 무상함, 삶의 과정을 나타내기도 한다.

우리나라에서 강 건너편은 '저세상'을 나타내며 수원에서 바다로 향하는 흐름은 탄생에서 죽음으로 진행되는 삶을 나타낸다. 한편, 작품에서 강이 크게 나타나는 경우 심리적으로 스트레스가 많아 무의식에 지배당하고 있음을 암시하며, 강과 길이 직교하는 경우 의식과 무의식이 새로운 관계를 맺는, 즉 자아가 질적으로 재구성되었음을 상징한다. 지속적으로 흐르는 강은 흘러가는 세월의 무정함을 상징한다. 강물이 바다로 흐르는 것은 더 높은 자각에 도달한다는 상징적 의미를 담고 있다.

④ 신화와 고전

우리나라의 민담 '의좋은 형제'의 줄거리는 다음과 같다. 의좋은 형제는 강가에서 금 구슬 두 개를 줍는다. 금 구슬을 갖자 욕심이 생긴 두 형제는 사이가 나빠지고, 게을러져 일을 하지 않는다. 결국 두 형제는 금 구슬을 다시 강가에 던져 버리게 되고, 다시 행복이 찾아온다(박영희, 강윤주 편, 2013). 여기에서 강은 두 형제에게 깨달음을 주고, 악한 마음을 정화해 주는 초자연적인 공간으로 나타난다.

⑤ 강의 이미지

(초등학교 5학년 우울 아동)
강과 육지의 경계: 감정적인 내면에서 의식 사이의 경계를 의미하며, 현실 세계로 건너가는 전환을 표현

3) 연못(pond)

① 사전적 의미

"연꽃을 심은 못으로, 뜰 안이나 집 가까이에 있는 작은 못을 의미하며, 연당(蓮塘), 연지(蓮池)라고도 한다."(두산동아 사서편집국 편, 2016).

② 유래

중국에서는 조경의 목적으로 사용됐으며, 서양에서는 쓸모없는 습지를 이용하기 위해 만들어졌다.

③ 상징적 의미

연못은 치유, 마법의 힘을 나타낸다(Bruce-Mitford & Wilkinson, 2010). 연못은 에너지의 정체, 답답함, 막힌, 침체된, 좁은 마음, 안정, 생명 등을 상징한다. 심리적으로 연못은 고여 있는 물로 소통이 안 됨, 현실 생활의 통제와 답답한 심정을 암시한다.

④ 신화와 고전

『선녀와 나무꾼』(김유천, 김경애 편, 2013)에서 나무꾼은 연못에서 목욕을 하고 있는 선녀의 옷을 숨긴다. 옷을 찾지 못해 하늘나라로 올라가지 못한 선녀는 나무꾼과 결혼을 하게 된다. 이 동화에서 연못은 하늘에서 내려온 신비스러운 선녀가 목욕을 하는 장소로서 깨끗하고 신성한 곳을 나타낸다.

그리스 신화에서 나르키소스(Narcissus)는 연못에 비친 자신을 애타게 그리다가 연못에 빠져 죽는다.

⑤ 연못의 이미지

(초등학교 고학년 정서불안 아동)

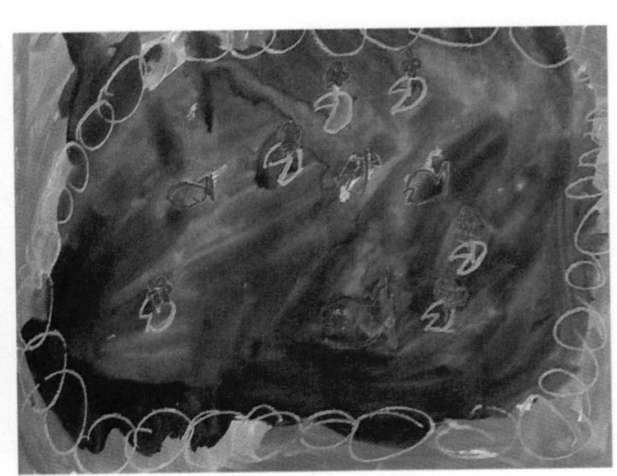

(초등학교 저학년 주의산만 아동)

연못: 현실생활의 통제와 답답한 심정, 에너지의 정체를 표현

4) 호수(lake)

① 사전적 의미

"육지 내부에 위치하여, 못이나 늪지보다도 넓고 깊게 물이 괴어 있는 곳으로, 호해(湖海)라고도 한다."(두산동아 사서편집국 편, 2016). "사면이 육지로 싸이고 땅이 우묵하게 들어가 물이 괴어 있는 곳(못이나 늪보다 훨씬 넓고 깊음)"(민중서림 편집부 편, 2016).

② 유래

"전설과 민담에서 호수는 자연적 세계와 초자연적 세계를 나누는 양면 거울이었다. 고요하여 사물이 비치는 수면을 우리가 위에서 지켜보듯이, 수면 아래에서도 보석으로 장식된 궁궐에 살고 있는 정령들이 우리를 보고 있으리라고 상상하는 것이다. 이런 정령들에게 공물을 바치는 켈트족의 관습은 아서 왕(King Arthur) 전설에 나오는 호수의 여인과 명검 엑스칼리버(Excalibur)의 관계를 해명해 준다. 신화에서 신비스러운 호수, 젊음과 예언적 능력, 치유력을 지녔다고 전해지는 샘물의 신들에게는 다들 비위를 맞춘다. 분수에 동전을 던지고 소원을 비는 행위는 여기에서 유래한 것이다."(Tresidder, 2007).

③ 상징적 의미

호수는 평화와 명상을 상징하며, 정적, 조용함, 평온함, 평화로움, 휴식, 수동성, 포용력을 갖춘 지혜 등의 의미를 지닌다. 호수의 표면은 거울의 상징과 연결되어 자기성찰, 의식, 계시 등을 나타내기도 한다. 호수의 물은 생명과 죽음, 고체와 기체, 무형과 유형 사이의 전환을 상징한다.

④ 신화와 고전

『빨강머리 앤』(Montgomery, 2014)에서 앤은 학교에 입학한 후 친구 길버트에게 놀림을 받는다. 이를 미안하게 생각한 길버트는 앤에게 사과하지만 앤은 사과를 받아들이지 않는다. 어느 날 앤은 호수에서 배를 타고 가다 물에 빠지게 되고, 길버트가 앤을 구해 주며 놀린 것을 진심으로 사과한다. 시간이 흘러 성인이 된 어느 날 길버트가 앤에게 지난 일에 대해 다시 사과하자 앤은 호수에서 자신을 구해 줬을 때 모든 것을 용서했다고 말한다.

여기에서 호수는 삶과 죽음의 갈림길에 놓이게 하는 위험한 존재이면서 두 사람의 관계를 회복시켜 주는 포용력이 있는 대상으로 나타난다.

⑤ 호수의 이미지

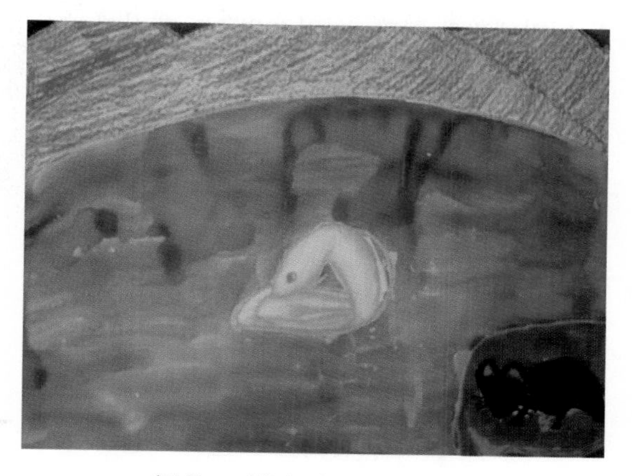

(중학교 2학년 진로탐색 청소년)
잔잔한 호수: 안정되고 편안해지고 싶은 심리적 욕구를 표현

(성인)
활력이 있게 표현한 호수를 통해 에너지가 생기는 것 같다고 함

5) 시냇물(stream)

① 사전적 의미

"시내의 흐르는 물"(두산동아 사서편집국 편, 2016).

② 상징적 의미

시냇물은 생명과 풍요, 시간과 삶의 흐름 등을

상징한다. 또한 신비함, 상쾌함, 활기참, 즐거움을 나타내기도 한다. 심리적으로는 현실에 순응하고자 하는 마음을 암시한다.

③ 신화와 고전

이솝우화 '개미와 비둘기'를 보면, 시냇물에서 물을 마시던 개미가 미끄러져 물에 빠지고 만다. 이 모습을 보게 된 비둘기가 나뭇잎을 시냇물 위에 띄워 보내 개미의 목숨을 구해 준다. 그러던 어느 날 사냥꾼이 비둘기를 쏘려고 하는 모습을 본 개미가 사냥꾼의 발을 물어 비둘기를 위험에서 구해 주게 된다(김영만 편, 2004). 여기에서 시냇물은 개미의 목숨을 구하게 되는 신성한 장소이며, 은혜를 입게 되는 풍요롭고 신비한 곳을 나타낸다.

④ 시냇물의 이미지

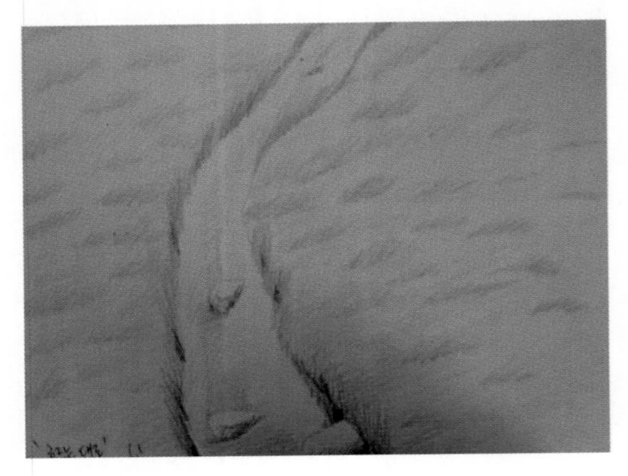

(성인)
잔잔한 시냇물처럼 흐르는 대로 현실에 순응해야겠다는 마음을 표현

6) 폭포수(waterfall)

① 사전적 의미

"폭포수는 낭떠러지에서 곧장 쏟아져 내리는 물로, 비류(飛流), 비천(飛泉)이라고도 한다."(두산동아 사서편집국 편, 2016).

② 유래

불교에서는 폭포가 '영원으로 변해 가는 것'을, 폭포수는 우주의 '영원한 무상'을 나타낸다고 믿는다. 이러한 연유로 폭포수는 중국과 일본의 산수화에서 중요한 소재로 자주 등장한다(Bruce-Mitford & Wilkinson, 2010).

③ 상징적 의미

폭포수는 정화와 해소, 신성함을 상징하며, 에너지, 생명력, 역동성, 거침없음, 강함, 추락 등을 나타내기도 한다. 심리적으로는 답답함의 해소, 심리적 정화를 암시한다.

④ 신화와 고전

『선녀와 나무꾼』(김유천, 김경애 편, 2013)에서 나무꾼은 폭포 아래의 연못에서 목욕을 하고 있는 선녀의 옷을 숨긴다. 옷을 찾지 못해 하늘나라로 올라가지 못한 선녀는 나무꾼과 결혼을 하게 된다. 이 동화에서 폭포는 하늘에서 내려온 선녀가 목욕을 하는 배경으로 신비함과 신성함을 나타낸다.

⑤ 폭포수의 이미지

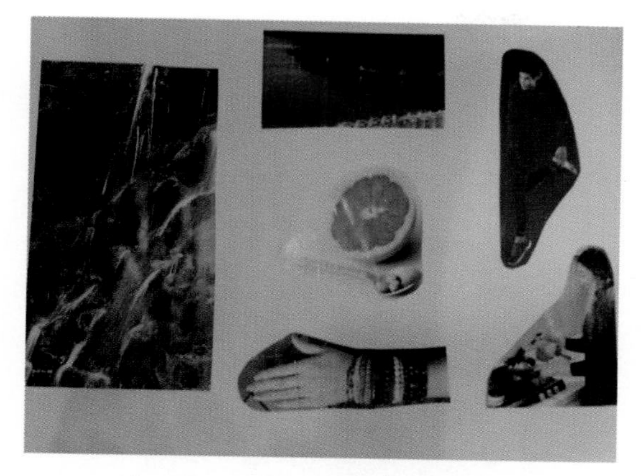

(고등학교 2학년 학교 부적응 청소년)

(초등학교 고학년 도벽 행동이 있는 아동)
폭포: 답답함의 해소, 심적 정화를 표현

7) 우물(well)

① 사전적 의미

"물을 긷기 위하여 땅을 파서 지하수를 괴게 한 곳 또는 그런 시설"(두산동아 사서편집국 편, 2016).

② 유래

켈트 신화에서 성스러운 우물은 다른 세계와 통하고 마력을 가지며, 그 물에는 치유력이 있다. 유대교의 상징체계에서 담수가 솟아나는 우물은 율법서 '토라(Torah)'를 나타낸다. 그리스도교에서 우물은 구원과 정화의 상징이다(Cooper, 2007). "슈나이더에 의하면 많은 고대 의식, 특히 병을 치료하는 의술 의식이 행해지는 곳은 우물이나 호수이며, 환자는 그 물로 손, 가슴, 머리를 씻는다. 우물이나 호수 가장자리에는 갈대가 자라며 조가비가 발견되는 바, 이 두 사물은 구원을 상징하는 물의 기호로 인식된다. 특히 우물을 들여다보는 행위는 명상이라는 신비한 심리적 태도를 상징한다. 그런 점에서 우물은 영혼을 상징하며, 사물이 지니는 여성적 속성을 상징한다."(이승훈, 2009).

물은 생활에 필수적이기 때문에 예로부터 물을 퍼 올리는 우물은 중요시되고 신앙의 대상이 되어 왔다. 일본에서는 우물 신으로 미쓰하노메노카미(みづはのめのかみ, 水神) 등을 모셨다. 또한 우물은 지하 황천에 연결되는 다른 세계의 입구라고도 생각했다. 우물에서 등장하는 귀신 등이 그 예로, 우물을 통해서 지옥에 다녀왔다고 하는 전설도 있다. 추석을 맞이하기 전에 우물을 청소하는 것은 죽음의 길을 정비한다는 의미가 있는 것으로 여겨진다.

③ 상징적 의미

우물은 여성을 상징하며, 태모의 자궁, 새로운 생명의 탄생, 생명의 근원, 영원한 생명, 풍요로운 생산력 등을 의미한다. 뚜껑이 덮인 우물은 처녀성을 상징하며, 치유와 재생, 순화 등을 나타내기도 한다. 심리적으로는 답답한 심정을 암시한다.

④ 신화와 고전

『늑대와 일곱 마리 아기 염소(The wolf and seven little goats)』(Jacob & Wilhelm, 2013b) 이야기에서는 엄마 염소가 잠시 집을 비운 사이 일곱 마리 아기 염소만 있는 집에 늑대가 나타난다. 늑대는 숨어 있는 막내 염소를 제외한 여섯 마리의 아기 염소를 잡아먹는다. 집에 돌아온 엄마 염소는 막내 염소에게 이 사실을 전해 듣고 자고 있는 늑대를 찾아가 늑대의 배를 가른다. 아기 염소들을 구한 엄마 염소는 늑대의 배에 돌을 채워 넣는다. 이윽고 잠에서 깬 늑대는 우물가에서 물을 마시다 배가 무거워 우물에 빠져 죽고 만다.

여기에서 우물은 선한 입장에 서서 악한 대상을 처단하는 존재이며, 우물을 쳐다보는 행위 자체가 내면을 파악하는 신비한 속성을 가진다.

한편, 우물에 물고기가 서식하는 것은 물이 맑다는 것으로, 잉어 등이 방사되어 있을 수 있다. 이 물고기를 우물 신으로 간주하는 지방도 있으며, 우물의 물고기는 잡아서는 안 된다고 한다. 우물에 관련된 금기도 많아 예로부터 칼과 철물을 던지는 것, 큰 소리로 우물을 향해 소리를 지르는 것을 엄중히 책망했다.

⑤ 우물의 이미지

(초등학교 저학년 주의산만 아동)
우물: 답답한 현재 심정을 표현

8) 홍수(flood)

① 사전적 의미

"비가 많이 와서 강이나 개천에 갑자기 크게 불은 물로, 큰물, 시위, 대수(大水)라고도 한다."(두산동아 사서편집국 편, 2016).

② 유래

홍수 이야기로는 성경에 나오는 '노아의 방주'가 대표적이다. 노아는 선한 인간으로, 홀로 신의 경고를 듣고 배를 만들어 살아남았다. 그와 가족은 각종 동물을 암수 한 쌍씩 배에 태워 새로운 세상을 열어 갈 준비를 했다. 이 이야기는 한 사람 혹은 한 쌍이 우주 대홍수에서 생존하는 고대 메소포타미아 신화의 바탕이 되었으며, 이러한 모티프는 다른 문화권의 홍수 신화에서도 발견된다. 그리스인들은 신이 인간에게 홍수라는 재앙을 내렸고, 그 후 데우칼리온(Deukalion)과 그의 아내 피라(Pyrrha)만 살아남았다고 생각했다. 힌두교 신화에서 최초의 인간인 마누(Manu)도 홍수가 지상을 휩쓸기 전에 배를 만들어 살아남았다. 종종 선택받은 1인은 노아처럼 위대한 미덕이 있는 사람이거나 반신적 존재다(Fontana, 2011).

③ 상징적 의미

홍수는 사물을 파괴하지만 그 사물 자체의 힘은 파괴하지 않아 재생할 수 있는 길을 남겨 둔다는 점에서 죽음과 재생, 끝과 새로운 시작을 상징한다. 또한 홍수는 순환의 최후 단계로 멸망, 파괴, 상실, 심판을 의미한다. 심리적으로는 욕구의 해소, 새로운 시작을 암시한다.

④ 신화와 고전

유명한 『견우와 직녀』 설화에 따르면, 하늘에 사는 공주 직녀와 땅에 사는 농부 견우는 우연히 만나 사랑에 빠진다. 그날 이후 직녀는 베를 짜지 않고, 견우는 일을 하지 않았다. 이를 괘씸하게 여긴 옥황상제가 두 사람을 갈라놓고 칠월 칠석에만 만날 수 있게 하자, 이를 슬퍼한 견우와 직녀는 슬픔의 눈물을 흘린다. 이 눈물이 흘러 칠월 칠석이면 홍수가 난다고 한다(백은영, 신경란 편, 2013). 여기에서 홍수는 눈물을 뜻하며, 슬픔과 이별을 나타낸다. 한편, 대홍수는 인간의 타락에 대한 신의 벌을 뜻하는 것으로 알려져 있다.

⑤ 홍수의 이미지

(초등학교 고학년 ADHD 아동)
홍수: 내면에 쌓여 있던 욕구의 해소와 새로운 시작을 표현

9) 분수(fountain)

① 사전적 의미

"압력으로 좁은 구멍을 통하여 물을 위로 세차게 내뿜거나 뿌리도록 만든 설비 또는 그 물" "두 갈래 이상으로 갈라져 흐름, 또는 갈라져 흐르는 그 물"(두산동아 사서편집국 편, 2016).

② 유래

분수에는 치유력과 마술적인 힘이 있다고 한다. 샘 주변에 마을이 만들어지는 경우도 많고, 영국의 바스(Bath) 지역은 온천 주위에 발전한 도시다. 또한 프랑스 루르드(Lourdes)의 샘물은 성모마리아가 출현한 곳으로도 알려져 그 샘물의 치유력이 유명하다.

그리스도교에서 샘은 생명의 물에 의한 속죄와 정화를 의미한다. 따라서 여기서 샘은 '말씀'이 흘러나옴을 뜻한다. 생명의 샘은 불사를 내리며 성령을 나타내기도 한다. 막힌 샘은 성모마리아를 가리킨다. 유대교에서는 살아 있는 물의 근원이 신이라고 보았으며, 이슬람교에서는 샘이 하늘에서 보낸 본질 세계의 물로서 이것을 마시면 영지를 얻게 된다.

샘은 인식이 갑자기 생기는 것, 즉 '심안'의 열림이다. 은총의 샘, 생명의 물은 신을 인식하는 것을 나타낸다. 생명의 나무에서 흘러나오는 샘물은 낙원에 있는 네 가지 강의 원천이 되었다. 이는 그리스도교적인 구원의 상징이다.

③ 상징적 의미

분수는 인간과 모든 사물의 생명력을 상징한다. 또한 감정의 표출, 욕구의 표출, 분출, 시원함, 카타르시스, 해소, 환희, 힘, 에너지, 생동감 등을 나타내기도 한다.

④ 신화와 고전

노르딕(Nordic) 신화에서는 주신인 오딘(Óðinn)이 세계의 축인 이그드라실(Yggdrasil) 나무에서 흘러나오는 지식의 샘물을 한 모금 마시기 위해 자기 눈 하나를 바친다.

⑤ 분수의 이미지

(초등학교 저학년 정서불안 아동)

(중학교 2학년 진로탐색 청소년)
분수: 답답한 마음을 해소하는 치유적인 의미로 표현

※ 상징적 의미

물	갈매기, 갈증, 갈증 해소, 감정, 강, 고마움, 고요하다, 깊다, 깨끗하다, 꼭 필요한, 넉넉하다, 돈, 두려움, 들어가고 싶다, 마시다, 맑다, 망망하다, 목마르다, 무서움, 무의식, 물고기 잡이, 바다, 배, 부드럽다, 사람, 상쾌하다, 생명의 근원, 생물, 생수, 샤워, 성령, 성수, 세수, 수영, 순수하다, 시원하다, 신성하다, 쏟다, 쓰나미, 아리수, 아이들, 안정감, 액체, 양수, 여름, 여성의 몸, 여유로움, 우울함, 유연함, 인간성, 인체, 잔잔하다, 저수지, 정결하다, 정수기, 즐겁다, 차갑다, 촉촉함, 소중하다, 출렁이다, 컵, 투명하다, 파도, 편안하다, 포용, 푸르다, 필수적인, 해소, 휴식하고 싶다, 흘러가는
바다	가슴이 뻥 뚫리는 기분, 가족, 갈망, 갈증, 거대하다, 고깃배, 고래, 고요하다, 공포, 광대한, 그리움, 깊다, 까맣다, 꿈, 끝없다, 낚시, 넓다, 넓은 마음, 눈물, 다짐, 대륙을 찾아 떠나는, 대서양, 덥다, 동해, 떠나고 싶다, 망망대해, 모험, 무섭다, 무한함, 물고기, 물놀이, 바나나보트, 바다 냄새, 바닷소리, 바캉스, 받아들이다, 배, 빙하, 사랑, 산홋빛 해변, 상어, 상쾌함, 새로움, 생명체의 근원, 섬, 수영, 수평선, 수확, 쉬고 싶은 욕구, 스트레스, 시원한 마음, 아량, 안정감, 어부, 엄숙하다, 여행, 역동, 우울함, 인어, 일출, 자연, 자원, 자유, 잔잔하다, 장엄하다, 조개 잡이, 즐겁다, 짜다, 차갑다, 출렁이다, 충만함, 튜브, 파도, 편안하다, 포용, 푸르다, 풍성한 자원, 풍요, 해수욕장, 회, 후련하다, 휴가, 흘려보내다, 희망차다
강	가고 싶다, 갈대숲, 계곡, 고요하다, 굽이굽이, 그리움, 그물, 기다란, 길다, 깊다, 나룻배, 낚시, 낯설다, 내적 욕구, 넓다, 넓은 마음, 넘치다, 답답하다, 대교, 댐, 돌멩이, 드라이브, 따뜻함, 멧목, 뛰어들고 싶다, 래프팅, 맑다, 매운탕, 무서움, 무의식의 흐름, 물결, 물고기, 물수제비, 물안개, 물장구, 물줄기, 밀키웨이, 방향성, 뱀, 뱃사공, 벌레, 빛나다, 산책로, 세월, 시원하다, 쓸쓸함, 아름답다, 아리랑, 아버지, 아이들, 야영, 에너지, 여객선, 여름, 여행, 역동감, 연애, 연어, 오염, 위험, 윈드서핑, 유람선, 유연함, 유유히 흐르다, 의식과 무의식, 익사, 인간관계, 자유롭다, 잔잔함, 재미있다, 적막함, 점심 식사, 정지됨, 조용하다, 차갑다, 차분해지다, 충만하다, 캠핑, 폐수, 포근함, 푸르다, 풍요로움, 한강, 흐른다, 힘
연못	갇혀 있는, 개구리, 고귀함, 고여 있다, 고요하다, 귀신, 금도끼 은도끼, 금붕어, 깨끗하지 않은, 나뭇잎, 놀이터, 다정함, 답답하다, 더럽다, 동그라미, 두려운, 막혀 있는, 맑은 공기, 모기, 물, 물고기, 물망초, 물방개, 물방울, 벌레, 별장, 부레옥잠, 불교, 붕어, 사랑스러운, 생명, 선녀와 나무꾼, 소금쟁이, 수초, 습지, 신령님, 신비함, 아기자기한, 아늑하다, 아담하다, 안정, 어린 시절, 어항, 여유로움, 연꽃, 연잎, 오리, 올챙이, 의자, 이끼, 인공적인, 잉어, 자연, 작다, 작은 물고기, 잔잔하다, 정원, 정적, 정체, 조용하다, 좁은 마음, 차가움, 천지, 초록색, 침체되다, 풀
호수	가라앉은 마음, 갈망, 고요하다, 고이다, 구름다리, 깊다, 깨끗하다, 끝이 안 보임, 낚시, 낭만적인, 넓다, 녹색, 눈, 느긋하다, 달빛, 답답함, 대피, 데이트, 돛단배, 따스하다, 막혀 있다, 맑다, 멋짐, 모기, 물, 물고기, 물귀신, 물레방아, 물안개, 바다 같은, 백록담, 백조, 별장, 보트, 붕어, 산책, 상념에 빠진, 새벽, 생각하다, 생명, 석양, 수면의 반짝임, 스산하다, 비, 아름다움, 안개, 안정감, 야경, 얼음, 여유, 연인들, 영화, 오리, 오리배, 요정, 음악, 인공적인, 잔잔하다, 재난, 전망, 정적, 조각배, 조용하다, 쪽배, 차갑다, 카페, 캠핑, 커피, 크다, 투명하다, 펜션, 편안하다, 평온함, 평화로움, 포근하다, 폭포, 푸름, 한산하다, 한적하다, 호수공원, 휴식, 휴양, 흐르다

시냇물	경쾌하다, 계곡, 고기 떼, 고향, 귀엽다, 기분이 좋다, 깨끗하다, 노래, 답답함, 동심, 동요, 등산, 마시고 싶다, 맑다, 물고기, 물놀이, 물소리, 물장구, 미꾸라지, 바위, 반짝임, 발 담그고 싶은, 봄, 산, 상쾌함, 소나기, 송사리, 순수하다, 시골, 시원하다, 아기자기하다, 약수터, 약함, 어린 시절, 어릴 때의 추억, 여름, 옹달샘, 율동, 자갈, 자연, 작은 기대감, 작은 아이, 잔잔하다, 장난, 재미있다, 절, 정겨운, 좁음, 즐거움, 집 앞, 차갑다, 청정하다, 추억, 투명하다, 편안하다, 포근하다, 풀, 활기차다, 휴식, 휴식처, 흐르다, 흘려보내고 싶다
폭포수	강하다, 거칠다, 견뎌 내다, 경이롭다, 굉음, 깨끗하다, 끈기, 냉수마찰, 높다, 눈물, 다른 세상, 다이빙하고 싶다, 도전, 두려움, 득음, 따갑다, 떨어지다, 뚫리다, 마사지, 멋있다, 멋진 풍경, 목욕, 무섭다, 무지개, 물거품, 물소리, 물안개, 물줄기, 박력 있다, 발 담그다, 분출, 불만, 상쾌하다, 생기 있다, 생명력, 선녀와 나무꾼, 세다, 세찬, 소리, 속도, 수련하는 사람, 수학여행, 시끄러운 소리, 시원하고 거침없다, 신선, 쏟아지다, 아픔, 안개, 안마, 에너지, 에어컨, 역동, 욕구, 용, 우렁차다, 웅장하다, 장엄함, 제주도, 직선, 차가움, 창 소리, 천지연, 추락, 탁 트임, 폭발할 것 같다, 해소, 흰 거품, 힘차다
홍수	강물, 강수량, 거대함, 거세다, 건물 붕괴, 공포, 구조, 기아, 난민, 넘치다, 노아의방주, 댐, 두려움, 둑, 떠내려가다, 많다, 멸망, 모금 운동, 무력감, 무너지다, 무서움, 무지개, 물 범람, 물, 물난리, 방파제, 보트, 분출, 불안한 감정, 붉은 흙, 붕괴되다, 비, 상실, 선과 악, 소용돌이, 숨 막히다, 심판, 쏟아지는, 쓰나미, 아비규환, 아우성, 안타깝다, 없어짐, 여름, 욕심, 위험하다, 이재민, 인간의 무능함, 인명 피해, 일본, 자연재해, 잠기다, 장마, 죄의식, 죽음, 지하, 청소, 침수, 크다, 탁하다, 파괴, 피해, 휩쓸리다, 흙탕물
분수	가족 나들이, 감정 표출, 공원, 과학, 광장, 구경하고 싶다, 귀엽다, 놀이공원, 대리석, 더위를 식혀 주다, 동심, 동자상, 동전, 로맨스, 무지개, 물, 물놀이, 물방울, 물보라, 물소리, 물장난, 변화, 보석, 분노, 분출, 불볕더위, 뻥 뚫리다, 상승하다, 생동감, 솟구치는, 쇼, 시원하다, 신기함, 신남, 아기 천사 동상, 아름다움, 아이들 웃음소리, 카타르시스, 앞으로 나아가다, 에버랜드, 여름, 여유, 연인, 예쁘다, 욕구 표출, 욕망, 음악, 이탈리아, 인공적이다, 재미있다, 정원, 젖은 옷, 조경, 즐거움, 차갑다, 청량함, 축제, 춤추는 듯한 느낌, 치솟다, 퍼지다, 평화로움, 한강, 화, 확산, 환희, 활기차다, 휴식처, 흥겨움, 흩어지다, 희망, 힘

3. 육지(땅)

지구상의 모든 살아 있는 생명체는 육지(땅, 陸地, land)로부터 생명력을 받아 태어난다. 때문에 땅은 다산성과 생존, 보호의 상징을 나타낸다. 세계적으로 통과제의에서 흙을 사용하는 이유도 다산성과 재생의 의미로 볼 수 있다. 이 같은 상징으로 땅은 신화에서 가이아(Gaia)와 같은 어머니 여신으로 의인화된다.

반대로 땅은 수동성 또는 어둠과도 결부되지만, 그 상징적 의미는 지하 세계와는 다르다. 땅은 죽은 자의 거처인 지하 세계와 달리 생명의 근원으로 간주되기 때문에 땅의 상징은 대부분 온화하고 순종적이다. 땅은 하늘이 쏟아 내는 눈, 비, 바람, 햇빛, 달빛 등을 있는 그대로 수용하여 새로운 생명체를 잉태하고 만들어 낸다. 하나의 씨앗을 받아들여 그 보답으로 수십 개의 열매를 생산해 낸다. 이는 땅의 순종성에 대한 보답의 기능으로, 땅이 갖고 있는 기본 성질인 덕(德)을 나타낸다. 이 같은 땅의 속성으로 사람들은 오랜 옛날부터 땅을 거대한 생명체로 인식하게 되었고, 땅에 감사하고 숭배하며 지신(地神)에게 제사를 지내게 되었다. 이 절에서는 생명의 모태가 되는 땅 위의 산, 길, 모래, 논 등에 대한 각각의 상징을 살펴보고자 한다.

1) 산(mountain)

① 사전적 의미

"육지의 표면이 주위의 땅보다 훨씬 높이 솟은 부분으로, 산악(山岳)이라고도 한다."(두산동아 사서편집국 편, 2016). "평지보다 썩 높이 솟아 있는 땅덩이"(민중서림 편집부 편, 2016).

② 유래

산은 "신이 시나이(Sinai) 산 위에서 모세(Moses)와 엘리야(Elijah)에게 모습을 드러낸 것

하나님이 뭍을 땅이라 부르시고 모인 물을 바다라 부르시니 하나님이 보시기에 좋았더라
하나님이 이르시되 땅은 풀과 씨 맺는 채소와 각기 종류대로 씨 가진 열매 맺는 나무를 내라 하시니 그대로 되어
-창세기 1장 10, 11절-

은 그리스도교에서 그리스도가 몇 명의 제자를 거느리고 '산 위로 기도하러 올라갔을 때'의 변신에 상응한다. 모세는 시나이 산의 정상에 올라 신의 십계명을 얻었다. 또한 엘리야가 바알(Baal)의 사제들에게 승리를 거둔 것도 카르멜(Carmal)산 위에서였으며, 사도행전에 따르면 그리스도가 승천한 곳은 감람(Olives)산 위였다."(Tresidder, 2007)고 나타난다.

또한 "중세의 성배 전설에 따르면 생명의 영약은 몬살바트(Monsalvat)산의 성에서 보호되고 있다고 한다. 중국에서 세계의 산이자 황하의 근원으로 여겨지는 곤륜산(崑崙山)은 질서와 조화의 상징이며 신선과 초자연적 존재들이 사는 거처다. 또한 그리스 신화에서는 올림포스(Olympos) 산에 살면서 걸핏하면 싸워 대는 열두 신이 세계와 인간의 생활을 지배했는데, 이들은 인간을 변덕의 제물로 삼곤 했다."(Tresidder, 2007)고 했다.

미국 원주민 나호바 족은 몇몇 산을 자연의 정령의 화신으로 보았다. 또한 고대 이집트인은 산을 하늘에 대한 대지의 욕망 표현이라고 생각하고, 육욕적인 욕망을 상징한다고 보았다. 중국에서도 이와 유사하게 생각하여 남근 모양의 산을 남성적인 것, 혹은 삶을 뜻한다고 보아 '양'의 상징이라고도 한다.

무함마드는 산의 불변성을 들어 겸손의 필요성을 이야기했다. 그는 사파(Safa) 산에 이동하라고 명령했지만 산이 미동도 하지 않자 산이 그 자리에 그대로 있는 것에 대해 신에게 감사하기 위해 산 쪽으로 걸어갔다고 한다(Tresidder, 2007).

③ 상징적 의미

산은 하늘과 땅이 만나는 지점으로 영적으로 중시되며, 우주의 힘을 상징한다. 산은 초월, 영원, 순수, 영적인 상승, 불멸의 존재, 영웅, 신들과 결부되기도 한다. 산은 구성요소에 따라 다양한 암시성을 갖는데, 높이를 강조할 때에는 장애물, 과제, 문제, 고난, 도전, 목표를 상징하고, 수직성을 강조할 때에는 천상, 신과 만나는 신성한 곳, 이상향, 낙원을 의미하기도 한다. 특히 산봉우리는 신비를 상징하는데, 심리적으로 산봉우리는 극복해야 할 문제의 수를 시사하며 뾰족한 산은 현재 직면해 있는 갈등이 어려움을 내포하고 있음을, 완만한 산의 경우 힘이 들어도 문제를 잘 넘어감을 의미한다.

④ 신화와 고전

단테의 『신곡(La divina commedia)』 '연옥 편'에는 더 높은 산에 올라갈수록 깨달음과 구원에 가까워진다고 적혀 있다. 단군신화의 경우 환웅이 태백산에서 하산하여 신단수를 중심으로 신시를 열 때 산은 신의 하강처이자 세계의 중심을 상징한다.

『금도끼와 은도끼』(신영란, 한용욱 편, 2013)에서 부지런한 나무꾼은 산에 올라가 나무를 하다가 도끼를 연못에 빠뜨린다. 그러자 산신령이 나타나 질문을 하고, 정직하게 답한 사냥꾼에게 쇠도끼뿐만 아니라 금도끼, 은도끼를 모두 준다. 이 동화에서 산은 인간에게 먹을거리와 일거리를 제공하는 풍요롭고 생명력이 있는 거대한 장소다. 또한 신과 접하는 신비로운 공간이며, 착한 사람은 복을 받고 악한 사람은 벌을 받는 권선징악의 장소가 된다.

⑤ 산의 이미지

(초등학교 고학년 학교 부적응 아동)
여러 개의 산봉우리

(초등학교 저학년 정서불안 아동)
용지를 꽉 채운 산
크고 많은 산은 현실 생활에서의 장애물과
답답한 심정을 표현

2) 화산(volcano)

① 사전적 의미

"땅속의 마그마가 밖으로 터져 나와 퇴적하여 이루어진 산으로, 활동의 유무에 따라 사화산, 활화산, 휴화산으로 나눈다."(두산동아 사서편집국 편, 2016). "땅속 깊은 곳의 가스, 마그마 따위가 지각의 터진 틈을 통해 지표로 분출하여 쌓여서 이루어진 산"(민중서림 편집부 편, 2016).

② 유래

하와이 섬 킬라우에아(Kilauea) 화산의 화구에 사는 고대 하와이 화산의 여신 펠레(Pele)는 쉽게 흥분하고 변덕스럽다고 전해진다. 이 여신은 발을 굴러 지진을 일으키고 마법의 막대기로 화산을 찾아내서 분화시킨다. 이처럼 화산의 맹위는 잠자던 괴물의 각성과 신의 분노, 파괴력에 비유되는 경우가 많다.

③ 상징적 의미

화산은 내면에 잠재된 에너지이며 동시에 억압된 욕구를 암시한다. 또한 분노, 스트레스, 욕구 표출, 분출, 힘, 에너지, 역동, 열정 등을 상징한다. 심리적으로 폭발한 화산은 답답한 심정의 해소를 시사한다.

④ 신화와 고전

『사랑에 빠진 거인(A giant love strory)』(Helgadottir, 2005)을 보면, 산꼭대기에 거인이 살고 있다는 아버지의 말에 아리는 거인을 무서워한다. 하지만 아버지는 거인보다 화산이 더 무서운 것이라고 하면서, 아리에게 산에 사는 거인인 플럼브라와 아이들이 바위로 변해 버린 이야기를 해 준다. 여기에서 화산은 인간에게 두려움과 무서움을 주는 존재로 인간이 통제할 수 없는 거대한 힘과 파괴력을 가진 대상으로 표현된다.

⑤ 화산의 이미지

(초등학교 고학년 공격 성향이 있는 아동)

(7세 정서불안 아동)
화산: 억압된 에너지와 분노, 답답한 심정에 대한 표현

3) 길(street)

① 사전적 의미

"사람이나 자동차 등이 다닐 수 있도록 만들어진 곳"(두산동아 사서편집국 편, 2016). "사람, 짐승, 배, 차, 비행기 등이 오고가는 공간"(민중서림 편집부 편, 2016).

② 유래

길은 하늘을 향해 높이 솟은 솟대가 지상과 천상을 연결하는 매체로서의 길을 상징한다면, 단군신화에서 하느님의 아들 환웅이 처음 하늘에서 타고 내려온 신령한 나무인 신단수(神檀樹) 역시 하늘과 땅 사이를 왕래하는 길을 상징한다(동아출판사 편, 1993). 길은 크게 세 가지의 대표적인 상징성을 지니고 있다. 교통수단으로서의 길, 방도(方途)를 의미하는 길, 행위의 규범을 뜻하는 길이다. 동양 사상에서 길은 이념적 의미의 '도(道)'로 사용되어 왔다. 사람이 마땅히 취해야 할 심성이나 행위의 도의와 도덕을 길로 생각한 것이다(양웅, 2004).

③ 상징적 의미

길은 의식을 상징하며, 선택, 진로, 나아갈 방향성, 갈등 등을 암시한다. 심리적으로 여러 갈래의 길, 막다른 길, 끊긴 길, 웅덩이가 있는 길, 많은 선이 그려져 있는 길은 삶 혹은 진로, 앞으로 나아갈 방향에 대한 갈등으로 현재 상황을 드러내기도 한다. 또한 수평의 길은 안정의 욕구를 수직의 길은 상승의 욕구, 넓고 곧은 길은 미래에 대한 강한 자신감을 암시한다.

④ 신화와 고전

엑토르 말로(Hector Malot)의 『집 없는 아이(Nobody's boy)』(2010)에는 다음과 같은 이야기가 나온다. 레미의 양아버지는 길거리 악사 할아버지에게 레미를 팔아버린다. 그날부터 레미는 길거리를 떠돌아다니며 악사 할아버지와 함께 살게 되고, 길에서 잠을 자는 일도 많아진다. 그러던 어느 날 몸이 좋지 않던 악사 할아버지는 길에서 죽게 되고, 레미는 악사가 되어 길거리 생활을 하게 된다. 그러던 중 레미는 친부모를 찾게 되어 가족과 행복한 삶을 살게 된다. 여기에서 길은 끝이 없는 것으로 정착할 곳 없이 떠다니는 힘든 삶과 외로움, 쓸쓸함을 나타낸다.

⑤ 길의 이미지

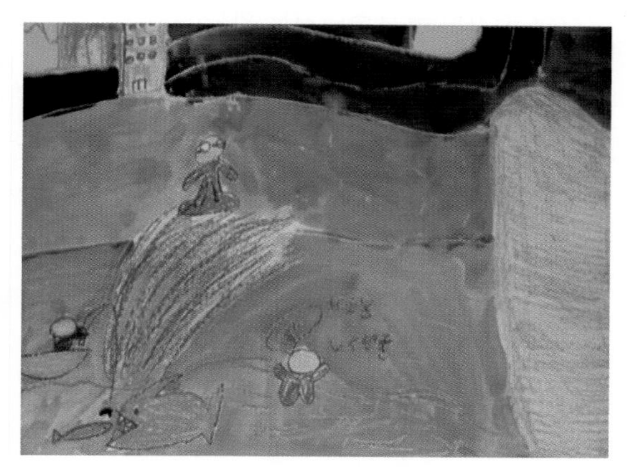

(초등학교 고학년 무기력 아동)
검은 도로: 현실 세상의 힘겨움과 어려움을 표현

(성인)
뚫린 길처럼 자신이 선택한 길을 스스로 잘 나아가고 싶다고 표현

4) 모래(sand)

① 사전적 의미

"잘게 부스러진 돌의 부스러기"(두산동아 사서편집국 편, 2016).

② 유래

이슬람교에서는 정화의 의례에서 물이 가까이 없으면 모래를 사용하였다(Cooper, 2007).

③ 상징적 의미

모래는 의식의 상징인 육지와 무의식의 상징인 바다가 만나는 지점으로 둘 사이의 메시지를 전달해 주는 상징적인 매체이다. 모래는 사막과 관련하여 불모, 황량함을 나타내며, 해변과 관련하여 희망, 안정성, 즐거움, 자유로움을 나타내기도 한다.

④ 신화와 고전

『모래요정과 다섯 아이들(Five children and it)』(Nesbit, 2014)에 등장하는 다섯 남매 시릴, 앤시아, 로버트, 제인, 램은 채석장이 있는 한적한 시골 마을로 이사를 온다. 자갈 채취장에서 구덩이를 파고 놀던 아이들은 우연히 온몸이 갈색 털로 뒤덮인 모래 요정 사미아드를 만나게 된다. 신기한 능력으로 인간들의 소원을 들어주는 사미아드는 '하루에 한 가지', 단 해가 지면 마법이 끝난다는 조건으로 매일 아이들의 소원을 이루어 주기로 한다. 아이들은 사미아드 덕분에 눈부시게 아름다운 외모, 상상할 수도 없이 많은 돈, 하늘을 날 수 있는 날개, 성에서의 하루 등 그동안 꿈꿔 온 일들을 맛보며 지루하기만 하던 일상에서 벗어난다. 하지만 사미아드의 고약한 심보 때문에 아이들의 소원은 꼬일 대로 꼬여 버리고, 아이들은 날마다 좌충우돌하는 소동에 휘말리고 만다. 이 이야기에서 모래는 환상과 즐거움을 나타낸다.

⑤ 모래의 이미지

(초등학교 고학년 틱장애 아동)
모래 해변: 자유로움과 즐거움, 동심을 표현

5) 논 또는 밭(field, agriculture)

① 사전적 의미

"논은 물을 대어 벼를 심어 가꾸는 땅으로, 답(畓)이라고도 한다. 또 밭은 물을 대지 않고 작물을 심어 가꾸는 땅으로, 전(田)이라고도 한다."(두산동아 사서편집국 편, 2016).

② 유래

힌두교에서는 여자는 밭, 남자는 씨앗이라고 하였다(Cooper, 2007).

③ 상징적 의미

논 또는 밭은 환경, 즉 일터, 면학의 의지, 나아가서 위대한 공급자, 양육자 등의 상징적 의미가 있다. 또한 근면성, 성실성, 과제, 수확을 나타내기도 한다. 현실적 · 심리적으로는 마음의 지향을 암시해 현재 놓여 있는 상황이나 상태를 의미하며, 논밭이 클수록 심리적인 부담이 큼을 암시한다. 논밭의 상태는 일의 상태를 나타내며 과실이 열려 있다면 현재 하고 있는 일의 수확 상태를 말한다. 이와 반대로 경계가 없는 논밭이나 황량한 논밭으로 역할이나 일에 대한 갈등, 심리적 무기력을 드러내기도 한다.

④ 신화와 고전

전래동화 '의좋은 형제'에서 두 형제는 홀어머니가 세상을 떠나자 밭과 논, 가축들을 똑같이 나눈다. 가을이 되자 논밭에는 곡식이 풍성하게 익었고, 넉넉하지 못한 서로의 형편을 걱정한 형제는 상대방의 논에 몰래 볏단을 옮겨 놓는다. 나중에 이 사실을 알게 된 두 형제는 더욱 사이좋게 지내게 된다(김영만 편, 2004). 여기에서 논과 밭은 사람이 먹고 살아가는 양식을 제공하는 풍요로운 곳이며, 노력한 만큼의 결실을 만들어 주는 정직함과 공정함을 의미한다.

⑤ 논 또는 밭의 이미지

(고등학교 1학년 학습무기력 청소년)
넓은 논: 자신이 해야 할 일(학업 등)에 대한 부담감을 표현

6) 사막(desert)

① 사전적 의미

"강수량이 적고 식물이 거의 자라지 않으며, 자갈과 모래로 뒤덮인 매우 넓은 불모의 땅"(두산동아 사서편집국 편, 2016). "메마르고 건조하여 식물이 거의 자라지 않으며, 모래와 자갈로 뒤덮인 매우 넓은 불모의 지역"(민중서림 편집부 편, 2016).

② 유래

성서 속의 예언자들은 풍요 의식에 토대를 둔 농경사회의 종교에 반대하기 위하여 사막과 황야를 강조한다. 곧 이스라엘인들의 종교가 순수한 것은 황야를 헤맬 때이고 이때 사막은 신성이 나타나기에 가장 알맞은 장소다. 이런 이유로 '일신교는 사막의 종교'라는 말이 전해져 온다."(이승훈, 2009).

③ 상징적 의미

사막은 불모의 땅으로 황량함을 상징하며 묵상의 장소로 신의 계시가 내리는 장소를 상징한다. 심리적으로 사막은 황폐하고 메마른 마음, 무미건조한 삶, 삭막함, 외로움, 희망 없음, 지치고 힘든 마음 등을 나타내기도 한다.

④ 신화와 고전

『어린왕자(Le petit prince)』(Antoine de Saint-Exupéry, 2013)에서 주인공인 '나'는 어린 시절 코끼리를 잡아먹는 보아뱀 구렁이를 그린 것을 아무도 알아주지 않자 좌절하여 화가의 꿈을 포기하고 조종사가 되었다. 그러던 어느 날 '나'는 비행 도중 사하라 사막에 불시착하게 되고, 그곳에서 어린왕자를 만나면서 많은 것을 느끼게 된다. 이후 어린왕자가 사라지고 나서 '나'는 어린왕자를 그리워한다. 여기에서 사막은 세속에서 떨어진 미지의 세계를 나타내며, 삶과 죽음의 갈림길에 서게 만드는 극한의 장소를 나타낸다.

⑤ 사막의 이미지

(성인)
자신의 현재 모습이 사막을 걷는 사람들처럼 힘들다고 표현

(초등학교 고학년 도벽 행동 아동)

(초등학교 저학년 공격 성향이 있는 아동)
사막: 힘들고 지친 현재 심정을 표현

7) 돌(stone)

① 사전적 의미

"흙 따위가 굳어서 된, 바위보다는 작고 모래보다는 큰 광물질의 단단한 덩어리로, 돌멩이라고도 한다."(두산동아 사서편집국 편, 2016).

② 유래

거친 돌을 잘 다듬거나 광택이 나는 마름돌로 만드는 것은 프리메이슨(Freemason, 18세기 초 영국에서 시작된 세계시민주의적 · 인도주의적 우애를 목적으로 하는 단체)을 은유적으로 표현한 것이며, 불순하고 무지한 상태에서 정신적으로 성숙하고 지혜를 얻게 되는 여정을 상징한다. 말라기서에는 '연단하는 자의 불' '은을 연단하여'와 같은 구절로 원석에서 정제되어 순수한 금속이 되는 과정을 서술한다. 이는 신에 의해 죄가 정화되는 것을 의미한다. 스코틀랜드에 대한 지배의 상징으로 에드워드 1세(Edward I)는 스코틀랜드 왕들이 1296년까지 그 위에서 즉위해 오던 '스콘의 돌(Stone of Scone)'을 훔쳐 웨스트민스터 사원에 갖다 두었다고 한다. 유려한 말솜씨를 얻기 위해 아일랜드의 블라니 성(Blarney Castle)에 있는 돌에 키스하는 전통은 켈트족만이 아니라 다른 지역에도 퍼져 있던, 돌이 지닌 신탁의 상징을 바탕으로 하는 것이다(Fontana, 2011). 그리스에서 바위는 태초 대지의 어머니인 가이아의 뼈로 인식되며, 중국 전통에서도 돌은 풍광으로 이루어진 몸을 가진 용의 뼈로 인식된다. 찬송가에서 하나님은 우리를 고통에서 구원해 주는 돌로 묘사되고, 베드로(반석, Petros) 역시 예수가 교회를 세운 돌을 지칭한다.

한편, 하늘에서 떨어진 돌은 생명의 기원을 상징한다. 유교와 도교에서 돌과 바위는 초월성을 상징하고 불교에서 돌은 부처를 상징한다. 일반적으로 돌은 구도, 의지, 거룩한 힘, 강력한 힘을 상징한다(Fontana, 2011).

③ 상징적 의미

돌은 단단함, 차가움, 불변성, 힘, 구원, 영원성, 안정성의 의미가 있다. 부서진 돌은 해체, 심리적 분열, 죽음, 전멸 등을 상징하며, 하늘에서 떨어진 돌은 생명의 기원을 상징한다. 반면, 심리적 · 현실적으로 큰 바위가 앞길을 가로막고 있을 경우 장애, 무거운 짐, 엄격함, 냉정함을 암시하며, 밭 또는 논에 있는 돌은 현재 일에 걸림돌, 즉 장애가 존재함을 시사한다. 강 속에 있는 돌은 무의식에 걸림이 있음을 나타낸다.

④ 신화와 고전

『빨간 모자(Little Red Riding Hood)』(Perrault, 2013)에서 귀여운 소녀 빨간 모자는 몸이 아픈 할머니 집에 심부름을 간다. 하지만 늑대가 나타나 할머니와 빨간 모자를 잡아먹고 잠이 든다. 이때 지나가던 사냥꾼이 이 사실을 알고 늑대의 배를 갈라 할머니와 빨간 모자를 구하고, 늑대의 배에 돌을 가득 채운다. 잠에서 깬 늑대는 우물가에서 물을 마시다가 뱃속에 든 돌의 무게 때문에 중심을 잃고 물에 빠지고 만다. 여기에서 돌은 악한 존재를 처단하는 도구로 표현된다.

"북아메리카 원주민들에게 돌은 은유적으로 어머니 대지의 뼈이며, 그리스와 소아시아에서는 돌 하나가 위대한 어머니 여신 키벨레(Cybele)로 숭배되었다. 생명력을 상징하는 내구성 강한 물질인 돌은 신성한 장소를 표시하는 용도로 사용되었다. 제단, 옴파로스(Omphalos), 링감(lingam) 등의 돌은 제물 공양이나 숭배의 초점이었다. 희생 제물은 돌에 묶이거나 돌에 머리를 부딪혀 두개골이 깨진다. 지금도 장례식에서 돌이 영원한 생명의 상징으로 쓰인다. 대관식에서 사용되는 돌로 만든 물건은 전통에 의해 축적된 권위를 나타낸다."(Tresidder, 2007).

⑤ 돌의 이미지

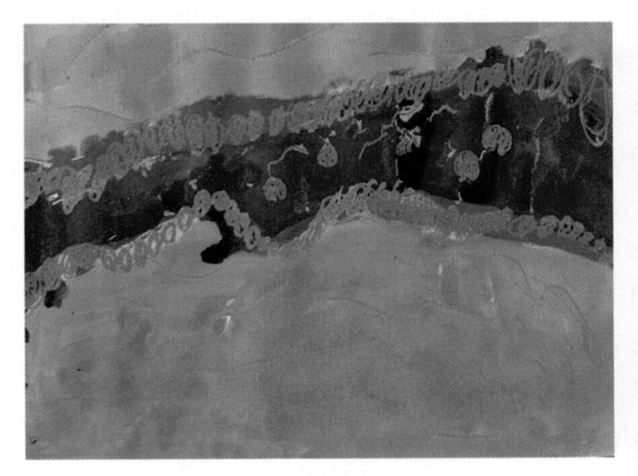

(초등학교 저학년 주의산만 아동)
강을 둘러싼 돌: 현재의 답답한 심정을 표현

(성인)
큰 바위가 무겁게 느껴지고 답답해 보인다고 표현

8) 보석(jewel)

① 사전적 의미

"색채와 광택이 아름답고 산출량이 적기 때문에 장식용 등으로 귀중히 여겨지는 광물이다. 다이아몬드, 에메랄드, 사파이어, 루비, 비취 따위를 이른다. 보옥(寶玉)이라고도 한다."(두산동아 사서편집국 편, 2016).

② 유래

연금술에서 금속의 서열은 금에서 납으로 내려가며, 이는 점성술에서 행성의 서열인 태양부터 토성까지를 반영하고 각 금속은 해당하는 행성을 상징한다(Fontana, 2011). 멕시코의 아즈텍(Aztec) 신화는 금을 태양신 우이칠로포치틀리(Huitzilopochtli)의 얼굴이며, 태양이 남겨 놓은 찌꺼기, 그 빛이 지상에 실처럼 남아 있는 흔적이라고 본다. 또한 금은 힌두교 사상에서 빛의 금속 형태라고 간주되었다(Tresidder, 2007).

③ 상징적 의미

보석은 영적인 깨달음, 탁월한 능력, 가치 있음, 귀함, 성공의 욕구, 화려함 등을 상징한다.

④ 신화와 고전

『헨젤과 그레텔』에서 마녀에게 잡힌 두 남매는 지혜를 발휘하여 마녀를 물리친다. 남매는 마녀의 집에 있던 반짝거리는 보석을 챙겨들고 무사히 집으로 돌아오게 된다(Jacob & Wilhelm, 2005). 여기에서 보석은 대결에서 승리하여 얻게 되는 행복과 평화를 나타내며, 현실 세계에서 부자가 될 수 있는 비싸고 귀한 것을 의미한다.

⑤ 보석의 이미지

(초등학교 6학년 학교 부적응 아동)
보석을 통해 미래에 부유해지고 싶은 욕구를 표현

(초등학교 6학년 도벽 행동이 있는 아동)
보석을 통해 돋보이고 예뻐지고 싶은 욕구를 표현

▶ **보석의 상징**

- **금**: 태양의 보편적 상징인 금은 최고의 태양신과 연관된다. 잉카의 태양신 인티(Inti)의 사원인 코리칸차(Coricancha)는 전체가 금박으로 덮여 있다. 이집트인은 태양신이 금으로 된 살과 은으로 된 뼈를 가지고 있다고 믿었으며, 힌두교 전통에서 금은 굳어진 태양빛을 지칭한다. 이것은 일치 사상의 핵심과 관련된다. 금이 세속의 태양과 일치하듯이 태양의 중심은 사람이라는 것이다. 금은 정신적 완성과 신비로운 내부의 빛을 의미하기 때문에 불교에서 부처는 종종 금빛 상태로 나타난다. 그리스 신화의 황금 양털 이야기나 연금술사가 일반 금속을 금으로 만드는 것은 신체적 혹은 영적인 위대한 목표를 나타낸다. 금은 특히 왕과 왕권을 상징하는 금속으로, 왕관을 비롯하여 왕실의 힘을 나타내는 표상인 홀과 전체를 만드는 데 사용된다. 완벽함을 나타내는 금속이며, 고대 세계에서 보편적으로 태양과 연결된 점에서 놀라운 광채, 녹슬지 않는 성질, 내구성, 유연성으로 신을 상징했다. 금은 순결성, 세련됨, 정신적 계시, 진리, 조화, 지혜, 지상의 권력, 영광, 존엄성, 고귀함, 부에 이르는 광범위한 상징과 결부되어 있다. 금은 불교나 그리스도의 메시지처럼 깨달음을 얻는 정신의 상징이었다. 태양을 연상시키기 때문에 금은 강력한 남성의 상징이다. 금속으로서 금이 가진 상징의 대부분은 금빛에도 부여된다.

- **은**: 은은 달과 아르테미스 같은 달의 여신과 관련되며, 성모마리아와 같은 어머니와 여왕의 이미지로도 표현된다. 금속으로서 은은 그 이중성 때문에 어둠과도 관련이 있다. 은은 지혜와 웅변을 의미하지만 수상한 행동과 배신을 뜻하기도 한다. 순수성, 정숙, 달변을 상징한다. 달에 관련된 것, 여성적인 것, 차가운 금속으로 간주되는 은은 달의 여신과 여왕의 속성이었다. 은은 달과 관련되므로 희망의 빛이나 지혜와도 동일시된다. 달변인 사람들은 '은의 혀를 가졌다'고 표현된다.
- **옥**: 녹색 연옥인 옥은 중국에서 6,000년 이상 칭송받은 보석이다. 공자(孔子)는 옥의 부드러운 광택, 순도, 듣기 좋은 소리, 단단함과 영구성이 각각 인간미, 도덕적 고결함, 지혜, 정의, 보존을 의미한다고 여겼다. 옥은 또한 몸을 보호한다고 알려져 불멸과 관련된다. 하늘의 왕인 최고신은 '옥황상제'이고, 옥으로 만든 원반에 사각형 구멍이 나 있는 천국의 문은 중국어의 로마자 표기법으로 'bi'라고 쓴다. 중국 전통에서 옥은 도덕적 순결성, 정의, 진실, 용기, 조화, 충성, 자애 등 모든 종류의 덕성에 결부되었다. 황제의 옥새는 하늘로부터 권력을 위임받았다는 징표다. 중국의 연단술사들은 옥이 돌의 완벽한 형태라고 믿었으며, 금보다도 옥이 궁극적 순수성의 표상이라고 생각했다. 녹색 연옥은 고대 멕시코에서도 중국에서처럼 귀한 대접을 받았으며, 풍요롭게 해 주는 물과 관련해 심장과 피의 상징이 되었다. 뉴질랜드 원주민인 마오리(Maori) 족은 뉴질랜드 남섬에서 발견되는 아름다운 녹색 연옥으로 권위를 상징하는 전투용 몽둥이인 신성한 메레[Mare, 파투 포우나모우(patu pounamou)의 다른 이름]를 만들었다.
- **에메랄드**: 봄의 성장, 번식, 재생을 의미한다. 아일랜드는 전통적으로 에메랄드 섬으로 불렸다. 그리스도교에서 에메랄드는 신의, 희망, 영원한 삶의 상징이고 결혼기념일을 축하하는 보석이다. 신의 성스러운 금박을 입힌 태국의 '에메랄드 불상'은 강력한 국력의 상징이다. 풍요를 상징하는 것은 진한 초록색 때문일 것이다. 에메랄드는 아즈텍 신화에서 중요한 보석이며, 봄의 전조로 초록색 깃털을 가진 새 케찰(quetzal)에게, 또 이 새를 통해 영웅신 케찰코아틀(Quetzalcoatl)에게 연결된다. 멕시코 및 다른 지역에서 에메랄드는 달, 비, 물, 동쪽과 결부된다. 에메랄드는 불멸성과 믿음, 희망의 상징이며 교황의 보석이다. 민간에서는 널리 치유력을 지닌 부적으로 간주되는데, 이는 선악의 여러 목적으로 사용될 수 있는 신비로운 힘과 풍요의 상징이 한데 합쳐진 것이다. 에메랄드가 신비로운 힘을 가진 것은 이것이 루시퍼(Lucifer)의 왕관에서 떨어진 지하 세계의 보석이기 때문이다.
- **루비**: 붉은 루비는 사랑, 열정, 집착을 의미한다. 결혼식 반지로 인기가 높은 루비는 한때 사랑이 줄어들 때 그 기운을 높여 주는 효과가 있다고 생각되었다. 먼 옛날에는 루비가 슬픔과 독을 없애 준다고 알려졌다. 또한 왕실의 보석으로 왕관과 표장에도 많이 사용된다. 사랑, 활력, 왕권, 용기의 상징이다. 루비는 인도와 미얀마, 중국, 일본에서 행운과 행복의 보석이다. 붉은색부터 가장 값비싼 색깔인 자줏빛이 감도는 '비둘기 핏빛'에 이르는 색으로 루비는 고전 세계에서 그리스 신화 속의 불꽃 같은 군신 아레스(Ares)와 관련되었지만, 열정을 통제하는 농경의 신 크로노스(Kronos)와도 연결되었다. 루비는 연인들이 열정에 사로잡히게 하고 어둠 속에서 빛을 발한다고 한다. 루비는 공감 주술에 의해 치유력 있는 보석으로서 피를 많이 잃거나 무기력할 때 효과가 있다고 알려져 있다. 전설에 등장하는 용의 이마에 루비가 있는 것은 불을 상징한다.
- **사파이어**: 그 색상에 기인하여 오랫동안 천국과 관련되었고 천상의 평화, 진실, 조화를 상징했다. 차크라(chakra)에서 사파이어는 제3의 눈으로, 통찰력이 있으며 신에게 헌신함을 뜻한다. 천상의 조화, 평화, 진실, 고요함의 표상이다. 하늘의 보석 사파이어는 힌두교 전통에서 토성에 봉헌되며, 자기절제와 관련된다.

출처: Tresidder (2007), Fontana (2011).

※ 상징적 의미

육지	개발, 개척, 거북이, 건조하다, 걸어 다니다, 과수원, 광활하다, 구조, 길, 나무, 넓은 대지, 넓은 들판, 넓은 마음, 다리, 단단하다, 달리고 싶다, 답답하다, 대륙, 대한민국, 돌, 든든하다, 등대, 딱딱하다, 땅, 뛰놀다, 모래, 목적지, 뭍, 미래, 반갑다, 밭, 배, 번성, 이상함, 사람, 사막, 산, 삶의 터전, 생동감, 생명의 땅, 섬, 숲, 쉬고 싶은, 시원한 흙냄새, 식물, 씨앗을 심다, 안도감, 안정감, 어머니, 엄마 품, 육군, 육류, 이루다, 인간, 일자리, 자동차, 쟁취, 정착, 정확하다, 조용하다, 지구, 지지대, 지평선, 집, 차, 철도, 콜럼버스, 터전, 토끼와 거북이(동화), 통로, 평온하다, 평탄하다, 평평하다, 푸근하다, 푸르다, 풀, 품다, 항구, 현실, 흙, 힘
산	감사하다, 걱정, 건강, 경계, 고난, 고요함, 고통, 공기, 과제, 구름, 굴곡, 기개, 기분이 좋다, 기상, 나무, 노력, 녹색, 높다, 눈, 단풍, 답답하다, 도전, 돌, 동경, 동물들, 동산, 둘레길, 등산, 등산객, 등산로, 등산복, 땀, 땅굴, 떠나고 싶다, 막걸리, 맑다, 맑은 공기, 맑음, 먹을 것, 목표, 문제들, 믿음, 바람, 바위, 백두산, 보물이 숨겨져 있는, 뾰족하다, 산사태, 산장, 산토끼, 삼각형, 상쾌하다, 새, 생명력, 소풍, 솔바람, 시원하다, 신성하다, 아름다움, 아버지, 안정감, 어려움, 어린 시절, 어머니, 에베레스트, 열매, 오르다, 우거지다, 운동, 울창하다, 웅장하다, 위대함, 인생, 일출, 자연, 자원, 작다, 절, 정복, 정상, 초록색, 쾌청하다, 크다, 편안하다, 푸름, 한라산, 험하다, 힐링, 힘
화산	고통, 공포, 내재되어 있다, 넘치다, 녹아내림, 뜨거움, 마그마, 망가뜨리다, 무섭다, 백두산, 벌, 분노, 분출, 분화구, 불, 붉은색, 빨간, 부정적, 불꽃, 뿜어내다, 새로운 시작, 성난 표정, 소멸, 스트레스, 신비, 알 수 없는, 없애다, 에너지, 역동, 열정, 온천, 욕구 표출, 욕망, 용광로, 용담굴, 용암, 웅장하다, 위험, 일본, 장엄하다, 재, 재앙, 재해, 잿더미, 제주도, 죽음, 지진, 진노, 천지, 큰 에너지, 타오르다, 터지다, 터질 것 같다, 폭발하다, 폼페이, 표출, 피난, 피하고 싶은, 한라산, 헤파이스토스, 화, 화산재, 화석, 활화산, 휴화산, 힘
길	가다, 가시밭, 가야 하는 부담, 갈 수 있는, 갈림길, 걷다, 걸음, 고향, 골목, 과정, 구불구불, 귀로, 그리움, 길다, 꽃, 끝없는, 나아가고자 하는 길, 나의 미래, 나의 일, 낭만, 다정하다, 대학, 대화, 둘레길, 드라이브, 등교, 만남, 모랫길, 목적지, 미래, 미지, 바른 방향 찾기, 방법, 방향성, 사람이 다니는 길, 산책하다, 생각의 길, 선택, 설렘, 순례, 시골, 시작, 신호등, 심부름, 쓸쓸함, 아스팔트, 안내, 앞으로 나아가다, 여유로움, 여정, 여행, 연결, 오솔길, 올레길, 외롭다, 인도, 인생, 자동차, 자전거 길, 전봇대, 전진, 정처 없이 걷고 싶음, 제시하다, 좁다, 지도, 진로, 차로, 청량함, 추억, 코스모스, 통로, 함께하다, 헤매다, 황토색, 흐름, 희망
모래	갈라지다, 감미롭다, 강, 거친, 건축, 곱다, 과립, 그림, 까칠까칠하다, 깔끄럽다, 놀이, 놀이재료, 놀이터, 누워 있고 싶다, 덤프트럭, 덧없음, 동전, 두꺼비집 놀이, 뜨겁다, 마음, 마음대로 할 수 있는, 만들기, 많다, 먼지, 메마르다, 모래성, 모래알, 모래주머니, 무너지다, 미술 재료, 바닷가, 반짝이다, 발자국, 밟고 싶다, 백사장, 부드럽다, 부질없다, 불안, 불편하다, 비키니, 뿌리고 싶다, 사막, 색모래, 샌들, 서글픔, 소꿉놀이, 손에서 빠져나가는 것, 쉬움, 신발에 묻는다, 아기 살결, 아기자기하다, 아름답다, 안타까움, 알맹이, 약하다, 어린왕자, 어항, 언덕, 없어지는 것, 연인, 유리, 유적지, 입자, 작다, 작품, 잔잔하다, 잡히지 않는다, 장난, 조각, 조개, 차갑다, 청소, 초등학교 시절 놀이터, 촉감, 촉촉하다, 추억하다, 투명하다, 티끌 모아 태산, 편안하다, 푹 빠지다, 학교 모래사장, 해변, 허무하다, 흩어지다

논	가꾸다, 가을, 가지런하다, 갈라짐, 개구리, 거머리, 고개를 숙이다, 고달픔, 고마움, 곡식, 곤충, 과업, 과제, 규칙적인 삶, 근면성, 기름지다, 넓음, 네모, 노동, 노력, 논바닥, 농부, 농사, 누렇게 익어 가다, 두레, 메뚜기, 메마르다, 모, 모내기, 물, 물결, 물 대기, 미꾸라지, 반듯반듯하다, 밥, 밭, 배부름, 벼농사, 봄, 부모님, 부자, 부지런하다, 뿌듯하다, 새참, 생명, 성실하다, 손바닥, 수평선, 수확, 시골, 식량, 쌀밥, 아버지의 일터, 안식, 양식, 올바른 성격, 우렁이, 이삭, 정리되다, 준비, 지렁이, 질척하다, 참새, 창작, 추수, 축축한, 푸근하다, 푸르다, 풍년, 풍요로움, 할아버지, 향수, 허수아비, 황금빛 들판, 희망, 힘겨움
밭	가꾸다, 가지런하다, 감자, 강아지, 거름, 겨울, 결실, 고구마, 고단하다, 고생하다, 고추, 곡식, 과수원, 과업, 과일, 기쁨, 꼬부랑, 나누다, 냄새, 노동, 노력, 농부, 농사짓다, 농작물, 농촌, 들깨, 딸기, 땅콩, 땡볕, 매실나무, 먹거리, 먹을 것, 밥, 벌레, 부모님, 사람, 산, 새싹, 생기 있다, 생명력, 서리, 성공, 성취, 소, 소망, 소일거리, 수고스러움, 수박, 수확, 식량, 싱싱하다, 열매, 옥수수, 인간에게 주는 선물, 일, 일구다, 자원, 정겨움, 정리, 즐겁다, 지렁이, 짙은 갈색, 참외, 채소, 철새, 촉촉하다, 추수물, 콩, 토마토, 파, 푸릇푸릇하다, 풀, 풍성하다, 풍요롭다, 허수아비, 호미, 흙, 힘이 들다
사막	갈증, 개척자, 건조하다, 걸어가다, 고독하다, 고요하다, 고운 모래, 고통, 고행, 광야, 끝없는, 낙타, 넓다, 답답하다, 따가운, 뜨거움, 막막함, 막연하다, 먼지, 멀다, 멋있는, 메마르다, 모래, 모래바람, 무궁무진하다, 무미건조한 삶, 물, 뭔가가 필요한, 미끄럼, 바람, 불볕더위, 불안, 사막여우, 사하라, 삭막하다, 생존, 선인장, 소멸, 숨 막히다, 스핑크스, 실종, 실크로드, 쓸쓸하다, 아라비아, 아프리카, 야자수, 어려움, 어린왕자, 여우, 오아시스, 외로움, 외롭다, 위험하다, 유적지, 의존성, 이스라엘, 적막, 전갈, 절망, 죽음, 중국, 지치다, 지평선, 채워지지 않는 마음, 척박한, 태양, 평온하다, 피라미드, 환상, 황무지, 황사, 황폐하다, 희망이 없다, 힘들다
돌	가로막혀 있다, 각진 모양, 강, 강직한 성격, 강한 의지, 거칠다, 걸림돌, 검은색, 견고함, 계곡, 계단, 고민, 고집스럽다, 고착, 고통, 공기놀이, 구르다, 놀이, 다리, 다양한 크기, 단단하다, 단절, 달걀, 덩어리, 돌담길, 돌멩이, 든든하다, 딱딱하다, 뚝길, 막히다, 만화(돌괴물), 매개체, 머리, 무겁다, 무게, 무력감, 묵직하다, 물수제비, 미해결 과제, 바보, 박혀 있다, 벽, 변하기 어려움, 비석, 빨래판, 사랑, 시내, 쓸쓸하다, 아픔, 앉고 싶다, 약속, 영원불변, 예술품, 우직하다, 운석, 울타리, 위험하다, 자갈밭, 자연의 조각품, 장애, 장애물, 제주도, 조각, 조심스럽다, 조약돌, 주변 물건, 지압, 차갑다, 차분하다, 크다, 탑, 편안하다, 화단, 황금, 회색, 희생, 힘겹다
보석	가게, 가치 있다, 값지다, 갖고 싶다, 결혼, 고통, 공주, 광산, 귀걸이, 귀부인, 귀하게 보이고 싶다, 귀하다, 금, 기념일, 기분이 좋다, 기쁨, 깎이다, 나눔, 나르시시즘, 눈부시다, 눈요기, 다이아몬드, 도둑, 돈, 돋보이고 싶다, 돌, 동굴, 딱딱함, 루비, 멋, 목걸이, 반지, 반짝이다, 변하지 않는다, 부, 부담스럽다, 비싸다, 빛, 빛나다, 사랑의 상투성, 사치, 선물, 성공, 소유욕, 소중하다, 속물, 수정, 신비롭다, 아름답다, 액세서리, 약속, 여성성, 여왕, 연단, 영롱하다, 예물, 예쁘다, 외롭다, 욕심, 작품, 장식, 재테크, 진주, 찬란하다, 탄생, 탄생석, 필요 없다, 허영심, 화려하다, 황홀하다

4. 기후

화창하고 맑은 날씨부터 비바람 치는 음산한 날씨까지 기후(氣候, climate)가 나타내는 상징은 매우 다양하다. 일반적으로 날씨는 힘과 아름다움, 기적과 창의성을 나타낸다. 하지만 날씨는 인간의 삶에 근본적인 영향을 미쳐 삶과 죽음에 극단적인 영향을 미치기도 한다. 때문에 사람들은 날씨의 변화를 섬세하게 관찰하고 날씨에 민감하게 반응하며, 비, 바람, 눈, 천둥 등 다양한 기후마다 나타내는 각각의 상징적 의미도 달라진다.

사람들은 생존을 위해 예측할 수 없고 가끔은 폭력적이며 강력한 힘을 발휘하는 날씨를 적절히 통제할 수 있어야 했다. 사람들은 이것이 신과 인간 사이의 협력을 통해 이루어진다고 믿었다. 때문에 날씨는 종교와도 밀접한 관계를 맺는다. 그리스도교의 경우 하나님만이 날씨를 지배할 수 있으며, 세상을 초월한 강력한 능력을 가지고 있다고 하였다. 때문에 이스라엘 사람들은 날씨를 하나님이 주는 선물이나 징벌, 심판 등으로 이해했다.

이처럼 날씨는 그 변화만큼 다양한 의미를 가진 것을 알 수 있다. 이 절에서는 비, 바람, 구름 등 각각의 기후와 그 상징이 가지는 의미를 살펴보고자 한다.

구름이나 소나기가 없이는 결코 무지개가 서지 않는다.
–존 헤일 빈센트(John Heyl Vincent)–

1) 비(rain)

① 사전적 의미

"대기 중의 수증기가 식어서 물방울이 되어 땅 위로 떨어지는 것"(두산동아 사서편집국 편, 2016). "대기 가운데 수증기가 높은 곳에서 찬 공기를 만나 엉겨 맺혀서 땅 위로 떨어지는 물방울"(민중서림 편집부 편, 2016).

② 유래

인간을 처벌하는 의미에서 거센 비를 내릴지, 아니면 비를 내리지 않을지, 혹은 축복처럼 부드럽게 뿌려 줄지 하는 것은 신들에게 달렸다고 믿던 고대 신앙의 잔재는 인간의 심리에 놀랄 만큼 끈질기게 남아 있다. 많은 사람이 온화한 비를 신이 인간을 인정해 준다는 신호로 여겼으며, 중국에서는 이를 천상의 영역에서 음양이 조화를 이룬 징후로 보았다. 아즈텍 족의 최고 풍요의 신 틀랄록[Tláloc, 마야의 만신전에서는 차크(Chac)]은 비의 신이었다. 사람들은 산꼭대기에서 틀랄록에게 아이들을 제물로 바쳤으며, 아이들의 피와 눈물은 비가 곧 내릴 것이라는 길조였다.

이와 유사하게 피와 비의 연관성이 이란 신화에서도 나타난다. 이 신화에서는 백마의 모습을 한 비의 신 티시트리야(Tishtrya)가 제물을 받아먹고 힘을 내어 가뭄의 신 '검은 말'과 싸운다(Tresidder, 2007).

③ 상징적 의미

비는 세상을 비옥하게 한다는 점에서 풍요, 생명을 상징한다. 또한 하늘에서 내리므로 신의 축복, 영적 계시를 나타내며, 정화를 의미하기도 한다. 반면, 심리적 · 현실적으로는 스트레스, 외로움과 슬픔, 억울함, 해소의 의미를 가진다. 비의 세기에 따라 소나기는 강한 스트레스를, 보슬비는 약한 스트레스를 나타낸다. 또한 에너지가 큰 사람인 경우 빗방울이 굵게 그려지기도 한다. 빗방울이 눈물에 비유될 때에는 이별, 비애, 슬픔, 아픔을 상징한다.

④ 신화와 고전

민담에서 거미를 비[거미는 부(富)를 뜻하기도 한다]와 결부시키는 것은 특히 널리 퍼진 현상인데, 이는 거미가 줄을 타고 내려오는 모습이 하늘의 선물인 비를 가져다주는 것을 상징적으로 암시하기 때문이다(Tresidder, 2007).

'청개구리의 후회'에서 등장하는 아기 청개구리는 엄마 청개구리의 말을 듣지 않고 늘 반대로 행동한다. 몸이 약해진 엄마 청개구리는 아기 청개구리에게 자신이 죽거든 산에 묻지 말고 냇가에 묻어 달라는 유언을 한다. 결국 엄마 청개구리는 죽고 아기 청개구리는 엄마의 유언대로 냇가에 무덤을 만든다. 며칠 뒤 큰 비가 내리고, 엄마 무덤이 떠내려갈 것을 슬퍼한 아기 청개구리는 밤새 울어 댄다(김영만 편, 2004). 여기에서 비는 슬픈 눈물과 같이 이별, 비애, 아픔 등을 의미한다.

⑤ 비의 이미지

(초등학교 저학년 공격 성향이 있는 아동)
비: 현재의 답답한 심정과 스트레스를 표현

(7세 주의산만 아동)
비: 현재의 답답한 심정과 스트레스를 표현

(초등학교 저학년 주의산만 아동)
비: 외로움과 슬픔을 표현

(초등학교 저학년 정서불안 아동)
비: 시원함과 해소를 표현

2) 바람(wind)

① 사전적 의미

"기압의 변화로 일어나는 대기의 흐름"(두산동아 사서편집국 편, 2016). "기압의 변화에 의하여 일어나는 공기의 움직임(태풍, 폭풍, 계절풍, 무역풍 따위)"(민중서림 편집부 편, 2016).

② 유래

아메리칸 인디언 아파치(Apache) 족은 인간이 창조될 때 바람이 몸 안으로 들어왔기 때문에 손가락 끝 소용돌이 모양이 바람의 길을 나타낸다고 믿었다(Bruce-Mitford & Wilkinson, 2010).

③ 상징적 의미

바람은 변화와 자유, 고난과 시련, 쓸쓸함을 상징한다. 또한 형태가 없다는 점에서 손에 잡히지 않는, 실체가 없음을 상징한다. '풍파(風波)'에서의 바람은 고난을 상징하며, '풍류(風流)'에서의 바람은 자연의 섭리와 도 또는 불교적 무상(無常)을 나타낸다. 역동적인 바람은 삶의 역동성과 야성적이고 충동적인 힘을 나타내기도 한다. 심리적으로 바람은 자신이 통제할 수 없는 힘에 지배되고 있어 답답함, 쓸쓸하고 외로운 심정에 있음을 암시한다. 바람이 위에서 지면으로 부는 것처럼 그림으로 나타낸 것은 공상에서 현실로 돌아오려는 강박적인 표현이기도 하다. 한편, 태풍은 회오리바람과 함께 파괴, 폭력, 황폐를 상징한다.

일본에서는 바람을 공기 전체의 움직임으로 보아 전체적인 분위기의 방향과 같은 의미로 '바람'이라는 단어가 사용되는 예가 많다. 선거에서 '여당파의 바람이 불었다'라든지, '역풍이 강했다' 등으로 말한다. 또한 예술과 패션 등에서 쓰이는 '○○ 바람'이라는 것도 이에 가깝다.

④ 신화와 고전

노르웨이 민화 『북풍이 준 선물(Gifts of the north wind)』의 이야기는 다음과 같다. 추운 겨울, 가난한 어머니와 어린 아들 노엘이 살고 있다. 어느 날 노엘이 밀가루를 가지고 헛간에서 나오는데 북풍이 불어 밀가루를 날려 버린다. 화가 난 노엘은 밀가루를 찾으러 북풍에게 찾아가고, 북풍은 밀가루 대신 원하는 것을 모두 들어주는 요술 식탁보를 노엘에게 준다. 노엘은 그 식탁보를 이용하여 부자가 된다(권오훈, 이상민 편, 1991). 여기에서 북풍은 센 바람을 일으켜 사람들에게 부정적인 영향을 끼치는 존재이면서 노엘에게 선물을 주는 선한 존재로도 표현된다.

⑤ 바람의 이미지

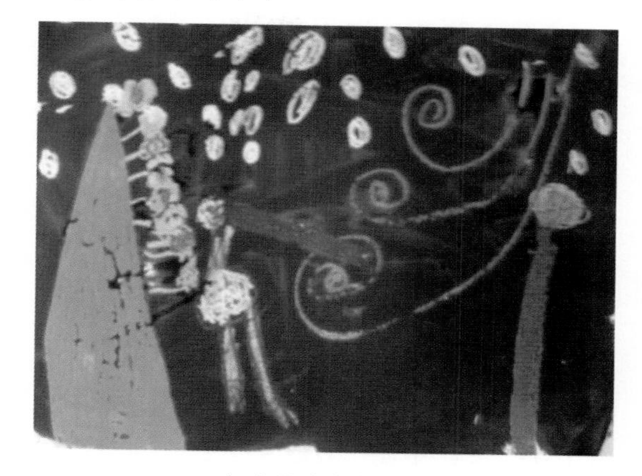

(7세 주의산만 아동)

(중학교 3학년 또래관계에 어려움이 있는 청소년)
바람: 현재의 답답한 심정과 쓸쓸하고 외로운 마음을 표현

3) 구름(cloud)

① 사전적 의미

"대기 중의 수분이 엉기어 미세한 물방울이나 빙정(氷晶)의 상태로 떠 있는 것"(두산동아 사서편집국 편, 2016).

② 유래

고대 사회에서는 현대처럼 구름을 우울, 모호함, 억압과 연결하는 경우가 거의 없었다. 비의 전조라는 역할과는 별개로, 구름은 계시 혹은 신이 본모습을 드러내기 직전의 상태를 뜻하기도 한다. 성경에서 여호와가 구름 기둥이 되어 이스라엘인들을 인도하고, 코란에서는 알라가 구름 속에서 발언하는 것도 이런 연상 때문이다. 구름, 특히 분홍색 구름은 중국에서는 행복의 상징이었고 천국으로 승천하는 표시였다(Tresidder, 2007).

③ 상징적 의미

구름은 하늘의 물과 관련되어 풍요, 다산을 상징한다. 또한 종교적으로 빛나는 구름은 신이 나타남을 상징해 예언, 축복의 의미를 내포하며, 구름은 쉽게 사라진다는 점에서 공허, 무상, 덧없음을 나타낸다. 심리적 · 현실적으로는 근심, 걱정, 우울, 불안 등을 암시한다. 나무와 태양 사이에 그린 구름은 그림을 그린 사람이 어떤 사람에게 불만이 있음을 나타낸다.

우리나라의 관용구로, 이야기가 허황되고 막연하며 애매한 모습을 '뜬구름 잡는다'고 표현한다. 또한 잡을 수 없고 전망이 보이지 않는 것을 '구름을 감싼다' '구름의 흐름이 이상하다' 등으로 표현한다.

④ 신화와 고전

『꼬마 구름의 모험』(Koch, 2015)에서 꼬마 구름은 엄마 구름을 떠나 새로운 모험을 하게 된다. 다양한 종류의 구름을 만나게 되고, 놀림을 받기도 한다. 꼬마 구름은 모험 중 비를 뿌리기도 하고, 바다를 건너기도 하고, 깃털만큼 가벼워진 몸으로 해님에게 가기도 한다. 모험을 끝낸 구름은 엄마 구름 옆으로 돌아와 외로운 소년 베니의 포근한 이불이 되어 주겠다고 약속한다. 여기에서 구름은 비가 되기도 하고 흩어지기도 하는 등 다양한 변화를 나타내며, 사람에게 도움을 주는 이로운 존재로 표현된다.

고대 그리스도교에서는 구름을 예언자로 인식했으며, 특히 빛나는 구름은 신이 나타남을 상징하는데 그것은 모든 예언이 비옥함, 축복을 내포하기 때문이다. 구름은 또한 쉽게 사라진다는 점에서 공허, 무상, 덧없음을 상징한다(이승훈, 2009).

⑤ 구름의 이미지

(초등학교 고학년 도벽 행동이 있는 아동)
큰 구름: 가로막힌 장애물과 답답함, 우울과 불안의 정서를 표현

4) 눈(snow)

① 사전적 의미

"기온이 0℃ 이하일 때 대기의 상층에서 수증기가 응결하여 땅에 내리는 흰 결정체"(두산동아 사서편집국 편, 2016). "공중에 떠다니는 수증기가 찬 기운을 만나 얼어서 땅 위로 떨어지는 흰 결정체"(민중서림 편집부 편, 2016).

② 상징적 의미

눈은 냉정함, 차가움, 순수함, 순결함을 상징한다. 감정적인 면에서는 엄격함, 냉담함, 완고함, 사랑의 결여를 나타낸다. 심리적으로 주변의 냉담함으로 인한 쓸쓸하고 외로운 심정을 암시하기도 한다. 눈이 녹는 것은 경직된 마음이 부드러워지는 것을 나타낸다(Cooper, 2007).

③ 신화와 고전

『눈의 여왕(The snow queen)』(Andersen, 2013b)에서 카이는 눈의 여왕 썰매를 타고 사라져 버린다. 친구인 게르다가 카이를 찾아 눈의 여왕이 사는 성에 가지만, 카이는 눈의 차가움으로 마음이 얼어 게르다를 알아보지 못한다. 이를 슬퍼한 게르다는 뜨거운 눈물을 흘리고, 이 눈물이 카이의 심장을 파고들어 카이의 기억이 되살아난다. 이 동화에서 눈은 사람의 마음을 얼어붙게 하는 차갑고 냉혹하며 세상을 얼음으로 만드는 강력한 힘을 가진 대상으로 표현된다.

④ 눈의 이미지

(초등학교 고학년 도벽 행동이 있는 아동)
눈: 외로움과 쓸쓸한 마음, 주변 환경으로부터 느껴지는 차가움을 표현

(성인)
눈 오는 사진을 통해 아프고 힘든 과거가 생각난다고 표현

5) 천둥(thunder)과 번개(lightning)

① 사전적 의미

- 천둥: "벼락이나 번개가 칠 때에 요란하게 울리는 일, 또는 그때 일어나는 소리로, 우레, 천고(天鼓), 뇌정이라고도 한다."(두산동아 사서편집국 편, 2016).

- 번개: "양전(陽電)과 음전(陰電)의 구름 사이의 방전 현상으로, 몹시 빠르게 번쩍이는 빛. 전광(電光)이라고도 한다."(두산동아 사서편집국 편, 2016). "구름과 구름, 구름과 대지 사이에서 공중 전기의 방전이 일어나 번쩍이는 불꽃"(민중서림 편집부 편, 2016).

② 유래

그리스인들은 하늘의 불이 탁월한 창조적인 힘을 상징한다고 여겼으며, 제우스가 소유한 것이 바로 이런 불이다. 또한 번개는 새벽과 계몽을 암시하고, 12궁의 첫 기호로 간주되며, 모든 순환의 첫 단계, 봄의 원리를 상징하는 것은 이런 사정과 관계가 있다. 천둥은 또한 주권을 상징하며, 날개 달린 천둥은 힘과 속도를 상징한다. 제우스는 세 개의 천둥을 소유하는 바, 그것은 우연, 운명, 섭리를 의미하며 이런 힘들은 새로운 미래를 창조한다. 대부분의 종교에서는 갑자기 불이 터지며 신의 모습이 드러나고, 신은 세계의 축을 상징한다. 그러나 십자가, 혹은 예수가 처형된 십자가, 계단, 희생을 상징하는 나무 등이 보다 높은 세계, 곧 천상을 향하는 행위라면 천둥은 이와는 달리 천상에서 지상을 향하는 행위다. 천둥은 또한 시바의 세 번째 눈에 비유되며, 지상의 모든 물질을 파괴한다는 의미를 띤다(이승훈, 2009).

힌두교와 불교 전통에서는 인드라(Indra, 고대 인도의 영웅신)가 다이아몬드로 된 홀 모양의 벼락 바즈라(vajra, 금강저, 金剛杵)를 사용하여 탄트라에서 무지(無知)를 상징하는 구름을 쪼개 버린다. 잉카(Incas) 족의 비의 신 일리야파(Ilyapa)는 천둥 끈을 조작하여 하늘의 물을 내려보낸다. 또한 스칸디나비아 신화에서 토르(Thor)가 사용하는 도끼(해머)는 천둥과 번개를 모두 상징한다. 하지만 이는 파괴적 힘 이외에 묘비에 쓰일 때는 보호의 의미를 지닌 표상이며, 결혼식에서는 풍요의 상징이 된다.

천둥은 압도적인 비중으로 남성 신, 또는 신의 대장장이와 연결되어 있지만, 가끔은 그 풍요의 상징을 통해 대지 혹은 달의 여신과도 연결된다. 아시아(특히 중국)에서 천둥은 용과 관련된다. 어떤 천둥신, 특히 일본의 천둥신은 하늘의 신일 뿐만 아니라 땅의 신이기도 했으며, 구름 속에서도 나타나지만 화산으로부터 그의 음성이 들리기도 한다(Tresidder, 2007).

번개는 하늘의 남성 신 또는 그 보조자가 갖고 있는 무기, 흉기, 남근 등 다양한 모습으로 나타난다. 또는 신의 눈에서 발산되는 눈부신 빛이기도 했다. 인도에서는 번개가 시바의 세 번째 눈인 진리의 빛을 상징하기도 했다. 번개는 흔히 비가 오기 전에 나타나므로 상징적으로 불과 물에 동시에 연결되는 자연현상의 희귀한 사례였다. 또 번개는 창조자와 파괴자로서 공포심과 경외감이 뒤섞인 감정의 대상이었다. 벼락을 맞은 곳은 신성한 장소가 되었고, 벼락을 맞은 사람이 혹시 살아남는다면 그에게는 신의 흔적이 남아 있다고 여겼으며, 그가 죽으면 즉각적으로 하늘로 운반된 것으로 간주하였다. 멕시코 신화에서 틀랄록은 아즈텍인의 영혼을 천국으로 보내기 위해 번개를 사용했다. 유대교 전통은 번개를 계시와 결부시켰으며, 많은 지역에서는 번개를 보고 점을 치기도 했다. 번개는 고대 로마에서 민회를 폐회하는 명분이 될 만큼 중요한 현상이었다(Fontana, 2011).

③ 상징적 의미

천둥은 본질적으로 창조와 파괴의 상징이며, 하늘에서 나는 소리라는 점에서 신의 분노, 하늘의 노여움, 징벌을 의미한다. 번개는 남성의 생식능력과 관련되어 수태시키는 힘을 나타낸다. 한편, 천둥과 번개는 심리적으로는 현재 힘들고 스트레스 상황임을 암시한다. 천둥 혹은 번개와 관련된 관용구로는 다음과 같은 것이 있다.

- 번개가 잦으면 천둥을 한다: 징조가 잦으면 필경 그 현상이 생기고야 만다.
- 번갯불에 콩 볶아 먹겠다: 번쩍하는 번갯불에 콩을 볶아서 먹을 만하다는 뜻으로 행동이 매우 민첩함을 이르는 말이다.
- 마른하늘에 날벼락: 뜻하지 아니한 상황에서 뜻밖에 입는 재난을 이르는 말이다.

④ 신화와 고전

『천둥 케이크(Thunder cake)』(Polacco, 2011)에서 천둥과 번개가 요란하게 내리치자 어린 손녀는 침대 밑으로 숨는다. 할머니는 천둥 케이크를 굽기에 딱 좋은 날씨라고 하며, 손녀와 천둥 케이크를 만든다. 이를 통해 소녀는 더 이상 천둥과 번개를 무서워하지 않는 용감한 소녀로 바뀐다. 여기에서 천둥과 번개는 사람이 통제할 수 없는 거대한 힘을 가진 존재로 두려움과 무서움의 대상으로 표현된다.

『걸리버 여행기(The Gulliver's travels)』(Swift, 2013)에서 걸리버는 항해를 하다 천둥과 폭풍우를 만난다. 배는 부서지고 걸리버는 바다로 나가떨어진다. 여기서 천둥은 인간이 통제할 수 없는 강력한 힘을 가진 존재로서 자연을 파괴하고 인간에게 피해를 주는 대상으로 표현된다.

⑤ 천둥과 번개의 이미지

(초등학교 고학년 무기력 아동)

(중학교 1학년 또래관계에 어려움이 있는 청소년)
천둥: 현재 힘들고 스트레스 상황에 처해 있음을 표현

(초등학교 저학년 또래관계에 어려움이 있는 아동)

(초등학교 6학년 도벽 행동이 있는 아동)
번개: 현재 힘들고, 스트레스 상황에 처해 있음을 표현

6) 무지개(rainbow)

① 사전적 의미

"비가 그쳤을 때 태양의 반대쪽 하늘에 반원 모양으로 나타나는 일곱 가지 빛의 줄로, 공중에 떠 있는 물방울들에 햇빛이 굴절 반사된 현상이다. 채홍(彩虹), 홍예(虹霓)라고도 한다."(두산동아 사서편집국 편, 2016).

② 유래

하늘로 가는 다리이며 그 끝에는 지혜가 기다리고 있다고 한다(Bruce-Mitford & Wilkinson, 2010). 유럽의 민간신앙에서는 부자가 될 전조, 보물이 있는 곳을 알리는 것으로 상징된다(Biedermann, 2000).

③ 상징적 의미

무지개는 희망, 행복, 평화, 신의 영광, 신성, 환상을 상징하고 나아가 지상과 낙원의 연결을 상징한다. 또한 일곱 개의 색은 완전무결한 아름다움을 나타낸다. 무지개는 새로운 시작, 긍정적인 미래를 암시하는 역할을 하기도 한다.

④ 신화와 고전

『연이와 버들도령』(정진, 장혜련, 2007)에서 연이의 의붓어머니는 연이에게 한겨울에 나물을 캐 오라고 하는 등 몹시 학대를 한다. 신비한 능력이 있는 버들도령의 도움으로 연이는 의붓어머니의 심부름을 할 수 있게 되지만, 이 사실을 알게 된 의붓어머니가 버들도령을 죽이게 된다. 하지만 연이가 가진 신비한 약으로 버들도령은 살아나게 되고, 버들도령과 연이는 무지개를 타고 하늘나라로 올라간다. 여기에서 무지개는 지상과 천상을 연결해 주며, 앞으로의 삶이 행복할 것이라는 긍정적인 미래를 암시하는 역할을 한다.

⑤ 무지개의 이미지

(초등학교 저학년 공격 성향이 있는 아동

(초등학교 저학년 또래관계에 어려움이 있는 아동)

(7세 공격 성향이 있는 아동)
무지개: 희망과 행복, 새로운 시작을 표현

7) 맑음(sunny, clear weather)

① 사전적 의미

"다른 것이 섞이거나 흐리지 않고 깨끗하다. 맑은 하늘"(두산동아 사서편집국 편, 2016). "구름이나 안개가 끼지 않아 날씨가 깨끗하다."(민중서림 편집부 편, 2016).

② 유래

정신적 힘의 자각을 의미한다(이승훈, 2009).

③ 상징적 의미

맑음은 정신, 광명, 진리, 신성을 상징하며, 정신적 힘의 자각을 나타낸다. 심리적으로는 희망과 즐거움을 암시한다.

④ 신화와 고전

유명한 이솝우화 『북풍과 태양(The north wind and the sun)』에는 다음과 같은 이야기가 나온다. 태양과 바람은 지나가는 나그네의 외투를 누가 먼저 벗기는지 내기를 한다. 바람이 거세게 바람을 내뿜지만 나그네는 옷을 더 움켜쥐기만 한다. 이어서 태양이 따뜻한 햇살을 비추자 맑은 하늘이 되며 나그네는 외투를 벗고, 태양이 내기에서 이기게 된다(라임, 허정숙 편, 2001). 여기에서 맑은 하늘은 수용적이고, 평화롭고 따뜻함을 나타낸다.

⑤ 맑음의 이미지

(초등학교 저학년 불안 · 위축 아동)

(중학교 1학년 등교거부 청소년)
맑음: 희망과 즐거움을 표현

8) 흐림(cloudy weather)

① 사전적 의미

"구름이나 안개가 끼어 날씨가 맑지 않다."(두산동아 사서편집국 편, 2016).

② 유래

도교 철학자들은 '흐림'이 인간이 깨달음을 얻기 전에 반드시 거쳐야 할 단계라고 한다(Bruce−Mitford & Wilkinson, 2010).

③ 상징적 의미

흐림은 불확실, 희망이 없음, 막연함을 나타낸다. 심리적으로는 우울, 외로움, 쓸쓸함 등을 암시한다.

④ 신화와 고전

『12세, 맑음 때때로 흐림』(이성, 2007)은 12세 평범한 소녀의 두근거리는 사랑과 우정 이야기로, 친구와의 우정도 소중하고 멋진 남자 친구도 있었으면 좋겠지만 그 모든 게 쉽게 풀리지 않는 소녀 나리의 이야기다. 좀 통통하고 착한 것이 매력인 나리는 친한 친구와 삼각관계에 빠지면서 맑았다 흐렸다를 반복하며 성장한다. 여기서 흐림은 대인관계에서의 기분 변화를 나타낸다.

⑤ 흐림의 이미지

(초등학교 고학년 무기력 아동)
흐림: 외로움과 쓸쓸한 마음을 표현

※ 상징적 의미

기후	가을, 감정, 걱정, 계획, 고기압, 과학, 관상대, 구름, 근심, 기분, 기분 변화, 기상이변, 기상청, 기상캐스터, 날씨, 내가 느끼는 날씨, 냉대, 노랑, 눈, 다양하다, 덥다, 따뜻하다, 맑음, 바람, 번개, 변덕스럽다, 변화, 북극, 분위기, 비, 사계절, 사람의 마음, 세계 문제, 소나기, 습도, 습하다, 신비함, 신사, 아나운서, 알 수 없는, 여러 가지 성격, 열대지방, 예측불허, 예측하다, 온난화, 온대, 온도, 옷 걱정, 옷의 두께, 외적 환경, 위도, 이상, 일기예보, 일정(스케줄)에 영향을 주다, 일정하지 않은, 자연, 자연의 법칙, 자연재해, 저기압, 정확하게 예측할 수 없다, 지구, 지구온난화, 찝찝하다, 차갑다, 천둥, 추수, 춥다, 태풍, 필리핀, 해, 화창하다, 흔들림
비	가슴을 적신다, 갈증, 고독, 고마움, 구름, 귀찮다, 그리움, 기다림, 기분 좋다, 김치전, 깨끗하다, 나른하다, 낭만적이다, 내리다, 농사, 눈물, 단비, 달리기, 대지, 마중, 맞기 싫다, 먹구름, 명상, 무지개, 물, 바람, 보다, 분위기, 비옷, 빈대떡, 빗소리, 사색, 산뜻하다, 산성비, 상쾌하다, 새싹, 샤워, 소나기, 소리, 스트레스, 슬픔, 습기, 습하다, 시원하다, 식물, 싫다, 씻겨 내려가다, 씻어 주다, 안락하다, 어둡다, 엄마, 여름, 옛 기억, 옷 걱정, 옷이 젖다, 와이퍼, 외롭다, 우산, 우울하다, 웅덩이, 자동차 안, 장마, 장화, 적시다, 정화, 젖다, 젖으면 찝찝하다, 질척하다, 집에 있고 싶다, 찜찜하다, 찝찝하다, 차갑다, 차박차박, 창 밖, 창문, 처량하다, 촉촉하다, 추억, 추적거리다, 축축한, 춥다, 친구, 커피, 편안하다, 필요한 것, 허전하다, 홍수, 흐리다
바람	가볍다, 가을, 간지럽다, 갈등, 감정의 변화, 거세다, 거센 바람, 겨울, 고난, 고통, 기분 좋은, 낙엽, 날아가다, 느끼다, 도피, 따뜻한 봄바람, 따스한 이불, 떠나다, 떠돌이, 맑은 하늘, 머리가 맑아지다, 머리가 휘날리다, 머리카락, 멋있다, 무서움(산불), 바람개비, 버버리코트, 보이지 않는 존재감, 봄날, 봄바람, 부딪치다, 불다, 비바람, 살랑살랑 불다, 상상, 상쾌하다, 새로운 변화, 선풍기, 설렘, 소리, 소식, 스산하다, 스트레스 표출, 시련, 시원하다, 신선한 바람, 싫다, 심술궂다, 싸늘하다, 쓸쓸하다, 알레르기, 앞머리, 어린이, 에어컨, 여행, 연기, 외투, 움직임, 점퍼, 청초함, 추위, 춥다, 칼바람, 태풍, 폭풍우, 피부가 나빠지다, 해결, 혼란스러움, 홀가분하다, 회오리, 흔들리는 나뭇가지, 흘러가다, 흙먼지
구름	가리다, 가볍다, 가을 하늘, 간신, 걱정, 공상, 구름 모양 상상놀이, 구름빵, 그리움, 근심, 기분, 기분 좋다, 깨끗하다, 나른하다, 낭만적, 눈물, 답답함, 돌변하다, 동심, 둥둥 떠다니다, 마음의 동요, 마음이 편해지다, 막다, 맑음, 먹구름, 멋있다, 무겁다, 뭉게구름, 뭉게뭉게, 방랑자, 변화무쌍, 부드러움, 분위기, 불안하다, 비, 비를 예고하다, 비바람, 비행기, 빵, 뽀송뽀송하다, 사탕모양, 산, 상념, 상상, 소풍, 손오공, 솜, 솜사탕, 수증기, 순응, 시원하다, 쏟아져 내릴 것 같다, 아득하다, 안개, 안정감, 안타까움, 야경, 양 떼, 어둠, 어둡다, 여울, 여유롭다, 예쁘다, 우울, 우중충하다, 유연함, 자유로움, 재미있다, 준비 과정, 책, 천둥, 천사, 촉촉하다, 캄캄하다, 평화롭다, 포근함, 푸른 하늘, 푹신푹신하다, 하늘, 하늘색, 하얗다, 해 질 무렵, 회상, 흐르다, 흐리다, 흘러가다, 희망
눈	강아지, 걱정, 겨울, 겨울왕국, 결정체, 기분, 기쁜, 깨끗하다, 끝없음, 녹아서 사라짐, 녹으면 싫음, 눈부심, 눈사람, 눈싸움, 눈썰매, 대관령, 더럽다, 덮다, 동심, 따뜻함, 러브스토리, 로맨틱, 막막함(함박눈일 때), 모자, 믿다, 밝다, 밟는 소리가 좋다, 보다, 보드, 봉숭아 물, 불편하다, 빙판 사고, 뽀드득뽀드득, 뽀송뽀송한 느낌, 선녀, 설렘, 설산, 손님, 솜이불, 순결, 순백, 순수하다, 스키, 스키장, 신난다, 쌍커풀, 쌓이다, 썰매, 아기, 안경, 안정감, 얼음, 엘사, 연인, 염화칼슘, 예쁘다, 울라프, 운전 조심, 이중성, 자선냄비, 자연의 작품, 자유롭다, 장갑, 조용하다, 좋다, 차갑다, 첫눈, 첫발자국, 첫사랑, 추억, 크리스마스, 포근하다, 포장, 하얀 세상, 하얀색, 함박눈, 행복하다, 화이트, 홍분, 힘들다

무지개	가끔 보는, 경쾌함, 고난 뒤 찾아오는 달콤함, 과학, 기분 좋은, 기쁨, 꿈, 다양하다, 동산, 동성애, 동심, 둥글다, 따사롭다, 또 다른 세상, 맑은 날씨, 맑음, 무지개 타고 놀고 싶다, 미래, 바람, 반가운 손님, 반원, 밝음, 별, 분무기, 비, 비 갠 오후, 비의 끝, 빗방울, 빛, 빛나다, 사람들의 웃음, 새로움, 색, 색깔, 색동저고리, 선녀, 설렘, 소나기, 소망, 소식, 소원, 수돗가, 순수함, 신기하다, 신비로움, 쌍둥이, 쌍무지개, 아름다운 미래, 아지랑이, 알록달록, 약속, 어린아이의 모습, 어릴 적 친구, 언약, 예쁘다, 완성품, 우산, 장화, 저수지, 착각, 천진난만, 크레파스, 포옹하다, 프리즘, 하느님의 약속, 하늘나라, 하와이, 행복, 행운, 화려하다, 환호성, 황홀함, 희망
번개	Z 모양, 가슴이 뻥 뚫리다, 감전, 갑작스럽다, 강렬하다, 걱정(불이 날까 봐), 경기, 공포, 구경하고 싶은 마음, 기후 변화, 긴장, 꽝, 낙뢰, 날카롭다, 노란색, 놀람, 대추나무, 도깨비, 두려움, 멋있다, 모양, 무섭다, 반성, 밝다, 번개 맞은 나무, 번개맨, 번개 모임, 번개 파워, 번쩍이다, 벌, 벼락, 불같은 성격, 불길한 신호, 불빛, 불안하다, 비, 빛, 빠르다, 섬광, 소리, 속도, 스치다, 스트레스, 시기하다, 시끄럽다, 신기하다, 싫다, 아버지의 호통, 어둠, 어린 시절, 여름, 예고, 욱하다, 움츠리다, 위상, 응징, 이불 속, 전광석화 같은 모습, 전기, 정전, 제우스, 죄, 죽비, 천둥, 충전, 치다, 키(열쇠), 파괴, 피뢰침, 해리포터, 혼나다, 힘
천둥	가르침, 갈등, 강력한 굉음, 강하다, 겁, 겁나다, 고함, 공포, 괴롭다, 교향곡 소리, 구름, 금방 끝나다, 나가기 싫다, 나무, 나이트클럽, 놀라다, 두렵다, 드라마 속의 사전 암시, 드라마, 따뜻한 방, 먹구름, 멋지다, 몇 초 뒤에 번개가 친다, 무섭다, 방귀, 번개, 번쩍이다, 벌을 주다, 벼락, 변화, 분노, 불만, 비, 빛, 새로운 탄생, 소리, 소음, 속 시원하다, 숨고 싶다, 시끄럽다, 시원하다, 신, 신호, 신화, 악몽, 어두움, 여름, 예고, 요란하다, 욱하다, 웅장하다, 잘못한 게 있나 하는 생각이 들다, 장마, 재난, 재미, 전기, 전설의 고향, 정전, 죄, 진동, 치다, 큰비가 올 것 같다, 큰소리, 토르, 폭우, 하나님, 하늘을 잘라 놓다, 힘
맑음	가볍다, 가을, 개운하다, 공기, 기분이 좋다, 기쁘다, 깨끗하다, 꽃, 나들이, 나른함, 낮잠, 내 마음, 놀고 싶다, 놀러가고 싶음, 눈부심, 눈빛, 들판, 따뜻하다, 마음, 맑음, 모든 일이 잘 풀리다, 물, 물방울, 밝다, 봄날, 빨래, 산뜻하다, 새싹, 선글라스, 소풍, 소풍 가기 좋은 날, 수요일, 시원하다, 여유, 여행, 예쁜 옷, 외출, 웃음, 유리, 일광욕, 일기, 자유롭다, 좋은 일, 즐거움, 진취적이다, 청명하다, 태양, 투명하다, 파란 하늘, 편안하다, 평온하다, 피크닉, 하늘, 해, 해결, 해바라기, 해님, 햇빛, 햇살, 행복, 화창하다, 환하다, 흐림, 희망
흐림	가라앉다, 걱정, 귀찮다, 그늘, 그리움, 그림자, 기분 좋은, 기분이 안 좋음, 꿀꿀하다, 날씨, 내 마음, 눈, 눈살, 답답하다, 독서, 맑음, 먹구름, 몸이 안 좋음, 무겁다, 물음표, 미해결, 밝지 않다, 비, 비 올 것 같다, 쉬고 싶은, 쉬는 시간, 슬픔, 싫다, 싸늘하다, 아련함, 아프다, 안 좋은 일, 안개, 어두움, 여름, 여백의 미, 여유, 우산, 우울, 우중충, 운전 조심, 울상, 울적하다, 음악, 일기, 일이 잘 안 풀리다, 잠 오는 날, 장애, 정체, 조용하다, 졸리다, 집, 짜증, 찌뿌둥하다, 찜찜하다, 찡그린 얼굴, 차분하다, 축 처진, 치킨과 맥주, 칙칙하다, 카디건, 커피, 탁하다, 텔레비전, 회색, 흐린, 희망이 없는

Chapter **04**

자연물의 상징 이야기

1. 꽃과 식물

꽃(花, flower)과 식물(植物, plants)은 일반적으로 장식적인 의미를 지니며, 주로 그 형태나 색상에 따라 상징적 의미가 나타난다. 오랜 옛날부터 식물은 사람들에게 식량을 제공해 주고, 신의 자애와 계절의 변화를 관통하는 생명력의 이미지를 가지고 있다. 때문에 식물은 대부분 긍정적인 이미지를 가지고 있으며, 대지의 여신, 생명의 순환, 죽음과 부활을 나타낸다. 식물은 신화 속 풍요의 신들이 지닌 여유와 풍요로움의 속성을 띠고 있으며, 식물의 수액은 풍요의 바다, 모성애를 나타내기도 한다.

꽃은 일반적으로 향기가 좋고 색감이 아름다워 사람의 정서를 윤택하게 하는 활력소 역할을 한다. 그뿐만 아니라 꽃은 시각적인 미적 요소만을 충족해 는 대상이 아니라 다양한 내면적 의미를 포함하고 있다. 따라서 고대부터 꽃과 관련된 다양한 신화와 전설이 존재하며, 꽃의 모양, 향기, 색감, 특성 등에 따라 그 의미도 다르며 꽃으로 상대방에게 자신의 마음을 전하는 풍습도 생겼다. 이 절에서는 다양한 의미를 지닌 꽃과 식물의 각각의 상징적 의미를 살펴보고자 한다.

1) 장미(rose)

① 사전적 의미

"장미과의 낙엽 관목으로, 관상용 식물 품종이 많다. 키가 낮은 품종과 덩굴로 뻗는 품종으로 크게 나뉘며, 꽃이 피는 시기에 따라 한 철 피는 것, 두 철 피는 것, 네 철 피는 것 등으로도 나뉜다. 잎은 깃 모양의 겹잎이며 줄기에는 가시가 있다."(두산동아 사서편집국 편, 2016). "장미과의 낙엽 관목으로 높이는 2~3m, 가시가 많으며, 5~6월에 여러 빛깔의 고운 꽃이 핀다. 종류가

먼저 핀 꽃은 먼저 진다.
남보다 먼저 공을 세우려고 조급히 서둘 것이 아니다.
–『채근담(菜根譚)』–

썩 많다."(민중서림 편집부 편, 2016).

② 유래

하나님이 가시가 없는 장미를 만들었지만 아담과 이브가 타락하면서 가시가 생긴 것으로 전해지고 있다. 이는 잃어버린 순결을 형상화한 것으로, 빨간 장미는 예수의 핏방울이 떨어져 그 색을 얻은 것으로 알려지면서 순교의 표상이 되었다. 붉은 장미는 사랑의 여신 아프로디테에게 바쳐진 것으로 '장미의 가시'는 사랑의 고통을 의미한다.

③ 상징적 의미

장미는 사랑을 상징하고 성모마리아의 상징물이며 순결, 아름다움을 나타내기도 한다. 지는 장미는 죽음을 상징하며, 장미의 가시는 사랑의 고통을 의미한다. 심리적으로는 여성성을 나타낸다. 또한 장미는 색깔에 따라 다음과 같은 상징적 의미를 지닌다.

- 하얀 장미: 순수, 무구함, 순결성, 처녀성, 완전성, 신의 사랑, 경외심, 성모마리아, 신중함, 물, 달, 새벽
- 노란 장미: 따뜻한 우정, 기쁜, 질투심, 식어가는 사랑, 가톨릭에서는 교황의 표상
- 붉은 장미: 열정, 욕망, 육감적인 아름다움, 세속적 사랑, 완전성, 아름다움, 사랑, 완성의 극치, 풍요, 불의 원소, 태양, 그리스도교 전통에서는 순교의 피와 부활, 이슬람에서는 선지자와 두 아들의 피

④ 신화와 고전

『눈의 여왕(The snow queen)』(Andersen, 2013b)의 이야기는 다음과 같다. 카이와 게르다는 장미 정원에서 노는 것을 좋아한다. 어느 날 카이가 눈의 여왕에게 잡혀 가게 되고, 게르다는 카이를 찾아 떠난다. 그러던 중 게르다는 마법에 걸려 기억을 잃어버리지만, 장미꽃을 보고 카이를 떠올린다. 우여곡절 끝에 결국 게르다는 카이를 구하게 되고, 이 둘은 다시 장미 정원에서 즐거운 시간을 보낸다. 이 동화에서 장미는 두 사람의 순수하고 따뜻한 우정을 나타내고, 기쁨과 행복을 상징적으로 표현한다.

장미를 생각하며

이해인

우울한 날은
장미 한 송이 보고 싶네

장미 앞에서
소리 내어 울던
나의 눈물에도 향기가 묻어 날까

감당 못할 사랑의 기쁨으로
내내 앓고 있을 때
나의 눈을 환히 밝혀 주던 장미를
잊지 못하네

내가 물 주고 가꾼 시간들이
겹겹 무늬로 익어 있는 꽃잎들 사이로
길이 열리네

가시에 찔려 더욱 향기로웠던
나의 삶이

암호처럼 찍혀 있는
아름다운 장미 한 송이

'살아야 해, 살아야 해'
오늘도 내 마음에
불을 붙이네

⑤ 장미의 이미지

(성인)
장미꽃 같은 여성스러움과 아름다움을 갖고 싶다고 표현

(성인)
활짝 핀 장미꽃은 노력의 결실과 성과를 표현

2) 카네이션(carnation)

① 사전적 의미

석죽과(石竹科)의 다년초로, 남부 유럽과 서아시아가 원산지인 관상용 화초다. 줄기 높이는 60~90cm, 잎은 좁고 길며 백록색이다. 여름에 향기 있는 빨간색, 하얀색, 노란색의 겹꽃이 핀다."(두산동아 사서편집국 편, 2016). "석죽과의 여러해살이풀로, 남유럽이 원산지이며 높이 30~90cm, 잎은 선상, 여름에 향기 있는 홍색?백색의 고운 겹꽃이 핀다. 관상용으로 재배한다. 어버이날에 가슴에 단다."(민중서림 편집부 편, 2016).

② 유래

그리스도교에서는 십자가에 매달린 그리스도를 보고 성모마리아가 흘린 눈물의 흔적에서 핀 꽃이라고 하여 카네이션을 모성애의 상징으로 생각하였다. 1907년에 미국의 안나 마리아 자비스(A. M. Jarvis)라는 여성에 의해 '어머니의 날(5월 두 번째 일요일)'이 생겼으며, 이때 어머니가 살아 계신 사람은 빨간색, 돌아가신 사람은 흰색의 카네이션을 각각 가슴에 다는 관습이 생겨났다(종교학사전 편찬위원회, 1998).

중세의 전승에 따르면 성모마리아가 십자가에 달린 아들을 보고 흘린 눈물이 땅에 떨어져 카네이션으로 변했다고 한다. 또한 봉오리의 생김새 때문에 이 꽃을 흔히 '작은 못'이라는 뜻의 이탈리아어인 '키오디노(chiodino)'라고 불렀다. 그리하여 카네이션은 그리스도의 수난과 연관되었다(Impelluso, 2010).

③ 상징적 의미

카네이션은 모성애의 상징이며, 하얀색 카네이션은 순수한 사랑을, 빨간색 카네이션은 사랑과 다산의 상징으로서 결혼의 약속과 연결된다. 또한 감사의 마음, 존경의 마음을 표현할 때 상징적으로 사용된다.

④ 신화와 고전

1908년 5월 두 번째 일요일, 미국 여성 안나 마리아 자비스는 돌아가신 어머니를 그리워하며 어머니가 다니던 교회에서 어머니가 가장 좋아한 하얀 카네이션을 꽃병에 가득 장식해 기념 예배를 행했다. 하얀 카네이션은 청순함, 좋은 향기, 봉우리의 모습 등으로 어머니를 상징하였다. 식이 끝난 후 참석자 개개인이 그날을 기념하여 카네이션을 자신의 부모님에게 드렸다. 이후 이와 같은 아름다운 관습은 교회를 통해 해마다 알려져 전 세계에 퍼졌다고 한다. 로마 신화에 따르면, 소크니스라는 한 아름다운 여성이 있었는데 그녀는 영예의 왕관을 만드는 것을 자랑으로 여겼다. 그녀가 만든 왕관은 아름답고 훌륭했기 때문에 시인이나 화가의 주문도 많고 장사도 번창했다. 그러나 그것을 시기하는 자에게 소크니스는 암살되고 말았다. 이것을 알게 된 태양의 신 아폴론(Apollon)이 그녀가 생전에 하나님의 제단을 아름답게 장식한 것을 기억하고 그녀의 시신을 아름다운 홍색의 꽃으로 바꾸어 주었는데 그 꽃이 바로 카네이션이었다고 한다.

⑤ 카네이션의 이미지

(초등학교 저학년 애착장애가 있는 아동)
카네이션: 선생님에 대한 감사와 사랑을 표현

3) 야생화(wild flower)

① 사전적 의미

"산이나 들에서 절로 나고 자라는 식물의 꽃"(두산동아 사서편집국 편, 2016). "들에 저절로 피는 화초로, 들꽃이라고도 한다."(민중서림 편집부 편, 2016).

② 유래

웨일스 신화에 나오는 운명의 여신 아리안로드(Arianrhod)의 아들 류 라우기페스(Lleu Llaw Gyffes, 솜씨 좋은 손을 가진 빛나는 이)는 어머니로부터 인간과 결혼하지 못할 것이라는 저주에 걸려 있었다. 그는 마법의 신 마스(Math fab Mathonwy)의 도움을 받아 떡갈나무, 갈대, 조팝나무의 꽃으로 블로다이에드(Blodeuedd, 꽃의 처녀)라는 여자를 만들어 냈고, 자신의 아내로 삼고자 했다. 하지만 그녀는 그로누 페비르(Gronw Pebr)라는 다른 남자를 사랑하게 됐고, 페비르가 류 라우기페스를 죽였다. 블로다이에드라는 이름은 '꽃 같은 얼굴'이라는 뜻으로, 매혹적인 육체적 아름다움뿐만 아니라 그녀가 만들어진 재료인 야생화를 상징하기도 한다(Wilkinson, 2010).

③ 상징적 의미

야생화는 강인함, 생명력, 힘, 역경, 자연스러움, 소박함, 순수함, 초연함 등을 상징한다. 심리적으로는 여성성을 나타낸다. 그 밖에도 여러 가지 야생화가 가지는 상징적 의미는 아래와 같다.

- 감초: 슬픔을 잊다
- 강아지풀: 동심, 애교
- 개연꽃: 감춰진 사랑, 숭고한
- 괭이밥: 빛나는 마음
- 금창초: 추억의 나날, 당신을 기다리고 있습니다
- 꽃다지: 무관심
- 꽃잔디: 온화, 희생
- 냉이: 봄 색시, 당신께 모든 것을 드립니다
- 달맞이꽃: 변덕, 은은한 사랑, 목욕 후 미인
- 닭의장풀: 소야곡, 존경
- 들국화: 장애
- 매화: 기품, 품격
- 물망초: 나를 잊지 마세요, 진정한 사랑
- 물봉선: 나를 만지지 마십시오
- 민들레: 척, 사랑의 신탁, 이별, 경박, 수수께끼, 다시 만날 날까지 즐거운 추억을
- 버들강아지: 친절, 자유, 포근한 사랑
- 봄까치꽃: 기쁜 소식
- 부처꽃: 순진한 애정, 사랑의 슬픔
- 붓꽃: 좋은 소식, 신비한 사람
- 산당화: 평범, 조숙, 겸손
- 상사화: 이룰 수 없는 사랑
- 수련: 청순한 마음, 달콤한
- 양귀비: 덧없는 사랑, 위로(빨간색), 망각(흰색)
- 억새: 노력, 세력, 활력, 후회 없는 청춘
- 으아리꽃: 아름다운 당신의 마음
- 천일홍: 불후, 안전, 변함없는 애정
- 초롱꽃: 공정, 성실, 정절, 사랑스러움
- 춘란: 기품, 청순
- 칸나: 최후, 존경
- 타래 난초: 사모
- 토끼풀: 감화, 약속, 견실
- 삼지구엽초: 당신을 붙잡아 두다
- 해바라기: 행복, 기다림, 그리움
- 개불알꽃: 신뢰
- 새우난초: 겸손, 성실
- 매발톱꽃: 승리의 맹세, 버림받은 연인, 어리석음
- 얼레지: 질투, 첫사랑, 바람난 여인
- 금낭화: 당신을 따르겠습니다, 순종
- 시라네접시꽃: 은총, 완전한 아름다움
- 유채꽃: 쾌활한 사랑, 활동적, 풍요, 재산
- 찔레꽃: 소박한 사랑, 시, 무의식의 아름다움
- 과꽃: 아름다운 추억
- 미즈: 경사, 제례
- 무라사키하나나: 지혜의 샘, 우수
- 노루귀(설앵초): 자신감, 인내, 비밀스러운, 우아, 고귀, 비통, 소년 시절의 희망
- 자운영: 마음이 누그러지다, 나의 행복, 당신은 행복입니다, 감화
- 레드 클로버(붉은 토끼풀): 풍부한 사랑, 근

면, 쾌활한
- 처녀치마: 희망
- 떡쑥: 따뜻한 느낌, 항상 생각, 무언의 사랑
- 플란넬플라워: 항상 사랑
- 입금화: 당신을 만날 행복
- 백합: 청정, 고급, 순수한 사랑
- 천남성: 화려한 아름다움
- 뚝갈: 야성미
- 천사의눈물: 치유
- 월하미인: 덧없는 아름다움, 단 한 번만 만나고 싶어서
- 방울보리사초: 흥분, 열띤 토론, 재산가
- 대문자꽃: 자유, 부조화
- 등골나무: 좋은 추억, 주저
- 짜리: 자연미, 마음의 평안, 거짓, 기만, 믿음직스럽지 못한
- 수박풀: 감사, 변화, 애모, 변해 가는 나날

④ 신화와 고전

만발한 꽃은 빛나는 절정기에 있는 자연을 상징한다. 꽃은 수동적인 여성의 모든 것을 보여주고 아름다움, 젊음, 봄뿐만 아니라 정신의 성숙과 평화와도 결합한다. 그 상징은 많은 색깔, 냄새, 모양과 관련되어 있다. 꽃은 고대부터 치료와 의식에도 사용되어 왔으며, 영국 빅토리아 시대(Victorian era)에는 '꽃말'이 발달하여 비밀 메시지를 전달하기 위해 꽃이 이용되었다.

『인디언붓꽃의 전설: 야생화로 피어난 꼬마 화가의 꿈(The legend of the Indian paintbrush)』(de Paola, 2004)에는 다음과 같은 이야기가 나온다. 다른 친구들보다 몸집이 아주 작아서 활쏘기, 씨름하기, 말 타기, 달리기 등을 친구들만큼 잘 해내지 못했던 아이는 부모님의 걱정거리였고, 사람들은 이 아이를 '작은 다람쥐'라고 불렀다. 작은 다람쥐는 몸집은 작았지만 손재주가 뛰어나서 가죽 조각과 나무토막으로 장난감 전사 만들기, 산딸기즙으로 돌에 그림 그리기를 아주 잘했다. 신기한 꿈을 꾼 후 작은 다람쥐는 용감하게 사냥하는 전사들의 업적과 신비한 꿈의 내용을 그렸다. 물론 전사들과 함께 말을 타고 길을 나서고 싶기도 했지만, 신비한 꿈을 떠올리며 늘 제자리에서 열심히 그림을 그렸다. 늘 묵묵히 노력하던 작은 다람쥐는 신비한 꿈속에서 본 노을빛을 그릴 수 있었고, 작은 다람쥐가 그리던 붓이 땅에 뿌리를 내려 빨간 꽃, 주황 꽃, 노란 꽃으로 퍼져 나가 해마다 봄이 되면 언덕과 들판에 가득 피어났다. 그리고 사람들은 이제 더 이상 그를 '작은 다람쥐'가 아닌 '노을을 땅에 물들인 사나이'라고 불렀다. 즉, 아름다운 노을을 그리려던 작은 다람쥐의 꿈과 노력이 인디언붓꽃이라는 야생화로 탄생한 것이다. 여기서 야생화 인디언붓꽃은 꿈을 나타낸다.

⑤ 야생화의 이미지

(초등학교 고학년 또래관계에 어려움이 있는 아동)
야생화: 강인한 생명력과 강한 의지를 표현

4) 무궁화(rose of sharon, rose mallow)

① 사전적 의미

"아욱과의 낙엽 활엽 관목으로, 동부 아시아 원산이며 높이는 2~4m다. 7~10월에 꽃이 피는데, 품종이 여러 가지라서 꽃 빛깔도 담자색, 담홍색, 백색 등 다양하다. 둥근 열매가 10월경에 익는다. 근화(槿花), 목근(木槿)이라고도 부른다."(두산동아 사서편집국 편, 2016). "아욱과의 낙엽 활엽 관목으로, 관상용, 울타리용으로 심는다. 높이는 2~3m이며, 가지가 많다. 여름에 꽃이 피는데, 빛깔은 담자색, 백색, 담홍색 등으로 다양하다."(민중서림 편집부 편, 2016).

② 유래

당나라 때 현종이 양귀비를 궁에 들여놓았으나 그녀가 얼굴에 전혀 기쁜 기색을 나타내지 않아 신하에게 양귀비가 행복한 웃음을 웃게 할 방책을 물었다. 그랬더니 신하가 꽃을 가득히 심으라고 하였다. 왕명으로 궁궐 안에 꽃을 가득히 심어 매일 꽃이 피게 하도록 한 결과 화창한 봄날 온 천지가 꽃향기로 가득하였으나, 단 한 가지 왕명을 거역한 꽃나무가 있어 이를 궁궐 밖으로 내쫓았다. 이에 다른 꽃들은 모두 궁궐 안에 있었으나 이 꽃나무만은 궁궐 밖에 있어 돌아갈 집(宮)이 없었다. 이때 왕이 저 나무는 집(宮)이 없는(無) 꽃(花), 즉 무궁화(無宮花)로 부르라고 했다고 한다(이상희, 2004).

③ 상징적 의미

무궁화는 햇빛이 있을 때 피고 해가 지면 꽃이 떨어지는 속성이 있어 세속적 행복과 부귀영화의 덧없음을 상징한다. 또한 서양에서는 샤론(Sharon)의 장미라고 하며 섬세하고 고혹적인 아름다움을 나타내나 아름답기는 하되 불행한 여인을 의미하기도 한다.

특히 무궁화는 대한민국의 국화다. 갑오경장 이후 신문화가 밀려오면서 선각자들은 민족의 자존을 높이고 열강들과 대등한 위치를 유지하고자 국화의 필요성을 인식하게 되었다. 그리하여 남궁억과 윤치호 등은 서로 협의하여 무궁화를 국화로 하자고 결의하였다. 그 후 곧이어 만들어진 애국가의 후렴에 "무궁화 삼천리 화려강산, 대한 사람 대한으로 길이 보전하세"라는 구절이 들어가게 되고 이 노래가 불리면서 무궁화는 명실공히 국화(國華)로 자리 잡게 되었다.

예전에는 한반도를 근역(槿域)이라 불러 왔고 근래에는 '무궁화동산' 또는 '무궁화 삼천리금수강산'이라고 일컫는다. 구한말과 일제강점기에 무궁화라는 말은 곧 우리나라를 가리키고 우리 민족을 상징하였다.

④ 무궁화의 이미지

(초등학교 고학년 또래관계에 어려움이 있는 아동)
무궁화: 희망과 여성성을 표현

5) 연꽃(nelumbo nucifera)

① 사전적 의미

"연의 꽃으로, 연화(蓮花)라고도 한다."(두산동아 사서편집국 편, 2016). "연꽃과의 여러해살이 물풀로, 인도가 원산지이며, 무논에 재배한다. 뿌리줄기는 끝으로 갈수록 굵고, 잎은 물 위에 뜬다. 여름에 분홍색과 백색의 꽃이 핀다(불가에서 특히 존숭하는 꽃으로 열매는 연밥이라 한다). 연(蓮), 연화, 뇌지라고 한다."(민중서림 편집부 편, 2016).

② 유래

연꽃은 호수나 연못 바닥의 진흙에서 싹을 틔우고 흙탕물을 뚫고 자라 수면에서 태양빛을 받으며 꽃을 피운다. 고대 이집트의 첫 번째 신이 원시의 바다인 눈(Noun) 위로 솟은 땅에서 출현했기 때문에 연꽃은 창조를 의미한다. 불교에서는 부처가 연꽃이 피고 지는 과정을 통해 무지에서 깨달음을 얻었다 하여 연꽃을 통해 정갈한 마음에 이르는 길을 은유적으로 표현한다. 한편, 인도 창조 신화의 중심인 창조주 브라흐마(Brahmā)는 비슈누 신이 은하수 바다 위에서 잠자고 있을 때 위대한 비슈누 신의 배꼽으로부터 천 개의 꽃잎이 달린 연꽃을 타고 등장하여 새로운 세상을 창조한다. 태양의 신 수르야(Sūrya)는 활짝 핀 두 개의 연꽃을 들고 있는 모습으로 묘사되며, 이는 깨달음을 상징한다(Bruce-Mitford & Wilkinson, 2010).

③ 상징적 의미

연꽃은 창조, 부활, 순결과 완벽, 생명의 근원, 처녀성을 상징하며, 정갈한 마음, 정직성, 도덕성, 굳건함, 결혼의 화합, 번영 등을 의미한다. 또한 활짝 핀 연꽃은 깨달음을 상징한다. 심리적으로는 깨끗함, 순수함, 여성성을 나타낸다.

④ 신화와 고전

『효녀 심청』 이야기에서 심청이는 공양미 300석에 몸을 팔고 바다에 뛰어들게 된다. 그 후 바다 위에 연꽃이 피어나고, 임금이 연꽃을 어루만지자 꽃봉우리가 열리며 심청이 살아 돌아온다(김선희, 송향란 편, 2013). 여기에서 연꽃은 인간의 부활, 순결함, 생명의 근원을 나타낸다.

⑤ 연꽃의 이미지

(중학교 3학년 학교 부적응 청소년)
연꽃: 미래에 대한 희망과 성과에 대한 바람을 표현

(성인)
연잎 사진을 통해 깨끗함과 순수함을 표현

6) 국화(chrysanthemum)

① 사전적 의미

"국화과의 다년초로, 관상용으로 널리 가꾸며, 품종이 아주 많아 꽃의 빛깔이나 모양도 여러 가지다. 가을의 대표적인 꽃이다. 약용, 양조용, 향료로도 쓰인다."(두산동아 사서편집국 편, 2016). "국화과의 여러해살이풀로, 높이는 1m 정도이며, 주로 가을에 꽃이 피는데 꽃 모양이나 빛깔은 여러 가지다. 관상용, 약용, 향료용이다."(민중서림 편집부 편, 2016).

② 유래

국화는 동양에서 장수, 부, 행복, 행운의 상징으로, 중국에서는 가을의 정적, 풍요로움, 완벽함, 지적 성취를 상징하며, 일본에서는 태양, 제국의 군대, 장례식과 죽음을 상징한다. 한편, 서양 미술에서는 국화가 타락과 쇠퇴, 죽음을 상징한다(Impelluso, 2010).

③ 상징적 의미

국화는 왕실과 태양의 상징이며, 겨울이 시작될 때 피기 때문에 장수를 의미하기도 한다. 또한 부, 행복, 행운, 풍요로움, 아름다움, 지적 성취 등을 나타내기도 한다. 반면, 타락, 쇠퇴, 장례식과 죽음, 슬픔, 추모 등을 상징하기도 한다.

④ 신화와 고전

『국화보다 아름다운 너』(류일윤, 이형주, 2008)를 보면, 봄이 오자 국화는 깨어나고 할아버지의 손길로 꽃밭에서 자라기 시작한다. 뜨거운 여름, 천둥과 구름의 시련을 이겨 내며 국화는 무럭무럭 자라 가을에 예쁜 꽃망울을 터뜨린다. 그리고 서리를 만나 예쁜 꽃을 피운다. 여기에서 국화는 변화하고 성장하는 인생의 모습을 나타 내며, 시련을 이겨 내는 강인함을 나타낸다.

국화 옆에서

서정주

한 송이의 국화꽃을 피우기 위해
봄부터 소쩍새는
그렇게 울었나 보다.

한 송이의 국화꽃을 피우기 위해
천둥은 먹구름 속에서
또 그렇게 울었나 보다.

그립고 아쉬움에 가슴 조이던
머언 먼 젊음의 뒤안길에서
인제는 돌아와 거울 앞에 선
내 누님같이 생긴 꽃이여

노오란 네 꽃잎이 피려고
간밤에 무서리가 저리 내리고
내게는 잠도 오지 않았나 보다.

시 '국화 옆에서'의 '국화'는 '괴로움과 혼돈'이 '꽃피는 고요'에로 거두어들여진 화해의 순간을 상징한다.

⑤ 국화의 이미지

(성인)
국화 사진을 통해 아름다움과 즐거움을 표현

7) 백합(lily)

① 사전적 의미

"백합과의 다년초로, 관상용으로 재배되는 식물이다. 땅속의 비늘줄기에서 하나의 줄기가 돋아나는데, 높이는 30~100cm 이고, 5~6월 줄기 끝에 두세 개의 꽃이 옆으로 핀다. 나리라고도 한다."(두산동아 사서편집국 편, 2016). "백합과의 여러해살이풀로, 잎은 어긋나고 5~6월에 줄기 끝에 두세 개의 흰 꽃이 깔때기 모양으로 옆을 향해서 핀다. 비늘줄기는 납작한 공 모양으로 백색 또는 자색이며 식용하고 뿌리는 약용한다."(민중서림 편집부 편, 2016).

② 유래

흰 백합은 그리스 신화 속 헤라(Hera) 여신의 젖에서 피어났다고 하며 다산성과 결부된다. 그리스도교에서 천사장 가브리엘(Archangel Gabriel)은 종종 수태고지에서 손에 백합을 든 모습으로 등장하는데, 이는 백합이 성령으로 원죄 없이 잉태한 성모마리아의 기적을 의미하기 때문이다. 또한 백합 상징물은 정절과 순결, 무염시태(원죄 없는 잉태), 아름다움과 겸손의 의미를 지니는데, 주로 프랑스 왕들과 도시국가 피렌체의 문장으로 쓰였다(Impelluso, 2010). 중국에서는 백합이 깊은 슬픔을 완화시킨다고 믿고, 호주의 원주민 사이에서는 백합이 인내를 의미한다. 다른 전통에서는 백합의 피지 않은 꽃잎이 남근과 비슷하다고 하여 번식이나 성행위와도 관련된다. 한편, 프랑스 왕실의 문장에는 백합 혹은 붓꽃 문장이 사용되며, 세 잎사귀는 삼위일체를 의미한다.

③ 상징적 의미

백합은 순수, 순결, 정절, 무구함을 상징하며, 풍요, 평화, 인내 등을 나타내기도 한다. 또한 죽음, 장례식, 정숙성 등을 상징하기도 한다. 심리적으로는 순수함, 아름다움, 여성성을 나타낸다.

④ 신화와 고전

로마의 시인 오비디우스(Publius Naso Ovidius)가 이야기한 그리스 · 로마 신화에 따르면, 아폴론의 연인이던 미소년 히아킨토스(Hyakintos)가 아폴론이 던진 원반에 맞아 죽었는데, 그 피에서 아름다운 '백합' 히아킨토스(히아신스)가 나왔다고 한다. 따라서 백합은 금단의 사랑의 상징으로 간주된다.

⑤ 백합의 이미지

(성인)
백합 사진을 통해 순수하고 아름답다고 표현

8) 벚꽃(cherry blossom)

① 사전적 의미

"벚나무의 꽃으로, 앵화라고도 한다."(두산동아 사서편집국 편, 2016).

② 유래

성경에서 마리아(Mary)가 버찌를 남편 요셉(Joseph)에게 구해서 거절당했을 때 벚나무의 가지가 마리아의 입 안에까지 처졌다고 하여 꽃은 처녀의 아름다움에, 열매는 천국의 과일에 비유된다.

③ 상징적 의미

벚꽃은 순결, 처녀성, 봄을 상징하며, 일본의 국화로 일본에서는 부와 번영을 나타낸다. 벚꽃의 열매가 두 개 붙어 있는 것은 행운, 여성의 매혹을 의미하기도 한다. 심리적으로는 새로운 시작, 희망, 여성성을 나타낸다.

④ 신화와 고전

벚꽃은 일본에서 봄의 꽃 중에서도 특별한 위치를 차지하고 있다. 벚꽃의 경관은 인기가 많고, 이 풍물을 즐기는 꽃놀이객이 매우 많다. 각지에 벚꽃 명소가 있으며, 유명한 벚꽃도 많이 존재한다. 일본에서는 4월에 새 학년이 시작하는데 학교에 주로 벚꽃이 심어져 있기 때문에 인생의 전환점을 장식하는 꽃이기도 하다. 일본에서 벚꽃은 가로수에 사용되는 수종으로, 은행에 이어 2번째로 많은 49만 그루가 심어져 있다. 도로 및 철도, 하천 등을 따라 심어진 경우가 많으며, 이를 벚꽃길이라고 한다. 도로 등의 양쪽에 벚꽃이 줄지어 터널과 같은 모양으로 되어 있는 것을 벚꽃 터널이라고 부른다. 또한 벚꽃이 심어져 있는 학교 운동장이 많으며, 오래전부터 벚꽃을 기르고 있는 신사나 사원도 적지 않다.

⑤ 벚꽃의 이미지

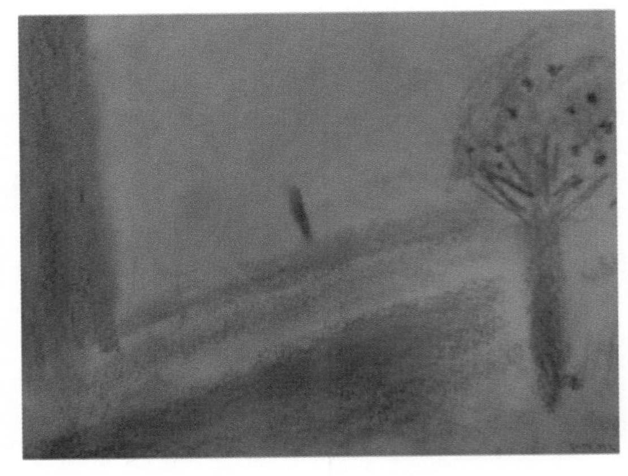

(초등학교 고학년 또래관계에 어려움이 있는 아동)
벚꽃: 봄의 새로운 시작과 희망을 표현

9) 양귀비(poppy)

① 사전적 의미

"양귀비과의 일년초 또는 이년초로, 관상용이나 약용으로 재배하는데, 줄기 높이는 1m 가량이다. 잎은 길둥근 모양이며, 5~6월에 빨간색, 하얀색, 자주색 등의 네잎 꽃이 원줄기 끝에 한 송이씩 핀다. 열매는 둥근데 덜 익었을 때 상처를 내어 받은 즙액으로 아편을 만든다. 앵속(罌粟)이라고도 한다."(두산동아 사서편집국 편, 2016).

② 유래

양귀비는 밤의 화신으로 은유되는데, 이는 그리스와 지중해 동부 지역에서 야생으로 자라며 고대부터 약용으로 많이 쓰이던 아편 성분을 바탕으로 한다. 그리스 신화 속 대지의 여신 데메테르(Demeter)에게 바쳐진 양귀비는 최면 성분이 있어서 죽음과 부활 사이의 망각을 상징한다. 양귀비는 전쟁을 기억하는 용도로도 사용되는데, 이는 존 맥크래(John McCrae)가 1915년 발표한 시의 "플랜더스 들판 십자가 사이에 양귀비가 열을 지어 자라네"라는 문구 때문이다. 로마의 시인 오비디우스는 잠의 왕국을 숨겨진 동굴로 묘사했는데, 동굴은 양귀비와 그 밖의 약초들이 무성한 들판 끝에 있었다. 밤의 신은 이 약초들로부터 졸음을 모아서 어두워진 대지 위에 뿌렸다. 일반적으로 양귀비는 잠과 꿈에 관련된 모든 신, 특히 밤의 신과 그리스 신화에 나오는 꿈의 신 모르페우스(Morpheus)의 상징물이다. 시간이 흐름에 따라 이러한 상징은 영원한 잠과 죽음으로 연결되었다(Impelluso, 2010).

③ 상징적 의미

양귀비는 희생, 죽음, 망각, 잠, 밤, 성찬을 상징하며, 겨울의 죽음 뒤에 따라오는 풍요를 의미한다. 또한 화려하고 매혹적인 아름다움을 나타내기도 한다. 심리적으로는 자신만의 매력을 갖고 싶은 바람, 여성성을 나타낸다.

④ 신화와 고전

은혜의 여신 데메테르는 명왕 하데스(Hades)에게 납치된 딸 페르세포네(Persephone)를 찾고 있었다. 어느 날 데메테르는 동굴을 찾아냈다. 동굴 안은 깜깜하고 페르세포네와 하데스가 있는 지하와 같았다. 데메테르는 '여기에서 지하로 갈 수 있을지도 모른다'고 생각했다. 데메테르가 동굴에 들어가자 동굴 가운데에 향기가 없는 이상한 색을 띤 꽃밭이 있었다. 그 앞에 궁전이 있고, 거기에는 잠의 신 히프노스(Hypnos)가 있었다. 히프노스가 말했다. "은혜의 하나님 데메테르여, 당신은 자야 한다. 당신이 건강을 잃어버리면 식물들도 시들어 버린다. 그 양귀비는 방금 당신이 본 꽃들의 열매다. 이것을 입으로 가져가면 당신도 잠에 들 것이다." 그 열매를 입에 댄 데메테르는 깊은 잠에 빠졌다. 데메테르의 꿈속에 명계의 왕 하데스와 그 왕비가 된 딸 페르세포네가 나타났다. 딸은 "반년간은 지상에 계셔 주세요. 그래서 다시 지상의 식물들을 건강하게 해 주세요."라고 데메테르에게 말했다. 꿈에서 깬 데메테르는 건강하게 지상으로 돌아가 페르세포네가 돌아오기를 기다렸다(Bulfinch, 2010).

⑤ 양귀비의 이미지

(성인)
양귀비 사진을 통해 화려한 아름다움과 자신만의 매력을 갖고 싶다고 표현

10) 해바라기(sunflower)

① 사전적 의미

"해바라기는 국화과의 일년초로, 중앙아메리카가 원산지이며 줄기 높이는 2m가량이다. 잎은 자루가 길고 넓은 달걀 모양이며, 여름에 노란빛의 큰 꽃이 핀다. 씨는 먹을 수 있고, 식용유를 짜기도 한다. 규화(葵花)라고도 한다."(두산동아 사서편집국, 2016). "국화과의 한해살이풀로, 북아메리카가 원산지이며 높이는 2m 정도다. 잎은 대형의 넓은 달걀 꼴인데, 여름에 선황색의 큰 꽃이 핀다. 과실은 수과로, 기름을 짠다. 줄기 속은 약재로 쓴다."(민중서림 편집부, 2016).

② 유래

해바라기는 태양을 따라 도는 습관이 있어서, 그리스 신화에서는 요정 클리티아(Clytia)가 태양신 아폴론을 향한 상사병에 걸려 해바라기로 변했다는 이야기가 있다. 따라서 구제될 길 없는 열정의 대상인 태양을 영원히 따라 돌고 있다는 것이다.

오비디우스는 이 꽃의 종류를 구체적으로 명시하지 않았다. 다만 클리티아의 얼굴이 빛깔을 띠었다고 말했을 뿐이다. 오비디우스가 말하는 꽃은 향일성 화초인 헬리오트로프 혹은 금송화(금잔화)와 동일시하는 경우도 더러 있다. 고대에는 해바라기가 유럽에 알려지지 않았으며 아메리카 대륙에는 16세기에 들어서야 유입되었다. 따라서 오비디우스가 말하는 꽃을 해바라기라 여기고 무조건적 헌신이라는 함의를 씌운 것은 바로크 시대의 화가들이었다."(Impelluso, 2010).

③ 상징적 의미

해바라기는 태양, 동경, 헌신, 맹목적인 숭배, 일편단심, 불멸을 상징하며, 태양에 비유되어 따뜻한 사랑을 받고 싶음, 애정의 욕구를 나타내기도 한다. 아동화에서 해바라기 그림은 어머니상을 상징한다.

④ 신화와 고전

클리티아는 태양신 아폴론에게 반한 젊은 여인이다. 하지만 아폴론은 그녀를 거들떠보지도 않고 바빌로니아 왕의 딸 레우코토에(Leucothoe)를 좋아했다. 아폴론은 바빌로니아 처녀를 다른 사람들로부터 떼어 놓은 다음 유혹하려는 음모를 꾸몄다. 그러나 질투심에 불타오른 클리티아가 두 남녀의 일을 염탐하여 바빌로니아 왕에게 미주알고주알 일러바쳤다. 화가 머리끝까지 치민 바빌로니아 왕은 딸을 깊은 구덩이에 산 채로 묻어 버리라고 명령했다. 낙담한 아폴론은 연인의 무덤에 신들이 마시는 술인 향기로운 넥타르(nektar)를 뿌렸다. 그러자 넥타르가 뿌려진 흙에서 유황이 생겨났다. 한편, 클리티아는 쓰라린 절망에 빠진 채 연모하는 이의 전차가 하늘을 가로질러 가는 것을 날마다 바라보며 세월을 보냈다. 애타는 그리움에 젖어 몸이 수척해지더니 그녀는 그만 태양을 향해 항상 얼굴을 돌리는 유별난 특징을 지닌 해바라기로 변했다.

⑤ 해바라기의 이미지

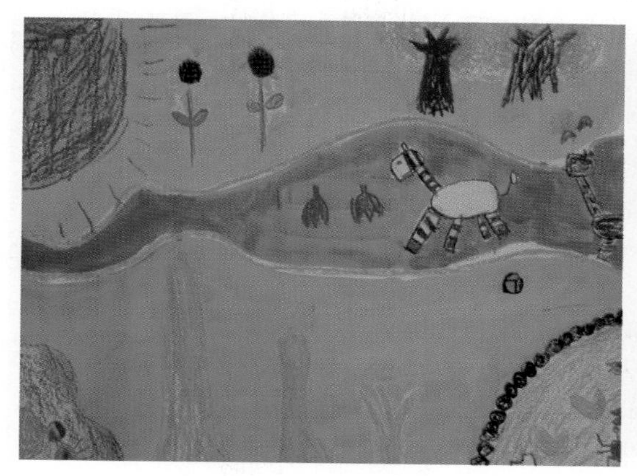

(초등학교 저학년 충동 성향 아동)
해바라기: 애정의 욕구와 아름다움을 표현

(성인)
빛을 받는 해바라기처럼 따뜻한 사랑과
관심을 받고 싶다고 표현

※ 상징적 의미

꽃	5월, 간직하고 싶다, 감수성, 감탄사, 갖고 싶다, 결실의 시작, 결혼식, 경연, 고백, 관심, 그림, 긍정적이다, 기다림, 기분이 좋다, 기쁨, 꽃가루 알레르기, 꽃밭, 꽃잎, 끝과 시작, 나비, 낭만, 냄새, 노랑, 다발, 데이트, 도라지꽃, 따뜻함, 마음이 따뜻하다, 받고 싶다, 밝음, 벌레, 벚꽃, 봄, 봉우리, 부드러움, 빨강, 뿌리다, 사람과의 관계, 사랑스러운, 산소, 색, 생명, 선물, 성취, 소꿉놀이, 소중하다, 수채화, 순하다, 시선을 끌다, 싱그러움, 아름답다, 안정감, 엄마가 좋아함, 여성스럽다, 여유, 연약하다, 열매, 예쁘다, 오래 보고 싶다, 자연의 크레파스, 장미, 장식, 전시회, 젊음, 제비꽃과 벚꽃이 좋음, 진달래, 축하, 카라, 코스모스, 튤립, 팬지, 프러포즈, 피다, 하얀색, 한계성, 햇빛, 향기, 화가, 화려함, 화사하다, 화원, 희망
식물	가꾸다, 결실, 고사리, 고정되다, 곧다, 공기청정, 공존, 기다림, 기분이 좋다, 기초, 까다롭다, 깨끗하다, 꺾이다, 꽃집, 나무, 난초, 녹색, 대지, 동물, 들판, 들풀, 따뜻하다, 맑다, 먹는 것, 물, 베란다, 뿌듯함, 뿌리, 산소, 살아 있다, 새싹, 생기 있다, 생동감, 생명, 생명력, 생명보호, 생명의 신비, 생명체, 생물, 성장, 소나무, 소망, 순하다, 식물원, 신기하다, 신비하다, 신선하다, 싱그럽다, 싱싱하다, 아름답다, 아프리카, 양상추, 어린이, 여리다, 연약하다, 열매, 영양, 예민성, 온난 기후, 움직임, 원기, 음식, 이슬, 자라다, 자생력, 자연스러움, 자연의 섭리, 작은 힘, 잘 키우고 싶다, 장식, 정성, 정적이다, 정화하다, 지켜주고 싶다, 진딧물, 징그럽다, 청결하다, 초록색, 촉촉하다, 친환경, 침묵, 키우기 어렵다, 키우다, 토마토, 파릇파릇, 편안하다, 푸르다, 풀냄새, 풍요로움, 햇빛, 행복, 화단, 화분, 화해, 희망
장미	5월, 가시, 고귀함, 고마움, 기념일, 꽃다발, 꽃병, 꽃잎, 남녀 관계, 녹색, 눈부시다, 담장, 도도하다, 로즈마리, 매력적이다, 머리 아프다, 미인, 벌, 베이비핑크, 벨벳, 빨갛다, 사랑, 사랑의 상투성, 상처, 생일, 선물, 설렘, 성숙함, 섹시하다, 아름답다, 아픔, 악녀, 안개꽃, 양면성, 여성스럽다, 여왕, 열정, 예쁘다, 와인, 외모 지상주의, 유혹, 이중적, 입술, 정열, 조심스럽다, 촌스럽다, 칼, 캔디, 키우고 싶다, 탐스러움, 프러포즈, 피, 핑크빛, 향기, 향수, 화려한 여자, 환하다, 흔한 꽃
카네이션	5월 8일, 5월, 가슴 따뜻하다, 가족, 감사의 마음, 공경, 따뜻하다, 리본, 바구니, 배려, 보고 싶다, 보답, 부드러움, 부모님, 부모님의 희생, 부채, 분홍색, 붉은색, 브로치, 빨간색, 사랑, 색깔, 색종이, 선물, 선생님, 순결, 순종, 스승, 스승의 날, 슬픔, 식상하다, 아름답다, 아버지, 어린이, 어머니, 어버이날, 용돈, 우아함, 은은하다, 은혜, 정성, 조화 같다, 존경, 종이접기, 편안함, 학교, 형식, 효도
야생화	강인하다, 가냘프다, 거친, 고난, 굳건하다, 궁금함, 귀엽다, 그늘, 기분이 좋다, 길들지 않다, 끈기, 나누다, 넓다, 누비다, 단지, 닮고 싶다, 당차다, 대단하다, 독하다, 드세다, 들국화, 들꽃, 들판, 라벤더, 막 키운, 많다, 매력 있다, 모험심, 무명, 묵묵함, 밀림, 바람, 발견, 보고 싶음, 보호해 주고 싶다, 사랑받지 못하다, 사랑스럽다, 사진, 산길, 상큼하다, 생기가 넘치다, 생명력이 강하다, 생존, 소박하다, 소풍, 순수, 순하다, 순환, 숨은 꽃, 신기하다, 신비, 쓸쓸하다, 아름답다, 야생, 약하다, 어머니의 마음, 억척스럽다, 여리다, 역경, 예쁘다, 오래가다, 은은함, 인내, 자수성가, 자연스럽다, 자유분방하다, 자주 볼 수 없는, 잔잔하다, 잡초, 저절로 웃음이 나다, 정감, 조그맣다, 질기다, 청초하다, 초연하다, 칠전팔기, 특이하다, 튼튼하다, 평화, 함께함의 극치, 휴식, 흐드러지다, 힘

무궁화	감싸 안다, 견디다, 고결하다, 과수원 둑, 국화, 기차, 길가, 깨끗함, 꿋꿋하다, 끈질기다, 나라사랑, 노래, 단아함, 담장, 대표, 대표자, 대한민국, 독립, 독립투사, 못생겼다, 무미건조하다, 무한한 포용, 벌, 벌레, 보라색, 분홍색, 불쌍하다, 빽빽하다, 사랑, 상징, 새롭다, 소중함, 순수, 시골집, 심수봉, 아버지, 애국(심), 애국가, 외롭다, 우리나라, 나팔꽃, 인내, 자긍심, 잘 안 보여서 속상함, 절개, 점잖다, 접하기 어렵다, 조국, 존중, 지저분하다, 진딧물, 질긴 줄기, 청렴, 충성, 태극기, 허황되다, 학교, 한반도, 한복, 화려하지 않다, 흰색
연꽃	개구리, 견디다, 경복궁, 고귀하다, 고상하다, 고요하다, 기념품, 기다림, 끈기, 넉넉하다, 넓은 연잎, 더럽다, 뜨거움, 무안, 물, 뱀, 부처, 분홍빛, 불교, 붓다, 빗물, 사찰, 석가탄신일, 성스러움, 순수함, 숭고하다, 쉼터, 스님, 슬픔, 습하다, 승화, 신비하다, 신비함, 신성하다, 싫다, 심 봉사, 심청, 아름다움, 양면성, 엄지공주, 여름, 여리다, 여유, 역경, 연근, 연등, 연못, 연밥, 연잎차, 연잎, 열정, 온화하다, 올곧다, 완성하다, 우산, 우아하다, 우직하다, 웅장함, 인내, 인연, 자비, 잔잔함, 전래동화, 절, 정오에 피다, 정화, 종교적 의미를 떠나면 예쁨, 진흙, 차분하다, 청초하다, 크다, 편안하다, 해탈, 향기롭다, 화사하다, 환경과 달리 깨끗하다, 효심, 흙탕물, 흰색
국화	가라앉다, 가미카제, 가을, 강하다, 개량, 경건하다, 관심, 국화차, 굳은 의지, 귀엽다, 근조, 기다림, 깨끗하다, 꼿꼿하다, 꽃, 나눔, 날개, 노란색, 다양하다, 따돌림, 맑다, 무궁화, 묵직하다, 벌, 벌레, 병아리, 사군자, 사후 세계, 산소, 소국, 소박하다, 소중함, 소쩍새, 숙연해지다, 순수하다, 슬픔, 시, 신비, 쓸쓸하다, 아빠의 모습, 애도, 엄마, 여유롭다, 오래가는 꽃, 외로움, 유익하다, 일본, 장례식, 전시회, 절제된 아름다움, 정절, 조문, 죽음, 지고지순하다, 진딧물, 차가움, 처연하다, 추모, 축제, 탐스러움, 하얀색, 학교, 학생, 한결같다, 향기, 화려하다, 화환, 흰색
백합	가녀림, 간호사, 가냘프다, 결혼식, 고귀하다, 귀족, 그리스도교, 깨끗하다, 꽃, 꽃가루, 꽃놀이, 꽃다발, 나무, 나팔, 노란 수술, 노래, 맑다, 밝다, 병실, 비싸다, 팡파레(꽃 모양), 사랑스러움, 산소, 성숙미, 성스럽다, 순결, 순백, 순수하다, 순정, 슬픔, 시들다, 아름다움, 아수라 백작, 어머니를 대표함, 여리다, 여성스러움, 연약하다, 예쁘다, 외로움, 우아하다, 이모, 이중적, 자살, 작은 소녀, 죽음, 지적이다, 지조, 진한 향기, 청순하다, 청아하다, 청초하다, 촌스럽다, 큰 꽃, 탐스럽다, 품격 있어 보이다, 풍만함, 함부로 할 수 없다, 화려함, 화사하다, 희망, 희생
벚꽃	4월, 가벼움, 걷고 싶다, 군항제, 길가, 꽃가루, 꽃구경, 꽃놀이, 꽃비, 나들이 가고 싶다, 나들이, 날리다, 남자 친구, 낭만, 노래, 눈, 눈길, 눈꽃, 눈꽃송이, 눈처럼 날리는, 꽃, 대학교, 데이트, 따뜻함, 떨어지다, 멋있다, 뭉치다, 반가움, 버스커버스커, 번창, 벚꽃놀이, 변덕, 봄, 봄나들이, 봄바람, 비, 빨간머리앤, 사랑, 사무라이, 사쿠라, 상실, 새로움, 설렘, 소망, 소원, 소풍, 순수, 순식간에 사라지다, 슬프다, 시작, 아기자기하다, 아련하다, 아름다움, 안개, 어린 시절, 여행, 연인, 연중행사, 열매, 예쁘다, 예쁜 꽃잎, 옷, 일본, 일사불란하다, 입맞춤, 자연, 자유롭다, 젊음, 짧다, 첫 키스, 청초함, 추억, 축제, 풍성하다, 핑크, 행복, 허망하다, 화려하다, 화사하다, 환상적, 환하다, 흔하다, 홍분, 흩날리는 봄날, 흩날리다, 흩어지다

양귀비	고전, 귀함, 기생, 독, 동양, 마약, 매력, 매혹적인, 미인, 본능, 불법, 빨간색, 사랑, 선명함, 슬픔, 아름다움, 악, 여자, 예쁜, 외로움, 위험, 입술, 증오, 취급주의, 치명적인, 탐욕, 파괴, 화려함
해바라기	8월, 가을, 강렬함, 강인하다, 견과류, 고소하다, 고흐, 굳건하다, 그리스 신화, 기다림, 길가, 길다, 깔끔하다, 꾸준함, 끈기, 나만을 바라보다, 노란색, 도움이 필요한, 둥글다, 뙤약볕, 믿음, 밀라노 가는 길, 바라보다, 바람, 밝음, 봄, 부귀, 사랑, 선망, 소피아 로렌, 순결, 순고함, 순종적, 숭배, 시원함, 씨가 많다, 씨앗, 아름다움, 애처로움, 에너지, 열매, 영화, 외로움, 외사랑, 요즘 없다, 우크라이나, 웃음, 원, 의존하다, 일관성, 일편단심, 장관, 지고지순, 집착, 짝사랑, 초콜릿, 크다, 키 크고 싶다, 키가 크다, 키다리 아저씨, 태양, 편안함, 하늘, 한결같다, 해맑은 아이들 얼굴, 햄스터, 햄토리, 화려함, 화사함, 활기차다, 희망, 힘들다

2. 나무

나무(木, tree)는 오랜 옛날부터 우리 곁에서 안식처의 역할을 하며, 인간의 삶과 밀접한 관계를 맺어 왔다. 나무는 품종, 모양, 특성에 따라 매우 다양한 상징적 의미를 갖지만 일반적인 의미로는 풍요와 장수, 강인함과 생명력, 삶과 죽음을 나타낸다.

땅에 뿌리를 내려 영양분을 흡수하고 하늘에서 빛을 받아 성장하는 나무는 하늘과 땅, 지하세계를 연결하는 통로의 역할을 하고, 왕성한 생명력을 발휘한다. 또한 수명이 길기 때문에 사람들로부터 존중을 받고 높은 지위를 누렸으며, 계절에 따른 변화를 지속적으로 반복함으로써 우주 주기의 영원성을 보여 준다. 나아가서 나무는 오랜 옛날부터 그 안에 신과 영혼이 깃들어 있다고 믿어졌기 때문에 존경을 받았으며, 나무를 모성적인 양육의 표현으로 보는 전통과 은혜로운 나무 정령에 대한 숭배를 바탕으로 수호자로 간주되기도 했다.

나무의 상징적인 의미를 크게 나누어 보면, 신화가 발전하면서 초자연 세계와 자연 세계를 연결하며 창조를 나타내는 '생명의 나무'와 소나무, 참나무 등 불사 또는 장수를 나타내는 '전설의 나무'가 있다. 또한 무화과와 올리브 등 과실수는 '풍요의 나무'를 나타내기도 한다. 그 외 각각의 나무가 가진 구체적인 상징적 의미를 이 절에서 살펴보고자 한다.

1) 새싹(sprout)

① 사전적 의미

"식물의 새로 돋은 싹으로, 신아(新芽)라고도

나무가 클수록 그 뿌리가 깊듯 모든 위대한 성과는 오랜 준비가 필요하다.
-요한 볼프강 폰 괴테(Johann Wolfgang von Goethe)-

한다."(두산동아 사서편집국 편, 2016).

② 상징적 의미

새싹은 희망, 기대, 탄생, 생명력, 무한한 성장 가능성 등을 상징하며, 새로운 시작에 대한 기대를 암시한다.

③ 신화와 고전

『완두콩 오형제』(아하교육연구소, 2013)에서 완두콩 오형제는 한 소년에게 잡힌다. 소년은 완두콩을 새총에 넣고 한 알씩 쏘아 올린다. 막내 완두콩은 몸이 아픈 소녀가 살고 있는 집의 창문에 떨어진다. 창문에서 새싹을 틔운 완두콩을 본 소녀는 정성껏 새싹을 돌본다. 새싹은 무럭무럭 자라서 결국 꽃을 피웠고, 아픈 소녀의 병도 낫게 된다. 여기에서 새싹은 기쁨과 희망을 나타내며, 무한한 성장과 가능성을 의미한다.

④ 새싹의 이미지

(초등학교 고학년 틱장애 아동)
새싹: 평화와 희망, 새로운 시작을 표현

(성인)
새싹: 산뜻함과 새로운 시작을 표현

2) 버드나무(willow)

① 사전적 의미

"버드나무는 버드나뭇과의 낙엽 교목으로 아무 곳에서나 잘 자라는데, 높이는 20m가량이다. 잎은 끝이 뾰족하고 가장자리에 안으로 굽은 잔톱니가 있다. 4월경에 꽃이 피는데, 그 꽃을 '버들개지'라 한다. 세공재(細工材)로 쓰고, 가로수 풍치목으로 많이 심는다. 버들이라고도 한다."(두산동아 사서편집국 편, 2016).

② 유래

불교의 경우 버드나무는 대자대비의 관세음보살을 상징한다. 이 보살은 세상의 모든 소리를 관찰하고 중생의 고난을 자유자재로 보살피는 보살이다(이승훈, 2009). 그리스도교 교리에서 버드나무는 긍정과 부정의 의미를 동시에 취한다. 버드나무는 죄와 슬픔의 상징일 뿐만 아니라 동시에 믿음과 일반 신자의 상징이기도 하다(Impelluso, 2010).

③ 상징적 의미

버드나무는 어디에서나 잘 자라는 습성 때문에 생명력, 번식력을 상징한다. 수양버들은 봄 또는 청춘을 상징하는 반면, 자라는 속도가 빨라 인생무상을 나타내기도 한다. 또한 내패적, 우울, 무기력, 낮은 에너지 수준을 의미하기도 한다.

④ 신화와 고전

『연이와 버들도령』(정진, 장혜련 편, 2007)에서 연이의 의붓어머니는 연이에게 한겨울에 나물을 캐 오라고 하는 등 몹시 학대를 한다. 그런데 나물을 캐러 간 연이는 버드나무 가지를 물어다 준 토끼의 안내를 받아 버들도령이 사는 동굴을 찾게 된다. 그렇게 버들도령의 도움으로 연이는 의붓어머니의 심부름을 할 수 있게 되지만, 이 사실을 알게 된 의붓어머니가 버들도령을 죽이게 된다. 하지만 연이가 가진 신비의 약으로 버들도령은 살아난다. 여기에서 버드나무는 죽었다가 살아나는 버들도령처럼 강한 생명력과 신비한 능력을 가진 존재로 표현된다.

⑤ 버드나무의 이미지

(중학교 2학년 학교 부적응 청소년)
버드나무: 무력감과 지치고 힘든 심정을 표현

3) 소나무(pine)

① 사전적 의미

"소나무는 소나뭇과의 상록 침엽 교목으로, 나무껍질은 적갈색 또는 흑갈색이며, 바늘 모양의 잎은 두 개씩 난다. 꽃은 5월에 피고, 이듬해 가을에 열매인 '솔방울'을 맺는다. 육송(陸松), 적송(赤松)이라고도 한다."(두산동아 사서편집국 편, 2016). "소나뭇과의 상록 침엽 교목으로 높이는 30m, 둘레는 6m 정도, 껍질은 검붉고 비늘 모양이며 잎은 바늘 모양으로 두 개씩 모여 난다. 꽃은 늦봄에 피고 다음해 가을에 구과(毬果)를 맺는다. 중요한 삼림 식물로, 건축재, 침목, 도구재 따위의 여러 가지 용도로 쓰인다."(민중서림 편집부 편, 2016).

② 유래

마을을 수호하는 동신목(洞神木) 중에는 소나무가 큰 비중을 차지하고 있다. 특히 산에 있는 산신당의 신목(神木)은 거의 소나무다. 소나무는 신성한 나무이기 때문에 하늘에서 신들이 하강할 때에는 높이 솟은 소나무 줄기를 택한다고 믿었다. 신목으로 정해진 소나무는 신성수(神聖樹)이므로, 함부로 손을 대거나 부정한 행위를 하면 재앙을 입는다고 한다. 소나무 가지는 제의(祭儀)나 의례 때 부정을 물리치는 도구로서 제의 공간을 정화 또는 청정하게 하는 의미를 지니고 있다. 또한 소나무는 오래 사는 나무이므로 예부터 십장생(十長生) 중의 하나로 장수를 상징하는 나무로 삼았다.

그리스 신화에 등장하는 술의 신 디오니소스(Dionysos)는 솔방울을 손에 쥐고 있는데, 그 솔방울은 식물적 삶의 영속성을 상징한다. 솔방울을 쥔 디오니소스는 거인족 타이탄(Titan)에게 먹혔다가 다시 소생했는데, 이는 식물의 힘과 생식을 상징한다. 솔 씨는 미약으로도 쓰인다. 풍요와 다산의 여신인 키벨레는 소나무의 여신이기도 한데, 소나무가 죽었다가 다시 소생하는 신의 몸을 상징하기 때문이다. 또 소나무는 아르테미스, 비너스의 나무이기도 하다(동아출판사 편, 1993).

③ 상징적 의미

소나무의 변함없는 푸른 모습은 절개, 의지, 불멸, 불사, 장생 등을 상징한다. 또한 곧다는 점은 곧은 의지, 강한 성격, 통제, 질서정연함, 침묵, 고독을 의미하며, 솔방울의 모습이 남근과 비슷하여 남성적 창조성, 풍요, 행운을 나타내기도 한다. 소나무는 상록수로 심리적으로는 자신을 활기 있는 존재로 보고 그와 같은 행동을 하고 싶은 소망을 암시하며, 형태 때문에 피라미드와 같은 상징적 의미를 나타내기도 한다. 나무껍질의 모양을 상세하게 묘사하는 것은 환경과의 관계에 강한 관심을 가지며 자신을 통제하려고 하는 강박성, 완고함 등을 의미한다.

④ 신화와 고전

『술이 나오는 그림』(양재홍, 이량덕, 2008)에서 홀어머니를 모시고 사는 마음씨 착한 나무꾼은 우연히 오두막에 있는 아픈 할아버지를 발견한다. 나무꾼은 할아버지를 정성껏 돌봐 주고 할아버지의 병은 낫게 된다. 할아버지는 고마움의 표현으로 나무꾼에게 소나무 위에 두루미가 있고 바위 옆에는 샘물이 흐르는 그림을 선물한다. 그 그림은 신선주가 나오는 보물로, 이후 나무꾼을 위기에서 구해 주게 된다. 여기에서 소나무는 신성한 대상으로 곧음과 절개를 나타낸다.

⑤ 소나무의 이미지

(초등학교 저학년 또래관계에 어려움이 있는 아동)
구부러진 소나무: 자아상의 왜곡 및 상실감을 표현

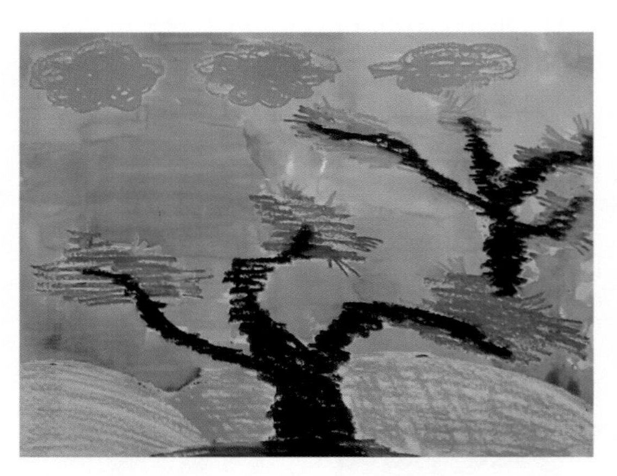

(중학교 3학년 학교 부적응 청소년)
곧은 소나무: 굳은 의지와 희망을 표현

4) 크리스마스트리(Christmas tree)

① 사전적 의미

"크리스마스 때 장식으로 세우는 나무로 소

나무, 잣나무 등의 상록수에 전구, 종, 촛불, 별 등을 달아 아름답게 꾸며서 세운다. 성탄목(聖誕木)이라고도 한다."(두산동아 사서편집국 편, 2016).

② 유래

전나무에 양초를 걸어 놓고 크리스마스를 축하하는 풍습은 독일에서 처음 시작되었다. 오랜 풍습처럼 독일 주택가에서는 크리스마스 시즌이 다가오면 전나무 잎사귀로 집 안 구석구석을 장식했다. 이러한 풍습은 독일 남동부 지방에서 서쪽 지방으로 퍼져 나갔다. 처음엔 나무에 둥글납작한 빵을 매달았다가 이후 빵 대신 여러 모양의 과자를 매다는 전통이 생겨났으며, 그리스도의 상징으로 양초도 매달았다(Germa, 2006).

③ 상징적 의미

크리스마스트리는 새로운 시작, 재생, 불사를 상징하며, 선물과 촛불을 주는 낙원의 나무로 고마움, 따뜻함, 사랑, 행복, 소망을 의미하기도 한다.

④ 신화와 고전

『구둣방 할아버지와 요정(Elves and the Shoemaker)』(Jacob & Wilhelm, 2013c)에서 가난한 구둣방 노부부는 구두를 만들 가죽이 얼마 남지 않아 걱정이 많았다. 그러던 중 늦은 밤 요정들이 나타나 구두를 예쁘게 만들어 놓았고, 노부부는 그 구두를 팔아 가난에서 벗어날 수 있었다. 요정에게 보답을 하고 싶은 노부부는 크리스마스를 맞이하여 크리스마스트리를 만들어 주었다. 요정들은 환한 크리스마스트리 옆에서 즐거운 시간을 보낸다. 여기서 크리스마스트리는 고마움과 축복을 전하는 대상이자 아름다움을 가진 존재로 표현된다.

⑤ 크리스마스트리의 이미지

(성인)
크리스마스트리 사진을 통해 따뜻함과
행복함이 느껴진다고 표현

5) 숲(forest, wood)

① 사전적 의미

"나무가 무성하게 들어찬 곳으로, 삼림이라고도 한다."(두산동아 사서편집국 편, 2016).

② 유래

서양 신화에 의하면 숲은 결혼식 때 태양에 바쳐지는데, 이때 숲은 여성 원리를 상징하고 인간의 무의식과 동일시되기 때문에 또한 무의식을 상징한다. 이런 이유로 융에 의하면 '무성한 나무가 있는 영역'은 이성적 사고를 위협하는 무의식의 위기를 상징한다(이승훈, 2009).

③ 상징적 의미

숲은 어둡고 신비하다는 점에서 여성을 상징

하고 어머니와 동일시되며, 평화, 치유, 휴식의 장소가 되기도 한다. 어두운 숲은 암흑, 미지의 탐험을 의미하며, 숲에 들어간다는 것은 새로운 세계를 탐험한다는 점에서 영적 세계를 상징한다. 또한 숲은 두려움과 대면하는 장소로 진정한 자기이해가 이루어지는 곳이다. 미성숙을 극복하고 어른이 되는 것에 비유되기도 한다. 집 둘레에 그려져 있는 숲은 자기방어를, 산책길로 연결된 숲은 불안을 의식적으로 통제하고자 하는 것을 의미한다.

④ 신화와 고전

전래동화 『젊어지는 샘물』의 줄거리는 다음과 같다. 한 노부부가 집 마당에 떨어진 다친 새를 정성스럽게 돌봐 준다. 건강해진 새는 숲에서 할아버지를 만나게 되고, 숲에 있는 샘물로 할아버지를 안내한다. 할아버지는 숲의 샘물을 마시고 젊음을 되찾게 된다(김장성, 정주현 편, 2000). 이 동화에서 숲은 신비스러운 일이 일어나는 신성하고 거대한 장소를 나타낸다.

⑤ 숲의 이미지

(초등학교 저학년 또래관계에 어려움이 있는 아동)
숲: 여러 생명체가 공존하는 자유롭고 생명력이 있는 공간을 표현

6) 아카시아(acacia)

① 사전적 의미

"아카시아는 콩과의 낙엽 교목으로, 북아메리카를 원산지로 하며, 높이는 20m, 잎은 깃 모양의 겹잎이며, 잎자루가 붙은 부분에 떡잎이 변해서 된 한 쌍의 가시가 있다. 5~6월에는 나비 모양의 꽃이 송아리를 이루어 가장 흔한 밀원(蜜源)이 된다."(두산동아 사서편집국 편, 2016). "콩과의 상록 교목으로, 주로 인도와 동부 아프리카가 원산지다. 높이는 12~15m, 가지에 가시가 있고, 잎은 깃꼴 겹잎이며, 노란색 또는 흰색의 꽃이 송이를 이루어 핀다."(민중서림 편집부 편, 2016).

② 유래

전쟁 후 1955년부터 1960년대 초까지 본격적으로 심어졌다. 잘 자라는 강한 생명력 때문에 황폐해진 전국 임야에 사방사업으로 심어졌다. 50년 만에 높이 25m로 자라며, 밭이나 산소, 심지어 집의 구들까지 뿌리가 뻗어 퇴출 소동을 일으키기도 했다. 아카시아 꽃잎은 분홍빛과 흰빛이 있고 전자는 생명, 재생, 후자는 죽음을 상징한다. 이런 이중적 색깔은 이집트인들에 의하면 신성한 것으로 인식된다. 연금술의 원리에 의하면 아카시아는 '우리는 영원의 세계 속에서 다시 살기 위해 어떻게 죽어야 할 것인가를 알아야만 한다'는 교훈을 상징한다. 그리스도교 예술, 특히 중세 유럽 예술에서 이런 의미, 곧 영혼과 불멸이라는 상징적 의미가 나타난다. 지중해 국가에서는 아카시아가 생명, 불사, 플라토닉한 사랑, 은둔을 상징한다(이승훈, 2009).

③ 상징적 의미

아카시아는 생명, 재생, 죽음, 영혼과 불멸, 플라토닉한 사랑, 은둔 등을 상징한다.

④ 신화와 고전

『아카시아 파마』(이춘희, 윤정주, 2005)의 줄거리는 다음과 같다. 엄마가 집을 비운 사이 영남이는 거울을 본다. 좁쌀 눈, 돼지 코, 주근깨가 마음에 들지 않는다. 그래서 엄마의 분통을 뒤져 화장을 하고, 불에 담근 젓가락으로 머리를 말아 올리는데 머리가 타 버리고 만다. 이 모습을 본 친구 미희가 아카시아 줄기를 이용해 영남이의 머리에 파마를 해 준다. 여기에서 아카시아는 정감 있는 소재로 친구 간의 따뜻함과 사랑, 추억을 나누는 대상으로 나타난다.

⑤ 아카시아의 이미지

(중학교 2학년 진로탐색 청소년)
아카시아: 새로운 시작, 희망을 표현

7) 전나무(abies firma)

① 사전적 의미

"전나무는 소나뭇과의 상록 교목으로 높은 산에 나는데, 높이는 40m가량이다. 잎은 바늘 모양이며, 봄에 황록색 꽃이 피고, 가을에 솔방울을 맺는다. 나무는 건축, 가구, 제지용으로 쓰인다. 종목(從木)이라고도 한다."(두산동아 사서편집국 편, 2016). "소나뭇과의 상록 침엽 교목이다. 산기슭이나 골짜기에 나며, 줄기 높이 30m 내외로 구과(毬果)가 맺힌다(재목은 건축, 가구, 제지용이다). 젓나무라고도 한다."(민중서림 편집부 편, 2016).

② 유래

강추위 속에서 푸르게 자라는 전나무는 그리스도교가 널리 보급되기 이전부터 '생명의 상징'으로 간주되어 왔다. 8세기 독일에서는 오크(oak)를 신성시하는 풍습이 있었는데, 이 지역에 그리스도교를 전한 영국인 선교사 보니파키우스(Bonifacius)가 사람들이 지나치게 오크를 신성시하는 것을 보고 사람들이 보는 앞에서 오크를 잘라 버리면서 아무것도 아님을 밝혔다. 그때 쓰러진 오크 옆 전나무의 어린 싹을 발견한 보니파키우스는 이를 그리스도의 기적과 연결해 신앙의 상징으로 삼았다. 전나무는 오크와 마찬가지로 신성시되어 왔기 때문에 그리스도교가 확산되는 과정에서 전나무 장식이 유래했다는 설도 있다(21世紀研究會, 2004).

③ 상징적 의미

전나무는 생명의 상징으로 간주되어 왔다. 그리스도교에서는 성부와 성자와 성령, 즉 삼위일체를 나타낸다. 심리적으로는 강인함과 힘의 욕구를 암시한다. 크리스마스트리에 사용되는 나무여서 크리스마스트리의 의미도 내포한다.

④ 신화와 고전

『숲속의 크리스마스(森のクリスマスツリー)』(牧野鈴子, 2008)의 줄거리는 다음과 같다. 크리스마스가 다가오자 전나무를 팔러 가는 할아버지를 뒤로하고, 커다란 전나무는 묵묵히 자리를 지켰다. 여름내 전나무 가지를 타고 자란 덩굴에는 갖가지 열매가 달리고, 새와 다람쥐가 찾아왔다. 고드름이 빛나는 크리스마스가 되자 할아버지는 전나무 밑에서 먹을거리를 펼쳐 주었다. 여기에서 전나무는 사람과 동물의 안식처가 되는 너그러움과 베풂의 대상으로 나타난다.

한편, 한스 안데르센(H. C. Andersen, 2007)의 동화『작은 전나무(The fir tree)』에는 다음과 같은 이야기가 나온다. 숲에 작은 전나무가 서 있었다. 작은 전나무는 커지고 싶었기 때문에 산토끼가 자신을 뛰어 넘을 때에는 망연자실했다. 또한 아이들에게 숲의 아기라고 불렸을 때는 당황하고 실망했다. 황새로부터 늙은 나무가 벌목되어 쓰러져 배의 돛대에 사용된 이야기를 듣고 작은 전나무는 그들을 부러워했다. 참새들은 가을이 되면 근처의 나무가 벌목되어 각 가정에 장식된다고 작은 전나무에게 말했다. 세월이 흘러 작은 전나무는 어른 나무로 성장했다. 전나무는 크리스마스 장식을 위해 벌목되어 쓰러졌다. 그리고 집 안으로 옮겨져 장식되었다. 크리스마스이브에는 촛불과 화려한 사과 장식과 장난감, 사탕바구니와 함께 화려하게 빛났다. 전나무 꼭대기에는 황금별도 꾸며졌다. 다음날 전나무는 잔치가 다시 시작될 것을 기대하고 기다렸지만, 다락방으로 옮겨졌다. 봄이 되어 이제 시들어 변색된 전나무는 정원으로 떠나게 된다. 그 집에 사는 소년이 나무의 꼭대기에 있는 별을 풀고 전나무를 작게 부숴 불에 태워 버린다.

⑤ 전나무의 이미지

(초등학교 저학년 공격 성향이 있는 아동)
곧은 전나무: 강인함과 힘의 욕구를 표현

8) 대나무(bamboo, bambusoideae)

① 사전적 의미

"볏과의 상록 교목으로, 볏과에서 가장 큰 식물이며 높이가 30m에 이르는 것도 있다. 줄기는 속이 비고 곧으며 마디가 있고, 잎은 가늘고 빳빳하다. 드물게 황록색 꽃이 피는데, 꽃이 핀 다음에는 말라 죽는다. 열대에서 온대에 걸쳐 널리 분포한다. 건축 용재나 세공용으로 쓰이고 어린 순은 식용한다."(두산동아 사서편집국 편, 2016).

② 유래

혼례식의 초례상에 소나무 가지와 대나무를 꽂은 꽃병을 한 쌍 남쪽으로 갈라놓는데, 이는 신랑과 신부가 소나무와 대나무처럼 굳은 절개를 지키라는 뜻에서다(동아출판사 편, 1993). 한편, 대나무 꽃에 열린 열매는 쥐(野鼠)의 먹이가 되고, 쥐를 대량 발생시키는 것으로 알려져 있다. 이 현상은 인도에서 '마우 탐(máu tham)'이라고 부르며, 이로 인해 치명적인 농업 피해가 발생하였다. 때문에 '대나무의 꽃은 불길한 징조'라고 하는 민간 전승이 태어났다.

③ 상징적 의미

대나무는 굳은 절개, 지조, 강인함을 상징하며, 사계절 초록을 유지하는 특성으로 비밀이 없고 단정함을 표현한다. 성실, 자제, 투명, 영구성, 겸소를 나타내기도 한다. 문자의 형태로 그려져 있는 대나무는 장수와 회복력을 의미한다. 심리적으로는 강인함을 나타내기도 하지만, 변화에 적응하지 못하거나 자신을 통제하는 것을 암시하기도 한다.

④ 신화와 고전

전래동화 '임금님 귀는 당나귀 귀'에서 임금님의 모자를 만들어 주는 사람은 임금님의 귀가 매우 크다는 비밀을 알게 된다. 모자를 만들어 주는 사람은 늙고 병들어 죽을 때가 되자 이 비밀을 속 시원히 말하고 싶어졌다. 결국 대나무 숲에서 '임금님 귀는 당나귀 귀'라는 사실을 외치고 마음 편히 죽게 된다. 그 후 바람만 불면 대나무 숲에서 '임금님 귀는 당나귀 귀'라는 소리가 나기 시작했다. 여기에서 대나무는 있는 사실을 그대로 전하는 강직함과 지조가 있는 대상으로 표현된다(김영만 편, 2004).

또한 우리나라의 전래동화 '당금아기'에도 대나무가 나타난다. 이야기는 현실과 신화의 두 세계가 서로 뒤얽힌 구조로 되어 있는데, 대밭에서 오줌을 누어 아이들을 잉태하고 낳았다는 부분은 신화 축에 속하며 대나무의 번식성과 생명력을 반영한 것이다(박영만 편, 2013).

⑤ 대나무의 이미지

(성인)
곧은 대나무 사진에서 시원함과 강인함이 느껴진다고 표현

9) 월계수(laurel tree, bay tree)

① 사전적 의미

"월계수는 녹나뭇과의 상록 교목으로, 지중해 연안을 원산지로 하며 높이는 10~20m, 잎은 어긋나며 딱딱하다. 봄에 잎겨드랑이에 담황색의 작은 꽃이 피고, 가을에 앵두 모양의 열매가 암자색으로 익는다. 잎은 향수 원료로 쓰인다."(두산동아 사서편집국 편, 2016).

② 유래

고대 로마에서 월계수는 제우스에게 봉헌되었다. 장군들은 승리의 징표로 월계수 가지를 들고 입성하곤 했다. 그리스도교 교리에서 등장하는 월계수는 영원함, 늘 푸름, 정절의 상징이다. 때때로 월계수는 성모마리아와 연관되기도 한다. 그녀의 말은 월계수 잎의 향을 풍긴다고 전해 오기 때문이다(Impelluso, 2010).

③ 상징적 의미

월계수는 승리를 상징하며, 월계수 잎으로 된 왕관은 바람직하지 못한 세력을 물리친 내적 승리를 나타낸다. 또한 월계수는 상록수로서 영원, 불사, 풍요의 의미를 가지고 있다.

④ 신화와 고전

우리나라 전래동화 '계수나무 할아버지'는 다음과 같은 이야기로 전해진다. 백두산에 있는 계수나무를 부러워한 달나라 사람들은 계수나무를 강제로 뽑아서 달나라에 옮겨 놓는다. 이를 알게 된 하느님이 계수나무를 다시 지구에 옮겨 놓고, 달나라에는 큰 재앙이 내려 모든 사람이 죽게 된다. 하느님은 계수나무를 지키도록 선녀를 내려보내고, 선녀가 아들을 낳자 그 아들이 계수나무를 지키게 된다. 어느 날 큰 홍수가 나서 마을이 떠내려가고 계수나무가 뽑히게 된다. 이때 선녀의 아들은 계수나무를 타고 위기에서 벗어나며, 개미와 모기, 한 소년을 구하게 된다(박영만 편, 2013). 여기에서 계수나무는 신성하고 귀한 대상이며, 많은 사람을 구해 주는 구원의 존재를 나타낸다.

⑤ 월계수의 이미지

(중학교 1학년 학교 부적응 청소년)
비를 맞고 있는 월계수: 현실 생활의
어려움과 힘든 심정을 표현

10) 죽음의 나무

① 유래

이탈리아의 화가 안드레아 만테냐(Andrea Mantegna)가 그린 〈게세마니 동산에서의 고통(Agony in the garden)〉은 최후의 순간이 임박한 예수의 고통을 극적으로 표현하고 있다. 이때 그림의 오른편에 있는 죽음의 나무는 예수의 임박한 죽음을 상징한다(박우찬, 2004).

② 상징적 의미

죽음의 나무는 좌절, 절망, 상실, 우울 등을 상징한다. 또한 심리적 · 현실적으로는 생활할 의지를 잃은 것을 암시한다.

③ 죽음의 나무 이미지

(초등학교 저학년 또래관계에 어려움이 있는 아동)
죽은 나무: 좌절과 절망, 힘든 현재의 심정을 표현

※ 상징적 의미

나무	갈색, 거리를 두다, 건강하다, 검사, 견고, 경이롭다, 곁에 있고 싶다, 계절, 곧다, 굳건하다, 굵다, 그네, 그늘, 기다림, 기대, 기대고 싶다, 기둥, 기상, 기초, 나, 나무 공원, 나이테, 나이테의 상처, 단단하다, 동반자, 든든하다, 듬직하다, 딱따구리, 딱딱하다, 땔감, 마당, 매미, 믿음, 바람, 버팀목, 벌레, 베풀다, 보호, 뻗어 나가다, 뿌리, 사다리, 사람, 사랑, 산, 산소, 생명력, 성인, 성장하다, 소망, 숲, 쉼터, 시원하다, 식목일, 신뢰, 안식처, 안정감, 어른, 언덕 위의 나무, 없어서는 안 되는, 오래된 나무가 좋음, 우뚝 솟다, 우직하다, 울창하다, 웅장하다, 원목 가구, 의지가 강하다, 인내, 잎, 자아, 자연, 자원, 장작, 장작불, 집, 타잔, 트리 하우스, 튼튼하다, 편안하다, 푸르다, 풍성한 나뭇잎, 학생들, 한결같다, 휴식, 희생
새싹	3월, 건강, 격려해 주고 싶다, 귀엽다, 기분 좋다, 기특하다, 노란색, 돋다, 뚫고 나오다, 반가움, 밟아 버리고 싶다, 병아리, 보호 본능, 봄기운, 봉오리를 맺을 때 설렘, 부드럽다, 비빔밥, 빨리 컸으면 좋겠다, 사랑스러움, 살아나다, 새내기, 새로 시작하다, 새롭다, 새순, 새 학기, 생동감, 생명력, 설렘, 성장, 식목일, 신기하다, 신비롭다, 신선하다, 신입생, 싫다, 싱그럽다, 쌉싸래하다, 씨앗, 아기, 아이들, 아침 이슬, 어려움을 이기다, 여린 마음, 연두색, 연약하다, 예쁘다, 온실, 음식 재료, 응원, 자라다, 작다, 저학년, 좋은 에너지의 싹, 천진한, 청정, 초록색, 파릇파릇하다, 푸르다, 희망, 힘
버드나무	가늘다, 가지, 간신, 감상적이다, 강가, 개울가, 게으른, 곡선, 곤란, 귀신 머리, 그늘, 기다림, 긴 줄기, 나이 든 중년, 노래가 생각난다, 놀이터, 늘어지다, 단단하다, 더위, 도령, 동요, 듬직하다, 따뜻하다, 떨어질 것 같은, 마을 입구, 머리카락, 멋지다, 물가, 물잠자리, 바람, 부드럽다, 세월, 소설책, 순하다, 쉬어 가다, 스산하다, 시골집, 시냇가, 시원하다, 시작, 쓸쓸하다, 알레르기, 여름, 여유롭다, 연못, 오래됨, 우울, 운치 있다, 유연하다, 유용하게 쓰이는 재료, 의욕이 적다, 잎사귀, 자연 그대로의 느낌, 장난감, 전령, 지혜롭다, 천안삼거리, 축 처지다, 춘향, 큰 나무, 키가 크다, 팥빙수, 편안하다, 포근함, 풀피리, 풍성함, 풍요롭다, 피리, 한가하다, 한들거림, 할머니, 해열제, 호수, 휘어짐, 휴식, 흐드러지다, 흔들리다, 힘이 없다
소나무	가시, 강인함, 강직, 강하다, 거대하다, 겨울, 견고하다, 견디다, 고귀하다, 곧다, 근엄하다, 기대고 싶다, 기상, 기품 있어 보인다, 깊은 산 속, 껍질, 노래, 단단하다, 동양화, 뒷동산, 든든하다, 땔감, 마음의 안정, 마음의 여유, 목재, 바비 킴, 변하지 않는다, 뾰족하다, 사계절, 사시사철, 산, 산소, 상록수, 색깔, 생명력, 세월, 솔방울, 솔잎차, 솔향기, 송진, 송편, 송홧가루, 신뢰, 신사, 싱그럽다, 싱싱하다, 쓸쓸하다, 안면도, 여름, 옛날, 올곧다, 우정, 우직하다, 위엄 있다, 의리, 의지, 일편단심, 자태, 작다, 장수, 절개, 정적이다, 정절, 정직함, 지조, 철갑, 청렴, 초등학교 생각, 초록색, 튼튼하다, 푸른 산, 품위, 한결같다, 한국, 한 아름, 항상성, 향기
크리스마스트리	12월 25일, 가족, 겨울밤, 겨울, 고마움, 교회, 그리스도교, 기분이 좋다, 기쁨, 꾸미고 싶다, 꿈, 눈, 눈사람, 동심, 들뜨다, 따뜻함, 모임, 번쩍이는 불빛, 벽난로, 별, 불빛이 집 안을 밝혀 좋다, 빨간색, 사람이 만들었다, 사랑, 사탕, 산타, 선물, 설렘, 성냥팔이 소녀, 성당, 성탄절, 세모, 소망, 솜뭉치, 순록, 시선을 끌다, 신난다, 신성함, 아기 예수, 아름답다, 아이들, 안정감, 애절함, 예쁘다, 예수, 외로움, 용서, 유년, 은빛, 인위적, 일시적이다, 장식, 전나무, 전등, 젊은이, 조명, 종, 즐겁다, 초록색, 추억, 축복, 축제, 축하, 탄생, 파티, 한 해의 마무리, 한정적이다, 행복, 형식적, 화려하다, 화목, 회피

숲	갇히다, 건강함, 고릴라, 공기, 과자 집, 그늘, 길을 잃다, 깊숙하다, 깨끗하다, 나무, 넓다, 노르웨이, 누리고 싶다, 다람쥐, 답답하다, 대나무, 도시락, 동물, 동화, 두렵다, 등산, 마녀, 만남의 장소, 만족하다, 맑다, 맑은 공기, 모임, 무섭다, 미로 같다, 밀림, 바람, 밤, 뱀, 버섯, 보금자리, 보호, 비밀, 빽빽하다, 산, 산소, 산책, 상쾌하다, 새소리, 솔잎 향, 숨바꼭질, 쉬어 가다, 쉼터, 시원하다, 신뢰, 신비하다, 신선하다, 싱그러운 냄새, 아마존, 안락하다, 앞이 잘 보이지 않다, 야영, 어둠, 어우러지다, 여유, 오솔길, 우거지다, 운동, 울창하다, 웅장하다, 유치원, 자고 싶다, 자연, 자원, 전체, 정화, 조용하다, 찬란함, 청정하다, 초록색, 치유, 타잔, 편안하다, 평화롭다, 포근하다, 포용, 푸르다, 풀, 피톤치드, 향기, 헨젤과 그레텔, 황톳길, 휴식
아카시아	5월, 가시, 가위바위보, 귀여움, 그리움, 껌, 꿈, 노래 〈과수원길〉, 놀이, 농촌, 달콤하다, 동심, 멀리서 오는 향기, 번식력이 좋다, 봄, 소녀, 아카시아 꽃 끝에 있는 꿀, 엄마 냄새, 여리다, 예쁘다, 오솔길, 은근함, 은은하다, 이파리, 일본, 잎의 날림, 잔잔하다, 질기다, 첫사랑, 초등학교 때 먹음, 치약, 친구, 친구와의 추억, 피고 있다, 향수, 황홀하다, 효소, 흰 꽃, 흰색
전나무	가지, 강인하다, 강직하다, 건강하다, 겨울, 고급스러움, 곧다, 공기가 좋다, 그늘, 길, 길다, 껍질, 꼿꼿하다, 나무, 나무껍질, 넓적하다, 높다, 눈, 다람쥐, 단단하다, 독일, 동화, 따갑다, 멋있다, 버팀목, 변치 않는 꿈, 부드러움, 부채, 산속, 상록수, 상쾌하다, 소나무, 솔방울, 숲, 시베리아, 신뢰, 씩씩하다, 아빠, 엄마, 우정, 우직하다, 울창하다, 월정사, 의지, 이국적이다, 잎이 날카롭다, 잣, 정원, 진액, 짙은 초록색, 청솔모, 추억, 침엽수, 크다, 크리스마스트리, 통나무, 푸르다, 풍성하다, 피곤함, 하이디, 향기
대나무	가늘다, 강직하다, 검도, 고귀하다, 고매하다, 곧다, 곶감, 굽은, 귀신, 그림, 기상, 기품, 길이, 낚시, 높다, 단결, 단단하다, 달, 담양, 대나무 통, 대나무밥, 댓잎 소리, 도구, 독하다, 동양적, 딱딱하다, 마디, 마른 사람, 매난국죽, 매 맞다, 무술, 믿음, 바람 소리, 바르다, 밥, 부러짐, 뻗다, 사군자, 새콤달콤, 생명, 선비, 성격, 성장, 소리, 소림사, 소쿠리, 속이 비다, 수공예, 순천, 술, 숲, 스산하다, 시골집, 시원하다, 영화, 오죽헌, 울산, 위엄 있다, 융통성 없다, 의지, 일본, 임금님 귀, 절, 절개, 절기, 정몽주, 정제, 제사상, 죽녹원, 죽세공, 죽순, 죽염, 중국 무협 영화, 지조, 질기다, 차갑다, 청정하다, 청초하다, 초록색, 추억, 판다, 푸르다, 피리, 하늘과 친하다, 향, 호랑이, 화선지, 후원, 휘어지다, 흔들리다
월계수	감초 역할, 결실, 고통, 그리스, 금메달, 기상, 끈기, 나무, 냄새 제거, 노력의 대가, 다프네, 돼지고기, 마라톤, 맛있게 하는, 물결 모양, 비둘기, 비린내를 잡아 준다, 서양 요리, 성공, 성취, 소스 재료, 손기정, 수육, 스파게티, 승리, 신, 신비함, 신성함, 신화, 십자가, 아폴론, 약속, 여신, 영광, 영웅, 예수님, 올림픽, 왕관, 월계관, 이겨 내다, 이뤄 내다, 인구, 인내, 일인자, 자랑스럽다, 젊음, 찬송가, 최고, 특별한, 향기, 향신료, 화환, 환희, 힘차다
죽음의 나무	갈색, 검은색, 겁나다, 고독, 고목, 고통, 곰팡이, 관, 기분 나쁘다, 까마귀, 꺾어진, 끔찍하다, 끝, 나무 괴물, 땔감, 마르다, 마른 나무, 만지면 저주에 걸림, 만화, 무덤, 무서움, 물, 미래가없다, 반지, 뱀, 버섯, 번개 맞은 나무, 불쌍하다, 산소를 뿜지 못하는, 살리고 싶다, 상실, 상처, 생명, 생명이 없다, 세월, 스산하다, 슬프다, 시들다, 신기, 썩다, 쓸쓸함, 악마, 안타깝다, 암흑, 애도, 영양제, 영원, 예수님, 오동나무, 오염, 우울, 음산하다, 의미 불명, 일제강점기, 저승, 전염병, 절망, 종말, 좌절, 죽음, 찔레꽃, 침울하다, 탄생, 탄식, 햇빛, 허무함, 허전하다, 환상, 희귀하다, 힘들다, 힘없다

Chapter 05

동물의 상징 이야기

1. 곤충

곤충(昆蟲, bug)은 지구상에서 가장 오래된 종족으로 지구상의 어떤 생명체도 살지 못하는 극한의 환경에서도 살아가고 있다. 이러한 이유로 진정한 의미의 지구 정복자는 인간이 아닌 곤충으로 알려져 있다. 하지만 우리는 흔히 곤충을 '벌레'라고 부르면서 무시한다. 때문에 곤충은 이 세상에서 작고 보잘것없는 것을 의미하지만, 수많은 과학자가 "지구상의 어떤 생명체도 곤충만큼 우리 생활과 밀접한 관계에 놓여 있는 것은 없다."라고 말할 만큼 인간의 삶에 절대적인 영향을 미친다고 볼 수 있다.

곤충은 식물의 번식, 토양의 순환, 해충 조절 등 생태계 안에서 주춧돌 역할을 하며, 매우 특별한 생명 기능을 담당한다. 이와 같은 곤충의 유익한 기능과 더불어 곤충이 인간과 공존하는 생명체로 인식되면서 풍부하고 다양한 상징성이 탄생하였다. 나쁜 벌레를 먹어치우고 군집 생활을 이끄는 무당벌레와 여왕벌 등은 성모마리아와 모성애를 나타내며, 독이 있는 곤충은 죽음과 파괴를 나타내는 지하 세계를 상징한다. 또한 여러 곤충의 현란한 광채와 다양한 원색의 색감이 신비로움을 나타내기도 하고, 살아 숨 쉬는 벌레 등을 통해 불완전한 현실 문제를 극복하는 이상 세계를 나타내기도 한다. 따라서 이 절에서는 이처럼 각각의 다양한 의미를 나타내는 곤충들의 상징적 의미를 구체적으로 살펴보고자 한다.

1) 나비(butterfly)

① 사전적 의미

"나비는 나비목(目)의 곤충을 통틀어 이르는

벌들은 협동하지 않고는 아무것도 얻지 못한다. 사람도 마찬가지다.
-조지 허버트(George Herbert)-

말로, 나방보다 작으며, 머리에는 끝이 부푼 한 쌍의 더듬이와 두 개의 겹눈이 있다. 몸은 가늘고 둥글며, 날개는 넓적하고 앉을 때는 날개를 세운다. 몸이 털 또는 인분(鱗粉)으로 덮여 있고, 낮에만 밖으로 나와 꽃의 꿀이나 수액(樹液)을 빨아 먹는다. 협접(蛺蝶), 호접(胡蝶)이라고도 한다."(두산동아 사서편집국 편, 2016). "나비는 나비목, 나비아목 곤충의 총칭으로, 가슴에 넓적하고 빛깔이 아름다운 두 쌍의 날개가 있다. 겹눈이 두 개 있고, 입은 대롱처럼 되어 꿀을 빨기에 알맞다. 애벌레는 채소, 나무, 풀잎을 갉아 먹는 해충이다."(민중서림 편집부 편, 2016).

② 유래

그리스 · 로마 시대 사람들은 인간의 영혼이 죽자마자 입을 통해 육신을 떠나는데, 그 모습이 형상화된 것이 나비라고 믿었다. 석관에는 고치를 벗고 떠나는 나비를 새겨 영혼을 상징하였다(Impelluso, 2010). 나비는 영혼을 상징하는바, 우리 민속에는 죽은 사람의 영혼이 나비로 환생하는 설화가 있다. 그 설화의 내용은 다음과 같다. 어느 마을의 처녀는 결혼을 앞두고 남자가 죽자 그의 무덤 앞에 엎드려 슬피 울었다. 그때 무덤이 열렸고, 그녀는 무덤 속으로 뛰어들었다. 그러자 무덤이 닫이고 미처 들어가지 못한 치맛자락이 나비로 변하여 날아갔다고 한다. 나비는 또한 하늘을 난다는 점에서 빛의 세계를 지향하는 아름다움을 상징한다. 나비는 애벌레가 하늘에 사는 나비로 변하기 때문에 재생, 부활을 상징한다. 중국의 경우 나비는 즐거움이나 결혼의 기쁨을 상징하고, 꽃과 관계된다는 점에서 여인을 찾는 남성을 상징하며, 불교에서는 나비춤이 불법(佛法)을 상징한다. 우리나라에서 나비는 기쁨을 상징한다(이승훈, 2009). 일본에서는 게이샤(藝者)의 상징이지만 두 마리가 함께 있을 때는 행복한 결혼을 뜻한다(Bruce-Mitford & Wilkinson, 2010).

③ 상징적 의미

나비는 영혼, 환생, 변형, 재생, 부활 등을 의미한다. 또한 빛의 세계를 지향하는 아름다움, 즐거움, 결혼의 기쁨, 꽃과 관계된다는 점에서 여인을 찾는 남성을 상징한다. 두 마리가 함께 있을 때에는 행복한 결혼을 뜻한다.

④ 신화와 고전

『난장이 마을의 임금님』(한국프뢰벨사 편, 1986)을 보면, 난장이 마을에 살고 있는 가난하지만 착한 귀동이가 나온다. 보름달이 뜨는 날이면 달님이 떡을 뿌려 주는데, 다른 난장이들과 달리 귀동이는 겨우 떡 한 개를 줍게 된다. 하지만 귀동이는 그마저도 하나 있는 떡을 배고파하는 애벌레에게 준다. 어느 봄날, 봄의 여신이 난장이 마을의 임금을 뽑는데 가장 아름다운 수레를 타고 온 자를 임금으로 뽑겠다고 한다. 탈것이 없어 포기하고 있던 귀동이에게 떡을 얻어먹은 애벌레가 아름다운 나비가 되어 나타난다. 결국 가장 아름다운 나비를 탄 귀동이가 난장이 마을의 임금이 된다. 여기에서 나비는 자신이 받은 은혜를 되갚는 의로움과 미래의 축복 및 행복을 상징하는 매개체로 나타낸다.

⑤ 나비의 이미지

(초등학교 저학년 틱장애 아동)
나비: 평화와 사랑을 전하는 대상으로 표현

2) 잠자리(dragonfly, damselfly)

① 사전적 의미

"잠자리는 잠자리목의 곤충을 통틀어 이르는 말로, 머리에는 큰 겹눈이 한 쌍 있고, 날카롭고 큰 턱을 가졌다. 가슴에는 세 쌍의 다리와 두 쌍의 날개가 있으며, 날개는 투명하고 그물 모양의 맥이 있고, 멀리까지 날 수 있다. 배는 가늘고 길며 열 개의 마디로 되어 있다. 불완전 변태를 하며 벌레를 잡아먹는다. 청령(蜻蛉)이라고도 한다."(두산동아 사서편집국 편, 2016). "잠자리는 잠자릿과 곤충의 총칭으로, 겹눈은 한 쌍이다. 작은 촉각과 턱이 있다. 가슴에 있는 다리는 세 쌍이고, 투명한 그물 모양의 날개는 두 쌍이다. 잘 날며 난생이다."(민중서림 편집부 편, 2016).

② 유래

잠자리목의 어원(語源)은 그리스 단어인 'odon'에서 유래된 것으로 '이빨'을 의미한다. 이것은 잠자리의 강한 이빨의 특성을 잘 나타낸 것으로 잠자리의 영어 표기인 'Dragonfly' 역시 강한 턱과 이빨을 가진 전설의 동물 '용'과 연관되어 지어진 이름이다(정광수, 2007). 중국에서 이리저리 날아다니는 잠자리의 비행은 불신을 나타내며, 일본에서 잠자리는 기쁨과 제국의 상징이다. 잠자리의 무지갯빛은 주술 및 환영과 연결된다(Bruce-Mitford & Wilkinson, 2010). 잠자리는 날 때 앞으로만 날 수 있기 때문에 '전진만 있을 뿐'을 의미하고, 잠자리 도안은 사무라이의 부적으로 무기의 내부 등에 사용되어 왔다.

③ 상징적 의미

잠자리는 자유로움, 전진, 비행, 가을들판, 가을하늘, 풍요로움 등을 상징한다.

④ 신화와 고전

유럽에서는 잠자리를 '마녀의 바늘'이라고 하며, 날개는 면도기로 되어 있어 '만지면 부서져 버리나, 거짓말하는 사람의 입을 꿰매 버린다거나 귀를 꿰매어 버린다'는 미신이 있다. 마녀의 바늘이라는 명칭 역시 '꿰매어 버린다'는 미신과 연관되어 붙여졌다. 또한 '잠자리가 찌른다'는 오해도 널리 유포되고 있는 것으로 보인다. 한편, '뱀의 선생'이라는 이름도 있는데, 이는 위험이 다가오고 있음을 '잠자리가 뱀에게 전송한다'고 하는 전승에 의한 것이다(http://blog.daum.net/kmozzart).

⑤ 잠자리의 이미지

(초등학교 저학년 틱장애 아동)
잠자리: 봄날의 상쾌함과 밝음, 행복을 표현

3) 무당벌레(ladybug)

① 사전적 의미

"무당벌레는 무당벌렛과의 곤충으로, 몸길이 7mm가량에 몸은 둥근 바가지 모양이다. 보통 등은 주황색이며 흑색 반점이 있다. 진딧물을 잡아먹는다."(두산동아 사서편집국 편, 2016). "무당벌레는 무당벌렛과의 갑충으로, 몸길이 8mm 정도이고 위쪽은 달걀 모양으로 둥글게 불쑥 나와 있으며 아래쪽은 편평하다. 딱지 날개는 황갈색 바탕에 검은 점무늬가 있다. 진딧물을 잡아먹는 익충이다."(민중서림 편집부 편, 2016).

② 유래

무당벌레 등의 검은 점은 피 흘리는 예수의 몸에 떨어진 마리아의 눈물을 의미한다(Fontana, 2011). 유럽 전설에서는 무당벌레가 내려앉은 사람은 곧 정혼자를 찾게 된다고 한다(早川書房, 日高敏隆譯, 1972). 또한 무당벌레는 나쁜 벌레를 많이 먹어 치우는 성질 때문에 행운의 상징이 된 것 같다. 전통적으로 성모마리아, 풍요, 모성애와 관련 있다(Bruce-Mitford & Wilkinson, 2010).

③ 상징적 의미

무당벌레는 행운, 길조, 풍요, 유익함 등을 상징하며, 아시아 문화권에서는 진실한 사랑이 찾아올 징조와 관련이 있다.

④ 신화와 고전

『점무늬가 지워진 무당벌레들: 문제 해결+우정(En Galceran i les marietes)』(Valriu & Peris, 2008)을 보면, 봄을 만끽하던 무당벌레는 갑자기 내린 소나기에 점무늬가 사라진다. 무서운 개구리가 나타나지만 점무늬가 없어진 무당벌레를 딸기인 줄 알고 잡아먹지 않는다. 무당벌레는 점무늬를 되찾기 위해 고민하다, 서로의 몸에 올라가 높이 탑을 쌓으면 생각이 더 잘난다는 말에 탑을 쌓는다. 이후 고민 끝에 해결책을 찾고, 여러 동물의 도움으로 무늬를 찾게 된다. 여기에서 무당벌레는 우정과 협동심이 좋으며, 문제해결력이 뛰어난 지혜로운 존재로 나타난다.

⑤ 무당벌레의 이미지

(7세 또래관계에 어려움이 있는 아동)
무당벌레: 길을 찾게 도와주는 안내자의 역할과 행운을 표현

4) 거미(spider)

① 사전적 의미

"거미는 거미목의 절지동물을 통틀어 이르는 말로, 몸길이는 5~15mm, 머리와 가슴은 한 몸이나 길고 둥근 배와 잘록하게 경계를 이루고 있다. 가슴에는 양옆으로 각각 네 개의 긴 다리가 붙어 있으며, 몸빛은 검다. 배의 밑면에 있는 두세 쌍의 방적 돌기에서 실을 뽑아 그물을 치고, 그 그물에 걸리는 곤충을 잡아먹고 산다. 지주(蜘蛛)라고도 한다."(두산동아 사서편집국 편, 2016). "거미는 거미목의 절지동물의 총칭으로, 몸은 머리, 가슴, 배로 구분된다. 네 쌍의 다리가 있고, 항문 근처에 있는 방적 돌기에서 거미줄을 내어 그물처럼 쳐 놓고 벌레가 걸리면 잡아서 양분을 빨아먹고 산다."(민중서림 편집부 편, 2016).

② 유래

거미와 관련하여 오비디우스는 베 짜는 기술로 이름난 처녀 아라크네(Arachne)의 신화를 이야기했다. 처녀는 자신의 베 짜는 기술이 무척 뛰어나서 예술의 수호여신 아테나(Athena)조차 뛰어넘는다고 자랑했다. 이 이야기를 듣고 격분한 아테나는 아라크네가 뻔뻔스럽게 여신에게 도전한 것을 벌주기 위해 그녀를 거미로 만들어 버린다.

한편, 그리스도교 문화는 거미를 인간을 유혹하는 악마의 이미지로 보았다. 악마가 온갖 악덕에 매료된 인간의 영혼을 잡아들이기 위해 거미줄 같은 함정을 만들기 때문이다. 거미류 동물은 또한 성 노르베르트(St. Norbert, 1080~1134)의 상징물로도 나타난다. 그는 독일의 귀족으로서 그리스도교로 개종한 뒤 마그데부르크의 주교가 된 인물이다. 전승에 따르면 노르베르트가 성찬을 막 받으려 할 때 포도주 잔에서 독거미가 기어 나왔고, 노르베르트는 그것을 마셨으나 아무렇지도 않고 멀쩡했다고 한다(Bruce-Mitford & Wilkinson, 2010).

③ 상징적 의미

거미는 창조와 파괴, 공격성을 상징한다. 또한 대지의 여신, 운명을 짜는 존재, 태양의 상징, 부지런함, 지혜를 나타내며, 실 위에 앉은 거미는 행운을 의미하기도 한다. 심리적으로는 공격성, 파괴성을 암시한다.

④ 신화와 고전

『꿀벌 마야의 모험(Die biene Maja und ihre abenteuer)』(Waldemar, 2009)에서 어린 꿀벌 마야는 성 밖으로 나가 모험을 하던 중 거미줄에 걸리고 만다. 거미가 나타나 마야를 잡아먹으려고 하지만 장수풍뎅이의 도움을 받아 마야는 위기에서 벗어나게 된다. 여기에서 거미줄은 많은 생명을 빼앗아 가는 두려움의 대상이다. 거미 또한 약한 생명체를 잡아먹는 악한 파괴자로 표현된다.

⑤ 거미의 이미지

(초등학교 저학년 공격성이 있는 아동)
거미: 파괴성과 공격성을 표현

5) 사마귀(mantodea)

① 사전적 의미

"사마귀는 사마귓과의 곤충으로, 몸은 가늘고 길며, 머리는 삼각형이다. 몸빛은 녹색 또는 황갈색이고 앞다리가 길고 크며, 그 끝에 낫처럼 생긴 돌기가 있어 벌레를 잡아먹기에 편리하다. 우리나라, 일본, 중국 등지에 분포한다. 당랑, 버마재비라고도 한다."(두산동아 사서편집국 편, 2016).

② 유래

사마귀를 뜻하는 'mantis'는 그리스어로 '예언자'를 뜻하는 단어에서 유래된 것으로 주술적 힘을 연상시킨다. 주술과 신성, 사악하며 강렬한 상태 등 매우 이중적인 상징성을 띤다. 불가사의하고 신성한 것, 혹은 탐내어 먹는 악마 같은 것으로 간주된다. 일본에서는 사무라이의 상징으로 자주 쓰이며 용기와 빈틈없음을 나타낸다. 사마귀는 눈이 쌓일 것 같은 높은 곳에 알을 낳는 점에서 오래전부터 예측의 힘이 있다고 했다.

③ 상징적 의미

사마귀는 사악함, 사나움, 탐욕, 강렬한 힘, 용기, 신성성, 예측의 힘을 상징한다. 심리적으로는 강한 힘과 공격성을 암시한다.

④ 신화와 고전

한(漢)나라 때 경학자 한영(韓嬰)이 쓴『한시외전(韓詩外傳)』(임동석, 2009)에 '사마귀의 도끼'라는 고사가 나온다. 이야기는 다음과 같다. 제국의 군주인 장공이 어느 날 마차를 타고 나갔다가 길 중간에서 한 마리의 사마귀가 도망가지 않고 앞발을 치켜든 채 마차를 향해 오는 것을 본다. 장공은 그 용기를 높이 사서 일부러 마차의 방향을 바꾸게 한다. 이렇게 한 국가의 군주가 한낱 벌레에게 길을 양보했다는 고사는 일본에도 전래되었고, 곧 사마귀는 용기 있는 벌레의 이미지를 갖게 되었다. 그래서 전국시대의 투구에서 사마귀의 모습을 볼 수 있는 것이다. 현재 일본에서는 사마귀의 의미가 변해 자신의 무능력을 모르는 무모함을 조롱하는 경우에 사용된다.

⑤ 사마귀의 이미지

(초등학교 저학년 공격 성향이 있는 아동)
사마귀: 강인한 힘과 공격성을 표현

6) 개미(ant)

① 사전적 의미

"개미는 개밋과의 곤충을 통틀어 이르는 말로, 몸길이 1mm인 작은 것에서부터 13mm 이상인 것 등 종류가 많다. 몸빛은 검거나 갈색이고, 머리, 가슴, 배로 구분되며, 허리가 잘록하다. 여왕개미를 중심으로 질서 있는 집단적 사회생활을 이루며, 땅 또는 썩은 나무속에 산다."(두산동아 사서편집국 편, 2016).

② 유래

개미를 뜻하는 한자 '의(蟻)'를 풀이하면 '의로운(義) 벌레(蟲)'라는 의미가 된다. 질서정연하게 행진하고 순종을 잘한다고 해서 이런 한자가 생겼다. 동양 문화권에서 개미는 정의, 근면, 덕행, 애국심을 상징하고, 문맥에 따라서는 사리사욕과 부당 이득을 취하려는 검은 마음도 상징한다. 문학 작품에서는 이런 의미 외에 미미한 존재, 삶의 덧없음을 상징하는 의미로 사용되기도 한다(Impelluso, 2010). 한편, 개미의 행동은 부지런하고 질서정연한 행동을 상징하며, 서아프리카 말리에서는 풍요를 뜻한다. 보통 개미들은 물이 흐르는 지점을 알고 있다고 하는데, 이를 반영하듯 개미탑 근처에서 종종 샘을 발견할 수 있다(Bruce-Mitford & Wilkinson, 2010).

③ 상징적 의미

개미는 근면, 성실, 부지런함, 노력, 질서정연한 행동, 풍요 등을 상징한다. 반면, 미미한 존재, 삶의 덧없음을 의미하기도 한다. 심리적으로 에너지가 떨어질 때 상징적으로 나타나기도 한다.

④ 신화와 고전

이솝우화 '개미와 비둘기'를 보면, 시냇물에 빠진 개미에게 비둘기가 나뭇잎을 던져 주어 개미는 목숨을 구하게 된다. 이후 비둘기가 사냥꾼의 화살에 맞을 위기에 처하자 개미가 사냥꾼의 발을 물어 비둘기를 구해 준다(김영만 편, 2004). 이 동화에서 개미는 자신이 받은 은혜를 되갚는 의로움과 자신보다 더 센 사람에게 맞서는 용기 있는 존재로 표현된다.

⑤ 개미의 이미지

(초등학교 저학년 또래관계에 어려움이 있는 아동)
개미: 부지런함과 노력을 표현

7) 벌(bee)

① 사전적 의미

"벌은 벌목의 곤충 가운데 개미류를 제외한 것을 통틀어 이르는 말로, 몸은 머리, 가슴, 배의 세 부분으로 되어 있고, 머리에 한 쌍의 촉각과 세 개의 홑눈이 있다. 배는 많은 마디로 되어 있고, 가슴에 두 쌍의 날개와 세 쌍의 다리가 있다. 암컷은 꼬리 끝의 산란관에 독침이 있다. 독립생활, 기생생활, 단체생활을 하는 여러 종류가 있다."(두산동아 사서편집국 편, 2016). "벌은 막시류 중 개미류를 제외한 곤충을 총칭한다. 몸길이는 1~20mm이고, 몸은 머리, 가슴, 배의 세 부분으로 되어 있다. 머리에 한 쌍의 촉각과 세 개의 홑눈이 있으며 가슴에는 두 쌍의 날개와 세 쌍의 다리가 있다."(민중서림 편집부 편, 2016).

② 유래

벌은 처녀생식을 한다는, 다시 말해 수정이 안 된 암 생식체로부터 발생한다는 믿음에 근거하여 '정절'이라는 의미를 함축하곤 했다(Impelluso, 2010). 꿀벌은 재생, 불사(不死), 근면, 질서, 순결, 혼을 상징한다. 또한 꿀벌은 천상계와 관련되며 신들에게 바치는 헌상품이다. 이집트의 경우 벌은 왕의 명령에 순응하는 삶을 상징한다. 이런 의미는 벌들의 생태가 군주를 중심으로 하는 조직에 비유되기 때문이다. 그러나 산업사회에서 벌은 꿀을 생산한다는 점에서 창조적 행동과 부를 상징한다.

그리스에서 벌은 순종과 노동을 상징하고, 그리스 신화 속 최고의 시인이자 악인 오르페우스(Orpheus)의 교리에 따르면 벌은 꿀과 관련되며, 무리를 지어 이동한다는 점에서 인간의 영혼을 상징한다. 이는 인간의 성스러운 영혼이 통일성의 세계로부터 마치 벌들이 떼를 지어 날 듯 이곳저곳으로 난다고 생각했기 때문이다. 한편, 중세 그리스도교에서는 벌이 근면과 우아함을 상징했다(이승훈, 2009).

③ 상징적 의미

벌은 근면, 질서, 협동, 순종, 순응하는 삶, 노동, 창조적 행동, 부(富), 우아함, 정절 등을 상징한다. 또한 초를 만들 때 쓰는 밀랍은 빛을 의미하며 왕권과 선(善)의 상징으로 사용된다. 심리적으로는 자유로움, 즐거움을 암시한다.

④ 신화와 고전

『꿀벌 마야의 모험(Die biene Maja und ihre abenteuer)』(Waldemar, 2009)에서 어린 꿀벌 마야는 성 밖으로 나가 위험한 모험을 하게 된다. 이때 성 밖에서 말벌에게 잡힌 마야는 침을 이용해 탈출에 성공하고 성으로 돌아온다. 그리고 여왕에게 곧 말벌들이 침입할 것이라는 정보를 알려주어 꿀벌 성은 위기를 극복하게 된다. 여기에서 벌은 순수하고 호기심이 많은 대상으로 표현되며, 여왕벌의 지시에 따라 움직이는 거대한 조직의 모습을 보여 주고 있다. 또한 꿀벌의 침과 말벌의 독처럼 강함과 위험함을 가진 존재로 표현된다.

⑤ 벌의 이미지

(중학교 1학년 진로탐색 청소년)
벌: 자유로움과 즐거움을 표현

※ 상징적 의미

곤충	가려움, 가볍다, 가을 소리, 간지럽다, 갈색, 거미, 공포, 귀뚜라미, 귀엽다, 귀찮다, 끈기, 나비, 날다, 노력, 놀라다, 다리가 많다, 다양성, 더듬이, 더럽다, 동심, 들판, 떼, 머리 · 가슴 · 배, 메뚜기, 모기, 무리, 무섭다, 무척추동물, 미세하다, 변한다, 병균, 봄, 부지런하다, 불멸하다, 사마귀, 사슴벌레, 색깔이 다양하다, 생명, 생태계, 속도, 숨는다, 숲, 습기, 시끄럽다, 신기하다, 싫다, 애벌레, 약하다, 에프킬라, 여름, 이롭다, 자연, 자연학습, 작다, 잠자리, 장수풍뎅이, 장수하늘소, 재미있다, 젤리, 죽이고 싶다, 지저분하다, 진딧물, 집착, 징그럽다, 채집하다, 축축함, 침, 파리, 표본, 하루살이, 혐오감
나비	가볍다, 고마운 곤충, 고양이, 김홍국, 꽃, 꽃가루, 꽃들에게 희망을, 꽃밭, 꽃향기, 나방, 나비부인, 동요 〈나비야〉, 날개, 날다, 노란색, 놀라움, 대칭, 데칼코마니, 따뜻하다, 롯데월드, 바람, 배추꽃, 배추벌레, 번데기, 변덕, 변화, 보호 본능, 봄, 사랑, 살랑거리다, 새로운 비상, 수놓는 것, 수영, 수줍음, 싫다, 아름답다, 아이들, 알레르기, 애벌레, 여름, 여유롭다, 예쁘다, 우아하다, 인내, 인사, 자유, 창공, 춤춘다, 탄생, 탈바꿈, 팔랑거리다, 펄럭이다, 표본, 하늘, 함평 나비축제, 호랑나비, 화려하다, 화사하다, 환생, 흐뭇하다, 희망, 흰색
잠자리	가을 들판, 가을 하늘, 겹눈, 고추, 고추밭, 곤충 채집, 기다림, 긴 꼬리, 남자 어린이, 노을, 눈이 동그랗다, 눈치가 빠르다, 다 보이다, 더듬이, 동무, 뜨거운 여름날, 무섭다, 바둑이, 불쌍하다, 빠름, 빨강, 선선하다, 악몽, 안경, 앵앵, 어린 시절, 여름, 온순하다, 왕잠자리, 외로움, 자유롭다, 잠자리채, 잠자리 통, 잡고 싶다, 장대, 재미있다, 조용필, 짓궂은 장난, 징그러움, 추수, 추억, 코스모스, 풍요롭다, 하고 싶은 말, 하늘, 햇볕, 헬리콥터, 홑눈
무당벌레	가지, 고맙다, 곤충, 귀엽다, 귀찮다, 기쁘다, 꺼려지다, 꿈, 날개, 날다, 날아다니면 무서움, 냄새, 네일, 느리다, 단추, 도전, 동그라미, 등딱지, 디자인, 무늬, 무당, 배추, 벽, 붉다, 빨간색, 서로 도와주다, 아기자기하다, 아침 이슬, 아파트, 알록달록하다, 연약하다, 예쁘다, 옹기종기, 유기농 채소, 유익하다, 의롭다, 자동차, 작다, 점박이, 조그만 식물들, 죽은 척, 진드기, 철모, 친환경, 텔레비전 광고, 풀잎, 풍년, 행운, 호박꽃, 화려하다
거미	거미 알, 거미줄, 흥미로움, 검은색, 고민, 군대, 기다림, 깨끗함, 끈적거리다, 다리가 많다, 더러움, 독, 독거미, 먹잇감을 기다림, 모성, 무섭다, 미신, 복잡, 부정적 이미지의 동물, 부지런함, 비, 빠져나올 수 없는, 사냥꾼, 새벽, 샬롯, 소, 수많은 털, 수완이 좋다, 스파이더맨, 습한 곳, 싫다, 아침, 안방, 연결, 외양간, 육각, 이슬 앉은 거미줄, 이슬, 인내, 잠자리, 잡아 먹다, 점점 커지다, 조심스럽다, 집, 징그럽다, 창조적, 청소, 타란튤라, 함정, 혐오
사마귀	곤충, 곤충 채집, 공격적, 공포, 군인, 권투, 귀여움, 기어가다, 긴 다리, 나뭇잎, 날개, 날렵하다, 날카롭다, 낫, 눈, 느리다, 당랑권, 두렵다, 마름모, 말랐음, 매섭다, 메뚜기, 무덤가, 무섭다, 물방울, 물집, 발로 밟는다, 부러질 것 같다, 사납다, 사냥, 사악하다, 세모, 속도, 손가락, 숲, 풀, 싫다, 싸움꾼, 아프다, 악마, 앞발, 약탈자, 여름, 연가시, 오줌싸개, 잔인하다, 잡식성, 점, 집게, 징그럽다, 초록, 탐구생활, 털, 포식자, 풀잎, 피부, 해충, 헷갈리다, 혐오, 힘

개미	가볍다, 검다, 공동체, 공포, 군대, 규율, 끈기, 노력, 따갑다, 땅, 땅굴, 멋있다, 베르나르 베르베르, 베짱이, 부지런하다, 비의 알림, 빨간색, 사회, 서민, 성실하다, 소설, 식량, 알, 약한 존재, 에너지, 여름, 여왕개미, 열심히 한다, 움직이다, 워커홀릭, 이사, 일꾼, 일벌레, 일상, 작다, 줄지어 다닌다, 지하 세계, 질서, 집단, 징그럽다, 행렬, 허리, 협동, 흙, 힘이 장사
벌	8자, 가까이 하기 싫다, 경고, 공격, 공동체, 공포, 귀엽다, 근면, 꽃, 꿀, 날쌔다, 노동, 독, 동그라미, 두려움, 들꽃, 따가움, 로열 젤리, 말벌, 멀리서 보는 건 좋음, 무섭다, 물림, 바늘, 반짝임, 벌집, 복종, 부지런하다, 붓는다, 빠르다, 사납다, 소리, 시골, 신기함, 신비하다, 쏘다, 아카시아, 아프다, 애잔함, 여왕, 위험하다, 윙, 육각, 일, 자연의 변화에 민감하다, 조심, 조직, 줄무늬, 질서, 집요하다, 징그럽다, 처마 밑, 춤, 침, 통, 프로폴리스

2. 하늘에 있는 동물

새는 하늘을 날기 때문에 땅과 하늘을 연결하는 초자연적인 존재, 천상과 지상을 오가는 전령을 나타낸다. 하늘을 나는 것은 지상의 제약으로부터 해방된다는 뜻이기 때문에 영혼을 나타내기도 한다. 전통적인 의미로는 지혜, 지성, 민첩한 사고를 상징한다. 이는 새의 높이 비약하는 동작과 가볍고 빠른 특성, 땅과 하늘 사이를 중재한다는 의미 등에서 나타난 것이다. 고대에 새의 깃털과 가면을 착용하면 더 높은 지식의 영역으로 날아오를 수 있다고 믿은 것도 이 때문이다.

한편, 일부 학자는 새가 그리스도의 직접적인 상징이라고 하였다. 우리 속에 갇혀 있거나 끈에 매여 있는 새는 그리스도가 인류를 구원하기 위해 붙잡혀 있음을 암시한다고 보기도 하였다. 이처럼 일반적으로 새는 긍정적인 이미지를 나타내지만, 신화 속에서는 때로 흉조로 나타나기도 한다. 그리스 신화 속의 반인반조 스팀팔로스(Stymphalos)의 새들이 날카로운 부리와 발톱으로 인간의 육신을 찢어 삼켰다는 내용을 통해서도 알 수 있다. 이처럼 다양한 의미를 가진 하늘에 있는 동물의 상징적 의미를 구체적으로 살펴보고자 한다.

1) 새(bird)

① 사전적 의미

"날짐승을 통틀어 이르는 말"(두산동아 사서편집국 편, 2016).

독수리는 마지막 성공을 거둘 때까지 온 생명을 바쳐 노력한다.
-여안교(西安交)-

② 유래

수많은 동화에서 새들은 주인공에게 유용한 비밀을 알려 주는 존재로 등장하나, 호주 원주민 설화에서는 새가 적에게 정보를 알려 주는 이야기가 많다. 태곳적부터 영혼이 새의 형태를 취한다는 것은 인도 및 유럽 국가에서 널리 알려진 믿음이다. 라틴어 'aves'는 '조류'를 의미하는 동시에 '조상의 영' 또는 '사망자의 영혼' 또는 '천사'를 의미했다. 로마의 황제들은 자신을 화장한 흙더미 위에 독수리를 그리도록 했는데, 이를 통해 그들의 영혼이 천계에서 날고 있다는 신화가 만들어졌다. 마찬가지로 이집트의 왕들도 호루스의 상징인 매를 자신의 장례식 때 하늘 높이 날리도록 했는데, 이를 통해 자신의 영혼이 그 매의 안에 깃들어 천계로 날아간다고 믿었다. 또한 자신이 불사조와 같이 불 속을 뚫고 재생할 수 있다고 믿었다. 이를 모방하여 그리스도교 성도들도 열성식 때 흰 비둘기를 날려 보냄으로써 영혼을 천계로 날려 보낸다고 믿었다(Walker, 1983).

③ 상징적 의미

새는 자유를 상징하며 도피, 해방을 의미하기도 한다. 또한 전통적으로 새는 지혜, 지성, 생각의 속도와 관련이 있고, 비상 능력이 있어 하늘과 땅을 잇는 죽음을 상징하기도 한다. 심리적으로 하늘을 날고 있는 새는 자유로워지고 싶은 욕구를 암시한다.

④ 신화와 고전

『은혜 갚은 까치』(어효선, 이우경 편, 1988)에는 다음과 같은 이야기가 나온다. 구렁이가 새끼 까치를 잡아먹으려고 하자 엄마 까치가 소리를 지른다. 지나가던 선비가 이 장면을 보고 구렁이를 죽이고, 새끼 까치는 살게 된다. 하지만 선비가 죽은 구렁이의 아내에게 목숨을 잃게 될 위기에 처하자 새끼 까치의 부모가 목숨을 바쳐 선비를 구한다. 여기에서 까치는 자신이 받은 은혜를 갚기 위해 목숨을 바치는 의리와 착한 마음을 가진 선한 동물로 상징된다.

민화에서 새의 말을 이해하는 사람은 중요한 지식을 얻을 수 있고, 인간이 조류로 변신 하거나 새가 선량한 인물에게 음식을 나른다는 이야기가 종종 있다. '새'를 의미하는 용어는 다양한 언어의 속어와 숙어 표현에서 성적 의미를 내포한 단어로 사용되기도 한다. 예를 들어, 중국에서는 남성 성기를 의미하며, 독일어로는 '새'가 미쳤다는 의미를 암시하기도 한다(Biedermann, 2000).

⑤ 새의 이미지

(중학교 2학년 진로탐색 청소년)
새: 자유로움과 떠나고 싶은 마음을 표현

(초등학교 고학년 틱장애 아동)
새: 땅의 생물들과 대적하는 공격적인 존재로 표현

(1) 독수리(eagle)

① 사전적 의미

"독수리는 수릿과의 새로, 날개 길이가 1m가량 되는 큰 새다. 몸빛은 어두운 갈색이고 부리는 흑갈색이며, 빠르게 날고 날카로운 부리와 발톱으로 작은 동물을 잡아먹는다. 천연기념물 제243호다."(두산동아 사서편집국 편, 2016). "독수리는 수릿과의 크고 사나운 새로, 날개 길이는 70~90cm, 꽁지는 35~40cm, 몸빛은 암갈색, 다리는 회색, 날카로운 부리와 발톱 및 예민한 시력·후각으로 작은 동물을 잡아먹는다."(민중서림 편집부 편, 2016).

② 유래

히브리인들은 독수리가 태양의 불에 날개를 태우고 대양으로 떨어진 후 새로운 날개를 달고 솟아날 수 있다는 믿음을 가졌다. 이러한 믿음은 그리스도교의 세례 상징의 모티프가 되었다. 독수리는 로마뿐만 아니라 미국, 독일 등의 국가에서도 통치권과 국가 정체성을 상징한다. 또한 독수리는 러시아 제국과 오스트리아 제국의 표상이며, 나폴레옹의 기치이기도 했다. 신체 능력이 높고 뛰어난 사냥 능력을 갖추고 있기 때문에 전사를 상징하여 북유럽의 신 오딘(Odin) 등 전쟁의 신들과 결부된다. 중국에서는 용기, 불굴, 힘, 두려움과 동일시되고, 그리스도교에서는 하나님의 권력을 나타낸다.

③ 상징적 의미

독수리는 승리, 위대한 신, 영혼을 상징하며, 권력과 관련해 황제, 군사력, 통치권을 나타내기도 한다. 또한 용기, 용맹스러움, 불굴, 강력한 힘, 공격성 등을 의미한다. 뱀을 물고 있는 독수리는 악의 정복을 나타내며, 심리적으로는 공격성, 내면의 에너지가 많음을 암시한다.

④ 신화와 고전

전래동화『몹쓸 짓을 한 독수리』(동화방 편집부 편, 2005)의 내용은 다음과 같다. 딱정벌레가 독수리에게 자신의 친구인 토끼를 살려 달라고 부탁하지만 독수리는 이 부탁을 들어주지 않고 토끼를 잡아먹는다. 그 뒤 딱정벌레는 독수리에게 앙갚음을 하고자 독수리 둥지를 찾아가 알을 나무 밑으로 떨어뜨린다. 이 동화에서 독수리는 자연에서 강력한 힘을 가진 무서운 존재이며, 간절한 부탁을 들어주지 않는 냉혹하고 잔인한 대상으로 표현된다.

⑤ 독수리의 이미지

(7세 정서불안 아동)

(초등학교 2학년 틱장애 아동)
독수리: 약한 생명체를 잡아먹는 공격적이고 위험한 대상으로 표현

(2) 매(hawk)

① 사전적 의미

"매는 맷과(科) 맷속(屬)의 새를 통틀어 이르는 말로, 수리보다 작은데 부리와 발톱은 갈고리 모양이며 날쌔게 난다. 마을 부근의 하늘을 높이 돌다가 급강하하여 새나 병아리 따위를 채어 간다. 사냥용으로 기르기도 한다. 각응(角鷹), 송골매, 해동청(海東靑)이라고도 한다."(두산동아 사서편집국 편, 2016). "매는 맷과의 맹조의 총칭으로, 수리보다 작고 부리가 짧으며 발톱이 가늘고, 날개와 꽁지는 비교적 폭이 좁으나 수리보다 빠르게 난다. 작은 새나 병아리 등을 잡아먹는다. 사냥용으로 사육하기도 한다. 천연기념물 제323호다."(민중서림 편집부 편, 2016).

② 유래

이집트의 여러 신은 매의 모습으로 표현되며, 부적에서는 날카로운 시야를 의미하는 것으로 그려진다.

③ 상징적 의미

매는 승리, 자유, 열망, 빛, 영혼, 우월성을 상징한다. 심리적으로는 용맹스러움, 공격성, 내면의 에너지가 많음을 암시한다.

④ 신화와 고전

이솝 우화 중 '매와 화살'이라는 이야기가 있다. 한 매가 먹이인 토끼를 노리려고 바위에서 눈을 뜨고 있었는데 그늘에 숨어 있던 궁수가 매를 향해 화살을 날렸다. 화살은 매의 심장에 꽂혔고, 쓰러져 죽어 가던 매가 화살의 날개를 보니 그 화살의 깃은 바로 자신이 털갈이로 버린 깃털이었다는 것으로, '자신을 멸망시키는 자는 곧 자신이다'라는 교훈을 주는 이야기다(푸른 숲 글방, 2015).

⑤ 매의 이미지

(초등학교 2학년 틱장애 아동)
매: 악한 독수리를 응징하는 용맹스러운 대상으로 표현

(3) 비둘기(dove)

① 사전적 의미

"비둘기는 비둘기목에 딸린 새를 통틀어 이르는 말로, 야생종과 집비둘기로 크게 나뉜다. 머리가 작고 둥글며 부리가 짧다. 성질이 순해 길들이기 쉽고, 날개의 힘이 강하여 멀리 날 수 있다. 귀소성(歸巢性)을 이용하여 원거리 통신에 쓰기도 하며, 예부터 평화를 상징하는 새로 간주된다."(두산동아 사서편집국 편, 2016). "비둘기는 비둘기목의 새의 총칭으로, 야생종과 집비둘기로 나뉘는데, 부리가 짧고 다리는 가늘고 짧다. 성질은 순해 길들이기 쉽고, 귀소성을 이용해 통신용으로 이용한다. 평화를 상징하는 새다."(민중서림 편집부 편, 2016).

② 유래

비둘기는 무리를 이루는 성격 때문에 올리브와 함께 평화의 상징이 되었다. 이는 구약성서에 나오는 노아의 방주 전설에서 유래했다. 노아가 47일째에 까마귀를 날렸으나 물이 마르지 않아 곧 돌아왔다. 후에 비둘기를 날려 보냈더니 올리브 잎을 물고 돌아왔고, 이를 통해 노아는 물이 말라 가는 것을 알게 되었다. 이처럼 홍수 뒤에 수면 위로 드러난 잎사귀를 물고 노아에게 돌아온 비둘기는 분노로 가득 찬 신이 인류와 화해하는 평화의 이미지로 나타난다. 또한 세례 요한(John the Baptist)이 그리스도에게 세례를 준 뒤 비둘기의 모습을 한 새가 예수의 머리 위로 내려오는 것을 보았다고 하여 비둘기는 그리스도교의 상징에 자주 출현한다. 신약성서에서는 광야에서 고행을 마친 예수가 사탄의 유혹을 물리친 후, 성령이 흰 비둘기의 모습으로 변하였다는 일화가 유명하다.

③ 상징적 의미

비둘기는 평화와 화해의 상징이며, 성령의 화신, 세례, 순결함 등을 나타낸다.

④ 신화와 고전

이솝우화 '개미와 비둘기'에서 비둘기는 시냇물에 빠진 개미에게 나뭇잎을 던져 개미가 목숨을 구하게 도와준다. 이후 비둘기가 위험에 빠졌을 때 개미의 도움을 받아 위기를 모면한다(김영만 편, 2004). 여기에서 비둘기는 위기에 처한 상대를 위해 도움을 주는 자혜로움과 따뜻한 마음을 가진 존재로 표현된다.

한편, 그리스 신화에서 비둘기는 사랑과 미의 여신 아프로디테(Aphrodite)에게 봉헌된 성스러운 새로 등장하는데, 테살로니아의 왕자이자 아르고 호의 용사들을 진두지휘한 영웅 이아손(Iason)에 관한 이야기가 유명하다. 이아손과 용사들을 태운 아르고 호가 험난한 바다를 항해하던 중, 부딪치는 두 개의 거대한 바위 심플레가데스(symplegades) 사이를 지날 때의 일이었다. 이들은 예언가가 알려 준 대로 바위 사이로 비둘기를 날려 보냈고, 바위들이 빠른 속도로 사이를 좁히면서 부딪쳐 날아가던 비둘기의 꼬리가 그 사이에 끼었다. 그러고 나서 두 바위가 떨어지기 시작하자 용사들은 힘차게 노를 저었고, 가까스로 안전하게 위기를 넘겼다. 또한 그리스 신화에 등장하는 사냥꾼 오리온(Orion)이 플레이아데스[Pleiades, 거신 아틀라스(Atlas)의 일곱 딸]를 쫓아낼 때 이를 불쌍하게 생각한 제우스가 그녀들을 비둘기로 바꾸고, 또 별로 바꾼 에피소드 등이 존재한다.

⑤ 비둘기의 이미지

(초등학교 2학년 정서불안 아동)
비둘기: 평화와 화해의 대상으로 표현

(4) 공작(peacock)

① 사전적 의미

"공작은 꿩과의 새로, 수컷은 머리에 10cm 가량의 관모가 있고, 긴 꼬리를 펴면 부채 모양을 이루는데, 둥근 잔무늬가 많다. 암컷은 그보다 좀 작고 꼬리가 짧다. 인도 원산으로 밀림의 물가에 즐겨 사는데, 나무 열매나 벌레를 먹는다."(두산동아 사서편집국 편, 2016).

② 유래

로마에서는 황후와 공주들의 영혼을 공작으로 나타냈으며, 중국에서는 공작이 명 왕조의 상징이었다. 동남아시아에서는 공작을 태양으로 보고, 공작춤을 추면 태양을 죽여 비를 오게 할 수 있다고 믿었다. 공작의 깃털은 공예품으로 널리 쓰여 왔으며, 주로 전갈 등의 독충과 독사류를 즐겨 먹어 인간에게 이익을 주는 새로 존중된다. 또한 이것이 변해서 악한 기운을 방지하는 상징으로 공작명왕의 이름으로 불교의 신앙 대상에도 도입되었다. 쿠르드 족에 속하는 야디지족은 땅으로 떨어진 멜렉 타우스(Melek taus), 즉 공작의 모습을 한 천사를 숭배한다. 그리스 신화에서 공작은 여신 헤라의 성조로 백 개의 눈을 가진 거인 아르고스에게서 취한 눈을 공작의 꼬리 날개에 박아 넣었다고 하는 설이 있다.

공작은 중동에서는 '생명의 나무'의 양쪽에 그려지는데, 이는 곧 불멸의 영혼과 인간 정신의 '모호성'을 상징한다. 공작은 때로는 놀이기구가 되어서 그것에 탄 사람을 확실하게 목적지로 이끌어 준다. '백 개의 눈을 가진 동물'이라고도 하여 영원한 행복과 영혼의 하나님을 상징하기도 한다. 공작은 로마네스크 양식의 조각에서 나타나며, 장례식의 상징체계에서도 볼 수 있다(Chevalier & Gheerbrant, 1997).

③ 상징적 의미

공작은 왕위, 불사, 재생, 우주를 상징하며, 화려한 아름다움을 나타내기도 한다. 심리적으로는 자신을 드러내고 싶은 마음과 화려함과 아름다움의 욕구를 암시한다.

④ 신화와 고전

이솝우화 『멋 부린 까마귀』(아이템플 편, 2000)에 따르면, 어느 날 숲의 신령이 나타나 가장 아름다운 새를 새들의 왕으로 뽑기로 한다. 새들은 저마다 아름다운 모습을 뽐내고, 공작은 알록달록 화려한 날개를 펼쳐 보여 준다. 왕이 되고 싶은 까마귀는 다른 새들의 털을 몸에 붙이고 꼬리에는 공작의 털을 붙여 왕이 된다. 하지만 이 사실을 신령이 알게 되어 까마귀는 왕이 되지 못하고, 자신의 잘못을 후회한다. 여기에서 공작은 화려한 외향을 가진 아름다운 존재로 표현된다.

⑤ 공작의 이미지

(초등학교 저학년 불안 · 위축 아동)
공작: 타인 앞에 자신을 드러내고 싶은 마음과 아름다움의 욕구를 표현

(5) 올빼미(ural owl)

① 사전적 의미

"올빼미는 올빼밋과의 새로, 몸길이는 38cm 가량이다. 부엉이와 비슷하나 머리가 둥글고 우각(羽角)이 없다. 깃털에는 황갈색의 세로무늬가 있다. 낮에는 나뭇가지에 앉아 있다가 밤에 새나 쥐 따위를 잡아먹는다. 천연기념물 제324호로, 치효(鴟梟)라고도 한다."(두산동아 사서편집국 편, 2016). "올빼미는 올빼밋과의 새로, 부엉이와 비슷한데 귀 모양의 깃털이 없다. 낮에는 숲에서 쉬고 주로 밤에 활동하며 새, 쥐, 토끼, 벌레 따위를 잡아먹는다."(민중서림 편집부 편, 2016).

② 유래

고대 로마의 문인이자 정치가 소(小)플리니우스(Gaius Plinius Caecilius Secundus)에 따르면, 올빼미는 야행성 동물로 장례식에 어울리는 구슬픈 이미지로 간주되었고, 낮에 등장하는 경우 흉조라고 보았다(Impelluso, 2010).

그리스 신화에서 올빼미는 지혜의 여신 아테나의 상징으로 알려져 있다. 따라서 지혜를 상징하기도 하며, 민속과 동화에서는 숲의 장로이자 지혜를 지닌 존재로 올빼미가 종종 등장한다.

반면, 중국에서는 올빼미가 어미를 잡아먹는다고 하여 불효의 상징으로 보며, 이와 달리 올빼미가 행운을 가져다준다고 하여 장식물로 만드는 문화권도 존재한다.

③ 상징적 의미

올빼미는 지혜, 지식, 밤, 외로움, 흉조, 죽음 등을 상징한다. 심리적으로 아기 올빼미는 외로운 심정과 사랑 받고 싶은 욕구를 암시한다.

④ 신화와 고전

『샤워하는 올빼미(There's an owl in the shower)』(George & Merrill, 2012)의 줄거리는 다음과 같다. 벌목꾼인 아빠는 어느 날 일자리를

잃게 된다. 원시림의 나무를 베는 바람에 점박이올빼미가 멸종 위기에 처하자 벌목을 할 수 없게 된 것이다. 점박이올빼미 때문에 아빠가 실직했다고 생각한 아들은 올빼미를 없애려고 한다. 그러던 중 아들은 우연히 새끼 올빼미를 발견하고 집으로 데리고 와서 돌봐 주게 된다. 처음엔 새끼 올빼미를 죽이라고 한 아빠도 점점 새끼 올빼미를 잘 보살피게 되고, 어느새 커 버린 올빼미는 자연으로 돌아간다. 아빠와 아들의 점박이올빼미에 대한 미움과 증오도 사라진다. 여기에서 올빼미는 자연을 대표하는 동물로 귀하고 소중하게 표현되며, 사람과 공존하는 친화적인 대상으로 나타난다.

⑤ 올빼미의 이미지

(초등학교 고학년 학교 부적응 아동)
올빼미: 외로운 심정과 사랑받고 싶은 욕구를 표현

※ 상징적 의미

하늘에 있는 동물	갈매기, 감시자, 구름, 기러기, 긴 항해, 날개, 달, 대단함, 더럽다, 독수리, 동경, 떠돌이, 매, 멀리 보다, 무리, 바라보다, 바람, 반가움, 별, 봉황, 부럽다, 부리, 비둘기, 비상, 비전이 있다, 비행, 빠르다, 뻐꾸기, 새, 세상을 보다, 소식, 솔개, 승승장구, 시선, 신비로운, 아름답다, 아찔하다, 여유, 예언자, 옮겨 다니다, 외로움, 용, 유니콘, 자유로움, 조력자, 철새, 토끼, 환희, 황새
새	AI, 감시자, 걱정, 곤충, 공포, 광활함, 귀엽다, 기러기, 나무 위의 집, 나약, 날개, 날다, 높다, 눈, 눈이 좋다, 더럽다, 독수리, 떠돌이, 맑은 소리, 먹이사슬, 모이, 무리, 봄, 부엉이, 비상, 비행, 빠르다, 새집, 시끄럽다, 시원하다, 신비로움, 싫다, 아기 새, 아침의 여유, 연약함, 예쁘다, 예술, 예언자, 외로움, 우둔하다, 원대한 꿈, 이동, 잉꼬, 자유롭다, 조력자, 지저귀는 소리, 지저귀다, 질서, 징그럽다, 짹짹거리다, 참새, 철새, 청초하다, 캠핑, 토하다, 파랑새, 평화, 현실도피
독수리	가해자, 강렬하다, 강인하다, 경찰, 고공비행, 고독, 공격성, 공포, 낚아채다, 날렵하다, 날카롭다, 남겨진 음식을 먹다, 내려다보다, 넓고 큰 날개, 높이 날다, 대머리독수리, 독재, 독하다, 동물원, 로마제국, 리더, 매서운 눈, 매섭다, 멋진 남자, 목표, 무섭다, 미국, 발톱, 부리, 비상, 사나움, 사냥, 사막, 성취, 세상을 보다, 속도, 숲을 보다, 시체, 기류를 탐, 에너지, 연세대학교, 완고함, 외로움, 용감하다, 용맹하다, 우두머리, 위상, 의리, 의지, 이루다, 일인자, 자유, 작은 동물, 재빠르다, 정복, 정상, 정의, 죽음, 지배자, 쪼다, 천연기념물, 카리스마, 토끼, 하늘의 왕, 힘찬
매	강인하다, 고공비행, 고독, 공격, 군대의 상징, 권위, 긴장감, 까맣다, 끈질기다, 낚아채다, 날렵하다, 날쌔다, 날카로운 발톱, 납치, 높다, 눈빛, 맷과의 종족, 독재, 두려움, 매섭다, 매의 눈(예리하다), 먹이사슬, 멋있다, 모자, 목표, 무섭다, 민첩하다, 병아리, 보라매, 부리, 빠르다, 사냥, 새들의 왕, 소식, 숲을 보다, 시체, 시치미, 에너지, 완고하다, 용감하다, 용맹하다, 원형, 의지, 일인자, 잡아먹다, 장갑, 정확하다, 좋은 시력, 죽음, 쥐, 집요함, 참새, 충신, 크다, 큰 새, 판단력, 하늘의 왕자, 황조롱이, 흰매, 힘
비둘기	겁 없는 새, 게으름, 고독, 고속버스 터미널, 공부 잘할 것 같은 지혜, 공원, 공포, 과자, 광장, 구구 소리, 구박 덩어리, 군인, 귀소성, 기생충, 더럽다, 도시, 뚱뚱하다, 먹이, 먹이 주기, 무리, 부드러움, 불결한 위생, 불청객, 비둘기 집, 새똥, 새우깡, 성당, 성령, 소식, 순결, 순하다, 시야, 아가서, 아이들, 양식, 여유, 온유하다, 올림픽, 외국, 우체부, 울음소리, 원망, 유해동물, 인간, 자유, 전쟁, 정겹다, 주위 사람들, 지저분하다, 징그럽다, 친근하다, 편지, 평화, 학교, 행복, 회색, 흔하다, 희망
공작	곱다, 공원, 과시하다, 궁전, 귀부인, 꼬리 깃털, 날개, 눈, 도도하다, 동물원, 멋있다, 무대, 무지개, 백수, 부인, 부채, 뽐내다, 새, 섹시하다, 수컷, 숨기다, 슬픔, 신비롭다, 신화, 아름답다, 알록달록하다, 어린 시절, 여왕, 오만하다, 우아하다, 자기 자랑, 자랑하다, 자아도취, 작품, 잘난 척, 장식, 짝, 파란색, 펼치다, 피곤함, 허풍, 화려하다
올빼미	360°, 감시자, 깜깜하다, 눈동자, 눈이 무섭다, 도둑, 동굴, 듬직하다, 매의 눈, 목, 무서운 어둠, 밤, 밤에 깨어 있다, 밤을 지새움, 부엉이, 브로치, 사냥꾼, 소리, 소중함, 숲 속, 시계, 안경, 앙큼하다, 야행성, 여우 같은 행동, 외로움, 음침한, 음흉한, 응시하다, 잠, 주시하다, 쥐, 지혜롭다, 집중력, 캐릭터, 커다란 눈, 큰 나무, 포식자, 해리포터, 호기심

3. 육지에 있는 동물

인류는 태초부터 무서운 동물들과 싸워 종족을 보존하고 사냥을 통해 식생활을 해결해야 했다. 때문에 인간에게 동물은 가장 큰 관심의 대상이었다. 고대의 동굴 벽화는 인간과 동물의 관계를 짐작하게 하는 최초의 증거이며, 이 그림을 통해 동물을 지배하고자 하는 인간의 욕구를 볼 수 있다.

한편, 좀 더 강하고 위험한 동물들은 중요한 영적 상징물로 표현되었으며 신격화되기도 했다. 이는 동물이 가진 신체적 · 감각적 능력의 우월함과 영적인 힘, 제의를 지낼 때 동물을 신에게 바치면 그 힘이 인간에게 전달된다는 믿음에서 나타난 것이다. 때문에 사람들은 동물을 신성하게 여겼으며, 동물의 가죽이나 모피를 걸친 사람을 마을의 수호자라고 믿었다. 이와 같은 특성으로 동물은 일반적으로 힘과 지혜의 근원, 본능, 신비로운 능력을 지닌 존재 등을 상징한다. 하지만 그 밖에도 동물은 고대부터 인류의 삶에 크게 얽혀 있으므로 수많은 상징적인 의미를 지니게 되었다. 이 절에서는 각각의 동물이 상징하는 의미를 구체적으로 살펴보고자 한다.

1) 기린(giraffe)

① 사전적 의미

"기린은 기린과의 포유동물로, 초원지대에 떼를 지어 사는데, 키는 6m가량으로 포유동물 가운데 가장 크다. 몸은 누런 흰색 바탕에 암갈색의 얼룩점이 있고, 이마 양쪽에 피부에 싸인 한 쌍의 짧은 뿔이 있다. 아프리카 특산종이다."(두산동아 사서편집국 편, 2016). "기린은 기린과의 포

동물을 대하는 태도를 통해 그 사람의 본성을 판단할 수 있다.
동물에게 잔인한 사람이라면 사람을 대할 때도 그럴 수 있기 때문이다.
−임마누엘 칸트(Immanuel Kant)−

유동물로, 키는 6m가량으로 포유동물 중 가장 크다. 목과 다리가 특히 길며, 이마 양쪽에 짧은 뿔이 있다. 아프리카 특산으로 초원에 떼 지어 산다."(민중서림 편집부 편, 2016).

② 유래

'기린은 올바른 리더가 통치하는 시대에만 모습을 드러낸다'고 본 중국 문화권의 영향으로 기린은 동아시아 전역에 걸쳐 상서로운 생물로 널리 알려져 있다(Fontana, 2011).

③ 상징적 의미

기린은 남성성과 여성성의 결합으로 완전체의 상징이다. 또한 기린은 직감력이 뛰어나 빠르게 도망친다고 하여 민감함, 섬세함, 비겁함, 연약함을 나타내기도 한다. 심리적으로도 연약함, 평화스러움을 암시한다.

④ 신화와 고전

『목 짧은 기린』(Dickens, 2017)의 내용은 다음과 같다. 목 짧은 기린 제프리는 짧은 목 때문에 친구들에게 놀림을 받을까 봐 늘 혼자 지낸다. 어느 날 우연히 날지 못하는 새 피터를 만나고 서로의 단점과 외로움을 이해하며 친구가 된다. 늘 혼자였던 제프리와 피터는 숨바꼭질 놀이를 하며 신나 한다. 그러나 기린 제프리의 목이 토끼굴에 끼이는 일이 생겼고, 당황한 피터는 열심히 날개를 퍼덕이며 동물 친구들에게 도움을 구하러 간다. 그리고 숲속의 모든 동물이 제프리를 돕기 위해 모인다. 이 우연한 사고를 계기로 친구들은 하나가 된다. 여기에서 기린은 자신이 가지고 있는 단점이나 불만족스러운 부분들을 수용하는 온순한 대상으로 나타난다.

⑤ 기린의 이미지

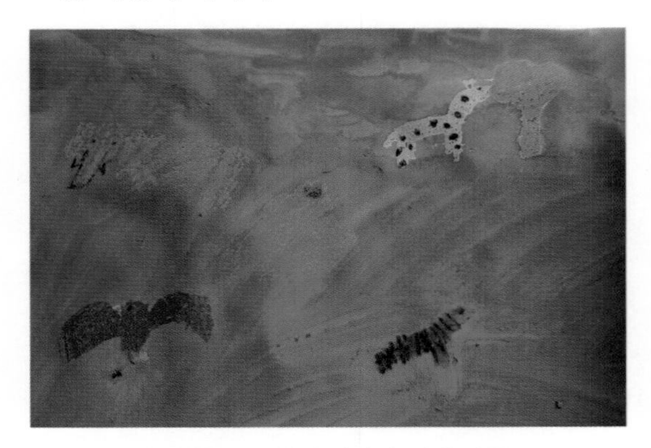

(초등학교 고학년 사회성 결여 아동)
기린: 연약함, 평화스러움을 표현

2) 코끼리(elephant)

① 사전적 의미

"코끼리는 코끼릿과의 포유동물로, 육지에 사는 동물 가운데서 가장 큰 동물로 어깨 높이가 3.5m가량이고 몸무게는 5~7t에 이른다. 피부는 회흑색으로 매우 두꺼우며, 원통형의 코가 길게 늘어져 있다. 상아(象牙)는 윗잇몸에서 돋아난 앞니인데 일생에 걸쳐 계속 자란다. 초식 동물로 삼림이나 초원에서 무리를 지어 살아간다."(두산동아 사서편집국 편, 2016). "코끼리는 코끼릿과의 동물로, 육지에 사는 동물 중 가장 크며, 코는 원통형으로 길게 늘어졌다. 키는 크고, 눈은 작으며, 털은 거의 없다. 윗잇몸에 있는 앞니 두 개가 특별히 길고 큰데 '상아'라고 한다(인도코끼리와 아프리카코끼리의 두 종류가 있다)."(민중서림 편집부 편, 2016).

② 유래

인도에서 코끼리는 군주가 타고 다니는 위풍당당한 동물이었으며, 선한 군주에게 필요한 덕성인 위엄, 지성, 신중함, 평화, 풍부한 추수, 비 등을 포함한 전반적으로 긍정적인 이미지를 지닌다. 인도 신화에서 코끼리는 세계를 지탱하는 존재로 그려진다.

국가의 평화와 번영의 상징으로서 코끼리는 격식을 갖춘 절차를 통해 보살핌을 받아 왔다. 과거에 왕은 귀족들에게 코끼리를 하사해 돌보게 함으로써 명예를 선사했다. 그러나 이러한 코끼리는 양날의 칼이었다. 왕실의 심기를 거스른 귀족에게 왕은 토지를 하사하지 않고 코끼리만을 선물로 보냈다. 이처럼 코끼리는 '명예'이기 때문에 거절할 수 없는 선물이지만, 동시에 일도 하지 않고 팔 수도 없으며 치워 버릴 수도 없는 애물단지이기도 했다(Robert & Nanthapa, 2006).

③ 상징적 의미

코끼리는 평화와 번영의 상징이며, 온화함, 힘, 영리함, 위엄을 나타내기도 한다. 또한 수컷 코끼리가 짝이 임신한 기간에 다른 암컷과 짝짓기를 하지 않는 것을 정숙, 충실성, 사랑의 상징으로 보았다. 심리적으로는 위엄, 내면의 에너지가 많음을 암시한다.

④ 신화와 고전

『악어를 잡은 아기 원숭이(Une histoire de singe)』(d'Alençon & Chaplet, 2013)에서 주인공 아기 원숭이는 부모님 몰래 밀림을 돌아다니다가 무서운 악어를 만난다. 아기 원숭이는 재치를 발휘하여 악어에게 물소를 잡아 주는 척하며 도망갔다가 코끼리를 만난다. 이때 아기 원숭이는 코끼리의 도움으로 위기에서 벗어나고, 코끼리는 아기 원숭이를 태워 집까지 데려다준다. 여기에서 코끼리는 큰 덩치와 무게를 지닌 존재로 위엄이 있으며, 자신보다 약한 존재를 보살펴 주는 자애롭고 평화로운 대상으로 표현된다.

⑤ 코끼리의 이미지

(초등학교 저학년 학습부진 아동)
코끼리: 위엄이 있고 평화로운 대상으로 표현

3) 사자(lion)

① 사전적 의미

"사자는 고양잇과의 맹수인 포유동물로, 몸길이 2m, 꼬리 길이 90cm, 어깨 높이 1m가량이다. 몸빛은 황갈색이고 수컷은 머리에 긴 갈기가 있다. 주로 밤에 얼룩말, 기린, 영양, 멧돼지 등을 잡아먹는다. 아프리카의 초원 지대에 분포한다."(두산동아 사서편집국 편, 2016).

② 유래

사자는 위대하고 무시무시한 본성을 가진 가장 위압적인 동물로 예로부터 문장과 문양에 이용되어 왔다. 특징적인 갈기를 가지고 늠름한 모습을 하였다고 하여 '백수의 왕'으로도 잘 비유된다. 고대 이집트에서는 사람의 얼굴, 사자의 몸, 독수리의 날개를 가진 스핑크스가 신격화되었다. 불교에서는 문수보살이 타는 짐승으로 불화에서 잘 나타난다. 마사이 족은 인간의 힘을 과시하기 위해 사자 사냥을 하는 것으로 알려져 있으며, 자신들이 잡은 사자의 갈기를 머리에 쓰고 화려한 축제를 벌인다. 그리스도교에서 사자는 성 마르코의 상징이다. 성 마르코는 베네치아의 수호성인이기 때문에 산마르코 광장에 있는 사자 동상을 시작으로 베니스 곳곳에서 사자 조형물을 볼 수 있다. 베니스 국제 영화제의 황금사자상도 여기에서 유래한다.

영국 왕실에서는 왕관을 쓴 사자를 상징물로 채택하고 있지만, 이것은 노르망디(Normandie) 시대부터 계승되어 현재 프랑스의 노르망디 지방에서도 사자가 그려져 있는 깃발이 이용되고 있다. 용맹한 것으로 알려진 잉글랜드의 왕 리처드 1세는 '사자 왕'이라고 불렸다.

③ 상징적 의미

사자는 왕의 권력과 지배, 태양의 힘, 강력한 힘, 승리, 용기, 불굴의 정신, 덕성을 상징한다. 또한 힘, 용맹함, 지혜, 정의의 화신, 자신의 힘에 도취된 폭군 등을 의미하기도 한다. 심리적으로는 내면의 에너지가 많음, 공격성, 분노를 암시하기도 한다.

④ 신화와 고전

이솝우화 『사자와 은혜 갚은 쥐』에서 쥐가 잠자는 사자의 단잠을 깨워 사자가 쥐를 잡아먹으려고 한다. 쥐는 사자에게 살려 달라고 빌고, 이를 불쌍히 여긴 사자는 쥐를 살려 준다. 이후 사자가 위험한 상황에 처하자 쥐가 와서 사자를 구해 준다. 여기에서 사자는 위대하고 강력한 힘을 가진 동물로 표현되며, 자신보다 약한 동물을 살려 주는 자비로움을 가진 존재로 상징된다(푸른숲 글방, 2015).

⑤ 사자의 이미지

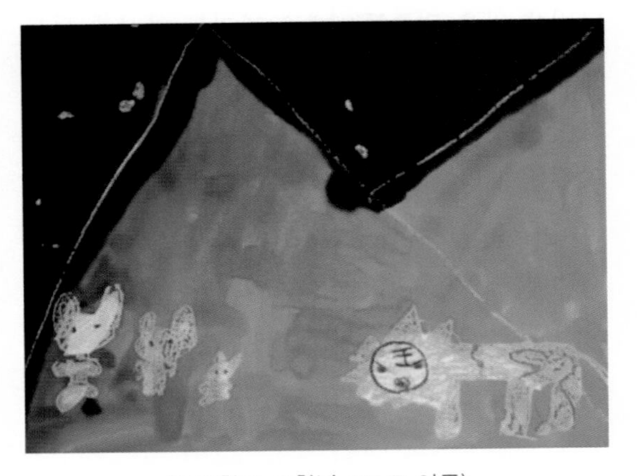

(초등학교 고학년 ADHD 아동)

(초등학교 저학년 공격 성향이 있는 아동)
사자: 내면의 공격성과 분노를 표현

4) 호랑이(tiger)

① 사전적 의미

"호랑이는 고양잇과의 포유동물로, 몸길이가 1.8~2.5m, 몸무게는 200~300kg이다. 몸빛은 갈색 또는 황갈색 바탕에 검은 줄무늬가 있고, 꼬리에는 보통 여덟 개의 검은 고리 무늬가 둘러 있다. 깊은 산 속에 살며 인도 및 시베리아 등지에 분포한다. 범이라고도 한다."(두산동아 사서편집국 편, 2016).

② 유래

고대 중국에서는 무덤과 문 입구에 돌로 만든 호랑이상을 놓아두고, 어린아이들이 호랑이 모자를 쓰면 나쁜 기운으로부터 아이를 보호한다는 의미를 가진다. 유럽에 호랑이의 존재가 알려진 것은 알렉산드로스 대왕(Alexander Ⅲ)의 인도 원정 때로, 페르시아어 'thigra(날카로운, 지적)'와 그리스어 'tigris'에서 변화되어 영어 및 독일어의 'tiger'가 되었다. 유럽에 처음으로 호랑이가 들어온 것은 기원전 19년에 인도의 사자(使者)가 로마 황제에게 호랑이를 헌상한 때로 알려져 있다.

③ 상징적 의미

호랑이는 자연에서 가장 위대하고 무서운 존재로 강한, 용맹한, 흉악한, 두려운 존재로 상징되어 진다. 신들이 호랑이를 타고 있는 모습의 표현은 자신의 힘, 전사들의 전투를 나타내기도 한다. 심리적으로는 내면의 에너지가 많음, 공격성, 분노를 암시하기도 한다.

호랑이가 들어간 속담이나 관용구에서는 주로 '강한' '무엇보다 무서운 것'의 의미로 사용되는 예가 많다.

- 호시탐탐: 호랑이가 먹이를 노리고 날카롭게 응시하고 있는 모습으로, 조용히 기회를 엿보는 모습을 말한다.
- 호랑이가 되다: 일본에서는 만취 후 손을 댈 수 없이 날뛰며 난리 치는 사람을 빗대어 표현하는 것으로, 음주자를 일시 구속하기 위한 파출소 등에서의 시설을 '호랑이 상자'라고 부르는 것도 여기에서 유래한다.
- 종이호랑이: 호랑이 모양의 종이 모형으로 겉보기에는 강한 듯 하지만 실제로는 힘이 없는 사람, 허세를 부리는 사람, 위세와 역량을 잃어버린 사람, 한물간 사람을 경멸하는 투로 이르는 말이다.

이 밖에 호랑이의 습성을 칭송하는 관용구도 있다.

- 타이거 클럽: 자신의 아이를 매우 소중히 한다고 전해지는 호랑이의 습성에 빗대, 소중한 물건이나 귀중한 물건을 이와 같이 표현한다.
- 개미 나는 곳에 범 난다: 작은 일에서 큰 일이 비롯된다.
- 배고픈 호랑이가 원님 알아보나: 배가 고프면 무슨 짓이든지 하게 된다.
- 범이 범 새끼를 낳고 용이 용 새끼를 낳는다: 훌륭한 부모가 훌륭한 자식을 낳는다.
- 오뉴월 손님은 호랑이보다 무섭다: 먹을 것이 없는 시기에 오는 손님은 매우 난감하다.

- 호랑이도 제 말 하면 온다: 다른 사람에 관한 이야기를 하는데 공교롭게 그 사람이 나타나는 경우를 이른다.
- 호랑이는 죽어서 가죽을 남기고 사람은 죽어서 이름을 남긴다: 사람은 이름을 남길 수 있도록 살아서 노력해야 한다.

④ 신화와 고전

전래동화 『해와 달이 된 오누이』(이혜옥, 배성연 편, 2013)의 줄거리는 다음과 같다. 떡을 가지러 간 오누이의 어머니를 호랑이가 잡아먹는다. 이어서 호랑이는 오누이를 잡아먹으러 집으로 오지만, 영리한 오누이는 동아줄을 타고 하늘로 올라간다. 호랑이도 오누이를 따라 하늘로 올라가지만 썩은 동아줄이 끊어져서 땅에 떨어져 죽게 된다. 이 동화에서 호랑이는 자연에서 위대하고 무서운 존재로 상징되며, 인간에게 두렵고 무서운 존재로 표현된다.

⑤ 호랑이의 이미지

(초등학교 저학년 틱장애 아동)

(초등학교 고학년 공격 성향이 있는 아동)
호랑이: 내면의 공격성과 분노를 표현

5) 말(horse)

① 사전적 의미

"말은 말과의 포유동물로, 어깨의 높이는 1.2~1.7m, 머리와 목과 다리가 길고 몸집이 크다. 목에는 갈기가 있고 발굽은 하나다. 유럽 및 아시아가 원산지로 승마(乘馬), 사역(使役), 경마(競馬) 등으로 이용된다. 마필(馬匹)이라고도 한다."(두산동아 사서편집국 편, 2016).

② 유래

로마에서는 매년 10월이면 전쟁과 농업의 신 마르스에게 생명의 연속성을 상징하는 말을 제물로 바치고, 말의 꼬리를 풍요의 상징으로서 겨울 내내 보관한다. 고대 신앙에서 말은 지하 세계와 대지 그리고 대지가 싹을 틔우는 주기 등의 신비를 아는 존재였으며, 이 상징은 더 널리 퍼져 태양신 및 하늘신과의 연관으로 대체되었다. 하지만 그 후에도 말은 장례식장에서 영혼 세계로의 안내자 혹은 전령의 역할을 하는 것으로 나타난다(Tresidder, 2007).

③ 상징적 의미

말은 자유로움, 에너지, 강인함, 역동성, 활력, 정복을 나타낸다. 기수가 없는 말은 국가의 장례식에서 애통함을 상징한다. 심리적으로는 본능, 자유로움의 욕구, 내면의 에너지가 많음을 암시한다.

④ 신화와 고전

이규보의 『동명왕편(東明王篇)』(2007)을 보면, 귀양을 온 유화가 알을 낳는데 그 알에서 깨어난 아이가 커서 주몽이 된다. 주몽은 금와왕과 그 자식들의 시기로 목숨을 잃을 위기에 처하고, 이때 주몽은 자신이 정성껏 기른 말을 타고 떠나 고구려를 세운다. 이후 주몽은 하늘나라로 올라가고, 사람들은 주몽을 기리며 말채찍으로 장사를 지냈다(김풍기, 백보현 편, 2007). 여기에서 말은 활력이 있고 빠른 성질로 정복과 탁월성을 나타낸다. 또한 신성한 대상으로 신과 연결된 존재로도 나타난다.

⑤ 말의 이미지

(초등학교 고학년 무기력 아동)
말: 에너지와 힘, 자유로움의 욕구를 표현

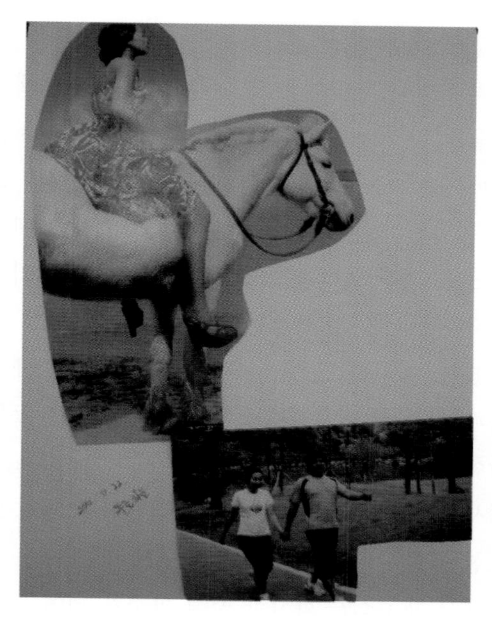

(성인)
말을 타고 자유롭게 떠나고 싶다고 표현

6) 소(cow)

① 사전적 의미

"소는 솟과의 동물을 통틀어 이르는 말로, 몸집이 크고 다리가 짧으며 암수 모두 뿔이 있다. 온몸에는 짧은 털이 났는데, 꼬리는 가늘고 길며 끝에 털이 많다. 발굽은 둘로 째지고 초식성이며 삼킨 것을 되새김한다. 성질이 온순하고 참을성이 강하여 가축으로는 가장 오래되었다. 육용, 유용(乳用), 사역용으로 나뉜다."(두산동아 사서편집국 편, 2016). "소는 솟과의 포유동물로, 몸집이 크고 다리가 짧으며 온몸이 유용한 가축으로서 운반 및 경작 따위에 사용되어 왔다. 식용으로 가죽, 뿔 따위도 여러 가지로 이용되어 왔다."(민중서림 편집부 편, 2016).

② 유래

북유럽의 신화에서 암소는 최초의 생명에게 젖을 먹여 키우는 존재로 나타난다. 힌두교와 불교에서는 소의 조용하고 인내심 있는 생명의 리듬을 완전한 신성함으로 표현했으며, 인도에서는 소를 가장 신성한 동물로 간주하였다. 그리스의 전승에서 야생 황소는 끝없는 힘의 폭발을 상징했다. 여기서 황소는 바다와 폭풍의 신 포세이돈과 술의 신 디오니소스에게 봉헌된 동물로 등장한다. 헤시오도스는 저서 『신통기(Theogony)』에서 소는 "저돌적이고 맹진의 격렬함을 가진 도도한 동물"이라고 말하고 있다. 또한 그리스 신화에서 제우스는 화사한 백색 황소가 되어 페니키아 왕의 딸 에우로페(Europe)를 납치한다. 그는 에우로페의 옆에 소리 없이 다가와 그녀의 발밑에 몸을 눕힌다. 그리고 에우로페를 애무하다가 허리를 잡고 순식간에 납치한다. 그들은 바다를 건너 크레타 섬에 도착하고 그곳에 터를 잡는데, 전설에 따르면 두 사람은 세 아이를 낳았다고 한다.

알타이 어족(Altaic)과 이슬람의 전승에서도 황소는 거북이처럼 우주를 지탱하는 '천지창조의 대'라는 상징체계에 속해 있다. 예를 들어, 거북이가 바위를 지탱하고, 바위가 황소를 지탱하고, 황소가 대지를 지탱한다. 이 밖의 다른 중개물들도 그 사이에 있는데, 다른 문화권에서는 코끼리 같은 다른 동물이 이러한 역할을 하고 있다.

③ 상징적 의미

소는 근면, 노동, 부지런함, 성실함, 온순함, 순박함, 행복, 어머니, 어머니의 자녀 양육 등을 상징한다. 또한 황소는 제어되지 않은 힘, 무의식적 욕망을 의미한다. 심리적으로는 해야 할 일이 많을 때 그림에 소가 나타나기도 한다. 등교거부 등 학교를 쉬고 있는 경우에는 쉬고 있는, 정지되어 있는 소로서 자신의 상태를 드러내기도 한다.

④ 신화와 고전

『견우와 직녀』에서는 하늘에 사는 공주 직녀와 땅에 사는 소몰이꾼 농부 견우는 우연히 만나 사랑에 빠진다. 만남 이후 직녀는 베를 짜지 않고, 견우는 소를 몰지 않게 되는데, 이를 괘씸하게 여긴 옥황상제가 두 사람을 갈라놓고 칠월 칠석에만 만날 수 있도록 한다(백은영, 신경란 편, 2013). 여기에서 소는 오랜 옛날부터 사람과 친숙한 동물로 온순하고 성실한 속성을 가진 것으로 나타난다.

⑤ 소의 이미지

(5세 애착 문제가 있는 아동)
소: 가족과 모성에 대한 그리움과 애정 욕구를 표현

7) 개(dog)

① 사전적 의미

"개는 갯과의 동물로, 사람을 잘 따라서 예부터 가축으로 기른다. 용맹스럽고 영리하며 냄새를 잘 맡고 귀가 밝아, 사냥용, 경비용, 수색용, 목양용(牧羊用), 애완용 따위로 쓰인다."(두산동아 사서편집국 편, 2016). "개는 갯과의 짐승으로, 가축이며 이리, 늑대와 비슷하나 성질이 온순하고 영리하다. 다양한 품종이 있다."(민중서림 편집부 편, 2016).

② 유래

원시시대부터 개는 전 세계적으로 지하 세계와 결부되어, 지하 세계의 보호자, 안내자 역할을 나타냈다. 고대 메소포타미아와 고대 그리스에서는 조각이나 항아리에 길 개가 그려져 있으며, 고대 이집트에서는 개가 죽음을 관장하는 존재, 즉 망자를 사후 세계로 인도하는 아누비스(Anubis) 신으로 형상화되어 애완견이 죽으면 매장했다. 기원전 중동에서 성행한 조로아스터교에서도 개는 신성한 것으로 간주되었지만, 유대교에서는 개의 지위가 낮으며 그리스도교의 성경에서도 총 18번 등장하는데 돼지와 함께 부정한 동물로 나타난다. 이슬람교에서는 개가 사악한 생물로 나타난다. 서양 국가에서는 많은 개가 가족과 다름없이 길러지고 있다. 중세 유럽에서 종교적 미신에 의해 개는 사악한 것[마녀의 앞잡이(사역마)로 미움받고 학대받고 학살된 고양이]으로부터 사람들을 지킨다고 하였다.

③ 상징적 의미

개는 충성심의 상징이자, 보호, 수렵, 영리함, 경계심 등을 나타낸다. 또한 개는 죽음과 연결되어 지하 세계의 인도자, 안내자를 의미하기도 한다. 심리적으로는 외로움, 사랑받고 보호받고 싶은 마음을 암시한다.

④ 신화와 고전

『플랜더스의 개(A dog of Flanders)』(de la Ramee, 2013)에서 주인공인 네로와 할아버지는 몸이 아파 쓰러져 있는 개를 집으로 데리고 와서 파트라슈라고 이름 붙이고 정성스럽게 돌봐 주며 함께 살게 된다. 할아버지가 죽고, 먹을 것이 없던 네로는 파트라슈를 친구 집에 맡기지만, 파트라슈는 네로를 찾아온다. 추운 겨울 성당에서 함께 그림을 보던 네로와 파트라슈는 함께 죽게 된다. 이 동화에서 개는 주인의 말을 잘 듣는 온순함과 목숨을 바쳐 주인만을 따르는 충성심을 보여 준다.

⑤ 개의 이미지

(초등학교 저학년 틱장애 아동)
개: 애정과 관심을 받고 싶은 욕구를 표현

(성인)
강아지 사진을 통해 현재 자신의 외로움을 표현

8) 고양이(cat)

① 사전적 의미

"고양이는 고양잇과의 동물로, 몸길이 50cm가량이다. 뒷발이 길어 뛰어오르거나 사뿐히 내려앉기를 잘한다. 눈동자가 낮에는 작아지고 밤에는 커지므로 어두운 곳에서도 물체를 잘 볼 수 있다. 흔히 애완용으로 기른다."(두산동아 사서편집국 편, 2016). "고양이는 고양잇과의 짐승으로, 턱과 송곳니가 특히 발달하였고 눈은 어두운 곳에서도 잘 볼 수 있으며, 발바닥에 살이 많아 다닐 때 소리가 나지 않는다."(민중서림 편집부 편, 2016).

② 유래

로마에서는 남에게 의존하지 않고 자유를 누린다는 인상이 있어 자유의 상징으로 나타나고, 일본과 이슬람에서는 불운과 해를 끼치는 정령으로 나타난다. 고대 이집트에서는 사자의 대안으로 숭배되어 모성과 흉포성의 양면을 가진 바스테트(Bastet) 여신으로 신격화되었다. 따라서 방패에 고양이를 그려 이집트 병사를 쫓았다고도 한다.

③ 상징적 의미

고양이는 변신, 예지, 민첩성, 주의력, 관능적 아름다움, 신비, 죽음과 재생, 여성적 악덕을 상징한다. 또한 풍요, 부를 상징해 인간에게 이롭고 신성한 동물로 간주된다. 심리적으로는 어머니에 대한 양가감정, 어머니나 여성상에 대한 갈등, 경쟁이 있음을 암시한다.

④ 신화와 고전

전래동화『개와 고양이』의 줄거리는 다음과 같다. 한 노부부가 개와 고양이를 자식처럼 귀여워하며 키운다. 어느 날 노부부가 소중한 푸른 구슬을 잃어버리자 개와 고양이가 구슬을 찾으러 가고, 우여곡절 끝에 결국 고양이가 푸른 구슬을 찾아 노부부에게 전한다. 구슬을 찾아온 고양이는 노부부의 사랑을 듬뿍 받으며 집 안에서 생활하게 된다(최유희, 손혜란 편, 2013). 이 동화에서 고양이는 인간을 이롭게 하는 신성한 동물로 상징되며, 민첩성과 영리함을 가진 존재로 표현된다.

⑤ 고양이의 이미지

(중학교 2학년 진로탐색 청소년)
고양이 흑백 사진: 통제를 거부하고 자유롭고 싶은 욕구를 표현

9) 토끼(rabbit)

① 사전적 의미

"토끼는 토낏과의 짐승을 통틀어 이르는 말로, 귀는 길고 크며 윗입술은 갈라져 있으며 긴 수염이 있다. 뒷다리는 앞다리보다 훨씬 발달되어서 잘 뛰어다닌다. 번식력이 강하고 종류가 많다."(두산동아 사서편집국 편, 2016). "토끼는 토낏과의 짐승의 총칭으로, 귀는 대체로 길고 크며, 뒷다리는 앞다리보다 훨씬 발달하였다. 초원 및 숲 속에서 사는데 초식성으로 번식력이 강하다."(민중서림 편집부 편, 2016).

② 유래

고대인들은 달의 얼룩이 토끼가 팔짝 뛰는 모습과 닮았다고 보았다. 따라서 토끼는 고대와 켈트 족 세계에서 달과 사냥의 여신을 상징하였으며, 그리스의 에로스(Eros)와 헤르메스(Hermes)의 상징물로도 나타난다. 왕성한 번식력을 가진 집토끼는 불임이나 난산을 치료하는 주술에 사용되었다. 그리스도교 교회의 부활절은 생명과 부활의 상징으로, 이 행사에서는 계란과 토끼가 부활절 계란과 부활절 토끼의 이름으로 상징화된다.

③ 상징적 의미

토끼는 달, 풍요, 월경, 재생, 다산, 빠름, 지혜로움을 상징한다. 심리적으로는 보호받고 사랑받고 싶은 마음을 암시한다. 한편, 정신분열증 환자나 대인공포증을 가진 사람들 가운데 토끼를 즐겨 그리는 사람은 민감함, 겁이 많음, 의지할 곳이 없음을 나타낸다.

④ 신화와 고전

유명한 고전소설인 '별주부전'에서 토끼는 거북이의 말에 속아 바닷속 용왕에게 자신의 간을 빼앗겨 목숨을 잃을 위기에 처한다. 하지만 토끼는 간을 육지에 두고 왔다는 꾀를 부려 위기를 모면하고 목숨을 구할 수 있게 된다. 이 동화에서 토끼는 주변의 말에 잘 현혹되지만 위기 상황을 모면하는 지혜를 가진 동물로 상징된다.

미국과 영국을 중심으로 한 서구 세계에서는 『이솝우화』나 루이스 캐럴(Lewis Carroll)의 소설 『이상한 나라의 앨리스(Alice's adventures in wonderland)』(1865) 등에 등장하는 것처럼 토끼가 질서에서 벗어난 존재를 나타내는 역할을 함으로써 덜렁대는 자, 게으른 자, 다른 세계로 유혹하는 자, 사기꾼으로 묘사되는 경우가 많다.

⑤ 토끼의 이미지

(초등학교 고학년 도벽 행동이 있는 아동)
토끼: 애정과 사랑을 받고 싶은 욕구를 표현

10) 돼지(pig)

① 사전적 의미

"돼지는 멧돼짓과의 포유동물로, 멧돼지를 개량한 육용 가축이다. 몸무게는 200~250kg가량이고, 다리와 꼬리가 짧고 삐죽하다. 잡식성으로 한 배에 8~15마리의 새끼를 낳는다."(두산동아 사서편집국 편, 2016). "돼지는 멧돼짓과의 육용 가축으로, 몸무게가 많이 나가며 네 다리와 꼬리가 짧고 주둥이가 삐죽하다. 잡식성이다."(민중서림 편집부 편, 2016).

② 유래

고대 문화에서 암돼지는 위대한 어머니, 다산의 상징으로 나타나며, 중국에서는 풍요성과 다산성의 상징으로 나타난다. 하지만 유대인과 이슬람교도들은 찌꺼기를 먹는 동물의 고기를 먹지 않는데, 이는 탐욕과 육욕 등 부정적인 연관성을 강화한다고 보기 때문이다. 옛말에 "돼지 목에 진주목걸이"라는 것이 있는데, 가치를 모르는 사람에게는 소중한 것을 주는 것이 의미가 없다는 뜻이다. 이 말은 성경의 '마태복음' 7장 6절이 그 유래가 된다.

③ 상징적 의미

돼지는 탐욕, 탐식, 이기심, 우둔함, 다산성, 행복, 복을 상징한다. 반면, 심리적으로는 자기 스스로 쓸모없는 사람이라는 이미지를 드러내는 상징으로 나타나기도 한다.

④ 신화와 고전

유명한 영국 민화 『아기 돼지 삼형제(The three little pigs)』(이혜옥, 윤샘 편, 2013)에 등장하는 아기 돼지 삼형제는 각자 자신의 집을 짓고 살고 있다. 그러던 어느 날 늑대가 나타나고, 약한 집을 지은 첫째와 둘째 돼지는 튼튼한 집을 지은 셋째의 집으로 도망을 간다. 셋째의 집에 모인 아기 돼지 삼형제는 힘을 합쳐 늑대를 물리친다. 이 동화에서 돼지는 위험에 처한 상황에서 당황하지 않고 기지를 발휘해 적을 물리치는 지혜와 슬기를 가진 존재로 표현된다. 또한 삼형제가 힘을 합치는 모습은 가족의 합심과 사랑을 나타내기도 한다.

⑤ 돼지의 이미지

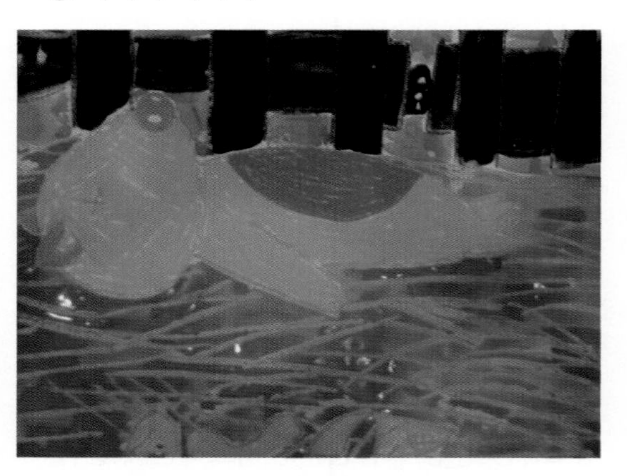

(초등학교 고학년 틱장애 아동)
게으른 돼지: 부정적인 자기상을 표현

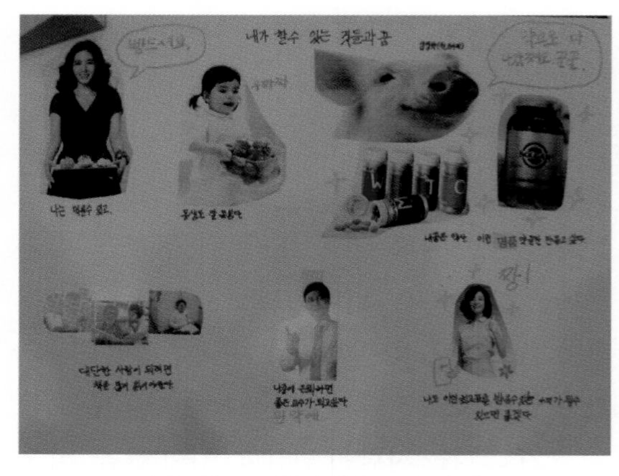

(초등학교 고학년 학습부진 아동)
귀여운 돼지: 사랑과 애정을 받고 싶은 욕구를 표현

11) 원숭이(monkey)

① 사전적 의미

"원숭이는 원숭잇과의 동물을 통틀어 이르는 말로, 사람과 비슷하나 온몸에 긴 털이 나고 꼬리가 있다. 영리하고 흉내를 잘 내며 나무에 잘 오른다."(두산동아 사서편집국 편, 2016). "원숭이는 원숭잇과의 하나로, 사람 다음가는 고등동물로 지능이 발달되어 있으며, 늘보원숭이, 비비, 긴팔원숭이 등 종류가 많다. 원후(猿猴), 미후(獼猴)라고도 한다."(민중서림 편집부 편, 2016).

② 유래

중국과 인도 신화에서는 원숭이 왕에 대한 이야기와 전설이 있으며, 그 이야기에서 원숭이 왕은 날쌔고 지혜로운 영웅으로 나타난다. 원숭이는 고대 이집트, 아프리카, 인도, 중국에서는 존중을 받으며 모방하는 모습의 은유로 나타난다.

③ 상징적 의미

원숭이는 영리함, 지혜로움, 재주가 많음을 상징한다. 또한 악덕, 육욕, 우상숭배, 악마적 이단과 동일시되어 깊은 불신을 의미하며, 입에 사과를 물고 있는 원숭이는 타락을 상징한다. 심리적으로는 자유로움과 즐거움의 욕구를 암시한다.

④ 신화와 고전

조지프 러디어드 키플링(J. R. Kipling)의 소설 『정글북(The jungle book)』(2009)의 내용은 다음과 같다. 아기 때 강가에 버려져 있던 모글리는 어려서부터 동물들과 정글에서 살게 된다. 모글리를 잘 보살펴 주는 많은 동물과 달리 원숭이는 모글리를 잡아 불을 사용하는 방법을 알려 달라고 한다. 이를 통해 정글의 왕이 되고자 하는 것이다. 이때 다른 동물들의 도움으로 모글리는 원숭이들에게서 빠져나오게 된다. 이 동화에서 원숭이는 왕이 되고자 하는 권력욕을 가지고 있으며, 자신의 이익을 위해 나쁜 짓을 서슴지 않는 악한 대상으로 표현된다.

⑤ 원숭이의 이미지

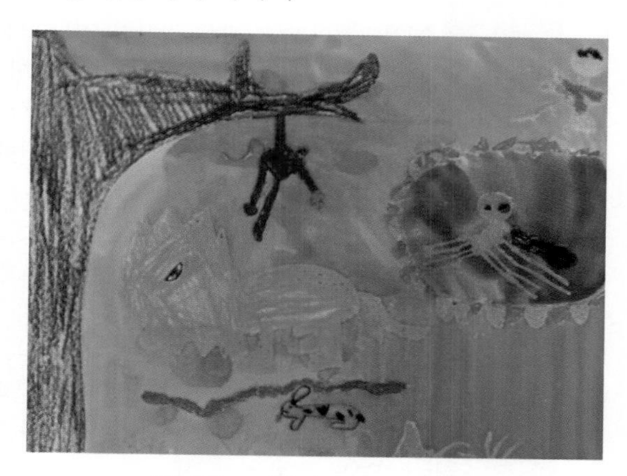

(초등학교 저학년 주의산만 아동)
원숭이: 자유로움과 즐거움의 욕구를 표현

※ 상징적 의미

코끼리	회색, 동요, 사과, 서커스, 동물원, 거대함, 아프리카, 싸움, 태국, 인도, 코, 상아, 포유류, 과자, 부의상징, 동화, 관광, 똥, 쇼핑몰, 캐릭터, 어린왕자, 안장, 큰 귀, 꼬리 몸무게, 모자, 보아뱀, 다리, 미끄럼틀, 분수, 점보, 꿈, 조련사, 놀이공원, 물, 짱구, 마사지, 매머드, 태양, 풀, 디즈니, 집단생활, 평화주의, 보호
기린	유칼리투스 나뭇잎, 귀여움, 이광수, 런닝맨, 초원, 목, 길다, 얼룩무늬, 초식동물, 동물원, 뿔, 뻣뻣함, 속눈썹, 눈, 달팽이, 보라색, 풀, 약함, 혀, 사파리, 야자수, 미인, 키, 목, 식물, 키, 얼룩덜룩, 노란색, 천재
사자	가부장적인 남편, 가족, 강하다, 거느리다, 게으름, 공격성, 권위, 날카로운 이빨, 남자, 늠름하다, 대장, 동물의 왕, 두 눈, 두려움, 라이언 킹, 리더, 맹수, 멋진 갈기, 무리, 무섭다, 밀림, 발톱, 낮잠, 백수, 빠르다, 사납다, 사냥, 사막, 사바나, 숲 속, 싸움, 아프리카, 암수, 앞발, 영화, 옅은 갈색, 완고하다, 용맹하다, 우두머리, 위엄, 위풍당당, 의젓하다, 인자함, 잘 뛴다, 초원, 최고, 크다, 킬러, 털이 많다, 튼튼하다, 포악하다, 포효하는 소리, 폭력성, 허세, 화려함, 힘
호랑이	가죽, 강인하다, 겨울, 고양이 사촌, 공격, 곶감, 권위, 근엄하다, 기회, 날쌔다, 날카롭다, 남성성, 대나무, 동물원, 동물의 왕, 동양, 두려움, 맹수, 멋있다, 멸종 위기, 모성애, 무섭다, 민첩하다, 발톱, 백두산, 백호, 부지런하다, 빠르다, 사냥, 사자 라이벌, 산, 살인, 선조, 숲 속, 습격, 시베리아호랑이, 암컷, 야생동물, 얼룩, 영리하다, 예쁘다, 옛날이야기, 완고하다, 왕자, 용감하다, 용맹하다, 전래동화, 정의롭다, 태백산, 포악하다, 한반도, 호돌이(귀여운, 친근한), 호피무늬, 혼자 사는, 힘
말	강인하다, 건강함, 경마, 경주, 고삐, 귀공자, 귀하다, 근육, 길들지 않은, 꼬리, 날렵하다, 냄새, 넓은 평원, 눈이 크다, 달리기, 당근, 동물, 드세다, 들판, 뛰고 싶다, 마차, 말발굽, 매끈하다, 매력, 머리 갈기, 멋있다, 백마, 부자, 부지런하다, 빠르다, 사냥, 사람, 산만하다, 생동감, 서부 영화, 속도, 스피드, 승마, 승부, 시야가 넓다, 신사, 아빠, 야생, 에너지, 역동적이다, 열정, 온순하다, 운송, 울음소리, 유니콘, 육감적인 몸매, 이동 수단, 일, 자존심, 장군, 전쟁, 점프, 제주도, 질주, 초원, 치료, 카우보이, 타고 다니다, 튼실하다, 품위, 활, 활동적이다, 힘이 세다, 힘찬
소	61년생, 가족, 게으름, 고기, 고삐, 고집이 세다, 공격성, 구슬픈 눈, 근면, 근육, 끈기, 노동, 농부, 농사, 농장, 느리다, 달구지, 마블링, 맑은 눈, 목장, 묵묵하다, 묵직하다, 물소, 미련하다, 믿음, 방울, 밭일, 부지런하다, 불쌍하다, 뿔, 선하다, 성실하다, 소고기, 송아지, 순박하다, 순진하다, 시골, 엄마, 역동성, 온순하다, 외양간, 우유, 우직하다, 울음소리, 유용하다, 인간과 가깝다, 인도, 일꾼, 주인, 집, 착하다, 축사, 코뚜레, 크다, 큰 눈, 투박하다, 투우, 풀, 한국의 이미지, 함께, 힘들다

개	가족, 고단하다, 고양이, 골목길, 구조견, 귀엽다, 꼬리를 흔들다, 놀다, 눈치가 빠르다, 도둑, 동반자, 딸, 떠돌이, 똥, 무섭다, 미안함, 반가움, 반려동물, 보호, 복날, 불쌍하다, 빠르다, 사람과 가깝다, 사랑스럽다, 살갑다, 서열 싸움, 선하다, 섬기다, 순종, 시끄럽다, 신뢰, 아이들, 애교, 애완견, 영리함, 예방접종, 온순하다, 용맹하다, 우정, 우직하다, 울타리, 유기견, 재롱, 정의롭다, 죽음, 지키다, 진돗개, 집, 천박하다, 충견, 친구, 친숙하다, 할머니, 함께하다
고양이	개인주의, 검은 고양이, 공동묘지, 공포스럽다, 교활하다, 귀엽다, 기지개, 까칠하다, 날카롭다, 높이뛰기, 눈, 눈치 보다, 느린 걸음걸이, 담벼락, 도도하다, 도둑고양이, 두려움, 무섭다, 발톱, 밤, 부드럽다, 불쌍하다, 사나움, 사료, 새끼 고양이, 새침데기, 생선, 세수, 소름, 손톱, 수염, 신비롭다, 싫다, 아부, 앙칼지다, 애교, 야행성, 얄밉다, 얌체, 영리하다, 영악하다, 예민하다, 요가, 요염하다, 울음소리, 엉큼하다, 이기적이다, 자기관리를 잘한다, 조심, 쥐, 친하다, 털, 하품, 할퀸다, 혼자 있고 싶다
토끼	가볍다, 간, 개울, 거북이, 겁이 많다, 겁쟁이, 공원, 귀, 귀엽다, 깜짝 놀라다, 꾀가 많다, 냄새나다, 달, 달리기, 당근, 더럽다, 따뜻하다, 똑똑하다, 번성, 별주부전, 복스럽다, 빠르다, 빨간 눈, 사랑스럽다, 산, 새끼를 자주 낳는다, 소심하다, 순결, 순하다, 숲 속, 아이, 안타까움, 애교스럽다, 약삭빠르다, 연약하다, 연약함, 예쁘다, 옹달샘, 유치원, 이기적인, 이빨, 잘 듣는다, 쫑긋하다, 총명하다, 친밀감, 큰 귀, 클로버, 털, 토끼풀, 폭신폭신하다, 핑크, 하얗다
돼지	12간지, 게으르다, 고기, 고맙다, 귀엽다, 까다롭지 않다, 꼬리, 냄새나다, 느리다, 다산, 단순하다, 더럽다, 돈, 동물, 동화, 돼지꿈, 돼지 코, 똥, 뚱뚱하다, 많이 먹는다, 먹보, 무식하다, 미련하다, 밥, 번식, 복, 복권, 부자, 사육, 살찐 사람, 삼겹살, 삼지창, 수육, 시끄럽다, 식탐, 아기 돼지, 엄마 돼지, 엉뚱하다, 영리하다, 오물, 우둔하다, 돼지우리, 우직하다, 음식, 음식 찌꺼기, 잘 먹다, 잡식, 저금통, 제주도, 족발, 지저분하다, 진흙, 탐욕스럽다, 통통하다, 편하다, 폭식, 풍요롭다, 핑크, 항정살
원숭이	12간지, 가족, 간사함, 개구쟁이, 교활하다, 귀엽다, 긴팔, 까다롭다, 깐죽거리다, 꼬리, 꾀돌이, 나무 타기, 날렵하다, 날쌔다, 냄새, 눈치, 닮았다, 동물원, 똑똑하다, 못생겼다, 무섭다, 바나나, 벌레 잡아 주기, 부모님, 빨간 엉덩이, 사과, 사람 같다, 서유기, 손오공, 심술, 아기, 약삭빠르다, 얄밉다, 여우, 영리하다, 영악하다, 요령, 욕심, 웃기게 생겼다, 웃음, 유인원, 일본, 잔머리, 장기자랑, 장난꾸러기, 재빠르다, 재주가 많다, 재주꾼, 정신없다, 줄타기, 중국, 즐겁다, 지혜롭다, 친구, 타잔, 활동적이다, 활발하다, 흉내

4. 물에 있는 동물

바다, 호수, 하천 등 물에 사는 다수의 동물은 한 번에 많은 번식을 하는 특성으로 일반적으로 다산성과 풍요를 나타낸다. 또한 물이 갖는 여유로운 속성이 더해져 풍요로움의 상징성이 극대화되며, 긍정적인 의미를 지닌 경우가 많다.

대표적 수생동물인 물고기의 경우 엄청난 수의 알을 낳기 때문에 전 세계 공통으로 다산성과 어머니 신, 성적 상징을 나타낸다. 물속에서 무한한 자유를 누릴 수 있고, 홍수를 겁낼 필요도 없는 물고기는 인도 신화에서는 구세주를 나타내기도 한다. 온화한 기질을 가진 돌고래의 경우 그리스도교에서 믿음의 상징으로 삼았고, 행운을 뜻하기도 한다. 그 밖에 산호는 나쁜 마력을 피할 수 있는 힘을 가진 대상, 조개는 사랑의 여신을 나타내는 등 대부분 긍정적인 의미를 지닌다. 반면, 고래의 입은 지옥의 문을 나타내는 등 부정적인 의미의 수생동물도 존재한다. 따라서 이 절에서는 물에 있는 동물이 가지는 상징적 의미를 구체적으로 살펴보고자 한다.

1) 백조(swan)

① 사전적 의미

"백조는 오릿과의 물새로, 날개 길이는 50~55cm, 몸빛은 전체가 흰색이고 눈 밑으로는 노란색의 피부가 드러나 있다. 부리는 노란색이며 다리는 검은색이다. 물속의 풀이나 곤충을 먹고 산다. 시베리아 동부에서 번식하며 겨울에 중국과 일본, 우리나라에 날아온다. 고니, 천아(天鵝), 황곡(黃鵠)이라고도 한다."(두산동아 사서편집국 편, 2016). "백조는 오릿과의 물새로, 떼 지어 해만(海灣), 연못에 산다. 온몸은 희고 눈 밑은 노란색이다. 천연기념물 제201호다."(민중서림 편집부 편, 2016).

새우잠을 자더라도 고래 꿈을 꾸어라.
-손정의-

② 유래

그리스 우화에 따르면, 백조는 죽을 때에 아름다운 최후의 노래를 부른다고 한다. 또 그리스 신화에서는 제우스가 스파르타의 왕 틴다레오스(Tyndareos)의 아내 레다(Leda)를 납치하기 위해 백조로 변신했다는 이야기도 있다. 서구의 음악과 발레에서는 로맨틱하면서도 남성적인 빛과 여성적인 미를 연상시킨다.

③ 상징적 의미

백조는 열정의 성취, 사랑의 감소 및 상실 등을 상징하며, 성모마리아의 다른 상징으로 순수함과 아름다움을 나타낸다. 또한 백조는 사랑, 은혜, 아름다움, 우아함, 성실 등의 의미도 있다.

④ 신화와 고전

한스 안데르센의 동화 『백조 왕자(The wild swans)』(2013a)에서 11명의 왕자는 새 왕비의 마법에 걸려 백조로 변한다. 막내 여동생인 엘리자가 천사의 말에 따라 열한 개의 옷을 만들어 백조에게 입히자 왕자들은 사람으로 변한다. 여기에서 백조는 우아하지만 슬픔을 가진 대상으로 표현되며, 동생을 구하기 위해 위험을 무릅쓰는 착한 마음과 순수함을 지닌 존재로 표현된다.

⑤ 백조의 이미지

(중학교 2학년 진로탐색 청소년)
백조: 편안해 보이는 외향과 달리, 내면에서 힘겹게 노력하는 자신을 표현

2) 오리(duck)

① 사전적 의미

"오리는 오릿과의 물새를 통틀어 이르는 말로, 부리는 길고 넓적하며, 발가락 사이에 물갈퀴가 있다. 낮에는 물 위에 떠다니며 산다. 집오리, 물오리, 비오리, 황오리 따위가 있다."(두산동아 사서편집국 편, 2016).

② 유래

오리는 여러 문화의 신화 속에서 창조주 새로 간주되며, 불멸성을 뜻하는 새로 널리 알려져 있다(Bruce-Mitford & Wilkinson, 2010). 일본어 관용구로 "오리가 파를 업고 오는"이라는 표현이 있다. 이것은 오리 요리를 하는 냄비에 파를 넣으면 비린내가 잡히고 맛있어지는 것에서 유래한 말로, 좋은 일이 겹쳐 다가온다는 것을 보여준다.

③ 상징적 의미

오리는 비상한 지력과 정직을 뜻하며, 중국에서 원앙새(오리과)는 부부의 행복과 금슬을 의미한다(Bruce-Mitford & Wilkinson, 2010).

④ 신화와 고전

한스 안데르센의 동화 『미운 오리 새끼(The ugly duckling)』(2013c)에서 어미 오리는 여러 개의 알을 낳는다. 그중 한 알에서 태어난 한 마리는 다른 형제들보다 몸집이 크고 색깔도 다른 미운 오리다. 다른 새끼 오리들은 미운 오리를 괴롭혔고, 심지어 엄마 오리도 미운 오리를 외면한다. 결국 집을 떠난 미운 오리는 위험하고 험한 일들을 겪은 후 자신이 아름다운 백조라는 사실을 알게 되며 행복을 찾는다. 여기서 오리는 한 번에 많은 알을 낳는 풍요로움을 뜻하기도 하지만 자신과 다른 대상을 미워하고 괴롭히는 이기적인 존재로 나타난다.

⑤ 오리의 이미지

(초등학교 고학년 틱장애 아동)
오리: 평온함과 자유로움에의 욕구를 표현

3) 꽃게(swimming crab)

① 사전적 의미

"꽃게는 꽃겟과의 게로, 몸길이 7cm, 너비 15cm가량이고 암녹색 바탕에 흰 구름무늬가 있는 등딱지는 옆으로 퍼진 마름모꼴이며, 집게발이 강대하다. 얕은 바다의 모래땅에 모여 살며 밤에 활동한다. 우리나라, 일본, 중국 등지에 분포한다."(두산동아 사서편집국 편, 2016).

② 유래

중국에서는 옆으로 걷는 게걸음이 부정과 불신을 의미한다고 보며(Bruce-Mitford & Wilkinson, 2010), 라틴어로 게는 예상치 못하게 퍼져서 황폐하게 하는 질병을 뜻한다(Bruce-Mitford & Wilkinson, 2010). 또한 게자리는 그리스 신화 속 헤라가 영웅 헤라클레스에게 맞서기 위해 보낸 게를 그린 것으로, 헤라클레스가 게를 무찌르자 그 게를 별로 만들었다는 이야기가 있다(Bruce-Mitford & Wilkinson, 2010).

③ 상징적 의미

꽃게는 부활, 재생, 딱딱함을 상징하며, 어색한 걸음으로 불성실과 믿을 수 없음을 의미하기도 한다. 심리적으로 공격성을 암시한다. 물과 육지를 오가므로 의식과 무의식을 넘나드는 것의 상징이며, 치료 과정에서 회복기에 상징적으로 나타나기도 한다.

④ 신화와 고전

『알쏭달쏭 꽃게 왕발이』(김태형, 송수정, 2012)에서 꽃게 왕발이는 앞으로 걷고 싶다. 그래서 왕발이는 꽃게의 왕에게 가서 주문을 배워 왔지만 앞으로 걸을 수 없다. 하지만 왕발이는 포기하지 않고 끊임없이 도전하여 앞으로 걸을 수 있게 된다. 여기에서 꽃게는 용기 있고 노력하며 끈기 있는 대상으로 나타난다.

⑤ 꽃게의 이미지

꽃게(초등학교 저학년 공격 성향이 있는 아동)
꽃게: 공격성을 나타내기도 하며, 심리적 회복기를 표현

4) 거북(turtle)

① 사전적 의미

"거북은 파충류 거북목을 통틀어 이르는 말로, 몸은 거의 타원형으로 납작하고 딱딱한 등딱지에 싸여 있다. 짧은 머리, 꼬리와 네 다리를 등딱지 안으로 움츠려 감출 수 있다. 이는 없고 발은 지느러미 모양이다. 바다 또는 뭍에서 물고기, 조개, 식물 따위를 먹고 산다."(두산동아 사서편집국 편, 2016). "거북은 거북과의 파충류의 총칭으로, 바다나 민물에 사는데, 몸이 거의 타원형으로 납작하고, 등과 배에 단단한 딱지가 있고, 발은 지느러미 모양이다. 해귀(海龜)라고도 한다."(민중서림 편집부 편, 2016).

② 유래

달, 물, 대지의 여신과 관련이 깊은 느림보 거북은 흔히 초창기 창조 설화에서 이 세상을 떠받치는 동물로 묘사된다. 천천히 걷고 꾸준히 공부하는 태도를 나타내며, 중국에서는 거북에게 신비로운 예언 능력이 있다고 믿는다(Bruce-Mitford & Wilkinson, 2010). 그리스 신화에서는 다양한 변용 중 하나로 케로네의 이야기가 있다. 케로네는 님프(Nymph)의 한 사람으로, 제우스와 헤라의 결혼식을 참석하지 않았다는 이유로 신들의 분노를 사고 헤르메스에 의해 거북이의 모습으로 개조된다. '케로네(Chelone)'는 그리스어로 '거북이'를 의미한다.

③ 상징적 의미

거북은 장수, 성실, 다산, 안정, 지혜로움, 느림을 의미한다. 또한 방위와 연관되어 북쪽을 지키는 현무로 죽음을 지키는 신을 상징하기도 한다. 거북은 의식과 무의식을 넘나드는 상징이며, 치료 과정에서 회복기에 상징적으로 나타나기도 한다.

④ 신화와 고전

유명한 이솝우화인 『토끼와 거북이』에서는 자신의 재주만 믿고 자만에 빠진 토끼와 느리지만 끈기와 성실함을 가진 거북이가 달리기 시합을 한다. 앞서 나가던 토끼는 경기 도중 여유를 부리며 낮잠을 자지만 거북이는 잠시도 쉬지 않고 달려 결국 거북이가 우승을 한다(윤영선, 김혜란 편, 2013). 이 동화에서 거북이는 원하는 것은 절대 포기하지 않는 끈기와 인내력을 가진 존재로 표현되며, 결국 많은 동물에게서 인정과 존경을 받는 영웅으로 상징된다.

일본에서는 거북이가 등장하는 전설로 '우라시마 타로'의 이야기가 있다. 해변에서 아이들에게 괴롭힘을 당하고 있던 바다거북을 도운 우마시마는 이 거북이에 의해 해저에 있는 용궁에 가서 용녀에게 대접을 받는다. 잠시 후 우라시마가 지상에 돌아가려고 하자 용녀는 '결코 열지 말라'고 주의하면서 선물로 보물을 전달한다. 우라시마가 돌아오자, 지상에 그를 아는 사람은 아무도 없었다. 그래서 우라시마는 결국 선물을 열어 보는데, 거기에서 나온 연기를 쐬어 우라시마는 노인이 되어 버린다.

⑤ 거북의 이미지

(초등학교 저학년 틱장애 아동)
귀여운 거북: 애정과 관심을 받고 싶은 욕구를 표현

(초등학교 저학년 주의산만 아동)
육지에 있는 거북: 치료 과정에서 회복기를 나타냄

5) 물고기(fish)

① 사전적 의미

"물고기는 물에 사는, 아가미와 지느러미가 있는 척추동물을 통틀어 이르는 말이다."(두산동아 사서편집국 편, 2016). "어류의 총칭"(민중서림 편집부 편, 2016).

② 유래

물고기는 물속에서 자유로이 유영을 하는 모습 때문에 흔히 조화와 결혼의 축복을 나타낸다(Bruce−Mitford & Wilkinson, 2010). 그리스어 'ichthys(물고기)'는 예수 그리스도, 즉 '하나님의 아들'의 머리글자를 조합한 것이어서 물고기는 그리스도를 나타낸다고 주장하는 사람도 있었다. 이탈리아 화가 레오나르도 다빈치(Leonardo da Vinci)의 〈최후의 만찬(The last supper)〉(1497)에 그려진 물고기는 성찬식과 관련된 상징을 나타내며, 물고기 세 마리가 있는 모습은 삼위일체를 상징한다. 한편, 인도 신화에서는 무한 자유를 누리는 생물로서 구세주로 상징되고, 부처의 발밑에 있는 물고기는 현세적 욕망, 족쇄에서 해방된 자유를 상징한다.

③ 상징적 의미

물고기는 자유로움, 다산성, 풍요, 행운, 성적 만족을 의미하며, 남근의 상징으로 나타나기도 한다. 심리적으로는 자유로움과 즐거움의 욕구를 암시한다.

④ 신화와 고전

전래동화 『개와 고양이』(최유희, 손혜란 편,

2013)에서 가난한 노인에게 잡힌 잉어가 눈물을 흘리자 이를 불쌍하게 여긴 노인은 잉어를 바다에 다시 놓아 준다. 이 잉어는 바다 용왕의 아들로, 자신을 살려 준 노인에게 보답하고자 용궁으로 노인을 초대하여 원하는 것은 무엇이든지 이루게 하는 푸른 구슬을 가질 수 있도록 도와준다. 여기에서 잉어는 인간에게 은혜를 갚고, 행운을 주는 신성한 동물로 상징된다.

⑤ 물고기의 이미지

(초등학교 고학년 정서불안 아동)
물고기: 자유로움과 즐거움을 표현

6) 악어(crocodilia)

① 사전적 의미

"악어는 악어과에 딸린 파충류를 통틀어 이르는 말로, 난생이며, 생김새는 도마뱀과 비슷하나 몸은 훨씬 커서 몸길이가 10m에 이르는 것도 있다. 이빨이 날카롭고 성질이 몹시 사납다. 대부분 열대와 아열대 지방의 강이나 호수 등 민물에 산다."(두산동아 사서편집국 편, 2016). "악어는 악어목에 속하는 파충의 총칭으로, 인도, 아프리카, 중국 등지에 분포한다. 도마뱀과 비슷한데 썩 커서 몸길이가 2~10m에 달하며, 각질의 비늘로 덮여 있고, 긴 꼬리는 헤엄치거나 먹이를 치기 위한 무기가 된다. 뒷다리의 발가락엔 물갈퀴가 있다. 가죽은 널리 이용된다."(민중서림 편집부 편, 2016).

② 유래

이집트인들은 악어의 눈이 점막으로 덮여 있기 때문에 모든 것을 볼 수 있다고 믿어 숭배했다고 하며, 죽은 사람을 악어의 모습으로 나타냈다. 아시아의 여러 지역에서는 물과 땅의 상징으로 긍정적인 의미를 가진다.

고대 이집트에서 악어는 풍요와 나일강 자체를 상징했고, 그리스 중부의 옛 도시인 테베(Thebes)에서는 악어의 머리를 가진 세베크(Sebek) 신에 대한 신앙이 성행했다. 성전에서 악어가 사육되고 신관이 먹이를 주었으며, 수많은 악어 미라가 만들어졌다. 인도에는 악어를 신성한 동물로 기르는 사원이 있다. 서양에는 '악어의 눈물(crocodile tears)'이라는 표현이 있는데, 이는 이집트 나일강에 사는 악어가 사람을 보면 잡아먹고 난 뒤에 그를 위해 눈물을 흘린다는 고대 서양 전설에서 비롯되어 거짓 눈물 또는 위선적인 행위를 일컫는 표현으로 사용된다.

③ 상징적 의미

악어는 파괴성, 탐식성, 생명과 죽음의 주인, 공격성, 잔인함을 상징한다. 또한 둥지를 지키는 습성이 있어 어머니의 사랑을 나타내기도 한다. 심리적으로는 내면의 에너지가 많음, 공격성, 분노를 암시한다.

④ 신화와 고전

『악어를 잡은 아기 원숭이(Une histoire de singe)』(d'Alençon & Chaplet, 2013)에서 주인공 아기 원숭이는 부모님 몰래 밀림을 돌아다니다가 악어를 만난다. 악어는 아기 원숭이를 잡아먹으려고 하지만 아기 원숭이의 꾀에 넘어가 아기 원숭이를 놓치게 된다. 여기에서 악어는 파괴적 탐식성을 지닌 존재로 두려움의 대상이 된다.

⑤ 악어의 이미지

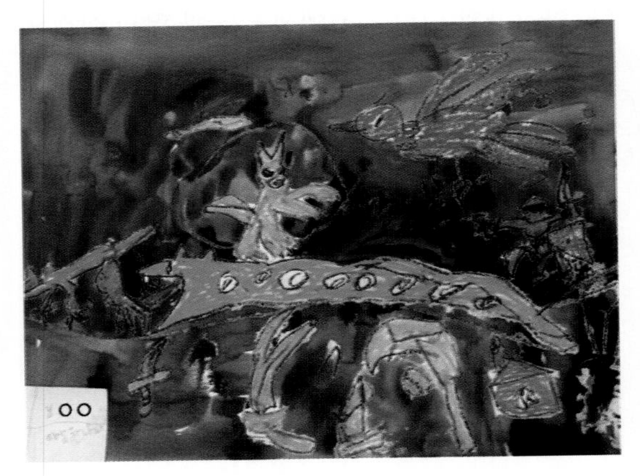

(7세 정서불안 아동)
악어: 내면의 공격성과 분노를 표현

7) 고래(whale)

① 사전적 의미

"고래는 고래류의 포유동물을 통틀어 이르는 말로, 바다에 살며 물고기와 비슷한 모양이다. 가끔 물 위에 떠서 폐호흡을 하며, 동물 중에서 가장 크다."(두산동아 사서편집국 편, 2016). "고래는 큰 고랫과의 포유동물로, 동물 가운데 최대형으로 바다에 사는데, 길이 약 10m, 방추형이며 피하에는 두꺼운 지방층이 있다. 머리는 크며 눈은 작고 가끔 수면에 떠서 폐호흡을 한다."(민중서림 편집부 편, 2016).

② 유래

성경에서는 요나(Jonas)가 고래에게 잡아먹혀 사흘 밤낮을 뱃속에 있다가 고래가 토해 내어 살아났다는 이야기가 있다. 구약성서의 '요나와 고래'의 이야기에서도 알 수 있듯이 자궁과 부활을 상징한다. 이 거대한 해양 동물은 바다의 힘도 보여 준다. 마오리 족의 전통은 고래를 '풍부'와 동일시하는 모습으로 나타난다.

③ 상징적 의미

고래는 부활, 재생, 자궁, 모성애, 풍부, 커다란 힘을 상징한다. 심리적으로는 힘의 욕구, 내면의 에너지가 많음을 암시하며, 어미고래와 새끼고래가 함께 그려진 경우에는 애정의 욕구를 나타낸다.

④ 신화와 고전

『새끼고래의 엄마찾기』[1](신진희, 2012)에서 새끼 고래는 엄마가 없어진 것을 알자 엄마 고래를 찾아 나선다. 새끼 고래의 울음소리를 들은 엄마 고래는 돌아와서 새끼 고래에게 젖을 물리고, 엄마를 만난 새끼 고래는 너무나 행복해한다. 여기에서 고래는 포용력과 모성애가 강한 따뜻하고 온화한 대상으로 나타난다.

1) http://jr.naver.com/s/study_story/view?contentsNo=2172

⑤ 고래의 이미지

(초등학교 저학년 틱장애 아동)
큰 고래: 힘의 욕구를 표현

(초등학교 고학년 우울 아동)
고래 가족: 현재 자신의 가족을 나타내며, 모성애의 욕구를 표현

8) 문어(octopus)

① 사전적 의미

"문어과의 연체동물로, 문어과에서 가장 크다. 몸통은 공처럼 둥글고 여덟 개의 발이 있다. 피부는 매끄러운데 적갈색을 띠며 그물 모양의 무늬가 있다. 몸빛은 환경에 따라서 바뀐다."(두산동아 사서편집국 편, 2016). "문어는 연체동물로 낙지류에서 가장 크다. 몸길이 3m 정도이고, 여덟 개의 발이 있으며 자갈색의 엷은 그물 무늬가 있다. 몸빛은 환경에 따라 변한다."(민중서림 편집부 편, 2016).

② 유래

문어는 아메리카 인디언 부족들에게는 영혼의 구원자이며, 하와이 신화에서는 창조주 카날로아(Kanaloa)를 나타낸다(Bruce-Mitford & Wilkinson, 2010).

③ 상징적 의미

문어는 많은 발 때문에 욕심과 탐욕을 상징하며, 초자연적인 힘, 변하기 쉬움, 변덕스러움을 나타낸다. 심리적으로는 먹물을 뿜는 문어는 내면의 답답함을 해소하고자 하는 마음을 암시한다.

④ 신화와 고전

『춤추는 문어』(이민진, 김홍열, 2008)의 줄거리는 다음과 같다. 바닷속 나라에서 춤 대회가 열린다. 바다에서 가장 느린 문어는 춤 대회에 나가고 싶어 유명한 무용가였던 갯장어 할머니를 찾아간다. 문어는 할머니와 한 달간의 계획을 세우고 열심히 노력하지만 도중에 너무 힘이 들어 울음을 터트린다. 대회가 열리는 당일, 문어는 열심히 춤을 추어 많은 박수를 받지만 3등 안에 들지 못한다. 하지만 특별상인 노력상을 받게 된다. 여기에서 문어는 자신의 단점을 극복하기 위해 노력하는 끈기 있는 대상으로 나타난다.

⑤ 문어의 이미지

(초등학교 고학년 또래관계에 어려움이 있는 아동)

(초등학교 고학년 우울 아동)
문어: 먹물을 내뿜는 문어는 내면의 억압과 답답함의 해소를 표현

9) 낙지(long arm octopus)

① 사전적 의미

"낙지는 문어과의 연체동물로 몸길이 70cm가량이고 몸통과 다리 사이에 입과 눈이 있는 두부(頭部)가 있다. 여덟 개의 다리는 길이가 거의 같은데 많은 빨판이 있다. 몸빛은 회색이나 주위의 빛에 따라 보호색으로 변하며, 위험을 느끼면 먹물을 뿜고 달아난다. 장어(章魚), 초어(悄魚) 등으로도 불린다."(두산동아 사서편집국 편, 2016).

② 상징적 의미

낙지는 힘, 원기회복을 상징한다. 심리적으로는 통제에 대한 거부와 자유로움의 욕구를 암시한다.

③ 신화와 고전

『갯벌이 좋아요』(유애로, 1999)는 꽃게발이 바다 끝 흰 구름을 잡으러 모험을 떠나는 이야기다. 꽃게발은 여행을 하며 망둥이, 조개 등 많은 바다 생물을 만나던 중 작은 물고기를 큰 집게발로 위험에서 구해 주다가 지쳐 쓰러진다. 바닷물이 빠지고 갯벌이 나타나자 낙지는 꽃게발이 용감하다고 칭찬을 해 준다. 꽃게발은 구름보다 갯벌을 더 좋아하게 된다. 여기에서 낙지는 겁은 많지만 순수하고, 따뜻한 마음을 가진 선한 대상으로 나타난다.

④ 낙지의 이미지

(초등학교 고학년 공격 성향이 있는 아동)
살아 있는 낙지: 통제에 대한 거부와 자유로움의 욕구를 표현

10) 오징어(squid)

① 사전적 의미

"오징어는 오징엇과의 연체동물로, 몸길이 30~40cm이고 몸은 머리, 몸통, 다리의 세 부분으로 되어 있으며 길쭉한 주머니 모양이다. 머리 부분에 있는 입 둘레에 열 개의 다리가 있는데, 그 가운데 긴 두 다리로 먹이를 잡는다. 몸속에 먹물 주머니가 있어 적을 만나면 먹물을 뿜고 달아난다."(두산동아 사서편집국 편, 2016). "오징어는 오징엇과의 연체동물로, 몸은 원통형이고 다섯 쌍의 발이 입 둘레에 있다. 이 중 네 쌍의 발은 몸보다 짧고 혹 모양의 빨판이 있으며 한 쌍은 길고 끝에 빨판이 있어 먹이를 잡기에 적당하다. 적을 만나면 먹물을 토하고 달아난다."(민중서림 편집부 편, 2016).

② 유래

오징어의 원말은 '오적어(烏賊魚)'다. 오적어는 까마귀의 적이란 뜻으로, 이는 중국에 예로부터 오징어가 바다에 죽은 척하고 떠 있다가 이를 노리고 달려드는 까마귀를 다리로 휘감아 물속으로 끌어들인다는 이야기가 전해 오기 때문이다. 우리 속담 중에도 "오징어 까마귀 잡아먹듯 한다."라는 말이 있는 것을 보면 이와 같은 오징어에 담긴 의미는 동양 문화권에서 보편적 생각인 것으로 보인다(김명호, 2006).

북유럽의 전승에 등장하는 거대한 바다 괴물 크라켄(Kraken)은 시대에 따라 모습도 성격도 다양한 괴물이지만, 종종 낙지와 오징어 등 거대한 두족류의 모습을 한 괴물로 묘사된다. 중세부터 근대에 걸쳐서는 바다에 사는 선원들에게 바다의 위협적인 상징으로 생각되어 왔다.

③ 상징적 의미

오징어는 생명의 기원, 정자, 습윤함을 상징한다. 심리적으로는 자유로움과 생명력을 암시한다.

④ 오징어의 이미지

(7세 정서불안 아동)
오징어: 자유로움과 생명력을 표현

※ 상징적 의미

물에 있는 동물	고기, 고래, 광어, 기다림, 꼬물꼬물, 냄새, 먹잇감, 무리, 물고기, 물개, 물결, 물소, 미꾸라지, 미끄럽다, 바다, 바다표범, 바라보기 좋다, 백조, 부드럽다, 상어, 수달, 숨 막히다, 시원하다, 신비하다, 알, 애처롭다, 오리, 유연하다, 위태, 위험, 자유롭다, 자원, 잠수, 잡아먹히다, 재빠르다, 축축하다, 춥다, 평화, 헤엄치다, 하마, 호수, 호흡
백조	거짓, 고고하다, 고귀하다, 과시, 구름, 긴 목, 깨끗하다, 날씬하다, 노력, 눈부시다, 도도하다, 두 발의 움직임, 맑다, 멋있다, 무리 지어 이동, 미운 오리 새끼, 발레, 백수, 백조의 호수, 부럽다, 분주하다, 뽐내다, 호수 공원, 순결, 순수, 슬픔, 신화, 아름다움, 여유로움, 왕자, 외롭다, 우아하다, 유영, 평화, 허상, 호수, 화려하다, 흰색
오리	강, 거위, 걸음걸이, 고기, 귀엽다, 기름기, 꽥꽥, 내숭, 노란, 논, 놀라다, 도날드덕, 동화, 뒤뚱뒤뚱, 떠다니다, 많이 먹는다, 무리, 물, 물갈퀴, 물고기, 바쁘다, 불포화지방, 사회성, 소란하다, 소풍, 시끄럽다, 씩씩하다, 아이, 알, 연못, 오리궁둥이, 오리발, 오리배, 외롭다, 우스꽝스럽다, 원앙, 음식, 입, 자유, 작다, 조류독감, 조화, 주둥이, 줄지어 가는 모습, 천진난만, 청둥오리, 청소, 친근하다, 한강, 헤엄치는 모습, 훈제
꽃게	5월, 갑각류, 게맛살, 게장, 계절의 별미, 구멍, 귀엽다, 날카로움, 눈, 단단하다, 딱딱하다, 맛살, 맛있다, 매운탕, 먹기 귀찮다, 모래를 동글동글하게 쌓음, 무침, 물다, 물릴까 두렵다, 바다, 바닷가 모래사장, 방어, 비린내, 빠르다, 빨갛다, 뾰족함, 상처, 서산, 속살, 시원하다, 시장, 신기하다, 아프다, 열 개의 다리, 옆걸음, 위협하다, 음식, 자르다, 집게, 찌개, 찜, 친숙하다, 탕, 특이하다, 해물탕, 화려하다
거북	갑골문자, 갑옷, 근면, 금, 꾸준함, 끈기, 눈물, 느긋하다, 느림보, 둔하다, 딱딱하다, 동화, 등껍질, 단단하다, 답답하다, 모래, 목이 짧다, 모성애, 무게, 바다, 방생, 성취, 속 터짐, 수명, 숨기다, 신성하다, 십장생, 애완동물, 어린아이 엉금엉금, 오래되다, 옷, 여유, 영험하다, 영물, 오랜, 용궁, 용왕의 동물, 인내심, 의지가 강하다, 장수, 토끼, 하얀 알, 할아버지, 현명하다
물고기	강, 경복궁, 고래, 관상어, 구이, 귀엽다, 그물, 낚시, 다양한 생김새, 떼, 맛있다, 먹고 싶다, 멍청하다, 물속, 물살을 가르다, 미끈하다, 바다, 부지런하다, 불쌍하다, 붕어, 비늘, 비리다, 빠르다, 상어, 생물, 생존, 송어 잡기, 수영, 수족관, 수초, 식량, 신비하다, 아가미, 약하다, 어항, 여유, 연약하다, 예쁘다, 유영, 인어공주, 입, 잉어, 자유롭다, 잡아먹히다, 지느러미, 차가움, 초밥, 촉촉하다, 키우고 싶다, 태몽, 평화, 풍요롭다, 헤엄, 회, 획득, 흐름
악어	가방, 거짓, 고기, 공격적이다, 공생, 공포, 기회주의, 나일 강, 날카롭다, 눈, 눈물, 느리다, 늪지대, 다가가기 어렵다, 두려움, 딱딱하다, 매력 있다, 정글, 매섭다, 무섭다, 물어뜯는다, 부정적 모성, 사납다, 사냥꾼, 사악함, 살인, 서커스, 아마존, 악어가죽, 악어새, 억세다, 육식, 육지와 뭍에서 같이 사는 양면적 이미지, 음흉하다, 이빨, 입, 입이 크다, 잔인하다, 조련사, 징그럽다, 초록색, 탐욕, 파충류, 포식자, 포악하다, 피, 흉물스럽다, 힘이 세다

고래	가족, 거대하다, 고래고기, 고래 등, 고래 사냥, 공감, 과묵하다, 과자, 광대하다, 교감, 귀여움, 귀하다, 돌고래 쇼, 동물원, 등지느러미, 매끈하다, 멋있다, 모성애, 묘기, 묵묵하다, 묵직하다, 물보라, 바다의 신사, 바다의 왕, 범접하기 어려움, 보호하다, 분수, 불쌍하다, 뿜다, 사랑, 소리, 쇼, 수족관, 수평선, 순수하다, 순하다, 숨 쉬다, 시원하다, 신기하다, 신비로움, 심해, 아름답다, 엄마 품, 여성성, 역동적이다, 영악하다, 온순하다, 온화하다, 왕자, 웅장하다, 인자하다, 자유, 재주가 많다, 점잖다, 접영, 착하다, 친구, 친근함, 칭찬, 크다, 크릴새우, 편안하다, 포근함, 포용, 포유류, 피부 촉감, 항해, 호흡, 흰수염고래, 힘이 세다, 힘차다
문어	건강식, 경상도 음식, 공격하다, 괴물, 다리, 달라붙다, 대두, 대머리, 맛, 맛있다, 머리가 크다, 먹물, 못생겼다, 미끈거리다, 바다, 발, 보호, 부정적 모성, 빨대, 빨판, 뼈가 없다, 뿜어내다, 생명, 속초, 숙회, 스쿠버다이빙, 안동, 어부, 여덟 개, 연체동물, 영리하다, 옭아매다, 외계인, 웃음, 유연하다, 잔치, 제사 음식, 제사상, 징그럽다, 쫄깃쫄깃하다, 찜통, 찰거머리, 초고추장, 커다랗다, 탄력적이다, 항아리, 흐느적흐느적, 흐물흐물하다, 힘
낙지	갯벌, 건강, 건강식, 기도가 막히다, 꿈틀거리다, 끈적이다, 달라붙다, 맛있다, 매콤하다, 목포, 몸보신, 못생겼다, 물렁이다, 물컹거리다, 미끌미끌하다, 바다, 발, 보양, 부정적 모성, 빨간 소스, 빨아들이다, 빨판, 뻘, 뼈, 뿜어내다, 산낙지, 생명력, 생물, 샤브샤브, 서해, 소, 소화불량, 손으로 먹는 모습, 알레르기, 영양, 이빨, 잡기 힘들다, 질퍽하다, 징그럽다, 쫄깃하다, 찰거머리, 참기름, 철판볶음, 초고추장, 튼튼하다, 파도, 팔팔하다, 회, 횟집, 흐느적거리다, 힘, 힘이 세다
오징어	10, 굽는 냄새, 꼴뚜기, 냄새, 눈, 다리, 다양하다, 데쳐 먹다, 동해, 딱딱하다, 땅콩, 마르다, 마른오징어, 맛있다, 먹물, 물총, 물컹거리다, 물회, 미끄럽다, 밀착 관계, 밑반찬, 바다, 발이 많다, 배, 볶음, 부정적 모성, 부침개, 불고기, 불빛, 뿜어내다, 생김새가 이상하다, 세모, 소풍, 속초, 술, 씹다, 아빠의 요리, 안주, 여름, 영화, 오그라든다, 외계인, 우스꽝스러운, 울릉도, 위장술, 유연하다, 제사, 종이접기, 주문진, 질기다, 징그럽다, 쫄깃쫄깃하다, 친근하다, 투명하다, 튀김, 하얀색, 함, 활력, 회, 회충

Chapter 06

인간의 상징 이야기

1. 신체: 전신과 부분
2. 표정
3. 행동과 태도
4. 물과 관계있는 사람
5. 직업과 관계되는 사람

1. 신체: 전신과 부분

인간의 신체는 그 신체 자체의 의미와 각 신체 부위의 각기 다른 상징적인 의미가 있다. 동서양을 막론하고 인체는 소우주로 이해되었다. 동양에서 보는 인체는 물질뿐만 아니라 기와 신이 함께 있다고 믿었으며, 서양의 경우 구약성서를 보면 신의 형상대로 인간을 만들었다고 한다. 이슬람의 경우 인간의 신체는 신과 우주를 이어 주는 연결 끈으로서 '우주적 존재'를 나타낸다.

또한 그리스 · 로마 신화의 신들은 인간의 형상을 하고 인간과 같은 감정을 가진 모습으로 나타나는 등 신체는 인류와 신을 연결하는 매개로 간주되기도 하였다. 따라서 인체 자체가 음양오행의 원리를 지닌 자연의 섭리를 뜻하며, 신의 권능과 신성함을 상징하기도 하였다. 이 절에서는 다양한 신체의 상징을 구체적으로 살펴보고자 한다.

1) 신체(body)

① 사전적 의미

"몸 전체, 온몸, 만신, 전구(全軀), 전체, 혼신"으로서 신체는 '몸과 마음' 혹은 '몸과 영혼'과 같이 대조되는 의미의 단어와 함께 사용되는 경우가 있다. 그 경우 '몸'은 인간이나 동물의 심적 혹은 정신적인 면이 아니라 물질적인 면을 말한다. 또 인간이나 동물의 생리적 측면과 성적인 측면을 가리키기도 한다.

인간은 입이 하나, 귀가 둘이 있다. 이는 말하기보다 듣기를 두 배 더하라는 뜻이다.
– 탈무드(Talmud) –

② 유래

성경에 따르면, '태초에 하나님이 흙으로 형상을 빚고 입김을 불어넣어 아담(남자)을 만들었으며, 그의 갈비뼈를 이용해 이브(여자)를 만들었다'는 설명이 나온다. 한편, 그리스의 철학자 플라톤(Plátōn)은 그의 저서 『향연(Συμπόσιον)』에서 최초의 인간은 머리가 둘, 손발이 두 개씩 있는 두 사람이 등을 맞대고 붙은, 같은 둥근 몸을 하고 있었다고 하였다. 즉, 남자와 남자, 여자와 여자 그리고 남자와 여자 조합의 세 종류의 인간이 있었는데, 이 남자와 여자가 일체가 되어 있던 최초의 인간을 '앤드로지너스(androgynous)'라고 하였다. 이 최초의 인간들은 신도 두려워하지 않는 불손한 태도를 보였기 때문에 위대한 제우스에 의해 그 몸이 둘로 갈라졌고, 이후 인간들은 둘로 갈라진 과거의 분신을 찾기를 원하기 때문에 사랑을 하는 것이라고 보았다.

(1) 서 있는 사람(stand up)

① 유래

유대교와 그리스도교를 믿는 대부분의 나라에서 일상적인 자세로 간주되는데, 이는 부동성이 주는 신체적인 불편함 때문에 조심성이 생기게 된다(Georges, 1997). 우리의 팔과 다리는 인체에서 가장 움직임이 많은 부위다. 다리는 평행감각과 전진 운동을 나타내는 행복을 상징한다.

가톨릭에서 입제의 노래와 할렐루야 명창, 폐제의 노래 등은 서서 이루어지는데, 이것은 그리스도를 맞이하고 함께하는 것을 뜻한다. 사람은 사람을 환영할 때 서서 맞아 경의를 표현한다. 가만히 있을 수 없는 즐거움을 느낄 때도 일어서서 표현한다. 복음 낭독을 들을 때, 신앙 선언을 제기할 때 감사의 전례 대부분의 장면에서 일어서는 것은 부활하는 그리스도를 의식하기 위해서다(한국천주교중앙협의회, 1980).

② 상징적 의미

서 있는 사람은 복종, 열정, 신에 대한 공경과 헌신, 독립을 나타낸다. 경직, 긴장 등의 긴장된 분위기를 표현하기도 하며, 기다림, 부지런함, 권위 등을 의미한다. 또한 평행감각을 나타내는 건강하다, 꼿꼿하다, 당당하다 등을 의미하기도 한다.

③ 신화와 고전

『키다리 아저씨』(Webster, 2009)의 주인공 주디는 고아원에 산다. 어느 날 원장 선생님의 호출로 원장실로 가던 중에 어떤 사람의 서 있는 그림자를 보게 되고, 주디는 그가 키다리라고 생각한다. 원장 선생님은 방금 지나간 후원자의 도움으로 주디가 대학에 갈 수 있다고 말해 주며, 한 가지 조건은 후원자에게 매달 편지를 보내라는 것이었다. 마침내 주디는 대학에 가게 되었다. 그녀는 키다리 아저씨에게 매달 편지 쓰는 것을 잊지 않았으며, 훌륭한 글솜씨와 쾌활한 성격 덕분에 좋은 대학 생활을 하게 된다. 이 이야기에서 서 있는 사람은 긴장된 분위기를 표현하고, 낯선 이미지를 나타낸다.

④ 서 있는 사람의 이미지

(초등학교 고학년 또래관계에 어려움이 있는 아동)
선생님을 서 있는 사람으로 표현하여
권위 있는 대상으로 표현

(2) 앉아 있는 사람(sit down)

① 사전적 의미

'앉다'는 '사람이 윗몸을 바로 한 상태에서 엉덩이에 몸무게를 실어 다른 물건이나 바닥에 몸을 올려놓다'라는 의미를 지닌다.

② 유래

불교에서는 결가부좌를 틀고 앉아 있는 자세를 명상의 자세라고 한다(Georges, 1997).

③ 상징적 의미

앉아 있는 사람은 집단이나 사회에서의 자신의 위치나 지위 등을 의미한다. 반면에 무기력감을 느낄 경우 쉬고 싶다, 소극적 안식처, 대기하다, 편안함, 휴식 등을 상징한다.

④ 신화와 고전

서로 돕고 사는 '장님'과 '앉은뱅이'가 금덩어리 한 개를 주워서 서로 가지라고 양보하다가, 마침내는 고민의 원인인 금덩어리를 버리니 금덩어리가 두 개로 늘어나 잘 살게 되었다는 이야기가 있다. 이 이야기는 욕심 부리지 않는 마음씨의 소중함을 일깨워 준다. 이 이야기에서 앉아 있는 사람은 아무것도 할 수 없는 약자를 표현하고, 도움이 필요한 사람으로 나타났다(권정생, 백명식, 1994).

⑤ 앉아 있는 사람의 이미지

(성인)

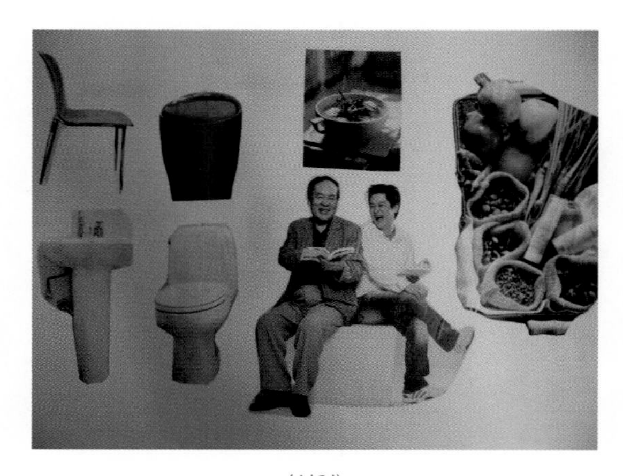

(성인)
앉아 있는 사람 사진을 통해 심리적
편안함과 여유로움의 욕구를 표현

(3) 다리를 꼬고 있는 사람(cross one's legs)

① 상징적 의미

다리를 꼬고 있는 사람은 흥미 없음, 짜증이

남, 방어적 자세를 나타내며, 여성의 경우 이성에게 호감을 표현하는 것, 당당하다, 도도하다, 매력적인, 멋쟁이 등을 나타내기도 한다. 반면, 반항, 불만, 불친절, 불편하다, 교만, 거드름, 거만하다 등을 상징하기도 한다. 사람이 앉는 자세에 따라 나타나는 심리로는 여러 가지가 있다. 예를 들면, 앉자마자 다리를 꼬는 사람은 신중하게 행동하려 하고 남에게 지고 싶지 않다는 경쟁심을 갖고 있다고 한다. 그러나 여성의 경우는 조금 다르다. 동양의 여성은 보통 다리를 꼬고 앉지 않기 때문에 다리를 꼴 수 있다는 것은 외모에 상당한 자신감이 있다는 표시다. 즉, 다리를 꼰다는 것은 그 여성의 자기과시욕을 나타내는 것이라고 볼 수 있다. 그러나 이런 여성은 자존심이 강하고 자기 외모에 집착하기 때문에 남자를 가볍게 사귀면서도 쉽게 마음을 열지 않는 유형이라고 할 수 있다(多湖輝, 2006).

② 다리를 꼬고 있는 사람의 이미지

(성인)
다리를 꼬고 있는 사진을 통해 당당하고
자신감 있는 모습을 갖고 싶다고 표현

(4) 앞모습(facing front)

① 유래

얼굴은 바깥에 드러난 인격을 나타낸다. 힌두교의 신상에서 볼 수 있는 여러 개의 얼굴은 신이 가진 여러 측면, 신의 근원적인 힘, 신의 업적이나 기능을 뜻한다. 또한 여러 개의 얼굴이 합쳐져서 하나의 신을 이루는 경우도 있다. 시바 신이나 브라만 신의 신상에서 보이는 넷 혹은 다섯의 얼굴은 원소를 뜻한다(cooper, 2007).

② 상징적 의미

앞모습은 솔직하다, 정직하다, 자신 있다, 당당하다, 적극적이다, 긍정적이다 등을 의미한다. 또한 떳떳함, 마주봄, 믿음직스러움, 반가움 등의 상징으로 나타나기도 한다.

③ 신화와 고전

『종이밥』(김중미, 2002)의 주인공 송이는 오빠 철이가 학교에서 돌아와 열쇠를 따고 방문을 열 때까지, 단칸방에서 혼자 노는 아이다. 철이가 방문을 열면 송이는 눈이 부셔 눈도 제대로 못 뜬 채 뒤뚱뒤뚱 걸어와 철이에게 안긴다. 초등학교에 입학해야 하는 송이는 어려운 형편 때문에 절에 들어가게 되고, 오빠 철이는 송이가 절에 들어가지 못하게 할머니께 눈물로 호소한다. 결국 송이는 절에 가지 않고 오빠 철이와 함께 살게 된다. 여기에서 앞모습은 반가움과 그리움을 표현하고 있다.

④ 앞모습의 이미지

(성인)
앞모습 사진을 통해 편안하고 당당해 보인다고 표현

③ 뒷모습의 이미지

(성인)
뒷모습 사진을 통해 현실을 회피하는
자신의 모습 같다고 표현

(5) 뒷모습(retreating figure)

① 상징적 의미

뒷모습은 방어, 갈등과 부정, 거절, 배신 등을 의미한다. 반면에 궁금함, 기대감, 신비로움, 안타까움, 허전함, 헤어짐 등을 상징하기도 한다.

② 신화와 고전

『메아리』(이주홍, 2001)의 주인공 철이는 산속에서 아빠와 누나와 함께 산다. 어느 날 열다섯 살이 된 누나는 시집을 가게 된다. 철이가 제일 사랑하는 누나가 시집가는 날, 철이는 누나의 뒷모습을 보며 운다. 누나를 시집보낸 아버지도 미워 매일 먼 산만 바라본다. 그러던 어느 날 "오~" 하고 외치자 저쪽에서 "오~" 하고 대답한다. 그렇게 철이는 메아리와 친구가 된다.

(성인)
부부의 뒷모습 사진을 통해 남편과 평생
동반자로 함께 보내고 싶은 바람을 표현

(6) 옆모습(sideways)

① 유래

특정한 인물의 약평을 의미하는 '프로필(profile)'은 '옆모습'과 그 뜻이 같다. 어원은 이탈리아어의 '윤곽을 그린다'는 뜻의 '프로필라레(profilare)'에서 유래됐다. 이는 옆모습이 사람을 가장 잘 표현한다고 생각하는 데서 유래한 것으로, 서구에서는 인물상을 그릴 때 옆모습을 그리는 것이 보편적이었다. 동전에 인물의 옆모습을 새기는 것이 그러하다. 이것은 이집트 미술에서 얼굴, 손, 발은 측면, 인체상은 정면을 그리는 것을 이상적이라고 여긴 데서 유래한다. 옆얼굴은 개인의 특징을 잘 드러내는 불변의 모습으로 간주되었기 때문이다(두산동아 백과사전연구소 편, 1999).

② 상징적 의미

옆모습은 멋있다, 매력 있다, 바라보다, 궁금하다, 바라보다 등을 의미한다. 반면에 현실의 부정이나 회피, 양가감정, 외로움, 우울하다, 우아하다 등의 감정으로 표현되기도 하며, 자신감이 부족하거나 직접적인 외부 세계와의 접촉을 피하고 싶을 때 나타나기도 한다.

③ 옆모습의 이미지

(성인)
옆모습 사진을 통해 생각에 빠져 있는 자신의 모습 같다고 표현

2) 부분

(1) 눈(eye)

① 사전적 의미

물건을 보는 감각 기관, 목자(目子)다.

② 유래

이집트인들은 무덤에 눈을 조각함으로써 사후 세계에서 죽은 이들을 보호한다고 믿었다(Tresidder, 2007). '제3의 눈'은 '심장의 눈'이라 불리며 영적인 이해의 눈을 상징한다. 힌두교에서는 불의 원소, 시바 신의 힘, 불교에서는 내적 통찰, 이슬람 신앙에서는 신통력과 결부된다. 그 반대는 '악한 눈'이며, 이슬람 전통에서 이것은 질투가 발휘하는 파괴적인 힘을 상징한다. 동물의 눈은 투시력을 의미한다. 인도 파르시 족은 죽어 가는 사람에게 개의 눈을 통해 사후 세계를 보게 하는 관습이 있고, 재규어의 눈을 통해서는 혼령들의 세계를 볼 수 있다고 믿었다.

③ 상징적 의미

눈은 사람이 내·외적으로 자신을 나타낼 뿐만 아니라 외부 환경과 접촉하는 가장 중요한 의미를 가지며, 시각, 시선, 보이다, 관찰하다, 보고 싶다, 총명하다 등을 나타내기도 한다. 반면, 갈망, 갈구, 겁나다, 영혼, 선악, 교류, 소통, 시선, 내적 통찰 등의 관계에 대한 욕구를 상징하기도 한다. 또한 눈을 감은 모습으로 표현될 경우에는 죄책감을 암시한다.

④ 신화와 고전

『보이나? 보이네』(소중애, 송영욱 편, 2000)에는 다음과 같은 이야기가 나온다. 소금장수가 구렁이가 준 구슬로 부자가 되었다는 소식을 듣고, 욕심쟁이 영감은 소금장수가 말해 준 나무 아래로 가서 누워 자는 척을 한다. 하지만 구슬이 보이지 않자 나무 아래에 있는 것들을 모두 집으로 가져가 물건을 하나하나 집어 들고 아내한테 묻는다. 밤이 새도록 묻는 까닭에 피곤해진 아내는 영감이 솔방울을 들고 물었을 때 보이지 않는다고 거짓말을 한다. 솔방울을 들고 최부잣집에 들어가 금괴를 가지고 나오지만 안 보일 턱이 없는 욕심쟁이 영감은 최부잣집 머슴들에게 실컷 얻어맞고 쫓겨난다.

⑤ 눈의 이미지

(성인)
눈 사진을 통해 자신의 내면을 객관적으로 바라보고 싶은 욕구를 표현

(성인)
여러 개의 눈은 타인의 시선을 의식하는 모습 같다고 표현

(2) 코(nose)

① 사전적 의미

척추동물의 오관(五官)의 하나, 호흡기로 통하는 기도(氣道)가 몸 밖으로 열려 있는 부분, 숨을 쉬고 냄새를 맡는 구실을 하며, 발성(發聲)에도 관계된다. 오관기(五官器)의 하나, 포유류의 얼굴 복판에 우뚝 나와 숨쉬기와 냄새 맡는 역할을 하며 발성을 도와 준다.

② 상징적 의미

코는 외부에 대한 반응, 외모에 대한 관심의 정도 등을 나타낸다. 또한 남성의 성기를 나타내기도 하며, 타인과 통찰력, 탐색, 자기주장, 자신감 등의 감정을 교류하는 것과 같은 상징적 의미로 표현되기도 한다.

- 내 코가 석 자: 내 사정이 급해서 남의 사정까지 돌볼 수 없음을 뜻한다.
- 다 된 죽에 코 풀기: 다 된 일을 망쳐 버리는 행동을 뜻한다.
- 귀에 걸면 귀걸이, 코에 걸면 코걸이: 정해진 것 없이 둘러댐에 따라 달라진다.
- 뒤로 자빠져도 코가 깨진다: 무얼 해도 일이 풀리지 않음을 뜻한다.
- 엎어지면 코 닿을 데: 코앞에 있다는 것, 즉 아주 가까운 거리를 뜻한다.

③ 신화와 고전

『냄새값, 소리값』(정근, 이정희 편, 2000)에는 다음과 같은 이야기가 나온다. 한 가난한 농부가 배가 고파 이웃 욕심쟁이 부잣집의 고기 냄새를 맡았다. 이웃집 부자가 냄새값을 내라고 하자 농부의 아들은 딸랑딸랑 돈 소리를 내며 소리값을 내는 지혜로 해결한다.

④ 코의 이미지

(중학교 1학년, 또래관계에 어려움이 있는 청소년)
코가 부각된 사진을 가리켜 외로운 느낌이 드는 사진이라고 설명함

(3) 입(mouse)

① 사전적 의미

입술에서 목구멍에 이르는 부분으로, 음식물을 받아들이고 소리를 내는 신체의 기관이다.

② 유래

이집트에서 영혼은 입을 통해 들어온다. 매장하기 전에 미라에 행하는 '입 개방 의식'은 죽은 자의 말을 소생시키고 다른 감각을 깨워 사후 세계를 준비하게 하려는 목적이다. 그리스도교에서 지옥으로 들어가는 입구는 크게 벌린 입으로 표현된다(Fontana, 2011).

③ 상징적 의미

입은 말하고 먹고 호흡하는 경로로, 타인과 접촉하는 적극성과 공격성 등과 같은 정서적 욕구와 관련되어 나타난다. 소리, 개방, 말하다, 먹다, 소통, 소문, 수용, 섹시, 욕구, 잔소리, 침묵 등의 상징적 의미로 나타나기도 한다.

④ 신화와 고전

전래동화 『촛국 먹고 아그그』(정해왕, 신가영 편, 2000)는 다음과 같은 이야기다. 허선달이란 사람이 서울에서 초를 사 가지고 마을로 돌아와 집집마다 나눠 주었다. 그것이 어디에 쓰이는 물건인지 몰랐던 마을 사람들은 훈장님께 물어봤는데, 모른다고 말할 수 없던 훈장님은 뱅어라는 물고기를 잡아서 말린 것이라고 둘러댔다. 그 말을 믿은 사람들은 초를 끓여 먹었다가 뒤늦게 불을 켜는 도구라는 것을 알게 되고, 서로 뱃속의 불을 끄겠다며 물로 뛰어들었다.

⑤ 입의 이미지

(중학교 2학년 학습부진 청소년)
강조된 입: 자기표현을 하고, 타인 앞에 드러내고 싶은 욕구를 표현

(4) 이(tooth)

① 사전적 의미

사람이나 척추동물의 입 안에 아래위로 나란히 돋아 있어, 음식물 등을 씹거나 으깨는 일을 하는 기관, 사람이나 동물의 입 안에 나 있어 음식물을 씹는 역할을 하는 기관이다.

② 유래

세계에는 다양한 치아의 상징이 있다. 어떤 문화에서는 성인 의례로, 또 어떤 문화에서는 미의 증거로 치아를 깎고, 다른 문화에서 긴 이빨은 야심의 상징이 된다. 에도시대 일본에서는 기혼 여성의 치아를 새까맣게 칠해서 미혼 여성과 구별하였다.

치아를 드러내는 것은 흉포함과 적개심의 표현이지만 두려움을 뜻하기도 한다. 괴물과 악마는 두드러지고 과장된 이빨이 있는 존재로 묘사되어 왔다. 드러난 치아는 불교에서의 신적 존재의 분노의 상(표정)을 특징짓는다(小林頼子, 望月典子監譯, 2010).

③ 상징적 의미

이는 음식을 잘게 씹기 위해서 사용되기 때문에 공격성이나 불안감 등 욕구 충족과 관련한 의미를 가진다. 치아는 양성과 무서운 본성을 상징하는 반면에 웃을 때 드러나는 치아는 미소나 행복을 상징한다. 그 밖에 건강, 건치, 미소, 복, 튼튼하다, 함박웃음 등을 나타낸다. 공격, 방어, 날카로움, 드러내다, 뜯다, 물다, 사납다 등 양극단적인 상징을 내포하고 있다.

④ 신화와 고전

김부식(2012)의 『삼국사기(三國史記)』에 따르면 다음과 같은 이야기가 전해진다. 신라 제2대 남해왕이 사망하여 그 아들 유리왕이 마땅히 왕위를 물려받게 되어 있었는데, 유리가 왕위에 나아가기 전 덕망이 높고 벼슬에 있는 석탈해에게 왕위를 양보하려 했다. 석탈해는 왕위는 아무나 감당할 수 있는 것이 아니라며, 성지인은 이가 많다고 하니 떡을 이로 물어 그 떡에 새겨진 이의 수를 보고 치아가 많은 사람이 왕이 되도록 하자고 하였다. 곧 두 사람은 떡을 물어 떡에 새겨진 치아의 수를 보았고, 유리가 더 많아 왕으로 받들어졌다. 이 이야기에서 이는 지혜롭고 어진 해결책으로 표현되었다.

⑤ 이의 이미지

(초등학교 저학년 공격 성향이 있는 아동)
강조된 이를 통해 내면의 공격성을 표현

(5) 다리(leg)

① 사전적 의미

동물의 몸통 아래에 붙어 몸을 받치며, 서거나 걷거나 뛰거나 하는 기능을 가진 부분이다.

② 유래

다리는 풍요와 부활을 전달하는 사각의 만(卍)자 무늬와 삼각 기호로 묘사된다(Fontana, 2011). 다리와 관련된 고사성어로 '각답실지(脚踏實地)'라는 것이 있는데, 이것은 발이 실제로 땅에 붙었다는 뜻으로 일 처리 솜씨가 착실함을 말하며 행실이 바르고 태도가 성실함을 일컫는 말이다. 즉, 다리는 이처럼 일처리 또는 태도의 의미도 가지고 있다.

③ 상징적 의미

다리는 균형과 전방 운동의 상징, 행운(Fontana, 2011)을 의미한다. 또한 균형, 의지, 이동, 진행 등의 자기의 위치를 나타내며, 성실, 에너지, 방향, 빠르다, 진행, 자신감, 자유로움, 매력, 부지런하다, 탄탄하다, 역동성 등의 상징적인 의미로 표현되기도 한다. 다리의 생략 혹은 왜곡은 다리에 불편함이 있음을 표현하는 것인 경우가 있다.

- 다리가 짧다: 먹는 자리에 남들이 다 먹은 뒤에 나타나 먹을 복이 없다.
- 다리를 뻗고 자다: 마음 놓고 편히 자다.
- 다리가 길다: 음식 먹는 자리에 우연히 가게 되어 먹을 복이 있다.
- 다리가 의붓자식보다 낫다: 성한 다리가 있으면 여기저기 돌아다니며 구경도 할 수 있고 맛있는 음식도 먹을 수 있다.
- 네 다리 빼라 내 다리 박자: 사람들이 꽉 들어찬 곳을 염치없이 비집고 들어가는 것을 비유한다.

④ 신화와 고전

일본의 고전 중에 '귀가 밝은 사람과 다리가 빠른 사람과 입김이 센 사람과 힘이 센 사람' 이야기가 있다. 귀가 밝은 사람이 '공주의 병을 고치는 사람에게 후히 사례하겠다'는 왕의 포고를 전해 듣고 한 밑천 벌기 위해 길을 떠난다. 그의 여정에 다리가 빠른 사람, 입김이 센 사람, 힘이 센 사람이 동참한다. 다리가 빠른 사람이 공주의 병을 고칠 수 있는 약초를 취하고, 이들은 그 보답으로 왕에게 상당한 액수의 재물을 받게 되는데, 힘이 센 사람에게 이 돈을 모두 짊어지게 하고 함께 돌아가던 중 왕의 계략으로 한 무리의 군대가 이들을 따라오게 된다. 이때 입김이 센 사람이 군대를 모두 날려서 이기게 되고, 결국 네 사람은 무사히 살아남아 돈을 공평하게 나눠 가질 수 있게 된다는 이야기다.

⑤ 다리의 이미지

(초등학교 저학년 공격 성향이 있는 아동)
움직이는 다리: 활동성과 에너지를 표현

(초등학교 고학년 공격 성향이 있는 아동)
정체되어 있는 다리: 활동의 제한성과 통제를 표현

(6) 손(hand)

① 사전적 의미

사람의 팔목 아래의 손바닥, 손등, 손가락으로 이루어진 부분이다.

② 유래

고대로부터 왕이나 종교 지도자 혹은 기적을 행하는 이들은 은혜로운 힘을 갖고 있다고 믿었다. 이들은 치유를 하거나 종교적 축복을 내릴 때, 또 직책을 임명할 때 손을 얹어 주며 의식을 수행하였다.

③ 상징적 의미

손은 외부세계와의 교류, 행동 등을 나타낸다. 또한 대처능력의 표현이기도 하며, 결실의 의미도 있다. 그 밖에 명령, 리더십, 권위, 능동적, 능력, 대인관계, 약속, 만들다, 부지런하다, 자유롭다, 수용, 공격성 등 다양한 상징적 의미도 내포하고 있다. 섬세함, 따스하다, 사랑, 상처, 힘든 일상 등의 감정적인 표현으로 나타나기도 한다. 그러나 무기력이나 손과 관련한 죄책감, 반대로 맞은 경험과 상처를 심리적인 표현으로 손을 표현하지 않는 것으로 대신하기도 한다. 두 손을 모은 것은 기도나 기원의 의미를 가지며, 콩, 과일 등의 사물을 쥐거나 모은 경우 결실의 의미를 가진다.

④ 신화와 고전

『손 없는 색시』(임어진, 김호랑 편, 2013)에는 다음과 같은 이야기가 나온다. 한 의붓어머니가 아버지가 없는 틈을 타서 딸에게 누명을 씌워 손을 도끼로 내리친 뒤 내쫓았다. 한 도령이 손이 없어 아무것도 못하고 울고 있는 처녀를 보고 안타까운 마음에 자기 집으로 데려가서 병풍 뒤에 숨겨 정성껏 돌보아 주었다. 도령의 행동을 수상하게 여긴 도령의 부모는 아들의 방을 뒤져 보다 처녀를 발견하자 도령과 혼인을 시킨다. 수년 후 신랑은 시험을 보러 가기 위해 집을 떠나게 되고, 그 사이 손 없는 색시가 아이를 낳아 남편에게 이 소식을 알리는 편지를 써서 보낸다. 하지만 배달부가 편지를 전달하러 가다가 우연히 색시의 친정집에 머무르게 되는데, 못된 의붓어머니가 색시의 편지 내용을 중간에서 바꿔치기하는 바람에 색시는 시댁에서 쫓겨나고 만다. 결국 여기저기 떠돌던 색시는 어느 날 갈증을 느껴 목을 축이기 위해 샘으로 향하게 되고, 샘 앞에서 몸을 숙이다가 그만 아이가 물에 빠지게 된다. 그런데 아이를 구하기 위해 샘 속을 열심히 뒤지던 색시의 양 손목에 샘 바닥에서 쑥 올라온 양손이 철썩 붙는다. 그 뒤 색시는 주막에서 열심히 일했고, 색시를 찾아다니던 신랑은 한눈에 색시를 알아본다. 신랑은 색시의 친정을 찾아가 의붓어머니의 나쁜 짓을 모두 밝히고 혼내 주었고, 둘은 행복하게 잘 살게 되었다. 이 이야기에서 손은 억울하고 불쌍한 처지를 표현해 주는 역할을 하였다.

⑤ 손의 이미지

(중학교 2학년 게임중독 청소년)
총을 만지는 손: 총을 만지는 손을 그리며
내면의 공격성을 표현

(7) 손가락(finger)

① 사전적 의미

손끝의 다섯 개로 갈라진 가락이다.

② 유래

초상화에서 손가락은 앉아 있는 사람의 업적을 표현하며 전쟁의 승리, 저술 혹은 건축물을 나타낸다(Fontana, 2011).

③ 상징적 의미

손가락은 촉감, 명령, 꼼지락거리다, 삿대질, 약속, 악수, 움직임, 방향성 등의 의미를 내포하고 있다. 또한 손톱 등 손을 자세하게 그릴 경우 통제와 불안에 대한 표현으로 보기도 한다. 검지와 중지를 세운 V사인 또는 부분 사인 등은 감정을 드러내는 사인으로도 쓰이며, 수화는 언어를 대신하는 사인이다. 그 밖에도 다음과 같은 관용구가 사용된다.

- 손가락질하다, 손가락질하는(물건을 손가락으로 가리키는 것): 사람을 조롱하고 비난하거나 건드리는 것
- 손가락을 꼽는다: 수를 세는 지표
- 열 손가락 깨물어 안 아픈 손가락 없다: 자식이 아무리 많아도 부모에게는 다 같이 소중하다

④ 신화와 고전

『엄지동자』(成田眞美, 정해륜, 2012)에는 다음과 같은 이야기가 나온다. 옛날 어느 마을에 착한 부부가 아이가 없어 매일 해님을 보며 엄지손가락만 한 아기라도 보내 달라고 기도했다. 그러

던 어느 날 엄지손가락만큼 작고 귀여운 아들이 태어났고, 부부는 이 아이를 '엄지동자'라 이름 붙였다. 엄지동자는 열다섯 살이 되자 혼자 돈을 벌어 오겠다고 길을 나선다. 여행 도중에 엄지동자는 정승의 집에 들어가게 되고, 친구가 없어 외로워하던 정승의 딸과 친해진다. 그러던 어느 날 엄지동자는 도깨비를 만나게 되고 우여곡절 끝에 방망이에 소원을 빌 수 있게 되었다. 키가 커지는 소원을 말하자 엄지동자는 멋진 청년이 되고, 정승의 딸과 결혼을 하게 되었다. 이 이야기에서 손가락은 귀엽고 작은 이미지로 표현되었다.

⑤ 손가락의 이미지

(초등학교 저학년 공격성이 있는 아동)
손가락을 빠져나가지 못하는 감옥:
손가락을 창살 같이 표현하여 공격성을 나타냄

(8) 발(foot)

① 사전적 의미

(사람이나 짐승의 다리에서) 발목뼈 아래의 부분, 사람이나 동물의 다리 맨 끝부분이다.

② 유래

예수는 자신을 낮추어 제자의 발을 닦아 주었고, 죄를 지은 여성은 예수의 발을 씻기고 향유를 발라 그에 대한 헌신을 표현하였다(Fontana, 2011). 또한 중동 지역에서는 손님이나 방문객의 발을 닦아 주며 존경을 표현한다(Bruce-Mitford & Wilkinson, 2010). 한편, 아시아에서는 불결하다고 여기기 때문에 다른 사람에게 발바닥을 내미는 것을 금한다(Bruce-Mitford & Wilkinson, 2010).

지구로 내려온 신과 결합하며 인간이 맨발로 다니는 것은 겸손을 나타내나, 신이 맨발로 걷는 모습은 모욕을 뜻한다(Fontana, 2011). 또한 이동성(Bruce-Mitford & Wilkinson, 2010)의 의미도 있으며, 일본어로 발은 행동 범위를 가리키는 말로 일상의 행동 범위를 넘는 먼 곳에 가는 것을 빗댄 관용구로 '발을 뻗는다'는 말이 있다. 한국에서도 발은 행동 범위를 뜻하기도 한다. '발이 닳도록'은 활동성을 의미하며, '발이 넓다'는 말은 사귀어 아는 사람이 많아 활동하는 범위가 크다는 의미로 활동 범위뿐 아니라 인간관계의 범위를 뜻하기도 한다.

③ 상징적 의미

발은 사람이 땅에 직접 닿는 부분으로 능동적으로 균형을 잡을 수 있게 해 주고 움직일 수 있게 해 주는 기능과 관련하여 독립적인, 능동적인, 자율성과 성취의 의미를 가진다. 또한 활동 범위(행동, 인간관계 등), 적극적, 여유, 건강, 생동감 등을 표현하기도 한다. 반면, 모욕, 불편감, 피곤함, 냄새, 고생, 버티다 등의 표현으로 나타나기도 한다. 그 밖에도 다음과 같은 관용구가 사용된다.

- 발을 구르다: 매우 안타까워하거나 다급해 하다.
- 발을 끊다: 오가지 않거나 관계를 끊다.
- 발을 들여놓을 자리 하나 없다: 사람이 너무 많이 들어서거나 들어앉아 매우 비좁다.
- 발을 디디다: 단체에 들어가거나 일의 계통에 참여하다.
- 발 디딜 틈이 없다: 복작거리어 혼잡스럽다.
- 발을 빼다: 어떤 일에서 관계를 완전히 끊고 물러나다.
- 발을 벗다: 신발이나 양말 따위를 벗거나 아무것도 신지 아니하다.
- 발 벗고 나서다: 어떤 일을 자신의 일처럼 적극적으로 나서서 하는 것을 뜻한다.
- 발 뻗고 자다: 발을 뻗을 만큼 충분한 공간이 있음을 의미하여 심적인 여유가 있음을 나타내는 말로 쓰인다.
- 발이 저리다: 죄를 지어 마음이 조마조마하고 불편함을 뜻한다.
- 발이 뜸하다: 출입이 뜸함을 의미한다.

④ 신화와 고전

"아들에게 암살당하고, 그 아들은 어머니를 아내로 할 것"이라는 신탁을 받은 테베의 왕 라이오스는 아내인 이오카스테와의 사이에서 자식을 얻는다. 신탁을 두려워한 라이오스는 태어난 아이의 다리에 핀을 찔러 걷지 못하도록 해서 양치기에게 산에 버리도록 명령한다. 그러나 아이의 처지를 안타깝게 생각한 양치기는 그 아이를 아이가 없는 코린토스 왕 부부에게 맡긴다. 부부는 그 아이의 이름을 오이디푸스라고 짓고 소중하게 키운다.

성장한 오이디푸스는 어느 날 자신이 코린토스 왕 부부의 친자식이 아니라는 소문을 듣자 불안한 마음에 신탁을 받으러 간다. 그러자 "아버지를 죽이고 어머니를 아내로 할 것"이라는 답을 들은 오이디푸스는 큰 충격을 받아 정말 부모님이라고 믿고 있던 코린토스 왕 부부의 슬하를 떠나 두 번 다시 만나지 않겠다고 다짐하며 여행을 떠난다. 그러던 중 어느 한쪽이 길을 양보하지 않으면 안 되는 좁은 길에서 마차를 탄 한 노인과 마주친다. 두 사람은 싸우기 시작하는데, 발끈하면 마무리가 되지 않는 성격의 오이디푸스는 노인을 죽이고 만다. 이 노인이 오이디푸스의 친아버지 라이오스였지만, 그는 그 사실을 모른 채 테베를 향한 여행을 시작한다. 오이디푸스는 사람들을 힘들게 하는 스핑크스라는 괴물을 만나는데, 그것은 사자의 몸, 여성의 얼굴 그리고 날개를 가진 기묘한 생명체로, 길 가는 사람들에게 수수께끼를 내 정답을 맞히지 못할 경우 물어 죽이고 있었다.

한편, 라이오스 왕이 마차 사고로 숨진 후 잠시 테베를 지배하던 이오카테스의 남동생 크레온은 스핑크스에게 많은 사람이 희생되고 있는 상황을 타개하고자 "스핑크스의 수수께끼를 푼 사람에게는 이오카스테를 준다."라고 포고한다. 이를 알게 된 오이디푸스는 스핑크스의 수수께끼에 도전하고, 선뜻 정답을 말해 버린다. 그 질문과 답은 다음과 같았다.

- 질문: "아침에는 발이 네 개, 점심에는 발이

두 개, 밤이 되면 발이 세 개가 되는 것은 무엇인가?"

- 답: "인간"(태어날 때는 기어 다녀서 4발, 어른이 되면 2발, 노인이 되면 지팡이를 짚으니 3발).

그리하여 오이디푸스는 자신의 생모라는 사실을 모르고 이오카스테를 아내로 맞이해 아이를 낳는다. 이후 오이디푸스는 테베의 왕위에 오르며 평화롭게 지내는데, 어느 날부터 테베 전역에 역병이 만연하기 시작한다. 오이디푸스는 다시 아폴론의 신탁을 받지만 그것은 "라이오스를 죽인 자를 찾아내 테베에서 몰아내면 평화가 찾아온다."라는 것이었다. 즉시 그는 범인을 찾기 위해 예언자를 불러낸다. 그 예언자는 오이디푸스가 아버지 라이오스를 죽였다는 사실을 간파했지만 이를 말하지 않고 역으로 의심되는 진실을 말한다. 즉, "선왕 라이오스는 숲 속에서 마차를 타다가 젊은이, 즉 당신에게 살해당한 겁니다."라고 말하는데, 이를 들은 오이디푸스는 자신의 귀를 의심하고 불안해하게 된다.

이후 라이오스가 살해당한 때에 마차에 동석하고 있던, 어린 오이디푸스를 안타깝게 여겼던 양치기가 나타나자 오이디푸스의 모든 것이 밝혀진다. 모든 진실을 알게 된 이오카스테는 자신이 아들과 어울린 것을 부끄러워하다가 자살하고, 오이디푸스도 자신이 아버지를 죽이고 어머니를 아내로 맞이했다는 것에 대한 속죄로 자신의 눈을 핀으로 찌르고 장님이 된다.

테베에서 추방된 오이디푸스는 테베를 크레온에게 맡기고 딸인 안티고네와 함께 방랑의 여행을 떠나고, 이윽고 아테네와 가까운 한 마을에 정착하여 조용히 여생을 보낸다. 한편, 테베에서는 오이디푸스의 아들들이 권력 다툼을 비롯한 싸움 끝에 서로를 찔러 죽여 버린다.

프로이트는 이 이야기에서 착안하여 남자아이가 어머니에게 특별한 마음을 품고 모르는 사이에 아버지를 적대시하는 것을 '오이디푸스 콤플렉스'라고 지칭했다. 반대로 여자아이가 아버지에 대해 애정을 품고 어머니를 미워하는 경향은 '엘렉트라 콤플렉스'라고 했다.

⑤ 발의 이미지

(고등학교 1학년 학습부진 청소년)
정체된 발: 방향성과 목표의 갈등 및 부재를 표현

(9) 엉덩이(hip)

① 사전적 의미

볼기의 윗부분, 둔부(臀部)라고도 한다.

② 유래

엎드려 있는 여성의 엉덩이에서 하트 모양이 유래됐다는 이야기가 있어, 엉덩이는 성적인 매력을 의미한다(Morris, 2004).

③ 상징적 의미

엉덩이는 성적인 매력이나 성적정체감이나

성적 대상을 의미한다. 또한 부드럽다, 둥글다, 앉다, 편안하다, 푸근하다 등의 상징으로 표현되기도 한다. 엉덩이를 때리는 것은 일반적으로 아이의 버릇을 가르치기 위한 벌의 일종이다. 훈육의 수단으로 사용되는 경우가 많다. 엉덩이는 한 곳에 자리 잡고 있거나 앉아 있음을 가리키는 것으로 움직임, 활동을 의미하기도 한다. 이러한 의미를 담은 관용구로는 다음과 같은 것이 있다.

- 엉덩이가 가볍다: 어느 한 자리에 오래 머물지 못하고 바로 자리를 뜬다.
- 엉덩이가 무겁다: 어느 한 자리에 한번 앉으면 좀처럼 일어나지 않는다.
- 엉덩이가 구리다: 방귀를 뀌어 구린내가 난다는 뜻으로, 부정이나 잘못을 저지른 장본인 같다는 말이다.
- 엉덩이가 근질근질하다: 한군데에 가만히 앉아 있지 못하고 자꾸 일어나 움직이고 싶어 한다.
- 엉덩이를 붙이다: 몰입하여 자리를 잡고 앉다.
- 못된 송아지 엉덩이에 뿔이 난다: 되지못한 것이 엇나가는 짓만 한다.
- 엉덩이로 밤송이를 까라면 깠지: 시키는 대로 할 일이지 웬 군소리냐고 우겨 대는 경우를 비유적으로 이르는 말

④ 신화와 고전

일본 신화 속의 신인 스사노오가 배가 고파할 때마다 오오게츠 히메는 다양한 음식을 스사노오에게 주었다. 그것을 미심쩍게 생각한 스사노오는 식사 준비를 하는 오오게츠 히메의 모습을 들여다보았는데, 오오게츠 히메는 코나 입, 엉덩이에서 식재료를 꺼내 그것을 조리하고 있었다. 스사노오는 자신에게 그런 더러운 것을 먹이고 있었던 것에 분노해 오오게츠 히메를 죽여 버리고 만다. 그 후에 오오게츠 히메의 머리에서 누에가 생기고, 눈에서 벼가 생기고, 귀에서 밤이 생기고, 코에서 팥이 생기고, 음부에서 보리가 생기고, 엉덩이에서 콩이 생겨났다.

⑤ 엉덩이의 이미지

(고등학교 1학년 학교 부적응 청소년)
강조된 엉덩이: 여성과 성에 대한 관심을 표현

(10) 뼈(bone)

① 사전적 의미

척추동물의 얼개를 이루어 몸을 받치고 있으며, 골세포와 그 사이를 채우는 기질(基質)로 이루어진 단단한 조직, 골(骨)이라고도 한다. 척추동물의 근육을 붙여 몸집을 이루고 지탱하는 물질이다.

② 유래

아마존의 야노마미 족은 골수 안에 영혼이 있다고 믿었기 때문에 가족이나 친척이 죽으면 영

혼을 계속 살려 두기 위해 죽은 자들의 골수를 먹고 그 영혼을 살리고자 했다(Bruce-Mitford & Wilkinson, 2010). 영혼이 골수에 돌아온다고 믿어 죽은 친족의 골수를 먹는 야노마미 족에게 골수는 불사와 부활을 상징한다. 또 죽음은 사람의 해골과 같은 기분 나쁜 이미지로 의인화된다(小林頼子, 望月典子監譯, 2010).

③ 상징적 의미

뼈는 불멸과 부활, 강인함, 안정성, 결단성, 결정력, 기본 틀, 근원, 지지하다 등을 의미한다. 또한 해골, 화장, 심신의 힘듦 등의 상징적 의미로 표현된다.

④ 신화와 고전

구약성서의 '창세기'에서는 신이 아담의 갈비뼈에서 이브를 만들어 냈다고 기록되어 있다. 이로부터 갈비뼈는 남성에게서 만들어진 여성을 상징하게 되었다.

⑤ 뼈의 이미지

(중학교 2학년 학교 부적응 청소년)
뼈: 심신의 힘듦과 정서적인 어려움을 표현

(11) 두골(skull)

① 사전적 의미

"사람이나 짐승의 머리를 이루는 뼈로, 두개골(頭蓋骨), 두골(頭骨)이라고 한다."

② 유래

두골은 (월계관과 함께) 한 사람의 명성이 그 삶보다 길다는 것을 보여 준다(Fontana, 2011). 콜럼버스의 신대륙 발견 이전의 아메리카 대륙에서는 아스텍 족을 비롯하여 그 밖의 다른 부족이 두개골을 숭상했다. 촉루[1]는 불교나 힌두교 신들의 그림 속에도 등장하며, 그리스도교에서는 회춘을 상징하는 동시에 독실한 마음으로 속세의 덧없음을 생각하게 하는 것으로 쓰인다(小林頼子, 望月典子監譯, 2010).

③ 상징적 의미

두골은 죽음, 인생무상, 노인, 우울, 수술, 사고(생각), 지적 능력 등을 의미한다. 특히 두개골은 영혼과 내세에 연결되는 종교적인 의미를 강하게 띄고 있다. 그 밖에 영혼, 신성, 숭배, 신비스럽다, 회춘 등의 의미도 있다.

④ 신화와 고전

옛날 옛적 일본에 '잇큐'라고 하는 재치로 소문난 꼬마 스님이 있었다. 그 잇큐가 어른이 되어서의 이야기다. "새해 복 많이 받으세요." "올해도 아무쪼록 잘 부탁드립니다."라고 사람들이 인사를 나누고 있는 설날 아침, 붐비는 거리마

---

1) 촉루(髑髏)의 유사 의미로는 해골, 두골 등이 있다.

다 더러운 옷차림의 스님 잇큐가 찾아왔다. 그는 어찌 된 일인지 긴 장대 하나를 어깨에 메고 있었으며 그 끝에는 촉루가 걸려 있었다. 이를 본 사람들은 "정월 초부터 장난을 치는 중이다." "잇큐가 미쳤다."라고 떠들었다. 그러나 잇큐는 그런 말을 전혀 의식하지 않은 채 점잖은 얼굴로 촉루를 메고 걸었다. 호사가들이 그의 뒤에서 중얼거리면서 따라왔다. 이윽고 그는 소문난 부호인 가나야 히사에의 훌륭한 집 앞에 서서 큰 소리로 "잇큐가 설 인사하러 왔습니다!"라고 외쳤다. 집에서 나온 사람들은 지저분한 옷차림의 잇큐가 기분 나쁜 촉루를 건 장대를 세워 허리에 맨 모습을 보고 놀라 매우 당황해서 집주인에게 알렸다.

항상 공경하고 있는 잇큐가 일부러 인사를 왔다는 말을 듣고 주인은 서둘러 나왔다.

"야, 히사에 씨. 새해 복 많이 받으세요." "잇큐 씨. 감사합니다. 올해도 잘 부탁드립니다." 인사를 하고, 장대 끝의 촉루를 본 순간, 히사에는 "앗!" 하고 외치며 새파랗게 질린 얼굴로 말했다. "잇큐 씨, 이게 웬일이에요? 새해 벽두부터 촉루를 보면 재수가 나쁩니다!" 화를 내는 히사에 씨를 보고 잇큐는 박장대소했다.

"히사에 씨, 정월 초에 놀라게 해서 죄송합니다. 여기에는 이유가 있습니다." "어떤 이유입니까?" "그 전에 내가 만든 노래를 들어 주세요." 잇큐는 목청껏 노래를 부르기 시작했다. "정월달은 저승길의 이정표. 축하를 하고 축하를 안 하는 듯이~"

히사에는 "'축하를 하고 축하를 안 하는 듯이'는 무슨 뜻입니까?" 하고 물었다.

"누구든 설날이 오면 한 살씩 나이를 먹습니다. 이것은 설날이 올 때마다 그만큼 극락에 접근한다는 것, 즉 죽는다는 것이죠. 그래서 설날이 왔다고 해서 축하한다고 할 수만은 없다는 거예요. 따라서 축하를 하고 축하를 안 한다는 거예요."

"아, 역시!" 히사에는 무릎을 탁 쳤다.

"어떤 사람이든 반드시 언젠가는 죽습니다. 그리고 이러한 촉루가 됩니다. 나도 당신도 앞으로 몇 번이나 설날을 맞이할 수 있을지 모르겠습니다. 히사에 씨, 살아생전에 좋은 일을 많이 하면 극락에 가게 됩니다. 당신은 큰 부자입니다. 조금이라도 좋으니, 남아도는 돈은 어려운 사람들에게 주세요. 저승길까지 돈을 가지고 갈 수는 없습니다."

이후 히사에를 비롯한 다른 많은 부자가 이 잇큐의 가르침을 지켜 가난한 사람들을 도왔다고 한다.

⑤ 두골의 이미지

(중학교 2학년 학교 부적응 청소년)
깨지고 있는 뇌: 사고의 확장, 변화하고 싶은 자신을 표현

(12) 기타

① 팔

팔은 포즈에 따라 상징이 달라질 수 있다. 팔을 걷어붙이는 이미지는 적극성을 나타내며, 현실에서의 자신의 대처 방법이나 욕구 충족을 표현하기도 한다. 또한 들어 올린 팔이나 두 손을 모든 팔은 신을 향한 복종, 기도자, 신성한 힘을 의미한다. 심리적으로 무기력하거나 학대받은 경험 혹은 맞은 상처 등이 있을 때 팔을 몸 뒤로 숨기거나 그리지 않기도 한다.

② 머리카락

머리카락을 통해 이미지 변신을 꾀할 수 있으므로 머리카락은 이와 관련한 의미를 나타낸다. 또한 카리스마, 육체적 힘, 애도, 성숙, 신성, 영혼, 생명력 등을 의미한다. 중국인의 변발이 원래 상징하는 바는 복종이었다고 한다. 히브리의 전사 삼손의 긴 머리카락은 신이 부여한 카리스마와 육체적 힘을 상징하였으며, 힌두교인은 애도의 표시로 머리를 밀었다고 한다. 긴 머리카락은 성숙, 신성, 신에 대한 복종을 뜻하고, 여성이 머리카락을 잃은 것은 성적 순결을 빼앗김을 의미하며, 풀어헤친 머리카락은 유혹을 의미한다. 그 밖에도 머리카락은 영혼, 생명력 등의 의미를 지닌다.

③ 머리

머리는 마음의 상징으로, 정신적 삶을 의미한다. 머리는 인지, 지적 능력, 공상 활동 등을 의미한다. 또한 마음의 상징, 정신적 삶 등을 표현하기도 한다. 예로부터 머리는 영혼의 좌석으로 간주되었고, 고대 켈트 족과 마야인들은 적의 머리를 베어 전리품으로 가져와 부적으로 보관하였다고 한다.

④ 해골

해골은 경고, 죽음 등의 의미를 가지기도 하나 유머스러움을 나타내기도 한다. 또한 공허함, 깨달음, 강인함 등을 얻고 싶을 때 표현되기도 한다. 해골이 춤을 추고 번개를 휘두르는 모습은 깨달음과 죽음이 꼭 필요한 변화라는 사실을 일깨워 주는 것을 상징한다.

⑤ 수염

수염은 위엄, 패권, 정력, 지혜, 남성을 의미한다.

⑥ 배

배는 생명의 안식처로 간주되며, 살찐 배는 번영을 상징한다.

⑦ 배꼽

배꼽은 생명의 원천을 뜻하며 창조성과 정신적 에너지의 중심, 정신을 집중하는 초점을 상징한다.

※ 신체(전신과 부분)의 상징적 의미

구분	상징적 의미
서 있는 사람	건강하다, 걸음, 경계, 경직된, 경찰, 경호원, 고독, 고민, 관찰, 광장, 군인, 근면, 기다림, 기둥, 긴장, 꼿꼿하다, 남자, 다리 아프다, 다비드상, 당당하다, 마네킹, 멈추다, 모델, 바쁘다, 벌서는 느낌, 부자연스러움, 부지런함, 불안하다, 불편함, 빳빳하다, 생각하는 사람, 서성이다, 신경이 예민하다, 신호등, 안내원, 여자, 연설, 외로움, 우두커니, 움직임, 의지, 일, 자신 있다, 정류장, 정체, 준비, 지하철, 직립보행, 초조, 출근, 캐셔, 판매원, 피곤하다, 하지정맥류, 허수아비, 헌병, 활동, 힘, 힘들다
앉아 있는 사람	게으르다, 고문, 공부, 공원, 기다림, 낚시, 남자, 노년, 노는 사람, 느긋하다, 대기하다, 독서, 로댕, 목적지, 버스 기다리는 중, 벤치, 사무직, 생각하는 사람, 소극적이다, 쉬는 시간, 쉬다, 신문, 안식처, 안정감, 양반, 여유, 여자, 우두머리, 우울, 의자, 일하는 중이다, 자세, 점잖다, 조용하다, 지겹다, 지하철, 측은지심, 커피, 편안함, 피곤하다, 학생, 한가로움, 할아버지, 휴식이 필요하다, 힘든
다리를 꼬고 있는 사람	개방적이지 않다, 거드름, 거만하다, 건방지다, 게으름, 골반, 관심 없는, 교만, 기다리다, 긴장감, 나쁜 자세, 노련함, 다리 아픔, 당당함, 도도하다, 따분하다, 매력적인, 멋 부리다, 멋쟁이, 무시, 반항하는, 부자연스러움, 불만, 불친절, 불편하다, 비밀, 사색에 잠기다, 새침하다, 생각하다, 섹시, 습관, 심각, 여성, 요염하다, 윗사람, 유혹, 의자, 일상적이다, 자신감 있다, 자유, 지루하다, 집중, 척추측만증, 초조하다, 펴 주고 싶다, 포즈, 폼 잡다, 풀리지 않는 상황, 학생들, 허리 디스크
앞모습	개방, 경직, 교류, 긍정적, 눈, 단정하다, 당당하다, 대면, 대칭, 도전, 따뜻함, 떳떳하다, 마주보다, 맞선, 멋있다, 명확함, 믿음직스럽다, 반가움, 반전, 밝다, 보이는 면, 본모습, 사진, 상징, 생김새, 서 있다, 선명함, 솔직함, 시원하다, 실망, 쑥스럽다, 안경, 얼굴, 여유롭다, 예쁘다, 옷매무새, 웃는 얼굴, 응시, 인상, 자기대면, 자기애가 강하다, 자신 있다, 잘 보이다, 잘생기다, 적극적인, 적나라하다, 전체를 보다, 정갈하다, 정겨운, 정면, 정열, 정장, 정직함, 조화로운, 졸리다, 증명사진, 진정성, 첫인상, 초상화, 친밀하다, 파악이 되다, 표정, 현실, 화장
뒷모습	감춰진 모습, 거절, 검은색, 고독, 궁금하다, 그림자, 기대감, 노후, 누굴까?, 답답하다, 돌아서다, 뒤통수, 뒷담화, 든든하지만 안아 주고 싶다, 등, 등 돌리다, 떠나가다, 머리 스타일, 멀어짐, 멋지다, 방어적, 배신, 보이고 싶지 않다, 부끄럽다, 부정적, 불편하다, 숨김, 시무룩하다, 신비로움, 쓸쓸하다, 안타깝다, 알 수 없다, 어둠, 어려움, 여린 마음, 열등감, 외로움, 외면, 의문스럽다, 의미 없다, 의혹적이다, 이별, 자신 없다, 차가움, 처량하다, 처진 어깨, 초라하다, 편안하다, 허전하다, 헤어짐, 후회
옆모습	S자, 가림, 각선미, 거울, 걷는 사람들, 고민, 곧은 자세, 광대뼈, 굴곡, 궁금하다, 긴장, 나란히 있다, 날카롭다, 남이 모르는 나의 모습, 납작하다, 눈썹, 눈치, 다른 방향, 다이빙, 대화, 라인, 매력 있다, 멋있다, 무시, 미스코리아, 미약함, 바라보다, 반만 보인다, 반신반의, 방어, 방향, 배가 나왔다, 배경, 배신, 뱃살, 보이기 싫다, 볼링, 부정적, 불편, 빛이 나다, 사색, 생각 중, 석고, 성형, 세련되다, 소극적, 속눈썹, 신경 안 쓰는, 쓸쓸하다, 아름답다, 아버지 모습, 애처로움, 양가감정, 양면, 엉덩이, 예쁜, 외로움, 외면, 우수에 차다, 우아하다, 우울하다, 윤곽, 이야기, 인사, 입꼬리, 자기외면, 자신 없다, 자신을 잘 드러내지 않음, 지나치는 사람들, 직선, 짝사랑, 측은하다, 콧날, 호기심, 회피

눈	갈구, 갈망, 감정, 건강, 검다, 겁나다, 관찰하다, 교류, 깜빡이다, 꿈, 내적 성향, 눈동자, 눈망울, 눈맞춤, 눈물, 눈빛, 동공, 둥근, 라식, 마음의 거울, 마음의 창, 마음의 호수, 마주치다, 맑다, 매력적이다, 미소, 반짝거리다, 밝다, 보고 싶다, 보인다, 빛, 사슴, 생각, 선악, 성격, 세상을 보다, 소통, 송아지, 슬픔, 시력, 시선, 신뢰, 쌍꺼풀, 아름답다, 아이라인, 안경, 얼굴, 영혼, 예쁘다, 왕눈이, 웃음, 이슬, 작다, 정신, 지켜보다, 진실, 참, 첫사랑, 청초함, 초롱초롱, 총기, 총명하다, 충혈, 크다, 피곤, 호기심, 홍채
코	곧다, 공기, 끈적끈적, 남성적, 냄새, 높다, 다양한 생김새, 딸기, 맡다, 매부리, 민감하다, 비염, 살아 있다, 상징성, 생기, 생명, 성격, 성기, 성형, 숨 쉬다, 숨, 시원하다, 식욕, 약물, 없다, 예쁘다, 오똑하다, 의지, 자극적인, 자신감, 장례식, 점, 정력, 중심, 코골이, 코딱지, 코막힘, 콧구멍, 콧물, 크다, 큰 무덤, 털, 피지, 향기
입	간사하다, 겸손, 과일, 나를 드러낼 수 있는(성향), 냄새, 대화, 더러움, 들이는 곳, 립스틱, 마음, 말하다, 맛보다, 먹다, 무섭다, 미소, 배고프다, 불다, 붉다, 빨강, 뽀뽀, 성적 에너지, 섹시, 소문, 소통, 수다, 수용, 숨 쉬다, 시끄럽다, 식사, 식욕, 앵두, 야무지다, 언어, 예쁘다, 욕구, 욕망, 웃음, 유아성, 음식, 이미지, 이야기, 입맛, 입병, 자신감, 잔소리, 재미있다, 조심해야 함, 치아, 침묵, 키스, 탐욕스러움, 하고 싶은 말, 흑인
이	가지런하다, 건강, 건치, 공격성, 관리하기 힘듦, 교정, 깨물다, 날카로움, 냄새, 늙었다, 드러내다, 뜯다, 말, 무섭다, 물다, 미소, 방해, 복, 분노, 빠지다, 사납다, 사랑니, 상어, 스케일링, 식욕, 씹다, 아이, 아프다, 양치질, 원초적인, 위협, 유용하다, 음식, 음흉함, 임플란트, 자르다, 잘근잘근, 충치, 치과, 치석, 치열, 칫솔, 튼튼하다, 하얗다, 함박웃음, 화났다
다리	각선미, 건강, 걷다, 걸음걸이, 경주, 곧다, 기둥, 길, 길다, 길었으면 좋겠다, 날씬하다, 달리기, 두 다리, 등산, 뚱뚱하다, 뛰다, 매끄럽다, 매력, 무, 무릎, 무적, 바지, 반바지, 발찌, 방향, 부지런하다, 부츠, 붓다, 빠르다, 서다, 설 수 있는, 스타킹, 신발, 아름다움, 아프다, 어디든 가고 싶다, 여행, 역동성, 예쁘다, 요염, 운동, 움직임, 의지, 이끌다, 이동, 자신감, 자유롭다, 종아리, 지탱하다, 진행, 짧은 다리, 쭉 뻗다, 탁구, 탄탄하다, 털, 튼튼하다, 활동성, 힘
손	거칠다, 곱다, 공격성의 표현, 공예, 관계, 기도, 남자, 네일아트, 노동, 능동적이다, 능력, 다섯 손가락, 담다, 대인관계, 도구, 두 손, 두드리다, 따스하다, 마주 잡다, 만들다, 만지다, 물건을 옮기다, 미술, 바느질, 반지, 복스럽다, 볼펜, 부지런하다, 사랑, 상처, 생각의 움직임, 섬섬옥수, 섬세함, 성실, 소통, 손금, 손바닥, 수용, 수화, 순수하다, 쓰다, 아름답다, 아프다, 악수, 안쓰럽다, 앞뒤(장단점), 약속, 엄마, 업무, 여자, 연필, 예쁘다, 운전, 움직임, 유능함, 의사소통, 인체축소판, 일꾼, 자유롭다, 작품, 잡다, 장갑, 재능, 재주, 주부습진, 집다, 투박하다, 표현, 피아노, 필요한 존재, 할 수 있다, 협동, 힘든 일상
손가락	10개, 가녀리다, 가늘다, 가리키다, 감촉, 기타, 꼼지락거리다, 나른하다, 네일아트, 노동, 다섯, 도구, 도움, 마디, 바느질, 바쁘다, 반지, 방향, 불편, 뼈, 삿대질, 섬세하다, 셈, 속뜻, 손톱, 악수, 약속, 약하다, 어색, 요리하다, 움직임, 웨딩, 자식, 자유롭다, 재주, 조작, 지시하다, 집다, 짚다, 통통하다, 피아노, 활용도, 희다

발	10개, 가벼움, 건강, 걷기, 걸음, 견디다, 겸손, 경직성, 고생, 구두, 굴곡, 균형을 잡다, 기초, 낮은, 냄새, 넓적하다, 노동, 노력, 대단하다, 도보, 든든하다, 못생겼다, 무좀, 바닥, 받치다, 발가락, 발톱, 버티다, 붓다, 빠르다, 생동감, 섬김, 속도, 수고스러움, 숨어 있는, 쉼, 신발, 아프다, 안정감, 양말, 여행, 역동성, 운동화, 움직임, 이동성, 인체축소판, 일하다, 자유, 자유롭다, 작다, 지압판, 지지, 지탱하다, 축구, 크다, 페디큐어, 페인팅, 편해야 한다, 피곤함, 활동성
엉덩이	S 라인, 건강미, 게으름, 골반, 관능미, 귀엽다, 근육, 꼬마, 남자, 둥글다, 뒷모습, 매력, 몽고반점, 무거움, 바가지, 방귀, 배설, 변, 복숭아, 부드럽다, 살이 제일 많은 곳, 생식기, 성적 충동, 섹시하다, 아기, 아줌마, 앉는다, 여성, 예쁘다, 오리, 외국 여성, 요가, 운동, 원숭이, 유혹, 육감적이다, 주사, 중심 잡다, 짱구, 창피하다, 청바지, 출산, 춤, 크다, 탄력성, 탐스러운, 탱탱하다, 토실토실하다, 통통하다, 팬티, 평퍼짐하다, 편안함, 푸근하다, 푹신하다, 풍만하다, 풍성하다, 필라테스, 허용, 힘, 힙 업
뼈	X-ray, 가난, 강직하다, 강하다, 개, 건강, 골격, 골다공증, 골절, 골조, 공룡, 공포, 과학실, 관절, 구조적이다, 굵다, 근본, 근원, 근육, 기둥, 기틀, 기본 틀, 기본, 깁스, 기초, 납골당, 단단하다, 딱딱하다, 멸치, 몸의 구성, 무게, 무섭다, 성장, 시리다, 시체, 아픔, 안쓰럽다, 약, 오돌뼈, 우유, 으스스하다, 조심스러움, 죽음, 중심적, 지지하다, 지탱하다, 징그럽다, 척추, 철근, 칼슘, 토대, 튼튼하다, 해골, 화장
두골	X-ray, 고고학, 구멍, 꽉 찬 느낌, 뇌진탕, 단단하다, 두통, 드라마 장면, 드러난 치아, 딱딱하다, 머리, 무덤, 무섭다, 미라, 발굴, 병원, 보호하다, 분리되다, 비상하다, 사고, 생각, 소중하다, 수술, 스님, 신비스럽다, 외과, 우뇌, 유물, 유적, 의미 불명, 자아 근원, 조심, 좌뇌, 죽음, 지적 능력, 지키다, 징그럽다, 해골, 헬멧, 화석

2. 표정

세상 만물 중 인간에게만 얼굴이 있으며, 표정(表情, expression) 또한 인간에게만 있는 특징이다. 인간의 얼굴은 감정을 표현하며 심리 상태를 드러낸다. 동양의학에서는 오장육부의 건강 상태 또한 얼굴에서 드러난다고 말한다. 신화에서 인간의 모습은 신의 형상을 본 떠 만들어졌으며 얼굴은 신성함의 상징이기도 하다. 이스라엘의 비밀교인 카바라의 구약성서는 천지창조가 무에서 완전한 상태의 큰 얼굴이 태어나는 것으로부터 시작되었다고 하였다. 힌두교의 경우 신상에서 볼 수 있는 여러 개의 얼굴은 신이 가진 여러 가지 모습, 신의 근원적인 힘, 신의 업적이나 기능을 뜻한다.

이처럼 신의 얼굴은 인간의 여러 가지 모습을 뜻하며, 인간의 성격이나 모습은 그 표정으로 드러나게 된다. 인간의 표정은 겉으로 드러난 인격을 나타내는 것으로, 다양한 모습의 인간과 감정을 드러내는 상징적 의미로 쓰인다. 이 절에서는 다양한 표정에서 드러나는 상징적인 의미와 작품을 통해 드러나는 심리적인 표현을 살펴보고자 한다.

1) 웃는 얼굴(smile)

① 사전적 의미

인간의 표정으로, 감정 표현의 하나다. 기쁨과 호의를 표현하거나 적의를 느끼지 않는 것을 전하기 위해 사용된다. 표정의 미소는 웃음이라고도 불린다.

② 유래

영어권 국가에서 웃음은 소리 내어 웃는 'laugh'와 소리 내지 않고 미소 짓는 'smile'의 두

한 세상에서 가장 인색한 일은 밝은 웃음을 아끼는 일이다.
눈가의 근육을 조금만 움직여서 한두 번 미소 짓는 것만으로도 사람들에게 행복감을 안겨 줄 수 있는데
그것조차 안 하는 사람들이 있다.
-매기 사빈 바덴(Maggi Savin-Baden)-

가지 행위를 의미하며, 이들은 서로 다르면서도 같게 쓰인다. 한편, 웃음에는 종종 조롱의 뉘앙스가 더해지거나 가는 목소리로 웃는 것도 포함되는데, 미소는 그 어느 쪽에도 해당하지 않는다. 그 밖에 억지웃음이나 기분 나쁜 웃음, 쓴웃음 등 다양한 웃음의 종류가 있다.

③ 상징적 의미

웃는 얼굴은 여유, 기쁨, 즐거움, 밝다, 미소, 환희, 쾌활함, 배려, 화평 등을 상징한다. 반면, 가식, 포장하다, 보기 싫다 등의 방어적인 의미로 표현되기도 한다. 그 밖에도 웃음은 다음과 같은 상징적 의미를 지닌다.

- 웃음을 사다: 남들에게 비웃음과 놀림을 받다.
- 웃음을 팔다: 여자가 화류계 생활을 하다.
- 웃음 끝에 눈물: 처음에는 재미나게 잘 지내다가도 나중에는 슬픈 일, 괴로운 일이 생기는 것이 세상사임을 비유적으로 이르는 말
- 웃음 속에 칼이 있다: 겉으로는 친한 체하나 속으로는 해치려는 마음이 있다.
- 거지는 논두렁 밑에 있어도 웃음이 있다: 물질적으로는 가난하더라도 마음의 화평은 얼마든지 있을 수 있다.
- 빈 잔 술에 눈물 나고 한 잔 술에 웃음 난다: 남에게 이왕 무엇을 주려거든 흡족하게 주어야지 그렇지 못하면 도리어 인심을 잃게 된다.

④ 신화와 고전

옛날 정씨 성을 가진 한 가난한 사람이 살았는데, 그는 항상 싱글벙글 웃어서 싱글벙글 정씨라 불렸다. 집이 어려워진 정씨는 땅을 팔고 장사를 시작한다. 그러던 어느 날 정씨는 울고 있는 한 아이를 도와주었는데, 그 아이가 자라서 정씨가 사는 마을의 원님으로 오게 되었고, 정씨에게 벼슬을 내려 준다. 정씨는 관직에도 오르고 큰 부자가 된다. 이 이야기에서 웃는 얼굴은 착하고 남을 돕는 사람의 이미지로 표현되었고, 미래에 성공하는 긍정적인 이미지로 나타났다(신지윤, 류동필 편, 2000).

⑤ 웃는 얼굴의 이미지

(성인)
웃는 사람 사진을 통해 기쁨, 즐거움의 욕구를 표현

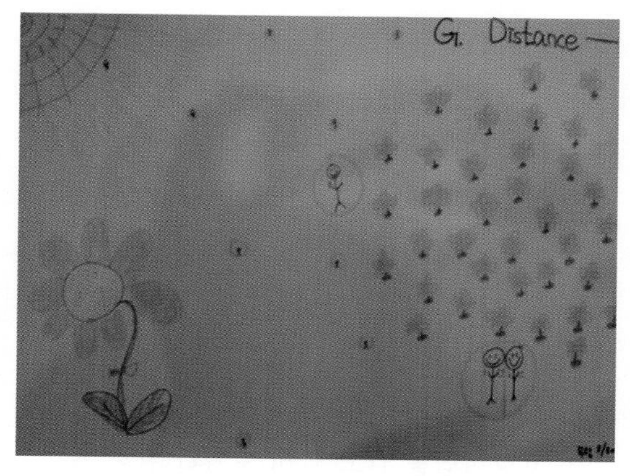

(중학교 1학년 등교거부 청소년)
웃는 얼굴: 즐겁고 편안해지고 싶은 욕구를 표현

2) 우는 얼굴(crying)

① 사전적 의미

우는 것은 기쁜, 혹은 슬픈 감정을 억누르지 못하거나 아픔을 참지 못하여 눈물을 흘리는 것을 말한다. 우는 얼굴은 울고 있는 얼굴을 뜻한다.

② 유래

울음과 관계된 속담으로는 다음과 같은 것이 있다. "우는 아이 떡 하나 더 준다."라는 속담은 어떤 일을 더 적극적으로 요구하는 사람에게 기회가 돌아감을 의미한다. "울며 겨자 먹기" "주먹이 운다." 등에서 '운다'는 하기 싫은 감정을 뜻하며, 때리고 싶지만 감정을 억누르고 참고 있을 때 '운다'는 표현을 쓰기도 한다.

③ 상징적 의미

우는 얼굴은 슬픔, 아픔, 고통, 괴로움, 불행, 우울, 절망 등을 상징한다. 반면, 기쁨, 감동, 애환, 위로, 해소 등의 의미로 표현되기도 한다.

④ 신화와 고전

호랑이가 마을에 내려와 우는 아이를 달래는 어머니의 소리를 엿듣는다. 호랑이가 왔다고 해도 울음을 그치지 않던 아이가 곶감을 준다는 소리에 울음을 그치자 호랑이는 곶감이 자기보다 무서운 존재라고 생각한다. 이때 소도둑이 들어와 호랑이를 소로 착각하고 등에 올라탄다. 호랑이는 이를 곶감이라고 착각하고 죽을힘을 향해 달린다. 동이 트자 그때야 도둑은 자신이 올라탄 것이 호랑이임을 알고 급히 도망간다(김수연, 김준선 편, 2000).

⑤ 우는 얼굴의 이미지

(중학교 2학년 학교 부적응 청소년)
우는 얼굴: 슬픔과 괴로운 심정을 표현

3) 소리치는 얼굴(shouting)

① 사전적 의미

소리를 크게 지르는 것으로, 소리를 치고 있는 사람의 얼굴을 말한다.

② 유래

속담 중 "독 안에서 소리치기"는 남의 눈에 띄지 않는 곳에서 혼자 크게 소리치는 것을 뜻하는 말이며 "받는 소는 소리치지 않는다."라는 속담은 능력이 있는 사람은 공연히 요란하게 소리를 내지 않음을 뜻하는 말이다. 소리치는 것은 소리를 내는 것, 소리 내어 자랑하거나 큰소리치는 것을 뜻하는 말로도 쓰인다.

③ 상징적 의미

소리치는 얼굴은 분노, 답답함, 괴롭다, 공포, 놀라움, 발산, 억울함 등을 상징한다. 반면, 응원, 내면의 소리, 위엄, 의지, 절실함 등으로 표현되기도 한다.

④ 신화와 고전

양치기 소년이 심심풀이로 "늑대가 나타났다!"라고 사람들에게 소리를 쳐 그 말에 속은 사람들이 우르르 무기를 가져와 한바탕 소동이 일어난다. 계속해서 이러한 장난을 친 양치기 소년이 나중에 진짜 늑대가 나타나 "늑대가 나타났다!"라고 소리를 쳤으나, 아무도 도우러 오지 않아 양이 모두 죽어 버리게 된다. 여기서 양치기 소년은 장난으로 소리를 쳤다가 이후 절실히 도움이 필요한 위급 상황에는 정작 외면을 당하게 된다(이은아 편, 2012).

⑤ 소리치는 얼굴의 이미지

(중학교 3학년 학교폭력 가해 청소년)
소리치는 얼굴: 내면의 분노와 답답함을 표현

4) 화난 얼굴(angry)

① 사전적 의미

성이 나고 언짢아서 노엽고 답답한 감정이 생기다.

② 유래

'화가 나다' '화가 뜨다' '화가 치밀다' '화를 돋우다' '화를 풀다' 등의 표현으로 쓰인다. 화에 대한 속담은 "방귀 낀 놈이 성낸다."라는 것이 있는데, 이는 자신이 한 일을 두고 도리어 성을 낸다는 의미다. 또한 '노발충관(怒髮衝冠)'은 노하여 일어선 머리카락이 관을 추켜올린다는 의미이며, '노발대발(怒髮大發)'은 몹시 크게 성내는 모습을 나타낸다.

③ 상징적 의미

화난 얼굴은 화남, 성남, 노여움, 분노, 불쾌, 불안, 파괴적인, 폭력, 힘들다 등을 상징한다. 반면, 감싸주다, 거부감, 내 얼굴, 눈치 보인다 등으로 표현되기도 한다.

④ 신화와 고전

박경리의 대하소설『토지』(2002)에는 "화가 머리끝까지 치민 삼석이는 부지중에 조선말로 욕을 퍼붓는다."라는 표현이 나온다. 여기서 화는 뜻대로 되지 않는 일에 대한 노여움을 나타낸다.

⑤ 화난 얼굴의 이미지

(초등학교 저학년 학교 부적응 아동)
화난 얼굴: 혼나고 있는 장면을 표현하였으며 화난 얼굴로 분노와 불쾌한 감정을 표현

5) 눈을 감고 있는 얼굴

① 사전적 의미

'눈'은 빛의 자극을 받아 물체를 볼 수 있는 감각기관이며, '감다'라는 표현은 눈꺼풀을 내려 눈을 덮는다는 것을 의미한다.

② 유래

기도할 때 눈을 감으면 명상을 쉽게 할 수 있다고 한다(Georges, 1997).

③ 상징적 의미

눈을 감고 있는 얼굴은 기도, 명상, 회피, 고민, 무관심, 상상, 기다리다 등을 상징한다. 반면, 여유, 온화, 자유로워 보임, 휴식 등으로 표현되기도 한다.

④ 신화와 고전

이문열의 『영웅시대』(1984)에는 다음과 같은 문장이 나온다. "정인은 그 참혹한 광경에 다시 눈을 감았다. 금세 뒤집힐 듯 속이 울렁거렸다." 이 소설에서는 눈을 감는 행위가 충격적인 광경을 잠시 회피하고자 하는 것으로 나타난다.

⑤ 눈을 감고 있는 얼굴의 이미지

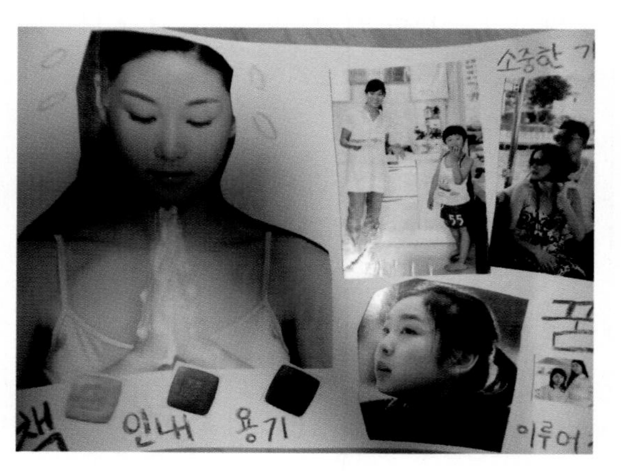

(성인)
눈을 감고 기도하는 듯한 사진을 통해 자신의 꿈을 이루고자 하는 절실한 마음을 표현

6) 무표정한 얼굴

① 상징적 의미

무표정한 얼굴은 중립, 성의 없는 태도, 관심 없음, 무엇인가를 감추다 등을 나타내기도 하지만, 외로움을 나타내기도 한다.

※ 표정의 상징적 의미

표정	가면, 감정 표현, 감정을 드러내다, 거울, 관상, 궁금하다, 귀엽다, 기분 상태, 기쁨, 눈 · 코 · 입, 다양함, 드러내다, 마음의 창, 무표정, 미소, 밝다, 범죄자 사진, 보조개, 살피다, 속마음, 심경, 어둡다, 웃음, 이야기, 인상, 인생사, 인성, 자연스러움, 재미있다, 조심스럽다, 중요하다, 진지하다, 집중, 짓다, 짜증, 찡그리다, 표현이 다양하다, 품위, 현상금, 화남
웃는 얼굴	기쁘다, 귀엽다, 비웃다, 화사하다, 즐겁다, 밝다, 미소, 기분 좋다, 경쾌하다, 상쾌한, 기분 좋은, 예쁘다, 맑다, 행복하다, 환희, 진심, 가식, 쾌활함, 환하다, 희망, 고마움, 친절, 보조개, 빵, 스마일, 평화, 편안함, 단란하다, 좋다, 개그, 긍정, 아기들, 천진난만, 나, 포장하다, 좋은 인상, 보기 싫다, 건강, 발달, 주름, 천사의 얼굴, 사랑
우는 얼굴	가식, 감동, 고뇌, 고통, 기쁘다, 눈물, 마음이 아프다, 미움, 바보, 보살핌, 불쌍하다, 불행, 상처, 서럽다, 속상하다, 슬픔, 승화, 아기, 안쓰럽다, 알 수 없는, 애처로움, 애환, 억울, 억지, 외로움, 우울, 위로, 절망, 죽음, 진정성, 짜증, 처량하다, 할 이야기가 있다, 해소, 화남, 후련하다, 힘들다
소리 치는 얼굴	강력히 주장, 거슬리는, 공포, 과격, 과시하다, 괴롭다, 권위적, 끄집어내다, 끔찍하다, 내려놓음, 내면의 소리, 놀라다, 놀라움, 눈, 답답함, 대답해 주고 싶다, 도둑, 독선, 들어 줄 사람, 목소리, 못생겼다, 무섭다, 뭉크, 미운, 발산, 부르는, 분노, 불만이 있다, 성난, 소름끼치다, 소매치기, 스트레스, 시끄럽다, 싸움, 아버지 얼굴, 안쓰럽다, 억울함, 엄마, 열 받은 사람, 외면, 위엄, 응원, 의지, 이성적이지 못하다, 입 모양, 자격지심, 절규, 절망, 절실함, 진상, 짜증, 찡그리다, 폭발, 표현, 할 이야기가 있다, 해소, 혼내는 모습, 화나다, 힘, 힘들다
화난 얼굴	감싸주다, 감정에 몰입해 있다, 감정이입, 거부감, 공격, 괴로움, 굳은 표정, 내 얼굴, 눈매, 눈치 보인다, 답답하다, 두려움, 때리고 싶다, 마귀할멈, 못생김, 무서움, 무시하다, 미움, 본성, 분노, 불, 불안, 불쾌, 불편하다, 붉은 얼굴, 비난하는 사람, 상기된, 성미, 세모, 소리치다, 시비, 신경 쓰이다, 싫은, 씩씩거리다, 아빠, 애통, 억눌린 욕구, 억울, 엄마, 연기, 오해, 외면, 욕, 자리를 피하다, 잘못, 조심해야 한다, 찡그리다, 파괴적인, 폭력, 폭발, 할 말이 있다, 혈압, 화산, 회초리, 회피, 힘들다
눈을 감고 있는 얼굴	가면, 가을, 감상, 고뇌, 고단하다, 고민, 고심하다, 고요, 기다리다, 기도, 나만의 공간, 눈꺼풀, 느낌, 달관, 답답하다, 돌아보기, 명상, 모든 것이 싫다, 무관심, 무념무상, 무시, 무표정, 방해하기 싫다, 보고 싶지 않다, 소통, 불안, 뽀뽀, 사색, 상상, 생각에 잠기다, 슬픔, 심사숙고, 안 보이다, 억누르다, 여유, 온화, 외면, 우울, 자유로워 보이다, 잠시 쉬어 가다, 잠자는 얼굴, 조용하다, 졸다, 준비, 침묵, 키스, 편안함, 평온을 찾음, 평화롭다, 피곤하다, 해탈, 현실도피, 호수, 회상, 회피, 휴식, 희생, 힘들다
무표정한 얼굴	무관심, 심심함, 지루함, 의욕없음, 화남, 무기력, 기분, 이모티콘, 지침, 우울함, 슬픔, 재미없는, 시무룩, 첫인상, 감정 없는, 거울, 아저씨, 잠만보, 이집트 벽화, 여권사진, 기독교 미술, 생각, 고민, 심란함, 멍함, 밀랍인형, 근무시간, 만화, 반항, 불만, 대화, 아빠, 긴장, 아그리파

3. 행동과 태도

인간의 동작과 행위는 그 행위 자체가 가지는 의미가 있다. 그리스 · 로마 신화에서 전령의 신 헤르메스는 날개가 달린 샌들과 모자 페타소스를 쓰고 날아갈 듯한 포즈를 취한 모습을 하고 있다. 이는 신과의 소통, 바람처럼 빠른 헤르메스의 성격을 반영한다. 이처럼 행동과 태도(行動, 態度, behavior & attitude)는 그 행동을 하고 있는 사람의 성격과 심리 상태를 반영한다. 달리거나 걷는 사람의 동작은 생동감과 역동을 나타내고, 먹거나 마시는 사람의 모습은 풍요를 상징한다. 이 절에서는 인간의 행동과 태도가 갖는 다양한 상징적인 의미를 살펴보고자 한다.

1) 달리는 사람(running)

① 사전적 의미

달리는 것은 달음질쳐 빨리 가거나 오는 것을 뜻한다.

② 유래

"달리는 말에 채찍질한다."라는 속담은 기세가 좋을 때 더욱 박차를 가하는 것을 말한다. '극과 극을 달린다' '상승가도를 달린다'는 표현에서 달리는 것은 극과 극을 넘나듦, 오고감을 뜻한다.

③ 상징적 의미

달리는 사람은 운동, 속도, 자유, 에너지, 생동감, 역동성 등을 의미한다. 또한 노력, 의지, 성급함, 도망, 고통, 개운, 조급함 등을 상징한다.

한 마리의 개미가 한 알의 보리를 물고 담벼락을 오르다가 예순아홉 번을 떨어지더니
마침내 일흔 번째 목적을 달성하는 것을 보고 용기를 회복하다.
-스콧 피츠제럴드(F. Scott Fitzgerald)-

④ 신화와 고전

『신데렐라(Cinderella)』(Perrault, 2008)를 보면, 왕자는 마법사의 도움으로 무도회에 갈 수 있게 된 신데렐라에게 첫눈에 반한다. 신데렐라는 왕자와 춤을 추던 중 12시를 알리는 종이 치자 깜짝 놀라 밖으로 뛰쳐나간다. 신데렐라는 계단에 유리 구두 한 짝을 떨어뜨린 채 성 밖으로 빠져나가고, 이윽고 마법이 풀린다. 왕자는 신데렐라를 잊을 수 없어 유리 구두 한 짝을 가지고 발이 맞는 여성을 찾아다닌다. 그러던 중 신데렐라가 마침 그 구두를 신게 되고, 신데렐라는 의붓어머니와 언니들을 용서하고 왕자와 결혼한다. 이 이야기에서 달리는 행위는 급박하고 쫓기는 감정을 나타낸다.

⑤ 달리는 사람의 이미지

(성인)
달리는 사진을 통해 꿈을 향해 노력하는
자신의 모습이라고 표현

2) 걷는 사람(walking)

① 사전적 의미

걷는 것은 다리를 움직여 바닥에서 번갈아 떼어 옮기는 것, 그러한 행위를 하고 있는 사람을 일컫는다.

② 유래

걷는 것과 연관된 속담으로는 "걷기도 전에 뛰려고 한다."라는 것이 있는데, 이는 기본적인 일을 하기 전에 어렵고 큰 일을 하려는 것을 말한다. 걷는 것은 뛰기 전의 기초 단계의 의미가 있다.

"천 리 길도 한 걸음부터"라는 속담은 먼 거리라도 한 발 한 발 걷다 보면 목적지에 다다를 수 있다는 의미로, 여기서 걸음은 시작을 뜻한다. "뱁새가 황새를 따라가면 다리가 찢어진다."라는 속담은 역량이 안 되는 일을 다른 사람을 흉내 내어 하려고 하다가 망쳐 버릴 수 있음을 의미하는 말로, 여기서 '걷다'는 역량을 뜻한다. 일본 속담 중에도 "개도 걷다 보면 몽둥이에 맞는다."라는 것이 있는데, 이는 매사에 이것저것 하다 보면 어떨 때는 화를 당하기도, 어떨 때는 행운을 만나기도 한다는 의미다. 여기서 '걷다'는 어떤 일을 한다는 의미로 쓰인다. 이와 같이 '걷다'는 '시작' '일' '역량' '움직이다' 등의 의미로 쓰인다.

③ 상징적 의미

걷는 사람은 시작을 뜻하며, 진행, 활동, 역량 등을 의미한다. 또한 느긋하다, 편안하다, 여유, 당당함, 산책, 끈기 있다, 기분 좋다, 행복하다, 성실하다, 한가하다, 목표 등으로 표현되기도 한다.

④ 신화와 고전

유명한 이솝우화인 '토끼와 거북이'를 보면,

걸음이 느리다는 이유로 토끼에게 바보 취급을 받은 거북이가 산기슭까지 누가 먼저 도착하는지의 승부에 도전한다. 경기를 시작하자 예상대로 토끼와 거북이 사이의 간격은 점점 벌어지고, 드디어 토끼는 거북이가 보이지 않을 만큼 멀어져 버린다. 토끼는 여유롭게 거북이를 기다리다가 졸기 시작한다. 그 사이에 거북이는 계속해서 걷고, 잠에서 깨 눈을 뜬 토끼는 산기슭의 목적지에서 기뻐하는 거북이의 모습을 보게 된다(윤영선, 김혜란 편, 2013). 이 이야기의 교훈은 과신(자신과잉)하여 방심하면 일을 그르치고 만다는 것이다. 또한 능력이 약하고 걸음이 느려도 옆길로 새지 않고 꾸준히 나아가면 결국 큰 성과를 얻을 수 있다는 것을 의미한다.

⑤ 걷는 사람의 이미지

(성인)
걷는 사람의 사진은 여유와 당당함을 표현한 것이라고 함

3) 점프하고 있는 사람(jumping)

① 사전적 의미

뛰는 것은 있던 자리로부터 몸을 높이 솟구쳐 오르는 것을 뜻하며 그러한 행위를 하고 있는 사람을 의미한다.

② 유래

"뛰는 놈 위에 나는 놈 있다."라는 속담은 재주가 뛰어나도 그보다 나은 사람이 항상 있다는 말이며, "뛰어야 벼룩"은 도망쳐 봤자 사정거리 안에 있음을 뜻한다. 여기서 '뛰다'는 '재주' '도망' '힘겨운 일' 등의 의미로 쓰인다. 이 밖에도 '값이 뛰다' '주식이 뛰다' 등의 표현에서 '오르다'의 의미를 나타내기도 한다. "숭어가 뛰니 망둥이가 뛴다."라는 속담은 남이 한다고 해서 그럴 처지가 못 되는 사람도 덩달아 하려는 것을 말한다. 여기서의 '뛰다'의 의미는 '무언가를 하다'다.

③ 상징적 의미

점프하는 사람은 도약, 발산, 상승, 오르다, 희망, 에너지 등의 의미가 있다. 반면, 공격성, 도망, 힘겨운 일, 추락, 추월 등의 표현으로 상징되기도 한다.

④ 신화와 고전

전래동화 '삼년고개'에서는 첫 번째, 두 번째, 세 번째 소원도 오직 오래 사는 것인 한 할아버지가 장에 다녀오던 길에 구르면 3년밖에 못 산다는 삼년고개에서 엉덩방아를 찧었다. 할아버지는 땅을 치며 울다 몸져 누웠는데, 앞집 사는 개똥이가 "삼년고개에서 한 번 넘어지면 3년을 사시죠? 그럼 두 번 넘어지면 6년이요, 열 번이면 30년이에요."라고 하자 할아버지는 당장 일어나 삼년고개로 가서 점프를 하며 뒹굴었다(엄기원, 이영원 편, 2000). 여기서 뛰는 행위는 삶에 대한 희망, 즉 에너지 있는 모습으로 그려졌다.

⑤ 점프하고 있는 사람의 이미지

(성인)
점프하고 있는 사람의 사진을 통해 시원함과
심리적인 해소를 준다고 표현

4) 팔을 벌리고 있는 사람 (the person who opens arms)

① 사전적 의미

'벌리다'는 '둘 사이를 넓히거나 멀게 하다'는 의미이며, '팔 벌리다'는 '팔을 넓혀 멀리 떨어져 있게 하는 것'을 의미한다.

② 유래

'팔 벌리다'는 '안다(두 팔을 벌려 가슴 쪽으로 끌어당기거나 그렇게 하여 품 안에 있게 하다)'를 연상하게 하는 자세로, 안기 전에 취하는 포즈를 지칭할 때 주로 쓰인다. 따라서 팔을 활짝 벌리고 있는 포즈는 환영한다는 의미가 있다. 이탈리아의 유명한 화가인 루치아니 세바스티아노(Luciani Sebastiano)의 작품 〈구름 위에 두 팔 벌린 신〉에서 신은 두 팔을 활짝 벌린 포즈를 하고 있으며, 도메니코 베카푸미(Domenico Beccafumi)의 〈두 팔을 벌린 채 날아가는 천사의 정면〉에서 천사는 두 팔을 활짝 벌린 채 날아가는 모습을 하고 있다. 또한 브라질 리우데자네이루에는 도시가 내려다보이는 언덕에 두 팔을 벌리고 있는 거대한 예수 그리스도의 상이 있다. 현재도 우리는 신을 찬양할 때 두 팔을 벌린 채 신을 맞아들이는 자세를 취하는데, 여기서 두 팔을 벌리는 행위는 환영, 품 안에서 편히 쉬기를 바라는 의미를 담고 있다.

③ 상징적 의미

팔을 벌리고 있는 사람은 환영, 안식, 평안, 포용, 만족감, 너그러움, 사랑, 만남, 단합 등을 의미한다. 반면, 부정, 거절의 의미로 표현되기도 한다.

④ 신화와 고전

박경리의 대하소설 『토지』(2002)에는 다음과 같은 문장이 있다. "강쇠는 병아리 몰 듯 팔을 벌렸고 아이들은 영문을 몰라 어리둥절하면서도 어른들을 따라 방 안으로 들어간다." 여기서 팔 벌린 자세는 아이들을 인도하기 위한 자세로 나타난다.

⑤ 팔을 벌리고 있는 사람의 이미지

(성인)
팔을 벌리고 있는 사람 사진을 통해
상쾌한 기분과 만족감을 표현

(성인)
여러 명이 팔을 벌리고 있는 사진을 통해
동료와의 단합을 표현

5) 기다리는 사람(the person who waits)

① 사전적 의미

'기다리다'는 어떤 사람이나 때가 오기를 바라는 것을 뜻하며, '기다리는 사람'은 그러한 것을 바라는 사람을 뜻한다.

② 유래

"저승에서 부처님 기다리듯"이라는 속담은 저승에 부처가 갈 이유가 없는데 기다린다는 말로, 오지 않을 사람을 무작정 기다리는 모습을 일컫는다. '감나무 밑에 누워 감 떨어지길 기다린다'는 표현은 노력하지 않고 결과물을 바라는 모습을 말하며, "굿 구경 간 어미 기다리듯"이라는 속담은 굿을 보러 간 어머니가 혹시 떡이라도 가지고 올지 몰라 기다리는 것을 표현한 말로 기대에 찬 기다림을 말한다. 반면, "솥 씻어 놓고 기다리기"라는 속담은 모든 준비를 마치고 기다린다는 뜻이다. 이와 같이 기다림에 대한 표현은 '준비가 되어 기다림' '속절없는 기다림' '희망적인 기다림' 등 기다림에 대한 다양한 의미를 포함하고 있다.

③ 상징적 의미

기다리는 사람은 어떠한 바람이 있는 것으로 표현되어 희망, 기대, 바람, 만남, 설렘, 소망 등의 의미를 가진다. 반면, 무의미, 외로움, 지치다, 인내, 조급함 등으로 표현되기도 한다.

④ 신화와 고전

옛날 한 어촌에서는 머리가 셋이나 되는 이무기에게 해마다 처녀를 제물로 바쳤다. 어느 해에도 한 처녀의 차례가 되어 모두 슬픔에 빠져 있는데, 어디선가 용사가 나타나 자신이 이무기를 처치하겠다고 자원했다. 처녀로 가장하여 기다리던 용사는 이무기가 나타나자 달려들어 이무기를 처치했다. 보은의 뜻으로 혼인을 청하는 처녀에게 용사는 지금 자신은 전쟁터에 나가는 길이니 100일만 기다리면 돌아오겠다 약속하고, 만약 흰 깃발을 단 배로 돌아오면 승리하여 살아 돌아오는 것이고, 붉은 깃발을 단 배로 돌아오면 패배하여 주검으로 돌아오는 줄 알라고 이르고 떠나갔다. 그 뒤 처녀는 100일이 되기를 기다리며 높은 산에 올라 수평선을 지켜보았다. 이윽고 수평선 위에 용사가 탄 배가 나타나 다가왔는데, 붉은 깃발이 펄럭이고 있었다. 처녀는 절망한 나머지 쓰러져 죽고 말았다. 그러나 사실은 용사가 다시 이무기와 싸워 그 피가 흰 깃발을 붉게 물들인 것이었다. 그 뒤 처녀의 무덤에서 이름 모를 꽃이 피어났는데, 백일기도를 하던 처녀의 넋이 꽃으로 피어났다 하여 백일홍이라 불렀다 한다(신지윤, 박완숙 편, 2000).

'망부석 설화'는 신라 눌지왕 때 일본에 볼모

로 잡혀 있는 왕자를 구출하고 자신은 죽음을 당한 충신 박제상에 대한 이야기다. 박제상의 아내는 수릿재에 올라가 높은 바위 위에서 일본을 바라보며 하염없이 남편을 기다리다 돌부처가 되었다는 이야기가 전해진다. 이 망부석 설화에서 기다리는 행위는 돌아오지 않는 사람을 기다리는 애틋함과 지조, 돌아오지 않는 속절없음을 의미한다. 또한 기다리는 사람은 어떠한 바라는 것이 있는 것으로, 그 바람이 강하게 묘사된다.

⑤ 기다리는 사람의 이미지

(초등학교 저학년 애착 문제가 있는 아동)
엄마를 기다리는 사람: 동물들과 함께 밖으로 나가 엄마를 기다리고 있는 내용으로 애정의 욕구를 표현

6) 자는 사람(sleeping)

① 사전적 의미

'자다'는 생리적인 요구에 따라 눈이 감기면서 한동안 의식 활동이 쉬는 상태가 되는 것을 뜻하며, '자는 사람'은 눈이 감기면서 한동안 의식 활동을 쉬고 있는 사람을 뜻한다.

② 유래

우리나라 속담 중 "자다가 봉창 두드린다."라는 말은 전혀 관계없는 딴소리를 별안간 내놓는 것을 뜻한다. "잠자는 사자의 코털을 건드리지 말라."는 가만히 있는 사람을 성나게 하지 말라는 뜻이며, "잠결에 남의 다리 긁는다."는 자기를 위해 한 일이 뜻밖에 남을 위한 일이 됨을 뜻한다. 또 "잠자고 난 누에 같다."는 먹성이 좋아서 잘 먹는 것을 비유적으로 이른다. 여기서 '잠'은 쉬고 있는 행위를 뜻하며, 현실 생활에서 벗어난 것을 하고 있는 것, 정신이 몽롱한 때, 휴식을 하는 것 등을 뜻하는 말로 쓰인다.

잠에 대한 관용구로는 다음과 같은 것이 있다. 우선, '자나 깨나'라는 말은 '잠들 때나 깨어 있을 때나 항상'을 뜻하며, "자는 벌집 건드린다."라는 속담은 공연한 일에 손을 대어 문제를 일으킴을 뜻한다. 또한 "어른 말을 들으면 자다가도 떡이 나온다."라는 속담에서 잠은 편안함, 굳이 노력하지 않음을 의미한다.

③ 상징적 의미

자는 사람은 휴식, 안정 등을 원한다는 의미로서 현실에서 벗어나고 싶어 하는 것으로 표현된다. 또한 정리하다, 준비하다, 관심이 없다 등을 상징하기도 한다.

④ 신화와 고전

민요 〈잠노래〉는 다음과 같이 시작한다. "잠아 잠아 오지 마라, 요 내 눈에 오는 잠은 말도 많고 흠도 많다, 잠 오는 눈을 쑥 잡아 베어 탱자나무에 걸어 놓고 들며보고 날며…."(송방송, 2012). 이처럼 우리나라 민요에 등장하는 잠은 부정적인 이미지를 띤다. 그도 그럴 것이 이는 시집살이의 고충을 노래한 민요로, 잠이 오는 며느리가 잠을 깨려고 온갖 노력을 하는 내용이 담겨 있다. 여기서 잠은 휴식으로서 간절히 원하지만 누릴 수 없는, 쫓아야만 하는 것으로 나온다. 이 밖에도 잠자는 사람은 쉬거나 현실 생활에서 벗어나 있는 것을 뜻한다.

⑤ 자는 사람의 이미지

(성인)
자는 모습을 통해 휴식과 안정의 욕구를 표현

(성인)
자는 아이의 사진을 통해 자녀에 대한 사랑을 표현

7) 음식을 먹고 있는 사람(eating)

① 사전적 의미

'먹다'는 음식 따위를 입을 통하여 배 속에 들여보내는 것을 뜻한다. '먹는 사람'은 그러한 행위를 하고 있는 사람을 뜻한다.

② 유래

"먹고 죽은 귀신이 때깔도 곱다."라는 속담은 배부르게 먹어 두면 이롭다는 말이다. 먹는 것에 대한 소중함을 이르는 말은 "금강산도 식후경" "개도 먹을 때는 건드리지 않는다." 등이 있다. '먹다'는 주로 음식을 먹는다는 의미로 쓰이지만 '욕을 먹다'처럼 '듣는다'의 의미로도, '말을 먹다'처럼 말을 듣고도 대꾸나 반응이 없다는 의미로도 쓰인다. '쇼크를 먹다' '돈을 먹다'에서 '먹다'는 '받다'는 의미를 가지고 있다. '마음을 먹다'에서 '먹다'는 '다짐하다'의 뜻을 가지고 있다.

③ 상징적 의미

음식을 먹고 있는 사람은 결핍의 상태를 나타내며, 에너지 충족의 욕구, 기분 좋음, 성취 등으로 표현된다. 반면에 미련, 스트레스, 식욕, 애정, 욕구, 탐욕, 허기 등을 나타내기도 한다. 두 사람 또는 여러 사람이 함께 음식을 먹고 있는 경우는 소통과 관계를 상징한다.

④ 신화와 고전

헨젤과 그레텔은 가난한 나무꾼 아버지 그리고 마음씨 나쁜 의붓어머니와 함께 살고 있었다. 어느 날 의붓어머니가 헨젤과 그레텔을 밤에 몰래 숲 속에 버리고, 허기진 배를 감싸 안고 숲을 헤매던 두 아이는 빵과 과자로 만들어진 집을 발견한다. 이 과자 집의 주인 할머니는 이들에게 음식과 따뜻한 잠자리를 제공하지만, 사실 이것은 아이들을 살찌워 잡아먹으려는 마녀의 계략이었다. 아이들은 기지를 발휘하여 마녀를 오븐 안에 밀어 넣은 후 집을 탈출한다(Jacob & Wilhelm, 2005). 이 이야기에서 음식은 허기짐을 채울 수 있는 따뜻함의 상징인 동시에 유혹의 덫을 의미한다.

⑤ 음식을 먹고 있는 사람의 이미지

(초등학교 고학년 또래관계에 어려움이 있는 아동)
먹고 있는 사람: 애정 및 욕구 충족을 표현

8) 말하고 있는 사람(chatting)

① 사전적 의미

'말하다'는 생각이나 느낌 따위를 말로 나타내는 것을 말한다. '말하고 있는 사람'은 그러한 행위를 하고 있는 사람을 뜻한다.

② 유래

"뱉은 말은 주워 담을 수 없다." "말하면 백 냥 금이요, 다물면 천 냥 금이다."라는 속담은 말을 신중하게 하는 것의 중요성을 이야기한다. "죽어서도 무당 빌려 말하는데 살아서 말 못할까."와 같은 속담은 말하고 싶어 하는 욕구를 표현하고 있다. "말 한 마디에 천 냥 빚을 갚는다."는 말을 잘하면 어려운 일이나 불가능해 보이는 일도 해결점을 찾을 수 있음을 이른다.

③ 상징적 의미

말하고 있는 사람은 대화, 기쁨, 떠든다, 말이 많다, 말하고 싶다, 에너지, 자기주장, 자신감 표현 등의 타인과의 소통의 욕구를 의미한다. 또한 용기, 유쾌하다, 장난꾸러기, 재미있다, 활발, 해소 등의 상징으로 표현되기도 한다.

④ 신화와 고전

우리나라에서 전해 내려오는 구전 설화 중 '말 잘해서 벼슬 얻은 신 장수'라는 것이 있다. 그 내용은 다음과 같다. 옛날 서울의 한 재상이 시골 양반과 부자들에게 벼슬을 시켜 준다고 하면서 돈을 받았다. 그러나 재상은 돈만 받고 그들에게 벼슬을 주지 않았기에 돈을 준 사람들이 재상을 찾아가 귀찮게 굴었다. 그러자 재상은 대문에다 "양반에 문장과 인물이 좋고 말 잘하는 사람이 아니면 들어오지 말라."라는 방을 붙였다. 그러던 어느 날 옷도 남루하고 얼굴이 얽은 못생긴 사람이 재상의 집 대문을 열고 들어가려고 했다. 하인은 만류했지만 그는 호된 말로 꾸짖으며 재상이 있는 곳으로 모시라고 했다. 재상 앞에 서자, 재상은 그에게 "양반이 좋으냐?"라고 물었다. 그는 "사람들이 신발을 사러 와서는 제게 언제나 양반이라고 부르기 때문에 양반이 좋습니다."라고 대답하였다. 재상이 이번에는 "문장이 되느냐?"라고 묻자 "문중에서 항렬이 제일 높아 집안 사람들이 문장으로 부릅니다."라고 대답하였다. 다시 재상이 "인물이 가장 잘났느냐?"라고 묻자 "사람의 얼굴은 여자가 제일 잘 보는데 제 아내가 항상 저를 보고 세상에 둘도 없는 사람이라 하기 때문에 저의 인물은 잘났습니다."라고 대답한다. 마지막으로 "말을 잘하느냐?"라는 물음에 그가 답하기를, "대감이 제 말을 듣고 웃는 것은 제가 말을 잘하기 때문이 아닙니까?"라고 하였다. 재상은 그의 말에 동의하며 그에게 벼슬을 주었다(임석재, 1993).

⑤ 말하고 있는 사람의 이미지

(중학교 3학년 학교 부적응 청소년)
말하고 있는 사람: 타인과의 소통의 욕구를 표현

9) 강의하고 있는 사람(teaching)

① 사전적 의미

가르치는 것은 지식이나 기능, 이치 따위를 깨닫게 하거나 익히게 하는 것을 말하며, 그와 같은 행위를 하고 있는 사람을 뜻한다.

② 유래

가르치는 것에 얽힌 속담으로는 다음과 같은 것이 있다. 우선, "하나를 가르치려면 백을 알아야 한다."는 남을 가르치기 위해서는 남보다 훨씬 많이 알아야 함을 이르는 말이다. 또 "하나를 가르치면 열을 안다."는 하나를 알려 주면 많은 것을 알아듣는다는 뜻이다.

③ 상징적 의미

강의하고 있는 사람은 성공, 성취, 강사, 교육자, 대표, 돋보이다, 리더, 멋있다, 부러움 유능함, 유창함 등의 의미가 있다. 또한 전문성, 정리, 정보, 존경, 지루, 지식, 지적임, 책임감 등을 상징하기도 한다.

④ 신화와 고전

『개구리 선생님의 비밀(Meester kikker)』(Van Loon, 2000)에 등장하는 프란스 선생님은 어느 날 아이들에게 자신이 가끔 개구리가 된다는 폭탄선언을 해 버린다. 그런 프란스 선생님을 지키기 위해 아이들은 힘을 합쳐 선생님을 돕는다. 여기에서 선생님은 용기 있게 자신의 비밀을 말하고, 아이들과 협력하며 소통하는 대상으로 나타난다.

⑤ 강의하고 있는 사람의 이미지

(고등학교 1학년 진로상담 청소년)
강의하고 있는 사람: 타인보다 뛰어나고 싶은
성공 욕구 및 성취 욕구를 표현

10) 연기 · 연극하고 있는 사람(playing)

① 사전적 의미

'연기'는 배우가 배역의 인물, 성격, 행동 따위를 표현해 내는 것이며, '연기하는 사람'은 그 행위를 하는 사람을 뜻한다.

② 유래

고전적인 수법의 기본은 몸짓의 자연스러움이다(Benoist, 2006). 연기 · 연극은 수렵 농경 의식의 토테미즘과 샤머니즘의 제의적인 형태에서 비롯되었다. 이후 인간의 고유한 유희적인 본능으로 발전하였으며, 연극배우 또한 신비로운 제사장의 역할이 근원이었던 것으로 볼 수 있다.

③ 상징적 의미

연기하고 있는 사람은 자연스러움을 의미하기도 하며, 유희, 즐거움, 꿈, 끼, 대단하다, 매력적인, 열정 등을 의미한다. 반면, 가식, 가면, 거짓말, 과장 등을 상징하기도 한다.

④ 신화와 고전

『임금님 귀는 당나귀 귀』(이인화, 이우정 편, 1991)에서 당나귀 귀를 가진 임금님은 오직 이발사에게만 자신의 귀를 보이고 머리를 자른 후에는 이발사를 죽인다. 이 사실을 알고 있는 새 이발사는 당나귀 귀를 보지 않은 듯 연기를 한다. 그러나 입이 너무 간지러웠던 이발사는 대나무 숲에 가서 큰 소리로 "임금님 귀는 당나귀 귀!"를 외친다.

⑤ 연기 · 연극하고 있는 사람의 이미지

(성인)
무대 위의 사진을 통해 타인에게 주목받고
자신을 드러내고 싶은 욕구를 표현

(성인)
필름처럼 표현된 사진은 과거부터 현재까지
변화된 자신의 모습이라고 함

11) 일하고 있는 사람(working)

① 사전적 의미

일하는 것은 무엇을 이루거나 적절한 대가를 받기 위해 어떠한 장소에서 일정 시간 몸을 움직이거나 머리를 쓰는 것을 말한다. ‘일하는 사람’은 그러한 행위를 하고 있는 사람을 뜻한다.

② 유래

일에 관한 속담으로는 “삼대독자 외아들도 일해야 곱다.”가 있다. 이는 귀한 자식일지라도 일을 해야 고와 보인다는 말로 일의 중요성을 강조한다. 또한 “일하는 개가 게으름 피우는 사자보다 낫다.”는 일하는 것의 중요성을 말하고 있다.

한편, 성경에서 노동과 관련된 최초의 언급은 하나님의 천지창조 기사다(창세기 2장 2~3절), 혹자는 하나님께서 천지를 창조하심으로써 친히 노동의 본을 보이셨다 말하는 이도 있다. 이는 노동의 신성함을 분명하게 보여 준다. 하나님으로부터 지음받은 아담 역시 에덴동산에서 각종 동식물을 다스리고 보살필 노동의 사명을 부여받았다. 또 하나님께서 인간들에게 직접 노동의 의무를 명하기도 하셨다(창세기 1장 28절). 그래서 타락하기 이전의 아담에게 노동은 고통이 아니라 기쁨이 수반된 창조적 행위였다. 그 후 인간의 타락과 함께 노동은 수고와 고통을 수반하게 되었다(창세기 3장 16~19절). 또한 이 수고로움도 하나님이 함께하지 않으면 그 결과는 헛되고 무익하다(시편 127장 1~2절, 107장 35~38절).

③ 상징적 의미

일하고 있는 사람은 노동에 대한 신성한 가치를 표현하며, 수고, 노력, 근면, 성과, 수확, 능력, 열심히 살다 등의 ‘인간의 노고’를 의미한다. 또한 부지런하다, 분주하다, 최선을 다하다, 피곤하다 등을 표현하기도 한다.

④ 신화와 고전

일하기 싫은 가난한 게으름뱅이 아저씨가 길가에서 우연히 감투를 발견하게 되고, 그걸 쓰니 자신이 보이지 않음을 알게 된다. 그는 열심히 일하는 시장 사람들의 가게에서 이 도깨비 감투를 쓰고 도둑질을 하며 생계를 유지한다. 그러던 어느 날 도둑질을 하던 중 담뱃재로 도깨비 감투에 구멍이 나게 되고, 구멍을 꿰맸으나 꿰맨 부분이 상인들의 눈에 띄어 결국 아저씨는 흠씬 두들겨 맞는다. 일하기 싫어하는 게으름뱅이와 반대로 열심히 일하는 상인들의 모습이 대조적이다(김세실, 박철민 편, 1998).

⑤ 일하고 있는 사람의 이미지

(초등학교 고학년 공격 성향이 있는 아동)
일하고 있는 사람: 소방관을 위기에 처한 사람을
구해 주는 고마움의 대상으로 표현

12) 화장하는 사람(make up)

① 사전적 의미

화장품을 바르거나 문질러 얼굴을 곱게 꾸미다.

② 유래

화장술은 인류 최초의 여인, 이브가 탄생한 지 15년도 채 안 됐을 무렵부터 등장했다. 이집트 여인들은 콜을 사용하여 눈썹과 눈가를 검게 칠했다. 당시 부유층 여성들은 머리 위에 향료가 든 원추를 얹고 파티에 참석했는데 파티가 무르익어 감에 따라 이 원추에서 끈적끈적한 포마드 기름 같은 것이 서서히 녹아내려 머리와 어깨를 뒤덮었다고 한다. 로마의 여인들도 예외는 아니었다. '오르나트릭스(ornátrix)'라는 전문 노예(당시의 미용사)가 주인마님의 이마와 팔에 분필과 백연을, 입술과 뺨에는 황토, 모자반, 포도주 찌꺼기 등을 발라 주었으며, 또한 눈가에는 안티몬 가루를 칠해 주었다고 한다(Germa, 2004).

고대 이집트에서는 진한 화장을 주로 하였다. 이집트 화장의 대표적인 요소는 눈 화장이며, 형태, 상징성 또한 주로 눈 화장에서 나타난다. 눈 화장은 산 자와 죽은 자를 위한 '보호'를 상징한다. 눈 꼬리를 길게 그리는 물고기 형태의 눈 화장은 매의 신인 호루스(Horus)의 눈 우자트(Uzat)를 상징한다. 우자트는 '블루'라는 뜻으로 악으로부터의 '보호'를 의미한다. 눈 화장은 보호의 의미 외에도 죽은 자의 소생을 위한 필수적인 도구로서 '내세'를 의미한다. 죽은 자들은 '정의의 홀'에 있는 법정에 들어가기 전에 반드시 스스로를 정화한다. 이러한 의식 과정에는 흰색 의복을 입어야 하며, 눈 화장을 하고 머리에 기름을 붓는 종교 의식인 성별(聖別)을 하여야 한다(안인희, 2012). 따라서 고대 이집트의 화장은 보호와 죽은 자의 소생을 위한 내세를 의미하기도 한다.

③ 상징적 의미

화장하는 사람은 가꾸다, 가면, 보호, 소생, 아름다움, 사치, 유혹, 매혹, 변화 등의 아름다움을 상징한다. 또한 부지런하다, 사랑받고 싶어 하는 사람, 새로운 시작, 자기관리 등의 표현으로 나타나기도 한다.

④ 신화와 고전

예부터 왕족이 사람들 앞에 나설 때에 화장을 하였으며, 제례 등에서도 화장이 진행되었다. 배우들은 무대에 설 때 독특한 화장을 한다. 예를 들어, 눈, 콧날, 입을 멀리서도 명확하게 알 수 있도록 진한 화장을 한다. 이것을 '무대 화장'이라고 한다. 각국의 많은 전통 놀이에서 이처럼 독특한 화장을 하고 있다. 가령, 중국의 경극에서는 역할에 따라 특정한 모양의 화장을 한다. 일본의 가부키에서도 배역마다 정해진 화장이 있다. 한편, 일본에서는 죽은 사람을 화장하는 것을 '죽음화장'이라고 한다.

⑤ 화장하는 사람의 이미지

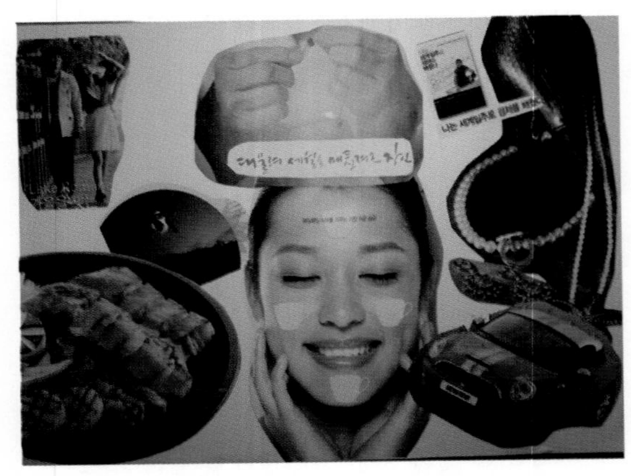

(중학교 1학년 진로탐색 청소년)
화장하는 사람: 자신의 내면과 외면을 변화시키고 싶은 욕구를 표현

13) 자는 얼굴(sleeping)

① 사전적 의미

눈을 감고 몸과 정신이 의식 활동을 쉬는 상태가 되는 것을 의미한다.

② 유래

잠에 대한 관용구로는 다음과 같은 것이 있다. 우선, '자나 깨나'라는 말은 잠들 때나 깨어 있을 때나 항상을 뜻하며, "자는 벌집 건드린다."라는 속담은 공연한 일에 손을 대어 문제를 일으킴을 뜻한다. 또한 "어른 말을 들으면 자다가도 떡이 나온다."라는 속담에서 잠은 편안함, 굳이 노력하지 않음을 의미한다.

③ 상징적 의미

자는 얼굴은 휴식, 회복, 편안함, 꿈, 안정, 사랑스러운, 고요 등을 상징한다. 반면, 피곤, 침묵, 죽음, 비통 등으로 표현되기도 한다.

④ 신화와 고전

한 왕국에서 공주의 탄생을 기념하며 파티를 열었다. 이때 모든 마법사를 초대했는데 마음씨 나쁜 마법사는 초대하지 않아, 그 마법사의 저주로 공주는 16세가 되는 해에 물레에 찔려 죽는 마법에 걸린다. 하지만 다행히도 착한 마법사들이 힘을 써 공주는 물레에 찔려도 죽지는 않되 사랑이 담긴 입맞춤을 통해서만 깨어날 수 있는 잠에 빠진다. 어느 날 이웃 나라의 한 왕자가 불쌍한 공주의 이야기를 듣고 성을 찾아와서 잠든 공주에게 입맞춤을 하게 된다. 그리고 잠에서 깨어난 공주와 왕자는 서로 첫눈에 반해 결혼하게 된다. 이 이야기에서 자는 얼굴은 공주가 처한 속수무책의 상황, 즉 안타까운 이미지로 표현되었다(Perrault, 2012a).

⑤ 자는 얼굴의 이미지

(6세 불안정 애착 아동)
자는 얼굴: 엄마가 자고 있는 것을 그림으로 표현하면서 불안을 표출하고 심리적 안정의 욕구를 표현

※ 상징적 의미

행동과 태도	거부감, 결과, 결정하기 어려움, 곧다, 관찰, 교정, 급하다, 나타내다, 드러나다, 마음, 모습, 몸짓, 바람직하다, 바른 생활, 바쁘다, 반대, 발산, 사람의 내면, 사람의 진심, 사회성, 사회적 태도, 생각을 나타내는 모습, 생동감, 선생님, 성품, 수행 능력, 숨 막히다, 습관, 심성, 알아채다, 언행일치, 에너지의 흐름, 열심히 하다, 예절, 올바르다, 옳고 그름, 외면, 움직임, 인격, 인상, 인성 교육, 일관성, 일치, 자기관념, 자세, 자유, 잘못, 절제, 정답, 정직함, 제약, 중요하다, 지켜보다, 진실함, 책임, 평가, 표현
달리는 사람	개운하다, 건강, 계획, 고통스럽다, 급하다, 꾸준하다, 노력, 도망, 도망자, 등번호, 땀, 마라톤, 맹세, 바람, 바쁘다, 부지런하다, 분주하다, 빠르다, 생동감, 서두르다, 선수, 성급하다, 소리를 내다, 속도, 숨이 차다, 신발, 씩씩하다, 약속에 늦다, 에너지의 흐름, 역동적이다, 열정, 열정적이다, 운동, 움직임, 육상선수, 의지, 자유, 전진, 조급하다, 조깅, 조마조마하다, 지치다, 진정되지 않는, 진취적이다, 진행, 청춘, 피신, 확장, 활기차다, 활동적이다, 흐름이 많다
걷는 사람	건강, 경보, 공원, 기분 좋다, 긴박함, 길, 꾸준하다, 끈기, 노인들, 느긋하다, 느리다, 답답하다, 보폭, 목적, 목표가 있다, 사색, 산책, 삶의 철학, 생각, 선수, 성실하다, 약속, 에너지, 여유 있다, 운동, 움직임, 의지, 인내, 일, 일상, 저녁, 진행, 출근, 편안하다, 평상, 피로, 한가하다, 함께, 행복하다, 활동, 활동성이 부족하다
점프하고 있는 사람	개구리, 개성, 경쾌하다, 공격성, 나아가다, 날다, 놀다, 농구, 높다, 높이뛰기, 능력, 단계, 덩크슛, 도약, 도전, 떨어지다, 뛰다, 뜀틀, 모험, 목표, 발산하다, 번지점프, 상승, 선수, 성장판, 성장하다, 신나다, 아이, 업그레이드, 에너지가 넘치다, 역동적, 오르다, 올림픽, 외향적, 운동, 울렁이다, 의지, 자신을 돌아보다, 자유, 젊음, 줄넘기, 즐거움, 추락, 추월, 트램펄린, 하늘, 행동 개시, 향상, 활동적이다, 희망, 힘들다, 힘찬
팔을 벌리고 있는 사람	감싸다, 공허, 과잉행동, 관대함, 균형, 기다림, 나아감, 너그러움, 레오나르도 다빈치, 마음이 넓다, 마음이 열리다, 만남, 맞이하다, 바람, 받아들이다, 사랑, 사랑받고 싶다, 손을 펴다, 수동적인, 수용, 수평, 숨쉬기 운동, 스트레칭, 신뢰, 신체검사, 아빠, 아이, 안기고 싶다, 안락함, 안아 주고 싶다, 엄마, 여유가 있는 사람, 예수님, 욕구, 용서, 움직임, 웃는 얼굴, 의지하고 싶다, 자신감, 자유롭다, 준비, 줄기, 체조선수, 편안하다, 포기, 포옹, 포용력 있다, 프리 허그, 행동, 허수아비, 헌신, 환영
기다리는 사람	가여움, 기대하다, 기분 좋은, 기차역, 끈기, 나무, 노력, 눈물이 많은 사람, 느긋하다, 대기석, 만남, 무의미, 믿음, 배려, 병원, 부모, 불안함, 사랑, 설렘, 성실, 소망, 시간, 시간 낭비, 시계, 신뢰, 아이, 애인, 약속, 여유로움, 열망, 외롭다, 인내심이 있다, 조급하다, 줄서기, 지겹다, 지루하다, 지치다, 착하다, 참다, 책, 초조하다, 커피, 터미널, 포기, 표, 학원, 희망
자는 사람	게으름뱅이, 고요, 관심이 없다, 귀찮음, 꿈, 누워 있다, 느긋하다, 단절, 만족, 무의식, 밤, 밤, 부러움, 부럽다, 숙면, 숨소리, 쉬다, 스트레스, 아이, 아프다, 안정, 안타까움, 애통, 에너지 소진된 상태, 에너지 충전, 여인숙, 이불을 덮어 줘야 하는 사람, 정리하다, 조용하다, 졸리다, 죽음, 준비하다, 지치다, 침대, 코골이, 편안하다, 평온함, 평화, 피곤하다, 행복하다, 휴가

음식을 먹고 있는 사람	건강함, 게걸스럽다, 고정관념, 과식, 국수, 군침, 기분이 좋다, 기쁨, 대화, 돼지, 만족감, 맛있다, 먹고 싶은, 미련해 보이다, 미식가, 배고프다, 배부르다, 뱃살, 복스럽다, 살기 위한, 삶, 생명, 성장하려는, 성취하다, 손님, 쉼터, 스트레스, 식당, 식사 시간, 식욕, 애정, 에너지를 얻고 싶은, 욕구, 자제, 적당, 조심성, 즐거운, 집, 채우다, 충전, 탐욕, 포만감, 푸드파이터, 풍족하다, 행복, 허기, 흡족
말하고 있는 사람	강사, 강연, 경박한 사람, 경청, 교수, 귀 기울이다, 기쁨, 너와 나, 노래하듯이, 능력, 대화, 듣기 싫다, 떠든다, 리더, 말이 많다, 말하고 싶다, 명랑하다, 목 아프다, 목소리, 무념, 변호사, 상담사, 생각하게 하다, 선생님, 소통, 수다, 수다쟁이, 시끄럽다, 실천, 아나운서, 앵커, 언변, 에너지, 연설가, 요점, 용기, 유쾌하다, 이야기, 인격, 자기주장, 자랑, 자신감, 장난꾸러기, 재미있다, 정치인, 조심스러움, 주체, 즐겁다, 진실, 집중, 표정, 표현, 할 말이 있다, 합리화, 해소, 행동, 허세, 활기차다, 활력, 활발하다, 회의
강의하고 있는 사람	가르치다, 강단, 강사, 강의실, 경청, 고지식하다, 교수님, 교양 있어 보인다, 교육자, 대단하다, 대표, 돋보이다, 똑똑하다, 리더, 마이크, 매료되다, 멋있다, 배울 점, 부러움, 부럽다, 뿌듯하다, 생동감, 손동작, 실력이 있다, 에너지, 연사, 연설, 열정, 유능함, 유식하다, 유창함, 유쾌하다, 이야기, 자부심 있는 사람, 자신감, 재미있어야 한다, 적극성, 전달, 전문성, 정리를 하고 연습하는 사람, 정보, 조심하다, 존경스럽다, 즐거움, 지루하다, 지식, 지적이다, 책임감, 표정, 학교, 학문, 활기, 활력
연기 · 연극하고 있는 사람	가면, 가식, 감성적이다, 감정, 객관적이다, 거짓말, 관람, 극단, 꾸미다, 꿈, 끼, 다른 삶, 대단하다, 대본, 대사, 대학로, 드라마, 또 다른 인생, 만들어 내다, 매력적인, 몰입, 무대, 배우, 본능, 비슷하다, 비싼 티켓, 삶, 생활, 속이다, 실망, 여유, 역할, 연극영화과, 연습하기, 연예인, 열정, 인생, 자유롭다, 재능, 조명, 좋아하다, 창작, 천 가지 얼굴, 청중, 캄캄하다, 탤런트, 텔레비전, 표현, 현실 적용, 힘든 일
일하고 있는 사람	가정, 가치, 근면, 노동자, 노력, 능력, 돈, 땀 냄새, 멋스러움, 멋있다, 바쁘다, 발산, 보람, 부모, 부지런하다, 분주하다, 삶의 현장, 생산직, 생존, 성실하다, 성인, 소극장, 소진, 신성함, 실천, 아름답다, 아버지, 열심히 산다, 열정, 응원해 주고 싶다, 의욕, 임무 수행, 장래, 재미있는 사람, 직원, 직장인, 책임감, 최선을 다하다, 커리어우먼, 택배 기사, 피곤하다, 행동, 행복한 사람, 현재가 가장 어렵다, 화이트칼라, 활기차다, 회복, 힘듦
화장하는 사람	가꾸다, 가리다, 가면, 가식, 각질, 감추다, 거울, 그림, 꾸밈, 노력, 놀러가는, 눈썹 칠, 대단하다, 도도함, 두려움, 립스틱, 매력, 매혹, 멈추다, 멋, 메이크업 아티스트, 미모, 미용, 바쁜 일상, 발레리노, 변신, 변화, 부지런하다, 뽐내다, 사랑받고 싶어 하는 사람, 사치, 새로운 시작, 색채, 술집 여자, 아름답다, 어렵다, 얼굴을 망치는 사람, 엄마, 여배우, 여자, 연극인, 연예인, 예뻐지다, 예쁘다, 예쁜 척, 예술가, 외출하다, 욕구, 위장, 자기관리, 자기애, 자신감, 장식, 준비하다, 지우기 귀찮다, 직장인, 진한 사람은 비호감, 치장, 투자, 포장, 허영, 화려함, 화사하다, 화장발, 화장품
자는 얼굴	고요하다, 귀찮음, 꿈, 드르렁, 부드러움, 비통, 뽀뽀, 사랑스러운, 수면, 순수, 쉬는 시간, 아기, 아들, 안정, 엄마, 예쁘다, 재미있다, 죽음, 진심이 담겨 있다, 천사 같다, 침묵, 편안하다, 평온하다, 평화, 표현하지 못하는, 피곤하다, 행복, 현실

4. 물과 관계있는 사람

인간은 어머니의 자궁 안에서 잉태되어 물로부터 이 세상에 태어난다. 이처럼 물은 인간 생명의 근원이며, 탄생과 풍요를 의미한다. 인체는 70%가 물로 이루어져 있으며, 인간이 태어나 성장을 거치면서 물은 그들의 삶과 뗄 수 없는 존재가 된다. 따라서 물은 인간의 삶에서 다양한 모습으로 등장하고 있고, 다양한 의식과 제의에서 상징적인 의미로 사용되어 왔다. 이슬람교, 유대교, 그리스도교, 인도의 정화 제례나 세례 의식에서의 물은 청결과 정화의 의미를 가지고 있다. 세례 장면에서 등장하는 인간과 물은 정화와 풍요, 속죄와 새로운 시작을 의미하기도 하며, 일상생활에서 하는 목욕 또한 유사한 의미를 지니고 있다. 다양한 신화에서 많은 신은 물에서 태어나거나 물 위를 걷는 등의 모습으로 등장하며, 물에 사는 요정의 모습으로 나타나기도 한다. 일상생활에서 인간은 물을 마시고, 씻고, 물에서 놀거나 물에 들어가기도 하는데 그 물의 속성과 인간의 행위에 따라 물 자체는 다양한 의미를 지닌다. 이 절에서는 물과 관계있는 사람의 다양한 모습에 담긴 구체적인 상징적 의미를 살펴보고자 한다.

1) 목욕(take a bath)

① 사전적 의미

(머리를 감고 몸을 씻는다는 뜻으로) 온몸을 씻다.

한 번은 실수지만 두 번은 실패다.
나는 나 자신에게 실수는 용납하나, 실패는 용납하지 않는다.
-박태환-

② 유래

모세의 율법은 하나님의 백성이 영적으로나 신체적으로 순결할 것을 강조하고 있다. 이스라엘 백성이 더러운 사람이 되는 이유는 다양하며, 그런 상태에서 몸을 정화하기 위해 몸에 물을 받아 자신의 옷을 씻을 필요가 있었다('레위기' 11장 28절, 14장 1~9절, 15장 1~31절; '신명기' 23장 10~11절). 종교 용어로는 더러움을 제거한 청정 의례의 일종으로, 순결 세례 등 다양한 명칭이 있지만 순결함에 의해 성(聖)과 속(俗)의 분리를 도모한다는 목적은 공통된다.

③ 상징적 의미

목욕은 휴식, 치유, 청결, 순결, 세례 등과 같이 청결하게 하는 것을 의미한다. 또한 안락함, 안식, 여유로움, 이완, 자기애, 자유, 정화 등을 상징한다.

④ 신화와 고전

한 나무꾼이 사냥꾼에게 쫓기는 사슴을 숨겨 주었더니, 사슴이 은혜의 보답으로 나무꾼에게 선녀들이 목욕하고 있는 곳을 알려 주며 선녀의 날개옷을 감추고 아이 셋을 낳을 때까지 보여 주지 말라고 당부한다. 나무꾼은 사슴이 일러준 대로 했고, 목욕이 끝난 선녀들은 모두 하늘로 돌아갔으나 날개옷을 잃은 한 선녀는 가지 못한 채 나무꾼의 아내가 된다. 아이를 둘까지 낳고 살던 어느 날, 나무꾼이 선녀에게 날개옷을 보이자 선녀는 그 옷을 입고 아이를 데리고 하늘로 돌아가 버린다(김유천, 김경애 편, 2013).

⑤ 목욕의 이미지

(성인)
목욕하는 모습을 통해 답답한 마음의 해소와 정서적인 이완을 표현

2) 세수(wash oneself face)

① 사전적 의미

손이나 얼굴을 씻음, 세면(洗面)을 말한다.

② 유래

발라도가 예수를 심판하고 처형을 명했다는 책임을 씻고 싶어 무리 앞에서 손을 씻는 행위를 한 것에서 유래한다(Bruce-Mitford & Wilkinson, 2010).

③ 상징적 의미

세수는 깨끗하다, 청결, 정화 등의 뭔가 새로이 하고자 하거나 다시 시작하고 싶은 소망 등을 의미한다. 또한 결백, 순수, 맑은 정신, 하루의 시작, 새 마음 등으로 나타나기도 한다.

④ 신화와 고전

한 마음씨 착한 할아버지가 파랑새를 쫓다가 이상한 샘물을 마신 후 젊어진다. 이를 본 할머니

또한 샘물을 마시고, 둘은 인생을 다시 한 번 젊게 살게 된다. 이를 알게 된 마음씨 고약한 할아버지는 욕심에 샘물을 너무 많이 마셔 아기가 되고 만다. 결국 마음씨 착한 젊은 부부가 이 아기를 데려다가 키우기로 한다. 여기서 세수는 새로움, 깨끗함, 젊음을 나타낸다(김장성, 정주현 편, 2000).

⑤ 세수의 이미지

(중학교 2학년 또래관계에 어려움이 있는 아동)
세수하는 사람: 심리적 해소와 새롭게 시작하고 싶은 욕구를 표현

3) 수영(swimming)

① 사전적 의미

스포츠나 놀이로서 물속을 헤엄치는 일이다.

② 유래

전 세계적으로 인간 생활에서 영위하는 활동 중 하나로 고대 스파르타에서는 청소년의 체육 수단이었으며, 르네상스 시대에는 해수욕장 및 수영 학교의 실내수영장이 유럽 전역에 확산되어 여름 레크리에이션 스포츠로 보급 · 발전하였다. 1873년 수영 경기가 런던에서 열렸다. 영국인들은 머리를 물 밖에 내놓고 팔을 물속에 넣은 채 개구리처럼 발차기를 하면서 팔을 동시에 당기는 방식으로 헤엄쳤다. 이것이 근대의 평영이 되었다고 한다(Wright & Joyce, 2005).

③ 상징적 의미

수영은 무의식의 여행으로 나타날 수 있으며, 여유, 기분 좋다, 평안하다, 한가롭다 등을 의미한다. 또한 운동으로서의 역동성, 활동성으로 나타나기도 한다.

④ 신화와 고전

가라앉고 있는 섬 투발루에서 수영을 못 하는 고양이 투발루는 섬이 가라앉는 동안에도 수영을 하지 못 하여 나아가지 못한다. 여기서 고양이 투발루에게 수영이란 생존이 걸린 탈출을 의미하며, 환경 문제에 대한 심각성을 우회적으로 표현하고 있다(유다정, 박재현, 2008).

⑤ 수영의 이미지

(성인)
수영장 사진을 통해 즐거움의 욕구와 정서적 이완을 표현

4) 샤워하는 사람(shower)

샤워하는 사람은 깨끗함, 개운하다, 상쾌하다, 시원하다, 피로회복 등을 의미한다. 또한, 여유, 정리, 준비, 즐겁다, 청결 등으로 상징된다.

※ 상징적 의미

목욕	가운, 개운하다, 거품, 귀찮다, 깨끗하다, 다시 태어나다, 단장, 더러운, 따뜻하다, 때, 때수건, 로션, 물, 반신욕, 비누, 사우나, 새로운, 선녀와 나무꾼, 수건, 수증기, 시원하다, 씻어 내다, 아버지의 등, 안락함, 안식, 여유로움, 예쁘다, 이완, 자기애, 자유, 잠, 저녁, 정화, 족욕, 찜질, 청결, 편안하다, 피곤함, 향기, 회복
세수	각질, 간단하다, 개운하다, 거울, 귀찮다, 기분 좋음, 깔끔하다, 깨끗하다, 눈곱, 단장, 단정함, 마사지, 마스크를 지우는 행위, 맑은 정신, 멋지다, 면도, 밝아지다, 비누, 뽀송뽀송하다, 상쾌하다, 새 마음, 세면대, 수건, 수돗물, 시원하다, 씻다, 아침, 얼굴, 예쁘다, 일상적인, 일어나다, 자기 전, 저녁, 정리하다, 정신 차리다, 준비하다, 지우다, 청결, 청초하다, 피부 미용, 하루의 시작, 화장, 화장실, 회복
수영	가로지르다, 개헤엄, 건강, 고되다, 극복, 근육질, 기분 좋다, 다이어트, 두렵다, 떠도는, 멋있다, 무섭다, 물, 물개, 물고기, 물장구, 바다, 박태환, 부러움, 비키니, 새벽, 선수, 소독약 냄새, 수영모, 수영복, 수영장, 시원하다, 시합, 에너지, 여름, 여유, 여유롭다, 역동적이다, 연인, 오리발, 올림픽, 우아하다, 우울한, 운동, 인내, 인명구조, 인어, 자신 있는, 자유롭다, 재미있다, 전신의 움직임, 전진, 조오련, 청량하다, 투명하다, 튜브, 파라솔, 팔 젓기, 편안하다, 평가, 하고 싶지 않다, 한가로운, 해변, 헤엄, 헬스, 활동적인, 힘, 힘들다
샤워하는 사람	개운하다, 괴롭다, 근육, 기분이 좋다, 긴장이완, 깨끗함, 머리감기, 목욕탕, 물줄기, 바쁘다, 부드러움, 비누, 빗소리, 뿌연 연기, 상쾌하다, 샤워기, 샴푸, 서두르다, 섹시하다, 쉬고 싶다, 시원하다, 실루엣, 씻다, 여유, 외출, 유리창, 자기관리, 정리, 준비하다, 즐겁다, 청결, 콧노래, 폭포, 피곤하다, 피로 회복, 하루 일과 마무리, 후련하다, 휴식

5. 직업과 관계되는 사람

직업과 인간은 농경사회가 시작하면서 인류와 함께 다양한 변화를 겪어 왔다. 고대 사회에서 직업이란 생업을 말하는 것이었고, 농경사회가 시작되면서 직업은 신분에 따라 그 역할이 구분되었다. 동서양을 막론하고 직업은 신분을 통해 세습되었으며, 엄격하게 구분되었다. 따라서 직업에는 사회적 지위와 권력 관계가 반드시 반영되어 있었다. 현대 사회에서 일반적인 의미의 직업이란 생계를 유지하기 위해 하는 노동을 의미하며, 분업화된 현대 사회에서 전문적으로 이행하고 있는 일을 뜻한다. 그리스도교 사상에서는 신의 소명이라는 의미 또한 지니고 있다. 현대 사회에서 드러나는 다양한 직업은 그 기능과 업무적인 의미도 있지만 이 시대의 사회적 지위와 열망을 반영하고 있으며, 각 직업군은 각 소속단체의 공통된 문화적 정체성을 가지고 있다. 이 절에서는 다양한 직업의 의미와 상징에 대해 살펴보고자 한다.

1) 의사(docter)

① 사전적 의미

의술과 약으로 병을 고치는 직업에 종사하는 사람으로, 일정한 자격을 가지고 면허를 받아야 한다. 의술과 약으로 병을 고치는 일을 직업으로 하는 사람을 말한다.

② 유래

고대 이집트의 신 이시스(Isis)는 '마력이 풍부한 여신' 및 '신의 어머니'로 숭배받았다. 전설에 따르면, 이시스는 토막난 오시리스(Osiris, 이시스

서툰 의사는 한 번에 한 사람을 해치지만,
서툰 교사는 한 번에 수많은 사람을 해친다.
-폴 보이어(Paul D. Boyer)-

의 남편이자 오빠)의 신체 부위를 다시 조립할 수 있었다. 그 후 이시스의 마력은 부상자에게 도움이 되었다. 모자를 돌보는 의술과 의학에도 이시스가 있었다. 호루스(Horus)는 이시스의 아들로, 모든 파라오(Pharaoh, 고대 이집트의 정치적 · 종교적 최고 통치자)는 호루스의 재생을 의미하기도 한다(Sieck, 2009).

③ 상징적 의미

의사는 사람을 치유하는 대표적인 직업으로 대단하다, 이지적이다, 유능하다 등의 사회적인 성공의 이미지 또는 도움이 되는 사람 등을 의미한다. 또한 세밀하다, 건강, 불안, 답답하다, 권위, 구원 등으로 상징된다.

④ 신화와 고전

그리스 · 로마 신화에 나오는 의술의 신 아스클레피오스(Asclèpios)는 친구 집에서 뱀을 한 마리 죽이게 되는데, 이때 또 다른 뱀이 어떤 약초를 입에 물고 와 죽은 뱀에게 붙여 살려내는 것을 보게 된다. 그 후 그는 그 약초를 사용해 많은 병을 고치고, 죽은 이를 부활시켰다. 죽음의 통제자인 하데스(Hades)는 아스클레피오스의 이러한 의술에 당황하여, 자신의 아우 제우스(Zeus)에게 부탁해 그만두도록 주의를 주었다. 그러나 생명을 구하는 것은 의사의 사명이라고 생각한 아스클레피오스는 제우스의 말을 듣지 않았다. 제우스는 어쩔 수 없이 번개를 내려 아스클레피오스를 죽이고 말지만, 의사로서의 위대한 기술과 업적을 잊지 않고 그를 하늘의 별자리로 만들어 모든 인간이 그를 기억할 수 있게 하였다. 그 별자리가 '땅꾼자리'다(봉현주, 신경란, 2014).

⑤ 의사의 이미지

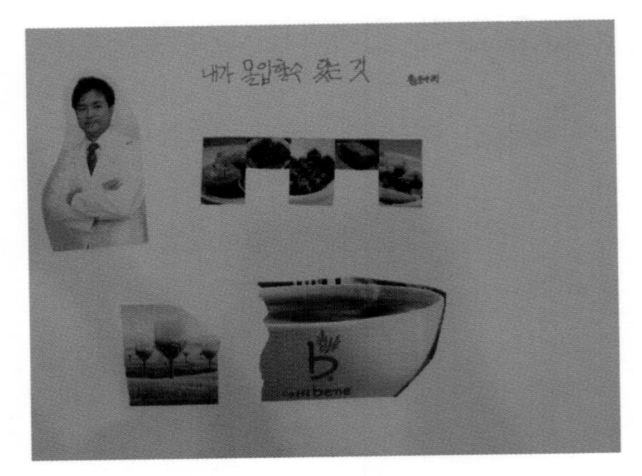

(중학교 2학년 진로탐색 청소년)
의사: 사회적인 성공의 욕구를 표현

2) 간호사(nurse)

① 사전적 의미

(일정한 법정 자격을 갖추고) 의사의 진료 보조와 환자의 간호에 종사하는 사람, 일정한 법적 자격을 갖추어, 의사를 돕고 환자를 돌보는 사람을 말한다.

② 유래

전통적으로는 수녀들이 아픈 사람들을 돌보는 역할을 했다(Bruce-Mitford & Wilkinson, 2010).

③ 상징적 의미

간호사는 박애의 대표적인 이미지로 상징되며, 봉사, 사랑, 천사 등의 헌신을 의미한다. 또한 고단하다, 깨끗하다, 상냥하다, 피곤하다, 치료하다, 친절하다 등으로 표현되기도 한다.

④ 신화와 고전

뇌에 피가 모자라 모야모야병에 걸린 수빈이는 로봇을 좋아한다. 혼자 있는 병실에서 그나마 로봇이 있어 위로가 되기 때문이다. 그런 수빈이를 돌보는 간호사 소정 씨는 수빈이가 좋아하는 로봇을 사 주며 수빈이를 위로한다. 여기서 간호사는 돌봄, 따뜻함을 나타낸다(송재찬 외, 2001).

⑤ 간호사의 이미지

(고등학교 2학년 진로상담 청소년)
간호사: 타인에게 도움이 되고자 하는 미래상을 표현

3) 경찰(police)

① 사전적 의미

사회 공공의 질서를 유지하고 국민의 안전과 재산을 보호하는 일, 또는 그런 일을 하는 조직이다.

② 상징적 의미

경찰은 공공의 질서체계의 상징이다. 이에 안전, 보호, 규칙, 단속, 도덕, 용기, 의심, 조사, 존경, 질서 등을 의미한다. 또한 조사하다, 친절하지 않다. 지켜 주다, 피하고 싶다. 필요하다, 활동적이다 등으로 상징된다.

③ 신화와 고전

남원 부사의 아들 이몽룡과 월매의 딸 성춘향은 서로 한눈에 반했고, 사랑을 나눈다. 그러나 이 도령은 부친의 임기가 끝나 서울로 돌아가게 되어 둘은 후일을 약속하고 이별한다. 남원에 새로 부임한 신임 사또 변학도의 수청을 거절한 춘향은 옥에 갇혀 죽을 지경에 이르지만, 전라 어사가 되어 돌아온 이몽룡이 탐관오리 변학도를 파직하고 춘향을 구해 낸다(송성욱 편, 2004).

④ 경찰의 이미지

(고등학교 1학년 진로상담 청소년)
경찰: 리더십이 있으며, 사회를 위해 헌신하는 미래상을 표현

4) 법조인(lawyer)

① 사전적 의미

(법관이나 검사 · 변호사 등) 사법(司法)에 관한 실무에 종사하는 사람이다.

② 유래

"저울은 악행을 견주어 증거와 선행을 저울질 한다(Bruce-Mitford & Wilkinson, 2010)"는 말에서 유래하였다.

③ 상징적 의미

법조인은 정의와 원리원칙을 지키는 대표적 직업으로서 공정, 권력, 권위, 근엄, 유능하다 등을 의미한다. 반면에 판단하다, 까칠하다, 냉철하다, 딱딱하다, 부조리, 양면성, 융통성이 없다, 벌을 주다 등으로도 상징된다.

④ 신화와 고전

어느 무더운 여름날, 비단 장수가 잠시 쉬려고 깜빡 잠이 든 사이 비단을 도둑맞는다. 그가 지혜롭기로 소문난 원님을 찾아가 자초지종을 설명하자, 원님은 망주석을 잡아오라고 한다. 망주석을 잡아 놓고 재판을 하자, 소문을 듣고 모여든 사람들은 원님의 행동에 웃는다. 그 모습을 본 원님은 재판을 하는데 감히 웃었다며 웃은 마을 사람들을 모두 감옥에 가둬 버린다. 그러고는 벌금으로 비단 한 필씩을 가져오라고 한다. 다음 날 모두 비단을 한 필씩 가져오는데, 원님은 그 중에서 비단장수의 비단을 찾게 하고 범인도 잡아낸다(최승필, 문구선 편, 2013).

⑤ 법조인의 이미지

(고등학교 1학년 진로탐색 청소년)
법조인: 지적이며 당당한 미래상을 표현

5) 가르치는 사람(teacher)

① 사전적 의미

가르치는 사람은 지식이나 기능, 이치 따위를 깨닫게 하거나 익히게 하는 사람을 말한다. 학생을 가르치는 사람이다.

② 유래

선생이라는 말은 스승, 가르치는 사람으로, 성경에서 예수님이나 본받을 만한 인격자에게도 쓰인다. 초대 교회에서는 진리와 복음을 가르치는 자로 일컫는다(가스펠서브 편, 2006). 한국에서는 신라시대에 선생이 뛰어난 학식을 갖추어 국왕의 자문 역할을 수행한 인물이나 인품을 갖추어 다른 사람에게 널리 추앙받는 인물을 뜻하는 말이었다. 교사는 학급 생활에 관한 한 힘과 권위의 상징으로 존재한다(한준상, 1996).

③ 상징적 의미

가르치는 사람은 권위, 힘, 지적이다, 안정적,

공부, 대단하다, 도덕성, 똑똑하다, 리더, 멘토, 사명감, 설명, 스승, 신중하다, 실력자 등을 의미한다. 반면, 자유로운 생각, 잘난 사람, 전문적, 조정자, 존경, 즐겁다, 지시하다, 직업, 진로, 책, 편파적 등으로도 상징된다.

④ 신화와 고전

프란츠는 늦잠을 자서 학교에 지각했다. 혼날 것을 예상했지만 선생님은 차분한 목소리로 자리에 앉으라고 한 후 오늘이 프랑스어 마지막 수업이라고 했다. 선생님은 아직도 문법에 서툰 프란츠에게 화내지 않았다. 정오를 알리는 종이 울리고 마지막 수업이 끝나자 선생님은 교단에서 말을 꺼내려 하지만 북받쳐 오는 감정 때문에 말을 잇지 못한다. 그러고는 칠판을 향해 돌아서서 온 힘을 다해 '프랑스 만세!'라고 칠판에 크게 쓴다(Alphonse, 2006).

⑤ 가르치는 사람의 이미지

(중학교 3학년 진로탐색 청소년)
교사: 지적이며 안정적인 직업으로서 미래상을 표현

6) 정치가(politician)

① 사전적 의미

정치를 맡아서 하는 사람 또는 정치에 정통한 사람, 정치인이라고 한다.

② 유래

소속 단체 휘장은 상징으로 가득 차 있으며, 그들만의 로고와 상징이 있다(Bruce-Mitford & Wilkinson, 2010).

③ 상징적 의미

정치가는 한 국가의 국민을 대표하는 사람으로서 강인함과 용기, 영향력 등을 나타내며, 강인함, 용기, 저항, 리더십, 권력, 권위, 거만, 선거, 대단하다 등을 의미한다. 반면에 거짓말쟁이, 기회주의자, 양면성, 말 바꾸기, 무질서, 속이는 사람, 철새, 화술 등으로 나타나기도 한다.

- 간디: 비폭력 저항의 상징
- 미국 민주당: 강인함과 용기(Bruce-Mitford & Wilkinson, 2010)

④ 신화와 고전

꼬마 철학자 마르그리트는 책을 펴내서 유명해지는 등 생쥐 세계에서 큰 성공을 거두었으나, 인간들이 그 책에 관심을 갖지 않고 무시하자 화가 났다. 어느 날 인간들이 쥐를 잡기 위해 쥐덫을 놓은 것을 보고 그 동안의 분노가 폭발한다. 이 사건을 계기로 마르그리트는 철학자에서 정치가가 되기로 마음을 먹는다. 그는 생쥐들의 대변인이 되고, 다른 동물들을 선동해 파업을 하면서 인간과의 문제를 현명하게 해결한다(Virginie & Franck, 2003). 여기에서 정치가는 더 나은 사회를 만들기 위해 노력하는 리더로 나타난다.

⑤ 정치가의 이미지

(고등학교 1학년 진로상담 청소년)
정치가: 정직하고 리더십을 발휘하는 미래상을 표현

7) 대통령(president)

① 사전적 의미

공화국의 원수(元首)로, 행정부의 수반으로서 모든 행정을 통할하며 국가를 대표한다.

② 유래

민족과 국가의 번영이 왕의 생명력과 관계된다(이승훈, 2009).

③ 상징적 의미

대통령은 한 국가의 최고 권위자로 일인자, 결정자, 국가 운영, 명백한 판단, 자기통제, 성취, 승리, 완성 등을 의미한다. 또한 높은 사람, 대단하다, 대표, 위대하다, 자기 마음대로 등 힘이나 권력을 상징한다.

④ 신화와 고전

길가메시는 반신반인으로 하늘에서 내려와 한 나라의 왕이 되었다. 그는 백성에게 성을 만들라고 하고, 끝도 없는 전쟁을 일으켜 백성의 불안을 키웠다. 이때 숲에서 동물들의 왕으로 평화롭게 살고 있던 반신반인이자 거인인 엔키두가 태양의 신의 부탁을 받고 길가메시와 전쟁을 하게 된다. 길가메시는 왕국의 최고 미인 샤미트를 보내 엔키두를 데리고 오도록 한다. 샤미트에게 첫눈에 반한 엔키두는 길가메시의 성에서 일대일로 전투하게 된다. 한참을 싸우다 길가메시가 발을 헛디뎌 성벽에서 떨어지려고 할 때, 엔키두가 재빠르게 손을 뻗어 길가메시를 구했다. 이를 통해 길가메시는 더불어 사는 삶의 중요성을 깨닫고, 엔키두와 친구가 되었다(Ludmila, 2005).

⑤ 대통령의 이미지

(고등학교 1학년 진로상담 청소년)
대통령: 최고 권력과 권위 있는 미래상을 표현

8) 연예인(entertainer)

① 사전적 의미

연예에 종사하는 사람들을 통틀어 일컫는 말로, 배우 · 가수 등의 총칭한다.

② 유래

연예인은 텔레비전 방송 프로그램에 출연하는 일련의 직업군을 통틀어 이르는 말로 현재는 현대의 대중예술을 일컫는다. 배우, 연극, 춤 등의 직업은 고대 제의로부터 유래되었으며, 고대 기원과 신께 드리는 경배를 의미하는 제사의 제사장 역할을 한 것에서 기원한다.

③ 상징적 의미

연예인은 대중에게 사랑과 증오를 함께 느끼는 양가감정을 의미하고, 동일시, 동경, 관심, 끼, 매력적이다, 멋있다, 모델링 등의 선망의 대상으로 나타난다. 반면, 고독하다, 바쁜 일상, 비상식적, 우울증, 외로움, 화려하다, 힘들다 등을 상징하는 것으로 표현되기도 한다.

④ 신화와 고전

은별이는 걸핏하면 울던 소심한 친구 나래가 인기 연예인이 되어 나타나자 나래를 질투하고 동시에 동경한다. 그러면서 자신도 연예인이 되어 사람들의 주목을 받고 싶다고 생각한다. 마지막에는 도도하던 나래가 은별이를 감싸 준다(최은영, 2009). 여기서 연예인은 주목받는 빛나는 사람, 환상을 나타낸다.

⑤ 연예인의 이미지

(중학교 1학년 진로탐색 청소년)

(중학교 1학년 진로탐색 청소년)
연예인: 타인에게 주목받고, 자신을 드러내고 싶은 욕구를 표현

9) 최고경영자 (Chief Executive Officer, CEO)

① 사전적 의미

원래는 최고지휘관을 뜻하는 군사용어이지만 미국 기업에서 최고 의사결정권자를 뜻하는 의미로 사용되기 시작하여 경제용어로 정착돼서 보통 대표이사와 같은 뜻으로 쓰인다. 대외적으로 기업을 대표하고 대내적으로는 이사회의 결의를 집행하며, 회사 업무에 관한 결정과 집행을 담당하는 등 대표이사와 유사한 지위 · 권한을

갖는다(두산백과, 2016).

② 유래

불과 40년 전만 해도 CEO라는 직함은 존재하지 않았다. 물론 그러한 개념은 존재했지만 명칭은 달랐다. CEO라는 직함이 업계에 등장한 것은 유명한 경제 월간지 〈하버드 비즈니스 리뷰(Harvard Business Review)〉 덕분이다. CEO라는 직함은 품질 관리, SWOT 분석 등 새로운 경영 기법을 배우던 1970년대 중반에 널리 보급되었다. 제2차 세계대전 후 미국 산업계의 거물들은 회사 경영에서 손을 뗄 생각은 없었지만 사장이라는 직함에는 미련이 없었다. 그래서 CEO라는 직함을 만들어 냈다. 사장들은 직함은 그대로 유지했지만 일상적인 조직 운영은 CEO에게 넘겼다. 시간이 흐르면서 사장 직함의 가치는 낮아져 마침내 사장이 CEO에게 보고하는 처지가 되었다(Kevin, 2010).

③ 상징적 의미

CEO는 최고 경영자로서 능력과 리더십을 상징하며, 조직 운영, 경영 성과, 리더십, 대단한 사람, 성공한 사람 등을 나타낸다. 반면에 바쁘다, 힘겹다, 피곤하다, 여유가 없다 등으로 표현되기도 한다.

④ CEO의 이미지

(중학교 2학년 진로탐색 청소년)
CEO: 능력과 리더십이 있는 대상으로 표현

10) 학생(student)

① 사전적 의미

학교에 다니면서 공부하는 사람이다.

② 유래

학생은 학교에서 공부를 하는 사람을 뜻하는 말이므로 학교의 유래 및 발전과 맥을 같이하며, 고대에는 특권 계층만이 지식을 배울 수 있는 권리가 있었으므로 학생이라는 것은 특권층의 상징이었다.

③ 상징적 의미

학생은 잠재력, 젊은 힘, 추억, 성장, 꿈, 친구, 희망 등으로 나이든 사람에게는 추억 등을 의미한다. 또한 경쟁, 미숙한 느낌, 생기 넘치다, 성실하다, 순수하다, 위기, 좋은 시절, 힘들다 등으로 상징된다.

④ 신화와 고전

앤과 길버트는 어린 시절 같은 반 학생으로 만났다. 길버트가 짓궂은 장난을 치지만 두 사람은 많은 추억을 쌓는다. 시간이 흘러 두 사람은 같은 고등학교에 입학하게 되고 서로 열심히 공부하여 좋은 성적을 내 원하는 대학에 합격하게 된다(Montgomery, 2014). 여기에서 학생은 두 사람이 어른으로 성장해 나가는 모습을 보여 주며, 그들이 원하는 꿈을 이룰 수 있게 도와주는 역할을 한다.

⑤ 학생의 이미지

(고등학교 1학년 학습부진 청소년)
학생: 현재 자신의 모습과 해야 할 역할을 표현

11) 주부(house wife)

① 사전적 의미

한 가정의 살림을 맡아 꾸려 가는 안주인, 가정주부다.

② 유래

한국에서 주부는 집안의 중심에서 살림살이를 맡아 하는 안주인일 뿐 아니라 가정의 의례 및 신앙을 담당한다. 그리스 신화에 등장하는 올림포스(Olympos) 최고의 신 제우스(Zeus)의 아내 헤라(Hera)는 결혼과 가정의 신으로, 최고의 여신으로 군림하는 모습으로 그려지며, 화덕의 신 헤스티아(Hestia)는 집 안에서 칩거하는 처녀신으로서 음식을 준비하는 화덕을 관할하는 여신으로 등장한다. 여기서 여성은 가정과 잔치를 주관함으로써 가정과 불을 지키는 수호신으로서의 의미를 지닌다.

③ 상징적 의미

주부는 살림, 안주인, 희생, 현모양처, 가족, 봉사, 양육, 식사 등을 표현하며 포용력을 가진 사람을 의미한다. 또한 도와주다, 불쌍하다, 부지런하다, 분주하다, 포근하다, 평범하다, 여유롭다, 온화하다, 희생 등으로 상징된다.

④ 신화와 고전

단 5분만이라도 쉬고 싶은 덩치 부인은 잠시라도 쉬고 싶어 목욕탕으로 피신하지만 아이들이 해 달라는 것을 차마 거절하지 못하고 다시 들어주게 된다. 그러자 아이들이 모두 목욕탕으로 들어와 자신의 시간을 갖지 못한다(Murphy, 2000). 여기서 주부는 피곤하나 가족을 위해 일하는 사람으로 나타난다.

※ 상징적 의미

의사	간호사, 거만하다, 건강, 고독, 고마움, 고쳐 주다, 공부, 관찰하다, 교만, 국가고시, 권위적이다, 기술, 깐깐하다, 깔끔하다, 남자, 높은 지성, 능력, 답답하다, 대단하다, 도움이 되는 사람, 돈벌이, 똑똑하다, 멘토, 무섭다, 병, 병원, 병을 고치다, 봉사, 부자, 사명감, 상자, 생명을 다루다, 선생님, 선서, 성공, 세밀하다, 소중함, 수술, 신뢰, 아픔, 약, 위태롭다, 유능하다, 은인, 의학용어, 이지적이다, 인간미 없다. 자신감, 자애롭다, 전문의, 존경, 주사, 지위, 진찰, 처방, 천사, 청진기, 치료사, 치밀하다, 피곤함, 한의사, 헌신, 환자, 희생, 흰 가운
간호사	가운, 거짓말, 건강, 경직, 고단하다, 깨끗하다, 나이팅게일, 날카로움, 노력, 대단하다, 도와주다, 도움, 돌보다, 딱딱하다, 링거, 모자, 바늘, 바쁘다, 박애, 백의의 천사, 병원, 병원 냄새, 보호, 봉사, 뾰족하다, 사랑, 삭막함, 삼교대, 상냥하다, 소독 솜, 순결, 순수, 아픈, 안정, 알 수 없는 사람, 약, 여자, 예쁘다, 응급실, 의사, 전문인, 조력자, 주사, 지식, 찌르기, 차갑다, 천사, 첫사랑, 청결, 치료하다, 친구, 친절하다, 피, 피곤하다, 헌신, 형식, 환자 보호, 희생, 흰 옷
경찰	112, 감시, 강압적, 강하다, 거부감, 건강, 검거, 경찰서, 경찰차, 공무원, 규칙, 단속, 대단하다, 도덕, 도둑, 도와주다, 두려움, 머리가 좋다, 모자, 무섭다, 무질서, 민중의 지팡이, 범인, 범죄자, 법, 벨트, 보호, 사랑, 사명감, 사이렌, 수갑, 수사, 아빠, 안심, 안전, 어려움, 오토바이, 용기 있다, 음주 단속, 의롭다, 의심, 잘못을 지적하는, 잡다, 정의, 제복, 조사하다, 존경, 좋다, 지켜주다, 직업, 질서, 총, 치안, 친구, 친절하지 않다, 통제, 파란색, 피하고 싶다, 필요하다, 호루라기, 활동적이다, 희생
법조인	가운, 거만하다, 검사, 검찰, 경직, 경찰, 공무원, 공부, 공정하다, 권력, 권위, 근엄하다, 기본, 까칠하다, 깐깐하다, 나라, 냉철하다, 대단하다, 대변하다, 도덕성, 돕다, 따지다, 딱딱하다, 똑똑하다, 말을 잘한다, 망치, 명석, 배신, 벌을 주다, 범죄, 법률, 법을 지키지 않는 사람, 법정, 변호사, 부정부패, 부조리, 사기꾼, 사법고시, 성공, 소통, 심판, 양면성, 양심, 어려운 사람, 연수원, 우등생, 우리가 사는 사회의 룰, 위선자, 유능하다, 유식하다, 융통성 없다, 이익, 이중인격, 이혼, 자만, 재판장, 저울, 정신치료, 정의, 정의로운 사람, 죄인, 중도, 지식, 질서, 집행하다, 짜증 나는, 차갑다, 틀, 판결, 판단, 판사, 해결하다, 현명, 협조, 형식, 희생
가르치는 사람	PPT, 가르치다, 강사, 거리가 느껴진다, 겸손한 사람, 공부, 교수님, 권위적이다, 대단하다, 도덕성, 도와주다, 되고 싶다, 똑똑하다, 리더, 말이 많다, 멘토, 목소리, 미술, 박식하다, 밝은 인상, 배우고 싶다, 분필, 사랑, 사명감, 선망, 선생님, 설명, 성실, 스승, 신중하다, 실력자, 아이, 올바른 지식, 위선자, 유능하다, 유식하다, 은혜, 인격, 인내심, 자식, 자아성찰이 필요하다, 자유로운 생각, 잘난 사람, 전문가, 전문적인, 조언자, 존경, 즐겁다, 지시하다, 지혜, 직업, 진로, 짜증 나는, 책, 책상, 책임감, 친절하다, 칠판, 편파적, 학생, 회초리, 훈육, 희망
정치가	개판, 거만, 거짓말쟁이, 국민, 국회, 국회의원, 권력, 권위, 기회주의자, 대단하다, 대통령, 도덕성, 두 얼굴, 마이크, 말 바꾸기, 말이 많다, 무질서, 박쥐, 배반, 법, 부정부패, 불신, 비리, 비열하다, 사기꾼, 사리사욕, 선거, 성취, 세금, 세금 도둑, 세미나, 속이는 사람, 삼류, 시끄럽다, 싸움꾼, 쓰레기, 알 수 없는, 알려고 노력하는 사람, 양심, 엄호, 여의도, 연수하다, 우상, 우열, 웅변, 위선, 자동차, 장관, 정의, 조율, 주관적 리더, 짜증, 철새, 큰 목소리, 탐욕스럽다, 통솔력, 파벌, 현실감 없음, 화술, 희생

대통령	거짓말, 결정자, 경호원, 고독, 국가 운영, 국가의 위신, 국민, 권력, 권위 있다, 기대심리, 기도, 나라, 남자, 높은 사람, 단아하다, 대단하다, 대표, 대표성, 도덕성, 독재자, 리더, 리무진, 막중한 책임, 명예, 모범 시민, 목표, 미국, 믿음, 방망이, 백성, 백악관, 봉사하다, 부패, 불통, 선거, 섬김, 싫다, 압력, 어깨가 무거운 사람, 오바마, 외로움, 우두머리, 우상, 운명, 일등, 일인자, 원수, 위대하다, 위험, 자기 마음대로, 자신만 옳다고 생각, 전용기, 정상, 존경, 지시, 책임감, 청와대, 최고 권위자, 큰 꿈, 통치, 투표, 하늘이 내린 자리, 현실감 없음, 혼란, 희망, 힘, 힘들다
연예인	가수, 거짓말, 고독하다, 공인, 관심 받고 싶다, 관심, 광대, 까진 사람, 끼, 나서고 싶다, 남의 인생, 대상, 대신하다, 대중, 돈, 동경의 대상, 드라마, 루머, 매니저, 매력적이다, 멋있다. 모델링, 모범, 무서운 직업, 미남, 미녀, 바쁜 일상, 반짝거린다, 방송국, 배우, 별, 부러움, 부자, 불쌍하다, 비상식적, 빛난다, 사랑, 선망의 대상, 스타, 스트레스, 스포트라이트, 슬픔, 시끄러움, 실제로 보고 싶다, 싸이, 아름다움, 악마, 안개, 연기대상, 연기자, 예쁘다, 외로움, 외모, 우울증, 웃음, 유명인, 음악가, 인기, 인내심, 자유로움, 장미, 재주, 좋다, 준비하다, 즐겁다, 지겹다, 청소년의 꿈, 초상권, 치장, 코미디언, 텔레비전, 피곤하다, 허탈한 뒷모습, 화려하다, 힘들다
최고 경영자	가방, 강박증, 경영자, 경제력, 경제인, 골치 아픈 직업, 골프, 관리, 권위자, 기업, 끈기, 능력, 대단한 사람, 대장, 대표, 도전, 돈이 많다, 두뇌를 쓰다, 리더십, 매력적인, 멋지다, 명예, 문서, 바쁘다, 발명품, 벤처기업, 보살피다, 부자, 사기꾼, 사업, 사장님, 성공, 성실, 속임수, 술, 실패, 업무, 여유가 없다, 외롭다, 우두머리, 월급, 윗사람, 유명하다, 으쓱하다, 의자, 이건희, 자신감, 자유, 재력, 전문가, 젊음, 존경스럽다, 주인, 지시, 책상, 책임감, 책임자, 최고, 추진력, 컴퓨터, 통솔력, 판단력, 팔방미인, 포부, 피곤하다, 회사, 회장, 힘겹다, 힘들다
학생	가방, 감옥, 경쟁, 고난, 공부, 과외, 교복, 구속받다, 귀여움, 기다림, 꿈을 꾸다, 끈기, 나이가 어린, 노력, 노트, 놀다, 답답하다, 대단하다, 대학생, 대회, 도서관, 도와주고 싶다, 따돌림, 머리 아프다, 미숙한 느낌, 미술학원, 배움, 부럽다, 부지런하다, 불쌍하다, 사춘기, 생기가 넘치다, 성실하다, 수업, 순수하다, 스트레스, 시험, 신나게 놀다, 안쓰러움, 앞길, 연구, 열심, 위기, 인내, 젊음, 좋은 시절, 진로, 집단 폭행, 책, 책가방, 청소년, 측은하다, 친구, 필통, 학교, 학구열, 학업, 학원, 행복한 시절, 휴대폰, 희망, 힘들다
주부	가꾸다, 가사노동, 가정을 지키는 안주인, 고난, 고무장갑, 남편, 넓은 마음, 노동자, 대단하다, 도와주다, 만능인, 무력하다, 바쁘다, 밥, 보람, 보이지 않는 일꾼, 봉사, 부럽다, 부업, 부지런하다, 분주하다, 불쌍하다, 빨래, 빵집, 사랑, 사회와 동떨어짐, 살림, 생활, 설거지, 스트레스, 식사, 식탁, 아내, 아이, 아침, 안정, 앞치마, 양육하다, 엄마, 여성, 여유, 여유롭다, 온화하다, 외롭다, 우울, 음식, 음악을 듣다, 의무, 인내, 일개미, 자녀, 저녁시간, 전쟁, 주방, 직업, 집안일, 책임, 청소, 친근함, 커피, 팔방미인, 평범하다, 평생직업, 포근하다, 한심, 할 일이 없다, 행복, 헌신, 현모양처, 휴식이 필요하다, 희생

Chapter 07

인공물의 상징 이야기

1. 건물
2. 악기
3. 탈것
4. 의복
5. 액세서리
6. 도구와 무기

1. 건물

건축이란 종합적으로 계획하고 구축하는 기술을 의미한다. 최초의 건축은 인간을 비바람, 햇볕과 같은 외부의 환경과 맹수나 다른 종족들로부터 보호해 주기 위한 울타리 구실로 시작되어 현재까지 발전하고 있다. 이처럼 인간의 역사와 함께 발전한 건축물에는 사회적·문화적 인간의 열망이 상징적으로 표현된다. 건축가들은 시대적 문화를 반영하여 시각적 언어로 건축물의 형태를 만들었다. 높고 화려한 건물(建物, building)은 사회적 지위와 업적을 나타내고, 주변 환경과 조화를 이룬 친환경 건물은 자연 상태에 가까이 가려는 인간의 욕구를 나타내기도 한다. 또한 문은 성스러운 내부 세계가 통하는 출입구를 상징하고, 다리는 연결을 의미한다. 창문은 깨달음과 지혜를 나타내며, 계단은 개인의 의존이나 중심 기둥을 의미하는 등 건축의 구조물이 가지는 각각의 상징적 의미 또한 다양하다. 따라서 이 절에서는 각 건물이 가지는 상징적 의미를 구체적으로 살펴보고자 한다.

1) 집(house)

① 사전적 의미

"주거로서 건축물. 사람에게 편안하고 안전한 생활을 제공하도록 설비되어 있다."(한국 브리태니커 편집부, 2008)

무량수전, 안양문, 조사당, 응향각들이
마치 그리움에 지친 듯 해쓱한 얼굴로 나를 반기고,
호젓하고도 스산스러운 희한한 아름다움은 말로 표현하기가 어렵다.
나는 무량수전 배흘림기둥에 기대서서
사무치는 고마움으로 이 아름다움의 뜻을 몇번이고 자문자답했다.
-최순우-

② 유래

집은 세계의 중심[태모(太母)]의 보호자적 측면을 의미하고, 보호의 상징이다. 부족 종교의 예배당이나 움막, 티피(원뿔형 천막), 오두막은 '우주의 중심'이자 '우리의 세계'인 우주를 나타낸다. 통과의례에서 집은 '자궁퇴행', 즉 다시 살아나게 될 신생에 앞서 암흑으로 떨어짐을 나타낸다(Cooper, 2007). 집이란 동서고금(東西古今)의 구분 없이, 인류가 모태(母胎)와 동격인 생명의 보호처 또는 심신상의 거점으로 간주해 왔다. 어머니의 자궁이 제1의 모태라면 우리가 기거(起居)하는 집은 제2의 모태다(장희순, 방경식, 2014). 프랑스의 건축가 르코르뷔제(Le Corbusier)는 "집에는 혼(魂)이 있다."라고 하였다. 서양철학 입문에서 흔히 거론되는 고대 희랍의 철학가 헤라클레이토스(Herakleitos)도 "거처(居處)는 인간의 신이다."라고 했다.

③ 상징적 의미

집은 모태이자 외부 세계에서 분리된 성역을 뜻한다. 여성의 자궁, 안전한 공간, 가족, 가정, 나만의 공간, 휴식처, 아늑함을 상징한다. S-HTP 투사검사에서 주거장소로서의 집은 피검자가 성장해 온 과정과 상황을 나타내며 가정과 가족을 뜻한다. 또한 집의 내부가 보일 경우 자신의 내면세계를 상징한다.

④ 신화와 고전

유명한 영국 민화『아기 돼지 삼형제(The three little pigs)』(이혜옥, 윤샘 편, 2013)에는 다음과 같은 이야기가 나온다. 늑대가 첫째 돼지와 둘째 돼지의 집을 무너뜨리고 셋째 돼지의 벽돌집으로 간다. "이리 온, 이리 온, 아기 돼지야. 네 집도 날려 주마." 늑대가 씩씩거리며 소리친다. 하지만 늑대가 미쳐 날뛰어도 벽돌집은 꿈쩍하지 않는다. 여기에서 튼튼하게 지어진 집은 위험으로부터 공격을 막아 주는 역할을 하는 것으로 표현된다.

⑤ 집의 이미지

(초등학교 고학년 공격 성향이 있는 아동)
집: 가정에서 따뜻한 사랑과 관심을 받고 싶은 마음을 표현

(초등학교 저학년 주의산만 아동)
아파트: 가족과의 거리감과 소통하지 못하는 답답한 마음을 표현

2) 교회(church)

① 사전적 의미

"넓은 의미로 사용될 때는 같은 종교를 믿는 신자의 집단 또는 집회소를 말한다. 그러나 일반적으로는 그리스도교 신자로 결성된 가시적 단체를 말하며, 그리스도교에서는 그리스도와 그리스도를 믿는 사람들이 성령으로 맺어진 비가시적 공동체를 가리키기도 한다."(두산동아 사서편집국 편, 2016).

② 유래

교회라는 말은 그리스어로는 에클레시아(ekklēsia)인데, 이것은 시민의 집회 및 의회를 의미한다. 근대어로는 영어의 처치(church), 프랑스어의 에글리즈(église), 독일어의 키르헤(Kirche) 등이 교회를 가리키는 말로, 그리스어의 키리아케(Kyriake, 주님에게 속한다는 뜻의 말)에서 나왔다. 그리스도 교회는 '하나님 나라'에 대한 그리스도의 설교에서 그 기원을 찾을 수 있다. 그리스도는 공생애(公生涯)를 시작하면서 이스라엘 백성을 '하느님의 나라'에 불러 모으고 제자 중에서 이스라엘 12지파(支派)를 상징하는 12사도(使徒)를 선택, 그들을 특별히 하나님의 말씀으로 교육하였다. 이리하여 그의 주위로 사도와 제자들의 집단이 이루어지게 되었는데, 이 집단은 천한 직업인이나 사회에서 버림받은 사람들을 사랑으로 받아들인 '소외된 자들'의 소수의 무리였다. 이것이 온 세상에 퍼진 복음의 씨였고, 여기에서 교회가 싹터 나온 것이었다(두산동아 백과사전연구소 편, 1999).

전형적인 중세 교회는 중요한 의미를 띠는 두 개의 새로운 요소를 매개로 궁륭, 원, 사각형의 상징을 결합한다. 여기서 말하는 두 개의 새로운 요소란 건물의 본체를 본당과 두 개의 복도로 나누는 것과 십자형으로 설계하는 것을 의미한다. 전자는 성부, 성자, 성신이 일체라는 이른바 삼위일체 사상을 암시하고, 후자는 팔을 벌리고 누운 인간의 모습을 암시하는 바, 이때 중심은 배꼽이 아니라 심장이 된다. 이 심장은 교회 건물의 좌우 날개와 본당이 교차하는 지점에 해당한다. 반면에 건물 한쪽에 나온 반원형 방은 인간의 머리를 상징한다. 따라서 고딕 건물의 경우 삼위일체의 상징은 삼중의 문, 삼중의 아치 등으로 반복된다.

교회 건물의 다른 부분들의 우화적 · 상징적 의미를 해명하려는 여러 시도가 있어 왔다. 건축의 개별적 요소들은 특수한 상징적 의미를 암시하는데, 예컨대 교회의 벽은 구원받은 인간을 의미하고, 뾰족탑은 인류의 궁극적 목표를 가리키는 하나님의 손가락을 의미한다.

③ 상징적 의미

교회는 신의 거주지로 그리스도교 신앙의 종교적 상징이며, 예수님의 희생, 경건함, 성스러움, 구원, 믿음, 영생, 예배 등을 상징한다. 또한 간절함, 소원, 봉사, 회개 등을 떠올리게 하기도 한다. 특히 십자가는 인류를 구원하기 위해 십자가에 못 박혀 죽은 그리스도의 희생을 나타내며, 십자가는 그 자체로 삼위일체를 뜻한다. 이러한 의미에서 축복의 의미로 십자가를 긋는 행동을 한다.

④ 신화와 고전

『성냥팔이 소녀(The little match girl)』(Andersen, 1989)에서 사람들은 추위 속에 죽은 소녀를 따뜻한 곳에 묻은 후 성당에 모인다. "죽은 소녀를 위해 모두 기도합시다."라고 신부가 말하고, "하나님, 그 불쌍한 소녀가 천국에 가도록 해 주세요."라고 사람들은 한결같이 기도한다. 그들은 자기 자신만 잘 살면 된다는 욕심을 버리고 오래도록 소녀를 기억하게 된다. 그들에게 그날은 영원히 잊지 못할 크리스마스가 된다. 여기에서 교회는 뉘우침을 하고 기도를 드리는 곳으로 표현된다.

⑤ 교회의 이미지

(성인)
교회 사진을 통해 자신의 소망이 이루어지길
바라는 절실한 마음을 표현

3) 절(buddhist temple)

① 사전적 의미

"불상, 탑 등을 모셔 놓고 승려와 신자들이 거처하면서 불도를 닦고 교리를 설파하는 건축물 혹은 그 소재 영역을 뜻한다."(두산동아 사서편집국 편, 2016).

② 유래

절은 부처님의 가르침을 받들어 지키고 널리 펴기 위한 곳이다. 절은 다른 말로 사찰, 가람, 사원, 정사, 승원 등 다양하게 불린다. 절의 기원은 인도에서 스님들이 일정 기간 안거하기 위하여 마련한 거처에서부터 시작되었다. 일찍이 석가모니 부처님이 불법의 진리를 포교할 당시인 기원전 6세기 무렵, 인도의 출가 승려들은 무소유의 삶을 철저한 원칙과 이상으로 삼았다. 당시 스님들에게는 일정한 주거가 없었으며, 독신으로 걸식 고행과 수도 생활을 하였다. 그러나 고온다습한 인도의 기후 조건은 수행에 큰 장애가 되어 승려들이 점차 한곳에 모여 공동생활을 하게 된 것이 절의 유래다(동국불교미술인회, 2005).

③ 상징적 의미

절은 우주의 구조를 나타낸다. 영혼의 안식처, 지혜, 정화, 영성, 치유, 구제, 불변의 가치를 상징한다. 또한 고요함, 고행, 조용함, 스님, 신성성, 소원, 속죄, 평온함을 연상시키기도 한다.

④ 신화와 고전

『은혜 갚은 까치』(어효선, 이우경 편, 1988)에는 다음과 같은 이야기가 나온다. 구렁이가 젊은이에게 "오늘 밤 자정이 될 때까지 이 절 뒤에 있는 종각의 종이 세 번 울리면 너를 살려 주겠다."라고 말한 후 사라진다. 까치 부부는 젊은이의 은혜를 갚기 위해서 머리를 종에 부딪쳐 종소리를 울리고는 끝내 죽게 된다. 젊은이는 눈물을 흘리며 죽은 까치들을 곱게 묻어 준다. 여기에서 절은 까치가 은혜를 갚는 배경 공간으로서 진심을 다해 마음을 전하는 곳으로 이해할 수 있다.

⑤ 절의 이미지

(성인)
절 사진을 통해 자기수련과 휴식의 욕구를 표현

4) 빌딩(building)

① 사전적 의미

"철근을 써서 높고 크게 지은 현대식 건물을 말한다."(두산동아 사서편집국 편, 2016).

② 유래

고층 건물(Skyscraper)과 그 뜻이 유사한 '마천루'라는 표현은 인간이 하늘로 가고 싶어 한다는 것을 단적으로 나타내는 건물이다. 하늘로 도달하기 위해 지은 건물이라는 의미에서 최초의 마천루는 구약성서의 '창세기'에 등장하는 바벨탑(Babel tower)을 의미한다. 바벨탑은 성서에 나오는 탑이지만 실제로 전례가 있는 고대 바빌로니아의 계단식 피라미드다. 바빌로니아인들은 하늘까지 닿을 수 있는 탑을 세우고자 했지만, 성서에 따르면 하나님이 나서서 그 탑을 짓는 사람들이 여러 가지 언어를 구사하여 서로의 말을 알아듣지 못하도록 했고, 그 결과 탑은 절대로 완성되지 못했다고 한다. 따라서 바벨탑은 인간의 오만함을 상징한다(Bruce-Mitford & Wilkinson, 2010). 미국의 마천루이던 엠파이어 스테이트 빌딩(Empire State building)은 1940년부터 40년 넘게 세계에서 가장 높은 건축물이었다. 오늘날까지 아르에코 형식의 랜드마크는 구속받지 않는 미국의 야망과 자기확신을 나타내는 당당한 남성적 상징으로 나타난다(Bruce-Mitford & Wilkinson, 2010).

③ 상징적 의미

빌딩은 힘을 상징하며 야망과 자기확신을 지닌 남근적 남성성을 의미하고 공격적인 높이는 우월성을 표현하기도 한다. 또한 도시, 동경, 부유함, 성취욕, 웅장함, 답답함, 상승, 각박함, 불안, 현대적인 것을 상징한다.

④ 신화와 고전

『쌍둥이 빌딩 사이를 걸어간 남자(The man who walked between the towers)』(Gerstein, 2004)의 줄거리는 다음과 같다. 한 젊은이가 쌍둥이 빌딩에 줄을 매려고 유심히 본다. 그는 어떻게 하면 쌍둥이 빌딩에 줄을 매달 수 있을까 고민하다가 빌딩을 건설하는 인부처럼 위장해서 쌍둥이 빌딩 안으로 잠입한다. 공사장 인부들이 다 나가고 난 밤에 젊은이와 세 친구는 빌딩 옥상에서 줄을 매기 시작한다. 줄은 굵은 전선으로 된 것이라 아주 무거워서 줄을 걸고 팽팽하게 당기는 작업을 마치고 나니 어느덧 해가 떠올랐다. 그리고 젊은이는 긴 장대를 들고 줄에 한 발을 내딛었다. 젊은이는 혼자였지만 행복했고 자유를 누렸다. 여기에서 빌딩은 인간의 하늘을 날고 싶은 욕구의 해소와 참자유를 느끼는 과정에서 중요한 매개체의 역할로 표현된다.

⑤ 고층빌딩의 이미지

(중학교 2학년 진로탐색 청소년)
고층 빌딩: 성공하고 싶은 욕구를 표현

(초등학교 고학년 학교 부적응 아동)
용지를 꽉 채운 빌딩: 답답한 현재 심정을 표현

5) 한옥(韓屋)

① 사전적 의미

"한옥은 한국의 전통 건축 양식의 집. 서양식 주택, 즉 양옥에 대비한 말이다."(두산동아 사서편집국 편, 2016).

② 유래

실버들 늘어진 언덕 위에 집을 짓고
정든 님과 둘이 살짝 살아가는 초가삼간
세상살이 무정해도 비바람 몰아쳐도
정이 든 내 고향
초가삼간 오막살이 떠날 수 없네

시냇물 흐르면 님의 옷을 빨아 널고
나물 캐어 밥을 짓는 정다워라 초가삼간
밤이 되면 오순도순 호롱불 밝혀 놓고
살아온 내 고향
초가삼간 오막살이 떠날 수 없네

황우루가 가사를 붙인 배호의 〈초가삼간〉이라는 가요는 너무나 멋지게, 또 적절하게 초가삼간을 읊고 있다. 집은 커서 좋은 게 아니고 기와지붕 얹어서 좋은 것도 아니다. 바로 식솔이 오순도순 정을 나누는 장소이기 때문에 좋다는 것을 이 노래는 말해 준다(김열규, 2013).

우리 선조들이 생각하던 이상적인 주거 조건으로서의 한옥은 1차적인 주거 조건이라기보다는 자연의 선경에 머물러 있는 자연 그대로의 모습이었다. 이는 농본문화적인 특성을 가진 선조들이 자연과의 조화를 가장 이상으로 삼았기 때문이다. 따라서 이러한 의식을 바탕으로 지은 한옥은 조상들의 생각을 담고 있다고 볼 수 있다. 우리 조상들은 자연을 인간이 소속되어 있는 우주 질서이고, 생명의 모태이자 죽음의 회기성으로 보았으며, '자연과의 조화'는 모든 철학과 예술의 기본 정신이다. 한옥 또한 주변 환경과 조화를 이루는 모습으로 구현하였으며, 담백한 가운데 기품과 품격이 있는 모습을 구현한다. 또한 한옥의 선은 유연성을 가지는 것이 특징이며, 자연을 본 떠 자연스러운 형태를 나타낸다(박명덕, 2005).

③ **상징적 의미**

한옥은 자연과의 조화, 질서, 기품, 전통의식을 상징하며, 계급적 차이와 부와 권세를 상징하기도 한다. 또한 고풍스러움, 따뜻함, 멋스러움, 정숙하고 정갈하지만 예절과 불편함을 상징하기도 한다.

④ **신화와 고전**

한옥을 짓는 방법은 집을 지을 명당자리를 찾고 그 명당자리에 있는 큰 돌을 골라내고 높은 곳을 깎아 내고 낮은 곳은 흙으로 메워서 평평하게 한다. 그리고 기둥을 놓을 곳에 주춧돌을 놓는다. 주춧돌을 놓는 것은 땅에서 올라오는 습기나 빗물로 기둥이 썩는 것을 막고, 기둥이 땅속으로 파고들지 않도록 해 준다. 그리고 기둥을 세운 다음에 뼈대를 세운다. 뼈대는 기둥과 기둥 사이를 도리와 보로 연결한다. 도리는 가로로 놓이는 목재이고, 보는 세로로 높은 나무다. 다음에는 서까래를 걸고 진흙을 얹는다. 그리고 기와를 만든 다음에 진흙 위에 기와를 한 장씩 올린다. 그리고 벽을 세우고 마루를 깐 후 방바닥에 불길이 잘 지나가도록 고래라는 통로를 만들고 그 위에 얇은 돌을 깔아 온돌을 만든다. 이 돌을 구들이라고 하고, 구들 위에 흙을 바르고 두껍고 질긴 종이를 깐 다음에 들기름을 바르면 반질거리고 물기가 스며들지 않는 장판이 완성된다. 그러면 집을 짓는 단계가 다 끝난다. 그리고 친척들을 초대해 집 구경을 시켜 주고 잔치를 벌인다. 이것을 바로 집들이라고 한다(서지원, 2008). 여기에서 한옥은 역사적 · 문화적 · 과학적 의미를 지닌 소재다.

⑤ **한옥의 이미지**

(고등학교 2학년 학교 부적응 청소년)
한옥: 그리움과 좋은 추억을 표현

(성인)
한옥 사진을 통해 여유와 휴식의 욕구를 표현

6) 학교(school)

① **사전적 의미**

"일정한 목적하에 전문직 교사가 집단으로서의 학생을 대상으로 교육을 실시하는 기관."(두산동아 사서편집국 편, 2016).

② **유래**

원시시대에는 일상생활에 필요한 교육은 생활 현장에서 조직되지 않은 상태로 이루어졌다. 그 뒤 사회가 발전하고 다음 세대에게 물려줄 문화유산이 증가하여 생활 과정에서 모방만으로는 전달되지 못하게 되자, 의식적으로 문화재를 전달할 필요가 발생하여 조직적이고 계획적인 교육기관으로서 학교가 필요하게 되었다. 어느 사회를 막론하고 학교는 처음에는 지배계층의 교육을 위하여 만들어진 기관이었기 때문에 그로써 종교, 정치, 경제 등 생활의 전반에 걸쳐 학교는 사회적 우월성을 지속해 갔다(한국정신문화연구원편찬부 편, 1994).

영어의 'school', 독일어의 'Schule', 프랑스어의 'école'의 어원인 라틴어의 'schola', 그리스어의 'scholē'는 '한가(閑暇)'를 뜻하는 말로 고대 유럽의 학교가 유한계급의 교양 습득 장소로 출발하였음을 말해 준다. 노동에서 떠난 계급이 그곳에서 습득한 지식, 기술, 교양에 의하여 지배층으로서의 지위를 점유하게 된 것이다. 그 후 학교는 종교를 위한 교육, 문학을 중심으로 하는 실용적 요청에 따른 교육의 기관으로 발달하였다(두산동아 백과사전연구소 편, 1999).

③ **상징적 의미**

학교는 의무, 곤란, 넘어야 할 벽, 도전심, 학습욕, 지식욕, 삶의 재검토, 소중한 무언가를 되찾는 것, 학교 시절로 돌아가고 싶은 마음, 사회성, 협조성을 상징한다. 또한 공부, 활력, 경쟁, 규칙, 답답함, 스트레스, 시험 등을 연상시키기도 한다.

④ **신화와 고전**

『명화와 함께 읽는 탈무드(Talmud with famous paintings)』(Marvin, 2006)에는 다음과 같은 이야기가 나온다. 랍비 요하난 벤 자카이(Yohanan ben Zakkai)가 유대 민족이 영구히 살아남기 위한 문제에 대해 깊이 고심하다가 마침내 로마의 장군과 만나 협상을 하였다. "교실 한 칸이라도 좋으니 학교를 하나 만들어 주십시오. 열 명 정도의 랍비가 들어갈 정도면 충분합니다. 그리고 어떠한 일이 있더라도 그 학교만은 파괴하지 말아 주십시오." 그는 머지않아 로마군이 예루살렘 성에 진입해서 모든 것을 다 파괴해 버리리라는 것을 예견하고 있었다. 하지만 그는 유대인들이 학살을 당하더라도 학교만 있다면 유대인의 전통이 학교를 통해 살아남을 수 있다고 확신했다. 여기에서 학교는 교육을 할 수 있는 중요한 장소의 의미를 가진다.

⑤ 학교의 이미지

(초등학교 저학년 또래관계에 어려움이 있는 아동)
학교: 현재의 관심사 및 현재 생활을 표현

(초등학교 저학년 정서불안 아동)
학교: 학교생활에 대한 부담감과 답답함을 표현

7) 병원(hospital)

① 사전적 의미

"많은 환자를 수용하여 진단하고 치료하는 일을 제일의(第一義)로 하고, 또한 질병의 예방과 재활(再活) 서비스를 제공할 수 있는 시설을 갖춘 곳."(두산동아 사서편집국 편, 2016)

② 유래

고대의 의사는 주술사와 같이 주문을 외우거나 마법을 부리는 등 종교와 의술이 혼합된 형태를 보였다. 당시 아픈 것은 인간의 고통이었으며, 이 고통에서 벗어나기 위한 의학 조치뿐 아니라 신과 의사에게 기도를 하는 주술적인 형식이 많았다. 병원은 의신의 신전을 말하였으며, 그리스의 경우 의신 아스클레피오스의 신전을 순례하여 치료를 받았다. 아스클레피오스를 상징하는 신성한 뱀이 감긴 지팡이는 현재도 의사의 상징으로 쓰인다. 중세 초기에 환자를 돌보는 일 자체는 성직자, 특히 환자 간호에 대해 의학적 지식과 경험이 있는 수도사들의 손에 달려 있었다. 주된 임무가 자선활동이던 규모가 큰 수도원에는 대부분 요양소가 딸려 있었다. 환자들은 이곳을 피난처로 삼을 수 있고, 더불어 요양소는 허약자, 빈민, 순례자, 여행자들도 받아들였다. 병원의 규약을 보면 친절한 분위기를 조성하려고 애를 썼다는 사실을 알 수 있다.

③ 상징적 의미

병원은 치유, 치료를 의미하며, 현실에서도 정신적 · 신체적 치료와 휴식이 필요함을 상징한다. 한편, 질병, 죽음에 대한 공포, 대피소, 격리 장소, 무력감, 하기 싫은 것을 하지 않으면 안 되는 것, 실생활에서의 특정한 검사나 결과에 대한 불안을 상징하기도 한다.

④ 신화와 고전

오헨리(O. Henry)의 단편소설 『마지막 잎새(The last leaf)』(2015)의 주인공 존시는 폐렴에 걸려 생사의 기로에 서 있다. 11월의 세찬 비바람 속에서 수많은 잎새가 떨어지고 이제 하나 남은 '마지막 잎새'마저 사라지면 그녀는 죽게 될지도 모른다는 절망감에 사로잡혀 있다. 그런데 아침이 돼도 병원 밖 담장에 변함없이 붙어 있는 '마지막 잎새'를 보며 그녀는 새로운 회복 의지를 가지게 된다. 하지만 이 잎새는 존시의 친구로부터 그녀의 소식을 들은 노화가 베어만이 아무런 연고도 없고 세대도 다른 한 생명을 살리기 위해 자신의 전부를 던져 담장에 그려 넣은 그림이었다. 여기에서 병원은 밀폐된 공간으로 현실의 고독함이 존재하는 곳이다. 동시에 이곳은 끝이 아닌 새로운 희망이 싹트는 공간으로 이해할 수 있다.

⑤ 병원의 이미지

(초등학교 저학년 충동행동 아동)
병원: 현재 힘든 심정과 도움받고 싶은 마음을 표현

8) 텐트(tent)

① 사전적 의미

"해체 · 운반할 수 있는 조립 · 이동식 가옥 · 천막이라고 한다."(두산동아 사서편집국 편, 2016)

② 유래

(이동식) 텐트는 중국 내 유목민족의 기본적인 주거 양식으로서 주로 광활한 목축지대에서 사용한다. 몽고 또는 이동식 텐트 거주 양식의 하나로서 만주족이 몽고족 유목민의 주거 시설에 대하여 부르던 호칭에서 유래된 것이며, '포(包)'는 만주어로 '집'이라는 뜻이 있다(정재남, 2007).

③ 상징적 의미

텐트는 자연과의 조화를 추구하는 마음, 불안정한 주거 상태, 진행 중이며 아직 뿌리를 내리고 있지 않은 상태, 현실도피, 일회성의 자기 확인과 생각, 신념, 덧없음, 의심의 기초를 의미한다. 또한 여행, 낭만, 휴가를 연상시키기도 한다.

④ 신화와 고전

『두근두근 거실 텐트』(서석영, 2013)의 줄거리는 다음과 같다. 마음 맞는 나만의 단짝 친구를 오랫동안 기다려 온 서진이와 지현이. 마침내 마음이 통하는 친구를 만난 두 아이는 서로에게 가장 소중한 단짝 친구가 된다. 학교에서도, 방과 후에도 늘 함께하던 서진이와 지현이에게 닥친 단 하나의 문제는 저녁때가 되면 헤어져 각자 집으로 돌아가야 한다는 것이다. 밤에도 같이 있고 싶어 하는 두 아이의 끈질긴 바람에 못 이긴 엄마들의 허락으로 지현이는 난생처음 단짝 서진이의 집에서 자게 된다. 여기에서 텐트는 일상 속 작은 이벤트에서 빚어지는 긴장과 유대감 및 모험을 나타낸다.

⑤ 텐트의 이미지

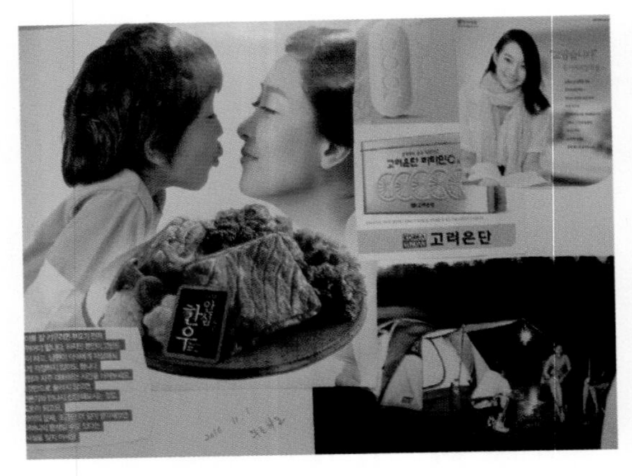

(성인)
텐트 사진을 통해 가족의 따뜻함과
애정의 욕구를 표현

(성인)
텐트 사진을 통해 여유와 휴식의 욕구를 표현

※ 상징적 의미

건물	거주, 건조함, 건축, 건축가, 고층, 공동체, 공사, 네모, 노후 대책, 놀이, 높다, 단단하다, 답답하다, 도시, 디자인, 딱딱하다, 만남의 장, 매연, 멋지다, 미술관, 밀실, 밀집, 바쁜, 발전, 벽돌, 빌딩, 빌라, 빽빽하다, 사각 기둥, 사고 싶다, 사무실, 사업, 삭막하다, 상가, 상징, 성공, 성취, 소유물, 시멘트, 쌍둥이 건물, 아파트, 엘리베이터, 역사, 웅장하다, 유리, 인간, 인공물, 일하다, 작품, 장막, 주택, 지진, 집, 차가움, 창문, 초고층, 콘크리트, 튼튼하다, 파양, 피라미드, 현대적, 회색
집	2층, 가정, 가족, 나만의 공간, 나무, 대인관계, 돌아가야 할 곳, 따뜻하다, 마당, 만족, 벽돌집, 부, 부엌, 사랑, 소유하고 싶다, 쉼터, 식구, 아늑함, 아파트, 안락하다, 안방, 안식처, 안정감, 엄마, 에너지, 예쁜 인테리어 하우스, 우리, 울타리, 음악, 인간, 작아도 좋다, 잔디 밭, 정착, 주택, 트리 하우스, 편안함, 평화, 포근하다, 혈연, 화목한 곳, 휴식처
교회	간절하다, 거짓, 경건하다, 경건함, 광적이다, 구원, 그리움, 기대, 기도, 그리스도교, 기쁨, 노래 부르다, 많다, 목사님, 믿음, 밝다, 봉사, 부정적인, 부패, 붉은색, 비리, 빌다, 사랑, 설교, 성경, 성도, 성스러움, 소원, 솔직함, 시끄러움, 신뢰하다, 신비, 신성성, 신앙, 십자가, 안식, 엄마, 열망, 영생, 예배, 예수, 예수님 희생, 온전한 곳, 완벽한 곳, 위로받다, 은혜, 음악, 의자, 이기주의, 종교, 종소리, 종합병원, 죄인, 주님의 교회, 주일학교, 지키다, 직분, 집단의식, 찬송가, 친구, 친구들, 포용, 표출, 하나님, 회개
절	108배, 거부감 들다, 고요하다, 고즈넉함, 고행, 다른 세상, 돌탑, 마당, 목탁 소리, 믿음, 밥, 부적, 부처님, 불공, 불상, 불쌍하다, 불화, 비빔밥, 산속, 새소리, 석가모니, 소원, 속죄, 수행, 수험생, 스님, 시냇물 소리, 시주, 신성성, 싸움, 안식, 안정, 암벽, 연꽃, 연등, 옛날, 우상의 집, 위로받다, 유적지, 자비, 자연, 전통적, 절하다, 정사, 조용하다, 종교, 종소리, 청아함, 탱자, 탱화, 편안함, 평온하다, 풍경, 한국적, 한적하다, 합장, 합체, 해인사, 해탈, 향내, 향불, 회색
빌딩	63빌딩, 각박한, 건물, 건축가, 경기도, 경직, 고층, 높다, 닫혀 있다, 답답함, 도시, 동경, 동네, 마천루, 많다, 머리 아프다, 멋스럽다, 메마름, 무너지다, 바쁘다, 복잡하다, 부유하다, 불안감, 불편하다, 빽빽하다, 사무실, 사업, 삭막하다, 상사, 상승, 서울, 성취욕, 소음, 수많은 사람, 숨막히다, 숲, 스피드, 시끄럽다, 시세, 어지럽다, 여의도, 오르기 힘들다, 오만, 올라가다, 웅장하다, 월세, 인공물, 일자리, 입구, 자살, 장엄하다, 재산, 적막하다, 죄어 오다, 직장, 창문, 추락, 투자, 편리하다, 하늘, 현대, 현대적인 느낌, 화려하다, 회사원, 휩쓸리다
한옥	게스트하우스, 고요하다, 고즈넉하다, 고집, 고풍스럽다, 곡선, 과학성, 굴뚝, 그리움, 기와, 기왓장, 나무 냄새 난다, 낮은 느낌, 녹색, 대감, 따뜻하다, 마당, 마루, 마을, 멋스럽다, 문살, 부드럽다, 북촌, 불편하다, 불평하다, 빗방울, 살고 싶다, 서까래, 선, 선비, 소나무, 시골, 안동, 안정감, 양반, 엄마의 마음, 여유로움, 역사, 예스럽다, 예절, 옛 정취, 옛것에 대한 그리움, 온돌, 왕, 외국인 홈스테이, 우리 고유의, 운치 있다, 인내, 자연을 느끼다, 전주, 전통, 절구통, 정, 정갈하다, 정겹다, 정다운, 정서, 정숙함, 정체성, 조상, 조선시대, 짚, 창호지, 초가, 춥다, 편안함, 포만감, 한국의 미, 할머니, 할아버지, 항아리, 향수, 황토, 흙

학교	가르침, 갈망, 감옥, 경쟁, 공부, 교과서, 교복, 교실, 교육, 교정, 귀엽다, 규칙, 규칙적이다, 급식, 기억나는 가장 좋은 장소, 낭만, 노력, 답답하다, 도전, 든든하다, 등굣길, 딱딱하다, 떨린다, 머리 아프다, 멋없다, 모임, 목표, 미래를 위한 준비 공간, 바쁘다, 방과 후, 배움의 장소, 분주하다, 사랑, 사회생활, 선생님, 성장하다, 소란스럽다, 수업, 수학여행, 쉬는 시간, 스트레스, 시계, 시끌벅적, 시험, 싫다, 아이들, 어린이, 어울림, 엄숙하다, 에너지, 열정, 예절, 옛 추억, 우정, 운동장, 정체된 곳, 종소리, 지겹다, 책가방, 추억, 친구, 칠판, 캠퍼스, 태극기, 통제, 틀, 활기 넘치다, 활력, 희망
병원	119 구급대, STOP 표지판, 가기 싫다, 간호사, 감염, 감옥, 건강, 고마움, 고통, 괴로운 곳, 구급차, 그만 가고 싶다, 긴장, 냄새, 두렵다, 무섭다, 바쁘게 움직임, 병, 병실, 병을 고치는 곳, 보호자, 봉사, 분주하다, 불친절, 살균, 상처, 세균, 소독, 수술, 슬프다, 시끄럽다, 아픔, 약, 위급하다, 응급실, 의무, 의사, 인색하다, 입원, 적십자, 전문인, 주사, 죽음, 지겨움, 질병, 차갑다, 치료, 치유, 탄생, 통증, 피, 필요한 곳, 호송차, 화학, 환자, 환자복, 흰 건물, 흰색, 힘들다
텐트	1박2일, 가족 여행, 강, 강원도, 고기, 공간, 그립다, 기둥, 기분 좋다, 낭만, 등산, 따뜻하다, 무섭다, 바닷가, 바람, 뱀, 벌레, 보이스카우트, 불편하다, 뼈대, 선교, 설렘, 세모, 숲 속, 아늑함, 아빠가 힘들다, 아이들, 안락하다, 안정, 야생, 야영, 야외 취침, 야유회, 약하다, 어울림, 여름, 여유로움, 여행, 자연과의 소통, 자유, 재미있다, 정착되지 않은, 조촐하다, 즐거움, 집, 천 조각, 추억, 춥다, 치다, 치유, 친구, 캠핑, 틀, 편안하다, 피서, 한강 고수부지, 호롱불, 활동적, 휴가

2. 악기

음악을 연주하는 데 쓰이는 기구를 통틀어 악기(樂器, instrument)라 부르며, 그 연주 방법에 따라 건반악기, 타악기, 현악기, 관악기로 나뉜다. 음악의 향연 오케스트라의 클래식한 악기 외에도 민속음악의 상징인 아프리카의 칼림바(kalimba), 브라질의 카바키뇨(cavaquinho) 등 세계 각 민족의 여러 가지 악기가 있다. 음악이 시대의 문화가 반영되어 창조되듯이 악기도 시대의 흐름에 따라 새로운 악기가 발명되고 있다.

악기를 구성하는 소재와 형태, 소리는 상징적인 의미를 가지고 있다. 시대적으로는 인간 중심의 문화 르네상스 시대를 살펴보면, 현악기의 외형은 인간의 신체에서 아이디어를 얻은 형태로 만들어졌다. 동양의 악기는 소리에 의미를 담고 만들어졌는데, 북의 경우 소리의 울림이 사람의 심장 소리를 나타내는 등 소리는 영원의 가치를 상징한다. 탬버린(tambourine)의 경우 축제와 사후 세계의 의식을 나타내고, 오르간(organ)은 세 단계의 건반 형태가 성 삼위일체를 상징하기도 한다. 따라서 이 절에서는 각 악기가 가지고 있는 상징적 의미를 구체적으로 살펴보고자 한다.

1) 피아노(piano)

① 사전적 의미

"건반이 달린 타현악기(打絃樂器)"(두산동아 사서편집국 편, 2016)

② 유래

건반악기를 총칭하는 클라비코드(Clavichords)가 피아노의 조상이다. 1711년 피렌체의 바르톨

좋은 것을 담으려면 먼저 그릇을 비워야 한다. 욕심은 버려야 채워진다.
악기는 비어 있기 때문에 울린다. 비우면 내면에서 울리는 자신의 외침을 듣는다.
-법정 스님-

로메오 크리스토포리 디 프란체스코(Bartolomeo Cristofori di Francesco), 1761년 프랑스의 장 마리우스(Jean Marius), 1717년 독일의 슈뢰더(Stroeider)와 질베르만(Silbermann) 등이 클라비코드를 각기 다른 방식으로 개조하여 그랜드 피아노를 탄생시켰다. 수형 피아노는 1758년 독일 작센 지방의 게다에 살던 프리더리치(Friedrich)에 의해 고안되었다(Germa, 2004).

③ 상징적 의미

피아노는 여성 성기, 창조적 표현, 정신의 고양, 마음의 안정과 조화, 하모니, 연주 소리를 상징한다. 또한 교회의 악기 오르간은 여호와 신에 대한 예찬을 상징한다. 노래, 리듬, 섬세함, 음악, 하모니 등을 연상시키기도 한다.

④ 신화와 고전

『피아노가 되고 싶은 나무』(서울, 2012)에는 높은 산 위에 사는 가문비나무가 나온다. 이 가문비나무에게는 꿈이 있는데, 바로 멋진 노래를 부르는 꿈이다. 어린 가문비나무는 최근 새로 생긴 목장의 소녀를 좋아하는데, 피겨를 하다가 다친 소녀는 가끔 피아노를 치는 것 같더니 어느 날인가부터 피아노 소리가 들리지 않는다. 가문비나무는 멋진 소리를 내는 나무가 되어 소녀와 있고 싶은 꿈을 갖기 시작한다. 언제나 응원해 주던 멘토인 눈잣나무 할아버지도 병으로 돌아가시고 세상에 홀로 남은 가문비나무는 동물들과 비바람, 눈 등에 맞서며 두려움을 이겨 낸다. 그리고 어느 날 훌륭한 청년 나무가 되어 멋진 피아노 나무로 거듭나는 선택을 받게 된다. 원하던 것을 이룰 수 있게 된 가문비나무는 5년이라는 길고 힘든 시간을 이겨 낸다. 그렇게 몸을 깎아 내고 조각내는 일을 잘 견디면서 다른 나라로 피아노를 배우러 떠난 아가씨를 기다린다. 여기에서 피아노는 빙판에서 쓰러져 더 이상 피겨스케이트 요정이 될 수 없는 소녀에게 다시 일어설 수 있는 희망을 주는 존재로 묘사된다.

⑤ 피아노의 이미지

(초등학교 고학년 도벽행동이 있는 아동)
피아노: 피아니스트가 되고 싶은 자신의 미래상을 표현

(성인)
피아노 치는 사진을 통해 현재 자신의 일에 몰입하고 있는 모습을 표현

2) 바이올린(violin)

① 유래

'현악기'라는 의미의 중세 라틴어 'vitula'에서 그 명칭이 전해진 '바이올린(violin)'은 게르만어로 '피들(fiddle)'이라는 뜻을 지닌다. 따라서 요즘에도 피들이라는 명칭은 바이올린이라는 악기명과 더불어 사용되고 있다. 바이올린은 1550년경 이탈리아에서 비로소 그 고전이라 할 수 있는 악기가 나오게 된 이래로 400여 년간 유사한 형태로 있어 왔으며, 음향적인 면에서 완벽한 악기로 칭송받고 있다(Wade-Matthews, 2004).

② 상징적 의미

바이올린은 형태가 여성의 인체곡선을 닮아 여성성을 상징하는 악기다. 또한 조화 · 부조화, 하모니, 연주, 자신에 대한 취급이나 평가를 의미하기도 하며, 가냘픈, 악사, 날카로운, 멋있는, 예민함, 선율을 연상시킨다.

③ 신화와 고전

『마법의 바이올린과 조세(Der Josa mit der zauberfiedel)』(Janosch, 2011)의 줄거리는 다음과 같다. 조세의 아버지는 조세가 키가 작고 약해 제대로 일이나 할 수 있을지 늘 걱정이다. 이 때문에 슬퍼하던 조세는 새에게 마법의 바이올린의 연주 법을 배운다. 마법의 바이올린 소리를 들으면 누구든 키가 커지거나 작아진다. 조세는 아버지를 기쁘게 해 드리기 위해 달한테 마법의 바이올린을 연주해 주러 떠난다. 조세는 처음으로 세상에 나가 사람들의 모습을 직접 본다. 여기에서 바이올린은 기발한 상상력과 모험, 내면의 잠재능력을 발휘할 수 있게 하는 도구로 표현된다.

④ 바이올린의 이미지

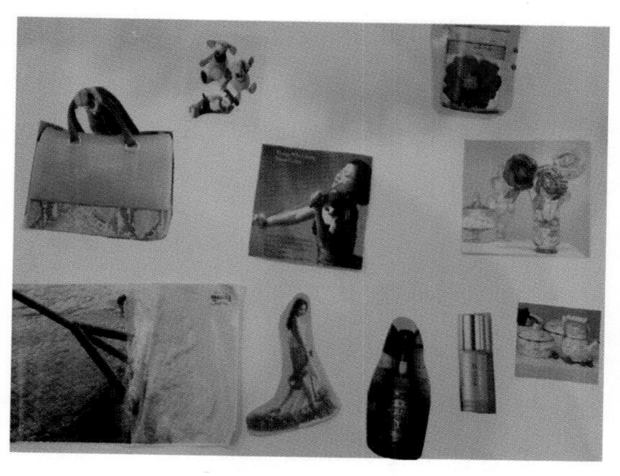

(고등학교 1학년 학교 부적응 청소년)
바이올린: 몰입하고 노력하고 싶은 심정을 표현

3) 금관악기(brass instrument)

① 사전적 의미

"악기를 연주하는 연주자의 입술 진동을 이용하여 소리를 내는 관악기."(두산동아 사서편집국 편, 2016)

② 유래

원시적인 것은 소라고둥이나 뿔피리에서 시작하여, 헤브라이(Hebrew) 시대에는 금관이 만들어졌다는 기록이 있고, 로마 시대에는 긴 관을 구부려서 사용하였다는 기록이 있다. 중세에는 슬라이드식 트럼펫, 트롬본이 발명되었으며, 17세기에 이르러 손가락 구멍이나 키를 다는 법이 생겼고, 18세기부터 피스톤이나 회전판을 달게 되었다. 오늘날 플루트, 피콜로, 색소폰 등은 금속을 재료로 하고 있으나 악기 분류상으로는 금관악기에 포함시키지 않는다(두산동아 백과사전연구소 편, 1999). 파이프 혹은 피콜로와 같이 작은 플루트는 주로 전쟁에서 드럼과 함께 연주하며, 전쟁에서 큰 소리를 낼 목적으로 고안되었다. 힌두교의 신 크리슈나(Krsna)는 전통적으로 플루트 연주자로 묘사된다. 크리슈나는 사랑하는 라다(Radha, 크리슈나의 연인이 된 목장 아가씨)와 낙농업을 하는 여성들에게 에워싸인 채 연주하는 장면으로 주로 등장한다(Fontana, 2011).

구약성서에서 트럼펫은 신의 출현을 알리는 소리다. 이스라엘인들이 가나안(Canaan)을 정복했을 때 트럼펫은 예리코(Jericho)의 타락을 공식적으로 선언한 소리가 되었다(여호수아 제6장). 트럼펫은 신 혹의 천사가 최후의 심판을 포고하는 소리로도 알려졌다. 르네상스 화가들은 트럼펫을 명성의 상징으로 사용했다(Fontana, 2011). 또한 트럼펫은 남성다움과 권위에 관련되며, 많은 나라에서 의식이나 큰 행사에 사용되고 있다.

③ 상징적 의미

금관악기 중 트럼펫은 신의 조력, 승리, 구제와 관련되고 남성다움과 권위의 상징이다. 플루트나 피리는 조화를 상징하며 유혹과 감정의 상징으로 나타나기도 한다. 또한 당당함, 무거움, 반짝임, 관현악, 우렁찬, 울림, 청아한, 시끄러움의 상징이기도 하다.

④ 신화와 고전

『홍당무(Poil de carotte)』(Renard, 2005)에는 다음과 같은 이야기가 나온다. "아빠가 출장에서 돌아오셨어요. 아빠는 누나와 형에게 선물을 준 다음, 등 뒤에 선물을 감춘 채 짓궂게 물었어요. '이제 홍당무 차례다. 넌 뭘 갖고 싶니? 나팔? 권총?' 요즘 친구들 사이에서 나팔이 유행이었어요. 홍당무도 뚜뚜뚜 소리가 나는 금빛 나팔이 갖고 싶었지요. 홍당무는 잠시 생각했어요. '아빠는 나팔이 유행하는지 모르실 거야. 틀림없이 권총을 사 오셨겠지?' 홍당무는 자신 있게 말했어요. '아빠, 저는 권총을 갖고 싶어요. 어서 주세요.'" 여기에서 나팔은 편애하는 어머니에 대한 서운함으로 위축되어 있던 홍당무에게 아버지의 사랑을 확인함으로써 힘을 얻게 하는 매개체다. 또한 자신을 알리는 수단이 되며, 아이 말을 귀담아 들어 주고 변함없이 사랑받고 있다는 믿음을 주는 것으로 기능한다.

⑤ 금관악기의 이미지

(성인)
악기 사진을 통해 자신을 표현하고, 타인에게 자신의 모습을 드러내고 싶은 욕구를 표현

(성인)
합주하는 사진을 통해 화합과 조화, 즐거움을 표현

※ 상징적 의미

악기	감상, 고급스럽다, 기타, 낙원상가, 능력, 다양하다, 도구, 돈, 레슨, 로망, 리코더, 모차르트, 바이올린, 배우고 싶다, 밴드, 불다, 색소폰, 선율, 소리의 향연, 시간이 걸리다, 시끄럽다, 아름답다, 아코디언, 악보, 안정감, 어렵다, 어울림, 여유, 여흥, 연습, 연주, 연주하고 싶다, 예술, 오락, 오케스트라, 음악, 음악대, 음률, 재주가 좋다, 제각기, 줄, 중요, 즐겁다, 찬양, 청각, 클래식, 특기, 표현하다, 피아노, 합주, 행복한 음, 호기심, 휴식
피아노	감상, 건반, 검은색과 흰색의 대조, 경쾌하다, 교회, 기교, 기본, 노래, 누르다, 뉴에이지, 다시 시작하고 싶다, 두드리다, 리듬, 맑은 소리, 멜로디, 명랑하다, 모차르트, 물결 소리, 미련, 바쁘다, 바이엘, 반주자, 베토벤, 선율, 섬세하다, 소리, 손가락, 손놀림, 쇼팽, 아름답다, 아이, 악보, 어렵다, 어린 시절, 연습, 연주가, 연주회, 영화 〈말할 수 없는 비밀〉, 우렁차다, 우아하다, 울림, 음계, 음악, 음표, 의자, 이루마, 잔잔하다, 재주, 재즈, 전공자, 전설, 지루하다, 천재, 체르니, 취미, 층간소음, 코드, 콩쿠르, 편안하다, 피아니스트, 학원, 행복감, 협주곡, 화음, 흥겹다, 희망사항
바이올린	가냘프다, 갈색, 거리, 악사, 공연, 교회, 구슬프다, 귀를 대다, 금난새, 나무, 날카롭다, 노력, 도우너, 두개골, 땀, 막대기, 머릿속을 파고드는 느낌, 멋있다, 밀고 당기다, 비싸다, 선율, 소름끼치다, 송진, 쇼팽, 슬픈 소리, 시끄럽다, 신기하다, 신비감, 실력, 악기, 어렵다, 어린 시절, 여유, 역사, 열정, 예민하다, 오케스트라, 우아하다, 울림, 장한나, 재주, 정명화, 좋다, 줄, 춤, 켜다, 현, 활
금관악기	5중주, 감상, 경직, 고전, 공연, 공포, 관현악, 군인, 궁관, 금속, 깊다, 나팔, 당당함, 매끄러움, 멋, 무겁다, 밀고 당기다, 반짝임, 밴드, 번쩍거리다, 보병, 부, 비명, 색소폰, 소리가 잘 나지 않다, 숨을 불어넣다, 시끄럽다, 신기하다, 어렵다, 연주복, 연주회, 옛날 음악, 오케스트라, 오페라, 왕실, 우렁차다, 울림, 웅장하다, 음색, 음악, 입, 차가움, 청명하다, 청아하다, 큰소리, 클래식, 투명하다, 트럼펫, 평화, 힘, 힘들다, 힘차다

3. 탈것

사람이 타고 다니는 것들을 통틀어 이르는 말을 탈것(vehicle)이라 한다. 이를테면 자전거, 자동차, 기차, 선박, 보트, 비행기 등을 가리키며, 이는 인간에게 유익한 생활수단으로 발전되어 왔다. 1960년대 이후 국내에서도 산업의 발달과 함께 자동차가 교통수단의 대부분을 차지하게 되었다. 초기 유럽에서 자동차는 운송 수단이라기보다는 지배계급의 행락용으로 사용되었으며, 부와 권위의 상징이 되었다. 이러한 의미는 현대 사회에 들어와서도 지속되고 있으며, 현대에는 실용성과 편리성 등의 삶의 방식을 표현하는 동시에 지위와 위치를 나타내는 상징적인 의미도 있다. 그중 바퀴의 경우 도교에서는 바퀴의 축을 중심으로 현자의 상징을 나타냈다. 탄트라 불교에서는 바퀴의 원형이 정신적 에너지의 흐름으로서 회전 차크라(chakra)를 의미하기도 한다. 따라서 이 절에서는 타는 것이 가진 각각의 상징적인 의미를 살펴보고자 한다.

1) 오토바이(motorcycle)

① 사전적 의미

"원동기를 장착하여 그 동력으로 주행하는 이륜차"(두산동아 사서편집국 편, 2016). 오토바이시클('auto'+'bicycle')이라고도 한다.

② 유래

1903년까지만 해도 오토바이는 엔진을 장착한 일반 자전거와 같았다. 그러나 1903년 할리

풍파가 없는 항해, 얼마나 단조로운가! 고난이 심할수록 내 가슴이 뛴다.
-프리드리히 빌헬름 니체(Friedrich Wilhelm Nietzsche)-

데이비슨(Harley–Davidson)에 의해 세계 최초의 '진짜' 오토바이가 세상에 모습을 드러냈다. 오토바이를 만든 사람들은 할리 데이비슨의 신뢰성과 듬직함을 강조하기 위해 '조용한 회색 친구'라는 이름을 붙이기도 했다(Vejlgaard, 2008).

③ 상징적 의미

오토바이는 마초의 상징이고 남성성을 상징한다. 또한 질주, 위태함, 고등학생, 달리는 것, 반항, 일탈, 자유, 속도, 사고, 스릴, 균형, 청소년의 탈선 등을 의미하기도 한다.

④ 신화와 고전

『경찰 오토바이가 오지 않던 날』(고정욱, 2004)에서 동수는 매일 엄마가 업어서 등하교를 시켜야 하는 장애아동이다. 그러나 보통 아이들처럼 칠판 앞에 나가 수학 문제도 풀고, 운동회 때는 달리기도 한다. 어느 날 순찰대의 경찰 아저씨가 오토바이를 타고 학교에 나타난다. 매일 동수의 등하교를 책임져 주기로 한 것이다. 아이들의 부러움을 한껏 받으며 경찰 오토바이로 등하교를 하던 동수는 신문과 방송에도 나온다. 인터뷰를 하고, 각종 연출된 사진도 찍고. 그렇지만 이렇게 신나야 하는 장면을 읽으면서도 뭔지 불안하고 개운치 않다. 여기에서 오토바이는 의존적 요소에 의해 힘을 과시하는 도구로 이해할 수 있다.

⑤ 오토바이의 이미지

(고등학교 2학년 학교 부적응 청소년)

(초등학교 고학년 공격 성향이 있는 아동)
오토바이: 남성성과 에너지, 충동성을 표현

2) 자동차(car)

① 사전적 의미

"'원동기'를 사용하여 궤도 또는 가선에 의하지 아니하고 운전되는 차, '원동기에 의하여 육상에서 이동할 목적으로 제작한 용구' 등으로 정의하고 있다."(두산동아 사서편집국 편, 2016)

② 유래

페르시아인들은 기원전 6세기에 낫으로 무장한 수레를 전쟁 무기로 이용했다. 이들은 코끼리 부대를 이끈 한니발과 중세의 기사들과 더불어 전차 발명의 선구자로 평가된다. 그 후 1915~1916년 사이 에스티엔(Estienne) 장군의 지휘하에 프랑스와 영국은 근대적 전차를 완성했다. 1916년 9월 15일 솜 전투(Battle of Somme)에서 영국군이 처음으로 전차를 이용했다(Germa, 2004). 이후 1770년 프랑스 니콜라 조제프 퀴뇨(Nicolas-Joseph Cugnot)가 제작한 증기 자동차를 시작으로 기계의 힘으로 주행하는 자동차가 발전하게 되었다.

③ 상징적 의미

자동차 등의 모든 탈것은 남근을 상징한다. 특히 스포츠카의 경우 성적 잠재력과 생산력을 나타내고 부의 상징과 기동력을 뜻하기도 한다. 또한 달리다, 힘이 있다, 에너지, 추진력, 조정하다, 가치, 질서 등을 의미하기도 한다. 심리적으로 무기력하거나 공격 성향이 있는 아동화의 경우 자동차는 힘, 에너지를 나타내기도 한다.

④ 신화와 고전

『세상이 자동차로 가득 찬다면(Tin lizzie)』(Drummond, 2010)의 줄거리는 다음과 같다. 엘리자를 언제나 리치라고 부르는 엘리자의 할아버지는 엘리자가 태어나기 전부터 고쳐 온 틴 리치에 대해서 이야기해 주신다. 오래된 자동차인 틴 리치는 할아버지가 가장 아끼는 차로, 마침내 틴 리치가 다 고쳐진 후 할아버지는 엘리자 그리고 동생들을 틴 리치에 태우고 길을 나선다. 그런데 길에는 이미 자동차가 가득하고, 그 모습을 본 아이들은 자동차를 갖고 싶은 마음과 자동차의 나쁜 영향에 대해서 이야기를 나누게 된다. 여기에서 자동차는 세상에 바퀴를 달아 주는 자랑거리이자 기쁨으로 표현된다. 또한 신나고, 쓸모 있고, 빨리 갈 수 있고, 멀리 갈 수 있는, 누구나 원하는 것으로 묘사되며, 양가적으로 환경문제를 야기하는 원인이므로 미래를 위해 꼭 생각해 보아야 하는 소재로 그려지고 있다.

⑤ 자동차의 이미지

(초등학교 고학년 무기력 아동)

(초등학교 고학년 공격 성향이 있는 아동)
자동차: 남성성과 힘, 에너지를 표현

3) 비행기(aircraft)

① 사전적 의미

"추진 장치를 갖추고 고정날개에 생기는 양력을 이용해 비행하는 항공기의 총칭."(두산동아 사서편집국 편, 2016)

② 유래

그리스 신화 속 이카루스(Icarus)의 전설에서 인류의 비행 역사는 시작한다. 레오나르도 다빈치는 이 꿈을 실현하고자 설계도를 그려 내기도 하였다. 19세기 후반 독일의 오토 릴리엔탈(Otto Lilienthal) 등은 수십 차례 활공을 거듭한 끝에 비행기 날개를 개발하는 단계에 이르렀다. 1890~1897년 사이 크레망 아데르(Clément Ader)는 박쥐 모양의 날개와 증기 모터를 단 엔진을 만들어 날려 보기도 했다. 1900년 라이트 형제의 비행기 발명 이후 파르망(Farman)을 비롯한 몇몇 비행기광의 꾸준한 연구 실험 덕분에 현대식 비행기에 근접한 형태가 완성되었다(Germa, 2004).

이카루스는 그리스 신화 중 어리석음과 과욕을 상징하는 인물로 감옥을 탈출하기 위해 새의 깃털로 날개를 만들어 날아서 감옥을 탈출한다. 하지만 도중에 태양을 향해 높이 날아올라 날개에 쓰인 아교가 녹아서 바다로 떨어져 죽게 된 인물로 인간의 비상, 비행에의 욕망을 나타내는 상징적인 인물이다(Fährmann, 2003).

③ 상징적 의미

비행기는 멀리 가고 싶은 욕망, 이상과 에너지, 야망, 권력, 진보, 자유에의 희구, 여행, 자립, 이별, 무언가에서 벗어나고 싶다는 의미를 지닌다. 또한 날아가다, 비상, 빠른 기동력, 휴식을 뜻하기도 한다. 아동화에서는 비행기를 통해 힘의 과시 욕구를 드러내기도 한다.

④ 신화와 고전

『하늘의 개척자 라이트 형제(Wright brothers: How they invented the airplane)』(Russell, 2003)는 동력 비행기를 제작하여 최초로 비행에 성공한 라이트 형제의 일대기를 다룬 책이다. 어느 날 무심코 하늘을 올려다본 형제는 수리가 자유롭게 날고 있는 것을 보고 바람이 불 때마다 수리처럼 날개 방향을 바꾸어 균형을 잡으면 추락하지 않을 것이라는 점을 알았다. 연구의 반복 끝에 1903년 12월 17일 마침내 최초의 비행기 '플라이어 1호'가 태어나 하늘을 날았다. 형제는 발아래 펼쳐진 세상을 향해 우리가 드디어 비행기를 만들었다고 크게 외쳤다. 세상 사람들은 모두 깜짝 놀랐다. 모든 사람이 하늘을 날 수 없다고 했지만 라이트 형제는 멋지게 성공을 했다. 여기에서 비행기는 상상하는 데 그치지 않고 하늘을 날아 보려고 도전한 형제의 도전 정신을 부각시킨다.

⑤ 비행기의 이미지

(초등학교 저학년 위축 아동)
비행기: 어머니에 대한 공격성과 함께 힘에 대한 욕구,
자유로움에 대한 욕구를 비행기와 미사일,
밤하늘 등으로 표현

4) 배(ship)

① 사전적 의미

"사람, 가축, 물자 등을 싣고 물에 떠서 이동할 수 있도록 만들어진 구조물."(https://encykorea.aks.ac.kr)

② 유래

배의 상징은 바다를 항해하는 연약한 인간이 광대한 우주 한가운데에서 자신의 운명을 찾아 나서는 것이다. 일부 고대 문명에서 죽은 자는 보트에 올라타며, 이것은 영혼이 바다를 건너 쉴 장소를 찾아간다는 믿음에서 비롯되었다. 매년 봄 출항할 때는 이집트의 여신 이시스(Isis)를 숭배하는데, 이는 이시스가 위험한 날씨로부터 선원들을 보호해 준다고 믿기 때문이다. 그리스도교 시대 이전 북유럽에서는 족장들이 배에 실려 사후 세계로 여행을 떠났다. 교회 본당의 신랑(新郞, nave)은 라틴어로 '배'라는 뜻을 지닌 'nāvis'이며, 신이 영적 여행을 떠나는 신도들을 폭풍우에서 보호한다는 상징적 의미를 띤다. 자급자족 공동체에서 배는 많은 상징적 이미지를 내포하고, 낙타는 음식물 섭취 없이 장거리 여행을 할 수 있어 '사막의 배'로 불린다(Fontana, 2011). 그리스도교도에게는 배가 교회와 노아의 방주를 상징한다.

③ 상징적 의미

배는 안전, 자궁, 다산과 생명력, 보호자로서의 태모를 상징한다. 또한 이 세계에서 저 세계를 잇는 가교 역할로서 소통과 연결, 전환을 의미하기도 하고 인생항로의 출발점, 모험, 탐험을 상징하기도 한다. 작은 배는 안전과 죽음을 동시에 상징하므로 불안을 나타내기도 한다. 또한 바다의 물 위를 탐험하는 것으로 무의식의 탐색을 시사한다. 항공모함, 여객선 등의 큰 배는 힘의 과시 욕구로 해석되기도 한다.

④ 신화와 고전

한스 안데르센의 동화 『인어공주(The little mermaid)』(Andersen, 2012)에 나오는 인어공주는 아름다운 밤바다의 풍경을 보며 감탄하던 중, 바다 위에 떠 있는 커다란 배 한 척을 보게 된다. 배에 가까이 다가간 인어공주는 늠름한 왕자에게 마음을 빼앗기고, 그때 갑자기 밀려온 폭풍우에 파도가 배를 삼켜 버리자 바다에 빠진 왕자를 구해 바닷가로 끌어낸다. 여기에서 배는 왕자와 인어공주가 만나게 되는 첫 장면으로서 새로운 세상을 연결하는 소재로 이해될 수 있다.

⑤ 배의 이미지

(초등학교 저학년 불안 아동)
파도에 부딪힌 배: 현실의 위험과 불안을 표현

(성인)
배를 통해 자신의 목표와 방향성을 표현

5) 자전거(bicycle)

① 사전적 의미

"사람의 힘으로 바퀴를 회전시켜 움직이는 이륜차."(두산동아 사서편집국 편, 2016)

② 유래

1790년 콩트 메데 드 시브락(Conte Mede de Sivrac) 백작이 발명한 '셀레리페르(Célérifère)'를 자전거의 조상으로 친다. 이후 1813년 만하임에서 칼 본 드라이스(Karl von Drais) 남작이 '드라이지네(Draisine)'를 선보였다. 방향 전환이 가능한 핸들이 달린 이 자전거는 1817년 파리의 지볼리 정원을 가로지른 후 꽤 인기를 끌었다. 이후 페달을 밟는 자전거, 자전거에 고무 타이어를 부착한 자전거, 볼 베어링을 넣은 자전거 등으로 발전하였다. 1869년 최초의 자전거 정기 간행물 『벨로시페드 일뤼스트레(Velocipede Illustre)』가 장거리 사이클 경주를 주최하기도 하였으며, 이로부터 10여 년이 흐른 후 금속제 자전거가 완성되었다(Germa, 2004). 아랍권에서는 남성들에게 억눌려 인권을 유린당하는 21세기 여성들에게 있어서 자전거가 19세기 말 여성들이 갈구했던 것처럼 자유와 해방을 상징한다(허정아, 2011).

③ 상징적 의미

자전거는 속도의 시대적 아이콘으로 신여성의 상징이다. 따라서 해방과 자유를 상징하며 동시에 소풍, 여행, 시원함, 어린 시절, 에너지, 연인, 여유, 정겨운, 소박함, 힘듦, 운동을 상징하기도 한다.

④ 신화와 고전

『세발자전거 뿜이』(이영준, 정혜정, 2008)의 줄거리는 다음과 같다. 새까만 피부와 움푹 들어간 큰 눈 그리고 곱슬머리, 우리와는 전혀 다른 모습을 한 필리핀 아이 써니를 호야와 친구들이 괴롭힌다. 어느 날 놀이를 마치고 집에 돌아온 호야는 써니의 세발자전거 뿜이를 타고 세계의 여러 나라를 여행하는 꿈을 꾸면서 다양한 사람이 각기 다른 문화를 가꾸며 열심히 살아가는 모습을 보게 된다. 그러면서 호야의 마음속에는 써니를 이해하는 마음이 싹튼다. 여기에서 자전거는 주인공이 모험을 통해 다양한 사람들을 이해하며 지혜를 발견할 수 있도록 돕는 중요한 매개체의 역할을 한다.

⑤ 자전거의 이미지

(초등학교 고학년 무기력 아동)
자전거: 가족과 자전거를 함께 탄 소중한 추억과 행복을 표현

(성인)
자전거 사진을 통해 여유와 즐거움의 욕구를 표현

※ 상징적 의미

오토바이	감속력, 고등학생, 고속도로, 국도, 날라리, 남자, 달리다, 대형사고, 멋있다, 면허증, 무섭다, 바람, 바퀴, 반항, 배달, 보헤미안, 비행, 빠르다, 사고, 사망, 소리, 속도, 수입 자동차, 스릴, 슬픔, 시끄럽다, 시원하다, 신나다, 에너지, 연비, 열정, 위험하다, 일탈, 자유, 잘난 척, 재미있다, 죽음, 진동, 질주, 철가방, 청소년, 춥다, 충동, 취미, 탈선, 탈출, 폭주족, 할리데이비슨, 허세, 헬멧
자동차	경제성, 경주, 공해, 교통수단, 기동력, 기동력이 좋다, 기동성, 기름, 깡통, 나만의 인격, 남자친구, 달리다, 도로, 드라이브, 든든하다, 디자인, 매연, 면허, 바퀴, 보조석, 복잡, 빠르다, 사고 싶다, 세차, 스포츠카, 스피드, 시원하다, 신발, 신호등, 아빠, 안전, 안정감, 에너지, 엔진, 여정, 여행, 운송 수단, 운전, 운전자, 움직임, 위험하다, 이동 수단, 일, 자유, 작은 공간, 재력, 전진, 지위, 질주, 편리하다, 편안하다, 필요하다, 회사, 힘
비행기	공군, 공항, 구름, 기내식, 기장, 긴장감, 꿈, 나라, 날개, 날다, 날아가다, 낯섦, 높다, 들뜨다, 떠나다, 만남, 만족, 멀리 가다, 면세점, 무섭다, 벗어나다, 비상, 비즈니스, 빠르다, 사고, 산소, 설렘, 세계일주, 스튜어디스, 신혼여행, 안개, 여권, 이국적이다, 일본, 자유, 장거리 여행, 제주도, 종이비행기, 크다, 폭파 사건, 피곤하다, 필리핀, 하늘, 해외여행, 휴식, 희망, 힘
배	갈매기, 고기잡이, 구토, 기름유출, 기적, 낚시, 낭만, 노, 느리다, 늠름하다, 두려움, 떠나고 싶다, 떠나다, 뜨다, 망망대해, 멀리 보다, 멀미, 모험, 무섭다, 물 위를 걷다, 물보라, 바다, 뱃고동 소리, 부유하다, 불안하다, 비린 냄새, 사고, 선박, 선장, 섬, 수평선, 신나다, 어부, 어선, 어지러움, 어촌, 에너지, 여객선, 여유, 여행, 외롭다, 운송, 운치, 울렁이다, 위태롭다, 위험하다, 유람선, 이동하다, 자유, 잠, 정착, 천안함, 침몰, 크루즈, 타이타닉, 태우다, 파도, 파티, 편리하다, 푸르다, 푸른 물결, 항구, 항해, 환상적이다, 휴식, 힘들다
자전거	가로수길, 건강, 경치, 공원, 놀이터, 광장, 구르다, 길, 나들이, 낭만, 내리막길, 넘어지다, 노력, 농촌, 느끼다, 달리다, 데이트, 동심, 동호회, 들길, 바람, 바이킹, 배낭여행, 벨소리, 봄, 부지런하다, 산악자전거, 서커스, 세발자전거, 소박하다, 소풍, 속도, 숲길, 시골길, 시원하다, 신나다, 아이들, 아프다, 어렵다, 어린 시절, 어린이, 엄마, 에너지, 여유, 여의도, 여행, 연애, 연인, 열심, 오르막길, 운동, 위험하다, 자연, 자유, 자전거도로, 재밌다, 전용도로, 정답다, 즐거움, 초등학교, 친근하다, 추억, 코스모스, 통학, 페달, 편리하다, 풍경, 피크닉, 하이킹, 한강, 핸들, 헬멧, 헬스, 힘들다

4. 의복

의복(衣服, costume)은 '제2의 피부' 혹은 '가시적 자기'라고 표현될 만큼 자기와 밀접한 관계를 지닌다. 예로부터 의복은 인간 상호 관계에 중요한 역할을 해 왔으며, 의복을 통해 사람의 종교, 혈통, 가치관 등을 알 수 있다. 또한 의복의 형태와 색상의 사용은 시대상의 계급과 지위의 상징으로 표현되기도 한다. 중국의 용포는 노란색으로 비단에 용의 수를 놓아 황제를 의미하며, 제복은 계급, 훈련 정도 등 상대에 대한 정보를 알 수 있게 해 준다.

고대인들은 사자의 가죽을 입으면 사자와 같은 힘이 생긴다고 생각하는 등 특정한 의복을 입음으로써 변화될 수 있다고 믿었다. 고대 그리스인의 경우 신전에 들어가기 전에 목욕을 하고 깨끗한 옷을 입어야 했는데, 이는 옷이 신성한 장소에 들어가기 위한 규례를 나타내는 것이기 때문이었다. 고대 바빌로니아의 기록에 의하면 환자의 병이 나으려면 입고 있던 의복을 벗어야 한다고 되어 있는데, 이는 의복이 변화를 이끌고 새로운 사람으로 바꾸어 주는 역할을 하는 것이다. 이처럼 의복이 가지는 상징적인 의미는 매우 다양하다. 따라서 이 절에서는 각각의 의복이 가지는 상징적 의미를 구체적으로 살펴보고자 한다.

1) 옷(dress)

① 유래

구석기 시대 사람들의 유물에서는 이미 'ligature(허리옷)'를 입거나 남성 및 동물의 가면

당신이 당신으로서 이 세상에서 지니고 있는 것을 잘 이용하라!
맞지 않는 욕망을 향해 달리는 것은 치수가 안 맞는 남의 옷을 빌려 입고 싶어 하는 것과 다름이 없다.
당신에게는 당신의 노래가 있다.
-앤게르 팔트-

을 부착한 인물이 나타났고, 혹은 허리옷이나 스커트를 입은 여성이 그려져 있는 한편, 조개껍질의 장신구 등도 볼 수 있어서 의복의 원초적 형태를 알 수 있다. 고대 로마가 되자 대제국으로서의 권위와 상징에 적합한 형식과 계급 구분을 갖춘 복장이 나타났다. 남성은 튜니카 위에 토가를 착용했고, 여성은 고대 그리스의 이오니아 형식을 도입한 스톨라와 팔라를 착용했다(패션전문자료사전 편찬위원회, 1999). 성경의 '창세기' 중 아담과 이브는 낙원에서 추방되는 장면에서 벌거벗은 부끄러움을 알고 가죽옷을 해 입기 시작한다(한국사전연구사 편찬위원회, 2004).

② 상징적 의미

옷은 감정의 표출 수단이면서 사회의 성과 지위, 개인의 욕구나 의식을 나타낸다. 소재에서 면은 노동자의 소박함을, 실크나 레이스는 부와 특권을 상징하기도 한다(小林頼子, 望月典子監譯, 2010). 또한 예의, 외면, 보이는 모습, 보호, 치장, 답답함을 나타내기도 한다.

③ 신화와 고전

『구름으로 만든 옷(Cloth from the clouds)』(Catchpool, 2013)에는 구름으로 옷을 만들 수 있는 소년이 등장한다. 어느 날 이 소년이 구름으로 만든 목도리를 하고 시장에 갔는데, 지나가던 왕이 그것을 보고 소년에게 자신의 목도리를 만들라고 명령한다. 며칠 뒤 소년이 긴 목도리를 갖다 주자, 왕은 더 욕심이 나서 소년에게 자신의 망토, 왕비와 공주의 드레스를 만들라고 한다. 소년이 욕심을 부리면 안 된다고 했지만 왕은 버럭 화를 낸다. 여기에서 여성복인 드레스는 보호의 기능을 넘어서서 하늘의 구름을 다 써 버려 백성을 힘들게 하는 왕의 욕심의 결과물로 표현된다.

④ 옷의 이미지

(초등학교 저학년 학습부진 아동)
옷: 자신이 갖고 싶은 많은 옷은 대리만족과 욕구 충족을 표현

(중학교 1학년 진로탐색 청소년)
여성복: 미래에 자신이 입고 싶은 옷은 예쁘고 멋있었으면 하는 바람을 표현

2) 신발(shoes)

① 사전적 의미

신이란 발에 신고 걷는 데에 쓰이는 물건을 통틀어 이르는 말이다. 신발은 그 시대에 따라 사회적·문화적인 자세를 반영한 것이며, 그 인간에 대해 무엇인가를 우리에게 전하는 것이다. 예를 들어, 트레이닝 신발은 남녀에게 애용되고, 건강한 생활방식의 이미지를 만들어 내고 있다. 또한 사원이나 집에 들어갈 때 신발을 벗는 것은 존경의 표시이며, 세속의 일을 문밖에 두고 떠나는 것을 의미한다(小林賴子, 望月典子監譯, 2010).

② 유래

구약성서에 다윗의 조부가 죽은 아들의 토지와 미망인을 차지하는 이야기가 나온다. 그중에 "신발을 벗어 상대에게 건네주는 것은 친족으로서의 책임을 이행하고 양도할 것임을 확인하는 절차"라는 대목이 있다(룻기). 신발을 주고받는 행위는 결혼, 양도, 소유의 증거로서 권력과 소유를 종교적으로 상징한 것이다. 또한 '구약성서(시편 108편)'에서도 신이 "에돔에 신을 던지고, 블레셋에 목소리가 울려 퍼지게 한다."라고 말하는 대목이 나오는데, 이 역시 종교적 지배 및 소유권을 나타낸 것이라 일컬어진다. 오늘날에도 유럽 일부 지역에서는 결혼식 때 신부의 신발을 던지는 풍습이 남아 있다(Germa, 2004).

고려 왕조에서 여자 조상의 무덤을 신발 무덤이라고 명명하고 있음을 보아, 신은 발과 마찬가지로 인체의 대유(代喩)로 간주되었음을 알 수 있다. 이는 섣달 그믐날 저녁에 하던 민속놀이인 신발 감추기 놀이와 관련이 있다. 신발 감추기는 신발 금기, 발 금기와 관련되지만, 신발 또는 발에 끼치는 마귀의 검은 주술 또는 악행이 곧 사람에게 미치리라는 속신을 반영한 것이다(동아출판사 편, 1993). 로마의 샌들부터 화려한 하이힐에 이르기까지 신발은 기후를 반영하기보다 사회적 지위와 유행을 나타내곤 했다. 20세기 초반까지도 중국에서는 여성의 발을 묶어 작게 만드는 전족 풍습이 남아 있었는데, 이는 작은 발이 여성적 자태와 순종성의 상징이었기 때문이다.

③ 상징적 의미

신발은 사회적 지위를 나타내며, 권위와 자유를 나타내는 동시에 제어와 다스림을 뜻한다. 또한 여성의 성적인 기관을 상징하기도 하며 인간의 존엄을 상징하기도 한다. 신발을 신는 것은 준비 또는 시작을 의미하고 성역에서 신발을 벗는 것은 복종과 숭배의 마음을 갖는 것을 말한다. 걸음, 매력, 보호, 욕구, 움직임, 활동과 의지, 자존심을 연상시키며, 화려한 구두는 패션과 부를 상징한다.

한국이나 일본처럼 집 안에 들어갈 때 신발을 벗고 들어가는 문화권의 경우 신발은 다음과 같은 상징적 의미를 가진다.

- 신을 신고 들어간다: 매우 공격적이고 적대적인 뉘앙스
- 국토에 신발을 신고 발을 디디다: 침략자가 군사적으로 침공해 오는 이미지
- 신발을 단단히 신기다: 어떤 일을 시작할 때 준비를 단단히 시키는 것
- 신발을 신다: 일을 시작함
- 신발을 잘못 신기다: 처음부터 잘못 가르침

④ 신화와 고전

『성냥팔이 소녀(The little match girl)』(Andersen, 1989)의 줄거리는 다음과 같다. 주인공인 소녀는 한 해가 저물어 가는 추운 어느 겨울밤, 눈발이 매섭게 휘날리는 어두운 거리를 서성인다. 이 소녀는 맨발에 모자도 쓰고 있지 않다. 소녀가 신은 슬리퍼는 소녀의 어머니가 신던 것으로 너무 컸기 때문에 달려오는 마차를 피하다 그만 벗겨져 버려서 슬리퍼 한 짝은 도저히 찾을 수가 없었고, 그나마 남아 있던 다른 짝마저 지나가던 소년이 자기 동생의 요람으로 쓰겠다며 가지고 달아나 버린다. 여기에서 신발은 힘들고 잔혹한 현실을 드러낸다.

『신데렐라(Cinderella)』(Perrault, 2008)에서 신발은 다른 세계에 가기 위한 도구이고, 여성성을 보여 주며, 여성의 성적인 기관을 상징하고, 여성의 구두를 얻는 것은 여성을 얻는 것을 암시한다.

⑤ 신발의 이미지

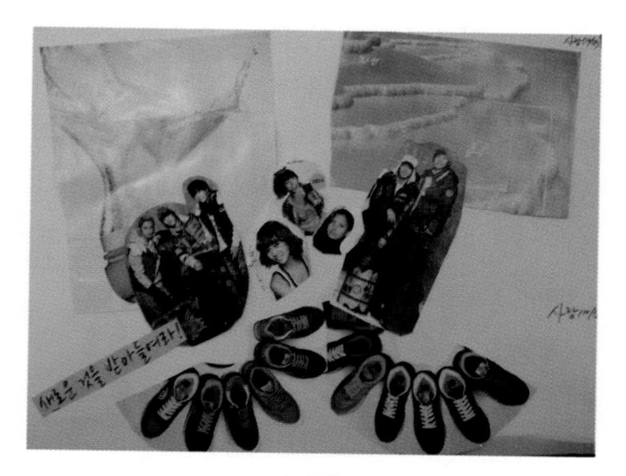

(성인)
신발 사진을 통해 자유로움과 에너지, 활동성을 표현

3) 유니폼(uniform)

① 사전적 의미

"직장, 전람회, 박람회 등의 장소에서 입는 제복을 말한다. 커리어 웨어(career wear)라고 지칭하기도 한다."(패션전문자료 편찬위원회, 1999)

② 유래

영어의 'uniform'은 원래 라틴어의 우누스(unus, 하나의)와 포르마(forma, 형태, 형)에서 생긴 합성어로 일정한 형태나 외양을 가리킨다. 제복은 자유복과 달리 목적하는 바에 따라 특정한 형태와 필요한 장식 및 기능을 구비하고 있는 데 특색이 있다(두산동아 백과사전연구소 편, 1999).

제복에는 보통 그것이 대표하는 기관을 나타내는 배지나 상징이 달려 있다. 미국 해병대 군복처럼 일상 규정을 상징하면서 국가적 권위를 확인할 수 있는 제복도 있고, 바티칸 근위병처럼 축전이나 종교의식용 임무를 상징하는 제복도 있다. 많은 사람에게 첫 번째 제복은 바로 교복이다.

제복은 어떤 집단에 대한 이념적 충성을 나타낼 수 있다. 예를 들면 1860년대 이탈리아 혁명가 주세페 가리발디(Giuseppe Garibaldi)와 '붉은 셔츠' 게릴라단, 1930년대 영국의 '검은 셔츠'로 알려진 오즈월드 모슬리(Oswald Ernald Mosley)와 영국 파시스트단을 들 수 있다. 이와 대조적으로 구세군은 사회적 선과 어려운 사람들에게 필요한 실질적인 도움을 주기 위해 '싸우는' 그리스도교 '군대'임을 반영하는 군대 스타일 제복을 택하고 있다.

③ 상징적 의미

유니폼은 직업이나 사회적 지위를 상징하며, 유니폼이 대표하는 기관의 사상과 충성을 나타낸다. 특히 군복은 용기를, 사제복은 종교적인 신앙과 직위를, 간호사복은 청결과 치료를 상징한다. 또한 유니폼은 전문성, 단합, 소속, 절제, 조직의 의미도 내포하고 있으며 개성 없음, 구속, 정형화, 획일화를 상징하기도 한다.

④ 신화와 고전

『불청객 아빠(ベラスノアとキックオフ!)』(片平直樹, 2012)의 줄거리는 다음과 같다. 아기 때 떠나버린 아빠가 10년 11개월 만에 돌아왔지만, 아빠는 썩은 비린내를 풍기는 예의 없는 악어로만 보인다. 아빠가 자신이 좋아하는 축구 경기에 가자고 하여 자신이 좋아하는 팀의 유니폼을 입고 가게 된다. 경기장에서 시간을 보내자 아빠의 비린내가 나지 않지만, 아빠는 또다시 떠난다. 여기에서 유니폼은 자신이 좋아하는 축구팀의 상징이자, 아빠와의 화해의 시작을 나타낸다.

⑤ 유니폼의 이미지

(고등학교 2학년 진로탐색 청소년)
군복: 군인이 되고 싶은 욕구를 표현

4) 한복(韓服)

① 사전적 의미

"한민족의 고유한 의복. 예로부터 전해 내려오는 한민족 고유의 의복으로서 조선옷이라고도 한다."(두산동아 사서편집국 편, 2016)

② 유래

1600여 년간 이어진 고유 한복의 전통성은 세계에서 제일 길며, 그것은 고구려 고분벽화(4~6세기)와 신라·백제 유물로 확인할 수 있다. 기본복(基本服)의 원류는 스키타이계이며 북방민족의 복식이다. 고대 한국의 복식문화는 주변 국가보다 매우 발달하여 선도적인 역할을 하였다.

조끼와 마고자는 개화기 때 생긴 옷으로 현재 우리 전통 한복으로 인식되고 있다. 조끼는 1880년대 이후 남자 양복이 들어오면서 한복에 도입되었다. 한복에는 주머니가 없었기 때문에 주머니가 달린 조끼는 매우 급속히 보급되었다. 마고자는 저고리 위에 덧입는 옷으로, 1887년(고종 24) 흥선대원군 이하응(李昰應)이 만주에서 귀국할 때 청나라 옷이던 마괘(馬褂)자를 입고 온 것에서 유래되었다. 모습은 저고리와 비슷하나 깃과 동정이 없다(한국정신문화연구원편찬부 편, 1994).

③ 상징적 의미

한복은 전통복의 고전스러움, 한국적인 단아함을 의미하며 특별한 날에 입는 옷으로 축하와 경사로운 날의 의미를 내포하고 있다. 따라서 행사나 기념일, 멋스러움, 예의, 정갈함, 정숙함을 상징하며, 한편으로는 불편함 등의 상징적 의미도 지닌다.

④ 신화와 고전

『선녀와 나무꾼』(김유천, 김경애 편, 2013)에서 사슴의 말을 듣고 선녀의 옷을 감춘 나무꾼은 선녀와 결혼을 하여 두 아이를 낳고 행복하게 살아간다. 그러나 하늘나라가 그리워진 선녀는 나무꾼에게 한 번만 선녀 옷을 입게 해 달라며 부탁하고, 날개옷을 입은 선녀는 두 아이를 양팔에 안고 하늘나라로 가 버린다. 여기에서 천의무봉 선녀 옷이 의미하는 것은 섬세한 우리의 본성이다. 즉, 선녀 옷은 원래의 상태를 회복하고 싶은 동경을 품게 한다.

⑤ 한복의 이미지

(성인)
한복을 입은 사진을 통해 가족에 대한 사랑과 즐거운 추억을 표현

※ 상징적 의미

의복	가리개, 가리다, 감싸다, 개성, 개인의 취향, 격식, 결혼, 고마움, 과시, 교복, 구두, 기분, 기호, 표현, 깔끔하다, 날개, 단정하다, 답답하다, 두꺼운 파카, 따뜻하다, 멋스러움, 멋쟁이, 멋지다, 변신, 보여 주다, 보온성, 보호, 불편한, 사람, 상태, 새 단장, 쇼핑, 숨기다, 시원하다, 시장, 신분, 신체, 안정감, 양복, 양장, 여자, 예쁘다, 예의, 외면, 의식주, 이미지, 일상, 입는다, 자신감, 자유, 전통의상, 정서, 정장, 지위, 직업, 직업의식, 질서, 체온 조절, 취향, 치장, 통일감, 통일성, 패션쇼, 편하다, 포근하다, 포장, 필수, 필요한 것, 한복, 화려하다
여성복	S 라인, 개성, 구두, 꽃무늬, 날씬하다, 날씬한 옷, 다양하다, 다양화, 단정하다, 매력 있다, 매장, 맵시, 멋 내다, 멋쟁이, 면접, 발산, 백화점, 부드러운, 부인, 불편하다, 블라우스, 비싸다, 사고 싶다, 사이즈, 상징, 세련됨, 세일, 섹시하다, 쇼핑, 수영복, 스타일, 아름다움, 엄마, 여교사, 여성성, 여자, 예쁘다, 옷, 외출, 욕구, 욕심, 우아한, 원피스, 유행, 유행에 민감하다, 이미지, 임신복, 자랑, 정숙함, 정장, 제복, 죄다, 직업, 차려입다, 치마, 파자마, 패션쇼, 편안함, 핑크색, 홈드레스, 화려하다
신발	가벼움, 감싸 주다, 걷다, 구두, 굽, 기능성, 길, 냄새, 노력, 도전, 돋보이다, 등산화, 따듯하다, 떠나다, 마이클 조던, 매력적이다, 멋스럽다, 발걸음, 발 보호, 발의 마스크, 발전, 방향, 보호하다, 부지런하다, 부츠, 불편하다, 사고 싶다, 색, 세련되다, 소풍, 스타킹, 스포츠화, 시작, 신고식, 신다, 양말, 에너지, 여행, 외출, 운동장, 운동화 끈, 운동화, 운동회, 움직이다, 워킹, 의지, 일, 자유, 자유로움, 자존심, 작다, 전진, 키높이, 패션, 패션의 완성, 편안함, 편하다, 플랫슈즈, 활동적이다, 힐
유니폼	같다, 개성이 없다, 견고하다, 경찰, 공통, 구속, 군인, 규칙, 긴장하다, 깔끔하다, 노동, 다림질, 단아하다, 단정하다, 단조롭다, 단체의 상징, 단합, 동질감, 디자인, 딱딱하다, 똑같다, 매력, 바쁘다, 백화점, 보편적이다, 소속, 안정감, 예쁘다, 운동선수, 운동장, 운동회, 월드컵, 은행, 인간과의 관계, 일관성, 전문적이다, 절제, 정갈, 정형화, 제복, 조직, 줄무늬, 직업, 직장, 체육, 촌스럽다, 치마, 치어리더, 통일감, 통일되다, 틀, 팀, 편하다, 학생, 협동, 형식, 회사, 회사원, 획일적, 획일화, 흰색 가운
한복	결혼식, 고궁, 고귀하다, 고무신, 고상하다, 고유 풍속, 고전적, 곡선, 곱다, 기념일, 넉넉하다, 단아하다, 돌잔치, 멋스럽다, 명절, 무당, 문화, 민속촌, 바스락거리다, 복잡하다, 부드럽다, 분홍색, 불편하다, 불편함, 비녀, 사극, 새댁, 색깔, 색동저고리, 선비, 설날, 슬프다, 신윤복의 〈미인도〉, 아름답다, 어르신, 여성미, 염색, 예복, 예쁘다, 예의, 예절, 옛것, 오방색, 오색, 온화하다, 옷고름, 우아하다, 윷놀이, 자수, 잔치, 전통, 정갈하다, 정숙함, 정체성, 조선시대, 특별하다, 편안하다, 품위 있다, 한국, 한지, 할머니, 행사, 화려함

5. 액세서리

인간은 필요에 따라 의복을 입는 것에서 나아가 짐승의 이빨, 뿔, 털 등의 액세서리(accessory)를 몸에 장식하여 보다 아름다워지고 싶은 욕망을 충족해 왔다. 액세서리는 씨족이나 부족을 식별하는 표시로서 중요한 의미를 가지고 있으며, 신분과 권력의 상징을 나타내기도 한다. 예로부터 머리에 하는 모든 장식은 하늘이나 우상에 대한 믿음을 나타내며, 권위를 상징하기도 한다. 또한 액세서리는 사랑과 명예를 뜻하는 오래된 징표이기도 하며, 단순히 부를 과시하는 장식물이기도 하다.

현대의 액세서리는 선택이나 사용에 일정한 법칙이나 규율은 없지만 개인의 체형 및 타입에 따라 상징적으로 활용된다. 때문에 개인의 개성을 살리는 데 큰 역할을 한다. 이 절에서는 각각의 액세서리가 가지는 상징적인 의미를 구체적으로 살펴보고자 한다.

1) 반지(ring)

① 사전적 의미

"안은 판판하고 겉은 통통하게 만든 손가락에 끼는 고리. 지환(指環)이라고도 한다."(두산동아 사서편집국 편, 2016)

② 유래

끝이 없는 원형의 반지와 팔찌는 영원, 지속성, 깨지 못하는 맹세를 상징하며 신성한 지위를 의미한다. 계층 사회의 대관식에서 반지를 끼는 것은 그 사람이 해당하는 영토, 그 민족과 결혼했다는 것을 지칭한다. 수녀가 낀 반지는 예수와의 성스러운 결혼을 의미한다. 교황이 끼는 '어부의 반지'는 사도 그리스도의 신성한 감독관 혹은 작은 물고기를 의미한다. 팔찌는 팔에 끼는 반지로, 반지와 비슷하게 영원을 상징한다. 이집

반짝인다고 모두 금은 아니다.
-윌리엄 셰익스피어(William Shakespeare)-

트의 파라오가 착용하던 성 투구풍뎅이가 달린 팔찌는 사후의 삶을 뜻했다(Fontana, 2011).

③ 상징적 의미

반지는 영원, 연속, 신성, 생명을 나타내는 힘, 위엄, 통치권, 강함, 위임받은 권력을 상징한다. 반지의 묶고 연결하는 속성은 합일과 성취를 나타내므로 새로운 합일과 완성으로서 결혼의 상징적 의미도 내포하고 있다. 현대에는 사랑, 사치, 영원한 약속, 욕망, 부와 재력, 우정을 뜻하기도 한다.

④ 신화와 고전

우리나라 민화 『춘향전』(송성욱 편, 2004)에서 이도령과 춘향은 옥지환(玉指環)을 교환한다. 여기에서 반지는 '신물(信物) 교환'을 상징하며 두 남녀가 사랑하다가 잠시 이별한 후 다시 만나 이어지는 것을 표상한다.

페르시아 민화 『알라딘과 요술 램프』(이영호 편, 2005)에서 마술사는 알라딘을 유인하여 바위 동굴로 내려보낸다. 이때 마술사는 알라딘에게 요술 반지를 주면서 지하 동굴의 램프를 가져오게 하는데, 알라딘은 마술사가 수상하여 자기를 먼저 꺼내 주지 않으면 램프를 주지 않겠다고 한다. 그러자 마술사는 화가 나 동굴을 막은 후 아프리카로 가 버리고, 알라딘은 동굴에 갇힌다. 알라딘은 기도를 하는데, 기도 도중 우연히 반지에 손이 닿고 그 순간 반지 주인인 지니가 나타난다. 지니는 알라딘이 동굴 밖으로 나가게 돕고, 알라딘은 이때 주머니에 넣어 가지고 나온 보석을 팔아 부자가 된 후 공주와 결혼하여 행복하게 산다. 여기에서 반지는 자신이 가진 모든 것과 재능을 나타낸다.

⑤ 반지의 이미지

(고등학교 2학년 불안 청소년)
반지: 돋보이고 싶은 욕구를 표현

(성인)
반지 사진을 통해 결혼의 소중함과 중요성을 나타낸다고 표현

2) 귀걸이(earing)

① 유래

인도네시아 중부의 섬인 숨바에서는 마무리라는 이름으로 알려진 장신구를 결혼선물로 여겨 귀걸이 또는 펜던트로 착용한다. 이는 다산을

상징함과 동시에, 신비한 소재를 본뜬 것이다. 귀의 피어싱은 인도, 이집트 등의 고대 문명에서 인류가 장식품으로 몸을 장식할 때 귀에도 장식한 것에서 시작되었다. 당시의 금속 공예 기술은 고도로 발달하여 링 모양의 금속 귀걸이가 일반적이었다. 이 귀걸이는 귀에 구멍을 뚫어서 장착하는 귀걸이의 원형이 되었다. 또한 고대 로마에서는 남성의 유두에 피어싱을 하여 망토나 케이프를 몸에 고정하기 위한 실용적이고 일반적인 장식으로 썼다.

② 상징적 의미

귀걸이는 자기현시적 욕구의 상징으로 빛, 갈망, 아름다움을 상징한다. 또한 개성, 과시욕, 사치, 화려함, 재력을 나타낸다.

③ 귀걸이의 이미지

(성인)
귀걸이를 통해 빛나고 가치 있는 존재이고 싶은 소망을 표현

3) 구두(shoe)

① 사전적 의미

"발등을 덮는 폐쇄형 신. 발등을 덮지 않는 짚신, 샌들 등과 같은 개방형 신과 구별한다."(두산동아 사서편집국 편, 2016)

② 유래

왼발, 오른발에 딱 맞는 구두의 출현은 얼마 되지 않는다. 이 점에 관해 유일한 정보 공급원이라 할 수 있는 12세기의 그림을 봐도 정확한 구두 형태는 나와 있지 않다. 그러다가 13세기에 들어서 궁금증은 풀린다. 최초의 구두 모델은 무도화처럼 생겼으며 가죽 끈을 발목에 매도록 되어 있었다. 알브레히트 뒤러(Albrecht-Düre)가 심혈을 기울여 남자 구두를 스케치한 그림이 전해 내려온다(Germa, 2004).

③ 상징적 의미

결혼할 때 구두는 남성에 대한 여성의 지배를 상징하며, 고대에는 구두를 신고 다닌다는 것이 자유인의 특권이자 상징이었다. 또 구두는 발의 남근적 상징과 연관되어 여성의 성기, 다산성을 의미하기도 한다. 여성의 구두는 격식을 차리는 것을 뜻하며, 도도함, 동경, 멋, 걸음, 사치, 상승, 커리어우먼, 지위를 나타내기도 한다.

④ 신화와 고전

『신데렐라(Cinderella)』(Perrault, 2008)에서 요정의 도움을 받아 공주로 변신한 신데렐라는 유리 구두의 주인으로 왕자와 결혼하여 오래오래 행복하게 살았다. 여기에서 구두는 계모와 이복

언니에게 구박받던 신데렐라가 왕자님을 만나 왕비가 되는 신분 상승의 의미로 표현된다. 또한 빛과 순수한 이미지의 묘사다.

『오즈의 마법사(The wizard of OZ)』(Baum, 2010)에는 다음과 같은 이야기가 나온다. 여러 가지 사건과 위험을 겪으면서 에메랄드 성에 도착했지만 오즈의 마법사는 소원을 들어주기는커녕 악한 마녀를 죽이라는 명령을 내린다. 도로시는 결국 악한 마녀를 처치했지만 위대한 마법사 오즈는 도로시와 친구들의 소원을 들어줄 수 없다는 사실이 밝혀진다. 그러나 착한 마법사로부터 도로시가 신고 있는 은구두를 툭툭 치면서 소원을 빌면 모든 것을 이룰 수 있다는 뜻밖의 사실을 알게 되어 마침내 고향으로 돌아오게 된다. 여기에서 은구두는 모든 것의 해답은 가까운 곳에 있다는 의미를 내포한다.

⑤ 구두의 이미지

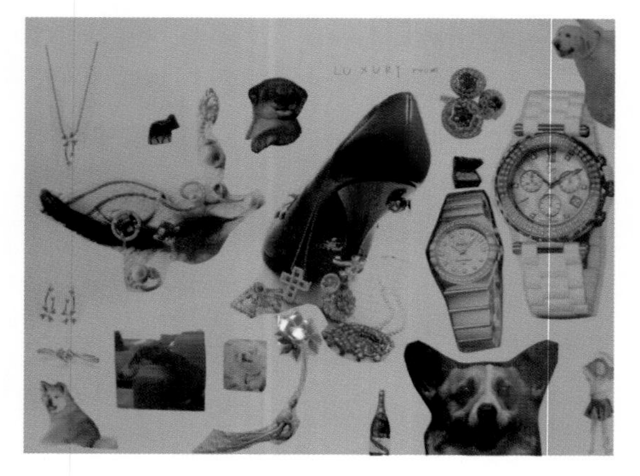

(중학교 1학년 학교 부적응 청소년)
화려한 구두: 돋보이고 싶은 욕구를 표현

(중학교 1학년 등교거부 청소년)
하단에 나열되어 있는 구두: 활동성의 욕구를 표현

(1) 부츠(boots)

① 사전적 의미

"복사뼈 위나 장딴지 이상 높이의 구두. 높이, 넓이, 재료, 용도에 따라 여러 가지가 있으며 대개 높이에 따라 나눈다."(두산동아 사서편집국 편, 2016)

② 유래

17세기 무렵 유럽 전역이 전쟁을 겪게 되자 행군할 때 신을 튼튼한 신발이 필요해졌고, 이때 부츠가 만들어졌다. 전쟁 후에는 부츠가 남녀 모두의 트렌드가 됐다(이윤정, 2007).

③ 상징적 의미

부츠는 구두보다 공격적인 상징을 지닌다.

④ 신화와 고전

『장화 신은 고양이(Le maître chat』(Perrault, 2012b)에서 막내는 고양이 한 마리를 아버지에게 물려받고 집을 떠나게 된다. 고양이는 막내에게 장화와 자루를 부탁하고, 막내는 전 재산을 털어 장화와 자루를 선물한다. 그 후 고양이의 꾀와 지혜로 막내는 별다른 일을 하지 않고 공주와 성을 얻는다. 여기서 장화는 모험과 높은 신분을 의미한다.

⑤ 부츠의 이미지

(고등학교 1학년 학습부진 청소년)
겨울 부츠: 따뜻함과 보호, 활동성의 욕구를 표현

(2) 샌들(sandal)

① 사전적 의미

"주로 발바닥 보호를 위해 신는 신. 어원은 그리스어의 산달리온(sandalion)에서 왔으며, 발등을 노출하는 끈이나 벨트를 발바닥 부분에 고정시킨다."(두산동아 사서편집국 편, 2016)

② 유래

샌들은 고대에서 현재에 이르기까지 가장 오랫동안 널리 쓰인 신발이다. 샌들에 대한 첫 번째 기록은 5,000년 전 이집트 팔레트에서 발견되었다. 바로 맨발의 나르메르(Narmer) 왕 뒤에 하인들이 그의 샌들을 들고 있는 벽화다. 이는 오늘날 해변에서 볼 수 있는 것과는 조금 다른 형태로 가죽과 종려 잎을 엮어 만든 것이었다. 기원전 1567년부터 1304년까지인 8왕조가 끝날 무렵에는 샌들을 의미하는 상형문자가 만들어졌는데, 길쭉한 타원에 거꾸로 선 V자가 내접한 형태로 오늘날 통 샌들과 매우 유사한 모습이다. 고대의 샌들은 그 재료와 효능이 실로 다양해서, 가령 사막 사람들이 샌들을 만드는 데 사용한 식물 섬유는 벌레를 쫓는 효과가 있었으며, 타닌은 가죽이 수렁 속에서도 부패하지 않도록 방지하는 효과가 있었다(Tenner, 2013).

황금이나 청동의 샌들은 보름달을 나타낸다. 따라서 달은 '청동 샌들을 신은 여신'으로 상징되고, 날개 달린 샌들은 빠름, 신속하고 가볍게 움직임을 상징하며, 그리스 신화의 전령의 신인 헤르메스, 메르쿠리우스의 부수물이기도 하다(Cooper, 2007). 또한 샌들은 영웅 페르세우스를 뜻하기도 하는데, 페르세우스는 이 샌들을 신고 바다 괴물 케투스(Cetus)를 죽였다(Fontana, 2011).

③ 상징적 의미

샌들은 고전적으로 빠름, 신속하고 가볍게 움직임을 상징하며 영웅을 뜻하기도 한다. 또한 자유로움과 열정을 나타내기도 한다.

④ 신화와 고전

『빨간구두와 바람샌들(Feuerschuh und Windsandale)』(Ulfel, 2013)에 나오는 작고 뚱뚱한 팀은 항상 친구들에게 놀림을 당했으며, 가난한 자신의 모습을 한없이 부끄러워한다. 그런 팀에게 구두장이 아버지는 생일선물로 빨간 구두와 바람샌들을 건네며 여행을 제안한다. 빨간구두를 신은 팀과 바람샌들을 신은 아버지는 둘만의 여행을 시작하며 다양한 세상을 경험한다. 여행을 마친 팀은 불만스럽고 못마땅하던 주변의 모든 것을 소중하게 느끼게 된다. 여기에서 샌들은 자유로움과 열정, 힘을 나타낸다.

⑤ 샌들의 이미지

(고등학교 2학년 학교 부적응 청소년)
여성스러운 샌들: 여성성과 예뻐지고 싶은 욕구를 표현

(초등학교 저학년 또래관계에 어려움이 있는 아동)
물에 젖은 샌들: 스트레스 해소와 정서적 이완을 표현

4) 목걸이(necklace)

① 사전적 의미

목에 거는 물건을 총칭하며, 주로 보석이나 귀금속 따위로 된 목에 거는 장식품을 말한다.

② 유래

목걸이의 시작은 선사시대부터 출발한다. 요즘은 남성보다 여성이 그리고 실용적인 목적보다는 우리 몸을 아름답게 꾸미기 위해 목걸이를 착용한다. 그렇지만 선사시대에는 달랐다. 목걸이는 남자만 착용할 수 있는 액세서리였고, 여자는 간단하고 기초적인 화장만 하고 집에서 일을 했다. 원시시대에는 남성들이 미관을 위해서라기보다 좀 더 실용적인 목적으로 목걸이를 착용했다. 그 시대의 인간은 양육강식 사회의 구성원이었다. 목걸이는 남성의 강인함을 나타내는 하나의 징표였다. 예쁘게 보이는 것보다는 힘에 대한 주술이나 서로의 경쟁심 때문에 힘과 용맹의 상징으로 짐승의 뼈나 이빨을 목에 걸었다. 각종 주술적인 요소와 계급, 귀한 신분의 상징적인 요소로 쓰이던 목걸이는 점차 장식성이 더해져 의상의 목둘레 선에 맞춰 길어졌다 짧아졌다 하면서 발전되었다(정순원, 2005).

③ 상징적 의미

목걸이는 직무와 위엄을 상징하는 동시에 직무에 대한 속박을 상징한다. 통일 속의 다양성을 의미하기도 한다. 신의 힘과 인간, 동물, 모든 생물의 통합을 상징하기도 한다. 또한 아름다움, 치장, 개성, 과시, 사랑, 답답함을 뜻하기도 한다.

④ 신화와 고전

『피오리몬드 공주의 목걸이(The necklace of princess Fiorimonde and other tales)』(de Morgan, 1999)에는 다음과 같은 이야기가 나온다. 프로레스탄 왕자는 피오리몬드 공주의 열한 번째 청혼자다. 지금까지의 청혼자들은 하나같이 사라졌고, 그 사람들이 지금 어디에 있는지 아는 사람은 피오리몬드 공주의 시녀 욜란다뿐이다. 욜란다는 다음과 같이 이야기한다. "공주님은 요술을 부려요. 자기한테 청혼하러 온 임금님과 왕자님들을 목걸이에 꿰어서 걸고 다니죠. 청혼자들은 죄다 공주님 목걸이의 보석이 되어 버렸다고요. 나는 그 목걸이가 어떻게 변해 왔는지 처음부터 쭉 지켜본 걸요. 처음에는 그냥 금목걸이였어요. 그러다가 피에로 임금님이 청혼하러 오셨다가 사라졌을 때, 보석이 하나 생겼죠." 피오리몬드 공주는 사실 늙은 마녀와 한통속으로 악의 자유를 빼앗아 갈 결혼을 방지하기 위해 청혼자들을 한 명씩 황금목걸이의 저주에 빨려들게 해 온 것이다. 여기에서 목걸이는 욕심 많은 공주의 탐욕의 결과물로 표현된다.

⑤ 목걸이의 이미지

(초등학교 고학년 틱장애 아동)

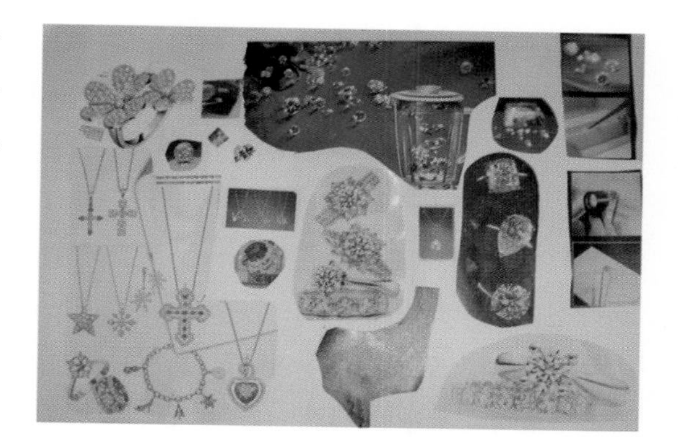

(중학교 3학년 진로탐색 청소년)
목걸이: 화려하게 보석으로 장식된 목걸이로 자신을 돋보이고 싶은 욕구를 표현

5) 선글라스(sunglass)

① 사전적 의미

"햇빛 또는 햇빛의 반사로부터 눈을 보호하는 보호안경으로 색안경이라고도 한다."(두산동아 사서편집국 편, 2016)

② 유래

선글라스의 기원은 분명하지 않다. 고대 로마제국의 제5대 황제 네로(Nero Claudius Caesar Augustus Germanicus)가 원형극장의 행사를 관전할 때 에메랄드 렌즈를 넣은 안경을 사용했다는 기록이 있다. 또한 12세기경 중국에서 연수정 렌즈를 넣은 안경을 판사가 착용했다는 이야기도 있다. 최초의 대량 생산은 1929년 미국인 사업가 샘 포스터에 의해 이루어졌다.

③ 상징적 의미

눈은 마음을 나타낸다고 하여 선글라스는 감정과 기분을 숨기는 것뿐만 아니라 눈길을 피함, 아무것도 보고 싶지 않음을 의미하기도 한다. 가리다, 감춘다는 의미가 있으며, 세련됨, 연예인, 명품, 여행을 연상시키게 한다.

'색안경을 끼고 보다'라는 관용구는 다른 사람에 대해 편견을 가지고 대한다는 의미가 있다.

④ 신화와 고전

『선글라스를 낀 개구리』(이성우, 정소현, 2014)에는 다음과 같은 이야기가 나온다. 수영도 못하고 달리기도 못해서 친구들이랑 어울릴 수 없던 개구리가 선글라스를 우연히 주워서 쓰게 되고 구렁이, 독수리 같은 천적을 물리치며 친구들 사이에서 최고가 된다. 그런데 그 인기를 무기 삼아 친구들을 부려먹고 못살게 굴던 개구리는 뚱뚱해져서 선글라스가 튕겨 나가게 되고, 다시 구렁이한테 잡아먹힐 뻔하는데 착한 친구들이 구해 준다. 그제야 개구리는 정신을 차리고 다시 친구들이랑 같이 수영도 하고 달리기도 하면서 건강하고 행복하게 살아가게 된다는 이야기다. 여기에서 선글라스는 거짓된 마음의 표현으로 묘사된다.

⑤ 선글라스의 이미지

(초등학교 저학년 주의산만 아동)
많은 선글라스: 자신을 돋보이게 하는 대상으로 표현

(중학교 1학년 등교거부 청소년)
선글라스 쓴 사람: 자신이 보고 싶은 것만 보고 있음을 표현

6) 가방(bag)

① 사전적 의미

"물건을 넣어 들고 다니기에 간편하도록 만든 기구. 재료로 가죽, 천, 비닐, 인조피혁 등이 많이 쓰이며 알루미늄, 철제 등도 재료로 사용된다."(두산동아 사서편집국 편, 2016)

② 유래

인류는 태초부터 가방을 필요로 했다. 2만 년 전의 알타미라 동굴에는 야생 소 벽화가 그려져 있으며, 인류는 그때부터 이미 가방을 만들려고 소에게 관심을 가지고 있었다. 인류가 태초부터 가방을 만들었다는 것과 최상의 디자인으로 개량되고 있었다는 것을 알 수 있다(土屋賢二, 2007).

③ 상징적 의미

가방은 여성성의 상징이며, 여행, 출발 등을 의미한다. 또한 담는 것, 운반하는 것을 뜻하며 개성과 멋스러움, 패션을 의미하기도 한다. 가방에 들어 있는 것과 용도에 따라 그 의미를 유추할 수 있다. 그 밖에 비밀, 포용, 은닉, 바람을 뜻하기도 한다.

④ 신화와 고전

『가방 들어주는 아이』(고정욱, 2003)의 주인공 석우는 친구들과 축구를 좋아하는 평범한 학생이었으나, 어느 날 선생님의 부탁으로 새로 전학 온 영택이의 가방을 들어 주게 된다. 처음에는 걸음조차 함께 맞춰 걸을 수 없는 영택이에 대해 자신의 소중한 여가 시간을 빼앗긴다는 생각에 마냥 짜증이 나고, 주변 친구들의 놀림에 부끄럽던 석우는 영택이와의 지속적인 교류를 통해 점차 변화를 겪는다. 다르지만, 결코 남들과 다르지 않게 장난감을 좋아하고, 자신만의 꿈을 가진 영택이를 보면서 석우는 결국 영택이의 진정한 친구가 되고 자의로 가방을 들어 주며 함께 등하교를 시작한다. 여기에서 가방은 틀림이 아닌 다름을 이해하는 과정에서의 매개체로서 포용을 나타낸다.

⑤ 가방의 이미지

(성인)
가방 사진을 통해 대리만족과 욕구 충족을 나타낸다고 표현

※ 상징적 의미

액세서리	감각적인, 갖고 싶다, 개성, 거추장스럽다, 겉치레, 결혼, 공주병, 과시하다, 관심, 금, 꾸미다, '나' 표현, 눈에 띄다, 단추, 돋보이다, 로커, 머리, 멋, 모조품, 목걸이, 몸에 부착, 미용, 벨트, 변화를 주다, 보석, 불편하다, 비녀, 비싸다, 사치, 선물, 세련되다, 수공예, 스카프, 시계, 아기자기하다, 아름다움, 여성성, 예쁘다, 왕자병, 욕구, 유행, 자랑, 장식, 재력, 좋다, 좌판, 중년의 우아한 부인, 팔찌, 포인트, 피어싱, 허황되다, 화려하다, 화사하다
반지	걸림, 결혼, 고급스럽다, 과시욕, 구속, 귀중품, 금, 꽃반지, 끼우다, 다이아몬드, 둥지, 매력 있다, 멋지다, 무겁다, 묵주반지, 반짝, 보석, 부, 불편하다, 사랑, 사치, 상징, 서약, 소중함, 손가락, 신부, 심플하다, 아름답다, 약속, 약혼, 언약, 영원한 약속, 욕망, 우아하다, 우정, 재력, 절대, 좋다, 진주, 징표, 커플링, 품위, 프러포즈, 화려함 추구
귀걸이	개성, 걸다, 과시욕, 관심, 구멍, 구속, 귀, 귀여움, 금, 금속, 기념일, 기분 좋다, 꽃, 꾸미다, 늘어진 귓불, 다이아몬드, 단아하다, 달랑거리다, 두통, 링, 매력 있다, 멋스러움, 모양, 반짝이다, 백화점, 부, 분실, 불편하다, 빛나는 별, 사고 싶다, 사치, 상징, 선물, 시선, 신경통, 아름답다, 아픔을 참다, 여성스럽다, 염증, 예쁘다, 우아하다, 은색, 잃어버리기 쉽다, 자랑, 자존감, 장식, 장신구, 재력, 족쇄, 진주, 치장, 탄생석, 패션, 포인트, 혈압, 화려함, 화사하게 하다, 흔들거리다
구두	걷다, 검은색, 격식을 차리다, 경직, 광을 내다, 구둣솔, 구두 수선, 구두약, 길, 남자, 높다, 당당하다, 데이트, 도도하다, 도망, 동경, 딱딱하다, 또각또각, 맵시, 멋, 면접, 모양, 발 아프다, 발걸음, 분주하다, 불편하다, 빛깔, 뾰족, 사치, 상승, 새로운 길, 새벽길, 샌들, 소리, 소음, 시작, 신경질, 신데렐라, 신사, 아가씨, 아름답다, 아프다, 에나멜, 에너지, 여성스럽다, 예의 바른, 외출, 운동, 위치, 의식, 일상의 건강, 자신감, 정장, 지위, 출발, 커리어우먼, 켤레, 키, 패션, 편안하다, 하이힐, 형식적, 회피
목걸이	가시, 강아지, 개성, 결혼, 공주, 과시하다, 구속, 금, 기쁨, 기호품, 긴 목, 꾸미다, 답답함, 돋보이다, 둥글다, 매력적이다, 멋있다, 목선, 무겁다, 반짝이다, 별, 보석, 부, 불편하다, 사랑, 사치, 상처 가리개, 선물, 설렘, 센스, 시선 집중, 십자가, 아름답다, 아토피, 액세서리, 여름옷, 여성성, 여자 친구, 연애, 연인, 예쁘다, 우아하다, 유행, 자존감, 장식, 진주 목걸이를 한 소녀, 청혼, 치장, 치장하다, 폐물, 포인트, 화려하다
선글라스	가리다, 감추다, 건방지다, 검은색, 과시욕, 기능, 멋스럽다, 명품, 모델, 모양, 바다, 방어, 배우, 보이지 않다, 보호, 불필요하다, 비밀, 사치, 색깔, 생필품, 성형수술, 세련되다, 섹시하다, 숨기다, 시원하다, 액세서리, 안경, 알 수 없다, 암흑, 어울리다, 여름, 여행, 연예인, 운전, 자동차, 자외선, 좋다, 주름 방지, 차단, 태양, 택시 아저씨, 패션, 폼, 피하다, 필요하다, 해변, 햇빛, 현실 외면, 효율성, 흡혈귀
가방	가죽, 간직하다, 갖고 다니다, 개성, 고르기 어렵다, 과소비, 과시하다, 끝없는 욕심, 나누다, 넣다, 노트북, 능력, 다양하다, 담다, 도구, 떠나다, 매다, 매력, 멋스럽다, 명품, 무거움, 묵직하다, 물건, 배낭, 보관, 브랜드, 비싸다, 빨간색, 서류, 설렘, 세련되다, 소유물, 소중함, 소지품, 숄더백, 수납하다, 신입생, 액세서리, 악어, 어깨, 여자, 여자의 자존심, 역할, 연필, 외출, 욕심, 운반, 잡동사니, 준비물, 지갑, 지위, 집착, 책가방, 체인, 출근, 크기, 투박하다, 편리하다, 피곤, 필수품, 필요하다, 학교, 학생, 함께하다, 허세

6. 도구와 무기

도구(道具, tools)와 무기(武器, weapon)는 석기시대 이후 인간이 특별한 목적을 위해 만든 사물이며, 만들거나 죽이는 등 어떤 대상물을 손상시키는 의도로 고안됐다. 도구와 무기는 종교, 민속, 정치와 연결이 되면 다양한 상징적 의미를 나타낸다. 실용적이거나 의식적인 용도에서 정해지기도 하고, 형태나 모양에서 정해지기도 한다. 또한 신화에서 신들이 들고 있는 무기와 도구는 권능, 수호, 파괴 등을 상징하고, 신들을 이해하고 파악하는 데 도움을 준다. 종교의식이나 부족의 예식에서는 권위를 나타내며, 낫 등의 일부 도구는 죽음과 삶을 동시에 상징하기도 한다. 나아가서 도구와 무기의 재료를 귀한 금속으로 만들 경우 엄청난 가치를 나타내기도 한다. 이 절에서는 도구와 무기의 상징적인 의미를 살펴보며 이해를 돕고자 한다.

1) 저울(scale)

① 사전적 의미

"물체의 무게(질량 또는 중량)을 측정하는 기계 · 기구 또는 장치의 총칭."(두산동아 사서편집국 편, 2016)

② 유래

로마식 저울이라 부르는 한쪽이 기울어지는 저울은 사실상 중국에서 왔다. 기원전 1000년경에 중국에서 완성된 이 저울은 유목민들의 중개로 중앙아시아와 유럽에 유입되었다. 저울판이 두 개인 '보통' 저울은 기원전 1세기 중엽 서양에서 발명되었다. 여기서 우리는 중국의 천칭저울은 서양인들이 중국에 첫발을 들여놓은 후에 나타난 것임을 알 수 있다. 다시 말해, 천칭저울은

시기는 자신의 화살로 자신을 죽인다.
-그리스 사화집-

서양인들에 의해 중국에 전파되었다.

이집트, 바빌로니아, 그리스, 에트루리아 등지에서 발견된 고문서를 보면 양쪽에 두 개의 접시가 달린 저울을 발견할 수 있다. 키케로, 플리니우스, 수에토니우스 등은 최초로 로마 저울에 대해 언급한 작가들이다(Germa, 2004).

무게를 재는 저울은 고대부터 가치를 판단하는 상징으로 널리 사용되었다. 고대 이집트의 '죽음의 서'를 보면, 죽은 자의 심장은 진실의 날개가 올려진 저울에 무게를 달아 그 영혼의 미덕과 천국행의 적합성을 결정한다고 설명한다. 이것은 모든 영혼이 심판의 날에 그 무게를 달아야 한다는 그리스도교 사상의 발단일 수 있다. 로마 심판의 여신(유스티티아)은 공정성과 공명정대를 상징하는 저울을 들고 있어, 서구 전통에서 법을 의미한다(Fontana, 2011).

③ 상징적 의미

저울은 가치를 판단하는 상징으로 사용되며, 영혼의 무게와 영혼의 심판을 말하기도 한다. 서구 전통에서는 공명정대를 상징하며, 법을 의미한다. 또한 공평함, 균형, 무게, 정직, 정확을 연상하게 한다.

④ 신화와 고전

그리스의 여신 디케(Dike)는 칼만 쥐고 있었으나 로마의 유스티티아((Justitia)에 이르러 공평의 의미가 가미되어 저울을 들고 있는 모습의 여신상이 만들어졌다. 저울은 법의 형평성을 표현하고, 칼을 쥐고 있는 것은 법의 집행을 엄하게 하겠다는 표현이다. 정의의 여신상은 얼굴에 눈을 가리는 띠를 두르고 있거나 눈을 감고 있는데, 이 모습은 저울질에서 주관성을 배제하겠다는 뜻이다(Bulfinch, 2004).

⑤ 저울의 이미지

(성인)
저울 사진을 통해 삶의 가치관에 대한 갈등과 고민을 표현

2) 칼(knife)

① 사전적 의미

"물건을 베고 썰고 깎는 데 쓰이는 날붙이 중에서 칼이라 이름 붙는 것의 총칭. 작게는 주머니칼에서부터 크게는 작두에 이르기까지 매우 많은 종류가 있다."(두산동아 사서편집국 편, 2016)

② 유래

중세 유럽에서 검은 여러 전설의 주제로 많이 사용되었다. 이 중 가장 유명한 것으로 아서 왕의 엑스칼리버처럼 정해진 운명의 올바른 군주 오직 한 명만이 돌에 꽂힌 검을 빼낼 수 있다는 이야기가 전해진다. 검의 형태는 그리스도교의 십자가와 비슷해 '십자군의 훈장'을 지칭하기도 한다.

쉽게 감출 수 있는 칼이나 단검은 배신이나 부

정적 거래 등 불길한 기운을 전달하는 상징이며 암살용으로 사용된다. 또는 '창세기' 22장에서 천사가 끼어들기 전에 아브라함이 자신의 아들 이삭을 하느님에게 헌납하려고 칼을 사용한 것처럼 종교의식에서 '희생'을 실행하는 일반적인 무기이기도 하다. 아즈텍 족 의식에서는 죽음을 상징하는 화산암으로 만든 부싯돌이나 흑요석으로 만든 칼로 인간을 희생시킨다(Fontana, 2011). 그리스도교에서 칼은 순교를 의미한다. 또 칼은 성 바르톨로뮤, 성 크리스피누스와 성 크리스피아누스, 성 순교자 성 베드로, 아브라함 등 몇몇 가톨릭 순교자의 표상이기도 하다.

③ 상징적 의미

칼은 죽음과 희생, 복수의 상징이면서 단절하고 자유로워진다는 뜻이기도 하여 분리, 분할, 해방을 뜻한다. 정의와 약자에 대한 보호를 뜻하기도 하며 공격적인 동시에 방어적임을 상징한다. 또한 명민함, 깨달음을 나타내기도 한다. 겁나는 것, 결단, 공포, 냉정, 베다. 음식, 자르는 것, 피와 희생, 공격성을 의미하기도 한다.

④ 신화와 고전

『호두까기 인형(The nutcracker and the mouse king)』(Hoffman, 2004)에서 호두까기 인형은 생쥐 도깨비의 가슴을 칼로 찌른다. 생쥐 도깨비가 죽자 주변이 환해지더니 호두까기 인형의 몸이 점점 커지며 멋진 왕자로 변신한다. 여기에서 칼은 자신과 타인을 보호하며 본래의 모습을 찾을 수 있는 도구로 표현된다.

『명화와 함께 읽는 탈무드(Talmud with famous paintings)』(Marvin, 2006)에는 다음과 같은 이야기가 나온다. "극형을 선고하기 전에 판사는 자신의 목에 칼이 꽂히는 것과 같은 심경이어야 한다. 판사의 자격은 겸허하고, 언제나 선행을 중요하게 여기며, 무엇인가 결정을 내릴 만한 용기를 가져야 하고, 지금까지의 경력이 깨끗해야 한다." 여기에서 칼은 진실과 평화, 용기를 의미한다.

⑤ 칼의 이미지

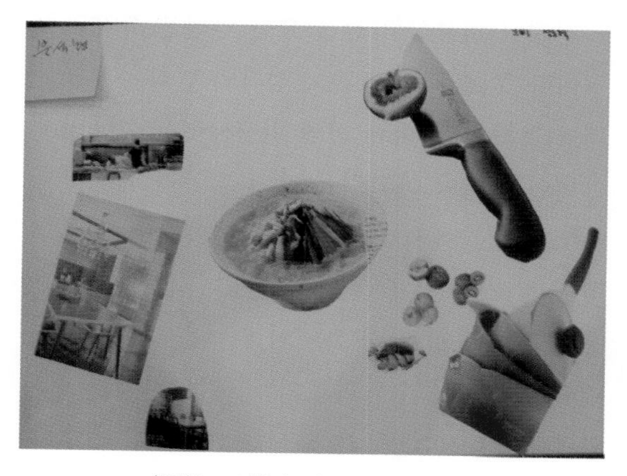

(중학교 3학년 진로탐색 청소년)

(초등학교 고학년 공격 성향이 있는 아동)
칼: 내재화된 공격성 및 분노를 표현

3) 탱크(tank)

① 사전적 의미

"두꺼운 장갑(裝甲)으로 방호된 차체에 화포, 기관총을 탑재하고 무한궤도로 주행하는 전투 차량이다."(정치학대사전 편찬위원회, 2002)

② 유래

전쟁의 역사상 가장 중요한 혁신은 화약의 발명이다. 이를 기점으로 전쟁사의 변화가 나타나기 시작하였고, 이에 의해 전쟁사에서 화약의 폭발력이 엄청난 파괴력을 갖게 되었기 때문이다. 화포가 전장에서 위력을 발휘하기 시작한 것은 백년전쟁이 마무리될 즈음이었다. 또한 나폴레옹이 전쟁을 할 당시 화포의 위력을 최대한 살린 전술을 사용하면서 화포의 역사는 전쟁의 역사와 함께했다(이내주, 2006).

③ 상징적 의미

탱크는 사람을 죽이거나 상처를 내는 도구로 전투, 공격성과 힘, 파괴, 권력을 상징한다. 폭발, 죽음, 전쟁, 두려움, 힘을 의미하기도 한다.

④ 신화와 고전

『돌아온 산소 탱크』(김단아, 김민경, 2011)의 내용은 다음과 같다. 현호는 축구를 참 잘하고 엄청 좋아해서 꿈이 국가대표 축구선수가 되는 것이다. 주변 아이들과 엄마도 현호를 '산소 탱크'라고 부르면서 열심히 응원했다. 그런데 축구 경기를 하던 중 현호는 갑자기 머리가 아프기 시작했고 주변이 흐릿하게 보였다. 현호는 결국 쓰러지고 말았고 자꾸 시력이 나빠지고 잘 안 보였다. 안과에 간 현호에게 시신경 위축이라는 불치병의 진단이 내려졌다. 수술도 해 보았지만 별로 호전이 없었다. 이제 눈이 잘 보이지 않는 현호는 친구들이 싫어하고 피하는 아이가 되었다. 결국 학교를 휴학한 현호는 의사 선생님께서 추천해 주신 한사랑 맹학교에 다니게 되었다. 어느 날 시각장애인들이 하는 경기인 골볼을 방과 후 활동으로 한다는 말에 선생님과 경기를 보러 갔다가 현호는 새로운 꿈을 갖게 되었다. 바로 국가대표 골볼선수가 되는 것이다. 여기에서 탱크가 의미하는 것은 고난을 회피하는 것이 아니라 정면으로 승부하는 용기 있는 주인공의 모습을 나타낸다.

⑤ 탱크의 이미지

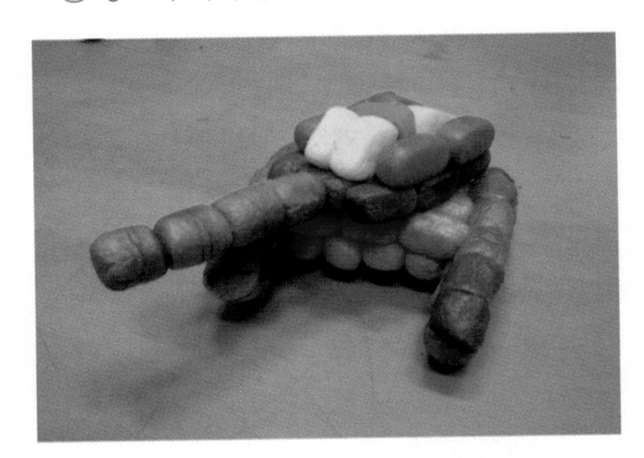

(초등학교 저학년 주의산만 아동)
탱크: 내면의 공격성과 분노를 표현

4) 총(gun)

① 사전적 의미

화약의 힘으로 탄환을 발사하는 무기로, 권총, 소총, 기관총, 사냥총 따위를 말한다.

② 유래

유럽에서 대포와 화약의 사용법이 일반화되면서 좀 더 효율적인 발사 가능성이 모색되기 시작했다. 이 요구에 발맞추어 15세기에 등장한 포차가 기관총의 원조쯤으로 간주될 수 있다. 이후 1860년 금속 탄약통의 발명과 더불어 미국의 리처드 조던 게틀링(Richard Jordan Gatling)과 프랑스의 진 밥티스트 베르쉐르 드 레피(Jean-Baptiste Verchēre de Reffye)가 총알 대포를 고안해 냈다. 그러나 이는 너무 무거워서 거의 조종 불능 상태였다. 이후 최초의 기관총이 미국의 하이럼 스티븐스 맥심(Hiram Stevens Maxim)에 의해 탄생했다. 1889년 영국군에 이어 1898년 스위스 군에 배치된 맥심비커즈 기관총은 제1차 세계대전 때에는 전 참전국의 필수 무기로 널리 보급되었다(Germa, 2004).

③ 상징적 의미

총은 현대판 남근과 남성적 공격성을 나타내는 강력한 상징이다. 총이 발사되는 것은 남성의 사정을 의미하고 총을 잃는 것은 거세된 것으로 보기도 한다. 또한 총은 마초적인 남성을 나타내며 살상, 분노, 목표물, 두려움과 폭력을 연상시키기도 한다.

④ 신화와 고전

『붓과 총을 든 여전사: 의병장 윤희순』(정종숙, 김소희, 2010)에는 다음과 같은 일화가 소개되고 있다. 유학자 가문의 맏며느리로 살아가는 평범한 아낙네인 윤희순은 명성황후가 일본 자객에게 피살된 1895년 이후 '안사람 의병대'를 조직하고 의병장이 되어 독립운동을 이끈다. 군사 훈련을 받아 무기와 화약을 만드는 일을 하면서 일본 군대에 맞서 총을 들고 직접 싸웠을 뿐 아니라, 우리나라가 완전히 일본에 넘어가자 중국으로 건너가 아들과 함께 조선독립단을 이끌며 독립운동을 펼친다. 여기에서 총은 상대에 맞서 싸울 때 사용하는 도구로 표현된다. 상징으로는 마땅히 옳다고 여기는 일이라면 죽음을 두려워 않고 맞서는 진짜 용기 있는 삶을 나타낸다.

⑤ 총의 이미지

(중학교 2학년 게임중독 청소년)
총: 내면의 공격성을 표현

5) 미사일(missile)

① 사전적 의미

"로켓이나 제트 엔진으로 추진되어 유도장치

로 목표에 도달할 때까지 유도되는 무기로서 유도 미사일을 가리킨다."(두산동아 사서편집국 편, 2016)

② 유래

미사일은 제2차 세계대전 당시 전쟁 초반부터 핵심 무기로 각광받았다. 1937년에는 제트엔진의 개발로 제트기가 발명되었으며, 로켓이 신무기로 등장하였다. 원래는 고도를 측정할 생각으로 개발한 것이었다. 영국이 제2차 세계대전 당시 영국 동남부의 연안에 미사일 로켓을 설치하여 독일 공군의 공습을 포착, 독일 폭격기 편대에 심하게 타격을 입혔다. 현대에는 유도미사일, 정확한 레이더망 구축 등을 계속하여 연구하고 있다(이내주, 2006).

③ 상징적 의미

미사일은 남성 성기의 상징이며 공격성과 에너지의 힘, 힘의 과시, 협박 등을 의미한다. 반면, 불안과 공포, 공격당한다는 감정을 나타내기도 한다.

④ 신화와 고전

『떡볶이 미사일』(김영, 2011)에는 다음과 같은 이야기가 나온다. 맛나네 분식집 떡볶이가 매끈한 빨간 옷으로 갈아입고 매콤달콤한 냄새로 아이들을 유혹하자, 아이들은 자신도 모르게 군침을 꿀꺽 삼키며 분식집 앞으로 다가가고 준비물 대신 떡볶이를 선택한다. 떡볶이 맛에 빠져 엄마에게 혼날 걱정도 잊어버린 아이들은 전쟁놀이를 하며 싸우고 있는 어른들에게 이 맛있는 떡볶이 미사일을 발사한다면 어떻게 될까 상상해 본다. 그리고 매운맛, 달콤한 맛 미사일이 발사된다면 어른들은 전쟁놀이는 잊어버리고 자신들처럼 맛있는 떡볶이 맛에 빠져 신이 날 수밖에 없다고 생각한다. 여기에서 미사일은 아이들의 순수한 마음이 모든 욕심에 물들어 '전쟁놀이를 하는' 어른들의 이기적인 생각에 일침을 주는 매개체로 표현된다. 또한 어른들의 일방적인 생각이 아닌 아이들이 진정으로 원하는 것을 들어 줄 것을 바라는 마음의 표현이 포함한다.

⑤ 미사일의 이미지

(중학교 2학년 게임중독 청소년)

(초등학교 저학년 공격 성향이 있는 아동)
미사일: 내면의 공격성과 파괴성을 표현

6) 카메라(camera)

① 사전적 의미

사진을 찍는 기계로, 렌즈를 통하여 광선을 들어오게 하여 감광판에 영상(映像)을 맺게 한다.

② 유래

카메라는 아리스토텔레스의『핀홀상의 방법론』에 기록된 어두운 방의 벽면에 뚫린 작은 구멍으로 들어온 빛에 의해 반대편의 벽면에 바깥 풍경이 역상으로 비치는 현상을 기록한 카메라 옵스큐라(camera obscura)에서 유래한다. 15세기 르네상스 시대의 화가 레도나르도 다빈치에 의해 카메라 옵스큐라의 원리를 이용한 원근법 등의 기록이 있으며, 16세기에 들어서는 카메라 옵스큐라를 통한 상을 따라 그려 실제의 상을 똑같이 재현하는 당시의 그림을 보조하는 용도로 쓰였다. 이후 17세기까지도 그림의 보조 도구로 쓰이며 그 모양의 변천사를 거쳤으며, 19세기에는 카메라 옵스큐라를 통해 들어온 상을 영구적으로 고정하는 용도의 카메라가 고안되었다. 다게레오타입(daguerreotype) 카메라는 두 개의 나무 상자가 포개어져 있고, 앞에 렌즈가 달려 있는 상자의 뒤쪽에 인화지를 넣어 상을 고정할 수 있도록 하는 카메라의 원형으로 발전하였다. 1900년대에 들어 35mm 필름을 사용하는 라이카 카메라가 발명되었으며, 많은 사람이 손으로 들고 사진을 찍을 수 있도록 보편화되었다. 2000년대에 들어서는 디지털로 상을 고정할 수 있는 디지털 카메라의 보급으로 카메라는 더욱 대중화되었으며, 아날로그 방식의 필름 카메라는 급격히 퇴조하였다(두산동아 백과사전연구소 편, 1999).

③ 상징적 의미

카메라는 무엇인가에 주의를 기울이는 것, 호기심, 기억, 기록하는 것, 추억, 의식적으로 뭔가를 파악하는 것을 나타낸다. 또한 막연한 대상(문제)에 집중해야 할 상황을 명확하게 이해하는 것을 상징한다. 자신에게 카메라가 향하고 있는 경우는 타인의 시선을 받고 있는 상황이나 사회공포증 등을 나타낼 수 있다. 또한 기록하는 것, 기억, 담는 것의 의미를 가지고 있다.

④ 신화와 고전

다음은『아빠 두더지의 신기한 사진기』(양승현, 신희정, 2008)의 줄거리다. "오늘은 신나는 운동회 날! 아침부터 운동장에 사람들이 북적북적. 땅속 아기 두더지들도 덩달아 가슴이 두근두근. 아기 두더지들은 아빠 두더지에게 졸랐어요. '아빠, 우리도 운동회 보러 가요!' '안 돼, 사람이 많아서 위험해. 그 대신 아빠가 운동회 사진을 찍어서 보여 주마.' 아빠 두더지의 사진기는 일반 사진기와 달리 X-ray 투시기처럼 뼈만 찍어서 나오는 특수한 사진기였답니다." 여기에서 사진기(카메라)는 사물을 자세하게 묘사하여 찍어 내는 도구로 표현된다.

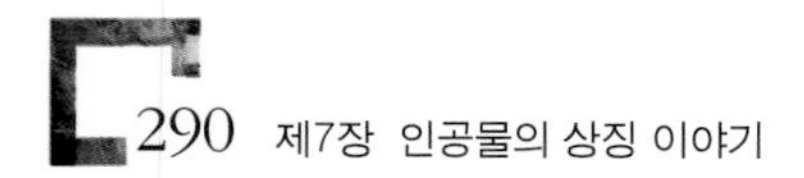

⑤ 카메라의 이미지

(초등학교 고학년 불안 아동)
카메라: 인공물로 대인관계에서의 소통의 어려움을 표현

(성인)
카메라 사진을 통해 현실을 객관적으로
바라보고 싶은 욕구를 표현

※ 상징적 의미

도구	가까이 있다, 공구함, 과학, 교실, 구석기, 그림 도구, 기능, 기술, 능력, 다양하다, 든든하다, 만들기, 망치, 못, 문제 해결, 물건, 바쁘다, 박스, 방망이, 번거롭다, 보조, 부지런하다, 사용하다, 상인, 손, 쇠, 수단, 신석기, 실용적이다, 실행하다, 쓰다, 연필, 원숭이, 원시인, 유능하다, 유용하다, 이끌리다, 이용하다, 인간, 장비, 정리하다, 조각도, 조립, 지혜, 짚다, 차갑다, 청소, 칼, 편리하다, 필수, 필수품, 필요하다, 한글과 컴퓨터, 현명하다, 효율성
저울	600g, 강박적, 계산, 고기, 공평하다, 과일, 균형, 그램, 기울다, 나눔, 눈금, 다이어트, 따지다, 매일 아침, 무게, 바늘, 법, 법률, 비교, 비만, 비중, 살, 수평, 숫자, 시장, 싫다, 양, 양쪽 면, 양팔저울, 음식, 재다, 접시, 정의의 여신 '디케', 정직하다, 정확하다, 창피하다, 채점, 체중, 체지방, 추, 측정, 평가되다, 평등
칼	강도, 겁나다, 결단, 공격적, 공포, 과일, 괴물, 끝, 날카롭다, 냉정, 도구, 도마, 무, 무서움, 베다, 부엌, 분노, 불꽃, 불만, 살인, 상처, 수박, 썰다, 야채, 예리, 요긴하다, 요리, 위험하다, 은빛, 음식, 이중성, 자르다, 장군, 전쟁, 조리, 조심, 죽음, 찌르다, 편리함, 폭력, 피, 협박, 회, 흉기
탱크, 미사일	공격성, 공부, 군대, 군인, 기념관, 김정은, 놀라다, 두렵다, 떨리다, 무기, 무섭다, 발사, 부상, 부수다, 북한, 비행기, 빠르다, 선진국, 소음, 스트레스, 시끄럽다, 어두운 하늘, 위험, 육중하다, 전쟁, 죽음, 지키다, 짓누르다, 천하무적, 터지다, 파괴하다, 폭동, 폭력, 폭발, 폭탄, 핵미사일, 힘
총	영화 〈007 시리즈〉, K-1, 강도, 게임 중독, 겨누다, 경찰, 공격성, 공포, 군대, 군인, 금지, 끝, 난사, 노리다, 놀라다, 두려움, 드라마, 목숨, 목표물, 무기, 무기 신고, 무서움, 미국, 발사, 방아쇠, 범죄, 병사, 북한, 분노, 불법, 비비탄, 사격, 사냥, 살상, 살인, 순간, 싸우다, 쏘다, 안전, 영화, 올림픽, 욕구 표출, 위험하다, 위협, 임진왜란, 자살, 잔인하다, 장난감, 재미있다, 전쟁, 정곡, 조총, 조폭, 죽음, 타살, 폭력, 피, 한 방, 힘
카메라	가깝다, 간직하다, 감시, 경치, 교통법규, 귀신, 기념, 기록, 기억, 기자, 남기다, 놀이공원, 눈, 담다, 동영상, 디지털 카메라, 렌즈, 매력적, 무겁다, 무인기, 반영, 보관하다, 브이, 사진, 삼각대, 셀프 카메라, 소풍, 순간 포착, 스마일, 시선, 앨범, 약점, 얼굴, 여행, 영상, 예술, 외출, 유령, 인물, 인상, 재밌다, 저장, 찍다, 찾아내다, 초상화, 초점, 추억, 출사, 취미, 친구, 파파라치, 포즈, 폴라로이드, 풍경, 핸드폰

Chapter **08**

생활공간 및 용품의 상징 이야기

1. 방

방(房, room)은 건물에서 벽으로 둘러싸인 독립된 공간을 의미하는 것으로 어떤 용도를 위한 목적으로 만들어진 공간이다. 무엇보다도 방은 격리된 공간으로 사생활이 이루어지는 장소로서 자유의 공간이 될 수도 있고 사용되는 용도에 따라 규율의 공간이 될 수도 있다. 예로부터 방은 폐쇄적인 공간으로서 잠을 자고 식사를 하며 접객을 하는 등 여러 가지 용도로 활용되었고, 문화와 환경에 따라 공간 명칭을 달리 사용하였다. 즉, 서양의 경우 공간 기능이나 사용 목적에 따라 거실, 침실, 식당 등으로 나누어 불렀으며, 우리나라에서는 사용하는 사람에 따라서 안채, 사랑채, 행랑채, 안방 등으로 불렀다. 공통적으로 탄생에서부터 임종을 맞이하는 순간에 이르기까지 인간의 삶이 전개되는 장소라는 것에 상징적인 의미가 있다.

또한 방에서 사용하는 것에는 다양한 가구와 도구가 있으며, 이들은 각각 상징적인 의미가 있다. 가구의 경우는 고대부터 권위와 부의 상징을 표현하기 위해 발전하였으며, 그 시대의 신분과 지위를 나타내는 훌륭한 도구의 역할을 한다. 특히 가구의 발전은 의자와 침대를 시작으로 나타나는데, 고대 이집트에서 의자는 명예의 상징으로 고귀한 신분의 사람만이 사용할 수 있었다. 의자에는 황소나 사자 장식 등이 있으며, 이는 명예를 나타내는 이집트 가구 양식의 대표적인 상징이라고 할 수 있다. 침대의 경우 권력을 가진 집권층만이 사용하는 사치의 상징으로 부를 나타내기 위해 매우 정교하고 치밀하게 만들어져 있다. 우리나라의 경우, 농경사회가 이루어지고 정착생활을 하게 되면서 집 안을 정리하는 문화

백 권의 책에 쓰인 말보다 한 가지 성실한 마음이 더 크게 사람을 움직인다.
–벤저민 프랭클린(Benjamin Franklin)–

가 발생하게 되었다. 때문에 이불, 그릇 등을 쌓아 두던 방식에서 찬장, 서랍, 옷장 등을 만들어서 집 안을 정리하는 문화가 발생했다. 이처럼 방에서 쓰는 다양한 가구와 도구들은 그 사회의 환경과 문화를 반영하여 발전했으며, 그 상징적인 의미도 변화하였다. 따라서 이 절에서는 다양한 방의 종류와 방에서 쓰는 다양한 가구와 도구들의 구체적인 상징적 의미를 살펴보고자 한다.

1) 거실(living)

거실은 개방적인 공간으로 손님을 접대하거나 가족이 함께 생활하는 서양식 집의 공간을 칭하며, 온 가족이 모여 일상생활을 하는 곳이다. 거실은 개인 공간인 침실과는 달리 공동생활 공간으로 서로 상대적인 개념을 갖고, 한 집에 거주하는 가족 공동체만의 공간 이외에 손님 접객 장소로도 이용된다.

또한 오늘날의 거실은 전통주택의 대청이나 마당과 같이 외부와 내부를 이어 주는 공간의 역할을 하는데 전통주택에서 안채의 안방과 건넌방, 사랑채 앞의 넓은 마루를 '대청'이라 한다. 조선시대 상류 주택의 대청은 이러한 전이 공간으로서의 역할보다는 의식과 권위를 표현하는 상징적인 공간으로 더욱 중요하게 여겨졌다.

또한 거실에 있는 시계, 빗자루, 거울 등 집 안에서 쉽게 찾아볼 수 있는 친숙한 일상 사물들은 오래전부터 우주론, 종교와 관련하여 깊은 상징적 관련성을 가지고 있다.

① 유래

거실은 원래 'drawing room'이라고 했다. 거실은 식당에서 식사 후 남성들이 담배를 피우면서 정치와 세상의 이야기, 즉 남성만의 이야기를 시작하면 여성과 아이는 그 자리에서 물러나(draw) 식당에 인접한 곳에서 지내는 방을 가리킨다고 한다. 이후 여성과 아이가 머물던 방에 남성도 참여하게 되고, 지금과 같은 가족의 휴식 공간이 되었다. 이러한 의미에서 거실은 집의 현관에서 비교적 멀리 있는 뒷방의 공간을 말한다.

② 상징적 의미

거실은 집의 중심으로 마음을 나타내며, 공동의 공간, 일상생활, 휴식, 손님 응접, 대화 등을 위한 소통의 공간을 의미한다. 또한 편안하다, 한가하다, 행복하다, 안락하다는 의미를 가지고 있다.

③ 신화와 고전

『거실 캠핑』(어린이 통합교과 연구회, 2013)의 줄거리는 다음과 같다. 아연이와 주원이는 가족 캠핑을 가려고 했으나, 급한 일이 생겨서 못 가게 됐어요. 잔뜩 기대를 하고 있던 만큼 기분이 무척이나 상한 주원이. 속상한 건 누나도 마찬가지지요. 그렇게 속상해하고 있는데 비마저 내리기 시작합니다. 집으로 돌아온 주원이는 거실에라도 텐트를 칠 생각을 합니다. 누나 아연이는 주원이가 친 텐트를 보고서는 깜짝 놀랐어요. 텐트 안으로 돌아온 아연이와 주원이는 꼭 캠핑을 온 것 같은 기분이 들었어요. 그래서 수박을 가져와서 먹기로 했어요. 밖으로 나가려 아연이가 텐트 지퍼를 열자 거실은 없고, 초록색 풀밭이 펼쳐졌어요. 여기에서 거실은 집에서 가장 넓은 공간으로 온 가족이 모이는 곳으로 표현된다.

④ 거실의 이미지

(성인)
깔끔하게 정리된 거실 공간을 붙임으로써 휴식과 안정의 욕구, 내면을 정리하고 싶은 마음을 표현

(1) 에어컨(airconditioner)

① 유래

에어컨은 처음에는 사업장에만 설치할 수 있을 정도로 값비싼 제품이었으며, 가격은 3만 달러 정도를 유지하고 있었다. 1914년 미니애폴리스에 위치한 찰스 게이트의 저택, 1922년 로스앤젤레스의 그라우만 메트로폴리탄 극장, 1924년 디트로이트의 허드슨 백화점, 마침내 1928년 미국 하원 등에 속속 설치되기 시작했다. 훗날 웨스팅하우스와 제너럴일렉트릭이 1950년대 들어서 소형 가정용 상품을 개발하면서 미국 중산층의 상징으로 자리 잡았다(공병호, 2007).

② 상징적 의미

에어컨은 시원하다, 편안, 해소, 여름 등을 의미한다. 반면, 답답하다, 머리 아프다, 습하다, 시끄럽다. 인공적이다 등을 상징하기도 한다. 또한 편안하고 아늑한 환경을 원하거나 감정을 잘 컨트롤 하고 싶은 마음을 나타내기도 한다.

③ 에어컨의 이미지

(중학교 3학년 또래관계에 어려움이 있는 청소년)
에어컨: 해소와 새로운 움직임, 변화를 표현

(2) 소파(sofar)

① 유래

팔걸이 없이 등받이만 있는 의자의 경우 그리스 시대의 채색 항아리에 그려져 있다. 로마 제국도 이 모델을 차용했는데 그 증거로 바티칸의 아그리피나상을 들 수 있다. 15세기에 이탈리아에서 만들어진 의자를 유럽 각국이 여러 형태로 변형시켜 널리 보급했다(Germa, 2004).

② 상징적 의미

소파는 안락하다, 휴식, 여유, 안정, 지위, 자신의 거처 등을 의미한다. 또한 대화, 게으르다, 쉬다, 잠자다, 즐겁다, 푹신하다 등을 상징한다.

③ 신화와 고전

『소파에 딱 붙은 아빠』(박설연, 김미연, 2011)의 줄거리는 다음과 같다. 어린이날, 오늘도 어김없이 껌 딱지처럼 소파에 붙어 있는 아빠. 그런데 수상한 소리와 번쩍하는 불빛과 함께 아빠가 진짜로 소파에 딱 붙어 버렸다. 형제는 아빠를 소파에서 떼어내 보려고 하지만 소용이 없다. 그 때 아빠 옷을 입은 소파의 정령이 벌컥 안방 문을 열고 나타난다. 소파 아저씨는 아빠를 대신해 맛있는 음식도 만들어 주고, 자전거도 같이 타러 가고, 아이들이 보고 싶어 하던 뮤지컬도 함께 보러 간다. 아빠 역할을 완벽하게 대신해 주는 소파 아저씨의 모습에 불안함을 느끼는 아빠. 일주일이 지나 드디어 아빠가 소파에서 벗어나고 소파의 정령은 다시 소파로 돌아간다. 여기에서 소파는 몸을 누이는 안락한 공간으로 표현되었으며, 아이들의 욕구를 들어주고 충족해 주는 존재로 표현된다.

④ 소파의 이미지

(성인)
소파 사진을 통해 휴식과 여유, 안정의 욕구를 표현

2) 공부방(study room)

공부는 학문을 배워 익히는 것으로 오랜 시간 노력을 들여 지식이나 기술을 완성하는 과정 혹은 결과를 나타낸다. 사람은 탄생하면서 모체로부터 언어 능력 및 공부 능력을 가지고 태어난다. 이는 사람이 태어난 후 배움으로 능력을 펼치고 후손에게 더 나은 바탕을 만들어 주기 위함으로 볼 수 있다.

공부할 때는 다양한 도구가 사용된다. 그중 오랜 역사를 지닌 만년필은 깃털을 쓰던 방식보다 조금 더 오래 쓰고자 하는 필요성에 의해 발전되었으나, 점차 그 의미가 변화되어 부와 사치를 상징하게 되었다. 또한 금으로 된 소재와 고급스러운 디자인 등으로 액세서리 역할을 하기도 한다.

문명이 발생하기 전 그림은 인류의 정서를 표현하는 유일한 수단이었다. 고대에는 숯이나 황토 등을 사용하였으나, 물감이 개발되면서 레오나르도 다빈치의 〈최후의 만찬〉과 같은 수많은 걸작이 탄생했다. 이는 물감의 사용으로 사람의 감정과 표현을 극대화할 수 있게 된 것으로 볼 수 있다.

① 상징적 의미

공부방은 학업의 공간으로 합리적 사고, 노력, 결과, 능력, 배움, 정리, 관심, 사랑, 희망, 씨앗, 공간, 학업, 출발 등을 의미한다. 반면, 무력감, 복잡, 시험, 어두움, 정숙하다, 지루하다 등의 상징으로 표현되기도 한다.

② 신화와 고전

『꿈꾸는 공부방: 산동네 친구들이 이루어 낸

기적 같은 이야기』(고정욱, 2009)에는 다음과 같은 이야기가 나온다. 좁은 골목길 끝에서 마주친 네 명의 공부방 아이들이 있다. 밤늦도록 일하는 부모님을 컴컴한 방 안에서 홀로 기다리는 려원이, 집과 학교에서 무시당하는 왕따 은영이, 폭력적인 아버지를 보고 자라 무엇이든 주먹으로 해결하려는 민재 그리고 매사에 부정적이고 꿈이 없는 영수까지…. 여기에서 공부방은 관심과 사랑으로 자기 안에 숨어 있는 희망의 씨앗을 발견하고 조심스레 미래의 모습을 그려 보는 공간으로 묘사된다.

③ 공부방의 이미지

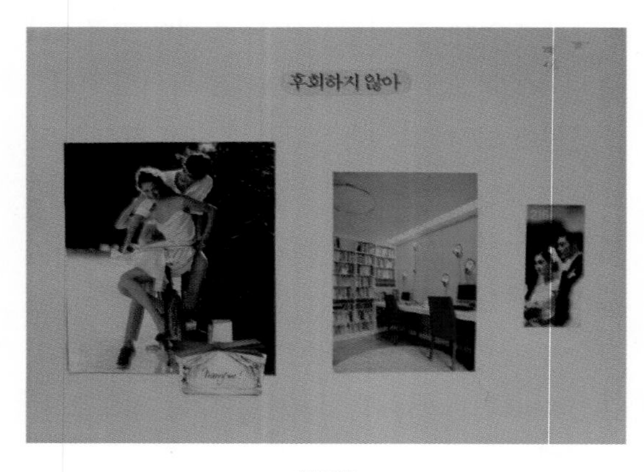

(성인)
공부방 사진을 통해 제2의 출발과 학업에 대한 욕구를 표현

(1) 의자(chair)

① 유래

의자의 기원은 원래 권좌에서 유래하는데, 고대 이집트의 옛 왕조시대에 왕좌로서 비롯되었다. 고대 이집트에서는 의자란 안락하게 앉는 가구로서보다는 왕후·귀족의 권위를 나타내는 것이었고, 서민은 의자 없이 지내는 평좌식 생활을 했다.

왕좌는 신의 권위에 준하는 상징이다. 가장 정교한 왕좌는 솔로몬 왕의 것으로(열왕기상 10장 18~20절), 이 왕좌는 그리스도교 사회에서 왕좌의 표본이 되었고 통치자의 힘과 지혜를 상징했다.

② 상징적 의미

과거 의자는 고유한 권위의 대상으로 여겨졌으나 현대에 와서는 자아 혹은 기다림이나 현실에 대한 불안 의식을 표현하기도 한다. 또한 정신적 자아를 상징하는 대상물로 여유로움과 휴식 공간의 추상적 개념을 내포한다. 흔히 의자는 왕좌, 권위, 휴식의 의미를 갖는다.

③ 신화와 고전

윌리엄 셰익스피어(William Shakespeare)의 희곡『리어 왕(King Lear)』(2012)에서 브리튼 왕국의 리어 왕은 두 딸 리건과 거너릴의 달콤한 말에 속아 그들에게 전 재산을 물려주고 막내딸 코델리아를 쫓아낸다. 딸의 진실한 마음을 알아보지 못한 리어 왕은 비극적인 결말을 맞게 된다. 여기에서 의자는 리어 왕이 앉는 자리로 권위와 역할에 대한 상징을 표현한다.

④ 의자의 이미지

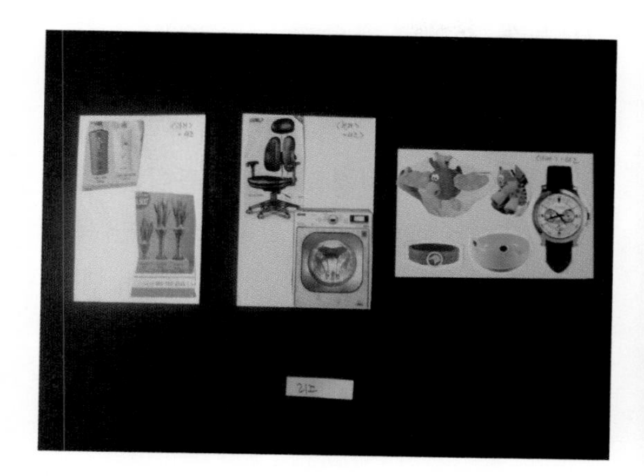

(성인)
책상 의자로 학업에 대한 욕구를 표현

(성인)
안마의자로 휴식과 충전의 욕구를 표현

(성인)
자연에 있는 의자로 휴식과 충전, 회복의 욕구를 표현

(성인)
권위적인 의자로 성취와 성공의 욕구를 표현

(2) 책(book)

① 유래

고대 중국에서 책은 학자의 소지품으로 간주되었다. 예부터 돌을 맞이한 아이의 눈앞에 여러 가지(실버, 화폐, 바나나 등)를 나란히 늘어놓고 아이가 선정하도록 하여 미래를 점치는 풍습이 있었다. 그중에서 책을 선택하면 아이가 미래에 학자가 된다고 말했다.

② 상징적 의미

책은 공부하다, 배우다, 지성, 읽다, 교양, 지혜, 마음의 여유, 삶 등을 의미한다. 반면, 고독하다, 무겁다, 어렵다, 졸리다, 조용하다 압박, 지겹다 등을 나타내기도 한다.

③ 신화와 고전

『오만과 편견(Pride and prejudice)』(Jane, 2003)

의 배경이 되는 베넷가에는 점잖은 아버지와 수다스러운 어머니 그리고 개성이 넘치는 다섯 명의 딸이 모여 살고 있다. 이 책은 베넷가 딸들과 주변의 청년들을 둘러싸고 벌어지는 엇갈리는 사랑 이야기다. 여기에서 책은 교양과 지식을 상징하는 사물로 표현된다.

④ 책의 이미지

(중학교 1학년 등교거부 청소년)
무거운 책: 학업에 대한 심적인 부담감을 표현

(성인)
육아에 지친 현재 자신의 모습과는 반대되는 여유롭게 책을 읽는 사진을 통해 휴식과 충전의 욕구를 표현

(3) 컴퓨터(computer)

① 유래

제2차 세계대전 당시 각 분야의 과학자들은 전쟁을 위해 소집되어 승리를 위해 총력을 다하였다. 컴퓨터 역시 전쟁을 위해 만들어졌다. 최초의 컴퓨터는 에니악으로 알려져 있지만 독일군 암호를 풀기 위한 로서스 1호를 만들어 낸 바가 있다. 전시에 계산이나 암호 해독 등에 이용하기 위한 군사장비가 바로 컴퓨터였다. 에니악 또한 포탄의 궤적을 계산하거나 수소폭탄의 폭발을 예고하는 목적으로 쓰였다. 이후 미국의 인구통계국에 컴퓨터가 설치되었으며, IBM에서 컴퓨터를 발명하여 기업 및 개인 컴퓨터로 보급했다. 컴퓨터 프로그램 또한 MS DOS에서 WINDOWS로 일반 사람들이 사용하기 편하게 발전되어 현재는 개인용 컴퓨터의 전성이라고 볼 수 있다(김지룡, 갈릴레오SNC, 2012).

② 상징적 의미

컴퓨터는 인터넷, 기계, 게임, 빠르다, 쇼핑, 웹서핑 등의 정보 제공 및 일과 그에 따른 처리 능력 등을 의미하며, 심리적으로 남성성을 표현하기도 한다. 또한 소통, 대인관계, 흥미, 속다, 편리하다 등을 나타내기도 하나 어려움, 복잡함 등으로 표현되기도 한다.

③ 컴퓨터의 이미지

(중학교 1학년 게임중독 청소년)
컴퓨터: 자신의 현재 관심 분야를 표현, 제한된 소통의 장소인 컴퓨터를 통해 대인관계에서의 소통의 욕구를 표현

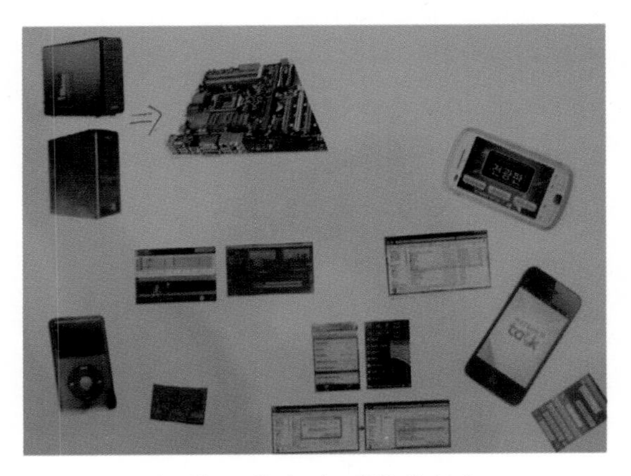

(중학교 3학년 진로탐색 청소년)
컴퓨터: 자신의 관심 분야와 흥미를 표현,
컴퓨터에 대한 관심과 지식을 표현

(4) 책장(bookshelf)

① 유래

조선시대의 남성들은 사랑방에서 벗을 맞아 예(禮)를 논하고 유학(儒學)을 연구하는 풍조가 성하여 서책을 멀리할 수 없는 생활을 하였으므로, 책장은 필수적인 것으로 여러 형태의 것이 형성되었다. 옛 서책은 크기가 크고 부피가 크던 까닭에 책장의 규모도 이에 비례하여 문짝이 커지고, 문짝을 활짝 열기 위하여 책장 옆널 좌우에는 쥐벽 칸이 따로 없이 경첩(창문이나 세간의 문짝을 다는 데 쓰는 쇳조각 장식)을 문판(門板)과 기둥에 직접 부착하였다. 그리고 흔히 장롱 문판 하단에서 볼 수 있는 머름 칸의 공간이 없고, 문을 열면 바로 서책을 꺼내기 쉽도록 되어 있다. 종류로는 앞판 긴 문짝 속에 여러 개의 층널을 만들어 한눈에 위아래 층을 다 볼 수 있게 만든 것도 있고, 층마다 따로 문짝을 단 것이 있다. 많은 책의 무게를 지탱할 수 있도록 골재로는 단단한 참죽나무 · 소나무, 판재로는 오동나무 · 소나무, 부재로는 광택이 없는 오동나무 · 소나무가 많이 쓰였으며, 약간의 무쇠 장식과 더불어 검소한 소박미를 보여 준다(한국정신문화연구원편찬부 편, 1994).

② 상징적 의미

책장은 채우고 싶다, 풍요로움, 삶, 생활, 학업 등을 의미하며, 분류, 정돈, 강박 등을 나타낸다. 반면, 잘하고 싶다, 지겨움, 싫음, 졸림, 답답함, 어려움, 스트레스 등을 상징하기도 한다.

③ 신화와 고전

『책장 위에 버려진 단추(Oubliés de l'etagère)』(Levy & Gessat, 2009)를 보면, 옷에서 떨어진 빨강 단추와 보라 단추는 책장 위에 올려놓아 진다. 두 단추는 오랜만에 책장 위에서 만나 반가워하며, 다시 옷에 달릴 날만 기다리지만 가족은 두 단추를 완전히 잊었다. 그러던 어느 날, 무시무시한 거미 할머니가 단추들을 어디론가 데려간다. 여기에서 책장은 단추가 놓인 공간으로 둘 사이의 만남의 장소로 표현된다.

④ 책장의 이미지

(성인)
책장 사진을 통해 학업에 대한 욕구를 표현

(중학교 2학년 진로탐색 청소년)
책장 사진을 통해 학업에 대한 부담감을 표현

(5) 연필(pencil)

① 유래

양피지에 괘선을 긋기 위해 사용되던 금속 송곳은 고대 그리스 · 로마 시대로 접어들면서 납막대기로 대체되었다. 중세에는 가죽을 입힌 납막대기가 사용되다가 1420년경에 사라졌다. 이러한 도구를 사용했기 때문에 당시 글씨체는 불규칙하고 서툴게 보였다. 16세기 말 영국의 컴버랜드에서 흑연 광맥이 발견된 후 심 부분을 나무로 꽉 조인 흑연연필이 등장했다. 18세기 초등학교 학생들이 반드시 갖추어야 할 문구용품은 공책, 납으로 된 자, 연필 등이었다. 프랑스 대혁명 때 영국으로부터 흑연 수입이 중단되자 공안위원회는 니콜라 콩테(Nicolas Jacques Conte)를 초청하여 방안을 모색했다. 이후 콩테는 색다른 나무연필을 만들어 냈다. 그는 점토와 석탄화물을 혼합하여 연필심을 만들었으며 이 발명품에 자신의 이름을 붙였다(Germa, 2004).

연필은 필기, 서사, 그리기, 제도 등에 폭넓게 사용된다. 일반적인 연필의 필적은 지우개를 이용하면 지울 수 있기 때문에, 공적인 서류 등에는 이용할 수 없는 경우도 많다. 반면, 연필의 필적은 잉크처럼 시간이 지남에 따라 색상이 변하거나 사라지는 것은 아니다. 또한 수분에 의해 필체가 번지지 않기 때문에 항해일지의 작성에 사용되어 왔다.

② 상징적 의미

연필은 글씨, 공부 등을 의미한다. 또한 의사소통을 하고 싶은 욕망, 자신감, 친근감, 부드럽다, 부러지다, 뾰족하다 등을 연상시키기도 한다. 뾰족한 연필심을 작품에 나타내 심리적인 공격성을 드러내기도 한다.

③ 신화와 고전

『빨강 연필』(신수현, 김성희, 2011)의 줄거리는 다음과 같다. 평범하던 민호가 빨강 연필 한 자루를 손에 쥐게 되며 일상이 변하기 시작한다. 무엇이든 척척 써 주는 빨강 연필 덕에 선생님의 칭찬과 아이들의 관심을 받게 된다. 하지만 이 모든 일은 자신이 아닌 빨강 연필이 대신한 것이기 때문에 민호는 점점 죄책감을 갖게 되고 빨강 연필이 없으면 초조하고 불안해진다. 그리고 거짓말에 거짓말이 꼬리에 꼬리를 물어 글을 잘 쓰는 것처럼 돼 버린 민호는 전국 백일장 대회에까지 나간다. 친구의 시샘으로 빨강 연필을 잃어버려 백일장에 나가서 상을 못 받고 결국 예전처럼 평범한 아이가 돼 버렸지만, 민호는 자신의 노력으로, 자신의 의지로 세상을 살아가는 법을 배웠다. 여기서 빨강 연필은 주인공에게 자신감을 가지게 하는 존재로 나타난다.

④ 연필의 이미지

(성인)
연필 사진을 통해 학업에 대한 욕구를 표현

(6) 만년필(fountain pen)

① 유래

1809년 영국인 프레더릭 폴슈(Frederick B. Folsch)가 밸브식을 발명한 것이 최초이며, 1884년 미국인 루이스 워터먼(L. E. Waterman)이 모세관 작용을 이용한 것이 실용화되고, 그동안 여러 가지로 개량되어 왔다. 축에는 에보나이트, 펜촉에는 14금을 주로 하고, 그 끝에 이리듐과 같은 것을 용착(熔着)시켜서 마모되는 것을 방지하고 있다. 또 만년필에는 잉크가 새어 나오는 것을 방지하는 동시에 언제나 잉크가 원활하게 흘러나와서 일정하게 쓸 수 있는 구조가 필요하다. 그리하여 만년필의 개량을 위해서는 펜촉뿐만 아니라 잉크의 보급이나 잉크가 흘러나오는 방법, 또는 꺼내어 바로 사용할 수 있는 구조 등에 대해 주의를 기울여야만 했다(두산동아 백과사전연구소 편, 1999).

② 상징적 의미

중국의 붓처럼 펜이나 연필 등 필기구는 학문의 상징이다. 만년필은 학문, 희망, CEO, 권위, 글쓰기, 기록, 서명, 작가, 신사 등을 의미한다. 한편, 공격성, 예민함, 비싸다, 소중하다, 오래가다, 우아함, 전문성, 지성, 추억 등을 나타내기도 한다.

③ 신화와 고전

다음은 동화 『가슴으로 크는 아이』(고정욱, 2012)에 나오는 이야기다. 동화작가의 필통에 꽂혀 있는 수십 자루의 볼펜과 만년필 등은 서로 잘났다고 싸우고 있다. 여행을 통해서 많은 이야깃거리를 얻어 온 동화작가는 잘 써지지 않는 볼펜, 만년필, 싸인펜, 매직펜을 쓰레기통에 던져 버리고 연필을 붙잡자마자 미친 사람처럼 글을 써 내려 갔다. 비록 연필은 몽당연필이 되었지만 어린이들에게 꿈과 희망을 줄 수 있는 아름다운 동화가 종이 위에 쓰였다는 사실이 기뻤다. 반면, 쓰레기통에서는 여전히 볼펜, 만년필, 사인펜과 매직펜들이 서로 자신이 최고라고 다투고 있었다. 여기에서 만년필은 무언가를 기록하고 남기는 데 사용되는 매체로 표현된다.

④ 만년필의 이미지

(중학교 2학년 진로탐색 청소년)
날카로운 만년필: 만년필의 날카로운 면을 부각하여 표현해 내면의 공격성과 예민함을 표현

(7) 크레파스(pastel crayon)

① 유래

프랑스에서는 연필을 의미하며 연필화를 가리키기도 한다. 회화 재료로서의 연필은 색연필까지도 포함하는데, 채색이 맑고 깨끗한 특색은 있어도 색심(色心)의 경도가 고르지 않아서 불편하였다. 20세기 초까지 그림본을 본보기로 하여 묘사하는 미술 교육에서 직접 자연을 사생하게 하는 자유화 교육이 시작되면서 학생용으로 널리 보급되었다. 그 후 왁스나 야자유를 안료와 섞은 크레파스(craypas)라는 연질의 회화용 재료가 만들어졌는데 이것은 겹칠이나 깎아 낼 수가 있어서, 그리는 방법보다 미의 창조에 중점을 두면서 저학년용으로 보급되었다. 이것들은 막대 모양으로 고형화 된 묘화 재료로, 프랑스의 콩테나 파스텔과 같은 종류로 취급된다(두산동아 백과사전연구소 편, 1999).

② 상징적 의미

크레파스는 색채, 신학기, 선물, 어린 시절의 추억과 어린 시절로 돌아가고 싶은 기분, 과거의 모습에 대한 애정을 나타낸다. 반면, 크레파스가 흐트러지게 놓여 있는 모양에 따라 고민, 불안정을 의미하기도 한다. 다양한 색상의 표현으로 다양한 모습을 나타내기도 하며 여러 가지 할 것이 있다는 표현이기도 하다.

③ 신화와 고전

『까만 크레파스(くれよんのくろくん)』(中屋美和, 2002)에서 크레파스 친구들이 하나둘 사라지자, 까만 크레파스는 괴물에게 잡혀 간 것이라고 생각하고 친구들을 찾아 나선다. 힘들게 괴물을 찾아간 곳에서 까만 크레파스는 뜻밖의 범인을 만나게 된다. 그리고 흥미진진한 긴장감 속에서 괴물로 오인받은 생쥐 가족을 도와주며 가족의 소중함을 깨닫는다. 여기에서 크레파스는 각자의 색깔을 가지고 서로 화합해 가는 모습을 나타내 주는 것으로 표현된다.

④ 크레파스의 이미지

(초등학교 고학년 조음장애 아동)
크레파스: 크레파스의 색깔만큼 다양한 모습을 가진 자신의 모습을 표현

(8) 물감(dyestuffs)

① 유래

물과 기름에 녹지 않고 가루인 채로 물체 표면에 불투명한 유색막을 만드는 안료(顔料)와 구별한다. 물체에 따라서는 같은 유색물질(색소)이 염료로 사용되는 경우도 있고, 안료로 사용되는 경우도 있다. 염료 사용의 역사는 오래되어, BC 2,000년경에는 이미 쪽염색이 행하여졌다. 1856년 윌리엄 헨리 퍼킨(William Henry Perkin)이 최초의 합성염료인 모브 또는 모베인의 합성에 성공하고, 이듬해 영국에서 공업화될 때까지는 주로 천연염료가 사용되었다. 천연염료는 대부분 견뢰도가 낮고 색조가 선명하지 않으며, 또한 복잡한 염색법의 필요 때문에 점차 합성염료로 대체되어 오늘날 천연염료는 공예품 등 특수한 용도에만 사용된다(두산동아 백과사전연구소 편, 1999).

② 상징적 의미

물감은 그림, 염색, 표현, 도화지, 물들다, 색채, 수채화, 붓, 번지다 등을 의미한다. 또한 다양하다, 부드럽다, 아름답다, 자유롭다 등의 마음을 표현할 때 상징적으로 표현되기도 한다. 세트로 된 물감은 객관적, 기회 균등 등을 나타낸다. 또한 그 사람의 마음 상태를 나타낸다.

③ 신화와 고전

헝가리 동화『페르코의 마법물감(Az Igazi egszinkek)』(Balázs, 2011)에는 다음과 같은 이야기가 나온다. 그림 그리기를 좋아하는 페르코는 집안 형편이 좋지 않아 맘대로 그림도 그릴 수 없었다. 친구들의 그림을 대신 그리는 것으로 물감을 사용했다. 하지만 친구의 파란물감이 없어져 오해를 받는다. 학교 수위 아저씨 덕분에 참하늘빛 꽃을 알게 되는데, 참하늘빛 꽃즙으로 물감을 만든 페르코에게 그림을 그리는 대로 마법이 펼쳐진다. 여기에서 물감은 그림을 그리는 도구로서 신비한 힘을 가진 것으로 표현된다.

④ 물감의 이미지

(성인)
다양한 색의 물감 사진에 대해 자신을
드러내고 개성을 표현하고 싶은 욕구를 표현

3) 부엌(kitchen)

부엌은 예로부터 가족의 건강과 무사함의 원천인 먹을거리를 만들어 내는 곳으로 어머니를 상징한다. 무엇보다 부엌은 음식과 밀접한 관련이 있기 때문에 가족의 건강을 담당하고 복을 만드는 중요한 의미를 갖는다.

전통적으로 한국에서의 부엌은 복을 기원하는 운명론적 측면도 담고 있으며, 신성한 불을 담는 공간이라는 상징적인 의미도 가지고 있다. 또한 조왕단지 항아리 안에 쌀을 넣어 식구들의 재복을 기원하였는데 이는 먹을 것이 항상 넘치게 해 달라는 기원을 담고 있기도 하다. 가족구성원 중에 먼 길을 떠난 사람이 있으면 항상 따뜻하고 굶지 말라는 뜻으로 떠난 사람의 밥그릇에 밥을 담아 부뚜막에 올려놓기도 하였다. 부엌에서 쓰는 물건 중 솥은 삶의 시작과 종료를 뜻하며, 한국에서는 화합의 상징으로 공동체의 유대감과 정신적인 일체를 의미하였다. 부엌에는 냉장고, 가스레인지, 탁자, 수저, 물 컵, 그릇, 커피 잔, 밥솥, 찬장 등 여러 가지 사용도구가 있다.

(1) 냉장고(refrigerator)

① 유래

현대의 전기 문명을 대표하는 두 가지 기기가 있는데 하나가 텔레비전이고 하나가 냉장고다. 냉장고를 통해 선사시대 이래 처음으로 음식의 보관에 대한 걱정 없이 식품을 가질 수 있게 됐다. 냉장에 관한 기록 중 가장 오래된 것은 중국 전국시대에 쓰인 『예기(禮記)』에서 '벌빙지가'라는 말을 발견할 수 있다. 이를 해석하자면 주대에 장사나 제사 때 얼음을 쓸 자격이 있는 높은 관직에 있는 벼슬아치 같은 고위층의 집을 뜻한다. 그때 이미 특별한 계층의 사람들은 얼음을 저장해 썼다.

우리의 역사를 살펴봐도 신라시대에 이미 석빙고가 있었고, 조선시대에는 동빙고와 서빙고를 만들어 체계적으로 얼음을 생산 및 관리한 것을 확인할 수 있다. 얼음은 조선시대에 왕이 직접 챙길 정도로 중요한 사안이었다. 조선시대 임금은 반빙이라 해서 정 2품 이상의 관리들에게 얼음을 하사하기도 했다. 당시 얼음은 사치품이었고 주로 왕실의 여름철 제사 때나 궁궐의 음식을 만들 때 사용됐다. 대부분의 피지배계층에서는 채빙을 위한 노역이 고통이었던 것으로 묘사된다(조선왕조실록 세조 13년 1467년 11월 28일의 기록).

고대 그리스, 로마인의 냉장 방법을 보면 고산의 만년설을 퍼 와 이를 뭉쳐 벽 사이에 넣은 다음 짚, 흙, 퇴비 등으로 단열 처리한 저장고를 만들었다. 그리고 이곳에 포도주를 넣어 차갑게 보관했다.

19세기 중반에 돼서야 냉장고가 산업적으로 발명될 수밖에 없는 주변 여건이 만들어진다. 1982년 냉장고라 불리는 기계를 만들게 되었으며, 이후 냉장고는 다양한 발전을 이루었다(김지룡, 갈릴레오SNC, 2012). 냉장고는 오랜 옛날 특권계층만이 누릴 수 있는 것이었으므로 특권계층의 상징이었으나 현대에는 음식의 세계화의 상징이 되었다.

② 상징적 의미

냉장고는 일반적으로는 차다, 얼음, 음식, 시원하다, 저축, 저장, 보존, 먹다, 식욕 등을 의미한다. 또한 가득하다, 변하지 않는다, 유지하다, 정리되지 않은, 지켜 주다, 풍요로움 등의 상징적 의미도 있다. 냉장고는 심리적으로 무엇인가를 개방하고 싶을 때 표현되어진다.

③ 신화와 고전

『왕손가락들의 행진』(임정진, 심은숙, 2001)에는 남의 흉을 보면서 수다 떨기를 좋아하는 냉장고가 나온다. 냉장고는 채소 칸에 들어온 홍당무파 양배추 부추 등을 흉을 보았다. 잔뜩 주눅이 든 채소들은 하루를 못 가 시들고 썩어 버렸다. 주인은 냉장고가 고장 난 줄 알고 냉장고의 코드를 뽑아 창고로 치워 버렸다. 냉장고가 구석진

창고에서 슬퍼하며 지낼 때, 참새가 창문으로 날아와 수다를 떨기 시작했다. 냉장고는 참새들이 하루 종일 자기가 보고 온 것들에 대해 칭찬만 하는 모습을 보며 자신의 잘못을 뉘우쳤다. 그러던 어느 날, 냉장고의 주인이 이사를 가고 새 주인이 와서 냉장고의 코드를 꽂았다. 냉장고는 채소들을 칭찬하기 시작했다. 그러자 채소들은 냉장고의 칭찬에 점점 싱싱해졌다. 냉장고가 칭찬하는 수다쟁이로 바뀐 것이었다. 주인은 냉장고를 복덩이라고 불렀다. 여기에서 냉장고는 채소와 음식을 싱싱하게 보관하는 상징으로 표현된다.

④ 냉장고의 이미지

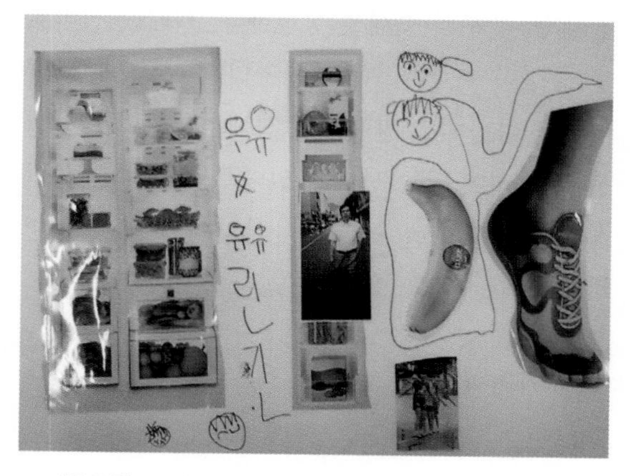

(초등학교 저학년 또래관계에 어려움이 있는 아동)
냉장고: 애정 욕구와 주변 환경으로부터
느껴지는 차가움을 표현

(2) 가스레인지(cooktop, range)

① 유래

인류는 불을 사용하면서부터 조명 · 보온 · 동물로부터 자신을 보호하고 음식물을 불에 익히는 등의 많은 이익을 얻었다. '불 사용으로 인류는 처음으로 문명을 경험하는 여유를 가질 수 있었다'라고 생각하고, 불을 문명의 상징으로 간주한다. 이것은 그리스 신화에서 천계의 불을 훔쳐 인류에게 준 존재, 즉 '프로메테우스의 불' 이야기를 연상시킨다. 불은 인간의 삶에 매우 큰 위치를 차지하고, 물의 공급과 함께 불을 일으키기 위한 연료의 확보는 모든 시대에 정치의 기본이라고 할 수 있다.

② 상징적 의미

가스레인지는 보온, 불, 연료, 조리, 난방, 따뜻함, 끓이다, 삶다 등을 의미한다. 또한 요리하는 어머니를 연상하는 경우 보호, 관심, 따뜻하다는 것을 상징하며, 불안하다, 열정, 위험하다, 조심하다 등을 연상시키기도 한다.

③ 신화와 고전

『안 돼 안 돼 다치면 안 돼』(이유정, 박정훈, 2011)에는 다음과 같은 이야기기 나온다. 배가 고픈 규리는 먹을 것을 찾았는데 이상한 냄새가 나요. 요리사가 되고 싶은 냠냠이는 엄마 몰래 계란 프라이를 하기 위해 가스레인지를 켰어요. 가스레인지 옆에는 가면 안 돼요! 가스레인지는 불로 음식을 만드는 기구예요. 그래서 항상 위험이 도사리고 있지요. 뜨거운 물이나 불에 델 위험이 있을 뿐만 아니라 가스레인지를 잘못 켰다간 가스가 새서 큰 불이 날 수도 있어요. 여기에서 가스레인지는 불이 날 수 있고, 화상을 입을 수 있는 무서운 존재로 표현되고 있다. 안전사고에 대한 위험을 알리고 있다.

④ 가스레인지의 이미지

(초등학교 고학년 또래관계에 어려움이 아동)
가스레인지: 불이 켜지지 않은 가스레인지에 불을 붙이며 관심과 애정 욕구를 표현

(3) 탁자(table)

① 유래

원형 또는 사각형의 판(板)과 이것을 지지하는 다리로 되어 있다. 고대 이집트 제4왕조의 자료에는 공물대(供物臺)로서의 테이블이 있다. 이것은 장방형의 널빤지를 4개의 다리로 받치고 다리를 각각 펠대로 결합한 것으로 식탁으로도 사용된다.

중세에는 주거형태나 생활양식의 변화에 따라 판과 다리를 분해할 수 있게 만든 가각식(架脚式)이란 간소한 다이닝용 테이블이 보급되었다. 식당이 따로 없던 중세의 저택에서는 이동하기 편리한 형식이 요구되었기 때문이다. 르네상스시대에도 가각식 테이블이 유행하였으나, 판과 다리가 고정되고 고곡(古曲) 모티프의 호화로운 조각이 장식된 것이었다. 수도원의 리펙터리 테이블이라고 하는 대형 테이블도 식탁으로서 보급되었으며, 테이블의 공간을 넓게 하기 위한 확대 테이블은 영국이나 프랑스에서 유행하였다. 16세기까지의 테이블은 주로 다이닝용이었으나, 17세기에 들어서면서 식탁보조용 사이드 테이블, 홀이나 갤러리의 벽을 장식하기 위한 콘솔 테이블, 거울과 테이블을 짝지은 화장테이블, 판 밑에 소형 서랍이 달린 라이팅 테이블, 18세기에는 자수 · 편물 등을 할 때 쓰는 워크 테이블, 장식용의 피어 테이블, 티테이블이나 아침 식사 테이블 등 생활목적에 알맞은 각종 테이블을 만들게 되었다. 이것들은 모두 조각 · 상감(象嵌) · 쪽매 · 도금 따위로 장식을 한 호화로운 것이었으나 19세기 이후부터는 장식용보다는 점차 기능을 중시하여 단순한 형태로 만들게 되었다(두산백과, 2016).

원탁의 둥그런 모양은 하늘, 완성, 완전무결, 전체성, 우주의 중심을 상징한다. 성배는 신비로운 중심이며, 원탁의 열두 명의 기사는 황도 십이궁을 나타내고 원탁의 중심에서부터의 방사선은 '끝자리에 앉는 사람이 없다'는 평등한 지위의 상징이다(Cooper, 2007). 아서왕의 원탁이 유명하다(Bruce－Mitford & Wilkinson, 2010).

② 상징적 의미

탁자는 가족, 친구 등과의 소통, 대화, 여유, 회의, 모임 등을 의미한다. 또한 자신의 거처, 함께함을 나타내기도 한다. 탁자는 그리스도교인에게 최후의 만찬을 연상하게 하며, 원형 탁자는 앞 테이블이나 우두머리 자리가 따로 없으므로 평등을 상징한다. 인물 사이에 탁자를 그려 심리적 거리감을 표현하기도 한다.

③ 신화와 고전

『장난감 병정(The brave tin soldier)』(Andersen, 2008)의 줄거리는 다음과 같다. 똘이에게는 장난감이 아주 많았는데, 어느 날 25명의 장난감 병정이 팔려 왔다. 마지막 병정은 공교롭게도 주석이 모자라서 다리 한쪽이 없었다. 똘이의 거실에서 주석 병정의 반대편에는 색종이로 만든 성을 배경으로 아름다운 발레리나(종이인형)가 한쪽 다리를 들고 춤추고 있었다. 주석 병정 쇠돌이는 그 아가씨도 자기처럼 한쪽다리가 없는 줄로 생각했으며 그 아가씨를 짝사랑했다. 어느 날 창가에 서 있던 병정은 바람에 날려 창밖으로 떨어지고 무서운 모험을 겪게 된다. 그러나 정신을 똑바로 차리고 있던 주석 병정은 부엌에서 구출되어 다시 소년의 방으로 들어간다. 여기에서 탁자는 물건을 놓아두는 가구의 상징이며 반대편의 존재에 대해 가지는 거리감으로 표현된다.

④ 탁자의 이미지

(초등학교 고학년 또래관계에 어려움이 있는 아동)
탁자: 고독함과 애정 욕구를 채워 주는 곳으로 표현

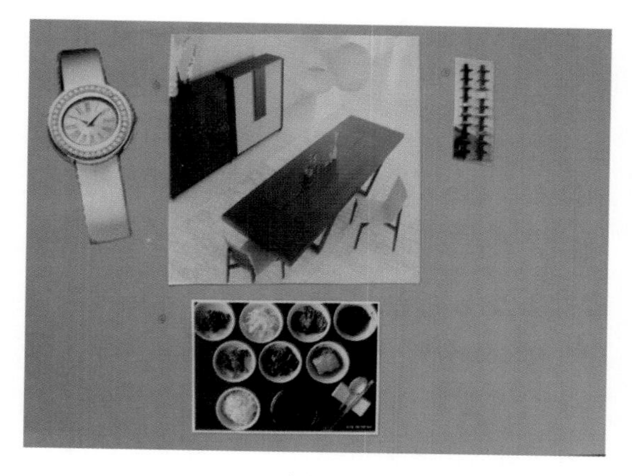

(성인)
가족과의 소통과 애정 욕구를 표현

(4) 수저(chopsticks, spoon)

① 유래

인류는 아득한 옛날부터 다양한 형태의 숟가락을 사용했다. 재료로는 나무가 가장 많이 쓰였다. 중세 때 숟가락은 손칼과 함께 사용되었다. 또 이 시기에 고급 숟가락이 등장했는데 어떤 것의 손잡이는 암사슴의 다리를 본떠 제작되었다. 15세기에는 사자나 용의 콧대를 연상시키는 손잡이가 달린 숟가락도 등장했다. 그러나 16세기 이후 스타일이 점차 소박해지기 시작하면서 오늘날과 같이 간소하고 기능적인 형태로 변했다(Germa, 2004). 젓가락은 한국에서는 공주 무령왕릉에서 출토된 것이 가장 오래된 것이라고 한다. 수저와 함께 쓰이게 된 시기는 삼국시대로 본다(www.museum.go.kr).

영국에서는 세례식에 숟가락을 수여하는 전통이 있으며, 신분과 빈부의 차이에 따라 재질이 달랐다. 이 때문에 부유한 가정에서 태어난 것을 나타내는 "은수저를 물고 태어났다."라는 표현이 생겼다. 켈트 지방(현재의 유럽 북서부)에서 실버스푼(silver spoon)은 사랑의 상징이며, 연인이 전투에 나갈 때 선물하던 것으로 알려져 있다. 지금도 켈트 문화가 가득한 영국 웨일스 지방에는 연인에게 숟가락 모양의 펜던트(러브스푼)를 선물하는 습관이 있다. 또한 노르웨이의 결혼식에는 사슬로 이어진 나무 숟가락을 준비하는 풍습이 있었다. 신혼부부는 결혼식 다음날 아침 그 숟가락으로 함께 맛있는 음식을 먹고 서로의 사랑을 다짐했다.

젓가락질은 젓가락을 쓰는 방법으로 식사 중의 예법을 의미하며, '젓가락돈'은 조선시대 기생의 화대를 젓가락으로 집어 주면서 생긴 말로 화대를 속되게 이르는 말이기도 하다. 이밖에도 수저는 먹는 것, 사랑, 부유, 모성, 영양 등을 나타낸다.

② 상징적 의미

수저는 모성애, 에너지, 가족, 도시락, 밥상, 배고픔, 식욕, 예절 등을 의미한다. 또한 만족하다, 맛있다, 먹다, 바르게 잡다, 이용하다, 편리하다 행복하다 등을 상징한다.

③ 신화와 고전

안동지방 민요 '형님 형님 사촌형님'은 사촌형님의 시집살이에 대한 고됨의 이야기를 담고 있다. 여자가 결혼해 남편의 집에 살면서 적응하며 살아가는 과정에서 겪게 되는 일상의 힘든 상황들이다. 그중 "두리반에 수저 놓기도 어렵더라, 식기에 밥 담기도 어렵더라"에서 수저는 음식을 먹는 식기로 양식에 대한 상징으로 표현된다(신희천, 조성준 편, 2010).

④ 수저의 이미지

(성인)
수저 사진을 통해 자녀에 대한 모성애를 표현

(5) 물컵(cup)

① 유래

고대 신화에 등장하는 암브로시아(ambrosia, 신들이 먹는 음식)의 컵에서 기원했다. 암브로시아는 올림포스 산에서 신들이 마시던 불로장생 음료를 뜻한다(Fontana, 2011).

② 상징적 의미

컵의 입이 벌어져 있는 모양은 수용적, 수동적, 여성적이다. 이러한 점에서 물컵은 담아내다, 채우다 등의 의미를 상징하며, 시원함, 갈증, 다양하다, 투명하다, 깨지다, 생명의 한 모금, 불사(不死), 풍부함의 의미도 있다. 뒤집힌 컵은 비어 있음을 나타내 허영을 상징한다. 기둥 꼭대기에 놓인 잔은 자신을 하늘에 바쳐 하늘에서 은총과 풍요를 받는 존재가 됨을 상징한다.

③ 신화와 고전

옛날 어느 나라에 임금님의 사랑을 담뿍 받는 예쁜 공주님이 살고 있었다. 어느 날 공주님은 하늘에 떠 있는 달을 보다가 달을 따다 달라고 부모님을 보채기 시작했다. 아무리 달래도 공주는 달을 따다 달라고 고집만 부렸다. 어떤 방법도 찾지 못하고 있었는데, 광대가 공주에게 달은 호수에도 떠 있고, 물컵에도 떠 있고, 세상 천지에 가득 차 있다고 이야기하자 공주의 생각이 바뀐다(박종수, 2005). 여기에서 물컵은 광대의 기지로 공주의 생각을 바꾸며 현실을 수용하게 하는 상징으로 표현된다.

④ 물컵의 이미지

(성인)
물컵 사진을 통해 시원함과 심리적 해소를 표현

(6) 그릇(dish, container)

① 유래

서양 그릇의 기원을 보면 옛날에는 음식을 나뭇잎이나 나무쪽 또는 편평한 돌에 담았는데, 이집트에서는 정교한 금속제의 접시나 채색한 토제(土製)의 접시가 있었다. 이것이 유럽이나 근동지방으로 보급된 것이다. 또한 고대 그리스에는 토기의 접시가 있어서 이것이 발달하여 17세기경 현재의 서양식 접시로 발달되었다.

한국에서는 조선 중기의 반가의 부엌 살림살이를 열거한 책에 다반(茶盤) 또는 쟁반(錚盤)·소반(小盤)이라는 말이 있다. 예전에는 물건을 윗사람에게 바칠 때나 물건을 담아서 운반할 때 다리가 달리거나 또는 달리지 않은 평판의 가장자리에 턱이 조금 있는 반을 사용했다. 그리고 음식을 담는 그릇으로는 대접(大楪)·소접(小楪)·대접시(大楪匙)·중접시·소접시라는 말이 있다. 대접이란 국물이 있는 음식을 담는 현재의 대접을 말하는 것이고, 소접은 접시를 뜻한다. 또는 대접시·중접시·소접시도 역시 접시를 뜻한다. 그러나 모양이나 재료에 대하여는 언급하지 않았다(두산백과, 2016).

접시는 양과 획득의 표상으로, 큰 접시에 처음 수확한 과일을 전시하거나 선물하는 풍습을 통해 대지의 비옥함을 축하하는 의식에서 비롯되었다. 은이나 금으로 만든 접시는 현대 스포츠에서 종종 트로피로 승자에게 수여한다(Fontana, 2011).

② 상징적 의미

그릇은 수확, 전시, 선물, 풍요, 가정, 나누다, 담다, 예쁘다, 푸근하다 등을 의미한다. 또한 현실에서의 단절, 체념, 성스러운 물건, 조심하다, 소박하다, 다양하다 등을 상징한다. 물그릇은 여성적인 수용 원리와 풍요를 나타낸다. 시주 그릇은 현실 생활로부터의 단절, 체념을 뜻한다. 심리적으로는 수용과 여성성을 드러내고 싶을 때 표현되기도 한다.

③ 신화와 고전

『도둑이 남기고 간 금 그릇』(나이테, 김상준 편, 2013)에는 다음과 같은 이야기가 나온다. 로마 황제는 하나님이 아담의 갈비뼈에서 이브를 만들었다는 이야기에 하나님은 도둑이라는 생각을 하게 된다. 그러던 어느 날 그는 랍비의 지혜로운 딸에게 금으로 만든 그릇을 놓고 간 도둑 이야기를 듣고 난 후 하나님은 도둑이 아니라는 생각을 하게 되고, 하나님과 여자를 무시하던 생각이 바뀌게 된다. 여기에서 그릇은 무엇인가를 담을 수 있는 것의 상징으로 의식을 변화하게 하는 매개물로 표현된다.

④ 그릇의 이미지

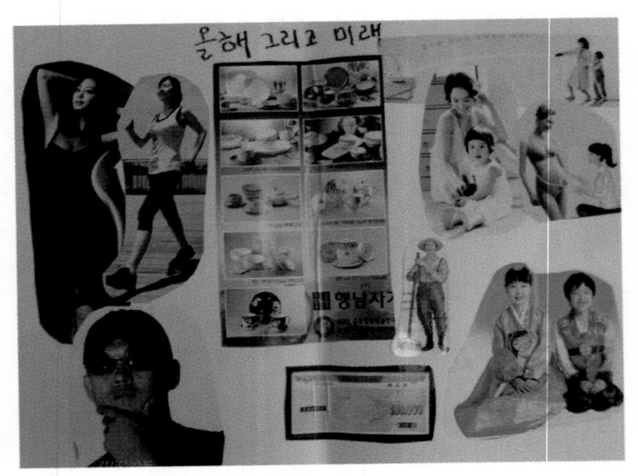

(고등학교 1학년 진로탐색 청소년)
그릇: 여러 가지 그릇을 붙이며 현실에 대한 수용성을 표현

(7) 커피 잔(coffee cup)

① 유래

커피의 원산지는 아프리카이며 아프리카 적도 지방과 다른 대륙의 적도 지방에서 여러종류의 야생 커피나무가 자생하고 있다. 15세기 무렵 커피나무는 에티오피아 고지대에서 남아라비아로 전파되었다. 이슬람교도들이 종교 행사 중에 즐겨 마시던 커피는 그 후 유럽을 비롯한 세계 각지로 보급되어 애음되고 있다(Germa, 2004).

커피 잔의 유래는 커피의 유래와 함께한다.

② 상징적 의미

커피 잔은 성배 ,물, 생명의 잔, 휴식, 평화, 대접 등을 의미한다. 또한 고급스럽다, 기다림, 따뜻하다는 상징적 의미도 있다. 그 밖에도 커피 잔은 휴식, 평화, 대접을 상징하며, 쌍으로 사용되는 경우는 파트너 또는 배우자 등을 시사한다.

③ 신화와 고전

유명한 프랑스 동화『미녀와 야수(La Belle et la Bete)』에는 세 명의 딸이 있는 상인이 등장한다. 어느 날 상인은 물건을 팔러 멀리 떠나며 세 딸에게 갖고 싶은 물건을 말해 보라고 하는데, 첫째 딸은 예쁜 옷, 둘째 딸은 값비싼 보석, 셋째 딸은 장미 한 송이를 이야기한다. 하지만 상인은 빈털터리가 되어 돌아오게 되고, 오는 길에 어느 성에 들러 장미 한 송이를 꺾다가 야수에게 붙잡힌다. 이에 상인의 셋째 딸 벨이 아버지를 대신하여 성에 갇히게 되는데, 신기하게 성에 있는 시계, 그릇, 커피 잔 등 모든 물건이 말을 한다. 벨은 무서운 줄 알았던 야수와 사랑에 빠지고, 야수의 마법이 풀려 왕자님으로 돌아오게 되어 이들은 행복한 삶을 살게 된다(오지현 편, 2012). 여기에서 커피 잔은 일상에서 사용하는 물건으로서 친근한 안내자의 역할로 표현된다.

④ 커피 잔의 이미지

(성인)

(성인)
커피 잔 사진을 통해 심리적인 여유와 안정의 욕구를 표현

(8) 밥솥(rice cooker)

① 유래

테살리아 이올코스 왕국에서 펠리아스 왕의 딸들은 아버지를 다시 젊게 만들려는 잘못된 희망과 마녀 메데아의 간악한 조언에 따라, 아버지를 토막 내어 솥에 던졌다. 역시 그리스 신화에서 아킬레우스의 어머니 테티스는 자식들이 자기가 가진 불멸성을 물려받았는지, 아니면 인간인 아버지의 유한한 생명을 물려받았는지 알아내기 위해 아이를 낳기만 하면 솥에 집어넣는 바람에 아킬레우스보다 먼저 낳은 자식들을 여러 명 잃었다.

키르기스 지방의 한 서사시에는 피를 마시는 마법 솥 이야기가 나오는데 주인공은 이것을 바다 밑바닥에서 되찾아 와야 한다. 물 밑에 솥이 가라앉아 있다는 발상은 켈트 족 신화에서도 등장한다. 아일랜드의 아버지 신 다그다(Dagda)가 가진 가장 귀중한 물건은 생명을 주는 솥(Undry, 운드리)인데, 이것은 절대로 비워지지 않는다.

셰익스피어의 〈맥베스〉에 나오는 한밤중의 마녀들은 도롱뇽의 눈, 개구리발톱을 마녀의 수프 속에 넣는데, 이것은 솥이 마법의 힘을 가졌다는 오랜 전통적 믿음에 따른 것이다. 이보다 잔인한 용도이지만 솥은 고문이나 재판, 처벌의 도구, 성년식의 상징으로 사용될 수도 있었다(Tresidder, 2007).

② 상징적 의미

밥솥은 변신, 풍부함, 재생, 생명 등을 상징한다. 또한 따뜻하다, 든든하다, 배부르다, 뜸 들이다, 채워 주다, 편리하다, 포근하다, 허기를 달래다, 화목하다, 안심이 되다 등의 의미도 있다.

③ 신화와 고전

『민들레꽃집이 된 밥솥』(류일윤, 2008)에 등장하는 구멍 난 밥솥은 버려진 후 예전에 음식을 만들던 기억을 되살리며 외로워한다. 그런데 비어 있던 밥솥에 민들레 씨앗이 날아오고, 밥솥은 민들레 꽃집이 된다. 여기에서 밥솥은 무언가를 담아 음식을 만드는 데에서 생산, 애정의 의미와 새로운 생명을 키우는 집의 상징으로 표현되었다.

④ 밥솥의 이미지

(성인)
밥솥 사진을 통해 가족에 대한 따뜻한 사랑을 표현

③ 찬장의 이미지

(성인)
찬장 사진을 통해 가정의 아늑함과 생각의 정리를 표현

(9) 찬장(cupboard)

① 상징적 의미

찬장은 음식, 가족, 보관, 정렬, 아늑함, 채워지다 등을 의미한다. 또한 접시와 컵 등 식사에 사용하는 것을 담기 때문에 음식에 관한 것, 가족에 관한 것을 상징한다. 한편, 정리하는 용기라고 생각하면 상황의 정리, 정리되지 못한 상황, 답답함 등을 나타낸다.

② 신화와 고전

『비밀이 담긴 찬장(The secret of Gabi's dresser)』(Kacer, 2007)의 배경은 제2차 세계대전 때로, 한 소녀가 유대인이라는 이유로 모든 것을 잃게 된다. 아버지도 돌아가시고, 나치가 아이들을 잡으러 온다는 소문에 소녀는 찬장에 숨는 연습을 하게 된다. 군인들이 쳐들어 온 날 소녀는 찬장에 숨어 무서움에 떨다가 돌아가신 아버지의 따뜻한 목소리의 자장가에 곤히 잠이 든다. 여기에서 찬장은 위험에서 안전하게 보호하는 대피소의 역할을 한다.

4) 화장실(bathroom)

화장실은 일차적으로 인간의 배설물, 즉 소변과 대변을 처리하기 위한 편의 시설로 동시에 세면을 하거나 간단히 얼굴 화장이나 옷매무새를 고치는 장소로 사용된다. 우리나라에서는 흔히 변소라고 불려 왔으며 속을 불편하게 하는 것들을 몸 밖으로 내보내어 사람을 편하게 한다는 의미를 나타낸다.

불교 사찰에서는 화장실을 '해우소(解憂所)'라고 불렀으며 이는 '근심을 덜어 내는 장소'라는 뜻으로 본능적인 생리현상인 번욕을 해결함과 더불어 이 세상의 근심까지도 잊을 수 있는 장소를 의미한다. 화장실의 영어식 표현인 'restroom'은 휴식, 휴양, 안정 등의 뜻을 지닌 'rest'와 공간, 방을 나타내는 'room'의 결합으로 쉼과 마음의 평안을 얻기 위한 공간을 뜻하기도 한다. 이처럼 화장실의 의미와 용도는 시대와 환경에 따라 변화한다.

① 유래

일본에서는 임신, 출산과 화장실의 관계가 깊어 임산부가 화장실을 청소하면 깨끗한 아이가 출생한다는 전설이 있다. 일본의 신화에서도 국토와 수많은 신을 낳은 이자나미가 죽었을 때 배설된 대변에서 태어난 신이 하니야스히코(波邇夜須比古)이며, 이는 하니야스히메노(波邇夜須比賣)와 함께 흙의 신으로 추앙되고 있다. 또한 중국 신화에서는 미의 여신으로 자고(紫姑)라는 신이 있는데, 화장실에서 살해되었기 때문에 사후에도 화장실에 정착해 버렸다고 한다. 그러나 이 여신은 미래를 점치고 행운을 부여해 준다고 믿는다.

프로이트의 발달이론에서는 2세부터 4세 무렵을 항문기라고 하는데, 이때 아이에게 배변을 제어하는 방법을 가르쳐 적절한 때와 장소에서 화장실에 가는 '배변 훈련'이 가능하게 된다. 이 시기의 아이들은 자기중심적이고 정서적인 경향이 강하며 자신의 욕망을 즉시 채우려고 하지만, 배설하는 신체 반응을 적절하게 행할 수 있게 됨으로써 성격과 자기훈련에 영향을 받는다. 부모는 이 시기의 아이에게 규칙적으로 위생 교육을 하는데, 이 제안은 '적절한 배설 행위를 해야 한다'는 규율과 '어머니의 요구에 부응해야 한다'는 성취감 및 만족감, 자기통제감과 결합된다.

② 상징적 의미

화장실은 금, 가치 있는 것, 불결, 위생, 자기 자신이나 환경의 제어를 상징하기도 한다. 화장실은 휴식, 안정, 평안, 배설, 신체 반응, 더럽다, 냄새 등을 나타낸다. 또한 자기중심적, 욕망, 시원하다, 해결 등을 상징하기도 한다.

③ 신화와 고전

『화장실에서 3년』(조성자, 2010)에 나오는 상아는 말이 없고 조용한 아이이다. 현장학습을 가는 날, 상아는 휴게소에서 다람쥐에 정신이 팔려 외딴 화장실로 들어가게 되는데, 문이 열리지 않는 바람에 갇히고 만다. 상아는 화장실에 갇혀 소리도 지르고 문도 두드려 보지만 모두가 헛수고다. 상아는 가방 안에 들어 있던 김밥과 물을 아껴 먹으며 구출되기를 침착하게 기다린다. 뜻하지 않게 갇힌 화장실이었지만, 갇혀 있는 동안 상아는 엄마와 다투고 집을 나간 아빠, 고양이를 기르고 싶어 한 엄마, 자신을 멍청이, 빼빼로라고 놀리던 친구 교휘, 쳇바퀴 돌리던 다람쥐 중이, 무언가를 간절히 원하면 이루어진다고 말씀하시던 할아버지를 떠올린다. 여기에서 화장실은 신변을 처리하는 공간이며 밀폐된 두려움의 공간으로 묘사된다. 닫힌 공간의 두려운 상황에 직면해 가족들의 고마움을 알게 되고 상대의 입장을 생각해 보게 되는 상징성도 지닌다.

④ 화장실의 이미지

(중학교 3학년 우울 청소년)
조명이 있는 화장실: 노란 불빛이 켜져 있는 화장실을 통해 관심과 애정 욕구를 표현, 고급스러운 화장실을 고르며 부에 대한 욕구를 표현

(1) 샤워기(shower)

① 유래

샤워의 모습이 보이는 장면은 그리스 시대로 거슬러 올라간다. 현존하는 물병과 벽화가 그 증거를 말해 준다. 스코틀랜드 계몽 기간에 법관이자 인류학자인 제임스 몬보도(James B. Monboddo)는 그리스 사람들을 따라 하여 아침마다 현관에서 찬물로 샤워를 했으며 이러한 습관이 몸을 건강하게 한다는 믿음을 주장하였다(Cloyd, 1972).

② 상징적 의미

샤워기는 청결, 깨끗함, 시원함, 물, 목욕 등을 나타낸다. 또한 상쾌하다, 쏟아내다, 자극하다, 지워지다, 편리하다, 편안하다 등을 상징한다.

③ 신화와 고전

동화 『샤워기 뱀아 너한테 할 말 있어: 동글이 남매의 상상 인터뷰(Julka Kulka, Fioletka i ja)』(Witek & źelewska, 2011)에는 다음과 같은 인터뷰 내용이 나온다. "샤워기 뱀은 육지와 물에 사는 평범한 뱀의 한 종류야. 전 세계 곳곳의 욕실에서 나타나곤 하지. 흰색이나 은색 혹은 회색빛을 띠고 있고, 둥근 머리에 반짝반짝 빛나는 단단한 비늘을 가졌어. 다 자란 샤워기 뱀은 길이가 1.5m 정도야. 샤워기 뱀은 독을 품고 있지는 않아. 단지 놀라거나 겁을 먹었을 때는 침입자를 향해 많은 양의 물을 발사하고, 그가 몸을 다 씻을 때까지 기다린단다." 여기에서 샤워기는 몸을 씻을 때 사용하는 도구로 친근한 대상으로 표현된다.

④ 샤워기의 이미지

(성인)
샤워기 사진을 통해 시원함과 심리적 해소를 표현

(2) 욕조(bathtub)

① 유래

욕조가 도입된 것은 고정식으로 설치된 변기의 출현과 유사한 시기에 이루어졌다. 벽돌을 쌓아 만드는 식의 고정된 욕조보다 움직일 수 있는 이동식 욕조가 먼저 나왔다. 이동식 욕조는 그리스의 여러 도시로 보급되기 시작한 공중 목욕의 기회를 제공하기도 했다. 욕조를 원이나 반원으로 빙 둘러 붙여 놓으면 서로 이야기를 나누면서 목욕을 할 수 있어 편했던 것이다. 그리스의 목욕탕은 스포츠 및 오락 시설 또는 예배소 안에 마련되는 경우가 많았는데, 욕조에 들어 앉아 문화 행사나 제식에 참관할 수 있었기 때문이다(Jacob, 2005).

② 상징적 의미

욕조는 목욕, 이야기, 정화, 청결, 순수, 여유, 휴식, 안정, 휴양의 의미를 가지고 있다. 또한 따뜻하다, 스트레스가 풀리다, 아늑하다, 재미있다. 편안하다, 피로 회복, 차분하다, 나만의 시간 등을 상징한다.

③ 신화와 고전

『아주 외로운 욕조(Very lonely bathtub)』(Rasmussen, Nemiroff, & Flanagan, 2008)에는 큰 하트 모양 욕조가 나온다. 욕조는 클라우디아가 욕조 가게에서 자기를 선택했을 때 무척이나 기뻤다. 하지만 클라우디아는 더 이상 목욕을 안 하기로 결심하고, 그런 날들이 계속되자 욕조는 클라우디아를 사랑하는 마음에 외로움이 자라난다. 여기에서 욕조는 물을 담아 씻을 수 있는 도구이며 사람을 아끼고 사랑하는 존재로 표현된다.

④ 욕조의 이미지

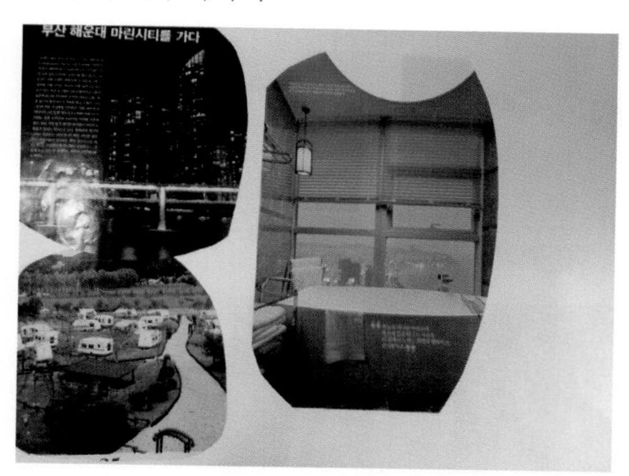

(성인)
욕조 사진을 통해 휴식과 안정의 욕구를 표현

5) 기타

(1) 창문(window)

① 유래

크레타 섬의 크노소스 유적 발굴 현장에서 당시 거리의 모습을 담고 있는 모자이크가 발견되었다. 이 모자이크에 나타난 집들의 정면에는 창문이 뚫려 있었다. 그리스의 희극작가 아리스토파네스는 하루 종일 창문에 걸터앉아 시간을 보내는 어중이떠중이 구경꾼들에게 야유를 퍼부었다고 전해진다. 폼페이의 몇몇 집은 반투명 유리 창문을 달고 있었다(Germa, 2004).

② 상징적 의미

창문은 영혼의 눈, 대인관계 등 외부와의 소통과 교류를 의미한다. 또한 자기개방, 시원함, 해소, 바라봄, 여유, 휴식 등을 상징한다.

③ 신화와 고전

『늑대와 일곱 마리 아기 염소(The wolf and seven little goats)』(Jacob & Wilhelm, 2013b) 이야기에는 숲 속 작은 오두막에 사는 엄마 염소와 일곱 마리 아기 염소가 등장한다. 어느 날 엄마 염소가 시장에 다녀오는 동안 늑대가 와서 엄마 흉내를 내는데, 창문으로 늑대의 모습을 본 아기 염소들은 문을 열어 주지 않는다. 여기에서 창문은 안에서 밖의 세상을 보는 외부 세계에 대한 통로의 상징으로 표현된다.

④ 창문의 이미지

(고등학교 3학년 또래관계에 어려움이 있는 청소년)
열려 있는 창문: 자기개방을 표현

(성인)
큰 창문 사진을 통해 정서적인 시원함, 해소를 표현

(2) 문(door)

① 유래

그리스도교에서 예수는 구원으로 가는 문으로 묘사된다. 즉, 성경 '요한복음' 제10장 제9절에 "내가 문이니 누구든지 나로 말미암아 들어가면 구원을 받고 또는 들어가며 나오며 꼴을 얻으리라."라는 표현이 있는데 여기서 문의 표면적 상징은 외부 세계와 성스러운 내부 세계가 서로 통하는 출입구를 의미한다.

② 상징적 의미

문은 희망, 기회, 통로, 신생으로의 문, 개방 등을 의미한다. 또한 새로운 시작, 망설임, 기대감, 기회와 해방, 들어가다, 나가다, 바람, 비밀, 설렘, 탈출, 휴식, 자기개방, 의사소통을 상징한다.

③ 신화와 고전

『난 집을 나가 버릴 테야!』(엄혜숙, 원유미, 2006)의 줄거리는 다음과 같다. 동생 마니가 조나단의 새 글라이더 비행기를 건드리다가 망쳐 버렸다. 조나단에게 다그침을 받은 마니가 울음을 터뜨리자 엄마는 마니를 감싸며 변명해 주었다. 조나단은 모두가 자기를 좋아하지 않는다고 생각해 화가 났다. 조나단은 문을 열고 밖으로 나와 자기가 집을 나가 버리면 어떻게 될까 상상했다. 동굴에서 자유롭게 살며 엄마 아빠가 걱정을 해도 돌아가지 않을 거라 생각했다. 아무도 찾지 못하게 꼭꼭 숨어 있으면 텔레비전 뉴스와 라디오 신문에도 실종 기사가 나올 거란 생각도 했다. 하지만 조나단은 함께 지내는 동물 친구들과 이야기를 나누는 상상을 하던 중에 가족이 얼마나 자신을 사랑하는지 깨닫게 되었다. 조나단은 향긋한 저녁 식사를 준비하고 손 내미는 엄마와 마니가 있는 집으로 들어갔다. 여기에서 문은 조나단의 현재와 경험하지 않은 세계를 이어 주는 연결 통로이자, 시작을 상징하는 사물로 표현된다.

④ 문의 이미지

(성인)
닫힌 문은 새로운 시작에 대한 망설임과 기대감을 표현

(3) 조명(light)

① 유래

고대의 기름 램프가 호메로스의 영웅들이 환히 밝히던 횃불을 계승했다. 기원전 5세기 말경

기름 램프가 널리 사용되기 시작하여 19세기까지 이어졌다. 그러나 사실 중세에 기름 램프는 부엌이나 여인숙의 작은 골방에서만 사용되었다. 그 밖의 성, 시골별장 등에서는 양초를 사용했다. 이후 18세기에 램프가 거리에 등장했다. 거리의 램프에는 반사 장치가 달려 있어 빛이 더욱 밝았다. 이것이 바로 가로등의 시초였다. 이후 1757년 라비노가 '광학 램프'를 발명했다. 광학 램프 두 대만 있으면 호롱불의 심지를 자를 필요 없이 당구장을 훤히 비출 수 있었다. 덕분에 당구 애호가들은 경기를 중단하지 않고 즐길 수 있게 되었다(Germa, 2004).

② 상징적 의미

조명은 등불, 촛불 등 그 형태가 무엇이든 계몽, 지식, 신성을 상징한다. 태양처럼 빛을 내므로 진리이자 광채이며, 생명, 지혜, 지성, 인도, 별의 상징, 빛의 상징, 추억, 사랑, 헌신, 관심, 드러나다, 화려하다, 환하다, 필요하다 등을 의미한다. 또한 인간 생명의 덧없음, 어둠 속에서도 빛을 발하는 선생, 추억을 나타내기도 한다. 아동의 그림에서 관심, 사랑받고 싶은 욕구가 가로등 불빛이나 형광등 등으로 표현되기도 한다.

③ 신화와 고전

쥘 베른(J. Verne)의 고전 과학소설 『해저 2만리(Vingt mille lieues sous les mers)』(2012)의 내용은 다음과 같다. 대서양의 바다에 괴물이 나타났다. 괴물을 잡기 위해 아로낙스 박사와 그의 하인 콩세유, 작살잡이 네드가 링컨 호에 올랐다. 하지만 그 괴물의 정체는 사람의 손으로 만든 잠수함이었고, 그들은 네모 선장을 만나 깊은 바닷속을 탐험하게 된다. 여기에서 조명은 해를 대신하는 빛의 상징으로 표현된다.

④ 조명의 이미지

(초등학교 고학년 ADHD 아동)
가로등: 밤에 켜진 가로등 불빛을 통해
사랑받고 싶은 욕구를 표현

(초등학교 고학년 불안 아동)
형광등: 집 안의 형광등을 강조하여 가족의
관심과 사랑을 받고 싶은 욕구를 표현

(4) 열쇠(key)

① 유래

로마 신화에서 야누스는 농사와 법을 주재하는 신이면서 성문과 가정의 문을 지키는데, 열쇠가 그의 상징물이다. 그런데 열쇠 이벤트는 가정의 출입구를 지키는 포르투나(Fortuna) 여신이 주재했다. 그의 축제일(8월 17일)이 돌아오면, 사람들은 다투어 문 열쇠를 불 속에 던졌다. 불행이 들어오는 것을 막기 위해 열쇠를 정화하는 일종의 액막이 행위다.

그리스 신화에서 자연과 풍요를 상징하는 키벨레 여신은 새로운 삶을 여는 의미의 열쇠를 지녔다. 한편, 그리스도교에서 열쇠는 열기와 잠그기의 이중적 역할과 관련된다. 그것은 입문과 거부라는 역할인데, 성 베드로(Saint Peter)에게 맡겨진 천국의 열쇠가 그러한 역할을 한다(동아출판사 편, 1993).

② 상징적 의미

자물쇠는 여성을 상징하므로 출산(出産)과 축재(蓄財)를 상징하고, 열쇠는 남근을 의미하므로 생산성의 의미를 가진다. 또한 열쇠는 수수께끼처럼 어려운 일을 시련과 고난 끝에 성공시키는 해결책을 상징하며, 새로운 삶의 시작, 정화, 해방, 지식, 비밀의식 등을 상징한다. 열쇠가 잠긴 방을 여는 행위는 지혜, 지식, 성공을 의미한다. 한편, 그리스도교에서 장례를 치를 때 열쇠 모양의 십자가를 쓰는 일이 있다. 이는 죽음의 문턱에서 영생으로 이르는 문을 엶을 상징한다. 신축한 집의 열쇠, 정복한 마을의 열쇠를 건네받는다는 것은 재산과 권력의 인도를 뜻하는 것으로 힘과 책임을 상징한다. 심리적으로는 새로운 시작과 전환을 암시한다.

③ 신화와 고전

『푸른 수염(La barbe−bleue)』(Perrault, 2004)에 등장하는 '푸른 수염'은 아내가 여섯 명 있었으나 모두 죽여 암실에 매달아 놓는다. 그리고 일곱 번째 아내를 맞아 그 아내에게 암실 열쇠를 주고 암실에는 들어가지 말라고 한 후 여행을 나서는 척한다. 궁금함을 이기지 못한 아내는 암실을 열어 보게 되고, 시체를 보고서 매우 놀라 열쇠를 떨어뜨린다. 푸른 수염이 돌아와 아내를 죽이겠다고 하였으나 아내는 기도할 시간을 달라며 시간을 번 후 형제에게 구출되어 간다. 여기서 열쇠는 보지 말아야 할 것을 본, 인간의 호기심을 테스트하는 판도라의 상자 열쇠와 유사한 의미를 지니고 있다.

④ 열쇠의 이미지

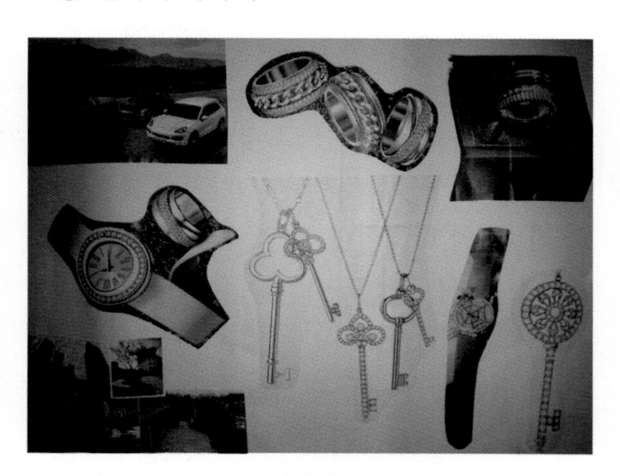

(성인)
열쇠 사진을 통해 새로운 시작과 전환을 표현

(5) 장롱(hest)

① 유래

'죽기(竹器)'라는 기록이 시사하는 바와 같이 초기의 농은 대나무와 싸리 · 버들가지 등을 엮어 만든 상자 형태, 즉 궤(櫃)의 형식에서 유래되었다. 이 궤가 서민가의 수장가구로서 폭넓게 기능하였음은 물론이다.

가구재가 목재로 바뀐 것은 얇은 판재를 켤 수 있는 부판용 톱의 개량에 따른 것이며, 이 무렵부터 장롱이 일반에 널리 보급되기 시작하였다. 특히 농은 상자형의 궤를 두세 층으로 겹쳐 쌓은 후에도 기능적으로 쓸 수 있게 앞널에 문을 만든 데서 비롯되었으며, 장은 이러한 농의 형식을 기본으로 하여 양측 널을 하나의 판재로 붙여 고정함으로써 보다 기능적으로 쓸 수 있게 한 진전된 형식이다(한국정신문화연구원편찬부 편, 1994).

② 상징적 의미

장롱은 무엇인가를 수용 · 포함하기 때문에 여성적인 것을 의미한다고 본다. 따라서 수용, 포함, 넣다 등을 상징하며, 장롱이 닫힌 경우에는 무의식을 나타내고, 감추다, 닫다, 보관하다, 비밀, 정리 등을 나타내기도 한다. 한편, 장롱이 열린 경우 모든 악과 재앙이 상자에서 빠져나가는 것을 의미한다. 의류 등을 정리하는 옷장은 마음 속에 추억, 지식, 감정, 느낌 등을 묻어 버리는 것을 암시한다.

③ 신화와 고전

클라이브 스테이플스 루이스(C. S. Lewis)의 『나니아 연대기』 시리즈 중 하나인 『사자와 마녀와 옷장(The chronicles of Narnia book 2: The lion, the witch and the wardrobe)』(2001)의 내용은 다음과 같다. 디고리의 집에 페번시가의 네 아이가 공습을 피해 지내러 온다. 집 안 구석구석을 탐험하고 놀던 아이들은 옷장에 들어갔다가 우연히 나니아에 발을 디딘다. 나니아는 못된 마녀 때문에 영원히 겨울만 계속되는 중이다. 결국 네 아이는 나니아의 왕인 아슬란과 힘을 합쳐 마녀의 마법을 풀고 나니아의 왕이 된다. 어느 날 아이들은 우연히 옷장을 통해 원래의 세상으로 돌아온다. 여기서 옷장은 아이들을 미지의 새로운 세계와 연결해 주는 신비한 곳으로 나타난다.

④ 장롱의 이미지

(초등학교 고학년 정서불안 아동)
장롱: 원하는 것이 들어 있다는 데 대한 기쁨의 의미를 표현

(6) 청소기(vacuum)

① 유래

빗자루는 청소의 상징으로 골칫거리를 다 쓸어내 버리는 사물이다. 고대 로마에서는 아이에게 해가 될 수도 있는 집 안의 악마를 쓸어내 버린다는 뜻이었다. 또한 저주를 물리치는 도구로 인식되어 악령으로부터 집을 보호하기 위해서 문 앞에 걸어 두기도 했다(Bruce-Mitford & Wilkinson, 2010).

19세기에 기체를 빨아들이는 공업용 기기는 모두 진공청소기로 불렸다. 그중에서도 나팔 모양의 관이 가장 흔한 모델이었다. 1907년에 미국의 제임스 스팽글러(James Spangler)가 최초로 진공청소기를 내놓았다. 그 후 체계적인 대량생산을 시작했다. 초기 진공청소기는 가벼운 먼지나 낙엽을 치우는 데 주로 이용되었다. 오늘날에는 진공청소기 대신 대형도로 청소차가 거리의 먼지를 싹싹 쓸고 다닌다(Germa, 2004).

② 상징적 의미

청소기는 불쾌한 것을 멀리하고, 지금까지의 태도와 과거의 불안을 없애 버리려고 하는 것, 즉 마음의 정리 정돈, 정리를 하지 않으면 안 된다는 생각, 자신의 인생에서 누군가를 배제하는 것을 상징한다. 유사한 의미로 빗자루는 세정의 상징으로서 여러 가지 문제를 없애는 것을 의미하기도 한다. 또한 청소기는 새로운 시작, 깨끗해지다, 상쾌하다 등을 의미한다. 한편, 빗자루의 경우 남성 성기의 상징이기도하다.

③ 신화와 고전

아우게이아스(Augeas)는 그리스 신화의 인물이며, 헤라클레스의 '열두 가지 공적' 중 다섯 번째 과제인 '아우게이아스의 축사 청소'에 등장하는 것으로 알려져 있다. 엘리스 왕인 아우게이아스를 방문한 헤라클레스는 "만약 가축의 10분의 1을 보상해 주겠다고 약속한다면, 이 축사를 단 하루 만에 깨끗이 청소해 주겠다."라고 말했다. 아우게이아스는 그것이 불가능하다고 생각하여 수락했지만, 헤라클레스는 근처에 흐르는 두 강의 물을 끌어와 축사 내부 구석구석까지 하루 만에 청소했다. 그런데 아우게이아스는 헤라클레스가 에우리스테우스 왕의 명령으로 이 일을 했다는 것을 알게 되어 "그렇다면 보상할 필요가 없겠다."라고 말해 헤라클레스를 빈손으로 돌아가게 했다. 더욱이 에우리스테우스도 헤라클레스가 보상을 요구한 것을 이유로 해서 이 일을 성공 횟수에 포함하는 것을 거부하였다.

④ 청소기의 이미지

(성인)
청소기 사진을 통해 복잡한 상황에 대한 정리와 새로운 시작을 표현

(7) 휴대폰(cell phone)

① 유래

세계 최초의 상용 이동통신 단말기인 다이나택 8000X를 모토로라가 만들어 낸 것은 1983년이었다. 물론 이것도 한발 앞선 오버 테크놀로지적 제품으로 가격은 당시 4,000달러에 육박했다. 지금의 값어치로는 약 1,000만 원 정도다. 휴대폰을 대중화한 곳은 모토로라였다. 모토로라는 스위트룸이나 리무진 등에 전시되어 있던 휴대폰을 대중화하기 위해 연구를 하였으며, 노키아 또한 개인 휴대폰의 보급 및 발전에 힘썼다(김지룡, 갈릴레오SNC, 2012). 처음에는 아날로그 방식도 쓰였으나, 유지하는 데 막대한 비용이 들고 수용 용량도 적어 1990년대 중반부터 2세대 이동통신 서비스 기술(2G)인 CDMA(코드분할다중접속) 방식의 디지털 휴대폰이 주종을 이뤘다. 2000년대 초반부터는 3세대 이동통신 서비스 기술(3G)인 WCDMA(광대역코드분할다중접속) 방식이 상용화되면서 영상통화와 고속 데이터 전송이 가능한 피처폰이 출시됐다. 2000년대 후반에

는 미국 애플사의 아이폰3G가 출시되면서 스마트폰이 대중화되기 시작했고, 현재는 4세대 이동통신 서비스 기술(4G)인 LTE(롱텀에볼루션), LTE-A(롱텀에볼루션 어드밴스드) 방식이 상용화되면서 기능이 더욱 향상된 스마트폰이 출시되고 있다(두산동아 백과사전연구소 편, 1999).

② 상징적 의미

휴대폰은 대화, 소통, 동료의식, 대인관계, 마음의 연결, 소문, 명성, 기록 매체 등을 의미한다. 또한 필요하다, 복잡하다, 빠르다, 없으면 불편하다, 여러 가지 기능, 편리하다 등의 상징을 갖는다. 심리적으로는 대인관계에서의 소통의 욕구를 암시한다.

③ 신화와 고전

『핸드폰 악동』(정우택, 서하늘, 2010)의 줄거리는 다음과 같다. "수업 첫날부터 선생님 얼굴에 핸드폰을 들이대고 너나없이 마음대로 선생님 사진을 찍고, 수업 시간 중에도 문자를 주고받고 핸드폰 벨소리가 울리는 등 아무 때나 핸드폰을 사용하고 핸드폰 사용과 관련된 기본적인 예절을 전혀 모르는 스물일곱 명의 핸드폰 악동들 때문에 윤재아 선생님은 적잖이 놀라게 되고 첫날부터 혼내야 할지 말아야 할지 고민이 될 정도로 아이들의 핸드폰 중독의 심각성을 절실히 깨닫게 된답니다. 아이들의 핸드폰 사용 문제로 고민을 하던 선생님은 아이들에게 직접 핸드폰 사용 예절을 가르치고자 상자를 이용해서 아이들 핸드폰 전용 호텔을 만들어 수업 시간에는 아이들이 핸드폰 사용을 자제하도록 유도하고, 슬기로운 핸드폰 사용 습관을 갖게 할 목적으로 1박 2일 코스로 현장 체험 학습을 진행하는 등 정말 열심히 아이들을 지도하고 핸드폰 없이도 재미있게 놀 수 있다는 것을 아이들이 몸소 체험할 수 있게 해 준답니다." 여기에서는 핸드폰이 우리 생활에 편리한 점을 제공하는 반면, 무분별하게 사용하게 되면 문제점도 많은 도구임을 묘사하고 있다.

④ 휴대폰의 이미지

(중학교 1학년 또래관계에 어려움이 있는 청소년)
휴대폰: 휴대폰을 가지고 싶은 욕구를 표현, 대인관계에 대한 욕구를 표현

(중학교 1학년 게임중독 청소년)
휴대폰: 자신의 관심사를 드러내었으며, 대인관계에서의 소통의 욕구를 표현

(8) 화장품(cosmetics)

① 유래

화장품의 정확한 기원을 찾기 위해서는 까마득한 옛날로 거슬러 올라가야 한다. 화장술은 인류 최초의 여인, 이브가 탄생한 지 15년도 채 안 됐을 무렵부터 등장했다. 이집트 여인들은 콜을 사용하여 눈썹과 눈가를 검게 칠했다. 당시 부유층 여인네들은 머리 위에 향료가 든 원추를 얹고 파티에 참석했다. 파티가 무르익어 감에 따라 원추에서 끈적끈적한 포마드 기름 같은 것이 서서히 녹아내려 머리와 어깨를 뒤덮었다. 로마의 여인들도 화장에서 예외가 되지 않는다. '오르나트릭스'라는 전문 노예(당시의 미용사)가 주인마님의 이마와 팔에 분필과 백연을, 입술과 뺨에는 황토, 모자반, 포도주 찌꺼기 등을 발라 주었다. 또한 눈가에는 안티몬 가루를 칠해 주었다(Germa, 2004).

② 상징적 의미

화장품은 자신을 숨김, 여성성, 욕구, 기분 전환, 변화, 아름답다, 화려하다, 매력적이다 등을 의미한다. 한편, 화장은 콤플렉스나 콤플렉스를 극복하고 싶은 마음, 자신의 단점을 주위 사람들이 깨닫게 하고 싶지 않은 마음, 진정한 자신을 숨기려고 하는 원래의 자신, 있는 그대로의 자신을 나타낼 수 없는 모습을 나타낸다. 화장을 하고 있는 경우에는 아름다워 보이고 싶은 욕구를 나타내기도 하지만, 다른 사람을 향해 자신을 숨기고 있다는 것에 연결되기도 한다.

③ 신화와 고전

『바람과 함께 사라지다(Gone with the wind)』(Mitchell, 2010)의 줄거리는 다음과 같다. 남부의 아름다운 여성 스칼렛은 남북전쟁에 휘말리게 되면서 생각지도 못한 고난을 겪게 된다. 스칼렛이 사랑한 남자 애슐리와 그의 아내 멜라니 그리고 스칼렛을 진심으로 사랑한 레트까지 네 남녀의 엇갈린 사랑 이야기다. 여기에서 화장품은 이성에게 아름다워 보이기 위한 도구로 아름다움의 상징으로 표현된다.

④ 화장품의 이미지

(성인)
밝은색 화장품을 통해 여성성과 에너지, 새로운 시작을 표현

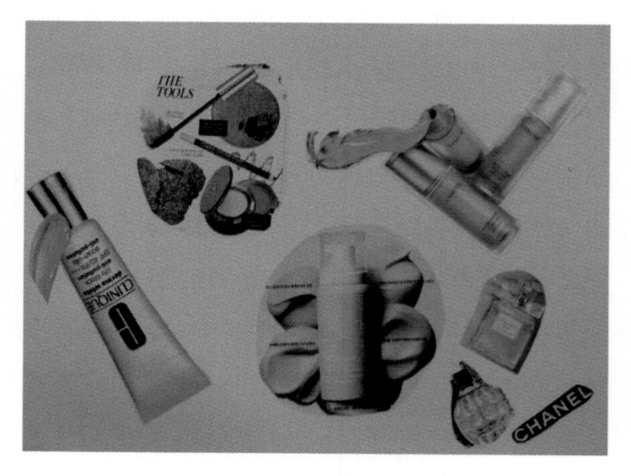

(중학교 1학년 학교 부적응 청소년)
화장품: 많은 화장품 사진을 보고, 화장품을 가지고 싶은 욕구를 대리만족했다고 함

(9) 시계(clock)

① 유래

고대 그리스 신화에서 시간 개념은 오직 두 가지, 즉 밤과 낮뿐이었다. 그 후 계절을 상징하는 네 종류의 시간이 생겨났다가 낮을 12시간으로 나누었다. 한편, 시간에 대해 더 철저했던 로마인들은 해질 무렵부터 시작해서 시간을 24등분했다. 프랑스에서는 태양이 천정점을 지날 때를 기준으로 24시간으로 나누었다. 1583년 갈릴레오가 진자의 등시선을 발견한 후로 매시간을 똑같이 나눈 것으로 추정한다(Germa, 2004).

② 상징적 의미

시계는 시간의 흐름, 자동성, 자율성, 계획, 현실감, 강박관념, 명품 등을 의미한다. 또한 기다리다, 남자답다, 조급하다, 정확하다 등을 나타내기도 한다. 기계로서의 시계는 '영원한 운동'이라는 개념, 자동성, 기구와 관련되며, 자율성을 강조하는 존재의 마술적 창조와도 관련된다. 한편, 시계를 보며 현대인은 계획 등을 연상하므로 현실감, 시간에 대한 압박 등을 상징하기도 한다.

③ 신화와 고전

표도르 미하일로비치 도스토옙스키(F. M. Dostoevskii)의 『죄와 벌(Prestuplenie i nakazanie)』(2013)에서는 러시아를 배경으로 라스콜니코프가 죄를 저지르고 자신의 행동 때문에 괴로워한다. 한 인간이 죄를 저지른 뒤 어떻게 변해 가는지 그리면서 인간이라는 존재에 대해 고뇌한다. 여기에서 시계가 시간의 흐름을 나타내는 상징의 도구로 표현된다.

④ 시계의 이미지

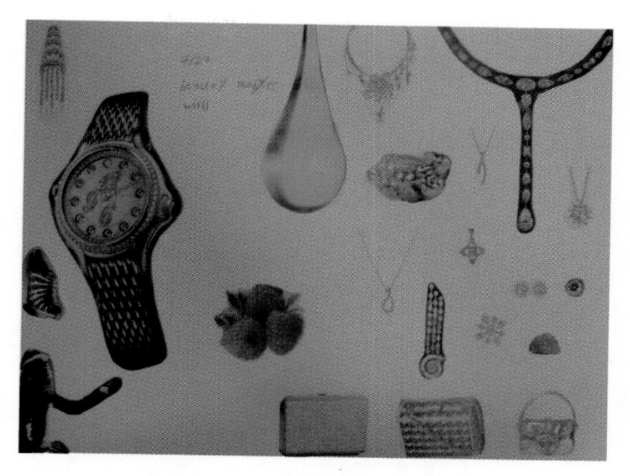

(중학교 1학년 학교 부적응 청소년)
화려한 시계: 자신을 드러내고 아름답게 꾸미고 싶은 욕구를 표현

(성인)
시계 사진을 통해 바쁜 생활과 지친 심신을 표현

(10) 리모컨(remote control)

① 유래

최초의 무선 리모컨은 1956년 당시의 미국의 텔레비전 제조업체 제니스의 로버트 아들러에

의해 제니스 스페이스 커맨더라는 이름으로 발명되었다(김재윤, 2011).

② 상징적 의미

리모컨은 원격제어, 복잡성, 조정, 게으름, 돌리다, 마음대로, 선택하다 등을 의미한다. 또한 원격 조정, 편리하다, 빠르다 등을 상징한다.

③ 리모컨의 이미지

(성인)
리모콘으로 조종할 수 있는 것처럼 현실 생활이 뜻대로 되었으면 하는 소망을 담았다고 표현

(11) 침대(bed)

① 유래

침대 문화는 고대 그리스인들과 로마인들에게서 시작되었다. 이들은 농작물에서 얻은 건초와 새 깃털 등을 이용해 매트리스를 만들었다. 그리스의 철학자이자 수학자 피타고라스는 기상과 동시에 자신의 침대를 깔끔하게 정돈했다고 한다. 잠잔 흔적을 칼로 찌르면 그 사람에게 해가 돌아온다고 믿었기 때문이다. 또한 마트 트웨인은 이렇게 말한다. "침대는 이 세계에서 가장 위험한 장소다. 팔십 퍼센트 이상의 사람들이 거기서 사망하니까."(Germa, 2006).

② 상징적 의미

침대는 안식, 안정을 상징하며, 쉬고 싶은 마음, 편안함, 안식, 결혼, 성생활, 휴식 등을 의미한다. 반면에 무기력, 피로, 보호받고 싶은 욕망, 질병이나 죽음에 대한 공포, 현실에서 도망치고 싶은 욕구 등을 상징하기도 한다. 한편, 이불이나 담요는 편안하고 평온한 마음의 상태, 또는 그것을 바라는 것을 나타낸다.

③ 신화와 고전

『마법 침대(The magic bed)』(Burningham, 2003)의 주인공 조지는 쓰던 침대가 작아져 아빠와 새로운 침대를 사러 갔다가 중고 가구점에서 마법 침대를 발견하고 그것을 구입한다. 조지는 밤마다 주문을 외워 마법 침대를 타고 여행을 하게 된다. 요정을 만나고, 밀림에서 호랑이를 만나고, 보물상자를 발견하기도 한다. 여기서 침대는 밤마다 가족들 모르게 신나는 여행을 시켜 주는 즐거움과 새로움을 선사해 주는 도구로 나타난다.

④ 침대의 이미지

(성인)
침대: 가족과의 갈등으로 힘든 현실에서의 휴식과 안정의 욕구를 표현

(12) 꽃병(vase)

① 유래

꽃병은 신에게 꽃을 바치기 위한 목적에서 생겨났으며 중국인들은 꽃병에 여러 문양을 그려 넣어 행운을 기원했다. 오늘날 중국인들이 귀한 손님에게 '보병(寶甁)'이라고 하여 희귀한 꽃병을 선사하는 것은 그것이 중국어의 '보병(保平, 평화와 유지)'과 발음이 유사하기 때문이며, '당신에게 평화가 있기를 바란다'는 인사를 의미한다.

② 상징적 의미

꽃병은 모체(母體), 여성적 수용 원리를 나타내며, 탄생과 죽음을 극복한 해탈의 상태를 의미하기도 한다. 꽃병은 평화, 여성미, 조화, 장수, 사랑, 축하 등을 나타낸다. 또한 매력적이다, 화사하다, 아름답다, 깨질 것 같다 등을 상징한다. 한편, 꽃이 꽂혀 있는 꽃병은 조화와 장수의 상징이기도 한다.

③ 신화와 고전

『골목 안 골동품 가게』(길지연, 황종욱, 2009)의 줄거리는 다음과 같다. 어느 날, 해와 린 남매는 나비를 따라 골목 안 골동품 가게로 들어갔다. 가게 안에서 남매가 만진 물건들은 남매를 그 물건들이 쓰이던 시대로 데려가 주었다. 남매는 신기한 모험을 함께한다. 여기에서 꽃병은 꽃을 꽂아 두는 도구이자 추억의 상징으로 표현된다.

④ 꽃병의 이미지

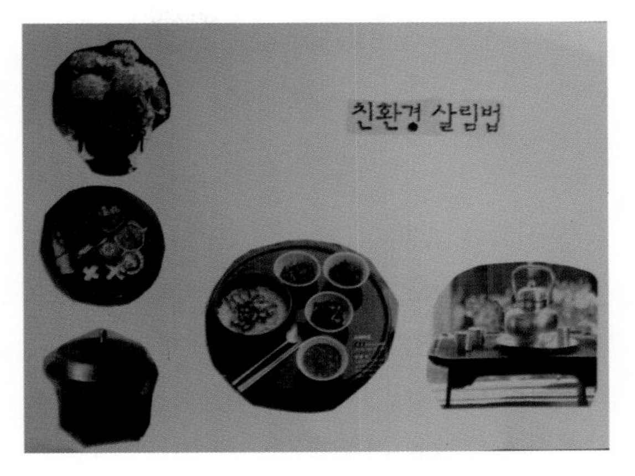

(성인)
꽃병 사진을 통해 사랑과 축하를 받고 싶은 욕구를 표현

(13) 세탁기(washing machine)

① 유래

1907년 미국의 알바 피셔가 최초의 전기세탁기를 발명, 완성했다. 그 이전 피셔의 선배뻘인 많은 연구자가 전기세탁기 발명을 시도했으나 번번이 시도에 그치고 말았다. 미국인 제임스 킹(James King)은 1851년 전자동 방식은 아니지만 최초로 세탁기용 엔진을 고안해 내기도 했다(Germa, 2004).

일본어로는 '생명의 세탁'이라는 관용구가 있고, 이것은 평소의 고생이나 구속 등으로부터 해방되어 느긋하고 편안한 것을 가리킨다. '생명의 세탁'처럼 '세탁'이라는 단어는 심신(특히 마음)을 재생하는 것을 비유한다. 또한 "귀신이 모르게 세탁"이라는 관용구는 무서운 사람이나 시끄러운 사람이 없는 동안에, 편히 휴식을 하는 것을 비유할 때 쓰인다.

② 상징적 의미

세탁기는 씻다, 정화, 청결, 결벽 등을 상징하

며, 생활 장면과 관련하여 어머니에 대한 이미지로 표현되기도 한다. 또한 새로운 시작, 깨끗해지다, 부지런하다, 시끄럽다, 지우다, 편리하다 등을 상징한다.

③ 신화와 고전

『세탁기 안에서 무슨 일이?』(하나노우치 마사요시, 2011)를 보면, 세탁기 안은 바닷속이 되어 물고기들이 빨랫감을 가지고 간다. 호호 할머니는 무사히 빨랫감을 되찾아 집으로 돌아오지만 다음번에는 세탁기 안이 또 무엇으로 바뀔지 그건 아무도 모른다. 여기에서 세탁기는 옷을 청결하게 도와주는 세탁 도구의 상징으로 표현된다.

④ 세탁기의 이미지

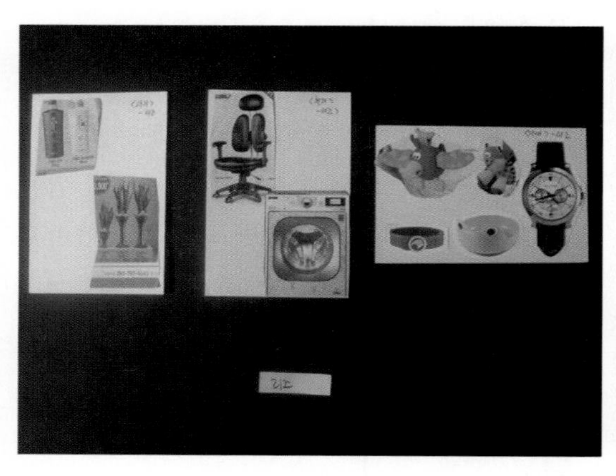

(성인)
세탁기 사진을 통해 복잡한 상황에 대한 정리와 새로운 시작을 표현

※ 상징적 의미

거실	텔레비전, 가족, 공간, 공동, 넓다, 노는 곳, 다양하다, 대화, 리모컨, 모이다, 분주하다, 빨래, 소통, 소파, 손님, 쉬다, 안락하다, 어지럽다, 운동하는 곳, 음악, 이야기, 장난감, 정리정돈, 조용하다, 책, 친근감, 카펫, 탁자, 편안하다, 한가하다, 함께, 행복하다, 화목, 화초, 화합, 희망
에어컨	감기, 개운하다, 거실, 겁나는, 곰팡이, 공기, 냉방, 냉방병, 답답하다, 머리 아프다, 무더위, 바람, 비용, 상쾌하다, 세균, 수박, 순환, 습하다, 시끄럽다, 시원함, 실외기, 알래스카, 여름, 인공적이다, 전기세, 절약, 청량함, 추위, 현대 문물
소파	텔레비전, 가죽, 갈색, 강아지, 거실, 게으르다, 고마움, 기대다, 낮잠, 눕다, 대화, 디자인, 리모컨, 쉬다, 스프링, 안락하다, 안식, 엎드리다, 잠자다, 즐겁다, 천, 편리하다, 편안하다, 푹신하다, 휴식
공부방	가방, 계획, 고등학교 3학년, 꿈, 낮잠, 노력, 녹색, 답답하다, 독립된, 마음의 준비, 모이다, 목표, 무력감, 문제집, 미래, 밝다, 배우다, 별로 가고 싶지 않다, 복잡, 부지런하다, 성공, 성장, 성적, 소규모, 스탠드, 시간 가는 줄 모른다, 시험, 시험을 앞두다, 아이들, 어두움, 운영, 자녀, 정숙하다, 조용하다, 즐겁다, 지루하다, 지역 어린이, 집중, 책꽂이, 책상, 침묵, 컴퓨터, 큰 집, 학생, 학습지, 학업
의자	가구, 고문, 고민, 공부하다, 교실, 기다림, 나무, 노인, 대기하다, 대화, 돌리다, 등받이, 디자인, 딱딱하다, 로댕, 불편하다, 사람, 상사, 생각, 서양식, 소파, 쉬다, 쉼터, 실용성, 안락하다, 앉다, 엉덩이, 원목, 임산부, 자리, 자세, 책상, 척추, 편리하다, 편안하다, 학생, 휴식처
책	가방, 가을, 고독하다, 고전, 공부, 과제, 교재, 궁금함, 그립다, 글씨, 깨달음, 꿈, 네모, 도서관, 독서, 뜻, 마음의 양식, 마음의 여유, 많다, 머리 아프다, 머리, 무겁다, 배우다, 부담감, 분위기 있다, 상식, 생각에 잠기다, 생각을 전하다, 서재, 서점, 선생님, 선선하다, 성실, 수면제, 스탠드 불빛, 알고 싶다, 압박, 어렵다, 연구, 열정, 영향력, 의무감, 이야기, 읽다, 잠이 오다, 재밌다, 정보, 조용하다, 졸리다, 즐거움, 지겹다, 지식, 지적 욕구, 지혜, 집중, 책가방, 책꽂이, 책상, 책장, 취미, 학생, 학업, 행복, 호기심, 효과
컴퓨터	개인용, 검색, 게임, 고장 나다, 과제, 과학, 귀찮다, 글씨, 남편, 노트북, 눈이 나빠진다, 덩어리, 뜨겁다, 만능, 만능 도구, 만물 지식 창고, 매스컴, 문서, 문서 작성, 미래, 바쁘다, 바이러스, 백과사전, 복잡하다, 부팅 시간, 빠르다, 삭막하다, 서류, 소통하다, 속도, 쇼핑, 신인류, 아들, 어렵다, 영화, 용산, 웹 서핑, 유혹, 이메일, 이용하다, 인터넷, 일, 일상, 자료 저장, 재미있다, 정리, 정보, 정보통, 중독, 즐거움, 지식, 집중, 찾아내다, 첨단, 취미, 컴맹, 키보드, 타자, 편리하다, 프라이버시, 필수품, 해결, 혁명, 현대 문물, 홈페이지, 회사
책장	공부, 정리 정돈, 학생, 학구욕, 탐구욕, 의자, 학교, 성적, 노력, 집중, 잘하고 싶음, 스트레스, 과제, 몰입, 연구, 성장, 답답함, 거대함, 책, 열정, 발전, 꼭 해야 하는 것, 지겨움, 싫음, 졸림, 어려움
연필	고사리 손, 공부, 과거, 그림, 기록, 낙서, 노트, 데생, 도화지, 돌잔치, 머리 아프다, 메모, 몽당연필, 문구, 미술, 받아쓰기, 부드럽다, 부러지다, 부지런하다, 뾰족하다, 사그락사그락, 스케치, 심, 쓰다, 아날로그, 연습, 연필깎이, 열정, 유아, 정겹다, 종이, 지우개, 지워지다, 초등학생, 추억, 친근감, 칼, 편안함, 편지, 필기도구, 필수품, 한글, 흑심

만년필	CEO, 검은색, 결정, 경직, 계약, 고급스럽다, 고상하다, 공무원, 공부, 권위적이다, 글쓰기, 금액, 기록, 깔끔하다, 떳떳하다, 똑똑하다, 멋짐, 메모, 몽블랑, 무섭다, 번지다, 비싸다, 사무실, 사인, 서명, 선물, 선생님, 소설, 소중하다, 수필, 신사, 어른, 옛날의, 오래간다, 오래된, 우아함, 유일하다, 인증, 일, 잉크, 작가, 장식, 전문성, 정성, 존경의 표시, 졸업, 지성, 지식, 지위, 추억, 튼튼하다, 펜촉, 편지, 폼, 품격, 필요 없다, 학자, 흘러나오다
크레파스	가지런하다, 그림일기, 냄새, 노래, 다양하다, 대회, 도화지, 동요 〈아빠와 크레파스〉, 매력적이다, 무지개, 문지르다, 묻다, 뭉개지는 촉감, 미술학원, 사포지, 새것, 색, 색깔, 색칠하다, 선물, 신학기, 어린 시절, 어린아이, 원색, 유아, 유치원, 유희, 자유, 찌꺼기, 초등학교, 추억, 표현, 형형색색
물감	그림, 기분 표현, 놀이, 다루기 어렵다, 다양하다, 다채롭다, 도화지, 말랑말랑하다, 매력적이다, 물, 물들다, 물통, 미술, 번지다, 부담감, 부드럽다, 붓, 색채, 색칠, 섞다, 수채화, 쉽다, 아름답다, 아크릴, 예술, 옷에 묻다, 자유롭다, 준비물, 지저분하다, 칠하다, 통제하기 어렵다, 팔레트, 퍼짐, 포스터, 풍경화, 호기심, 화가, 화려하다, 화실, 화장지, 흘러내리다
부엌	엄마, 식탁, 가스레인지, 음식, 냉장고, 가족, 칼, 도마, 야채, 가스, 설거지, 온기, 저녁, 식당, 앞치마, 고무장갑, 오븐, 냄비, 숟가락, 전자레인지, 따뜻함, 화재경보기, 정수기, 커피, 초콜릿, 조리도구, 수저꽂이, 씽크대, 식탁, 손님맞이, 준비, 요리, 접시, 파티, 가위, 집게, 요리사, 홈베이킹, 집, 레시피, 흰색, 아궁이, 화재, 당근, 조명, 밥솥, 고기, 오븐장갑, 새댁, 아침밥, 빨간색
냉장고	가득하다, 건강, 계란, 과일, 기대감, 김치, 냉기, 냉동실, 냉장고 청소, 맥주, 반찬, 백화점, 변하지 않는다, 보관하다, 부엌, 블랙홀, 생수, 소리, 시원하다, 식탐, 아이스크림, 채소, 얼음, 에너지 저장고, 열나다, 요거트, 유지하다, 음료수, 음식, 저장하다, 전기, 정리되지 않은, 지켜주다, 창고, 풍요롭다, 풍족하다, 필수품
가스레인지	가스관, 가스 냄새, 가열, 고기, 국, 굽다, 기름, 끓이다, 냄비, 닦아야 하는 번거로움, 데우다, 된장찌개, 두려움, 따뜻하다, 뜨겁다, 밸브, 보글보글, 볶음밥, 부엌, 불꽃, 불안함, 안전, 에너지 발동력, 열정, 요리, 위험하다, 음식, 익히다, 조리, 조심하다, 청소, 폭발, 푸른색, 프라이팬, 필수품, 해동, 화력, 화재, 확인, 후드
탁자	가구, 가족, 거실, 과일, 기댈 수 있는 것, 꽃병, 넓다, 네모나다, 다과, 담소, 대화, 둔탁하다, 둘러앉다, 딱딱하다, 리모컨, 먼지, 모서리, 모임, 문제집, 물건을 올려놓는 블랙홀, 뭔가 해야 할 것 같다, 받침대, 밥, 보조적인, 사진, 손님, 쉬다, 식사, 식탁, 신문, 안정적이다, 여유, 올려놓다, 원형, 음식, 장식품, 전화기, 준비, 차, 차갑다, 책, 촛불, 친구, 커피, 커피 잔, 편리하다, 편지, 함께하다, 허용, 회의, 회의실
수저	가족, 검사, 고추장, 국, 그릇, 도구, 도시락, 도움, 따뜻한 국물, 뜨다, 만족하다, 맛있다, 먹다, 바르게 잡기, 밥, 밥상, 배고픔, 배부름, 세트, 소독, 손가락, 시원함, 식사, 식욕, 식탐, 아기, 예절, 옛날, 욕구, 움푹 파이다, 은수저, 음식, 이용하다, 임금, 입, 입술, 젓가락, 준비물, 준비하다, 짝, 친구, 커피, 편리, 한 쌍, 행복

물컵	가득, 갈증, 갈증 해소, 건강, 그릇, 깨지다, 다양하다, 담다, 도구, 마시다, 목마르다, 물, 물병, 보조, 비린내, 빵, 소주, 수분, 스스로하다, 시원하다, 식사, 식탁, 약, 약수, 약을 먹다, 양치, 욕구, 우유, 유리컵, 정수기, 주스, 차, 차가움, 찰랑거리다, 채우다, 커피, 투명하다, 투박하다, 플라스틱, 학교
그릇	가정, 가지런하다, 과일, 국, 깨끗하다, 깨지다, 깨질까 두렵다, 꽃무늬, 나누다, 다양하다, 달그락 소리, 담다, 도자기, 두려움, 딱딱하다, 반찬, 밥, 비움, 색깔, 설거지, 소박하다, 수저, 식탁, 쌓아 놓다, 쌓이는 피로, 씻다, 아기자기하다, 아끼는, 약하다, 여성스럽다, 예쁘다, 예쁜 음식, 요리, 욕구, 용도, 음식, 인테리어, 장식장, 접시, 조심, 좋아하는, 준비, 찬장, 크기별, 푸근하다, 필수품
커피 잔	격식을 갖춘, 고급스럽다, 그림, 그윽함, 기다림, 깨질 수 있다, 꽃무늬, 노래, 담다, 대화, 데이트, 도자기, 동그라미, 들다, 디자인, 따뜻하다, 마시고 싶다, 만남, 매력적이다, 멋스럽다, 무늬, 물방울, 받침, 분위기, 불편하다, 설거지, 설탕, 세트, 소서, 손, 수다, 수집, 심플하다, 아름답다, 안정되다, 약하다, 여성적, 여유, 예쁘다, 우아하다, 유리, 입술 자국, 창 밖, 카페, 커플, 커피 향, 커피, 패션, 피곤, 하루 종일, 향기, 향수, 흰 잔, 흰색
밥솥	간편하다, 건강, 고소한 냄새, 기다림, 김, 나누다, 누룽지, 도구, 든든하다, 따뜻하다, 뜨겁다, 뜸 들이기, 무겁다, 밥 냄새, 밥, 배부르다, 부엌, 뿜어내다, 새벽, 세척, 소리, 속도, 솥뚜껑, 식사, 쌀, 안심이 되는, 압력, 양식, 우직하다, 잡곡밥, 저녁 식사, 전기, 전자제품, 모락모락, 어머니, 연기, 정확하다, 주방, 채워 주다, 취사, 콩밥, 태우다, 편리하다, 포근함, 필수품, 한 식구, 허기를 달래다, 허기지다, 화목하다, 흰쌀밥
찬장	가지런하다, 과거, 귀부인, 그릇, 깨, 깨끗함, 꽉 찼다, 나무, 넣어 두다, 높다, 답답하다, 물기, 반찬통, 배고픔, 보관, 부엌, 부족하다, 사치, 손길, 수저, 안전하다, 양념 냄새, 엄마, 옛날, 외갓집, 요리 재료, 움직이다, 위기, 유리컵, 음식, 인테리어, 장식장, 정렬, 정리 정돈, 진열, 차분함, 채워지다, 컵, 투명하다, 할머니
화장실	강박, 개운하다, 거울, 곰팡이, 근심을 풀다, 급하다, 기분 좋다, 나만의 공간, 냄새, 더럽다, 만남을 준비하는 곳, 문에 붙은 글귀, 방향제, 배설, 변기, 변비, 불안하다, 불편하다, 비데, 비밀, 비워 내는 곳, 사색, 샤워, 세균, 세면대, 소리, 쉬다, 시원하다, 실례, 씻다, 안정, 앉다, 암모니아 냄새, 욕구, 욕조, 음악, 자유 공간, 줄 서다, 지저분하다, 청결, 청소, 치장, 통쾌, 편안하다, 필요한 곳, 하얀색, 해결, 해결하다, 해소, 휴식처, 휴지
샤워기	개운하다, 거품, 곰팡이, 구멍, 길다, 깨끗해지다, 꼭지, 드라마, 따뜻한 물, 마무리, 머리 감다, 목욕, 무섭다, 물, 물줄기, 바닥 청소, 부스, 분무, 분산, 분수, 비누, 뿌리다, 상쾌하다, 샤워, 샴푸, 소리, 수관, 수도꼭지, 시원하다, 쏟아 내다, 씻다, 여름, 자극하다, 재미있다, 지워지다, 찜통, 청소 도구, 커튼, 편리하다, 편안하다, 해소, 화상, 화장실, 힘찬
욕조	거품, 관조, 나른하다, 나만의 시간, 노곤하다, 놀이터, 눕다, 닦아야 한다, 단수, 따뜻하다, 뜨거운 물, 마음의 정화, 머리카락, 명상, 목욕, 목욕 의자, 몸 담그기, 물때, 물놀이, 물을 받다, 반신욕, 받아 놓다, 벗은 몸, 불필요한, 생각, 샤워, 소망, 쉬다, 스트레스가 풀리다, 씻다, 아늑하다, 안락하다, 여유, 와인, 음악, 이불 빨래, 익사, 입욕제, 자살, 장미꽃, 재미있다, 차, 차분해지다, 채우다, 청소, 타원형, 편안하다, 포근함, 피로회복, 향긋하다, 휴식

창문	교류, 깨끗함, 깨짐, 내 방, 네모, 눈부심, 따스함, 로미오와 줄리엣, 마음, 마음의 문, 문틈, 바깥세상, 바라봄, 바람, 반짝임, 사랑, 생각, 소통, 시원함, 여유, 유리, 창호지, 통로, 풍경, 햇살, 휴식
문	가리다, 갈증, 개방, 개인 공간, 경쟁, 고집, 공간 분리, 과정, 관문, 교류, 기다림, 나가다, 나무, 네모, 노크, 단절, 닫다, 답답하다, 대문, 도전, 두렵다, 들어가다, 마음, 마음의 문, 매너, 무섭다, 문양, 바깥, 바람, 방, 방법, 보호받는, 불통, 비밀, 비밀번호, 새로운 세상, 설렘, 소리, 소통, 손가락이 끼다, 손님, 손잡이, 쉬고 싶다, 시작, 안전, 안정감, 알아보기, 열다, 열쇠, 예의, 외출, 유리, 의사소통, 이어 주다, 자기개방, 잠그다, 조심, 집, 창문, 철, 출입, 춥다, 탈출, 통로, 파란, 풍경, 현관, 환기, 휴식
조명	LED, 각도, 감독, 겨울, 골목, 관심, 그윽하다, 노래방, 노출, 눈 아프다, 눈부시다, 드러나다, 따뜻하다, 따스함, 맞추다, 무대, 뮤지컬, 반짝, 밝다, 밝히다, 밤의 소통, 분위기, 불, 비추다, 빛, 빛나게 하다, 사회자, 스탠드, 신부, 아름다움, 안락하다, 어둡다, 연극, 영화, 예쁘다, 예술, 위험 감지기, 은은하다, 인테리어의 완성, 전등갓, 조도, 조율, 주목, 집중, 카페, 크리스털, 평안, 필요하다, 형광등, 화려하다, 화사하다, 환하다
열쇠	구릿빛, 구멍, 궁금증, 귀찮다, 금, 기대, 단서, 닫다, 도둑, 목걸이, 무겁다, 문, 방, 방법, 방향제시, 번호, 보관, 보물 상자, 보물, 보안, 비밀, 선물, 설렘, 소중한 것, 소통, 쇠, 실마리, 안심, 안전, 안정감, 열고 싶다, 열다, 오래된 느낌, 외출, 잃어버리다, 자동차, 자물쇠, 잠금, 정답, 정확하다, 지켜 주다, 지혜, 집, 차, 침입, 카드, 키포인트, 통과, 통로, 풀다, 필요한 것, 해결, 해결 방법, 해결의 실마리, 해결책, 해답, 행운, 현관문, 황금 열쇠, 힌트
장롱	가구, 갈색, 감추다, 결혼, 계절, 고고함, 과거, 귀신, 깔끔하다, 나무, 넣다, 넥타이, 닫다, 담다, 둔탁하다, 든든하다, 따뜻함, 먼지투성이, 면허증, 묵혀 두다, 방, 보관하다, 비밀, 소지품, 수납, 숨겨 놓다, 숨기다, 숨다, 숨바꼭질, 신뢰, 안락함, 안방, 양손으로 열다, 어둠, 어머니, 엄마의 사랑, 열쇠, 오래된 느낌, 옷, 옷걸이, 옷장, 이불, 자개농, 장식, 저장, 정리, 정리 정돈, 집, 포용, 할머니, 혼수
청소기	굴러다니다, 귀찮다, 금속 탐지기, 깨끗해지다, 대청소, 더럽다, 로봇, 머리카락, 먼지, 무겁다, 바퀴, 부지런하다, 불편하다, 빨아들이다, 상쾌하다, 소멸, 소음, 스팀, 시끄럽다, 시원하다, 시작, 쓰레기봉투, 의무적인, 정리, 줄, 진공청소기, 청소, 치우다, 토요일, 필터, 소란스럽다, 청결, 편하다, 흡입
휴대폰	게임, 고가, 과제, 관계, 교류, 귀차니즘, 꼭 필요하다, 네모, 노래, 다양화, 답답하다, 만지다, 메시지, 메일, 무심함, 문자, 반짝임, 번호, 복잡하다, 불편하다, 비싸다, 빠르다, 삭막하다, 생필품, 설렘, 소식, 소통, 속박, 손, 스마트, 스케줄, 앱, 억압, 없으면 불편하다, 여러 가지 기능, 연결고리, 연락, 요금, 음성, 의사소통, 인맥, 인사, 일정, 전하다, 전화, 정보, 족쇄, 중독, 지식, 집착, 창고, 친구, 카카오톡, 터치, 통화, 편리하다, 필수품, 필요악, 허전하다, 현대, 휴대성

화장품	가격, 가면, 가식, 거울, 관리, 귀찮다, 기분 전환, 꽃단장, 꾸미다, 냄새, 노화 방지, 다양하다, 단정하다, 돈, 립스틱, 마스카라, 매력적이다, 메이크업, 명품, 미용, 미인, 바르다, 발산, 방부제, 백화점 1층, 번거롭다, 변화, 보호, 부지런하다, 비싸다, 스모키, 스킨 · 로션, 아름답다, 아이크림, 얼굴, 엄마 냄새, 여자, 연예인 광고, 예의 ,위장, 유기농, 잡지 모델, 젊음, 주름, 촉촉하다, 치장, 크림, 파우더, 포장, 피부, 필수품, 향기로움, 향수, 화려함, 화학약품
시계	강박관념, 거추장스럽다, 계획, 공간, 과시하다, 급하다, 기다리다, 남자답다, 동그라미, 똑딱똑딱, 명예, 명품, 모래시계, 무거움, 믿음, 벽시계, 보다, 분주하다, 성실, 세월의 흐름, 소리, 속도, 손목시계, 수리, 숫자, 시간, 시간 개념, 신뢰, 신용, 알람, 약속, 예물, 인생, 일정, 재력, 정확하다, 조급함, 조절, 지루하다, 지키다, 추, 추억, 편리하다, 필요하다, 하루, 허영, 화려함
리모컨	검은색, 게으름, 경쟁, 귀찮다, 끄다, 누르다, 눕다, 돌리다, 드라마, 마음대로, 무료하다, 버튼, 빠르다, 선택하다, 소리, 소파, 손쉽다, 손에서 놓지 못함, 숫자, 시청, 심심하다, 에어컨, 원거리, 원격조종, 자동, 자동차, 조정하다, 조종, 즐거움, 지시, 채널 변경, 켜다, 텔레비전, 틀다, 편리함, 필수품, 홈쇼핑, 휴식
침대	결혼, 과학, 꿈, 눕다, 따뜻하다, 매트, 밤, 병에 걸리다, 부부, 생필품, 성관계, 숙면, 쉬고 싶다, 쉬다, 스프링, 아늑하다, 안락하다, 안방, 여유로움, 우울, 이불, 자유, 잠, 졸리다, 편안함, 평화, 포근하다, 푹신하다, 행복, 휴식, 힘든 삶
꽃병	가꾸다, 감성적, 거실, 고인 물, 관심, 기다림, 기분, 깨질 것 같다, 꽂다, 꽃, 꽃꽂이, 낭만, 담다, 매력적이다, 물, 병원, 보기 좋은, 부서짐, 분위기, 선물, 식탁, 아기자기한, 아름다움, 안전함, 어항, 예쁜 유리, 우아함, 인테리어, 입구, 작품, 장미꽃 한 송이, 장식, 젊음, 정물화, 주부, 죽음, 탁자, 향기, 화려함, 화사하다
세탁기	가전, 개다, 걸레, 고맙다, 귀찮다, 깔끔하다, 깨끗해지다, 네모, 돌다, 때, 마르다, 모터, 물, 바구니, 바쁘다, 부지런하다, 빨래, 세제, 소리, 소음, 순환, 시끄럽다, 양말, 엄마, 오염물 세탁, 옷, 이불, 일하다, 정리, 젖다, 지우다, 청결, 청소, 편리하다, 향기

2. 상업 공간

1) 커피숍(coffee shop)

① 유래

1554년 커피는 터키의 보스포러스 해안에 유입되었다. 콘스탄티노플에 커피점 두 군데가 생겨났고 터키제국의 시인, 회교도 재판관, 정부 고관들이 이곳을 드나들었다. 당시 귀한 음료에 속하던 커피는 한 잔에 1아스프르, 약 0.025프랑에 팔렸다. 1652년 터키 태생의 유대인 야곱이라는 사람이 옥스퍼드에 유럽 최초로 커피점을 열었다. 1962년에는 파스카 로제가 런던의 커피점 제1호를 열었다. 1670년경 아르메니아 출신의 파스칼은 생트주느비에브 광장 한 귀퉁이에 '메종 드 카우에(커피의 집)'라는 커피점을 열었다. 1701년 시칠리아에서 온 프로코프는 코미디 프랑세즈 건너편 생제르맹 거리 13번지에 커피점을 열었다. 1720년 파리에 문을 연 커피점의 수는 총 380여 개에 달했다. 프로코프의 카페를 비롯한 다른 카페들은 당대 지식인들의 아지트가 되었고, 그들의 열띤 토론 속에서 혁명의 씨앗이 움텄다. 이런 의미에서 프랑스 혁명은 커피점에서 시작되었다고도 볼 수 있다.

② 상징적 의미

커피숍은 이야기, 아지트, 지식, 만나다(상담, 데이트 등), 즐기다, 여유, 휴식 등의 만남과 소통의 장소를 의미한다. 또한 기다림, 기분이 좋다, 낭만, 느긋하다, 사색, 친구 등을 상징한다.

③ 신화와 고전

『일요일의 카페(El Mejor Lugar Del Mundo Es

내게 정신을 차리게 만드는 것은 진한 커피, 아주 진한 커피다.
커피는 내게 온기를 주고, 특이한 힘과 쾌락과 그리고 쾌락이 동반된 고통을 불러일으킨다.
-나폴레옹 1세(Napoleon Ⅰ)-

Aqui Mismo)』(Miralles & Santos, 2014)에는 부모님이 사고로 갑작스럽게 세상을 떠난 후 삶의 의미를 잃어버린 이리스가 나온다. 매일매일은 지루하기만 하고 이제는 꿈 꿀 능력마저 잃어버렸다는 생각에 비참하다. 1월의 어느 일요일, 그녀는 삶을 포기하고 싶다는 생각마저 하게 된다. 간신히 마음을 다잡고 집으로 돌아가던 길, 매일 지나다니던 길모퉁이에서 전에는 한 번도 본 적이 없는 카페를 발견한다. 카페 이름은 '이 세상 최고의 장소는 바로 이곳입니다'. 이리스는 알 수 없는 힘에 이끌려 카페의 문을 열고 안으로 들어선다. 이리스는 카페에서 자신의 생각을 이야기하는 탁자, 잊고 있던 추억을 떠올리게 해 주는 탁자, 시인이 되는 탁자 그리고 희망의 탁자와 용서의 탁자까지 하루하루 각기 다른 마법의 탁자에 앉으며 점점 삶의 새로운 의미를 찾아가기 시작한다. 여기에서 카페(커피숍)는 힘든 삶은 위로하고 현재를 살아가도록 돕는 공간으로 묘사된다.

④ 커피숍의 이미지

(중학교 1학년 진로탐색 청소년)
〈가고 싶은 곳〉 10년 후에 내가 가고 싶은 곳을 표현
'외국의 좋아 보이는 카페' 라고 하며 부에 대한 욕구 및 타인과의 상호작용의 욕구를 표현

2) 가게(shop)

① 유래

1957년 파리 제17구에 프랑스 최초의 슈퍼마켓이 문을 열었다. 그 후 상용면적 400~2,500㎡에서 셀프서비스 형태로 영업하는 모든 상점을 슈퍼마켓이라 불렀다. 그러나 프랑스의 슈퍼마켓보다 40년 앞선 나라가 미국이다. 1918년 휴스턴의 슈퍼마켓이 문을 열었고, 1932년 뉴욕 최초의 슈퍼마켓 '빅베어'가 개장했다. 참고로 '쇼핑 수레'를 고안한 사람은 '스탠더드 험티 덤티 푸드 마켓'의 실번 나단 골드먼(Sylvan Nathan Goldman) 사장으로 1936년의 일이다(Germa, 2004).

슈퍼마켓은 1950년대에 처음 생겼다. 처음으로 사람들은 미리 포장되어 탁 트인 선반 위에 진열되어 있는 상품들을 마음대로 골라 집을 수 있었다. 슈퍼마켓 업자들은 사람들이 더 빠르고 쉽고 쾌적하게 장을 볼 수 있다고 주장한다. 하지만 어떤 사람들은 그들이 먹을거리를 생산하는 농부들을 과도하게 통제한다고 주장한다(Macdonald & Mason, 2009).

② 상징적 의미

가게는 장터, 물건, 쇼핑, 욕구, 사랑, 일, 명예, 다양성, 아이디어, 부, 능력 등을 의미한다. 또한 분주함, 편리하다, 다양하다, 많다, 선택의 자유, 시끄럽다 등을 상징한다.

③ 신화와 고전

『구둣방 할아버지와 요정(Elves and the Shoemaker)』(Jacob & Wilhelm, 2013c)에서 가난한 구둣방 할아버지는 한 켤레의 구두를 만들 가죽으로 겨우겨우 구두를 만들며 생계를 유지하고 있었다. 그런데 어느 날부터 가죽을 작업대에 올려놓고 돌아가서 아침에 구둣가게 문을 열면 완성된 멋진 구두가 있는 것이었다. 멋진 구두들로 할아버지는 부자가 되었고, 할아버지와 할머니는 밤에 몰래 구둣가게를 지켜보다 12시가 되면 나타나는 요정들이 구두를 멋지게 만드는 모습을 보게 되었다. 여기에서 가게는 구두가 만들어지고 팔리는 장소로 삶의 터전의 상징으로 표현된다.

④ 가게의 이미지

(초등학교 저학년 틱장애 아동)
〈○○이의 가게〉:
타인과의 상호작용 및 애정의 욕구를 표현

(성인)
〈한 번쯤은 가고 싶은 곳〉:
가게 사진을 통해 구매 욕구를 표현

3) 편의점(convenience store)

① 상징적 의미

편의점은 잡화, 식료품, 24시간, 상점, 식사, 다양한 물건, 친밀한 장소 등을 의미한다. 또한 다양하다, 단순하다, 마음이 편하다, 만물상, 비싸다, 빠르다, 종합센터, 환하다, 쉬지 않는다 등을 상징한다.

② 신화와 고전

『추억을 파는 편의점: 세상 모든 추억을 팝니다(コンビニたそがれ堂: 街かどの魔法の時間)』(村山早紀, 2010)에는 해 질 녘 길모퉁이의 특별한 편의점이 나온다. 가슴이 답답하던 유타라는 소년은 신기한 모습의 점원이 있던 이 편의점을 우연히 찾게 되고, 선반 위에서 귀여운 아기 고양이가 박혀 있는 눈에 익은 빨간색 수첩을 발견한다. 그 수첩은 몇 달 전에 여자 친구 미온이 유타에게 주려다가 전달하지 못하고 미국으로 떠나 이제는 받을 수 없게 된 수첩이다. 그런데 편의점에서 그 빨간색 수첩을 받을 수 있게 된 덕분에 유타는 미온과 전자 메일로 연락을 할 수 있게 된다. 여기에서 편의점은 세상에 있는 모든 것은 물론이고, 이 세상에서는 팔 리가 없는 것까지 무엇이든 다 갖춰져 있는 곳으로 묘사되고 있다.

※ 상징적 의미

커피숍	가고 싶다, 고객, 기다림, 기분이 좋다, 나누다, 낭만, 느긋하다, 담배, 대화, 데이트, 도시, 디저트, 만남, 맞선, 매력적이다, 모임, 문화, 바리스타, 분위기, 비싸다, 사람 구경, 사색, 소통, 소파, 수다, 시간을 때우다, 시끌벅적하다, 시험 공부, 아메리카노, 약속, 어둡다, 여유, 연인, 음악, 장소, 즐기다, 차, 친구, 커플, 커피 향, 퇴근, 학창 시절, 할 일 없다, 행복, 휴식
가게	건물, 계산대, 과자, 구경, 구멍가게, 군것질, 꽃가게, 다양하다, 돈, 마트, 만물상, 많다, 멋, 물건, 밝다, 분주함, 빡빡하다, 빵, 사다, 사람들, 사탕, 상품, 생계, 생필품, 선물, 선택의 자유, 소규모, 소비, 손님, 쇼핑, 스트레스, 시끄럽다, 식료품, 심부름, 어린 시절, 옷, 욕구, 음료수, 음식, 일상, 작다, 점원, 주인, 집 근처, 충동, 판매, 팔다, 편리하다, 필요한 물건, 행복
편의점	2+1, 24시, CCTV, 간판, 간편하다, 강도, 구입, 다양하다, 단순하다, 담배, 돈, 마음이 편하다, 만물상, 밤, 백화점, 범죄, 비싸다, 빠르다, 삼각김밥, 생필품, 속도감, 쉬지 않는다, 아르바이트, 없는 게 없는, 외국 맥주, 욕구, 음료수, 일회용, 작다, 종합센터, 진열하다, 카메라, 컵라면, 탁자, 택배, 편리하다, 편의시설, 하루 종일, 항상, 환하다

Chapter 09

시간의 상징 이야기

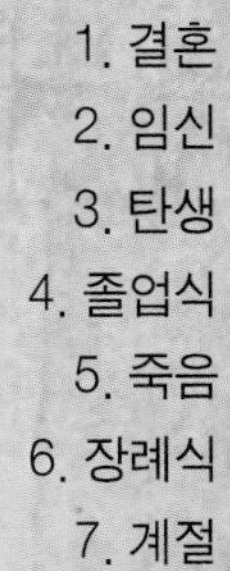

1. 결혼
2. 임신
3. 탄생
4. 졸업식
5. 죽음
6. 장례식
7. 계절

1. 결혼

자신의 배우자가 될 사람과 정식으로 새로운 가정을 형성해나가는 것을 우리는 결혼(結婚, marriage)이라고 한다. 즉, 결혼은 두 남녀 간에 합의를 전제로 한 사적으로 이루어지는 계약이지만 사회적으로 인정을 받아야 하며, 동시에 법적인 승인을 얻어야 한다. 결혼식을 올린다는 것은 남녀의 즐거움과 쾌락만을 위함이 아닌, 번식 행위를 넘어서 자녀의 출생 후에도 하나의 결합이 지속되는 사회적 의미를 지닌다. 두 남녀의 결합으로 이루어지는 결혼은 대립의 화해, 상호작용, 합일을 상징하고 신화적으로는 천상과 지상의 결합을 상징한다. 이러한 상징을 토대로 결혼은 자연의 풍요, 다산성(多産性)을 상징한다. 이에 이 절에서는 결혼식의 상징적 의미를 자세하게 살펴보고자 한다.

1) 사전적 의미

남녀가 정식으로 부부 관계를 맺는 것으로, 혼인(婚姻)이라고도 한다.

2) 유래

신랑이 신부를 안고 자신들이 살 집의 문턱을 넘어가는 전통은 신부가 그 집에 도착하여 새로운 삶으로 들어가는 것을 상징하는 것으로, 여러 다양한 제례에서 유래한 것이다. 중국의 신부는 시부모의 집 입구에 놓은 안장을 넘어가는데, 이는 '안장(鞍裝)'과 '평안(平安)'에 쓰이는 '안(鞍)'과 '안(安)'이라는 글자의 음이 같기 때문에 생긴 풍습이다. 이 밖에도 악한 힘을 쫓고 행운을 확보하고 결혼으로 발생한 사회적 긴장감을 풀어 주기 위해 여러 관습이 고안되었다. 결혼한 부부의 자동차 뒤에 깡통을 매다는 등의 최근 풍습도 최대한 시끄러운 소리를 내어 나쁜 귀신을 쫓

대개 결혼의 파탄은 한쪽이 자아를 손상시키는 데서 생긴다.
-알랭 드 보통(Alain de Botton)-

아 버리려는 고대 마법 전술의 현대식 변형이다(Tresidder, 2007). 연금술의 경우 결혼은 유황과 수은, 태양과 달의 결합을 의미하고 이는 왕과 왕비의 결혼을 의미한다.

시인 로버트 번스(Robert Burns, 1759~1796)는 스코틀랜드 일부 지역에서 연인들이 불가에 나란히 앉아 헤이즐넛 열매 두 개를 태우는 관습에 대해 기록했다. 불 속에서 헤이즐넛이 나란히 타면 두 사람은 결혼을 하지만, 튀어 나가거나 서로 떨어지면 사랑이 이루어지지 않는다고 여겼다.

3) 상징적 의미

결혼은 또 다른 인생의 시작, 인생의 새 출발, 화합, 약속, 인연 등을 상징한다. 칼 융(Carl Jung)에 따르면, 결혼은 개별화 과정 속에서 인간들이 체험하는 정신(남성)과 무의식(여성)이 내적으로 중재되거나 결합되는 현상이다. 개별화는 자아가 타자로부터 분리될 뿐만 아니라 자아가 자체로 완전한 통일체임을 자각하는 과정을 뜻한다. 이런 점에서 결혼은 크게 대립의 화해, 상호작용, 합일을 상징한다. 신화적으로는 천상과 지상의 결합을 상징하며 이런 상징을 토대로 결혼은 자연의 풍요, 다산성을 나타내기도 한다. 한편, 심리적으로는 새로 시작한다는 의미에서 미래의 긍정적인 희망과 꿈을 표현하거나 인생의 전환점, 변화의 시작을 암시한다.

4) 신화와 고전

'단군신화'에서 환웅이 사람들의 삶을 풍요롭게 해주는 것을 보고 부러워하던 곰과 호랑이는 환웅에게 찾아가 인간이 되는 법을 알려달라고 한다. 이를 불쌍히 여긴 환웅은 100일 동안 햇빛을 보지 않고 쑥과 마늘을 먹으면 인간이 될 수 있다고 알려줬다. 하지만 호랑이는 견디지 못하고 결국 동굴을 나왔고, 곰은 끝까지 견뎌 삼칠일(21일) 만에 여자(웅녀)로 변했다. 사람이 된 웅녀는 가정을 꾸릴 수 있도록 환웅에게 빌었고, 환웅은 웅녀의 마음에 감동해 웅녀와 결혼을 한다. 이 사이에서 태어난 아이가 단군왕검이다(우리누리, 2011). 이 이야기에서 결혼은 천상과 지상의 결합을 표현하고, 새로운 생명의 잉태를 나타낸다.

5) 결혼의 이미지

(중학교 1학년 또래관계에 어려움이 있는 청소년)
결혼식: 미래의 긍정적인 희망, 꿈을 표현

(성인)
결혼 사진을 통해 인생의 전환점과 변화의 시작을 표현

2. 임신

임신(姙娠, pregnancy)은 아이를 잉태함을 이르는 말로, 여성 개인에게는 일생에 가장 큰 변화이며 축복이고 영적인 기쁨인 동시에 생의 영속성을 의미한다. 어머니가 된다는 것은 일생을 통해 겪게 되는 모든 경험 중에서 여성만이 누릴 수 있는 가장 독특하고도 경이로운 경험이다. 이 절에서는 임신에 대한 상징적 의미를 자세하게 살펴보고자 한다.

1) 사전적 의미

아이나 새끼를 배는 것으로, 잉태(孕胎), 회임(懷妊), 회잉(懷孕)이라고도 한다.

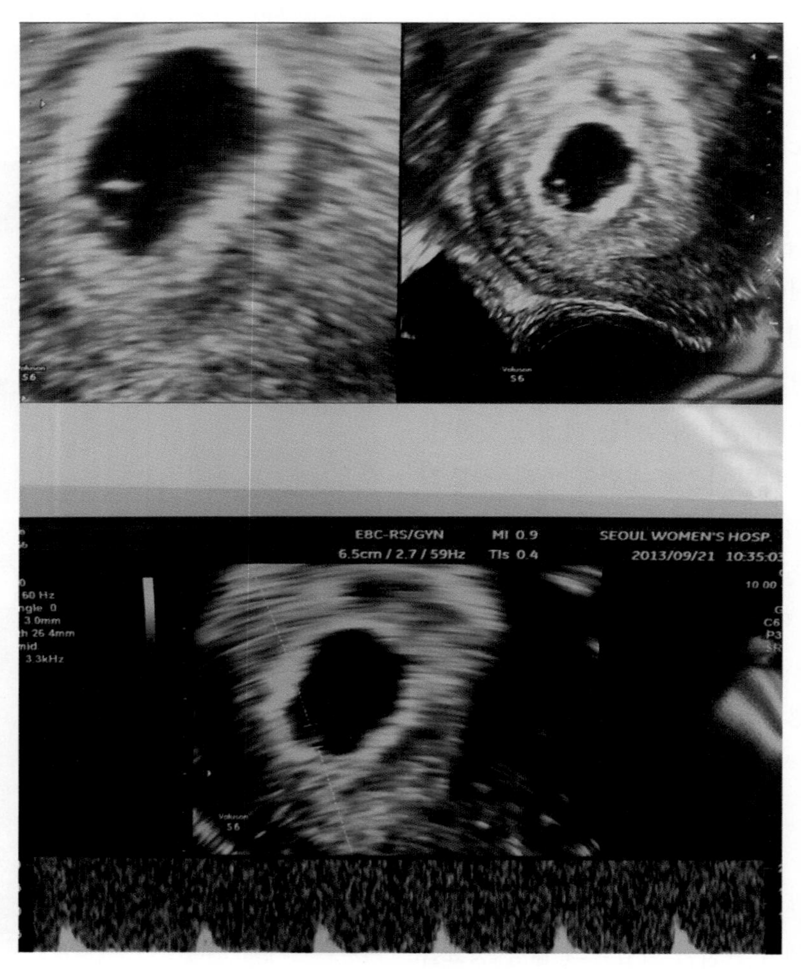

무한한 가능성을 잉태한 미래에 대한 관념이 미래 그 자체보다도 중요하다.
–앙리 베르그송(Henri Bergson)–

2) 유래

임신은 성과 생식의 기원이다. 인간은 죽어야 할 존재이지만 양성의 교합에 의해서 자신의 동족을 재생산하는 존재이기도 하다. 구약성서에 나오는 아담과 이브에서 시작된 종족 번식의 유래 이외에 일찍이 인간은 양성의 교합에 의해서 자신의 동족을 낳을 수 있다는 것을 몰랐다가 후에 그것을 배우게 되었다는 신화로 전해지고 있다.

그리스 신화에 따르면, 일반적으로 다산의 신은 여신 가이아와 그녀의 자손 크로노스가 있다. 로마 신화에서 크로노스는 큰 낫을 휘두르는 고대 농업의 신 사투르누스에 해당한다. 크로노스의 딸은 대지의 어머니 데메테르로, 제우스의 여동생이다. 힌두교에서 다산의 여신은 조물주 비슈누의 배우자다. 이 여신들은 토양의 비옥함을 관장하고 농작물을 보호하지만 화가 나면 가뭄이나 기아를 일으킨다(Fontana, 2011). 중국 전통에서는 수박, 석류와 같이 씨가 많은 과일이 자손을 많이 낳는다는 축복을 상징했다.

3) 상징적 의미

임신은 새 생명의 잉태, 결실을 나타내며, 열매와 씨앗을 상징한다. 이와 관련하여 도토리는 그 모양이 남근처럼 생겨 번식에 적절한 상징이며, 오크나무 씨앗은 강한 잠재력을 상징한다. 결혼식에서 하객들이 신혼부부에게 견과류 혹은 씨앗을 던지는 것은 다산을 기원하는 상징적 행위다. 또한 임신은 축복, 준비, 책임감, 절제, 두려움 등을 나타내기도 한다. 심리적으로는 새로운 시작을 의미하나, 반면에 결과를 내야 할 일에 대한 고통을 암시하기도 한다.

4) 신화와 고전

우리나라 최초의 건국 신화에서 환웅은 3,000명의 무리를 거느리고 태백산 신단수 아래에 신시(神市)를 열어 여러 신과 세상을 다스렸다. 이때 곰과 호랑이가 사람이 되고자 하였고, 환웅은 쑥과 마늘만 먹으며 동굴 속에서 100일간 햇빛을 보지 않으면 사람이 될 수 있다고 하였다. 곰은 이를 견뎌 내어 여자가 되었고, 환웅과 결혼하여 아들을 낳으니 그가 곧 단군이다. 단군은 평양에 도읍하여 국호를 조선이라 하였고, 뒤에 아사달에 천도하여 1,500년간 나라를 다스렸다고 한다(철학사전편찬위원회 편, 2009).

탄자니아의 이라크족에서 내려오는 이야기는 다음과 같다. 태초 지상에 두 오누이만이 살고 있었다. 두 사람은 생식에 대해서 아무것도 몰랐기 때문에 아이는 없었다. 어느 날 나무 열매를 따러 숲으로 들어갔을 때 누이동생이 먼저 나무로 올라가기 시작했다. 아래에 있던 오빠가 위를 보자 누이동생의 음부가 눈에 들어왔다. "어째서 그런 곳에 상처가 있니?" "상처가 아니야, 갈라진 틈이야." "너의 것과 나의 것을 합쳐 보자." 오빠의 제안을 누이동생도 허락했다. 얼마 지나서 누이동생의 배가 불러오고 이윽고 아이가 태어났다. 이렇게 하여 지상에는 인간이 늘어났다고 한다. 한편, 가나의 아샨티 족에 의하면 인간에게 생식의 비밀을 가르쳐 준 것은 비단뱀이고, 피그미 족에게는 달이었다고 한다(吉田敦彦 외, 2010).

5) 임신의 이미지

(성인) (성인)

임신 사진을 통해 축복과 새로운 시작을 표현하면서 임신의 고통을 함께 표현

3. 탄생

탄생(誕生, birth)은 태어남을 뜻하며 특히 귀한 사람이 '태어남'을 높여 이르는 말이다. 여성의 출산을 통해 가정 안에서 대를 이어 가며 가족 구성원을 형성함으로써 사회의 기본 단위를 구성하게 되고, 개인과 가족 간의 지지 체계를 구축하게 된다. 아기의 탄생을 통한 개인-가족-사회 지지 체계는 상호작용하며 한 사회의 조직을 이루는 바탕이 된다.

이처럼 탄생은 축복 속에 아이를 세상에 내놓는 생산과 재생의 궁극적 행동이며, 신성하고 중요한 인물의 탄생으로 역사를 통해 숭배를 받고 신화화되었다. 이 절에서는 탄생에 대한 상징적 의미를 자세하게 살펴보고자 한다.

1) 사전적 의미

예전에는 탄생이 성인(聖人) 또는 귀인이 태어남을 높여 이르는 말이었으나 현재는 주로 사람이 태어남을 이른다. 특히 귀한 사람이 '태어남'을 높이어 이르는 말이다. 한편, 조직, 제도, 사업체 따위가 새로 생기는 것을 의미하기도 한다.

2) 유래

출산은 항상 위험하고 중요한 일이었기 때문에, 참으로 많은 수호자와 여신들에게 기원했다는 사실은 전혀 놀랍지 않다. 대부분의 문화에서는 출산을 보호하는 존재를 두었다. 로마의 루치나처럼 출산을 관장하는 여신이 있었고, 그리스 여신 헤라, 이집트의 이시스와 하토르, 여러 로마의 수호성인처럼 모자를 보호하는 수호자도 있었다(Bruce-Mitford & Wilkinson, 2010).

슬라브의 신화를 보면 동슬라브와 남슬라브에서는 출산의 신을 믿었다. 동슬라브에서 로드(남성) 또는 로자니파로 불리는 이 신은 임산부를 괴롭혔기 때문에 사람들은 신을 달래기 위해 빵이나 꿀, 치즈 등을 바쳤다. 같은 종류의 신으

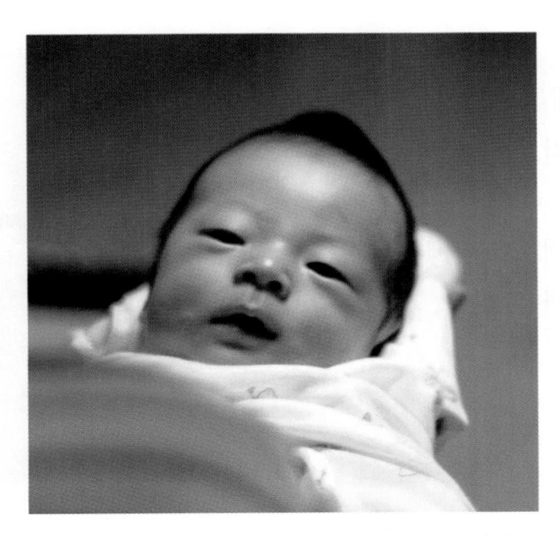

사람은 실패가 아니라 성공하기 위해 태어난다.
-헨리 데이비드 소로(Henry David Thoreau)-

로 불가리아에는 나레치니차, 세르비아와 크로아티아에는 스제니차, 슬로베니아에는 소예니차 등이 있다. 이 신은 흰옷을 입은 소녀의 모습으로 출산을 하는 한밤중에 아기의 요람으로 몰래 들어온다고 여겨졌다(吉田敦彦 외, 2010).

김수로 신화에서는 천지가 개벽한 후 황금알에서 김수로가 태어났다고 하였다. 또한 혁거세왕의 신화는 하늘의 명에 따라 하강한 신화다. 샤먼 수장의 탄생이 하늘의 명으로 이루어졌다고 생각하였다. 탄생의 장소는 숲에 있는 우물가로, 이곳이 신과 통하는 장소이자 세계의 중심이라고 여겨졌기 때문이다.

성서 외전의 그리스도교 문헌에 따르면 성녀 안나는 성모마리아의 모친이다. 임산부들은 안전한 임신과 출산, 새로 태어난 아기에게 충분한 젖을 줄 수 있도록 성녀 안나에게 기원했다. 수세기를 거치면서 가장 대중적으로 잘 알려진 성인 중의 한 사람이 되었다(Bruce-Mitford & Wilkinson, 2010).

3) 상징적 의미

탄생은 아이를 세상에 내놓는 일로 생산과 재생의 궁극적인 행동이다. 각 국가의 건국신화에서 지배자의 탄생은 신이 내린 신비로움과 한 생명의 독립을 뜻한다. 심리적으로 탄생은 새로운 시작, 변화의 시작, 축복, 희망, 환희, 기쁨을 암시한다.

4) 신화와 고전

부여의 건국 신화를 살펴보면 유화는 하늘에서 내려온 빛을 받고 임신을 하게 되지만 알을 낳는다. 이를 이상하게 여긴 왕이 알을 버리지만 그 알은 누구도 돌보지 않았고, 깨지지도 않았다. 결국 왕은 그 알을 유화가 거두도록 하였고, 그 알에서 깨어난 아기를 동명이라 불렀다. 동명이 모든 부분에서 뛰어난 능력을 갖고 있자 왕과 그 자식들은 나라를 빼앗길 것을 두려워하여 죽이고자 하였다. 하지만 동명은 도망을 가서 고구려를 세웠다(김용만, 2004). 이 이야기에서 탄생은 신이 내린 신비로움과 한 생명의 독립을 나타낸다.

5) 탄생의 이미지

(성인)

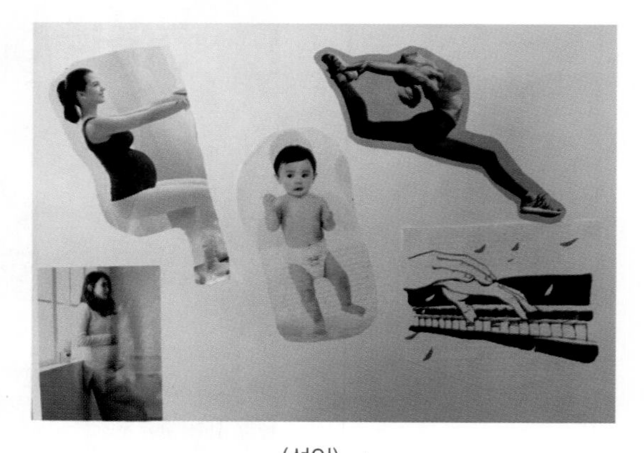

(성인)
아기 사진을 통해 자녀의 탄생은 가장 큰 축복이자 변화의 시작이었다고 표현

4. 졸업식

졸업식(卒業式, graduation)은 소정의 과정을 마친 사람에게 졸업장을 수여하는 의식이다. 우리 사회는 유치원, 초등학교, 중학교, 고등학교, 대학교, 대학원 등의 일련의 단계적인 교육과정과 평생교육 차원의 교육도 마련되어 있다. 한 단계를 마칠 때마다 그동안의 노력과 인내를 지지 및 축하해 주는 동시에 다음 단계의 새로운 시작을 준비할 수 있도록 격려하는데 졸업식은 중요한 의미가 있다. 이러한 의미에서 졸업하는 학생이나 성인에 대해서는 온 가족과 친지, 가까운 사람들이 직접 졸업식에 참석하기도 하며 축하해 주는 의례가 전 세계에서 공통적으로 존재한다. 이 절에서는 졸업식의 상징적 의미를 자세하게 살펴보고자 한다.

1) 사전적 의미

졸업식은 학교에서 소정의 과정을 마친 사람에게 졸업장을 주는 의식이다.

2) 유래

대학에서 학업을 무사히 마친 학생들은 특별한 졸업식에 참석한다. 학생들은 각자 이름과 학위가 적힌 두루마리를 받는다(Macdonald & Mason, 2009).

대학의 교표를 보면 거의 예외 없이 방패를 바탕으로 삼고 있다. 이것은 대학이 자유 지역이고 그 자유를 방어한다는 뜻이다. 졸업식에서 쓰는 수술이 늘어진 사각모는 고대 로마에서 노예가 자유를 얻으면 그 징표로 수술이 달린 모자를 쓴 역사적인 사실에 그 기원을 두고 있다. 박사학위

졸업은 새로운 시작이다. 정상은 두 명을 취하지 않는다. 자아와 타협하지 말라.
-알렉산드르 세르게예비치 푸시킨(Aleksandr Sergeevich Pushkin)-

를 받는 사람은 목에서 뒤로 넘어가는 가운과는 별도의 후드(hood)를 걸치게 되어 있는데 그 모양이 뒤에서 보면 방패 모양을 나타내고 있다. 평생 자유를 방어해야 하는 무거운 책무를 목에 걸어 주는 셈이다. 발목까지 내려오는 검은 가운은 입은 사람의 신분을 감추고 있는데 그것은 신분과 상관없이 학문 앞에서는 자유롭다는 점을 상징한다.

3) 상징적 의미

졸업식은 달성, 결과물을 상징하며, 뭔가를 마치는 것, 뭔가를 마치고 새로운 시작을 준비하는 의미도 있다. 심리적으로도 일을 마치고 싶음, 노력의 결실, 새로운 시작, 성공에의 열망을 암시한다.

4) 신화와 고전

『빨강머리 앤』(Montgomery, 2014)에서 앤은 남매 매슈와 마릴라의 집에 입양된다. 학교도 다니게 되고, 교사의 꿈을 가지고 전문학교에 입학해 수석으로 졸업한다. 대학 입학을 꿈꾸며 집에 돌아왔으나 앤을 돌보아 주던 매슈와 마릴라의 건강이 나빠져 앤은 대학 진학을 포기한다. 하지만 마릴라를 돌보며 자신이 원하는 가르치는 일을 하며 지내게 된다. 이 이야기에서 졸업식은 지난 일에 마침표를 찍고 새로운 시작을 하는 것을 나타낸다.

5) 졸업식의 이미지

(성인)
졸업식 사진을 통해 이제까지의 노력의 결실과 새로운 시작, 성공에의 열망을 표현했으며,
그러기 위해서는 성모마리아상과 같이 자기 자신에 대한 절제가 필요하다는 것을 통찰

5. 죽음

죽음(死, death)은 존재의 변화(삶과 죽음)를 상징하며 죽은 자는 모든 것을 본다는 의미에서 전지(全知)를 상징하고 영적 재생을 상징한다. 전통적인 한국인의 죽음관은 죽음을 계기로 분리된 '영혼'과 '육신'은 각각 하늘과 땅이라는 상징적 공간으로 돌아가게 되며, 이는 곧 생명의 근원인 자연으로의 회귀를 의미한다. 동남아시아에서 가끔 보이는 관념에 의하면, 영혼은 용해되어서 안개나 비가 되어 대지로 들어와 곡물을 열매 맺게 한다. 이를 먹음으로써 후의 인간들이 생활을 계속하는 것으로, 여기에는 일종의 윤회 사상, 죽음에서 생으로 복귀한다는 모티프를 볼 수 있다. 신화의 경우 죽음은 밤의 딸이나 잠의 누이로 나타나고 베일, 뱀, 사자, 전갈, 재, 북치는 사람 등은 죽음을 상징하는 이미지다. 고양이, 부엉이, 독수리, 박쥐 등 특정 동물들도 죽음과 관련이 있는데, 일부는 썩은 고기를 먹는 습성 때문에, 그 외엔 검은색이거나 야행성 동물이기 때문이다. 이 절에서는 죽음에 대한 상징적인 의미를 자세하게 살펴보고자 한다.

1) 사전적 의미

죽는 일을 이르며, 생물의 생명이 없어지는 현상을 이른다. 절명(絶命), 명목(瞑目)이라고도 한다.

2) 유래

중국의 공자는 죽음을 미경험의 영역으로 위치시켰고, 인도에서는 불타는 죽음을 열반으로 보고 영원한 생명에 이르기 위한 출발점으로 생각했다. 예수 그리스도는 십자가 위에서 희생되고 죽어서 다시 살아났다. 그리스도의 마지막은

이 세상에 죽음만큼 확실한 것은 없다.
그런데 사람들은 겨우살이는 준비하면서도 죽음은 준비하지 않는다.
-레프 니콜라예비치 톨스토이 (Lev Nikolayevich Tolstoy)-

죽음을 재생에 이르기 위한 단절로 보았다는 것을 이야기하고 있다.

그리스 신화 속 죽음의 신 타나토스(Thanatos)는 밤과 어둠의 신의 아들로, 수면의 신 히프노스(Hypnos)의 쌍둥이 동생이다. 그는 주로 날개 달린 청년으로 묘사되는데 죽음은 늘 활기차고 활동적이기 때문이다. 타나토스는 검을 들고 있으며, 기원전 8세기 헤시오도스는 죽음을 '청동과 같은 무자비함'이라고 묘사했다.

사신은 죽음이 구체화한 형상으로 망토를 입고 낫을 든 해골의 모습을 하고 있다. 그는 가차 없이 인간의 영혼을 거둬 간다. 단, 사신은 불길하지만 완전히 나쁜 존재는 아니다. 죽음은 원래 피할 수 없고, 또 그가 죽음의 원인은 아니기 때문이다. 예술에서 사신은 죽을 운명을 알려 주는 '메멘토 모리'로 등장한다. 말 그대로 '보이지 않는 자'인 하데스는 그리스 신화에서 죽음의 신이며, 어둡고 악마가 출몰하는 하데스의 죽음의 영역은 정신분석학에서 정신적 억압의 전형이다. 하데스의 지하 세계는 케르베로스라는 개가 지키고 있는데, 영혼이 그곳으로 들어가면 다시는 나오지 못한다. 하지만 그리스 신화에서 페르세포네(생성과 번식의 여신)는 하데스의 아내로서 지상과 명부를 오간다. 여기서 새롭게 죽은 영혼이 나룻배로 스틱스(styx) 강을 건너 하데스에게 가는 것은 영혼이 육체를 벗고 새로운 단계로 들어서는 것을 의미한다.

행복한 시대의 향수를 불러일으킬 때, 특히 젊음의 근심 없는 날들을 라틴어로 '나는 아르카디아에 있노라(ET in Arcadia Ego)'라고 표현했다. 여기서 아르카디아(그리스의 역사적인 장소를 뜻한다)는 잃어버린 목가적 풍경을 지칭한다. 이 말은 17세기 이탈리아에서 더 완전한 의미를 얻었다. 정확한 번역은 '아르카디아에도 나는 (있노라)'이다. 여기서 '나'는 죽음을 의미하며, 이 문구는 메멘토 모리(memento mori), 즉 젊음과 아름다움과 행복은 영원하지 않다는 것을 뜻한다. 프랑스의 고전주의 대표적인 화가 니콜라 푸생(Nicolas Poussin, 1595~1665)이 그림의 제목을 '아르카디아에도 나는 있다' '아르카디아 목동'으로 지어, 인격화된 죽음을 나타내기도 했다.

3) 상징적 의미

죽음은 존재의 변화(삶과 죽음)를 상징하며, 죽은 자는 모든 것을 본다는 의미에서 영적 재생을 나타낸다. 또한 죽음은 이별, 끝, 소멸, 정리, 허무함, 슬픔, 그리움 등을 의미하는 반면, 새로운 세계의 시작, 천국, 편안함, 평화를 나타내기도 한다. 때때로 죽음은 자기파괴에의 욕망이나 희생을 상징하기도 한다. 죽음에는 긍정적인 의미와 부정적인 의미가 있는데, 긍정적 의미의 죽음은 모든 사물의 변형, 진화 과정을 상징하고, 부정적인 의미로는 우울한 해체, 일정한 시기의 종말을 상징한다. 한편, 인간의 해골은 많은 문화나 종교에서 볼 수 있는 죽음의 상징물이다. 심리적으로 죽음은 내면의 불안, 공포, 두려움, 에너지 없음, 우울함, 생활할 의지가 없음, 여유와 휴식의 욕구 등을 암시한다.

4) 신화와 고전

중국 민화 중에는 '노시와 유탄'이라는 이야기가 전해진다. 중국 어느 마을에 노시라는 훌륭한 사냥꾼과 유탄이라는 예쁜 처녀가 살았다. 둘은 서로 사랑하는 사이였지만 지주인 오야의 방해를 받는다. 노시가 사냥을 간 틈을 타 유탄을 납치하려 하자 유탄은 스스로 목숨을 끊는다. 사냥을 끝내고 돌아온 노시는 유탄의 무덤을 찾아가 죽은 흰 쥐를 회색 쥐가 나뭇잎을 덮어 살려내는 것을 보게 된다. 유탄에게도 나뭇잎을 덮어주니 유탄이 살아났고, 둘은 마을로 돌아가 행복하게 산다(민영 편역, 1991). 이 이야기에서 죽음은 그리움과 애절함을 표현하고, 끝나지 않는 인연을 나타낸다.

5) 죽음의 이미지

(고등학교 3학년 강박장애 청소년)
죽음: 할머니가 돌아가신 관 옆에서 가족들이 식사를 하고 있는 작품으로 내면의 불안과 공포를 표현

6. 장례식

'죽음'은 필연적인 것이며 죽은 자에 대한 의식적인 행위는 인간의 문화가 동트는 시기부터 전 세계 모든 지역에서 행하여 온 관행이다. 전통적으로 죽음은 이승에서의 삶 그리고 남아 있는 사람들과의 지속적인 연속성 속에서만 이해될 수 있다. 또한 이러한 맥락에서 전통적 '상·장·례'는 죽음으로 인한 슬픔을 해소하고, 죽은 이에 대해 예의와 정성을 다함으로써 죽은 이의 '영혼'이 온전히 저승에 통합될 수 있기를 기원하는 '산 자'들의 실천적 행위라 이해할 수 있다.

장례식(葬禮式, funeral)은 산 자와 죽은 자, 산 자와 산 자가 다양한 관계와 이해 속에서 죽음이라는 특수한 의식을 통해 애도로 해소와 화합을 형성하는 과정이며, 장례의 주체는 고인, 유족, 조문객이다. 단순히 고인을 위한 의식에서 산 자들의 용서와 화해, 화합으로 전이되어 새로운 관계를 맺는 출발이다. 이 절에서는 장례식의 상징적 의미를 구체적으로 살펴보고자 한다.

1) 사전적 의미

장례식은 장사를 지내는 의식이다.

2) 유래

역사를 통틀어 죽은 자의 처리는 상징적 의식과 함께 이루어졌다. 장례식은 죽은 자의 관리와 처리뿐 아니라, 살아남은 사람들의 안녕을 기원하는 의식이다. 그 방식은 종교적 신앙, 기후, 사회적 지위에 따라 다양하다. 매장은 사후 세상을 믿는다는 전제하에 행해지며, 화장은 때때로 죽은 사람의 영혼을 해방시키는 것으로 간주된다. 화장 의식은 고대 문명의 보편적인 관습으로, 화장용 장작더미는 고대 그리스와 로마 매장의식의 한 부분이었다. 그러나 고대 민족 중 거의 유일하

다른 사람들의 장례식에는 꼭 참석해라.
그렇게 하지 않으면 그 사람들이 당신의 장례식에 오지 않을 것이다.
-요기 베라(Yogi Berra)-

게 유대인만이 신성모독이라 하여 화장을 금지했다. 반면, 힌두인은 화장을 고수한다. 불을 통해 영혼이 해방되고 부활을 준비한다고 생각하기 때문이다(Bruce-Mitford & Wilkinson, 2010).

- 유대인의 관: 유대교에서 죽은 자는 손잡이나 부장물 없이 옻칠을 하지 않은 소박한 관에 안치한다. 이는 개인적 부와 상관없이 모든 인간이 죽어서는 다 똑같음을 상징한다. 장례식은 항상 간소하게 치른다.
- 미라: 고대 이집트인은 사체 보존 및 내세의 불멸을 보장하고자 미라 방식을 발전시켰고, 완성된 미라는 나무 관에 세워 넣었다.
- 가나의 가 부족: 가나 해안의 가 부족은 내세를 믿기 때문에 평소의 삶을 상징하는 관을 쓴다. 가령 바다와 깊은 관련을 맺은 사람에게는 물고기 모양의 관을 맞춰 준다.
- 마야의 무덤: 마야인들이 죽으면 그들의 하늘 방향인 북쪽이나 서쪽으로 무덤을 쓰는데, 이는 저세상으로 좀 더 쉽게 가라는 뜻이다. 무덤은 지하 세계의 9층을 상징하는 아홉 개의 연단으로 이루어진다.
- 선관장: 앵글로색슨 족은 왕족의 장례식에 크고 작은 배를 이용했다. 배가 자궁을 닮았기 때문에 이로써 왕의 부활을 상징한 것이다. 또한 그 배 안에는 왕이 내세에서 쓸 수 있도록 여러 가지 부장물을 함께 실었다.

3) 상징적 의미

장례식은 산 자가 죽은 자를 위해 하는 의식적인 행위라는 점에서 이별, 애도, 용서와 화해, 해소와 화합을 상징한다. 심리적 · 현실적으로는 어렵고 지친 상태를 암시한다.

4) 신화와 고전

우리나라의 전래동화『바보온달과 평강공주』이야기에서 어린 평강공주는 자주 울어 바보 온달에게 시집을 보내겠다는 놀림을 받고 자란다. 공주가 자라 혼인할 때가 되자 왕은 고 씨 집안으로 시집을 보내려고 하지만, 공주는 이를 거역하고 바보 온달에게 시집을 가게 된다. 공주는 온달에게 학문과 무예를 가르치고, 온달은 이를 왕에게 인정받아 장수가 된다. 하지만 온달은 전쟁에 나가 죽게 되는데, 장례식에서 온달의 관이 땅에서 떨어지지 않는다. 이윽고 공주가 와서 관을 쓰다듬으니 관이 움직여 장례를 치를 수 있게 된다(허필여, 김윤주 편, 2011). 이 이야기에서 장례식은 죽은 사람의 넋을 기리고 마음을 달래는 것을 표현하며, 이별의 의식을 나타낸다.

5) 장례식의 이미지

(초등학교 고학년 정서불안 아동)
장례식: 현재의 자신의 모습을 죽음이라고 표현함으로써 힘들고 지친 자신의 상태를 직시

7. 계절

계절(季節, season)이란 일 년을 단위로 기후변화에 의해 회귀적인 자연현상의 규칙성을 시간적으로 구분한 것을 말한다. 동서양은 기온의 변화에 따라 봄, 여름, 가을, 겨울의 사계절로 구분하고 있으며, 계절에 따라 변화하는 자연 풍경, 동·식물 무늬의 변화 등은 지표의 위치에 따라 각기 다르다.

사계절에는 달의 변화 단계처럼 출생(탄생), 성장, 죽음, 재생(부활)이라는 상징은 물론 자연과 인간 생활의 질서정연한 순환이 보편적으로 부여되어 있으며, 시간의 흐름을 나타낸다. 인류는 항상 태양과 달의 순환 주기에 따라 시간을 측정했다. 그래서 태양과 달은 계절이 지닌 상징성 중에서도 가장 중요한 특징을 갖는다. 변화하는 각 계절에 맞추어 인간의 정서도 각각의 계절에 따라 특색을 달리하며, 심지어 그것과 연관되는 신, 동물, 색깔도 존재한다. 이 절에서는 계절에 해당하는 봄, 여름, 가을, 겨울의 상징적인 의미를 구체적으로 살펴보고자 한다.

1) 봄(spring)

① 사전적 의미

한 해의 네 철 가운데 첫째 철로, 겨울과 여름 사이이며, 달로는 3~5월, 절기(節氣)로는 입춘부터 입하 전까지를 이른다. 또한 인생의 한창때를 비유적으로 이르는 말이기도 하고, 희망찬 앞날이나 행운을 비유적으로 이르는 말이기도 하다.

겨울이 오면 봄이 멀지 않다.
-퍼시 비시 셸리(Percy Bysshe Shelley)-

② 유래

플로라(Flora)는 로마 신화에 나오는 봄과 꽃의 여신이다. 플로라의 축제인 플로랄리아는 4월이나 5월 초에 열리는데, 이는 생명 순환주기 중 부활을 의미한다(Bruce–Mitford & Wilkinson, 2010). 봄의 상징인 어린양은 그리스도가 십자가에 못 박힌 후 부활했음을 나타낸다. 이는 봄의 부활절과 직결된다. 부활절은 춘분이 지난 후, 첫 번째 보름달 뒤에 맞이하는 일요일이다.

서양에서도 이탈리아어 '프리마베라(Primavera)'와 프랑스어의 '쁘렝땅(Printemps)'이 '첫 번째의'를 의미하는 접두어 '프리(pri–)'를 사용하는 것과 같이, 봄은 '제1의 계절'로 간주된다. 이것은 농경력인 로마력으로 추운 겨울이 끝나고 농경을 시작하는 첫 번째 절기로 봄이 시작되는 데서 유래한다. 켈트 신화에서 '초록인간(Green Man)'은 봄의 부활과 관련 있다(Bruce–Mitford & Wilkinson, 2010).

③ 상징적 의미

봄은 부활과 생명을 상징한다. 본질적으로 봄은 자연이 깨어나는 것으로 새로운 시작, 부활, 생명력, 밝은 희망, 기쁨 등을 나타내며, 흔히 어린아이나 젊은 여성으로 묘사되어 젊음, 아름다움, 짧은 시간을 의미하기도 한다. 심리적으로 봄은 희망과 새로운 시작에 대한 기대를 암시한다.

'정월을 설과 같이'라는 관용구는 사물의 시작, 새해의 시작이라는 의미를 가진다.

④ 신화와 고전

그리스 · 로마 신화에 등장하는 땅속 나라의 왕 하데스는 페르세포네를 납치해 땅속으로 들어가 버렸다. 딸이 없는 몇 개월 동안 데메테르가 땅을 돌보지 않아 곡식이 얼어붙고 사람들은 먹을 것이 없어졌다. 이를 본 제우스는 페르세포네가 반년씩 땅 위, 땅속 나라에서 살도록 했다. 딸이 돌아오자 데메테르가 행복한 마음으로 땅을 돌보아 싹이 트고, 꽃피는 봄이 왔다(Bulfinch, 2010). 신화에서 봄은 딸에 대한 어머니의 사랑과 그리움을 나타내고, 생명을 위해 필요한 존재로 표현된다.

⑤ 봄의 이미지

(성인)
봄은 희망과 새로운 시작을 나타낸다고 표현

2) 여름(summer)

① 사전적 의미

한 해의 네 철 가운데 둘째 철로, 봄과 가을 사이이며, 낮이 길고 더운 계절로, 달로는 6~8월, 절기로는 입하부터 입추 전까지를 이른다.

② 유래

농사와 풍요를 관장한 로마의 여신 세레스(Ceres)는 인간에게 곡식을 재배하고 이용하는 법을 알려 주었다고 한다. 보통 곡물 이삭으로 만든 화관을 쓰고 과일 바구니를 들고 있는 모습으로 형상화된다(Bruce-Mitford & Wilkinson, 2010).

여름은 곡식 이삭으로 만든 왕관을 쓰고 있거나 낫을 들고 있는 모습으로 많이 표현된다. 여름의 시작은 보리의 수확을 축하하고 감사하는 시간이다(그리스도교, 유대교의 '오순절') 여름에 결부되는 상징으로는 데메테르(세레스) 여신이나 아폴로, 사자, 용 그리고 게자리, 사자자리, 처녀자리 기호가 있다(Tresidder, 2007).

여름은 농익은 성숙의 계절로서 태양이 그 정점에 놓인다. 여름의 동물은 황금 사자와 용이었다. 중국에서 여름은 연꽃과 모란으로 상징된다(Bruce-Mitford & Wilkinson, 2010). 한편, 유럽 사람들에게 여름은 유일한 '태양의 계절'이며, 20세기 이후 서유럽제국의 노동자는 긴 여름휴가를 갖는 것이 관례가 되었다. 알프스 이북의 나라들은 공원에서 일광욕을 하거나 지중해 지역으로 여행을 떠나는 사람이 많다. 또한 스페인의 산페르민 축제(festival of San Fermin, 소몰이 축제)와 이탈리아의 승마 축제 등 열광적인 여름 축제도 일부 볼 수 있다.

③ 상징적 의미

여름은 무더운 날들로 생명체를 농익게 만든다는 점에서 성숙, 번창 등을 상징한다. 심리적 · 현실적으로는 힘들고 지친 상태임을 암시한다.

④ 신화와 고전

유명한 이솝우화 『해와 바람』에서 더운 여름날 해와 바람은 지나가는 나그네를 보고 누가 옷을 더 빨리 벗기는지 내기를 했다. 바람은 더 세게 바람을 불어 나그네의 옷을 벗기려 했지만 오히려 나그네는 옷을 더 껴 입었다. 그에 반해 해는 햇볕을 쨍쨍 내리쬐어 덥게 만들어 나그네가 겉옷을 벗게 해 내기에서 이긴다(전병준 편, 1992). 이 이야기에서 여름은 사계절 중 태양이 정점에 있는 가장 무더운 날로 모든 생명체를 농익게 만드는 성숙의 계절을 나타낸다.

⑤ 여름의 이미지

(초등학교 저학년 학교 부적응 아동)
여름: 무더운 여름을 지친 심정으로 표현

3) 가을(autumn)

① 사전적 의미

한 해의 네 철 가운데 셋째 철로, 여름과 겨울의 사이 계절이며 달로는 9~11월, 절기로는 입추부터 입동 전까지를 이른다.

② 유래

- 바쿠스(디오니소스, Bacchus): 그리스에서 술과 광란의 신이라 불리며 가을 포도 수확을 기념하는 축제와 관련이 있다.

• 페르세포네(Persephone): 여신 페르세포네는 곡물을 상징하며, 끊임없는 부활의 주기에 따라 지상과 지하를 오간다.
• 데위스리(Dewi Sri): 발리와 자바 섬의 연례인 쌀 축제는 데위스리 여신에게 봉헌하는 것이다. 데위스리는 왕관을 쓰고 때로 연꽃을 들고 있는데 이는 부활을 상징한다.
• 가을 수확 축제: 수확의 감사를 전하는 축제는 모든 농경사회에서 찾아볼 수 있다. 이 축제는 자연의 풍요를 기념하고 조상의 은덕을 기억하는 가을에 열리는 의식으로 공동체를 통합한다. 특별히 먹을 것과 마실 것을 준비하는데, 대개 그 가을에 수확한 것으로 축제를 하면서 먹고 마시며 여기에는 누구 하나 빠지지 않는다(Bruce-Mitford & Wilkinson, 2010).

③ 상징적 의미

가을은 풍요로움, 수확, 결실, 여유 등을 상징한다. 흔히 가을은 어린아이나 여성이 포도 바구니를 품고 있는 모습으로 묘사되는데, 이는 풍요로움과 후한 대접을 의미한다. 심리적으로는 추억과 아픈 기억, 외로움, 쓸쓸함을 암시한다.

④ 신화와 고전

우리나라의 민담 '의좋은 형제'에서 사이좋은 의형제는 각자의 논이 있지만 서로 농사를 도와주며 지냈다. 수확 시기가 되자 형은 아우가 살림을 차렸기 때문에, 동생은 형이 식구가 많기 때문에 형편이 어려울 것을 생각하고 서로의 논에 볏단을 옮겨 놓았다. 다음날 높이가 그대로인 것을 보고 이상하게 생각한 형제는 밤길에 다시 볏단을 짊어지고 가다 만났다. 그제야 높이가 그대로인 이유를 알고 형제는 서로 부둥켜안고 울며 영원한 우애를 다짐했다. 이 이야기에서 가을은 풍요로움과 여유, 베풂을 나타낸다.

⑤ 가을의 이미지

(성인)
가을은 과거의 지나간 추억과 아픈 기억을 떠오르게 한다고 표현

4) 겨울(winter)

① 사전적 의미

한 해의 네 철 가운데 넷째 철로, 가을과 봄 사이의 계절이며, 낮이 짧고 추운 계절로, 달로는 12~2월, 절기로는 입동부터 입춘 전까지를 이른다.

② 유래

천으로 몸을 감싸고 있는 로마의 조각상을 보면 이를 통해 고대인들이 어떻게 겨울을 해석했는지 알 수 있다. 추위를 피하기 위해 외투로 온몸을 감싼 노인의 모습이다. 혹독한 날씨에 등을 구부린 형상으로 표현되기도 한다. 그리스 신화에서 차가운 북풍과 겨울의 신으로 묘사되는 보레아스(Boreas)는 파괴적인 잠재성을 지니고 있었기에 두려움의 대상이었다. 아테네의 배들은 출항하기 전에 보레아스에게 기원했고, 그를 기념하기 위해 축제를 열었다(Bruce-Mitford & Wilkinson, 2010).

많은 문화는 계절의 변화를 설명하기 위한 그들만의 이야기를 가지고 있다. 그중 고대 그리스 신화의 페르세포네는 납치를 당해 지하 세계로 잡혀 갔다. 그동안 지상은 암울해지고 아무것도 자라지 않았다. 하데스 신은 페르세포네를 지상으로 보내 주기도 했으나, 해마다 몇 달씩은 지하 세계에 가두어 두었고, 이때 지상은 다시 황량하게 변했다. 이 시기가 바로 겨울에 해당했다(Bruce-Mitford & Wilkinson, 2010).

③ 상징적 의미

겨울은 황량함을 상징하며, 찬바람이 불고, 나뭇잎이 다 떨어지며, 온 세상이 황량해지는 죽은 시간이라는 점에서 어려움, 시련, 고독, 적막함, 음산함, 단절감 등을 나타낸다. 한편, 겨울은 '끝남'이며 삶의 끝은 '죽음'이기에 겨울과 죽음을 동일시하나, 다시 찾아오는 봄이 있다는 점에서 봄을 기다리는 시련의 시간을 의미하기도 한다. 심리적으로는 주변의 냉담함으로 인한 쓸쓸하고 외로운 심정, 따뜻한 애정에 대한 그리움을 암시한다. '겨울의 시대'라는 관용구는 활동 혹은 성적 등이 저조하거나 곤경에 처해 있는 상황을 나타낼 때 사용된다.

④ 신화와 고전

『행복한 왕자(Happy prince and other stories)』(Wilde, 2013)에서 마을 가운데 우뚝 서 있는 '행복한 왕자' 동상은 금은보석으로 치장이 되어 있었다. 어느 날 날씨가 추워져 따뜻한 곳으로 가려던 제비가 왕자의 부탁으로 왕자의 몸에 있는 보석을 떼어 가난한 사람들에게 나누어 주게 된다. 이윽고 겨울이 오고 따뜻한 곳으로 날아갈 수 없었던 제비는 행복한 왕자 동상의 발 밑에서 얼어 죽게 된다. 여기서 겨울은 춥고 혹독하여 행복한 왕자와 제비를 죽음으로 이끄는 추위로 나타난다.

⑤ 겨울의 이미지

(초등학교 저학년 또래관계에 어려움이 있는 아동)
겨울: 외로움, 쓸쓸한 정서, 추운 겨울을 표현함으로써
따뜻한 애정에 대한 그리움을 동시에 나타냄

※ 상징적 의미

결혼	가정, 거룩함, 걱정, 결혼사진, 결혼행진곡, 공표하는 의식, 기쁨, 깨끗함, 꽃, 남녀, 남편, 돈, 동반자, 떨림, 만남, 목사님, 무덤, 반지, 배우자, 부부, 부케, 북적거리다, 불안함, 사람, 사랑, 새로운 세계, 새로운 시작, 서약, 설렘, 슬픔, 신랑, 신부, 신혼여행, 아쉽다, 약속, 연결점, 웨딩드레스, 이루다, 인생, 인연, 재미있다, 제2의 인생, 조율, 조화, 주례, 즐거움, 책임, 초대, 축복, 축하, 출발, 친구들, 턱시도, 피로연, 하객, 하나 되다, 하얀색, 한 번의 호사, 한복, 행복함, 허례허식, 혼수, 화려함, 화합, 환희
임신	10개월, 2세, 감동, 결혼, 경이롭다, 고귀함, 고단하다, 고통, 궁금하다, 기다림, 기쁨, 내 아이, 단련, 대화, 두 사람의 끈, 두려움, 딸, 만남, 만삭, 메스꺼움, 무겁다, 배, 배부름, 부럽다, 부인, 사랑의 결실, 산모, 새로운 시작, 새 생명, 생각, 설렘, 성장, 세포분열, 소망, 소중함, 수정, 숭고함, 신기하다, 신비, 신혼기, 아름다움, 아빠, 아이, 안도, 여자의 몸, 웃음, 유모차, 육아, 인내, 입덧, 잉태, 자궁, 자연분만, 절제, 젊음, 조심, 준비, 증거, 책임감, 처음, 축복, 클래식, 탄생, 태교, 행복, 희망, 힘들다
탄생	가을, 감사하다, 겨울, 경이롭다, 고생, 고통, 기대, 기쁨, 년(年), 눈물, 동생, 만나다, 미역국, 변화, 봄, 비너스, 산부인과, 새 생명, 새싹, 생명, 생일, 설렘, 설화, 세상의 빛을 보다, 숨을 쉬다, 시작, 신비하다, 신화, 아기, 알, 알몸, 여름, 예수, 울음소리, 월(月), 위대함, 의미, 인간, 일(日), 즐거움, 쭈글쭈글, 촛불, 축복, 축하, 출발, 출산, 케이크, 태아, 피, 행복, 환희
졸업식	가운, 가족, 결과물, 고생, 공부, 과정, 교육, 기대, 기쁨, 꽃다발, 꿈, 끝, 달걀, 대견, 동창, 두려움, 마무리, 마침표, 만남, 명예, 미래를 위한 단계, 밀가루, 부담감, 뿌듯하다, 사진, 상장, 새로운 시작, 새 출발, 서운함, 선물, 성장, 성취감, 슬프다, 시원함, 식사, 아쉬움, 앨범, 완성, 외롭다, 이별, 작별, 졸업, 졸업장, 준비, 추억, 축하, 취업, 친구, 학사모, 헤어짐, 활기, 희망
죽음	검은색, 겸손, 고요, 고통, 관, 그림자, 끝, 낙원, 노인, 눈물, 답답하다, 두렵다, 또 다른 삶, 마감, 마무리하다, 묘지, 무덤, 무서움, 버리고 싶다, 부활, 산소, 새로운 세계의 시작, 소망, 순리, 숨을 거두다, 슬픔, 싫다, 아픔, 암흑, 어둠, 어쩔 수 없는, 없어짐, 영생, 영안실, 영원, 영원한 잠, 위로, 의식, 이별, 저승사자, 정리, 졸업, 종말, 천국, 편안함, 평화, 하나님, 하늘, 해결, 허무, 허전함, 환생, 회상, 후회, 휴식
장례식	가족, 검은색, 겸손, 경건하다, 경직된, 고요, 고통, 관, 국화, 끝, 눈물, 덧없음, 두려움, 떠나다, 마무리, 마음을 다지다, 먹먹함, 무거움, 무덤, 배웅, 보내다, 불쌍하다, 비통하다, 사진, 상실, 생각, 서글픔, 소천, 숙연하다, 술, 슬픔, 아련하다, 안녕, 애도, 어두움, 엄숙하다, 영구차, 용서, 우울, 울다, 웃음과 울음의 교차, 음식, 이별, 인생, 장례식장, 장엄하다, 장의사, 정리, 조문, 죽음, 중간 정거장, 지옥, 천국, 천국 입성 환송, 촛불, 편안하다, 향냄새, 헤어짐, 화장, 화투, 회고, 흰 꽃
계절	감기, 감정 변화, 건강, 구분, 기다림, 기대감, 기분 좋음, 기쁘다, 기온 차, 꽃, 나이 듦, 늙음, 다르다, 돈다, 돌아오다, 먹거리, 바뀌다, 반복, 변화, 변화의 고마움, 변화의 설렘, 분위기, 빠르다, 사계절, 사색, 설렘, 세월, 스포츠, 시간, 시간의 흔적, 시간이 흐른다, 식물, 신비감, 신실함, 아름답다, 여행, 영원함, 옷, 이상기후, 인생, 자연, 축복, 춘하추동, 푸르름, 형형색색, 환경

Chapter **10**

기타 상징 이야기

1. 음식물
2. 숫자
3. 제스처
4. 색채
5. 기호

1. 음식물

인간이 생명을 유지하기 위한 가장 근본적인 방법은 음식물을 먹고 각종 영양소를 섭취하는 것으로, 먹는 행위는 인간의 본능적인 식욕과 관련이 있다. 아동의 경우 자신의 존재 의의를 음식을 먹는 행위를 통해 확인하며, 음식을 먹는 모든 사람은 먹는 행위를 통해 자연의 순환에 동화된다. 즉, 자연으로부터 영양분을 흡수하는 신진대사 작용을 통해 인간은 자연과 소통한다. 흔히 제사나 잔치와 같은 의례 행위에 사용되는 음식물은 그 의례의 상징성과 문화를 표현하는 언어라고 할 수 있다. 또한 우리나라는 붉은 팥이 건강과 번영을 가져다준다고 생각하여 동짓날 팥죽을 먹으면 잡귀를 쫓고 나쁜 일을 막을 수 있다고 믿었다. 또한 정월대보름의 부럼과 절식은 건강과 풍요를 기원하는 상징적 의미를 지니고 있다. 이 절에서는 이처럼 다양한 의미를 나타내는 음식물에 대한 상징적 의미를 살펴보고자 한다.

1) 과일 및 열매

(1) 포도

① 사전적 의미

"포도는 포도과의 낙엽 활엽 만목으로, 과실나무의 한 가지다. 덩굴은 길게 뻗고 덩굴손으로 다른 물건에 감긴다. 초여름에 담녹색 꽃이 피고, 늦여름에 잘고 동글동글한 열매가 조롱조롱 송이를 이루어 익는다."(두산동아 사서편집국 편, 2016). "포도는 포도과의 낙엽 활엽 덩굴성 나무로, 덩굴은 길게 뻗고 퍼져 나가 덩굴손으로 다른 것에 감아 붙는데, 첫여름에 담녹색의 다섯잎 꽃이 핀다. 포도나무라고도 한다."(민중서림 편집부 편, 2016).

우리가 먹는 것이 곧 우리 자신이 된다.
–히포크라테스(Hippocrates)–

② 유래

포도덩굴은 성서에서 노아가 대홍수를 만난 뒤 처음으로 심은 식물이며, 출애굽기에서 이스라엘인들이 약속의 땅에 도착했음을 알려준 최초의 표시가 포도 달린 가지였다. 포도덩굴은 신에게서 온 선물을 상징하기 때문에 유대교 제의에서 중요하게 다루어졌다(Tresidder, 2007).

③ 상징적 의미

포도는 자연의 풍요를 나타내는 가장 오래된 상징 가운데 하나이며, 영적인 생명과 재생을 의미한다. 종교적으로는 부활을 의미하는 한편, 포도밭은 축복받은 풍요를 상징한다. 심리적으로는 좋은 성과나 결과를 내고 싶은 욕구를 암시하는 반면, 애정의 욕구 표현이기도 하다.

④ 신화와 고전

이솝우화『포도밭에 숨겨진 보물』의 줄거리는 다음과 같다. 포도 농사를 짓던 농부가 게으른 세 아들에게 포도밭에 보물이 있다고 유언을 남긴다. 세 아들은 아버지가 돌아가시고 난 후 포도밭을 파헤치지만 보물을 찾지 못한다. 가을이 되자 포도밭에 탐스러운 포도가 보석처럼 아름답게 빛나는 것을 보고 세 아들은 포도가 보석임을 깨닫는다(예지현 편집부 편, 2003). 이 동화에서 포도는 어리석은 세 아들이 깨달음을 얻고 새로운 삶을 살도록 축복을 주며, 아름다움을 가진 귀한 존재로 상징된다.

⑤ 포도의 이미지

(성인)
수확하는 포도 사진처럼 자신이 원하는
일도 좋은 성과와 결과를 내고 싶다고 표현

(2) 사과

① 사전적 의미

"사과는 사과나무의 열매로, 평과(苹果)라고도 한다."(두산동아 사서편집국 편, 2016). "장미과의 낙엽 교목으로, 봄에 흰 꽃이 핀다. 열매인 사과는 식용한다. 품종이 많은데, 홍옥, 국광, 부사 따위가 많이 알려져 있다."(민중서림 편집부 편, 2016).

② 유래

그리스도교에서 사과는 전통적으로 에덴동산에 있는 금단의 열매다. 이브는 뱀의 유혹에 빠져 이 열매를 땄다. 이리하여 사과는 인류의 타락을 상징하게 되었다(Impelluso, 2010). 그리스도교에서 말하는 인류의 죄는 아담과 이브가 열매를 먹고 그들 본연의 순수함을 잃어버린 것이다. 유대교에서는 인간이 신에게 불복한 것이라고 설명한다. 그리스도교 예술에서는 이 과일을 사과로 묘사하기도 한다. 인간의 목젖은 아담의 식도에 걸린 과일이 솟아오른 것이라고 전해진다. 이것은 말장난으로, '말룸(mălum)'이라는 단어에 '사과'와 '악마'라는 뜻이 있기 때문이다(Fontana, 2011). 한편, 원래 죄악이라는 의미와 별개로 사과는 서양에서 부의 상징이다. 그리스 신화에서 세상 서쪽 끝에 있는 축복받은 정원을 돌보는 님프인 헤스페리데스(Hesperides)의 황금 사과는 불멸을 선사하는 과일이다. 그리스도교 철학자 오리게네스는 솔로몬의 노래에 언급된 사과를 달콤하고 비옥한 신의 세계로 해석했다(Fontana, 2011).

③ 상징적 의미

사과는 사랑, 결혼, 봄철, 젊음, 풍요, 장수, 불사를 의미하며, 유혹과 원죄의 상징이다. 사과는 잘랐을 때 드러나는 단면 중심부의 핵 부분이 음문 모양이어서 절정의 기쁨, 성적인 기쁨을 나타내기도 한다. 간혹 사과는 지식과 결부되는데, 이는 이브가 선악에 관한 지식의 나무에서 사과를 딴 것에서 유래한다. 심리적으로는 충족되지 못한 애정의 욕구, 성취의 욕구, 에너지를 얻고 싶음, 풍요로움을 암시한다.

④ 신화와 고전

『백설공주(Snow White)』(Jacob & Wilhelm, 2013a)의 주인공 백설공주는 왕비의 질투로 독이 든 사과를 먹고 마법에 걸려 깊은 잠에 빠져든다. 지나가던 왕자가 유리관에서 잠들어 있는 공주를 보게 되고, 난쟁이들에게 사연을 듣고 공주를 자신의 나라로 데려간다. 길을 가던 중 유리관이 떨어져 공주의 목에 걸려 있던 사과가 튀어나와 공주는 살아나게 된다. 이 동화에서 사과는 사람을 현옥시키는 빨간색의 아름다운 외향을 가지고 있다. 하지만 그 속엔 무서운 독이 있는 위험한 것으로 양면성을 가진 대상으로 표현된다.

⑤ 사과의 이미지

(중학교 1학년 무기력 청소년)
인공 사과: 충족되지 못한 애정 욕구를 표현

(성인)
사과를 통해 색감이 예쁘고 풍요로움이 느껴진다고 표현

(3) 복숭아

① 사전적 의미

"복사나무의 열매로, 도실(桃實)이라고도 한다."(두산동아 사서편집국 편, 2016). "복숭아나무의 열매로, 품종에 따라 크기가 다르고 단맛이 있으며 담홍색으로 익는다. 도실(桃實)이라고도 한다."(민중서림 편집부 편, 2016).

② 유래

도잠(陶潛)의 『도화원기(稻花源記)』에서는 동진(東晋)의 한 어부가 배를 타고 강을 따라 가다가 복숭아꽃이 만발한 곳에 이른다. 그곳에는 진나라 때 전란을 피해 온 사람들이 살고 있었는데, 그들은 한(漢), 위(魏), 진(晉)에 걸친 수백 년의 세월이 흐른 것도 모르고 있었다. 여기서 현세와 유리된 무릉도원, 별천지, 유토피아는 복숭아와 관련되고 이때 복숭아는 불로장생의 선과로 드러난다(이승훈, 2009). 복숭아는 중국과 일본에서 장수의 상징이다. 그리스도교에서 복숭아와 그 잎은 정직함을 의미하는데, 이는 고대에 복숭아가 마음에서 '우러나오는 말'을 상징한 데서 유래했다(Fontana, 2011).

③ 상징적 의미

복숭아는 장수, 정직함의 상징이다. 심리적으로는 성취의 욕구, 에너지를 얻고 싶음을 암시한다.

④ 신화와 고전

『연이와 버들도령』(정진, 장혜련, 2007)에서 연이는 의붓어머니의 모진 구박을 받으며 살아간다. 추운 겨울 어느 날 의붓어머니는 연이에게 복숭아를 구해 오라고 하고, 연이는 산을 헤매다 버들도령이 살고 있는 동굴을 발견한다. 동굴 안에는 탐스러운 복숭아가 열려 있고 버들도령이 준 복숭아로 연이는 위기를 모면하게 된다. 여기서 복숭아는 귀하고 신비로움을 간직한 과일로 나타난다.

⑤ 복숭아의 이미지

(성인)
복숭아 사진을 통해 색감이 선명해서 기분이 좋아지고 힘을 얻는다고 표현

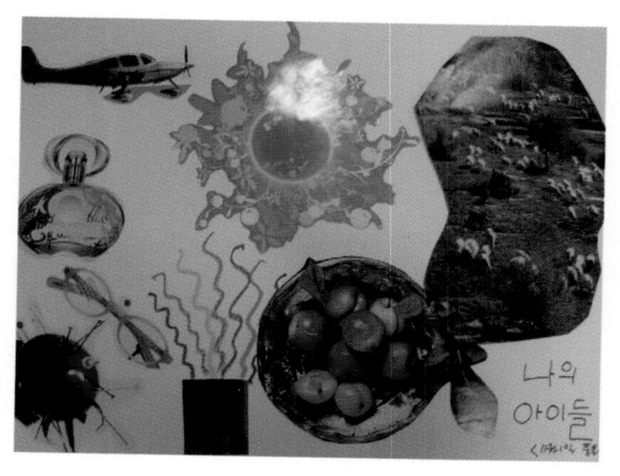

(성인)
수확한 복숭아처럼 자신이 원하는 일들도 좋은 결실을 맺고 싶다고 표현

(4) 석류

① 사전적 의미

"석류나무의 열매"(두산동아 사서편집국 편, 2016).

② 유래

곡물 여신의 딸 페르세포네가 하데스에게 납치되는 식물 신화에서, 페르세포네가 지상으로 돌아가려 하자 하데스는 그녀에게 석류 하나를 준다. 석류를 먹은 페르세포네는 겨울마다 지하 세계로 돌아가지 않을 수 없게 된다. 이 과일은 디오니소스의 피에서 돋아났다고 한다(Tresidder, 2007). 고대 페르시아의 과일로서 로마인들에게 '카르타고의 사과'로 알려진 석류는 지중해 지역과 중국에서 주로 풍요, 사랑, 결혼과 결부된 이미지를 갖고 있었다. 중국에서 석류는 부처가 축복한 세 가지 과일 가운데 하나다(Tresidder, 2007).

③ 상징적 의미

석류는 풍요, 사랑, 성적인 유혹을 상징하며, 씨앗이 많다는 면에서 번식, 다산, 유혹의 의미 또한 내포한다. 심리적으로는 성취의 욕구, 에너지를 얻고 싶음을 암시한다.

④ 신화와 고전

그리스 신화에 등장하는 이야기로, 페르세포네를 사랑하게 된 지하의 신 하데스는 페르세포네를 지하 세계로 납치한다. 이 사실을 알게 된 어머니 데메테르는 제우스에게 딸을 돌려줄 것을 하데스에게 명해 달라고 부탁한다. 제우스는 페르세포네가 명계에서 아무것도 먹지 않았다면 구할 수 있다고 한다. 이 사실을 알게 된 하데스는 페르세포네에게 석류를 내밀며 이것을 먹으면 집으로 돌려보내 주겠다고 한다(Stephanides, 2001). 그 말에 페르세포네는 석류를 먹고, 지하 세계를 벗어나지 못하게 된다. 여기에서 석류는 아름다운 색채를 띤 유혹과 불행의 과일로 나타난다.

⑤ 석류의 이미지

(중학교 1학년 진로탐색 청소년)
빨간 석류를 통해 에너지를 얻고 싶은 욕구와 성과의 의지를 표현

(5) 배

① 사전적 의미

"배나무의 열매"(두산동아 사서편집국 편, 2016).

② 유래

배는 불룩 나온 아랫배 부분이 여자의 자궁을 암시한다고 하여 아프로디테와 결부되었다. 또한 배나무의 목재는 쉽게 부식되어 좋지 않은 함의를 띤다. 한편, 달콤한 맛의 배는 관례적으로 긍정적인 관점을 지니며 성모자도 그림에 등장하는데, 이와 같은 상징은 하나님이 얼마나 선한지 맛보며 깨달을 것을 권유하는 것으로 배의 미덕은 달콤함 또한 암시할 수 있다(이승훈, 2009). 로마인들은 배를 남성의 생식기와 같은 단어로 사용했으며 이러한 상징은 르네상스 시대까지 이어졌다. 그리스 신화에서 배는 아프로디테와 헤라에게 바쳐진 과일로 나타난다(Fontana, 2011).

③ 상징적 의미

배는 어머니, 사랑의 상징이며, 배나무가 오래 산다는 점에서 장수를 나타내기도 한다. 심리적으로는 관심과 애정의 욕구, 에너지를 얻고 싶음을 암시한다.

④ 신화와 고전

전래동화 『며느리 방귀』에 따르면, 어느 마을에 얼굴이 환한 며느리가 시집을 온다. 하지만 날이 갈수록 며느리의 얼굴이 누렇게 변해 가자 시아버지가 그 이유를 묻는다. 며느리는 방귀를 참아서 그렇다고 하고, 시아버지는 마음껏 방귀를 뀌라고 한다. 하지만 며느리가 방귀를 끼자 온 가족이 날아가게 되고, 이에 며느리는 집에서 쫓겨 난다. 친정으로 가던 며느리는 배나무 밑에서 배를 따고 싶어 하는 비단 장수와 유기 장수를 만나는데, 며느리가 방귀를 뀌어 배를 따 주고 이들에게 비단과 놋그릇을 선물로 받는다. 며느리는 이 선물을 들고 시댁으로 돌아오게 된다(오현경, 채종월 편, 2013). 여기에서 배는 탐스럽고 먹음직스러운 외향을 갖고 있으며, 값 비싸고 귀한 것으로 나타난다.

⑤ 배의 이미지

(중학교 2학년 애착 문제가 있는 청소년)
여러 음식과 함께 있는 배를 통해 관심과
애정의 욕구를 표현

(6) 도토리

① 사전적 의미

"도토리는 떡갈나무를 비롯한 졸참나무, 갈참나무 따위 참나뭇과의 나무에 열리는 열매를 통틀어 이르는 말이다."(두산동아 사서편집국 편, 2016).

② 유래

아일랜드 전설에는 마법의 도토리를 먹은 연어에 우주의 지혜가 스며들었고 영웅 핀 마쿨(Finn MacCool)이 연어를 먹고 지혜를 얻었다고 한다(Fontana, 2011).

③ 상징적 의미

도토리는 신의 통찰, 신비한 지식을 상징하며, 그 모양이 남근처럼 생겨 번식에 적절하므로 다산을 나타낸다. 심리적으로는 관심과 애정의 욕구, 에너지를 얻고 싶음을 암시한다.

④ 신화와 고전

『마루는 형이야』(함영연, 노선미, 2012)의 줄거리는 다음과 같다. 다람쥐 마루는 굴참나무에서 놀며 맛있는 도토리를 먹는 것이 즐거웠다. 굴참나무 밑에 아기 다람쥐가 와 있는 것을 보고 아기 다람쥐를 쫓아 내지만 왠지 섭섭함이 느껴진다. 어느 날 다시 나타난 아기 다람쥐를 보고 마루는 떨어진 도토리를 먼저 준다. 잠시 후 열 개의 도토리가 더 떨어진다. 여기에서 도토리는 화해와 우정을 나타내며, 축복을 의미한다.

⑤ 도토리의 이미지

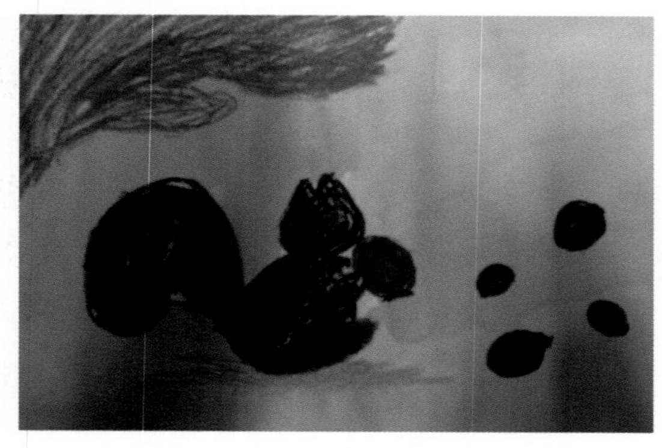

(중학교 1학년 학교폭력 가해 청소년)
다람쥐가 먹고 있는 도토리를 통해 지친 심신을 달래는 에너지원을 표현

(7) 기타

- 바나나: 바나나 나무는 씨가 없는 열매를 맺고 죽는다. 불교에서는 이것이 세속의 덧없음을 상징하는 의미로 사용된다(흙 속의 뿌리를 통해 번식한다).
- 대추: 바빌로니아에서 신성한 나무로 숭배되었다. 히브리어 성경을 보면 대추는 신의 축복을 받은 시민으로 묘사된다. 코란에는 마리아가 대추나무 아래에서 예수를 잉태했다고 나온다.
- 오렌지: 결혼의 상징인 오렌지, 꽃은 전통적으로 처녀인 신부가 달았는데, 그 모양과 색상 또한 태양과 관련된다.
- 감: 처음에는 떫은 맛이 나지만 익으면 매우 달콤해지는 감은 불교에서 영적 변화의 상징이다.
- 딸기: 관능적인 붉은 열매 모양 덕분에 딸기는 여성의 성적 매력을 상징하게 되었으며 로마 신화 속 사랑의 여신인 비너스를 지칭하는 의미가 되었다. 프랑스 일부 지역에서는 갓 결혼한 신랑과 신부가 최음제로 딸기 주스 한 컵을 서로 나눠 마신다. 또 남녀가 딸기 한 개를 반씩 나눠 먹으면 사랑에 빠진다는 설화도 있다. 여름 과일인 딸기는 태양과 관련된 신화에도 등장하며 북미 인디언 전통에서 여름을 상징하기도 한다.
- 파인애플: 솔방울로 오인되는 스톤 파인애플은 18세기 유럽 저택의 벽과 문설주에 즐겨 새겨진 문양이다. 당시에는 유럽에서 극소수의 사람들만이 파인애플과 같은 열대 과일을 구할 수 있었다. 이 과일은 열대 지방에서부터 먼 거리를 선박 운송으로 수입하거나 난방을 하는 온실에서 키워야 했기 때문이다. 비싼 과일로 인식되어 주로 부와 무한한 호의를 의미하는 상징이 되었다.
- 자두: 북미 인디언 포니 족에게 야생자두는 생식의 상징이다. 중국에서 자두나무는 '겨울의 세 친구' 중 하나이며 익지 않은 자두는 스승과 비교되는 제자를 지칭한다. 그리스도교에서 자두는 정절과 독립을 의미한다(Fontana, 2011).

2) 일년초 및 다년초

(1) 인삼

① 사전적 의미

"인삼은 두릅나뭇과의 다년초로, 예로부터 약용으로 많이 재배하고 있는 식물이다. 줄기 높이는 60cm가량이고, 뿌리는 희고 살이 많으며 가지를 많이 친다. 줄기 끝에 손바닥 모양의 잎이 서너 개 돌려나며 봄에 연한 녹색 꽃이 피고 길쭉한 열매가 붉게 익는다. 4~6년 만에 수확한다."(두산동아 사서편집국 편, 2016). "인삼은 두릅나뭇과의 여러해살이풀로, 깊은 산에 야생하거나 밭에서 기르는데, 높이 60cm가량이다. 줄기는 외줄기로 곧게 서며, 서너 개의 잎이 줄기 끝에 돌려나고 뿌리는 희고 비대한 다육질이다. 봄에 녹황색 다섯잎 꽃이 피고 열매는 타원형으로 붉게 익는다. 한방에서 강장제의 약재로서 중히 여기며 널리 재배한다. 야생종을 '산삼', 재배종을 '가삼'이라 한다."(민중서림 편집부 편, 2016).

② 유래

1,500년 전, 지금의 금산군 남이면 성곡리에 홀어머니를 봉양하는 강 처사가 있었다. 그는 아버지를 일찍 잃고 홀어머니를 모시고 살았는데, 어느 날 어머니가 불치의 병에 걸렸다. 강 처사는 진악산 관음굴에 들어가 산신에게 지성으로 기도를 하였다. 그랬더니 산신이 현몽하여 말하기를 "관음 바위 절벽에 가면 빨간 열매가 세 개 달린 풀이 있다. 그 뿌리를 어머니께 달여 드려라."라고 했고, 강 처사는 그대로 하여 어머니의 병을 낫게 할 수 있었다. 감동한 강 처사는 씨앗 세 개를 남이면 성곡리 재안 부락에 심어 재배하였다. 뿌리가 사람과 비슷한 데서 인삼이라고 하였다. 이처럼 흔히 민간 설화에 나타나는 산삼 또는 인삼은 지성(至誠)이면 감천(感天)이라는 인식을 바탕으로 해 얻는, 선과 정성이 가득한 사람이 받는 하나의 대가였다(동아출판사 편, 1993).

③ 상징적 의미

인삼은 행운, 복을 상징하며, 원기회복, 생명력, 귀함, 인내, 끈기를 나타내기도 한다. 심리적으로는 에너지를 얻고 싶은 욕구를 암시한다.

④ 신화와 고전

고려 시대의 개성상인 '송상'은 신용을 가장 중요한 것으로 여겨 사고판 물건들을 장부에 정리했다. 까다롭기로 소문난 중국 상인들이 인삼을 사기 위해 몰려들었다. 고려 인삼은 관리가 철저하고 약효가 뛰어난 것으로 유명하여 중국인들이 많이 사 가게 되었다(한국일보, 2006. 2. 6.). 여기에서 인삼은 아픈 몸을 낫게 해 주는 뛰어난 효능과 값 비싸고 귀한 약초로 표현된다.

⑤ 인삼의 이미지

(성인)
인삼을 통해 좋은 음식을 먹고 에너지를
충전하고 싶다고 표현

(2) 양파

① 사전적 의미

"양파는 백합과의 이년초로, 지중해 연안 원산의 채소의 한 가지다. 잎은 가늘고 길며 속이 빈 파 모양이고, 땅속의 비늘줄기는 둥글넓적하며 맛이 맵고 향기가 독특하다."(두산동아 사서편집국 편, 2016). "백합과의 여러해살이풀로, 잎은 속이 빈 원기둥형으로 가을에 꽃대를 내어 끝에 많은 백색 또는 담자색의 작은 꽃을 단다. 땅속의 비늘줄기는 둥글넓적한데 널리 식용한다. 페르시아가 원산지다."(민중서림 편집부 편, 2016).

② 유래

고대 이집트에서 양파는 불멸을 상징하는 장례 봉헌물이었고, 중세 유럽에서는 소작료 대신 받는 작물이었다(Bruce-Mitford & Wilkinson, 2010).

③ 상징적 의미

양파는 고리모양의 속 형태 때문에 내세, 불멸을 상징한다. 음식의 부속물로 어디에서나 필요한 존재가 되고 싶음을 암시한다.

④ 양파의 이미지

(성인)
양파가 다른 재료들과 잘 어울리는 것처럼
자신도 타인과 잘 어울리고 어디에서나 필요한
존재가 되고 싶다고 표현

(3) 고구마

① 사전적 의미

"고구마는 메꽃과의 다년초로, 줄기는 땅 위로 길게 뻗고 땅속뿌리의 일부가 살이 쪄서 덩이뿌리를 이룬다. 덩이뿌리는 달고 전분이 많아 식용이나 공업용으로 쓰인다. 감저(甘藷)라고도 한다."(두산동아 사서편집국 편, 2016). "고구마는 메꽃과의 여러해살이풀로, 중앙아메리카 원산으로 따뜻한 지방에서 재배한다. 줄기는 땅 위로 길게 뻗으며, 덩이뿌리는 녹말이 많아 식용 및 공업용으로 쓴다."(민중서림 편집부 편, 2016).

② 유래

고구마는 중국에서 전래되었다는 뜻에서 일본 오키나와 지역에서는 '가라이모(唐芋)'라고 불렀다. 1605년, 중국에 왕래하던 '차탄찬노구니손(北谷野國村) 마을'의 기마 신조는 노구니 총관을 찾아가 고구마 모종을 얻고 재배법을 배운 뒤, 스스로 연구해서 가라이모 보급에 발 벗고 나섰다. 10여 년이 지나자 고구마 재배법은 류큐 전역으로 퍼져 나가 주요 식량원으로 자리 잡았다. 그 후 노구니 총관이 죽자 사람들은 그 공적을 기려 '고구마 태부'라고 부르며 칭송했고, 1765년에 류큐 왕실은 그의 자손들에게 사무라이 신분을 부여했다고 한다(千葉縣歷史教育者協議會世界史部會, 2002).

③ 상징적 의미

고구마는 수확, 결실을 상징한다. 심리적으로는 결실에 대한 기대와 성과, 희망, 에너지를 얻고 싶은 욕구를 암시하며, 땅속에 묻혀 있는 고구마를 투시하듯이 표현한 경우 내면의 자신감을 나타내기도 한다.

④ 고구마의 이미지

(고등학교 1학년 학교 부적응 청소년)
땅 속의 고구마: 내면의 자신감, 희망을 표현

(4) 감자

① 사전적 의미

"감자는 가짓과의 다년초로, 식용 작물의 한 가지다. 줄기 높이는 60~100cm이고, 초여름에 흰빛 또는 자줏빛 꽃이 핀다. 땅속의 덩이줄기를 '감자'라 하는데, 전분이 많아 널리 식용되며, 알코올 원료 등으로도 쓰인다. 마령서(馬鈴薯), 북감저(北甘藷)라고도 한다."(두산동아 사서편집국 편, 2016). "감자는 가짓과의 여러해살이풀로, 칠레 원산으로 세계 각지의 온대 및 한대에서 널리 재배되며 땅속의 덩이줄기는 '감자'라 하는데, 녹말이 많아 식용한다."(민중서림 편집부 편, 2016).

② 유래

감자는 3,500년 전부터 페루 등지에서 재배되었고, 두 가지 경로를 통해 유럽에 전해졌다. 한편, 1573년 세비아의 병원에서 행정업무를 담당하던 수도사들이 감자밭을 일구었다는 기록도 있다. 프랑스인들은 감자를 미천한 식물이라고 하여 오랫동안 재배에 거부감을 표했다(Germa, 2004).

③ 상징적 의미

감자는 수확, 결실을 상징한다. 심리적으로는 결실에 대한 기대와 성과, 희망, 에너지를 얻고 싶은 욕구를 암시한다. 반면에 땅속에 묻혀있는 감자를 투시하듯이 표현한 경우 내면의 자신감을 뜻한다.

④ 신화와 고전

『방아 찧는 호랑이』(서정오, 리춘길, 2010)의 줄거리는 다음과 같다. 밭일을 간 부모님을 기다리던 오누이는 화로에 감자를 구워 먹는데, 맛있는 감자 냄새가 온 산에 풍긴다. 배가 고픈 호랑이가 감자 냄새를 맡고 오누이 집에 들어오지만 오누이는 재치를 발휘하여 호랑이를 위험에 빠트린다. 호랑이는 몸통이 지붕에 끼고 발은 감자를 굽고 있는 화로에 닿아 뜨거움을 피하려고 발로 방아 찧는 시늉을 하게 된다. 여기에서 감자는 가난한 살림에 영양이 많은 먹을거리로 사람에게 이로움을 주고, 가족 간의 정과 따뜻함을 나누게 하는 대상이 된다.

⑤ 감자의 이미지

(중학교 3학년 진로탐색 청소년)
수확한 감자: 결실에 대한 기대와 성과를 표현

(5) 토마토

① 사전적 의미

"토마토는 가짓과의 일년초로, 남아메리카 원산의 재배 식물로서 줄기 높이는 1m가량이다. 여름에 노란 꽃이 피고 열매는 둥글넓적하며 붉게 익는다. 열매에는 비타민 A와 C가 많다."(두산동아 사서편집국 편, 2016).

② 유래

토마토를 최초로 수확한 사람은 아즈텍 족으로 추정된다. 처음에 토말트라고 부르던 토마토는 작고 노란색을 띠어 이탈리아에서 '포모도로(pomodoro)' 혹은 '황금 사과'라고 불리게 되었다. 미국 남서부에 살던 푸에블로 족은 토마토 씨를 신성한 의식에 사용했다(Fontana, 2011).

③ 상징적 의미

토마토는 내부의 많은 씨 때문에 다산을 상징했으며, 또한 최음제로 간주해 '사랑의 사과'로 알려졌다. 심리적으로는 애정의 욕구, 에너지를 얻고 싶은 욕구를 암시한다.

④ 신화와 고전

『난 토마토 절대 안 먹어(I will not ever never eat a tomato)』(Child, 2001)에서 편식쟁이 롤라는 야채를 싫어하고 그중에서도 토마토는 절대 먹지 않겠다고 한다. 오빠 찰리는 기발한 아이디어를 내서 롤라에게 토마토를 먹인다. 여기에서 토마토는 아이들의 입맛에 맞지 않지만 사람에게 이롭고 건강에 도움이 되는 야채로 나타난다.

⑤ 토마토의 이미지

(중학교 1학년 학교 부적응 청소년)
토마토의 선명한 색채를 통해 에너지를 얻고 싶은 욕구를 표현

(6) 수박

① 사전적 의미

"수박은 박과의 일년생 만초로, 아프리카 원산의 재배 식물이다. 줄기는 땅 위로 뻗고 잎은 깃 모양으로 깊게 갈라진다. 여름에 연한 황색 꽃이

피고, 열매는 박처럼 둥글게 열리는데 수분이 많고 맛이 달다. 수과(水瓜)라고도 한다."(두산동아 사서편집국 편, 2016). "수박은 박과의 한해살이 덩굴풀로, 여름에 연한 누런색 꽃이 핀다. 열매는 둥글고 크며 무게는 5~6kg까지 나가고, 속살은 붉고 맛이 달며 물이 많다. 아프리카 원산이다."(민중서림 편집부 편, 2016).

② 유래

'죽음의 날'과 관련된 멕시코 예술에서 수박은 종종 죽음의 음식으로 묘사된다. 중국어로 수박은 '씨앗과 아이들'이란 뜻이 있다(Fontana, 2011). 원산지는 아프리카로 추정되며, 11세기 동아시아에서 재배되다가 16세기 후반이나 17세기 초에 영국으로 전해졌다. 동남아시아에서는 씨가 많은 점에서 다산의 상징으로 여긴다(Fontana, 2011).

③ 상징적 의미

수박은 다산과 희망을 상징한다. 속이 보이는 수박을 표현한 경우 내면을 객관적으로 보고 싶은 마음을 암시한다.

④ 신화와 고전

『당나귀 알』(손동인, 이준연, 최인학 편, 2009)에서 어리숙하지만 마음씨 착한 바우는 수박장수의 말에 속아 수박을 당나귀 알이라고 믿고 수박을 사게 된다. 한 농부의 도움으로 수박이 당나귀 알이 아니라는 사실을 알게 되고, 수박의 몇 배 금액을 돌려받는다. 착한 바우는 결국 자신이 갖고 싶어 하는 당나귀 새끼를 사게 된다. 여기에서 수박은 외향이 독특하고 신비감을 주는 대상으로 나타난다.

⑤ 수박의 이미지

(성인)
속이 보이는 수박처럼 자기 내면을 객관적으로 바라보고 싶다고 표현

(7) 벼

① 사전적 의미

"벼는 볏과의 일년초로, 동인도 원산의 식용작물로, 논이나 밭에 심는다. 줄기는 속이 비고 마디가 있으며, 높이는 1m가량이다. 잎은 가늘고 길며, 가을에 줄기 끝에 이삭이 나와 꽃이 핀 다음 열매를 맺는다. 그 열매를 찧은 것이 쌀이다."(두산동아 사서편집국 편, 2016). "벼는 볏과 벼속의 한해살이풀로, 논밭 등에 심는데, 높이 1~1.5m, 줄기는 속이 비고 마디가 있다. 꽃은 첫가을에 피고, 열매는 가을에 익는다. 아시아인의 주식 곡물이다."(민중서림 편집부 편, 2016).

② 유래

결혼식에서 쌀을 던지는 관습은 인도에서 유래했으며, 이는 생산력과 행복을 의미하고, 일본에서는 악을 내 쫓는다고 생각했다(Bruce-Mitford & Wilkinson, 2010). 중국 신화에 따르면 천국과 지상의 소통이 잘 이루어지던 시절에는 땅에서 쌀이 자연적으로 자랐다. 그러나 소통이 단절된 후 인간은 쌀을 얻기 위해 논에서 일하게 되었다고 한다(Fontana, 2011).

③ 상징적 의미

벼는 생산력과 생명, 수확, 결실을 상징하며, 결혼식 때 신랑과 신부에게 뿌려지는 쌀은 행복, 다산을 의미한다. 용지 하단에 나열된 듯이 그려진 벼는 자기개방에 대한 방어를 의미하며, 논에 그려진 벼는 현재 자신이 하고 있는 일의 수확 상태를 나타낸다. 한편, 심리적으로는 좋은 결실에의 욕구를 암시한다.

④ 신화와 고전

'의좋은 형제'에서 의좋은 형제는 홀어머니가 세상을 떠나자 밭과 논, 가축들을 똑같이 나누었다. 가을이 되자 논에는 곡식이 풍성하게 익었고, 넉넉하지 못한 서로의 형편을 걱정한 형제는 상대방의 논에 몰래 볏단을 옮겨 놓는다. 이 사실을 알게 된 두 형제는 더욱 사이좋게 지내게 된다(김영만 편, 2004). 여기에서 볏단은 사람이 먹고 살아가는 양식을 제공하는 풍요로움의 대상이며, 한 해의 노력만큼 결실이 나타나는 성실함과 정직함을 나타낸다.

⑤ 벼의 이미지

(성인)
벼 사진에 대해 노력한 만큼의 좋은 결실을 내고 싶다고 표현

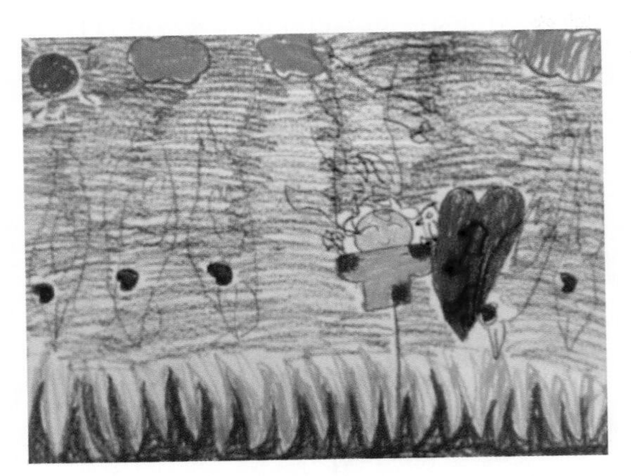

(초등학교 저학년 또래관계에 어려움이 있는 아동)
벼: 용지 하단에 나열된 벼는 자기개방에 대한 방어적 표현

(8) 보리

① 사전적 의미

"보리는 볏과의 이년초로, 서아시아 원산의 식용 작품이다. 가을에 씨를 뿌려 초여름에 거두는데, 열매는 주요 잡곡의 한 가지다."(두산동아 사서편집국 편, 2016). "보리는 볏과의 한해살이 또는 두해살이 재배 식물로 논밭에 심는데, 줄기는 곧고 속이 비었으며, 높이는 1m가량이다. 초

여름에 꽃이 피는데 긴 수염이 있다. 열매는 쌀 다음가는 주식 곡물이다. 대맥(大麥)이라고도 한다."(민중서림 편집부 편, 2016).

② 유래

보리는 인류가 가장 오래 재배한 작물이다. 소아시아 지역에서 맨 처음 보리가 재배된 것으로 추청되며, 이집트, 메소포타미아, 유럽 북서 지방, 중국 등지에서 재배가 이루어졌다(Germa, 2004). 보리의 성장은 고대 이집트인들에게 오리시스의 부활, 즉 온 대지에 새로운 봄이 돌아오는 것을 의미했다. 오리시스 신의 사체에 뿌려져 싹을 틔워 낸 보리는 '사후 생명'의 탄생을 의미했다. 그리스 신화에 등장하는 곡물과 대지의 여신 데메테르는 곡물이삭의 관을 머리에 쓰고, 한 손에는 여문 보리 이삭을 들고 있다. 그녀의 명이 있기 전까지 대지의 곡물은 여물지 않는다(Germa, 2006).

③ 상징적 의미

보리는 부활, 희망, 풍요를 상징하며 새로운 봄이 돌아오는 것을 의미한다. 보리는 태양과 신의 본질을 상징하며 동시에 따뜻함과 젊음을 나타낸다. 심리적으로는 새로운 희망, 결실에의 욕구를 암시한다.

④ 신화와 고전

『방아 찧는 호랑이』(서정오, 리춘길, 2010)에서 밭에 일을 하러 간 부모님을 기다리던 오누이는 화로에 감자를 구워 먹는다. 이때 배고픈 호랑이가 감자 냄새를 맡고 오누이 집에 들어오는데, 오누이는 재치를 발휘하여 호랑이를 위험에 빠트린다. 호랑이는 지붕에 몸통이 끼고 발은 화로에 닿아 뜨거움을 피하려고 발로 방아 찧는 시늉을 하게 된다. 이를 본 오누이는 호랑이 발밑에 보리를 두고 방아를 찧게 한다. 여기에서 보리는 가족들의 소중한 식량으로 마음을 든든하게 채워 주는 풍요로움의 대상이 된다.

⑤ 보리의 이미지

(초등학교 6학년 또래관계에 어려움이 있는 아동)
보리: 잘 익은 보리는 새로운 희망과 결실을 표현

(9) 기타

- 호박: 무모함과 텅 빈 머리를 뜻한다. 영적 혼란의 시간인 '핼러윈 축제' 때 호박으로 화난 표정의 두개골을 만든다.
- 꿀: 금빛을 띠는 달콤한 꿀은 예술가, 시인, 예언자에게 영감을 주는 신의 물질로 여겨지며, 웅변을 잘하는 지혜의 말을 상징한다.
- 버섯: 도교 전통에서 불멸을 지칭하는 식물이다. 서양에서 여왕은 종종 버섯을 든 모습으로 묘사된다. 환각 작용을 하는 일부 버섯은 신비로움과 새로운 활력을 상징한다.

- 밤: 중국어 말장난에서 밤은 자식을 본다는 의미가 있다. 스코틀랜드에서는 핼러윈에 연인들이 밤 두 개를 한 번에 불로 던진다. 밤이 천천히 타들어 가면 연인의 사랑은 이루어지지만 밤이 터지거나 둘로 쪼개지면 헤어짐을 의미한다(Fontana, 2011).

3) 마시는 것 및 군것질거리

(1) 맥주(Beer)

① 사전적 의미

맥주는 보리의 엿기름가루를 물과 함께 가열하여 당화시킨 다음, 홉(hop)을 섞어 향기와 쓴맛이 나게 한 뒤에 효모균으로 발효시켜 만드는 술로 알코올성 음료의 하나다.

② 유래

인류가 보리와 그 밖의 곡식들을 재배하기 시작함과 동시에 발효법이 나타났다고 해도 아마 과언은 아닐 것이다. 신석기시대 말기부터 사람들은 곡물을 발효시켜 맛 좋은 음료를 만들어 마신 것으로 추정된다. 어쨌든 아주 오랜 옛날부터 메소포타미아, 칼데아, 앗시리아 등지에 살던 사람들이 발효 음료를 마셨다는 흔적이 남아 있다. 이집트에서도 발효 음료를 흔하게 찾아볼 수 있고 그들은 신에게 올리기도 했다고 전한다. 그 후 고대 그리스 · 로마 시대 때 발효 음료는 널리 보급되었다. 한편, 로마가 갈리아 지방을 침략하기 400여 년 전부터 갈리아(Gauls)인들도 보리, 밀, 호밀싹 등을 재료로 해서 만든 음료를 마시곤 했다. 그들은 이 음료를 '세르보아즈'라 불렀는데 풍요의 여신 '케레스(Ceres)'에게 감사드리며 붙인 이름이다. 갈리아인들은 로마인들이 갈리아 지방을 침략하면서 가지고 들어온 포도나무와 포도주를 기꺼이 받아들였다. 그 후 유럽에 십자군이 등장하면서 향신료가 널리 보급되어, 사람들은 세르보아즈에 고추, 노간주나무 열매, 계피, 월계수 등을 섞으면 독특한 맛이 난다는 사실을 알게 되었다. 북방 민족들은 세르보아즈에 홉(hop)을 섞어 마셨고, 이것이 맥주의 탄생 배경이다. 맥주의 제조 과정은 수백 년이 흐르면서 개량되었으나 근본적인 원칙만은 오늘날까지 변함없이 지켜지고 있다(Germa, 2004).

③ 상징적 의미

고대 이집트 문명에서 '음식'을 나타내는 상형문자가 '한 컵의 맥주와 한 개의 빵'으로 구성되어 있는 것을 통해 맥주는 빵과 함께 음식의 상징이었음을 알 수 있다. 심리적으로는 시원함과 심리적 해소의 욕구, 여유, 즐거움의 욕구를 암시한다.

④ 신화와 고전

이집트에서 피라미드를 건설한 노동자는 맥주로 일당을 받았고, 아돌프 히틀러(Adolf Hitler)는 독일 뮌헨의 슈테르네커브로이라는 맥줏집에서 나치스 창당 대회를 열면서 첫 정치 연설을 펼쳤다. 이처럼 맥주는 인간과 역사의 장면을 함께하였다. 맥주는 쉽게 취하지 않아 오랜 시간에 걸쳐 함께 의식을 치를 수 있는 적절한 술로 공동체의 바탕을 다져 주며, 정치뿐 아니라 사회를 떠받드는 핵심이 된다. 고대의 맥주는 노동자의 일당이었다. 중세의 맥주는 수도원을 먹여 살렸다. 아울러 근대의 맥주는 노동자와 인텔리 간의 소통을 이루어 냈다. 노동자와 인텔리의 모임을 두려워한 사람들은 금주령으로 맞서기도 했다. 이처럼 맥주는 정치적이며 공동체의 바탕을 다져 주고, 특히 근대의 맥주는 노동자와 인텔리 간의 소통을 이루어 내게 하는 상징성을 가진다(Blume, 2010).

⑤ 맥주의 이미지

(성인)
맥주 사진을 통해 시원함과 심리적 해소를 표현

(2) 와인(wine)

① 사전적 의미

잘 익은 포도의 당분을 발효시켜 만든 알코올 음료로 영어로는 와인(wine), 프랑스어로는 vin(뱅), 이탈리아어로는 vino(비노), 독일어로는 wein(바인)이라고 한다.

② 유래

신석기시대부터 인류는 이미 포도나무 재배를 시작했다. 아리아인, 샘 족, 페니키아인, 이집트인, 그리스·로마인들은 포도주 양조술을 터득했으며, 특히 4,500~4,700년 전의 이집트 제4왕조 시대에 그려진 그림에는 포도 수확과 포도주 양조과정이 묘사되어 있다. 나일 강 삼각주와 중류 지방에 위치한 몇몇 포도 산지는 질 좋은 포도 생산으로 유명했다.

로마인들은 나름대로 포도 재배와 포도주 양조술을 개발했고 이탈리아에 30여 종의 포도 산지를 육성했다. 그 옛날 로마산 포도주는 단지나 뚜껑이 달린 항아리에서 숙성된 맛이 텁텁하고 떨떠름했다. 게다가 그리스·로마인들은 포도주를 원액 그대로 마시지 않았으며, 이는 중세까지, 심지어는 18세기까지도 이어졌다. 또 한 가지 더 상기해야 할 것은 식사 중에 포도주를 마시는 관습은 기원전 2세기경부터 시작되었다는 점이다. 그때까지는 곡물을 걸쭉하게 죽을 쒀서 먹었기 때문에 포도주가 필요 없었다. 그러나 퍼석퍼석한 빵이 등장하면서 식탁에 포도주가 등장하게 되었다(Germa, 2004).

그리스·로마 신화에서 포도주는 주로 디오니소스, 바쿠스 신과 연관된다. 인간이 포도주에 취하는 것은 신들리는 것이 눈에 보이게 됨을 의미한다(Cooper, 2007). 포도를 짜낸 즙이 신비한 술이 되기 때문에 포도주는 변형의 시작을 의미하는 상징이다. 또 자연, 다산, 죽음에서 부활하는 힘을 지칭한다. 로마의 학자였던 대 플리니우스(Pliny the Elder)는 그의 저서 『자연의 역사(historia naturalis)』에서 '포도주에 진실이 있다'라고 주장하였다. 이슬람에서 포도주는 천국의 약속을 상징한다(Fontana, 2011).

③ 상징적 의미

와인은 생명의 액체이며, 계시, 진실, 활력의 상징이다. 또한 종교적으로는 희생자의 피를 나타내 신의 희생을 의미하기도 한다. 와인은 포도를 짜낸 즙이 신비한 술이 된 것이기 때문에 변형의 시작을 의미하며, 자연, 다산, 죽음에서 부활하는 힘을 지칭한다. 와인을 마시면 억눌린 감정에서 자유로워지므로 거짓에 대한 진실을 알리는 것을 의미하는 반면, 무절제를 나타내기도 한다. 땅에 붓는 포도주는 지하의 신들에 대한 헌주이며, 장례예식의 경우에는 사자에게 바치는 헌주다, 결혼식에서 종종 의례적으로 마시는 포도주는 풍요의 상징이다. 심리적으로는 답답한 심정의 해소 욕구, 여유, 즐거움의 욕구를 암시하며, 만남, 파티, 축하의 의미를 나타내기도 한다.

④ 신화와 고전

미다스의 아버지는 소아시아 프리기아의 왕이며 어머니는 예언자 키벨레다. 미다스 왕은 디오니소스의 스승이며 양부인 실레노스를 잘 보살펴 준 감사로 디오니소스로부터 선물을 받게 되었다. 디오니소스가 미다스 왕에게 원하는 것은 무엇이든 말해 보라고 했을 때, 미다스 왕은 자신의 손이 닿는 것은 무엇이든 금으로 변하게 해 달라고 요청했다. 디오니소스는 그의 요청을 승낙했고, 미다스 왕은 그 결과에 너무나 만족해하며 기뻐했다. 그러나 곧 그 기쁨은 공포로 바뀌었다. 음식을 먹기 위해 손을 대는 순간 음식은 금으로 변해 버렸고, 포도주를 마시려 해도 그것은 마치 녹은 황금처럼 목구멍을 내려가는 것이었다.

디오니소스(포도주)는 과잉, 부절제, 난폭함을 상징하는 신이며, 한편으로는 이런 요소들이 인간의 내적 변화에서 가지는 가치와 의미, 잠재력을 대변한다. 또한 그의 어머니가 인간이므로 인간의 고뇌와 아픔을 이해할 수 있는, 인간과 가장 가까운 신이기도 한다. 특히 디오니소스는 낡은 것을 파괴하고 새로운 것을 가져오며 죽음에서 재생하는 신으로 이해되는데, 이런 부분 때문에 비교에서 그의 역할이 중요해진다. 말하자면, 디오니소스는 거대한 흐름을 가진, 미분화된 생명력 그 자체를 상징하며, 또한 무수한 형태로 나타나고, 무수한 형태를 낳으며 결코 고갈되지 않는 자연의 힘 그 자체를 상징하는 신이라 할 수 있다. 여기에서 와인은 인간의 부절제와 재생 등 이중성을 지닌 상징물로 표현된다(Bailey, 2012).

⑤ 와인의 이미지

(초등학교 저학년 공격 성향이 있는 아동)
어두운 색의 와인: 와인의 색에 중점을 두어 붙인 사진을 통해 답답한 심정과 해소의 욕구를 표현

(3) 초콜릿(chocolate)

① 사전적 의미

초콜릿은 코코아 가루를 주된 재료로 하여 향료 · 버터 · 설탕 등을 넣고 굳혀서 만든 서양 과자의 한 가지다.

② 유래

초콜릿은 마야와 아스텍 족에게는 성물로서, 마야 족에게는 약혼과 결혼식을 위해 중요한 역할을 했다. 아스텍 족은 카카오 씨앗을 화폐로 사용했고, 지배계급만이 초콜릿 음료를 마실 수 있었다. 카카오 원두는 멕시코 원주민들이 음료 또는 약용으로서 귀히 여기던 것으로, 화폐로도 유통되었다. 유럽에 전해진 것은 크리스토퍼 콜럼버스(Christopher Columbus)에 의해서지만, 16세기 초 멕시코를 탐험한 에르난 코르테스(Hernán Cortès)가 스페인의 귀족층에 이를 소개함으로써 17세기 중반 유럽 전역으로 퍼졌다. 19세기 초에 네덜란드인 반 호텐(Van Houten)이 지방분의 압착과 설탕 혼합 및 고형화에 성공하여 현재와 같은 초콜릿의 원형을 만들어 냈는데, 이를 통해 초콜릿은 맛 좋은 과자로 등장하게 되었다. 1876년에는 스위스인 다니엘 피터스(Daniel Peters)가 우유를 첨가하는 데 성공하여 현재의 밀크 초콜릿 산업의 문을 열어 놓았다. 초콜릿은 가공성형이 자유로워 어떠한 것이라도 그 속에 넣을 수 있고, 다른 것의 속에도 넣을 수 있어서 종류가 많으며, 계속 신제품이 개발된다(두산동아 백과사전연구소 편, 1999).

③ 상징적 의미

초콜릿은 최음제로 간주되어 관능적 육감, 타락, 유혹 등을 상징한다. 초콜릿은 밸런타인 데이와 연관되어 사랑, 고백을 나타내기도 한다. 심리적으로는 애정의 욕구와 에너지를 얻고 싶은 욕구를 암시한다.

④ 신화와 고전

『헨젤과 그레텔(Hansel and Gretel)』(Jacob & Wilhelm, 2005)에서 헨젤과 그레텔은 가난한 나무꾼 아버지 그리고 마음씨 나쁜 의붓어머니와 함께 살고 있었다. 가난을 두려워한 의붓어머니는 어느 날 아버지를 종용하여 헨젤과 그레텔을 숲 속에 버리게 되고, 허기진 배를 감싸 안고 숲을 헤매던 두 아이는 빵과 과자로 만들어진 집을 발견한다. 이 과자 집의 주인 할머니는 이들에게 음식과 따뜻한 잠자리를 제공하지만, 사실 이것은 아이들을 살찌워 잡아먹으려는 마녀의 계략이었다. 하지만 아이들은 기지를 발휘하여 마녀를 오븐 안에 밀어 넣은 후 집을 탈출한다. 여기에서 초콜릿은 달콤한 유혹의 상징으로 표현된다.

⑤ 초콜릿의 이미지

(초등학교 고학년 정서불안 아동)
초콜릿: 따뜻하게 녹이고 있는 초콜릿을 통해
애정 욕구와 에너지 충전 욕구를 표현

(4) 주스(juice)

① 사전적 의미

과일이나 채소 등에서 짜낸 즙, 또는 그것으로 가공한 음료

② 상징적 의미

주스는 수액의 성질이 있어 생명력, 활력, 강함의 상징이며, 만족감과 행복감을 상징한다. 주스를 '마시다', '삼키다'를 의미하는 동작은 여성적인 이미지도 가지고 있다. 심리적으로는 답답함의 해소와 에너지를 얻고 싶은 욕구를 암시한다.

③ 신화와 고전

『행복한 주스나무(The juice tree)』(Yossi & Shahar, 2011)를 보면, 어느 작은 마을에 나뭇잎으로 세상에서 가장 맛있는 주스를 만드는 아주 특별한 나무가 한 그루 있었다. 단, 이렇게 맛있는 주스를 먹으려면 한 가지 규칙을 지켜야 했는데 그것은 매주 한 사람이 나뭇잎을 한 장씩만 따야 하는 것이었다. 그러나 사람들은 주스가 너무 맛있어서 한 장의 잎만으로는 참을 수가 없었다. 그래서 몰래 한 장씩, 두 장씩 나뭇잎을 따게 되었다. 오랜 전통이자 규칙을 따르지 않게 되자 나무는 앙상한 가지만 남게 되었다. 그리고 다시 새 잎이 돋아날 때까지 사람들은 오랫동안 인내심을 가지고 기다려야 했다. 나무에 새 잎사귀가 돋아나자 정말로 행복해했고, 크게 반성했다. 당연히 지켜야 하는 약속을 어기고 욕심을 부린 자신을 부끄러워하게 되었다. 여기에서 주스는 맛있는 음료의 상징으로 표현된다.

④ 주스의 이미지

(성인)
주스 사진을 통해 심리적으로 해소되고,
원색의 색채가 에너지를 얻게 한다고 표현

(5) 커피(coffee)

① 사전적 의미

커피는 커피나무 열매의 씨를 볶아 갈아서 만든 가루(커피나무 열매로 만든 차)로, 독특한 향기가 나며, 카페인이 들어 있다.

② 유래

커피의 원산지는 아프리카다. 아프리카의 적도 지방과 다른 대륙의 적도 지방에서 여러 종류의 야생 커피나무가 자생하고 있다. 15세기 무렵 커피나무는 에티오피아 고지대에서 남아라비아로 전파되었다. 이슬람교도들이 종교 행사 중에 즐겨 마시던 커피는 그 후 유럽을 비롯한 세계 각지로 보급되어 애음되고 있다. 전설에 따르면 예멘의 이슬람 수도원에서 일하던 한 염소치기가 커피의 흥분 효과를 발견했다고 한다. 그의 가축들은 빨간 열매가 달린 소관목을 특히 좋아했는데 이것을 뜯어먹고 며칠 밤을 자지 않고 울어 댔다는 것이다. 그 후 커피나무 재배가 증가하면서 커피는 널리 보급되기 시작했으며 성지

메카에까지 세력을 확장했다. 커피는 카바의 검은돌에 입맞춤하러 온 순례자들의 호기심을 자극했다. 그들은 입 안에 커피 향을 간직한 채 고국으로 돌아가곤 했다. 이윽고 카이로, 알레프, 다마스, 바그다드, 테헤란 등 이슬람 전역에서 커피가 애음되었다.

③ 상징적 의미

회의 사이의 5~15분 정도의 짧은 휴식을 커피 브레이크라고 부른다. 이는 회의 참가자들이 커피 등의 음료수를 마시며 담소하는 시간으로, 이 시간을 통해 기분전환을 한다. "함께 새벽에 커피(또는 모닝커피)를 마신다."라는 말은 남녀가 깊은 관계가 되는 것의 은유로 사용되는 경우가 있다. 커피는 대중적 인기가 높아지고 커피숍이 많아지면서 사교와 손님 환대의 상징이 되었다. 심리적으로는 에너지를 얻고 싶은 욕구, 여유, 즐거움, 행복감, 성취에 대한 희망, 향기로운 사람이 되고 싶은 욕구를 암시한다.

④ 신화와 고전

동화『표고는 커피를 좋아해!(Shiitake Love Caffeine)』(Pauli & Salazar,2010)에는 다음과 같은 말이 나온다. "'이제 쉬고 싶다'는 나이 든 지렁이의 비명 소리가 들려요. 커피 찌꺼기를 먹으면 카페인 때문에 신경이 예민해지고 흥분되어서 잘 자랄 수 없대요. 소가 먹으면 스트레스를 받아 젖이 덜 나옵니다. 하지만 표고버섯에는 커피처럼 이로운 게 없습니다. 표고버섯이 커피 속 카페인을 먹고 지렁이가 먹을 수 있는 음식을 만들면, 지렁이는 식물들이 먹는 음식을 만들고, 소는 그 식물들을 먹고 자라니 스트레스 받을 일은 절대 없겠지요. 표고버섯은 균이라 어떤 섬유질도 다 먹을 수 있다고 해요. 먹고 난 찌꺼기는 몸 밖으로 배설되는데, 그 똥에는 단백질이 풍부하지만 카페인은 없다고 합니다." 여기에서 커피는 카페인의 해로운 점도 있지만 카페인은 기운이 나게 하고, 정신을 또렷이 해주며, 몸에서 수분이 배출되는 속도를 높여 주는 이로운 점을 묘사하고 있다.

⑤ 커피의 이미지

(성인)
금색으로 표현된 커피 사진을 통해 성공과 성취에 대한 희망과 향기로운 사람이고 싶은 마음을 표현

※ 상징적 의미

포도	가족, 거름, 건강, 결실, 계획, 귀찮다, 기운 회복, 넝쿨, 다산, 단합, 달콤하다, 덩굴, 덩어리, 도전, 동그라미, 동생, 떼어 내다, 많다, 모여 있다, 보라색, 붙어 있다, 빛깔, 사랑, 새싹, 새콤달콤, 새콤하다, 성과, 성취, 송이, 신맛, 씨가 있다, 씨앗, 아름답다, 아이들, 알, 알콩달콩, 애정, 엄마, 여름, 여름의 막바지, 열애, 와인, 이탈리아, 임신, 주렁주렁 매달리다, 탐스럽다, 태몽, 터뜨리다, 투명하다, 포도껍질, 포도주, 풍성하다, 풍요, 풍요롭다, 피
사과	갈증 해소, 감사, 건강함, 결과, 과수원, 과일의 왕, 그림 소재, 다이어트, 단맛, 대표 과일, 독, 동결건조, 둥글다, 딸, 마녀, 맛, 맛있다, 매력적이다, 미안하다, 미용, 바람, 백설공주, 변비, 비너스, 비타민, 빛나다, 빨강, 빨갛다, 사과나무, 사다리, 상큼하다, 새콤달콤, 선악과, 성취, 수줍음, 신선하다, 심장, 씨, 아담과 이브, 아삭하다, 아침, 애벌레, 애정, 엄마, 여자, 연두, 열매, 예쁘다, 용서, 웃음, 원숭이, 유인하다, 잘 썩는다, 저울, 정열, 죄, 주스, 청주, 초가을, 추억, 치아, 탐스럽다, 풋사과, 향기, 황금, 힘
복숭아	가슴, 건강하다, 과수원, 과즙, 군침 돌다, 귀신, 귀하다, 금단, 까칠하다, 껍질, 달달함, 달콤하다, 향기, 당분, 따갑다, 딱딱하다, 딸, 말랑말랑함, 맛있다, 멍, 모래, 무더위, 무르다, 미인, 반응, 뱀, 벌레, 복숭아 씨, 복숭아뼈, 부끄러움, 부드러움, 분홍, 선녀, 성스럽다, 솜털 피부, 수분, 신선하다, 씨가 크다, 아가씨, 아기 피부, 아기, 알레르기, 엉덩이, 여름, 여성스럽다, 여자, 예쁜 곡선, 오래 살다, 유혹적이다, 장수, 천국, 천상 열매, 탐스럽다, 털, 통조림, 하트 모양, 할머니
석류	갱년기 여성, 건강하다, 구슬 주머니, 구슬, 귀엽다, 꽉 차 있다, 내면, 다산, 단단하다, 맛있다, 미용, 미인, 보석, 복잡하다, 부자, 붉은색, 비밀, 빨간 루비, 빼먹는 재미, 상큼하다, 새콤하다, 석류 알, 섹시, 시골집, 시다, 시큼하다, 실속 없다, 심장, 씨, 아빠, 알맹이, 앞마당, 약효가 좋다, 어머니, 여성스러움, 여성의 건강, 여성호르몬, 여자, 열매, 예쁘다, 예쁜 색, 유혹적이다, 임산부, 정열, 중년기, 탐스럽다, 풍성함, 피
배	가을, 갈증 해소, 감기약, 감기 예방, 건강, 과일, 기침, 까치, 꿀물, 끈적거리다, 노란색, 누렇다, 달콤하다, 물, 물이 많다, 배 상자, 배꽃, 배 밭, 배부름, 산뜻하다, 상쾌함, 상큼하다, 소화, 수분, 시원하다, 아삭거리다, 과즙, 음료, 제사상, 촉촉하다, 추석, 크다, 큰집, 튼튼하다, 포동포동, 푸근하다, 하얀색, 황금
도토리	가을, 건강, 구수하다, 귀엽다, 나무, 남한산성, 다람쥐, 단단하다, 도토리묵, 동심, 등산, 떫다, 모자, 묵, 부지런하다, 비슷하다, 산속, 성장, 소풍, 숲, 쓰다, 아기자기하다, 앙증맞다, 야무지다, 열매, 월동, 음식, 자연, 작다, 저장, 추수, 키 재기, 텁텁하다
인삼	강인하다, 건강, 건강식품, 고려, 귀하다, 기다리다, 꿀, 끈기, 노인, 덥다, 따뜻하다, 맛있다, 몸보신, 몸에 좋다, 보약, 불로장생, 비싸다, 뿌리, 사람 모양, 사랑, 산삼, 생명, 선물, 술, 쌉쌀하다, 쓰다, 씹다, 아버지, 약, 약재, 엄마의 사랑, 여러 갈래, 열, 영양제, 우리나라, 원기회복, 인내, 재물, 즙, 진한 맛, 차, 할머니, 향기, 홍삼, 힘

양파	건강, 건강에 좋다, 겹겹이, 고기, 궁금하다, 귀엽다, 까다, 껍질, 냄새, 눈물, 눈이 맵다, 다양성, 단맛, 단조롭다, 달콤하다, 따뜻하다, 맛있다, 매력 있는 사람, 매운 맛, 매운 향, 무섭다, 비밀, 뿌리, 새로움, 새롭다, 속을 알 수 없다, 식재료, 신비로움, 신선하다, 싱싱하다, 싹이 나다, 예쁘다, 요리할 때 필수, 원, 질병 예방, 하얗다, 한결같다, 혈액
고구마	가을, 간식, 건강, 겨울, 고구마 순, 고향, 구황식물, 군고구마, 길다, 김치, 노랗다, 눈 오는 날, 눈, 다이어트, 단 맛, 단단하다, 달콤하다, 동치미, 돼지, 땅, 맛있다, 밭, 배부르다, 변비, 부드럽다, 붉다, 비밀, 새, 섬유질, 소화제, 수확하다, 시골, 식사, 싹, 싹이 나면 예쁘다, 아버지, 야식, 양식, 연인, 열정적, 음식, 자주색, 장작불, 조상님, 줄기, 쫄깃하다, 탄수화물, 텁텁하다, 토끼, 튼튼하다, 퍽퍽하다, 포만감, 할아버지, 황토, 흙
감자	가난, 가마솥, 가정적인, 감자 심기, 강원도, 겨울, 결실, 곡식, 구황식물, 꾸준하다, 노동, 노랗다, 녹말, 다이어트, 단단하다, 독성, 동그랗다, 두더지, 따뜻하다, 땅속, 땅, 맛있다, 몸에 좋다, 못생긴 사람, 못생김, 밋밋하다, 바위, 반찬, 밭, 배고프다, 배부름, 보리밭, 보물찾기, 부드럽다, 부침개, 살찌는 음식, 소금, 소박하다, 수더분하다, 수확의 기쁨, 숨어 있다, 시골, 식량, 싹, 안락함, 알맹이, 양식, 어머니, 여름, 열매, 영양, 요리, 울퉁불퉁하다, 은근하다, 자주 꽃, 찜, 추억, 캐다, 캠핑, 탄수화물, 토속적이다, 투박하다, 튼튼하다, 평범하다, 하지, 할머니, 호미, 흙
토마토	갈증 해소, 건강 채소, 건강, 건강식품, 결실, 광란, 껍질이 얇다, 노래, 다이어트, 대롱대롱, 동그라미, 맛있다, 무른 성격, 물기, 비닐하우스, 비타민, 빨간색, 상쾌함, 새콤함, 서리, 순수하다, 시원하다, 신선하다, 싱그러움, 아삭거리다, 야채, 여름, 여리다, 열정, 영양, 영양소, 예쁘다, 유익하다, 이탈리아, 정열, 정열적이다, 조심스럽다, 주스, 채소, 초록색, 탐스럽다, 텃밭, 파스타, 피, 피부, 항암, 힘 세다
수박	가족, 갈증 해소, 건강, 겉과 속이 다르다, 궁금하다, 단단하다, 달콤하다, 딱딱하다, 맛있다, 매미, 무더위, 물, 물기, 바캉스, 밭, 빨간 물, 빨갛다, 생명력, 서리, 소리, 수박씨, 수분 역할, 시원하다, 싱그럽다, 어린 시절, 여름, 여름의 상징, 원두막, 임신, 줄무늬, 촉촉하다, 크다, 푸르다, 화채
벼	10월, 가을, 감사하다, 결실, 겸손, 고개 숙이다, 까실하다, 낫, 노란색, 노을, 노인, 논, 농부, 농사, 누렇다, 들판, 따뜻하다, 땀, 만족감, 만추, 모내기, 물결, 바람, 밥, 배고픔, 배부름, 부자, 성숙, 성취, 속담, 수확, 시골, 식량, 쌀, 쌀자루, 아버지, 알곡, 알알이, 어머니, 없으면 안 되는 사람, 열매, 인내, 절, 주식, 참새, 추석, 추수, 충실함, 코스모스, 키우다, 타작, 편안하다, 풍년, 풍성하다, 풍요로움, 풍요롭다, 한복, 허수아비, 황금, 황금 물결, 황금 벌판, 희다
보리	가난하다, 가을, 감사하다, 개떡, 거슬거슬하다, 건강, 건강식, 겨울, 곡식, 구수하다, 군대, 기다림, 까실하다, 꼿꼿하다, 끈기, 다이어트, 들판, 따갑다, 맥주, 바람, 밟아 주기, 방귀, 밭, 배고픔, 보리건빵, 보리밥, 보리줄기, 보리차, 보릿고개, 봄, 봄바람, 봄의 향기, 빵, 산들산들, 새싹, 설, 소여울, 소화, 수확, 술, 아버지, 어려운 시절, 어린 시절, 여름, 열매, 외로움, 웰빙, 음료, 잡곡, 청보리, 청색 물결, 초록 잎, 탱글탱글, 푸르다, 풍성하다, 풍요롭다, 피리, 할머니, 할아버지, 향긋하다, 혼식, 희망

맥주	가슴이 뻥 뚫리다, 갈증 해소, 거품, 건배, 기분이 좋다, 노란색, 담배, 대화, 독일, 땅콩, 마시다, 맛있다, 밤, 보리, 비만, 사람들, 샤워 후, 소변, 소시지, 스트레스, 시원하다, 신나다, 싫다, 안주, 여름, 여유, 열정, 오징어, 웃음의 장소, 원 샷, 월드컵, 유리잔, 주류, 쥐포, 짜릿하다, 축제, 축하, 취향, 치킨, 친구, 캔, 탄산, 트림, 파티, 행복, 호프집
와인	BAR, 감사, 고급스럽다, 고기, 고풍, 과일, 기념일, 낭만, 농장, 다정하다, 달달하다, 레스토랑, 만남, 맛있다, 매력, 모임, 묘하다, 보라색, 부자, 분위기, 상큼하다, 색깔, 생일, 성찬식, 세련되다, 숙성, 술, 스테이크, 시큼하다, 신비하다, 만화(신의 물방울), 신혼여행, 쓰다, 아이스, 여유, 연인, 예슈아, 와인 잔, 우아하다, 유혹, 음미하다, 음식, 자연, 저녁 식사, 정열, 진열, 촛불, 축배, 취하다, 치즈, 친구, 달콤하다, 캘리포니아, 코르크 마개, 크리스마스, 특별하다, 파티, 포도밭, 품위, 프랑스 보르도, 행사, 향기, 허세
초콜릿	간식, 갈색, 검은색, 고급스러움, 고백, 기분이 좋다, 기분 전환, 까맣다, 녹다, 달다, 당분 보충, 등산, 미군, 발렌타인 데이, 부드럽다, 사랑, 사랑스럽다, 살, 생각, 선물, 스트레스, 쌉싸름하다, 약, 여자, 연인, 우유, 위로, 유혹, 이중적인(달콤, 씁쓸), 인기, 제주도, 중독, 충치, 취향, 친구, 카카오, 칼로리, 케이크, 피로, 피로회복, 하트
주스	갈증, 건강, 고마움, 과일, 귤, 나눔, 노란색, 노랗다, 달콤하다, 당분, 마시다, 맛있다, 목마르다, 비타민, 사과, 상큼하다, 상표, 새콤달콤, 생과일, 생일잔치, 설탕, 소풍, 시다, 시원하다, 신선하다, 싱그럽다, 아기들, 아이, 얼음, 오렌지, 오렌지주스 광고, 우정, 제주도, 컵, 토마토, 포도, 햇살, 혼합
커피	각성, 개운하다, 고양이, 그윽하다, 기호품, 깔끔하다, 나누다, 나른한 오후, 낭만, 대화, 도시, 따뜻하다, 만남, 맛있다, 머그컵, 부드러움, 분위기, 브런치, 비오는 날, 사교, 설탕, 수다, 스트레스 해소, 시험, 신맛, 쓰다, 아메리카노, 아침, 야근, 여유, 연인, 옛사랑, 원두, 음미, 일, 잠, 졸음, 중독, 즐거움, 카페, 카페인, 카푸치노, 커피머신, 코나, 텁텁하다, 피로회복, 행복하다, 향긋하다, 허세, 휴식

2. 숫자

고대인들은 우연을 믿지 않았으므로 반복적이고 일정한 수에 대해 상당한 의미를 가지고 있다. 숫자(數, number)는 질서의 상징으로 우주와 창조의 법칙이 숫자로 나타난다고 믿었다. 때문에 숫자는 우주의 조화를 알아내는 암호라고 생각했으며, 세는 방식으로 시작된 숫자는 강력한 상징성을 나타낸다. 즉, 홀수는 활발함, 짝수는 홀수와 상반되는 상징을 나타내는데, 이는 우주의 이중성을 반영한다. 또한 숫자의 연속성은 창조 과정을 상징하고, 통일성, 이원성을 나타낸다. 신화에서는 숫자의 정확성을 바탕으로 우주를 통치하던 신들에게 숫자로 된 이름을 부여하기도 했다. 이처럼 숫자는 수량을 표현하는 수단인 동시에 우주의 힘과 관련된 것으로 볼 수 있다. 이 절에서는 다양한 의미를 가진 숫자의 상징성을 구체적으로 살펴보고자 한다.

1) 사전적 의미

- 수를 나타내는 글자. 1, 2, 3, …… 또는 一, 二, 三, …… 따위다.
- 금전, 예산, 통계 따위에 숫자로 표시되는 사항. 또는 수량적인 사항이다.
- 사물이나 사람의 수를 말한다.

2) 유래[1)]

- 1, 일: 나눌 수 없는 불가분의 것. 배아, 고립, 이원성에서 태어나 다원성으로 발전하

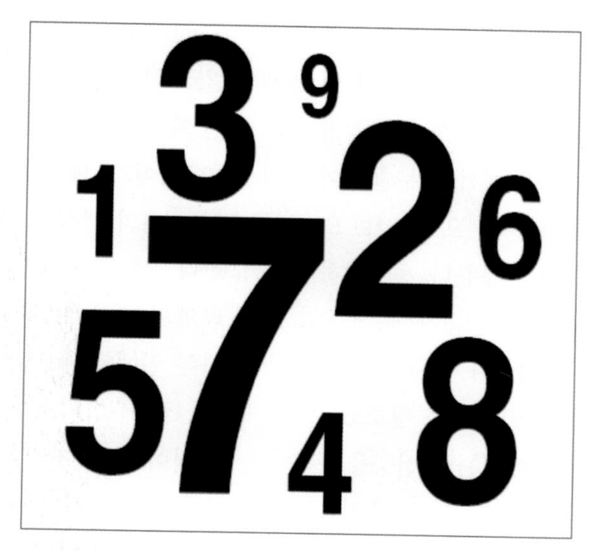

아무렇게나 사는 마흔 살의 사람보다는
일하는 일흔 살의 노인이 더 행복하고 더 희망이 많다.
-올리버 웬델 홈즈(Oliver Wendell Holmes)-

1) 1, 4, 8, 20, 50의 유래는 Cooper(2007)를, 2, 3, 5, 6, 7, 8, 9, 10, 11, 12, 13, 40, 60, 70, 666, 0의 유래는 Bruce-Mitford & Wilkinson(2010)를 수정 · 인용하였다.

고 궁극적으로 통일로 회귀하는 생성 원리를 나타낸다.

- 2, 이: 숫자 2에는 무질서와 악이 될 잠재성이 도사리고 있었다. 따라서 두 번째 달의 두 번째 날은 사악하다고 규정하여 지하 세계의 플루토 신에게 바쳤다.
- 3, 삼: 고대 그리스와 로마, 이집트는 모두 삼위신 체제를 갖추었다(유피테르 – 삼지번개, 넵투누스 – 삼지창, 플루토 · 삼두견).
- 4, 사: 최초의 입체는 4에서 비롯된다. 4는 현현의 공간적 구조 또는 질서, 동적인 원에 대립하는 정적인 상태, 기본방위, 사계, 4대 원소 등으로 인해 4는 완전성, 합리성, 측정, 상대성, 정의 등을 상징하게 된다.
- 5, 오: 머리 하나에 사지가 달린 인간의 형상은 오각별 펜타그램으로 구현된다. 마야 족에게는 숫자 5가 옥수수의 신을 상징했기 때문에 신성한 숫자였다. 이는 옥수수 씨를 심은 뒤 5일이 지나 싹이 나는 성질에서 연유했다. 아즈텍 족에게는 완전성과 의식의 각성을 상징했고, 이슬람에서는 무슬림이 지켜야 할 다섯 가지 의무를 오주(五柱) 또는 다섯 가지 아르칸이라 부른다. 즉, 샤하다(고백), 사라트(예배), 자카트(자선), 사움(단식), 하지(순례)가 그것이다.
- 6, 육: 하나님이 6일 만에 세상을 창조했기 때문에 그리스도교도들에게는 완전성을 뜻한다. 반면, 마야 족에게는 죽음을 뜻하는 불길한 숫자였다.
- 7, 칠: 힌두교, 이슬람교, 유대(그리스도교) 등 이들 문화에서는 숫자 7을 상서로운 숫자로 여긴다. 유대교의 상징으로 일곱 개의 가지가 달린 촛대, 메노라는 창조와 천체를 나타낸다. 고대 이집트에서는 '영생'을, 아메리카 인디언들에게는 '생명의 꿈'을 상징했다.
- 8, 팔: 신의 은총에 의해서 인간이 새롭게 태어나는 것은 제8일째다. 단식과 참회의 7일간이 끝난 8일째는 풍요와 신생의 날이다.
- 9, 구: 아즈텍 족에게도 밤의 신을 상징하기 때문에 불길한 수이지만, 마야 족은 행운의 수로 여겼다. 여러 문화에서 9각별, 엔네아드(ennead)는 아홉 신을 의미하며, 유대교에서는 지성과 진리를 상징한다. 켈트 신화에서 아홉 개의 흰 돌은 아홉 명의 처녀를 상징한다.
- 10, 십: 고전 신화에서 10년은 한 번의 순환주기가 완성되었음을 뜻한다. 오디세우스는 10년 방랑을 끝내고 고향으로 돌아간다.
- 11, 십일: 아메리카 인디언의 '땅 셈(earth count)'에서 숫자 11은 별을 나타내며, 또한 별로 이동한다는 일종의 메타포로서 변형된 의식 상태를 상징한다.
- 12, 십이: 아메리카 인디언의 '땅 셈'에서는 열두 개의 행성과 열두 가지 바람(風)을 뜻한다. 성서적으로도 중요한 숫자인데, 이스라엘의 12지파, 그리스도의 12사도, 생명의 나무 열매와 예루살렘 성문을 나타낸다.
- 13, 십삼: 그리스도 최후의 만찬에 참석한 인원이 열세 명이었는데, 그중 한 명이 예수를 배반했다는 사실 때문에 많은 문화에서 13은 불운을 상징한다.
- 20, 이십: 손가락과 발가락의 숫자를 모두 합치면 20이 된다. 따라서 20은 인간 전체를 상징한다. 또한 스코어(score)로서 수를

세는 단위이기도 하다.

- 40, 사십: 시나이 산에서 모세가 지낸 기간, 갈까마귀가 전해 주는 먹이로 연명하며 엘리아가 기도한 기간, 대홍수를 이룬 비가 내린 기간, 광야에서 예수가 단식한 기간이 모두 40일 밤낮이었다. 또한 전염병 예방을 위한 위생 조치를 가리키는 단어 '검역'도 14세기 이탈리아에서 페스트가 유행할 때 환자가 탄 선박을 40일간 항구 밖에 격리시킨 역사에서 유래한다.
- 50, 오십: 49(7×7)년의 주기가 끝난 다음의 50년째는 '그레이트 이어(great year)' 또는 '환희의 해(jubilee)'로 불리며, 출발점, 원초로의 회귀, 재출발 등을 상징한다. 올림피아 경기대회는 태음월(28일간)로 50개월, 즉 4년에 한 번씩 개최되었다.
- 60, 육십: 고대 바빌로니아 인들은 수학과 천문학 계산법에서 60을 기준으로 삼았고, 이는 현재 쓰는 각도와 시간의 구분에서 그 흔적을 찾아볼 수 있다(원의 각도는 360도, 1시간은 60분, 1분은 60초).
- 70, 칠십: 성서에서는 완전성을 상징한다.
- 666, 육백육십육: 성서의 묵시록에서 짐승의 수를 '666'이라 언급했기 때문에 그리스도교도들에게는 악으로 상징된다. 많은 학자들은 이 숫자가 로마 황제 네로의 이름을 히브리어로 음역하여 그것을 숫자로 환산한 것에서 유래한다고 생각한다. 확대 해석하자면 이는 로마제국의 잘못된 신격화를 상징한다. 이 점은 초기 그리스도교도들이 로마제국의 치하에서 박해받던 그 시대로 거슬러 올라간다. 당시 그들은 숫자 등의 암호로만 적의 이름을 언급할 수 있었을 것이다. 그것이 다른 이름을 뜻하는 암호이건 그렇지 않건 간에, 아직도 서구의 많은 사람은 666을 적그리스도의 상징으로 생각한다.
- 제로, zero: 수천 년 동안 수학자들은 해당 칸에 들어갈 숫자가 없으면 그 공간을 그냥 비워 두었는데, '텅 빈'상태를 뜻하는 아랍어 시프르(sifr)에서 유래한 제로는 비교적 최근에 생긴 숫자다. 마야 문화에서는 옥수수 신의 희생과 재생, 그 사이의 시점을 상징했다. 이는 부정적이면서 동시에 긍정적인 숫자들 사이에 놓인 0의 수학적 위치를 반영한다.

3) 상징적 의미[2)]

숫자는 각각이 의미하는 상징이 있다. 그중 24시간, 365일, 미래의 특정 년도 등과 같이 시간과 관련된 숫자는 계획, 목표 등을 상징적으로 나타내며, 100과 같은 숫자는 완벽함을 나타낼 때 사용되기도 한다. 이 외에 숫자의 상징으로는 다음과 같은 것이 있다.

- 0, 영: 비존재, 무(無), 비현현, 무한정한 것, 영원한 것, 질이나 양을 초월한 것을 나타

---

2) 0, 1, 2, 3, 4, 5, 6, 7, 10, 40, 60의 상징적 의미는 Cooper(2007)를, 8, 9, 10, 11, 12, 13, 20, 21, 50, 70, 666의 상징적 의미는 Bruce-Mitford & Wilkinson(2010)를 수정 · 인용하였다.

낸다. 가장 우선 순위라는 뜻으로 영순위라고 표현되기도 한다.

- 1, 일: 조물주, 창세, 창조를 상징한다. 일신교에서 숫자 1은 창조주이신 하나님을 나타낸다. 또한 유일하게 직립 보행하는 종족이란 뜻으로 인류를 상징한다. 또한 원초의 통일, 태초의 시작을 의미하기도 한다.
- 2, 이: 다양성을 뜻한다. 도교 철학 등 에서는 질서와 조화의 상징이기도 하고, 중국 문화에서는 행운의 숫자다(뭐든 쌍으로 온다는 근거 때문). 이원성, 둘의 교체, 차이, 갈등, 의존, 내가 아닌 다른 사람, 정적인 상태, 뿌리박음, 변하여 균형을 유지함, 인간의 이원성과 욕망을 나타낸다.
- 3, 삼: 대부분의 종교에서 신성한 숫자다. 이슬람에서는 인간 영혼을 상징한다. 피타고라스에게는 완벽한 조화를 뜻한다(통합의 숫자 1과 다양성의 숫자 2가 결합한 것이기 때문). 다수, 창조력, 성장, 이원성을 극복한 전진운동, 표현, 통합을 뜻한다.
- 4, 사: 완전성과 보편성의 상징이다. 사각형과 동일하게 안정을 상징한다. 피타고라스에게서는 완벽함을 뜻했다(가장 먼저 나오는 제곱 숫자이기 때문). 일본과 중국의 여러 지역에서는 죽음을 뜻하는 글자의 소리가 같기 때문에 금기에 해당한다. 완전성, 질서, 전체성, 완성, 합리성, 측정, 상대성, 정의를 상징한다.
- 5, 오: 인간을 상징한다. 소우주로서의 인간, 완전성, 힘의 상징, 중심, 전체, 통합된 인격을 상징한다.
- 6, 육: 육각별 헥사그램과 동일하게 조화와 완벽한 균형을 상징한다. 중국에서는 천국을 상징하고, 현대 서양 문명에서는 주사위 눈의 최고 숫자이기 때문에 행운을 뜻한다. 평형, 조화를 상징, 또한 사랑, 건강, 아름다움, 기회, 행운을 의미한다.
- 7, 칠: 많은 문화에서 완전성을 상징한다(신성의 숫자 3과 물질적 대지를 뜻하는 숫자 4의 결합). 대우주를 나타내는 숫자, 완성, 보증, 무사, 안식, 풍부, 재통합, 종합을 상징하며, 우주의 7단계, 일곱 개의 하늘, 인간의 일곱 시기 등과 연관된다.
- 8, 팔: 동양 사상에서 상서로운 숫자다. 불교도들에게는 법륜의 8축을 상징한다. 이는 깨달음으로 가는 여덟 가지 길을 나타낸 것이다. 중국에서는 행운의 숫자로 여긴다(숫자 8과 '번성'을 뜻하는 글자의 소리가 유사하고, 세상 만물의 여덟 가지 이치를 밝힌 고전 역술서『역경』의 8괘와 영험한 팔신을 상기시키기 때문). 낙원의 회복, 재생, 부활, 지복, 완전한 리듬의 상징, 신의 은총에 의해 인간이 새로 태어나는 제8일과 연관이 있다.
- 9, 구: 숫자 3이 세 번 반복된 숫자로서, 3의 위력을 확장시켜 불멸, 완성, 실현을 상징한다. 중국에서는 숫자 9와 '오래 계속된다'는 뜻의 글자가 서로 소리가 같아서 행운으로 여기지만, 일본에서는 숫자 9와 '고통'을 뜻하는 글자의 소리가 같기 때문에 불길한 숫자로 생각한다.
- 10, 십: 인간의 손가락 개수로서 숫자 세기 체계의 근본이며, 숫자의 일순이 끝난 후 하나된 일체로 회귀함을 상징한다. 이런 이유로, 피타고라스는 우주의 창조를 상징하

는 신성한 숫자로 간주한다. 중국에서는 총체성을 뜻하는 숫자 5가 두 번 결합된 숫자로서 이중성을 상징한다. 또한 우주를 나타내는 수, 모든 사물과 모든 가능성, 창조의 패러다임, 법, 질서, 지배를 상징한다.

- 11, 십일: 또한 많은 아프리카 문화에서는 신성한 숫자로 간주하며 다산(多産)을 상징한다(정자가 난자를 만나기까지 11일이 걸린다고 생각하기 때문). 그 밖의 다른 문화에서는 과잉과 불균형의 상징이다(완전성의 숫자 10에 1을 더한 수이기 때문). 죄, 과실, 위험을 나타내는 수이다.
- 12, 십이: 신성을 뜻하는 숫자 3의 4배수이자, 물질적 대지를 뜻하는 숫자 4의 3배수로서 영적, 세속적 질서, 완전한 주기를 동시에 상징한다.
- 13, 십삼: 많은 문화에서 13은 불운을 상징한다(그리스도 최후의 만찬에 참석한 13인 중 한 명이 예수를 배반했다는 사실 때문). 유대교 소년들은 열세 살이 되면 성인식에 해당하는 바르 미츠바, 즉 '율법에 적용을 받는 성인'이 되므로, 그들에게 13이란 숫자는 책임을 지는 나이를 상징한다.
- 20, 이십: 선진국에서 20대 20은 완벽한 시력을 뜻한다(과거에 6m(20ft)나 떨어진 곳에서 시력 검사표를 전부 다 읽어 낼 수 있는 사람을 뜻하는 표현). 또한 20은 손가락과 발가락을 합쳐 스무 개인 온전한 인간을 상징한다.
- 21, 이십일: 오래전부터 21은 완벽을 뜻하는 상징으로 간주되었다(숫자 3의 7배수이기 때문). 서양에서는 책임감과 성인의 상징이기도 하다(대게 이 나이가 되면 '현관문 열쇠'를 받기 때문). 또한 많은 나라에서 21세가 되어야만 투표권을 가질 수 있었다.
- 40, 사십: 성서 등에서 자주 나타나는 숫자로서 기다림과 처벌을 상징한다. 시련 기간, 시험, 이니시에이션(initiation), 죽음을 뜻한다.
- 50, 오십: 현대 어법에서 50은 정정당당함이나 평등(50대 50으로 나눈 몫), 또는 애매모호함(50대 50인 결정)을 상징한다. 미국에서는 합중국의 50번째 주로 편입한 하와이를 상징한다. 결혼 등의 50주년 기념일은 흔히 '금혼식'등으로 축하한다.
- 60, 육십: 이집트에서는 장수를 뜻하고 중국에서 60년은 1주기, 60세는 환갑이다. 한 주기가 완성되고 새로운 주기가 시작되는 것을 말한다.
- 70, 칠십: 숫자 7과 10이 결합한 수이므로 어떤 면에서 완벽함을 상징한다(7의 10배수이기 때문에 두 배의 완벽함을 뜻함). 가령, 인생 70년은 인간 생명의 완성된 주기를 뜻한다.
- 666, 육백육십육: 그리스도교도들에게는 악을 상징한다(성서의 묵시록에서 짐승수를 '666'이라 언급했기 때문).

4) 신화와 고전

- 1: 한 총각이 좁쌀 한 톨로 갖고 길을 떠났는데, 그 좁쌀로 쥐, 고양이, 말, 소로 바꿔 가지게 되었고 나중에는 소를 먹은 정승 집 딸과 결혼한다. 이 이야기에서 1은 적은 수로 수량적 의미로 표현된다(허은미, 나애경

편, 2000).

- 3: 어느 마을에 넘어지면 삼 년밖에 살지 못하는 삼년고개가 있었다. 개똥이네 앞집 할아버지는 장에 갔다가 돌아오는 길에 넘어지고 말았다. 오래 사는 게 소원인 할아버지는 집에 돌아와 앓아누웠다. 개똥이는 꾀를 내어 할아버지에게 삼년고개에서 한 번 넘어질 때마다 3년씩 더 살게 된다는 이야기를 해 주었고, 할아버지는 당장 고개로 가 여러 번을 넘어졌다. 집에 돌아온 할아버지는 기운이 다시 살아났고, 행복하게 살았다. 이 이야기에서 3은 절망적인 숫자로 나타났지만, 슬기롭고 지혜롭게 표현된다(엄기원, 이영원 편, 2000).
- 6: 『재주 많은 여섯 쌍둥이』에서 신기한 재주를 가진 여섯 쌍둥이가 곡식이 가득한 사또의 곳간을 털어 굶어 죽는 사람들을 도왔는데, 그 사실을 안 사또가 벌을 내리지만 '천리만리보기' '여니딸깍' '진둥만둥' '맞아도 간질' '뜨거워도 찰세' '깊으니 얕으니'라는 각자 이름 그대로 재주를 부려 살 수 있었다. 이 이야기에서 6은 결속력 있고, 지혜롭게 표현되었다(양재홍, 남은미 편, 2000).
- 13: 노르웨이 신화 중에는 다음과 같은 이야기가 전해진다. 발할라 신전에서 국민적 영웅을 모시는 잔치를 벌여 12명의 신을 초대하였다. 그런데 초대받지 않은 분쟁과 악의 신 '로키'가 나타났고, 로키를 몰아내려는 싸움이 벌어졌다. 그 싸움에서 가장 사랑받는 신 '발더'가 살해되었고, 그때부터 노르웨이에서는 '13'을 불행을 의미하는 숫자로 나타내었다고 한다(안인희, 2007).

5) 숫자의 이미지

(성인)
숫자 100은 완벽함을 표현

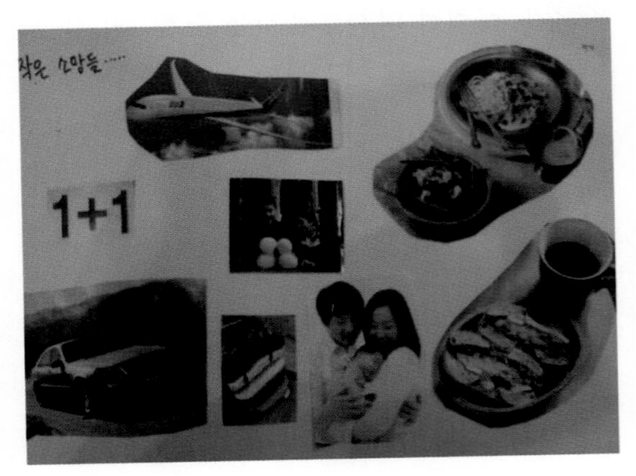

(성인)
숫자 1+1은 나눔의 행복을 표현

(성인)
숫자 24시간 365일은 시간의 소중함과
앞으로의 계획을 표현

(성인)
숫자 2022년은 미래 자신의 목표와 계획을 표현

(성인)
2개의 와인 잔으로 함께하고 싶은 마음을 표현

(성인)
빵 3개를 통해 가족의 의미를 표현

※ 상징적 의미

숫자	가격, 개수, 거리감, 경쟁, 계산, 계산법, 규칙적, 기계적, 기억력, 기호, 길다, 끝이 없다, 나열, 다양성, 달력, 덧셈, 돈, 등수, 딱딱하다, 무한함, 복잡, 복잡하다, 비밀번호, 뺄셈, 상징, 색, 서두름, 서열, 세다, 수학, 순서, 순위, 숫자 송, 시간, 시계, 아라비아 숫자, 어렵다, 여러 가지 성격, 정확함, 종류, 줄 세움, 카운트다운, 컴퓨터, 통계, 편리한 문자
1	1등, 1번, 1위, 개인, 경직, 고독, 골키퍼, 금메달, 긴장되는, 꼭 갖고 싶다, 꼭짓점, 단일민족, 대단하다, 먼저, 본질, 부담스러움, 선두, 성공, 시간, 신, 아쉽다, 엄지, 외동, 외톨이, 우두머리, 우선, 유일, 유한함, 의미 있다, 자기 중심, 자신, 작다, 지도자, 처음, 최고, 최소, 최우선, 출발, 카드, 하나, 하나님, 하나뿐인, 한 개
2	결혼, 균형, 남녀, 다다익선, 다리, 다정, 단짝, 대칭, 동행, 든든함, 배우자, 백조, 부부, 사랑, 선택, 쌍, 쌍둥이, 아쉬움, 안정된 모습, 애인, 양말, 여유, 오리의 생김새, 은메달, 장갑, 젓가락, 조화, 중간점, 짝꿍, 짝수, 친구, 친밀감, 콤플렉스, 파트너, 함께, 협동
3	가위바위보, 가족, 갈매기, 귀 생김새, 균형, 기대, 꼭짓점, 도전, 동메달, 삼각형, 삼겹살, 삼세번, 삼위일체, 삼중창, 삼총사, 세 번의 기회, 세모, 안정감, 여럿, 오뚝이 모양, 우리, 원숭이 얼굴, 조화롭다, 피라미드, 홀수
4	2대2, F층, 가족, 공간구조, 공포, 나눔, 네 박자, 네잎 클로버, 당구장, 동서남북, 모임, 무리, 바퀴, 불운, 사각형, 사계절, 사랑해, 사탄, 수다, 수비수, 식탁, 안정감, 여행, 완성된 느낌, 저주, 정사각형, 죽음, 팀, 행운
5	가운데, 간단하다, 구구단, 균형, 꽃잎, 놀이, 다섯 식구, 단체, 독수리 5형제, 딱 떨어지다, 모임, 발가락, 배 나온 산모, 별, 불완전, 새끼손가락, 손가락, 신부, 안정감, 열쇠, 오각형, 오감, 오륜기, 오복, 완전체, 음양오행, 입 모양, 중간, 토론, 펜타곤, 한숨 돌리기, 협동
6	369 게임, 3의 배수, 60대, 고비, 골프채, 귀걸이, 벌집, 성격 속 마귀, 육각형, 육남매, 육손이, 자물쇠, 주사위, 짝수, 초등학교 6학년, 퇴근 시간
7	기쁨, 나무, 난쟁이, 날카로움, 달력, 만족, 무지개, 별, 북두칠성, 신비로움, 약속, 완벽, 저녁식사, 죽음, 축구팀 상징 선수, 탄생, 행복, 행운, 홀수, 희망
8	88올림픽, 기상, 꽈배기, 눈사람, 동그라미, 무한대, 문어, 반복, 부자, 사람, 아우구스투스, 안경, 안정, 오뚝이, 옥타브, 완벽한 수(가톨릭), 완성, 죽음, 중국, 팔각지붕, 팔자걸음, 팔푼이, 풍선
9	결혼, 공격수(스트라이커), 구미호, 꼬리, 등원 시간, 마지막 단계, 많다, 미완성, 반올림, 부족한, 비둘기, 소녀시대, 아깝다, 아홉수, 위기, 홀수, 황제의 수
10	set, 가득하다, 결승, 공격수, 꽉 차다, 다루다, 도착, 동전, 두 자리 숫자, 마무리, 만점, 만족, 많다, 맞아 떨어지다, 미국, 발가락, 손가락, 손가락 펴기, 신의 세계, 양궁, 어렵다, 열 끗, 오바마, 오징어, 완성, 완전하다, 전부, 축구, 충분하다, 카운트다운, 팀의 에이스, 편안함, 화려함, 화살, 화합, 휴식

3. 제스처

옛날부터 우리는 신체의 움직임인 춤, 연극, 의식, 인사 등 신체의 움직임인 제스처(gesture)를 통해서도 자신을 표현해 왔다. 이는 비언어적인 전달 수단으로 언어적인 표현의 이해를 도와주는 것이다. 무의식적인 제스처는 상대의 본심을 더욱 잘 나타내 주기도 한다.

제스처가 상징적으로 나타난 경우, 그 자체가 의사소통이 된다. 상징적인 제스처의 기원은 민중의 역사 속에서 찾을 수 있으며, 그 의미가 명백하다. 인간이 신에게 제사를 지낼 때나 기도를 할 때 무릎을 꿇는 것은 간곡함의 표현이며, 무릎을 꿇은 채로 절을 하는 자세는 완전한 복종과 경배를 나타낸다. 이는 인간이 신에게 제사를 지냄으로써 감사와 풍요를 기원하고 염원하는 것을 제스처를 통해 알 수 있는 것이다. 손을 흔들어 인사하는 등의 제스처는 일반적인 의미로 세계 공통적으로 사용되지만, 일부 제스처는 문화마다 다른 의미를 나타내기도 한다. 이 절에서는 다양한 제스처가 갖는 상징적인 의미를 구체적으로 살펴보고자 한다.

1) 사전적 의미

제스처는 말의 효과를 더하기 위하여 하는 몸짓이나 손짓, 표정 등을 말한다. 또한 (제 본마음은 아니면서도) 남 보란 듯이 하는 말이나 짓, 성실성이 없는 형식뿐인 태도 등을 말하기도 하며(두산동아 사서편집국 편, 2016), 무대 위에서 배우가 하는 동작을 일컫기도 한다.

사람이 인생에서 가장 후회하는 어리석은 행동은 기회가 있을 때 저지르지 않은 행동이다.
–헬렌 롤랜드(Helen Rowland)–

2) 유래

- 엄지 치켜들기: 원래 로마제국 검투사 경기의 관중이 견해를 표할 때 쓰던 제스처에서 유래했다.
- 승리의 V자: 제2차 세계대전 당시 윈스턴 처칠이 승리의 표시로 쓰면서 유명해졌다.
- 불칸식 인사: 본래 축복을 비는 유대인의 제스처에서 유래했다.

3) 상징적 의미

제스처는 비언어적 표현으로 말의 효과를 더하거나 감정 등을 타나낼 때 사용한다. 하트 제스처를 통해 사랑과 나눔을 표시하기도 하고, 흔드는 손으로 반가움을 표시하기도 한다. 또한 손가락으로 가리키는 것은 무언가 지목하는 것을 암시하며, 서로 팔짱을 낀 제스처는 친밀감을 나타낸다. 의식적 제스처의 상징으로는 다음과 같은 것이 있다(Bruce-Mitford & Wilkinson, 2010).

- 윙크: 순수한 인사에서부터 성적 암시까지, 또는 두 사람 사이에 뜻을 맞춰 결탁하려는 힌트나 경고 등등 수많은 의미를 담는다.
- 눈 치켜 올리기: "쯧!" "쳇!" 같은 소리와 함께 혀를 "끌끌" 차면서 위쪽으로 눈을 올리면 대개 완곡하게 상대를 무시한다는 표시이며, 지루하거나 크게 화가 났다는 뜻이기도 하다.
- 눈썹 치켜 올리기: 한쪽 눈만 올리면 뭔가 의심스럽거나 믿을 수 없다는 표시다. 이 제스처를 하면 얼굴의 양쪽 균형이 깨지므로 자연스레 이런저런 생각의 갈등이 벌어지고 있음이 드러난다.
- 상하로 끄덕이기: 대부분의 서구 문화에서 고개를 끄덕이는 동작은 '예스'의 표시지만, 스리랑카를 포함한 일부 국가에서는 그 반대다. 흔히 인정해 주거나 인사하는 제스처로 쓰이기도 한다.
- 머리 좌우로 젓기: 대부분의 문화에서는 '아니다, 틀렸다'는 뜻이다. 아이들의 경우에는 싫다는 표현으로 종종 사용한다.
- 혀 내밀기: 전 세계적으로 아이들이 혀를 쑥 내밀면 버릇없는 행동이지만, 여기엔 장난치는 의미도 들어 있다. 아마 아이들이 가장 먼저 배워서 쓰는 모욕적 제스처일 것이다.
- 손 입맞춤: 존경과 정중한 예의를 드러내는 제스처로서 과거에 신사가 숙녀에게 인사하는 엄격한 에티켓이었다. 지금은 매우 공식적인 의례 상황에서나 반어적으로 비꼬는 뜻으로 이루어진다.
- 발 입맞춤: 겸손과 존경의 뜻으로서 유대·그리스도교 성서의 여러 책에서 자주 언급된다.
- 머리 숙여 절하기: 서양 문화에서는 '지위나 신분이 낮은 사람'이 자기를 낮출 때 하는 행동이다. 일본에서는 동등한 두 사람이 만날 때 서로를 존중한다는 뜻으로 서로에게 머리 숙여 인사한다.
- 손 흔들기: 헤어질 때 인사로 자주 이용되지만, 만났을 때나 단순히 주의를 끌려고 할 때도 사용한다. 중국에서 손바닥을 아래로 하여 흔들면 '이리로 오라'는 뜻이다.

- 손바닥 마주치기(하이파이브): 만났을 때 인사, 축하 또는 격려하는 의미로 쓰인다.
- 악수: 서양 문화에서는 상호 존중을 뜻하는, 비교적 공식적인 제스처다.
- 두 손 들기: 항복하는 제스처로서 무기를 들고 있지 않거나 무기에 손 댈 생각이 없다는 뜻이다.
- 두 손 모으기(합장): 그리스도교에서 두 손을 모으는 것은 만남의 인사다. 인도와 동남아시아에서는 존경을 뜻하고, 서양에서는 호소나 애원의 뜻이 담긴 세속적 제스처다.
- 두 손 깍지 끼기: 서양에서는 두 손을 모으는 것보다 더 강한 어조를 담아 호소하고 애원하는 제스처다.
- 엄지로 코 끝 밀기: 혀 내미는 것과 똑같이 익살맞거나 장난기를 담아 조롱하는 제스처다.
- 눈 쪽으로 손가락 가져가기: 사우디아라비아에서 어떤 사람의 멍청함을 가리키는 제스처로 "나는 네가 바보라는 걸 확실히 알 수 있다."라는 뜻이다.
- 눈썹 쪽으로 손가락 가져가기: 대개 손가락으로 눈썹을 가볍게 두드리거나 그 옆에 대고 빙빙 돌리는 제스처로, '미친 사람'이나 '정신 나간 사람'이라는 뜻이다.
- 입술에 손 갖다 대기: 전 세계적으로 말하지 말라는 뜻으로 통용된다. 또한 조용히 해 달라는 요청을 할 때도 쓴다.
- 엄지 끝으로 가볍게 앞니 물기: 지중해 국가들에서는 무례와 모욕의 뜻이 담긴 일반적인 제스처다.
- 두 손 끝을 모아 입술이나 턱에 대기: 어떤 사람이 생각에 깊이 빠져 있을 때의 동작이다.
- 엄지와 검지 교차시키기: 널리 쓰이는 제스처로서 행운을 빌어 준다는 뜻이며, 그리스도교 십자가 기호를 상징한다.
- 엄지 치켜들기: 서양에서는 인정해 준다는 표시다. 중동, 서아프리카, 남미, 러시아에서는 모욕적인 제스처로 쓴다.
- 승리의 V자: 승리의 표시다. 1960년대 히피족은 평화의 제스처로 채택하였다.
- 뿔: 엄지, 검지, 새끼손가락을 펴고 나머지 손가락은 접은 상태의 손 모양으로 흔히 악이나 불행을 막는 보호나 사악한 눈을 물리치는 표시이며 사탄주의자들은 사탄을 뜻하는 제스처로 쓴다.
- 의문: 이탈리아에서 엄지와 손가락을 가지런히 한데 모아서 아래위로 움직이는 것은 "대체 뭘 원하는 거냐?" "그게 무슨 말이냐?" 등 의문을 뜻한다.
- 엄지와 검지로 동그라미 만들기: 미국과 유럽에서는 '오케이'라는 뜻이며, 일본에서는 돈을 뜻한다. 독일과 브라질에서는 인체 해부학적 기관을 언급하는 저속한 제스처다.
- 뿔(두 손 검지로 뿔 만들기): 지중해 국가에서 외도한 아내를 둔 남편을 뜻하며, 일본에서는 성내거나 질투하는 여자와 관련된 의미다.
- '그 손가락'(가운뎃손가락): 가운뎃손가락을 들어 상대에게 보이는 이 제스처는 '너나 잘하세요'라는 모욕적인 표현이다. 로마인들은 '무례한 손가락'이란 뜻으로 쓴다.
- 'V 손가락': 영국과 호주에서 손가락 관절 부분을 바깥으로 향하는 V 표시, 즉 일반 승

리의 V와 반대로 하면 '저리 꺼져!'라는 무례한 뜻이 된다. 호주에서는 '포크(forks)'라고 한다. 그러나 미국에서는 승리와 평화의 V와 동일하다.

- 두 번째 손가락: 서양 문화에서 보통 '최고, 넘버 원'을 뜻하지만, 가끔 '잠시 기다리라'는 명령으로 쓰기도 한다. 중동, 터키, 그리스에서는 다른 지역의 '가운뎃손가락'이 지닌 의미와 똑같은 모욕이다.
- 타임아웃: 미국에서 '정해진 시간이 완료되었다'는 뜻으로 쓰지만, 농구 경기에서는 테크니컬 파울을 뜻하는 신호다. 영국에서는 '티타임'을, 일본에서는 '계산서를 달라'는 뜻이다.
- 사람 부르기: '이리로 오라'는 뜻으로 널리 쓰이는 제스처다. 흔히 무례하거나 오만한 태도로 이루어진다. 그러나 표정과 상황에 따라 성적 유혹을 뜻하는 손짓이 될 수도 있다.
- 불칸식 인사: 텔레비전 시리즈 〈스타트렉〉에서 불칸 족의 스팍이 쓰는 제스처로서 '장수와 성공'을 기원하는 것이다. 그것은 본래 축복을 비는 유대인의 제스처에서 유래했다.
- 검지와 중지 사이에 엄지 끼워 넣기: 로마인들에게는 행운의 제스처였다. 그러나 터키, 인도네시아, 러시아에서는 '엿 먹어라'라는 뜻의 저속한 제스처다. 인도 대륙에서는 위협의 뜻으로 쓴다.
- 가리키기: 특정 대상이나 방향을 가리키는 보편적인 제스처다. 대부분의 문화에서 사람에 대고 직접 가리키는 것은 무례한 일로 간주한다.
- 뱅뱅: 권총을 모방한 제스처로서 장난기 있는 인사나 협박성의 위협도 될 수 있다. 자신의 관자놀이에 정확히 대고 하면 실수를 시인한다는 뜻이거나 지루하고 짜증 나는 상황에서 달아나고 싶은 마음을 나타낸다.
- 블라블라: 입술이 엄청나게 움직이는 모습을 본뜬 제스처로, '지겹다' 혹은 '나 안 듣고 있거든'이라는 뜻의 경멸적 제스처다. 일부 스포츠에서는 어떤 선수가 심판의 판결에 불복한다는 의미로 심판들이 쓰는 동작이다.
- 주먹 쥐기: 공격을 뜻하는 보편적 제스처다. 중기(重機)를 요청하는 군대 신호이기도 하다.
- 눈 맞춤: 제대로 눈을 마주치지 못하거나 아예 마주치지 않는다면, 그 사람은 너무 수줍음이 많거나 고의적으로 속이려 하거나 둘 중 하나다.
- 몸이 향하는 방향: 어떤 사람으로부터 떨어져서 다리를 꼬고 앉거나, 몸을 돌려 외면하는 것은 방어 심리나 관심 부족을 뜻하며, 때로는 그 반대가 될 수도 있다.
- 허리에 손 얹기: 개방적 태도와 자신감을 암시한다. 한쪽으로 기울지 않고 머리를 똑바로 세운 이 동작은 자신감과 권위 있는 태도를 풍긴다.
- 팔짱을 끼고, 어깨를 늘어뜨린 채 서 있는 자세: 축 늘어진 어깨, 팔짱을 끼고 두 팔로 몸을 감싸기, 한쪽으로 비스듬히 기울인 머리, 아래쪽으로 처진 눈, 이것은 모두 초조하거나 방어적인 심리를 뜻한다.

- 두 다리를 붙인 자세: 일반적으로 팔짱을 끼거나 다리를 붙여 앉으면 방어적인 태도를 뜻한다. 그러나 짧은 치마를 입은 경우에 이런 자세는 단정한 태도다.
- 반대쪽 무릎에 발목을 얹고 앉아 있는 자세: 흔히 '4자 형태'라고 알려진 것으로 방어적 자세로 간주하지만, 두 팔을 풀고 여유로운 자세로 있으면 편안한 자세 쪽에 가깝다.
- 양팔을 몸에 딱 붙인 차렷 자세: 양팔을 허리 옆이나 등 뒤로 몸에 딱 붙인 자세는 침착하게 자신감이 넘치고, 무슨 일이든 처리할 준비가 되어 있음을 암시한다.

4) 신화와 고전

『잠자는 숲속의 공주』(perrault, 2012a) 줄거리는 다음과 같다.

어느 왕국에서 공주의 탄생을 기념하며 파티를 열었다. 이때 모든 마법사를 초대했는데 마음씨 나쁜 마법사는 초대하지 않아, 그 마법사의 저주로 공주는 16세가 되는 해에 물레에 찔려 죽는 마법에 걸린다. 다행히도 착한 마법사들이 힘을 써 공주는 물레에 찔려도 죽지는 않되 사랑이 담긴 입맞춤을 통해서만 깨어날 수 있는 잠에 빠지는 마법에 걸리게 된다. 시간이 흘러 16세가 되는 해에 공주는 물레에 찔려서 잠이 들게 되고, 이웃 나라의 한 왕자가 불쌍한 공주의 이야기를 듣고 성을 찾아가 잠든 공주에게 입맞춤을 한다. 잠에서 깨어난 공주와 왕자는 서로 첫눈에 반해 결혼한다. 이 이야기에서 입맞춤은 연민과 사랑의 시작을 의미한다(Perrault, 2012a).

5) 제스처의 이미지

(성인)
하트 제스처를 통해 사랑과 나눔을 표현

(중학교 2학년 진로탐색 청소년)
가리키는 손: 무언가를 지목하는 것을 표현

(성인)
흔드는 손을 통해 인사와 반가움을 표현

(성인)
팔짱 낀 손을 통해 친밀감과 교류를 표현

(성인)
턱 아래 괴인 손을 통해 관망하는 모습을 표현

※ 상징적 의미

제스처	감정, 거짓, 눈치로 알 수 있다, 당황하다, 대화, 동작, 몸짓, 무안함, 무언가 나타내다, 반응, 보여 주다, 부수적, 비언어적 표현, 산만하다, 상징, 생각, 성격, 신호, 알아듣다, 어깨를 들썩이다, 연극, 오버, 외국 사람, 의사소통, 장난, 정신없다, 제3의 언어, 찰리 채플린, 퀴즈, 표정, 풍성한 표현, 행동, 호기심, 호응하다, 활동적, 흉내 내다
윙크	거짓말, 관심, 귀엽다, 깜찍하다, 꼬시다, 눈, 눈인사, 능글맞다, 동감하다, 매력, 미소, 반하다, 비밀, 사랑, 상큼하다, 섹시, 신호, 아기, 애교, 유혹, 이성, 익살스럽다, 인사, 장난스러움, 재미있다, 좋은 감정, 징그러움, 친근감의 표현, 친밀감, 트로트 가수, 호감
악수	가식, 감사, 경쟁, 공식적 접촉, 관계성, 교감, 교류, 기본 인사, 만남, 반가움, 사랑, 사업, 선거, 소개, 소통, 시작, 신뢰, 약속, 어색함, 예의, 우정, 인맥, 인사, 정겨움, 정치하다, 존경, 첫대면, 체온, 친밀감, 친절, 편안함, 협력자, 협상, 형식적, 화합, 화해, 힘차다
손 모으기 (기도)	간절함, 갈구, 갈망, 감사, 겸손, 경건하다, 고결하다, 고민, 고요하다, 교회, 기도, 대화하다, 따르다, 마음을 모으다, 맞대다, 명상, 믿음, 바람, 부탁, 빌다, 생각, 성당, 소원, 속죄, 숙연함, 순수, 순종, 애절함, 약하다, 염원, 예쁘다, 용서, 인간적인, 절, 절실하다, 종교, 진실함, 차분하다, 한마음, 합장, 희망
혀 내밀기	건강 체크, 건강, 곤란, 관심, 광대, 귀여움, 깐죽거리다, 난감하다, 난처하다, 놀리다, 당황함, 더럽다, 덥다, 머쓱하다, 메롱, 민망함, 바보, 부끄럽다, 순종, 습관, 실수하다, 쑥스러움, 아쉽다, 애교, 약 올리다, 양치질, 어리광스럽다, 어린이, 어색하다, 웃음, 유쾌하다, 유혹, 장난, 조롱하다, 친근함 표시, 침, 키스

4. 색채

색채(色彩, color)는 문화마다 상징의 해석은 다르지만 인간의 상징체계에 중요하게 사용되었다. 색깔을 보면 보편적으로 의식하지 않고도 정서적인 반응을 나타낸다. 예를 들면, 붉은 계통의 색은 열정적인 자극을 일으키고, 푸른 계통의 색은 긴장을 이완시켜 준다. 서양에서 신부는 순수와 순결의 상징으로서 흰색의 예복을 입고, 장례식장에서는 애도와 추모의 뜻으로서 검은색 옷차림을 한 것은 수천 년부터 시작된 관습이다. 현대사회에 기업의 로고를 색채로 하기까지 색채의 상징적인 예는 다양하다. 이 절에서는 색채에 따른 구체적인 상징적 의미를 살펴보고자 한다.

1) 사전적 의미

"빛깔" "사물을 표현하거나 그것을 대하는 태도 따위에서 드러나는 사물이 지닌 일정한 경향이나 성질을 비유하여 이르는 말로, 색조(色調)라고도 한다."(두산동아 사서편집국 편, 2016).

2) 유래

- 노랑/노란색: 과거에는 질병과 격리를 나타내기 위해 노란색 깃발을 이용하곤 했다. 동양 사상에서 노란색은 불의 요소와 관련이 있는 태양혈(太陽穴)의 색깔이다. 중국에서는 6세기에 제국의 색깔로 채택되어 오직 황제만이 노란색을 입을 수 있었다(황제가 태양과 동격이라는 상징). 한편, 르네상스 미술에 보면 예수를 배반한 유다는 노란색 외

우리 인생에서 삶과 예술에 의미를 주는 단 한 가지의 색은 바로 사랑의 색깔이다.
-마르크 샤갈(Marc Chagall)-

투를 입고 있다. 그 인종이 예수를 배반했다는 근거에서 1215년 라테란공의회는 유대인에게 노란색 배지를 달도록 명했다(수백 년 후 나치도 같은 명령을 내렸다).

- 초록/녹색: 무슬림들에게 초록은 거룩한 색깔인데, 선지자 무함마드의 외투가 초록색이었기 때문이기도 하며, 초록이 새 생명의 색깔이라서 그렇다고 알려져 있다.
- 파랑/파란색: 고대 이집트 신 아문과 힌두신 라마, 시바, 크리슈나도 신성함을 뜻하는 파란색으로 묘사되었다. 미술의 관습에서 천사의 파란 옷은 거룩한 지혜를 상징하며 성모마리아의 파란 옷은 순결함을 상징한다. 로마가톨릭 미술에서 파란색은 겸손함을 나타내며, 고대 이집트에서는 진리를 뜻한다.
- 분홍/핑크색: 핑크색과 동성애 인권운동의 연관성은 제2차 세계대전 당시 나치가 동성애자들에게 핑크색 삼각형을 달라는 명령을 내리면서 유래했다. 그러나 지금은 동성애자 인권단체 '게이 프라이드'가 그 상징 배지로 핑크색을 단다.
- 검은색과 회색: 점성술에서 검은색은 토성을 상징한다. 토성은 로마의 신 사투르누스의 이름을 따서 지었다. 그는 노년(늙음), 죽음과 관련이 있었다.

3) 상징적 의미

색채는 심리상태를 나타내는 상징체계다. 심리적으로 난색 계통의 색채 사용은 자유로운 감정 및 행동, 따뜻한 애정 관계를 지속하고 있을 가능성을, 한색 계통의 색채 사용은 강한 자기통제력을 가지거나 지나칠 정도로 순응하는 경향을 시사한다. 또한 무채색을 통해 심리적 어려움과 힘든 정서, 갈등을 나타내기도 하며, 화려한 색채를 통해 자신을 표현하고 싶은 욕구나 에너지를 얻고 싶은 마음을 드러내기도 한다. 이 외에 색채의 상징으로는 다음과 같은 것이 있다.

- 빨강/붉은색: 열정적인 색깔의 대명사로서 가장 자극적이고 이중적인 색깔이다(사랑과 정열의 색깔–공격과 전쟁의 색깔). 또한 행운과 위험, 풍요와 불의 색깔이며 지옥 불을 동시에 상징한다. 분노와 공격성을 일으키는 힘을 통해 담대한 용기와 남성적 에너지인 분노를 상징한다. 그리스도교 교회에서 붉은색은 그리스도 십자가의 희생과 순교자들이 흘린 피를 상징하고, 무엇보다 자궁, 잘 익은 과일 그리고 불길 속에서 죽지만 잿더미 속에서 다시 살아나는 불사조와 관련되기 때문에 풍요(다산)와 부활을 상징한다. 또한 서구 문화에서 붉은색은 정열을 나타내며, 때론 '불법구역'처럼 불법이나 '간통 여성'처럼 부정을 뜻하기도 한다.
- 주황/오렌지색: 호사스러움과 화려함을 상징하지만, 불교 승려들은 주황색 장삼을 입음으로써 소박한 생활을 선택하고 받아들임을 맹세한다. 또한 세속적 쾌락을 포기한다는 금욕의 뜻이 있다. 고대 로마의 신부들은 오렌지색 예복을 입었는데 붉은빛이 감도는 주황색 원석, 풍신자석은 정절을 상징한다.
- 노랑/노란색: 황금, 밝음, 계몽, 태양과 관련

이 있고 수많은 봄꽃이 노란색을 띠기 때문에 새 생명과도 연관이 있다. 많은 문화에서 노란색은 소심하고 비겁한 겁쟁이를 상징하며, 다른 문화에서는 질투를 나타낸다. 중국과 동남아시아에서 노란색은 왕권을 상징한다.

- 초록/녹색: 희망, 기쁨의 색깔 혹은 부식, 부패의 색깔이기도 하며, 질투심을 상징할 때도 있다. 자연의 색깔로서 초록은 환경 운동과 지구의 자원을 보호하려는 인류의 관심을 상징하고, 초록과 봄이 서로 관련 있기 때문에 초록색은 자연스럽게 청춘을 상징한다. 이 사실에는 두 가지 양상이 있는데 활기와 강인함이라는 긍정적 연관성과 순진함과 미숙함이라는 부정적 연관성이 서로 맞물린다.
- 파랑/파란색: 스칸디나비아에서 어떤 사람을 가리켜 '파란색 눈'이라고 하면, 순진하거나 잘 속는다는 뜻이다. 물과 관련된 차가운 색깔로서 파랑은 고요함과 반성을 뜻한다. 불교도들에게 파랑은 아촉여래(나미타불)의 색깔이다. 아촉여래는 동쪽을 상징하며 확고부동함과 강인함을 나타내는 보살이다. 서양에서 초록색이 그러하듯, 일본에서는 파란색이 순진함이나 미숙함을 뜻한다. 성모마리아의 파란 옷은 순결함을 상징하고 천사의 파란 옷은 거룩한 지혜를 상징한다. 로마가톨릭 미술에서 파란색은 겸손함을 나타내며, 고대 이집트에서는 진리를 뜻한다. 하늘의 색깔로서 텅 빔, 무한함, 신성함을 상징하고, 흰색에서 나온 가장 순수한 색깔로서 고요함, 반성, 지성을 상징한다. 서양에서는 함축적 의미가 담긴 다양한 구어 표현이 있는데 우울함(우울증), 노골적인 성적 표현(포르노), 계급(육체노동자, 귀족 혈통) 등을 예로 들 수 있다.
- 자주색과 보라색: 염색 원료의 가격 때문에 자주색 의상은 부유한 사람들만의 전유물이었다. 따라서 고대부터 많은 문화에서 자주색은 호사스러움, 부, 권력을 상징했다. 또한 정열의 빨강과 이성의 파랑이 결합한 색깔로서 절제와 신중한 행동을 상징한다.
- 분홍/핑크색: 서양 문화에서 핑크색은 전통적으로 여성성과 관능성을 상징한다. 핑크는 공식적으로 '유방암 계몽' 캠페인의 색깔이 되었다. 지금은 동성애자 인권단체 '게이 프라이드'가 그 상징 배지로 핑크색을 단다.
- 검은색과 회색: 성직자의 옷처럼 윤리를 상징하고, 색깔이나 빛이 전혀 없어 간혹 중립적인 상태로 간주되기도 하지만, 대개는 악과 은밀함을 상징한다. 또한 슬픔, 불운, 죽음과의 연관성으로 지하 세계를 나타낸다. 애도와 추모의 뜻을 나타내는 검은색 옷차림은 수천 년 전부터 시작된 일종의 관습이다. 회색은 주로 우울함, 익명, 불확실성을 상징하지만 검은색과 흰색의 조합으로서 중재를 뜻하는 색깔이기도 하다.
- 하양/흰색: 많은 문화에서 흰색은 순결, 순수, 성스러움을 상징한다. 그러나 중국, 일본, 인도 전통에서는 죽음, 애도와 연결된다. 불교도들에게 흰색은 빛과 순결의 상징인 연꽃과 관련되며, 지식이나 깨달음과도 연관 있다. 아메리카 인디언들에게는 영혼을 상징하며 수피교에서는 지혜를 상징한

다. 항복 표시로 흰색 깃발을 사용한다. 영국과 옛 대영제국에서 흰색 깃털은 비겁함을 상징한다. 흰색 깃털이 달린 투계가 형편없는 싸움닭이라는 소문 때문이다. 하지만 일부 반전 평화 단체들은 평화의 상징으로 흰색 깃털을 채택하였다. 또한 서양에서 신부는 순수와 순결의 상징으로서 흰색 예복을 입는다. 이는 첫 세례나 첫 영성체를 하는 사람들과 똑같다. 그 연상 작용과 함축적 의미로 흰색 백합은 순결과 성모마리아를 상징한다. 많은 문화에서 흰색은 성스러움과 성역을 상징한다.

4) 신화와 고전

- 빨강: 『백설공주(Snow White)』(Jacob & Wilhelm, 2013a)에서 주인공 백설공주는 엄마가 돌아가시고 의붓어머니와 살게 된다. 그 왕비에게는 말할 수 있는 마법거울이 있는데, 왕비보다 백설공주가 예쁘다고 하자 왕비는 백설공주를 죽이려다 실패한다. 백설공주는 도망쳐 숲 속에서 난장이들과 살게 되었는데 그 사실을 알게 된 왕비는 독이 묻은 빨간 사과를 백설공주에게 먹였고, 백설공주는 쓰러진다. 이후 왕자의 키스로 살아난 공주는 왕자와 결혼한다. 이 이야기에서 빨간색은 독이 있는 색으로 표현되었고, 공주에 대한 왕비의 질투를 나타내었다.
- 파랑: 『파랑새(L'Oiseau bleu)』(Maeterlinck, 2006)에서는 두 어린 남매의 꿈속에 요술쟁이 할머니가 나타나서 파랑새를 찾아 달라고 말한다. 두 남매는 행복의 파랑새를 찾아 멀리 여행의 길을 떠났지만, 아무 데서도 행복의 파랑새를 찾지 못한다. 그러다 자기 집에 돌아와서야 집 문에 매달린 새장 안에서 파랑새를 찾게 되는 이야기다. 여기에서 파랑새라고 하는 것은 행복을 상징하고, 인생의 여러 가지 진리를 상징적으로 이야기 한다.

5) 색채의 이미지

(성인)
흑백의 색채를 통해 심리적인 어려움과
힘든 정서를 표현

(성인)
화려한 색채를 통해 자신을 드러내고
자기표현의 욕구를 표현

※ 상징적 의미

색채	감정, 골라 쓰다, 곱다, 그림, 느낌, 다양성, 매력적이다, 무늬, 무지개, 물감, 분위기, 색상지, 신비, 심리학, 아름다움, 에너지, 정성스럽다, 정신없다, 조화, 치료, 크레파스, 표현, 햇빛, 화려하다, 홍분
빨강	강력, 강렬하다, 공격, 더위, 뜨겁다, 분노, 불, 사과, 소방관, 소방차, 스페인, 아픔, 애정 갈구, 에너지, 열정, 위급하다, 유혹, 입술, 자아, 장미, 적극적, 정열, 칸나, 타오르다, 태양, 피, 화, 활기차다, 홍분, 희망, 힘, 힘차다
주황	119, 감, 군대, 귤, 긍정적이다, 꿈, 노을, 다정, 당근, 더운, 따뜻하다, 밝다, 불꽃, 비타민, 상큼하다, 소방관, 식욕을 돋우다, 신선, 신화, 안정적이다, 에너지, 오렌지, 정신없다, 정열, 조심, 충만하다, 파프리카, 포근하다, 환경미화원, 활력, 희망
노랑	개나리, 귀여움, 달걀, 돋보이고 싶다, 동심, 레몬, 명랑하다, 미약하다, 민들레, 바나나, 발랄하다, 밝다, 별, 병아리, 보호, 부드럽다, 불안함, 상큼하다, 아이들, 온기, 온화함, 원색, 유치원 버스, 유치원, 유치하다, 자율성, 주의, 질투(시샘), 참외, 천진난만, 태양
초록	골프장, 나무, 나뭇잎, 눈의 피로를 풀어 주다, 산, 상쾌한, 새, 새로움, 생명력, 설렘, 설익다, 숲, 식물, 신뢰, 신선하다, 신호등, 싱그러움, 썩 내키지 않는다, 안식, 안정적이다, 여름, 외계인, 자연, 잔디, 젊음, 줄기, 채소, 청개구리, 청춘, 초원, 친구, 탄생, 편안하다, 평화, 회복, 휴식
파랑	가볍다, 거대함, 공군, 기분이 좋다, 깃발, 깊음, 남자아이, 냉정하다, 맑다, 모범, 물, 바다, 비, 사교적, 순수하다, 슬픔, 시원하다, 신선하다, 안정, 어머니, 엄격하다, 여름, 역동적인, 이성적, 장교, 젊음, 차갑다, 차분하다, 청량감, 청소년, 텁텁하다, 파도, 평화, 포용, 하늘, 학생, 화사, 화합, 휴식, 희망
남색	경직되다, 공군, 기분이 좋지 않다, 깊다, 깔끔하다, 남자, 냉철하다, 단정하다, 단호하다, 답답하다, 독선, 매력, 명확함, 무거움, 무난하다, 무섭다, 무지개, 물감, 밤, 밤바다, 버림받다, 세련되다, 신비, 안전하다, 안정, 어둡다, 엄숙하다, 외롭다, 우울, 유혹, 저녁, 전문적, 점잖다, 정장, 제복, 지적, 진하다, 차가움, 차갑다, 청바지, 춥다, 침울하다, 탁하다, 평범함, 평온하다, 학교, 혼합
보라	가지, 감각적이다, 감성적이다, 고귀하다, 고급적인 느낌, 귀족, 나팔꽃, 도라지꽃, 따뜻하다, 또렷하다, 매력, 무지개, 보라돌이, 불안, 비밀, 세련되다, 신비로움, 야누스, 양면성, 여성, 예술가, 와인, 우아하다, 융단, 자수정, 정신병, 조화, 질병, 집착, 창조적, 특이하다, 포도, 혼란, 화려하다, 화려하지 않다, 흔하지 않음
흰색	간호사, 결백, 교회, 귀신, 기저귀, 깔끔하다, 깨끗하다, 눈, 단순하다, 대한민국, 더러워지기 쉬운, 더럽다, 도도하다, 도화지, 맑다, 무(없음), 무결점, 물감, 받아들이다, 백악관, 백의민족, 백지, 백합, 부담스럽다, 부활, 빛, 소박하다, 소복, 솜사탕, 수염, 순결, 순수, 숭고함, 시각, 시작 직전, 약하다, 양복, 어울리다, 완벽하다, 완전성, 웨딩드레스, 의심, 이빨, 정결, 조심스럽다, 천사, 청결, 청아, 화사하다, 환하다, 희망

검은색	고무신, 고요하다, 귀신, 까맣다, 단정하다, 도둑, 돋보이다, 두려움, 모든 것을 담고 있다, 무(없음), 무난하다, 밤, 세련되다, 수녀, 스트레스, 신부, 악마, 암흑, 우아하다, 우울, 우주, 장례식, 절제되다, 조용하다, 종말, 죽음, 지저분하다, 차분하다, 폐수, 흡수
회색	감옥, 감정이 없다, 검은보다 밝은 색, 고민, 공장, 구정물, 균형, 날씨, 냉정함, 답답함, 더럽다, 도로, 도시, 돌, 먹구름, 멋지다, 메탈 느낌, 무거워 보인다, 무난하다, 무미건조, 무분별, 무채색, 무표정, 법복, 벽, 불안, 불투명한, 비, 빌딩, 산업화, 세련되다, 슬픔, 승복, 시멘트, 아스팔트, 아파트, 안 좋아 보인다, 안개, 어르신, 오염, 우울, 은폐, 이중성, 저조한 기분, 중간, 중립, 중후하다, 쥐, 지루하다, 차가움, 차분함, 칙칙하다, 페인트, 흐림

5. 기호

기호(記號, symbol)는 어떠한 뜻을 전달하기 위해 만들어졌다. 말과 문자로 표현할 수 없는 것을 확실하게 지시하고 전달하게 도와준다. 공공장소와 교통 신호 등 누구나 알아야 하는 공공정보의 기호는 최대한 눈에 잘 보이도록 간결한 이미지와 색깔을 이용해 설계하고 그 의미를 전달한다. 수학기호나 문장부호 등 전 세계적으로 사용하는 기호체계를 사용하면 복잡한 의미의 개념도 보다 쉽게 이해할 수 있다. 이 절에서는 다양한 기호에 대해 살펴보고 각 기호가 가지는 상징적인 의미를 알아보고자 한다.

1) 사전적 의미

"어떠한 뜻을 나타내기 위하여 쓰이는 부호, 문자, 표지 따위를 통틀어 이르는 말로, 심벌(symbol)이라고도 한다. 개념, 수식, 명제 따위를 글로 써서 나타내기 위하여 쓰는 부호 '+' '−' 따위를 일컫는다."(두산동아 사서편집국 편, 2016)

2) 유래

- 별 모양: 메소포타미아의 태양신 샤마시를 나타내는 태양별이다. 다섯 꼭지의 별 모양은 수메르의 이슈타르가 아침별로서 전사의 모습을 하고 있을 때를 상징한다. 상승을 상징하는 다섯 꼭지 별 모양은 이슬람교 상징에서는 초승달과 함께 나오며, 오늘날의 군대와 경찰의 휘장에서 일반적으로 널

인생은 곱셈이다. 어떤 찬스가 와도 네가 제로면 아무런 의미가 없다.
−나카무라 미쓰루(中村滿)−

리 쓰이는 별이다. 별표는 약 4,000년 전 메소포타미아에서 금성의 움직임을 나타내는 천문학적 도안으로 고안되어 처음 사용되었다. 솔로몬의 봉인에 사용된 도형으로 여겨지며, 기원전 300년에서 150년 사이에는 예루살렘의 공식 인장이었다. 그리스에서 피타고라스학파는 이 별표를 건강과 신비스러운 조화의 상징으로 채택했다. 이후 별표는 신비적 의미, 솔로몬이 가졌다고 하는 자연과 귀신 세계에 대한 중제적 마법의 힘이 계속 추가되었다(Tresidder, 2007). 마법사들은 초인적인 힘을 불러내기 위해 고운 삼베로 만든 별 모양의 모자를 쓰곤 했다. 꼭지 하나를 위쪽으로, 꼭지 둘을 아래쪽으로 내리면 별표는 선의의 마술, '드루이드교도의 발'을 상징하게 된다. 하나를 내리고 둘을 위로 올리면 '염소의 발' 또는 악마의 뿔을 나타내며, 이는 상징적인 전도의 전형이다(Tresidder, 2007).

- 카이로: 콘스탄티누스 황제의 꿈에 보인 기호로서, 대제가 그리스도교를 로마제국의 공식 종교로 확립한 지 수백 년이 지난 뒤에는 기독교의 주요 상징물이 되었다. 콘스탄티누스가 서기 312년에 막센티우스를 패배시키고 권좌에 오르자 로마제국 군기에 그려져 있던 독수리가 물러나고 카이로 상징이 그 자리를 차지하게 되었다. 그의 전기를 쓴 에우세비우스에 따르면 콘스탄티누스가 그리스도교로 마침내 개종한 것은 카이로 상징이 태양에 각인된 것을 꿈에서 본 뒤였다. 이는 콘스탄티누스가 실제로 그리스도를 태양의 새로운 화신으로 보았다는 의미다(Tresidder, 2007).
- 만다라: 명상 수련의 보조 도구로 유명해졌지만, 힌두교에서든 불교에서든 고대의 만다라는 통과제의에 관련된 상징을 가지는 것으로서 숭배자들을 신성한 공간으로 인도하기 위한 장치였다(Tresidder, 2007).

3) 상징적 의미

기호는 특정한 의미를 전달하기 위해 만들어진 체계다. 심리적으로는 물음표를 통해 고민과 갈등, 혼란을 표현하기도 하며, 별을 통해 주목받고 싶은 욕구를 나타내기도 한다. 원형을 통해 자신의 내면이 통합되어 있음 혹은 통합되고 싶은 욕구를 드러내기도 한다. 이 외에 기호의 상징으로는 다음과 같은 것이 있다(Tresidder, 2007).

- 별: 고대 기하학에서 조화와 건강, 신비로운 힘을 상징한다.
- 꼭지가 다섯 개인 별: 프리메이슨에게 '타오르는 별'은 신비적인 중심과 재생을 상징한다.
- 꼭지가 여섯 개인 별: 다윗의 별, 때로는 탄생별이 되기도 한다. 연금술에서는 불과 물이 가진 남성 및 여성의 이원성을 상징한다.
- 꼭지가 일곱 개인 별: 영지주의의 신비적 별이다.
- 꼭지가 여덟 개인 별: 창조, 풍요, 성, 저녁별일 때의 이슈타르와 비너스의 상징이다.
- 원형: 하늘, 영원성을 나타낸다.
- 팔각형: 회춘의 표상인 8이 가진 상징을 바

탕으로 한다. 8면을 가진 도형은 지상의 존재에 관련해 사각형이 가진 상징과 원의 상징을 중재한다는 느낌을 준다.

- 삼각형: 똑바로 놓인 이등변삼각형은 남성과 태양의 상징으로 신, 불, 생명, 심장, 상승, 번영, 조화, 왕권을 나타낸다. 뒤집힌 삼각형은 모습이 치골을 닮았기 때문에 여성과 달에 관계되며, 위대한 어머니, 물, 다산성, 비, 하늘의 은혜를 나타낸다. 남성과 여성 삼각형이 꼭짓점에서 만난 형태는 성적인 결합을 상징한다. 몇몇 종교에서 신을 나타내는 기호로 쓰인다.
- 사각형: 고대 땅을 나타내며, 인도와 중국의 상징체계에서는 사각형을 중요하게 여겼다. 영원성, 안정감, 균형, 공간의 합리적인 조직, 정직성, 성실성, 도덕성을 나타낸다.
- 만다라: 정신적 · 우주적 · 심리적 질서를 상징한다.

4) 기호의 이미지

(성인)
물음표를 통해 고민과 갈등, 혼란을 표현

(성인)
별 모양을 통해 타인에게 주목받고 싶은 욕구를 표현

※ 상징적 의미

기호	간단함, 간략하다, 감정, 그림, 기호화, 나만의 비밀, 느낌, 다양성, 단순, 대체물, 대표, 대화법, 도식, 딱딱하다, 뜻하는 바, 명료함, 모스부호, 문자, 방법, 보호, 비밀, 사람의 생각, 상징, 세계, 숫자, 스피드, 신호, 심적 형태, 알림, 암시, 암호, 압축하다, 약속, 영화, 이미지, 자동차, 지도, 질문, 편리하다, 표시, 표현, 학교, 함축적 의미, 형식, 호기심
?	갈고리, 궁금하다, 기다림, 답, 답답함, 당당함, 모르겠다, 모호하다, 문제, 물어보다, 생각, 안내자, 알 수 없는, 알고 싶다, 용기, 의문, 의심, 의아스럽다, 인생, 질문, 퀴즈, 호기심
!	간략함, 감동, 감탄, 강조, 고함, 공감, 기쁨, 깜짝, 깨달음, 나타냄, 놀랍다, 느낌, 딱딱하다, 명료, 물방울, 바라다, 삶의 느낌, 생각하다, 속 시원하다, 아 그렇구나!, 알다, 알아차림, 알아차림, 이모티콘, 자신감, 정답, 정보, 즐거움, 편지, 학교, 확신
♬	경쾌하다, 기분이 좋다, 기쁨, 노래, 도돌이표, 들떠 있는, 멜로디, 발랄하다, 붕 뜨는 기분, 소리, 신나다, 악보, 에너지, 음악, 음악을 듣다, 음악적 세계, 음표, 즐겁다, 콧노래, 콩나물, 쾌락, 피아노, 항상, 행복함의 표시, 화음, 환희, 흥얼거림
∞	가면, 계속, 괴물, 꿈, 끝까지, 끝나지 않는, 눈사람, 당혹, 대칭, 돼지 코, 리미티드, 만족, 망원경, 뫼비우스의 띠, 무제한, 무한, 반복, 배트맨, 부엉이, 수열, 수학, 숨 막힘, 시간, 안경, 알쏭달쏭, 알파와 오메가, 연, 연결, 연속성, 영원하다, 오묘하다, 우주, 정답 없음, 지속, 집중, 초점, 풍족함, 피곤하다, 하나님

참고문헌

가스펠서브 편(2006). 라이프 성경사전. 서울: 생명의말씀사.

고정욱(2003). 가방 들어주는 아이. 파주: 사계절.

고정욱(2004). 경찰 오토바이가 오지 않던 날. 파주: 사계절.

고정욱(2009). 꿈꾸는 공부방: 산동네 친구들이 이루어낸 기적 같은 이야기. 서울: 샘터.

고정욱(2012). 가슴으로 크는 아이. 서울: 자유로운상상.

공병호(2007). 공병호의 창조경영. 파주: 북이십일.

권오훈, 이상민 편(1991). 북풍이 준 선물. 서울: 한국몬테소리.

권정생, 백명식(1994). 눈이 되고 발이 되고. 서울: 국민서관.

길지연, 황종욱(2009). 골목 안 골동품 가게. 서울: 교원.

김경훈(2006). 대한민국 욕망의 지도: 트렌드 전문가 김경훈이 전망하는 한국의 소비시장과 맞춤솔루션! 서울: 위즈덤하우스.

김난주(2007). 융 심리학의 관점으로 본 한국의 신화. 파주: 집문당.

김단아, 김민경(2011). 돌아온 산소 탱크: 꿈과 희망을 심어주는 창작동화. 서울: BF북스.

김명호(2006). 한국의 고전을 읽는다. 서울: 휴머니스트.

김부식(2012). 삼국사기[三國史記]. 김아리 편역. 파주: 돌베개. (원저는 1145년에 출판).

김선현(2006). 마음을 읽는 미술치료. 서울: 넥서스Books.

김선희, 송향란 편(2013). 지구별 전래동화: 사랑을 담은 이야기 26. 효녀 심청. 고양: 한국삐아제.

김세실, 박철민 편(1998). 도깨비 감투. 파주: 여원미디어.

김수연, 김준선 편(2000). 호야토야의 옛날이야기 42. 호랑이와 곶감. 서울: 교원.

김열규(2013). 상징으로 말하는 한국인, 한국 문화. 서울: 일조각.

김영, 눈감고그리다(2011). 떡볶이 미사일. 서울: 푸른책들.

김영만 편(2004). 태교동화: 사랑하는 아가야. 서울: 금잔디.

김용만(2004). 세상의 탄생: 우리나라의 건국신화. 서울: 청솔.

김유천, 김경애 편(2013). 지구별 전래동화: 사랑을 담은 이야기 24. 선녀와 나무꾼. 고양: 한국삐아제.

김장성, 정주현 편(2000). 호야토야의 옛날이야기 24. 젊어지는 샘물. 서울: 교원.

김재윤(2011). 더 체인지: 메가트렌드로 보는 미래 비즈니스. 서울: 삼성경제연구소.

김중미(2002). 종이밥. 서울: 낮은산.

김지룡, 갈릴레오SNC(2012). 사물의 민낯: 잡동사니로 보는 유쾌한 사물들의 인류학. 서울: 비전비엔피.

김태형, 송수정(2012). 알쏭달쏭 꽃게 왕발이. 고양: 훈민출판사.

나이테, 김상준 편(2013). 지혜의 달인 탈무드 그림동화: 도둑이 남기고 간 금 그릇. 고양: 한국삐아제.

동국불교미술인회(2005). 사찰에서 만나는 불교미술. 서울: 대한불교진흥원.

동아출판사 편(1993). 한국문화 상징사전. 서울: 동아출판사.

동화방 편집부 편(2005). 몹쓸 짓을 한 독수리. 서울: 동화방.

두산동아 백과사전연구소 편(1999). 두산세계대백과사전. 서울: 두산동아.

두산동아 사서편집국 편(2016). 동아 새국어사전. 서울: 두산동아.

라임, 허정숙 편(2001). 지구별 명작동화: 사랑을 담은 이야기 26. 북풍과 태양. 고양: 한국삐아제.

류일윤(2008). 민들레꽃집이 된 밥솥. 파주: 글뿌리.

류일윤, 이형주(2008). 국화보다 아름다운 너. 파주: 글뿌리.

민영 편역(1991). 창비아동문고 93. 중국 민화집. 서울: 창작과비평사.

민중서림 편집부 편(2016). 엣센스 국어사전. 서울: 민중서림.

박경리(2002). 토지. 서울: 나남.

박명덕(2005). 한옥. 파주: 살림출판사.

박설연, 김미연(2011). 소파에 딱 붙은 아빠. 파주: 김영사.

박승억(2010). 찰리의 철학 공장: 위기와 희망으로 그려보는 현대 철학의 자화상. 서울: 웅진씽크빅.

박영만 편(2013). 화계 박영만의 조선전래동화집. 서울: 보고사.

박영수(1997). 행운의 풍속. 서울: 새로운사람들.

박영희, 강윤주 편(2013). 지구별 전래동화: 사랑을 담은 이야기 25. 금구슬을 버린 형제. 고양: 한국삐아제.

박우찬(2004). 한 권으로 읽는 청소년 서양 미술사. 서울: 이룸.

박종수(2005). 분석심리학에 기초한 이야기 심리치료. 서울: 학지사.

백은영, 신경란 편(2013). 지구별 전래동화: 사랑을 담은 이야기 22. 견우와 직녀. 고양: 한국삐아제.

봉현주, 신경란(2014). 최초의 의사 아스클레피오스. 성남: 한국톨스토이.

서석영(2013). 두근두근 거실 텐트. 파주: 창비.

서울(2012). 피아노가 되고 싶은 나무. 구리: 산소먹은책.

서정오, 리춘길(2010). 방아 찧는 호랑이. 서울: 삼성출판사.

서정주(1997). 세계시인선. 서울: 민음사.

서지원(2008). 역사와 문화가 보이는 사회 교과서 3. 우리 한옥에 숨은 과학. 서울: 미래M&B.

소중애, 송영욱 편(2000). 호야토야의 옛날이야기 4. 보이나? 보이네. 서울: 교원.

손동인, 이준연, 최인학 편(2009). 당나귀 알. 파주: 사계절.

송방송(2012). 한겨레음악대사전. 서울: 보고사.

송성욱 편(2004). 춘향전. 파주: 민음사.

송재찬, 문선, 강정규, 이동렬, 김원석, 이규희, 원유순, 김문홍, 백승자, 박재형, 고수산나, 양점열(2001). 열 두 사람의 아주 특별한 동화. 파주: 파랑새.

신수현, 김성희(2011). 빨강 연필. 서울: 비룡소.

신영란, 한용욱 편(2013). 지구별 전래동화: 희망을 담은 이야기 29. 금도끼와 은도끼. 고양: 한국삐아제.

신지윤, 류동필 편(2000). 호야토야의 옛날이야기 44. 불쌍한 사람을 도운 싱글벙글 정씨. 서울: 교원.

신지윤, 박완숙 편(2000). 호야토야의 옛날이야기 29. 백일홍. 서울: 교원.
신진희(2012). 새끼고래의 엄마찾기. 경기: 훈민출판사.
신희천, 조성준 편(2010). 문학사전. 서울: 교보문고.
아이지엠세계경영연구원(2012). 세상 모든 CEO가 묻고 싶은 질문들. 고양: 위즈덤하우스.
아이템플 편(2000). 멋 부린 까마귀. 서울: 아이템플.
아하교육연구소(2013). 완두콩 오형제. 서울: 아하교육.
안인희(2007). 북유럽 신화 2. 죽음의 예언에서 라그나뢰크까지, 영원한 상징의 세계. 서울: 웅진지식하우스.
안인희(2012). 고대 이집트 화장의 조형성과 상징성 연구. 한국디자인문화학회지, 20(1).
양승현, 신희정(2008). 아빠 두더지의 신기한 사진기. 파주: 글뿌리.
양웅(2004). 광고와 상징: 해석하고 구성하고 그리고 다시 창조하는 힘. 서울: 한국방송광고공사.
양재홍, 남은미 편(2000). 호야토야의 옛날이야기 16. 재주 많은 여섯 쌍둥이. 서울: 교원.
양재홍, 이량덕(2008). 술이 나오는 그림. 서울: 여원미디어.
어린이 통합교과 연구회(2013). 거실 캠핑. 서울: 루크하우스.
어효선, 이우경 편(1988). 은혜 갚은 까치. 서울: 교학사.
엄기원, 이영원 편(2000). 호야토야의 옛날이야기 15. 삼년 고개. 서울: 교원.
엄혜숙, 원유미(2006). 난 집을 나가 버릴 테야! 파주: 푸른나무.
예지현 편집부 편(2003). 예지현 동화마을 10. 포도밭에 숨겨진 보물. 서울: 예지현.
오지현 편(2012). 미녀와 야수[*Beauty and the beast*]. 서울: 예림아이.
오현경, 채종월 편(2013). 지구별 전래동화: 웃음을 담은 이야기 16. 며느리 방귀. 고양: 한국삐아제.
우리누리(2011). 하늘이 내린 시조 임금님들. 서울: 주니어중앙.
유다정, 박재현(2008). 투발루에게 수영을 가르칠 걸 그랬어. 서울: 미래아이.
유애로(1999). 갯벌이 좋아요. 서울: 보림.
윤영선, 김혜란 편(2013). 지구별 전래동화: 지혜를 담은 이야기 11. 토끼와 자라. 고양: 한국삐아제.
이규보(2007). 동명왕편[東明王篇]. 김풍기, 백보현 편. 서울: 웅진주니어. (원저는 1193년에 출판).
이근매, 青木智子(2010). 콜라주 미술치료. 서울: 학지사.
이내주(2006). 서양 무기의 역사. 서울: 교보문고.
이문열(1984). 영웅시대. 서울: 민음사
이민진, 김홍열(2008). 춤추는 문어. 성남: 한얼교육.
이상희(2004). 꽃으로 보는 한국문화. 서울: 넥서스.
이성(2007). 12세, 맑음 때때로 흐림. 서울: 가람문학사.
이성우, 정소현(2014). 선글라스를 낀 개구리. 서울: 봄솔.
이승훈(2009). 문학으로 읽는 문화상징사전. 서울: 푸른사상.
이영준, 정혜정(2008). 세발자전거 뿜이. 고양: 한국삐아제.
이영호 편(2005). 알라딘과 요술 램프: 페르시아 민화. 서울: 기탄동화.
이유정, 박정훈(2011). 안 돼 안 돼 다치면 안 돼: 가정 내 사고로부터 나를 지키는 방법. 서울: 꿈소담이.
이윤정(2007). 스타일을 입는다: 스타일과 옷에 관한 모든 것. 서울: 교보문고.
이은아 편(2012). 양치기 소년. 서울: 제이플러스.
이인화, 이우정 편(1991). 임금님 귀는 당나귀 귀. 서울: 여원.
이정숙(2009). 리더들의 인격 수업. 서울: 왕의서재.
이주홍(2001). 메아리. 서울: 길벗어린이.
이춘희, 윤정주(2005). 아카시아 파마. 서울: 이퍼블릭.
이해인(2013). 이해인 시 전집. 서울: 문학사상.
이혜옥, 배성연 편(2013). 지구별 전래동화: 용기를 담은 이야기 5. 해와 달이 된 오누이. 고양: 한국삐아제.
이혜옥, 윤샘 편(2013). 지구별 명작동화: 지혜를 담은 이야기 12. 아기 돼지 삼형제. 고양: 한국삐아제.
임동석(2009). 한시외전. 서울: 동서문화사.
임석재(1993). 韓國口傳說話: 慶尙北道. 서울: 평민사.
임어진, 김호랑 편(2013). 손 없는 색시. 서울: 한림.
임정진, 심은숙(2001). 왕손가락들의 행진. 서울: 웅진닷컴.
장경식(2013). 브리태니커 백과사전. 서울: 커뮤니케이션북스.
장희순, 방경식(2014). 부동산용어사전. 서울: 부연사.
전병준 편(1992). 해와 바람. 서울: 예림당.
정광수(2007). 한국의 잠자리 생태도감. 서울: 일공육사.
정근, 이정희 편(2000). 호야토야의 옛날이야기 32. 냄새값, 소리값. 서울: 교원.
정순원(2005). 지금 당장 넥타이를 잘라라. 서울: 무한.
정우택, 서하늘(2010). 핸드폰 악동. 서울: 맹&앵.
정재남(2007). 중국 소수민족 연구: 소수민족으로 분석하는 중국. 파주: 한국학술정보.
정종숙, 김소희(2010). 역사스페셜 작가들이 쓴 이야기 한국사 50. 붓과 총을 든 여전사: 의병장 윤희순. 파주: 한솔수북.
정진, 장혜련 편(2007). 연이와 버들도령. 서울: 한국헤밍웨이.
정치학대사전편찬위원회(2002). 21세기 정치학대사전. 서울: 아카데미아리서치.
정해왕, 신가영 편(2000). 호야토야의 옛날이야기 11. 촛국 먹고 아그그. 서울: 교원.
조성자(2010). 화장실에서 3년. 서울: 미래엔 컬처그룹.
종교학사전 편찬위원회(1998). 종교학대사전. 서울: 한국사전연구사.
차마리(2012). 미술치료의 이해: 미술치료사 자격을 갖추기 위한 기본 이론서. 파주: Blue Lotus.
천병희 편역(2009). 신들의 계보[*Theogonia*]. 고양: 숲.
철학사전편찬위원회 편(2009). 철학사전. 서울: 중원문화.
최순우(2008). 무량수전 배흘림기둥에 기대서서. 서울: 학고재.
최승필, 문구선 편(2013). 망주석 재판. 파주: 을파소.
최연숙(2006). 민담 · 상징 무의식. 경산: 영남대학교출판부.
최유희, 손혜란 편(2013). 지구별 전래동화: 용기를 담은 이야기 1. 개와 고양이. 고양: 한국삐아제.
최은영(2009). 내 친구는 연예인. 파주: 주니어김영사.
패션전문자료사전 편찬위원회(1999). 패션전문자료대사전. 서울: 한국사전연구사.
푸른숲 글방 편(2015). 매와 화살. 서울: 그린키즈월드베스트.
푸른숲 글방 편(2015). 사자와 은혜 갚은 쥐. 서울: 그린키즈.
하나노우치 마사요시(2011). 세탁기 안에서 무슨 일이? 서울: 한국슈타이너.
한국미술치료학회 편(1994). 미술치료의 이론과 실제. 대구: 동아문화사.
한국 프뢰벨사 편(1986). 난장이 마을의 임금님. 서울: 한국프뢰벨사.
한국브리태니커 편집부(2008). 브리태니커 비주얼 사전. 서울: 한국브리태니커회사.
한국사전연구사 편찬위원회(2004). 미술대사전. 서울: 한국사전연구사.
한국정신문화연구원편찬부 편(1994). 한국민족문화대백과사전. 성남: 한국정신문화연구원.
한국천주교중앙협의회(1980). 미사의 구조, 요소, 각 미사의 여러 요소 동작과 자세. 미사 전례서의 총칙과 전례 역년의 일반 원칙. 서울: 한국천주교중앙협의회.
한준상(1996). 학교 스트레스: 시험제도의 개혁. 서울: 연세대학교출판부.
함영연, 노선미(2012). 마루는 형이야. 고양: 훈민출판사.

허은미, 나애경 편(2000). 호야토야의 옛날이야기 26. 좁쌀 한 톨로 장가든 총각. 서울: 교원.

허정아(2011). 몸, 멈출 수 없는 상상의 유혹. 파주: 21세기북스.

허필여, 김윤주 편(2011). 바보온달과 평강공주: 성실한 태도를 담은 옛이야기. 파주: 파란.

Alphonse, D. (2006). 마지막 수업[*La Dernière Classe*]. 박명희 편역. 서울: 지경사. (원저는 1873년에 출판).

Andersen, H. (2008). 장난감 병정[*The brave tin soldier*]. BSC북공간 편집부 역. 서울: BSC북공간. (원저는 1838년에 출판).

Andersen, H. C. (1989). 성냥팔이 소녀[*The little match girl*]. 이재철 역. 서울: 삼성출판사. (원저는 1845년에 출판).

Andersen, H. C. (2007). 작은 전나무[*The fir tree*]. 이상헌 역. 서울: 큰북작은북. (원저는 1845년에 출판).

Andersen, H. C. (2012). 인어공주[*The little mermaid*]. 박민해 역. 서울: 예림아이. (원저는 1837년에 출판).

Andersen, H. C. (2013a). 지구별 명작동화: 사랑을 담은 이야기 22. 백조 왕자[*The wild swans*]. 백은영, 화연 역. 고양: 한국삐아제. (원저는 1836년에 출판).

Andersen, H. C. (2013b). 지구별 명작동화: 용기를 담은 이야기 7. 눈의 여왕[*The snow queen*]. 이소형, 김화미 역. 고양: 한국삐아제. (원저는 1844년에 출판).

Andersen, H. C. (2013c). 지구별 명작동화: 희망을 담은 이야기 28. 미운 오리 새끼[*The ugly duckling*]. 박경아, 민소애 역. 고양: 한국삐아제. (원저는 1843년에 출판).

Bailey, G. (2012). 그리스 · 로마 명화신화 7. 아폴론과 디오니소스[*Mythology: Myths, legends, & fantasies*]. 원재훈 편역. 서울: 두리아이. (원저는 2005년에 출판).

Balázs, B. (2011). 페르코의 마법 물감[*Az Igazi ègszínkèk*]. 햇살과나무꾼 역. 파주: 사계절. (원저는 1974년에 출판).

Baum, L. F. (2010). 오즈의 마법사[*The wizard of OZ*]. 이현경 역. 서울: 대교출판. (원저는 1900년에 출판).

Benoist, L. (2006). 기호 · 상징 · 신화[*Signes, symboles et mythes*]. 박지구 역. 대구: 경북대학교출판부. (원저는 1998년에 출판).

Biedermann, H. (2000). 도설 세계상징사전[図說世界シンボル事典; *Knaurs lexicon der sysmbole*]. 藤代幸一 역. 東京: 八坂書房. (원저는 1989년에 출판).

Blume, J. (2010). 맥주, 세상을 들이켜다: 조금은 정치적이고 목구멍까지 쌉싸름한 맥주 이야기[*Bier was die welt im innersten zusammenhält: von der menschwerdung, zügellosem weiberzechen, sozialdemokratischem saft und alltäglichem durst*]. 김희상 역. 서울: 따비. (원저는 2000년에 출판).

Bruce-Mitford, M., & Wilkinson, P. (2010). 기호와 상징: 그 기원과 의미를 찾아서[*Signs & symbols: An illustrated guide to their origins and meanings*]. 주민아 역. 파주: 북이십일. (원저는 2008년에 출판).

Bulfinch, T. (2004). 그리스 · 로마 신화[*The age of fable*]. 김인영 역. 서울: 홍신문화사. (원저는 1942년에 출판).

Bulfinch, T. (2010). 지식통통 그리스 · 로마 신화 12. 페르세포네를 잡아간 하데스[*Bulfinch's mythology*]. 조희정, 이덕진 역. 파주: 한국톨스토이. (원저는 1998년에 출판).

Burningham, J. (2003). 마법 침대[*The magic bed*]. 이상희 역. 서울: 시공사. (원저는 1989년에 출판).

Catchpool, M. (2013). 구름으로 만든 옷[*Cloth from the clouds*]. 서울: 키즈엠. (원저는 2012년에 출판).

Chevalier, J., & Gheerbrant, A. (1997). *Dictionnaire des symboles: Mythes, rêves, coutumes, gestes, formes, figures, couleurs, nombres*. Paris: Robert Laffont.

Child, L. (2001). 난 토마토 절대 안 먹어[*I will not ever never eat a tomato*]. 조은수 역. 서울: 국민서관. (원저는 2001년에 출판).

Cloyd, E. L. (1972). *James Burnett: Lord Monboddo*, Oxford: Carendon.

Cooper, J. C. (2007). 그림으로 보는 세계문화상징사전[*An illustrated encyclopaedia of traditional symbols*]. 이윤기 역. 서울: 까치. (원저는 1987년에 출판).

d'Alençon, M., & Chaplet, K. (2013). 꼬마시민세계전래 · 창작: 악어를 잡은 아기 원숭이[*Une histoire de singe*]. 파주: 아이맘BC. (원저는 1968년에 출판).

de la Ramee, M. L. (2013). 지구별 명작동화: 희망을 담은 이야기 30. 플랜더스의 개[*A dog of Flanders*]. 이상미, 손지영 역. 고양: 한국삐아제. (원저는 1872년에 출판).

de Morgan, M. (1999). 피오리몬드 공주의 목걸이[*The necklace of princess Fiorimonde and other tales*]. 햇살과나무꾼 역. 서울: 논장. (원저는 1886년에 출판).

de Paola, T. (2004). 인디언붓꽃의 전설: 야생화로 피어난 꼬마 화가의 꿈[*The legend of the Indian paintbrush*]. 파주: 물구나무. (원저는 1996년에 출판).

Dickens, F., & Steadman, R. (2017). 목 짧은 기린[*Fly away Peter*]. 권지현 역. 경기: 아름다운사람들. (원저는 2008년에 출판).

Dostoevskii, F. M. (2013). 죄와 벌[*Prestuplenie i nakazanie*]. 파주: 열린책들. (원저는 1866년에 출판).

Drummond, A. (2010). 세상이 자동차로 가득 찬다면[*Tin lizzie*]. 서울: 고래이야기. (원저는 2008년에 출판).

Dupree, H. (1974). An interpretation of the role of the hoopoe in Afghan folklore and magic. *Folklore*, *85*(3), 173-193.

Eliade, M. (1954). *The myth of the eternal return*. New York: Pantheon Books.

Eliade, M. (2006). 신화 · 꿈 · 신비[*Mythes, rêves et mystères*]. 강응섭 역. 고양: 숲. (원저는 1989년에 출판).

Eric, C. (2007). 아빠, 달님을 따 주세요[*Papa, please get the Moon for me*]. 오정환 역. 서울: 더큰컴퍼니. (원저는 1991년에 출판).

Fährmann, W. (2003). 야릇하고 오묘한 그리스 신화 이야기[*Das feuer des Prometheus*]. 정초일 역. 서울: 푸른숲. (원저는 2001년에 출판).

Fontana, D. (2011). 상징의 모든 것[*The new secret language of symbols: An illustrated key to unlocking their deep and hidden meanings*]. 공민희 역. 서울: 성균관대학교출판부. (원저는 1999년에 출판).

George, J. C., & Merrill, C. H. (2012). 샤워하는 올빼미[*There's an owl in the shower*]. 이승숙, 김은주 역. 서울: 논장. (원저는 1997년에 출판).

Georges, J. (1997). 기호의 언어: 정교한 상징의 세계[*Langage des signes: L'ecriture et son double*]. 김형진 역. 서울: 시공사. (원저는 1988년에 출판).

Germa, P. (2004). 만물의 유래사[*Depuis quand?*]. 김혜경 역. 서울: 하늘연못. (원저는 1982년에 출판).

Germa, P. (2006). 세상을 바꾼 최초들[*Depuis quand?: Les origines des choses de la vie quotidienne*]. 최현주, 김혜경 역. 서울: 하늘연못. (원저는 1983년에 출판).

Gerstein, M. (2004). 쌍둥이 빌딩 사이를 걸어간 남자[*The man who walked between the towers*]. 서울: 보물창고. (원저는 2003년에 출판).

Gibson, C. (2010). 상징, 알면 보인다: 예술 작품 속에 나타난 상징의 의미[*How to read symbols: A crash course in the meaning of symbols in art*]. 정아름 역. 서울: 비즈앤비즈. (원저는 2009년에 출판).

Helgadottir, G. (2005). 사랑에 빠진 거인[*A giant love strory*]. 김승희 역. 서울: 비룡소. (원저는 2002년에 출판).

Henry, O. (2015). 마지막 잎새[*The last leaf*]. 서울: 심야책방. (원저는 1907년에 출판).

Hoffman, E. T. A. (2004). 호두까기 인형[*The nutcracker and the mouse king*]. 최유진 역. 하남: 한국로리스. (원저는 1816년에 출판).

Impelluso, L. (2010). 자연과 상징 그림으로 읽기[*La natura e i suoi simboli: piante, fiori e animali*]. 심장섭 역. 서울: 예경. (원저는 2003년에 출판).

Jacob, B. (2005). 화장실의 역사: 인간의 배설물에 대한 인식과 그 처리 방식의 변천사[*Von Donnerbalken und innerer Einkehr*]. 서울: 이룸. (원저는 2002년에 출판).

Jacob, G., & Wilhelm, G. (2005). 헨젤과 그레텔[*Hansel and Gretel*]. 장미란 역. 서울: 비룡소. (원저는 1812년에 출판).

Jacob, G., & Wilhelm, G. (2013a). 지구별 명작동화: 사랑을 담은 이야기 25. 백설공주[*Snow white*]. 이혜옥, 양은봉 역. 고양: 한국삐아제. (원저는 1812년에 출판).

Jacob, G., & Wilhelm, G. (2013b). 지구별 명작동화: 웃음을 담은 이야기 17. 늑대와 일곱 마리 아기 염소[*The wolf and seven little goats*]. 홍윤희, 임지용 역. 고양: 한국삐아제. (원저는 1812년에 출판).

Jacob, G., & Wilhelm, G. (2013c). 지구별 명작동화: 희망을 담은 이야기 31. 구둣방 할아버지와 요정[*Elves and the Shoemaker*]. 정은미, 이은진 역. 고양: 한국삐아제. (원저는 1812년에 출판).

Jane, A. (2003). 오만과 편견[*Pride and prejudice*]. 전승희 역. 서울: 민음사. (원저는 1813년에 출판).

Janosch(2011). 마법의 바이올린과 조세[*Der Josa Mit Der Zauberfiedel*]. 유혜자 역. 서울: 내인생의 책. (원저는 2010년에 출판).

Jung, C. G. (2016). 분석심리학[*Analytical Psychology: Its theory and practice*]. 정명진 역. 서울: 부글북스. (원저는 1916년에 출판).

Kacer, K. (2007). 비밀이 담긴 찬장[*The secret of Gabi's dresser*]. 원유미, 김난령 역. 서울: 좋은책어린이. (원저는 1999년에 출판).

Kevin, K. (2010). 벌거벗은 CEO: 세계최고 헤드헌팅 기업 CEO가 말하는 그들의 모든 것[*CEO: The low-down on the top job*]. 이건 역. 서울: 세종서적. (원저는 2010년에 출판).

Kipling, J. R. (2009). 정글 북[*The jungle book*]. 송종호, 김미정 역. 고양: 훈민출판사. (원저는 1894년에 출판).

Koch, M. (2015). 꼬마 구름의 모험[*Die Abenteuer der kleinen Wolke*]. 편집부 역. 서울: 한국슈타이너. (원저는 1996년에 출판).

Lévy, D., & Gessat, A. (2009). 책장 위에 버려진 단추[*Oubliés de l'ètagére*]. 박상은 역. 서울: 교원. (원저는 2007년에 출판).

Lewis, C. S. (2001). 나니아 나라 이야기 2. 사자와 마녀와 옷장[*The chronicles of Narnia book 2: The lion, the witch and the wardrobe*]. 햇살과나무꾼 역. 서울: 시공주니어. (원저는 1950년에 출판).

Ludmila, Z. (2005). 위대한 왕 길가메시[*Gilgamesh the king*]. 정영목 역. 서울: 비룡소. (원저는 1998년에 출판).

Lunde, P. (2009). 시크릿 코드: 기호 상징 암호 그리고 비밀스런 메시지의 세계[*The book of codes: understanding the world of hidden messages : an illustrated guide to signs, symbols, ciphers, and secret languages*]. 박세연 역. 서울: 시그마북스. (원저는 2009년에 출판).

Macdonald, F., & Mason, A. (2009). 한 권으로 보는 세계문화사전[*History of culture*]. 장석봉 역. 서울: 글담. (원저는 2002년에 출판).

Maeterlinck, M. (2006). 파랑새[*L'Oiseau bleu*]. 최문애, 윤유리 역. 서울: 대한교과서. (원저는 1908년에 출판).

Malot, H. (2010). 집 없는 아이[*Nobody's boy*]. 고계영 역. 서울: 지경사. (원저는 1916년에 출판).

Marvin, T. (2006). 명화와 함께 읽는 탈무드[*Talmud with famous paintings*]. 이용주 편역. 서울: 풀잎문학.

Miralles, F., & Santos, C. (2014). 일요일의 카페[*El Mejor Lugar Del Mundo Es Aquí Mismo*]. 권상미 역. 파주: 문학동네. (원저는 1897년에 출판).

Mitchell, M. (2010). 바람과 함께 사라지다[*Gone with the wind*]. 안정효 역. 파주: 열린책들. (원저는 1936년에 출판).

Montgomery, L. M. (2014). 빨강머리 앤[*Anne of Green Gables*]. 김서령 역. 서울: 허밍버드. (원저는 1908년에 출판).

Morris, D. (2004). 벌거벗은 여자[*The naked woman: A study of the female body*]. 이경식, 서지원 역. 서울: Human & Books. (원저는 2004년에 출판).

Murphy, J. (2000). 오 분만 쉬고 싶은 덩치 부인[*Five minutes' peace*]. 조은수 역. 서울: 웅진주니어. (원저는 1999년에 출판).

Nesbit, E. (2014). 모래요정과 다섯 아이들[*Five children and it*]. 최지현 역. 서울: 보물창고. (원저는 1902년에 출판).

Nichols, S. (2001). ユングとタロット: 元型の旅[*Jung and tarot: An archetypal journey*]. 秋山さと子, 若山隆良 역. 東京: 新思索社. (원저는 1980년에 출판).

Pauli, G., & Salazar, P. (2010). 표고는 커피를 좋아해![*Shiitake Love Caffeine!*]. 이명희, 김미선 역. 서울: 마루벌. (원저는 2007년에 출판).

Perrault, C. (2004). 푸른 수염[*La barbe-bleue*]. 박희지 역. 하남: 한국로리스. (원저는 1967년에 출판).

Perrault, C. (2008). 신데렐라[*Cinderella*]. 장미란 역. 서울: 시공주니어. (원저는 1697년에 출판).

Perrault, C. (2012a). 잠자는 숲 속의 공주[*The sleeping beauty in the wood*]. 서울: 예림아이. (원저는 1697년에 출판).

Perrault, C. (2012b). 장화 신은 고양이: 바른 습관 고운 마음을 길러 주는 세계 옛이야기[*Le maître chat*]. 서울: 꿈꾸는꼬리연. (원저는 1697년에 출판).

Perrault, C. (2013). 지구별 명작동화: 웃음을 담은 이야기 18. 빨간 모자[*Little Red Riding Hood*]. 김용란, 이석 역. 고양: 한국삐아제. (원저는 1697년에 출판).

Polacco, P. (2011). 천둥 케이크[Thunder cake]. 임봉경 역. 서울: 시공사. (원저는 1997년에 출판).

Propp, V. (2013). 민담 형태론[Морфология сказки]. 서울: 지식을만드는지식. (원저

는 1928년에 출판).

Rasmussen, A., Nemiroff, M., & Flanagan, K. (2008). 아주 외로운 욕조[*Very lonely bathtub*]. 서울: 루크북스. (원저는 1999년에 출판).

Renard, J. (2005). 홍당무(*Poil de carotte*). 이가림 역. 서울: 문예출판사. (원저는 1894년에 출판).

Robert, C., & Nanthapa, C. (2006). 지구촌 문화충격 탈출기: 태국[*Culture shock!: Thailand*]. 서울: 휘슬러. (원저는 1990년에 출판).

Russell, F. (2003). 하늘의 개척자 라이트 형제[*Wright brothers: How they invented the airplane*]. 서울: 비룡소. (원저는 1994년에 출판).

Saint-Exupéry, A. (2013). 지구별 명작동화: 사랑을 담은 이야기 29. 어린왕자[*Le petit prince*]. 김용란, 이지연 역. 고양: 한국삐아제. (원저는 1943년에 출판).

Shakespeare, W. (2012). 리어 왕: 윌리엄 셰익스피어 희곡[*King Lear*]. 박우수 역. 파주: 열린책들. (원저는 1605년에 출판).

Shakespeare, W. (2013). 로미오와 줄리엣[*Romeo and Juliet*]. 김선희 역. 서울: 가나출판사. (원저는 1597년에 출판).

Sieck, A. (2009). 의학의 발견[*Geschichte der medizin*]. 김태성 역. 파주: 혜원. (원저는 2005년에 출판).

Stephanides, M. (2001). 동화로 읽는 그리스 신화 4. 페르세포네의 신화[Stephanides Brothers' Greek Mythology: *Myth of Persephone*]. 최순희 역. 서울: 파랑새어린이. (원저는 1975년에 출판).

Swift, J. (2013). 지구별 명작동화: 용기를 담은 이야기 3. 걸리버 여행기[*The · Gulliver's travels*]. 민정원, 정종해 역. 고양: 한국삐아제. (원저는 1726년에 출판).

Tenner, E. (2013). 사물의 역습: 인간이 고안하고 발전시킨 9가지 물건의 은밀한 이야기![*Our own devices: How technology remakes humanity!*]. 장희재 역. 서울: 오늘의책. (원저는 2004년에 출판).

Tresidder, J. (2007). 상징 이야기: 진귀한 그림 · 사진과 함께 보는 상징의 재발견[*Symbols and their meanings*]. 김병화 역. 서울: 도솔. (원저는 2000년에 출판).

Ulfel, U. (2013). 빨간구두와 바람샌들[*Feuerschuh und Windsandale*]. 유혜자 역. 서울: 한림출판사. (원저는 2005년에 출판).

Valriu, C., & Peris, P. (2008). 점무늬가 지워진 무당벌레들: 문제 해결+우정[*En Galceran i les marietes*]. 박선주 역. 인천: 푸른날개. (원저는 2007년에 출판).

Van Loon, P. (2000). 개구리 선생님의 비밀[*Meester kikker*]. 현미정, 김지윤 역. 파주: 푸른나무. (원저는 1995년에 출판).

Vejlgaard, H. (2008). 트렌드를 읽는 기술: 비즈니스맨과 트렌드세터들이 반드시 읽어야 할 트렌드 입문서[*Anatomy of a trend*]. 이진원 역. 서울: 비즈니스북스. (원저는 2007년에 출판).

Verne, J. (2012). 해저 2만 리[*Vingt mille lieues sous les mers*]. 김주경 역. 서울: 시공사. (원저는 1869년에 출판).

Virginie, L., & Franck, B. (2003). 꼬마 정치가 마르그리트[*Marguerite et la politique*]. 윤경진 역. 서울: 작은책방. (원저는 1998년에 출판).

Wade-Matthews, M. (2004). 세계의 악기 백과 사전: 악기의 기원과 발전[*World encyclopedia of musical instruments*]. 이용일, 나재용, 양은주 역. 서울: 교학사. (원저는 2000년에 출판).

Waldemar, B. (2009). 꿀벌 마야의 모험[*Die biene Maja und ihre abenteuer*]. 김영진 역. 서울: 시공주니어. (원저는 2000년에 출판).

Walker, B. G. (1983). *The Woman's encyclopedia*

of myths and secrets. New York: Harper & Row.

Webster, J. (2009). 키다리 아저씨[*Daddy-long-legs*]. 김영자 역. 서울: 예림당. (원저는 1912년에 출판).

Wilde, O. (2013). 행복한 왕자[*Happy prince and other stories*]. 원재길 역. 서울: 비룡소. (원저는 1888년에 출판).

Wilkinson, P. (2010). 신화와 전설: 그 기원과 의미를 찾아서[*Myths and legends*]. 김병화 역. 파주: 21세기북스. (원저는 2009년에 출판).

Witek, R., & Źelewska, A. (2011). 샤워기 뱀아 너한테 할 말 있어: 동글이 남매의 상상 인터뷰[*Julka Kulka, Fioletka i ja*]. 서울: 샘터사. (원저는 2009년에 출판).

Wright, J., & Joyce, A. (2005). 뉴욕타임스가 선정한 교양 9. 스포츠[*The New York Times guide to essential knowledge: A desk reference for the curious mind*]. 김주영 역. 서울: 이지북. (원저는 2004년에 출판).

Yossi, M., & Shahar, K. (2011). 행복한 주스나무[*The juice tree*]. 공경희 역. 서울: 찰리북. (원저는 2010년에 출판).

21世紀研究會(2004). 하룻밤에 읽는 색의 문화사[色彩の世界地圖]. 정란희 역. 서울: 예담. (원저는 2003년에 출판).

岡田康伸(2002). 모래놀이요법 시리즈 1. 모래놀이 요법의 현대적 의의[箱庭療法 シリーズ 1. 箱庭療法の現代的 意義]. 東京: 至文堂.

吉田敦彦, 伊東一郎, 黑柳恒男, 伊藤清司, 佐治芳彦, 山下欣一, 井村君江, 田中於𨀉彌, 矢島文夫, 二木博, 川副武胤, 阿部年晴, 加藤泰建(2010). 세계의 신화 전설[世界の神話傳說]. 하선미 역. 파주: 혜원출판사.

多湖輝(2006). 심리학 콘서트[*Psychology concert*]. 장하영 역. 서울: 스타북스. (원저는 2006년에 출판).

牧野鈴子(2008). 숲속의 크리스마스[森のクリスマスツリー]. 황소연 역. 서울: 보물상자. (원저는 1982년에 출판).

山下主一郎(1984). 이미지 상징 사전[イメージ・シンボル事典; *Dictionary of Symbols and Imagery*]. 東京: 大修館書店. (원저는 1974년에 출판).

三上直子(1995). S-HTP법[S-HTP法]. 東京: 誠信書房.

杉浦京子, 金丸陸太(2012). 投映描畫法テストバッテリー. 東京: 川島書店.

成田眞美, 정해륜(2012). 엄지동자[いっすんほうし]. 서울: 정인출판사.

小林頼子, 望月典子監譯(2010). 기호 상징 대도감[ミランダ・ブルース=ミットフォード]. 東京: 三省堂.

早川書房, 日高敏隆譯(1972). 벌레의 행성: 알려지지 않은 곤충의 세계[虫の惑星: 知られざる昆虫の世界]. 東京: 早川書房.

中屋美和(2002). 까만 크레파스[くれよんのくろくん]. 김난주 역. 서울: 웅진닷컴. (원저는 2001년에 출판).

千葉縣歷史教育者協議會世界史部會(2002). 물건의 세계사[世界史のなかの物]. 김은주 역. 서울: 가림기획. (원저는 1999년에 출판).

村山早紀(2010). 추억을 파는 편의점: 세상 모든 추억을 팝니다[コンビニたそがれ堂: 街かどの魔法の時間]. 고향옥 역. 서울: 중앙북스. (원저는 2006년에 출판).

秋山さと子(1972). 第16回箱庭療法講習會[テキスト] 千葉テストセンター.

土屋賢二(2007). 쉽게 거절할 수 없다: 직장인을 위한 책장의 철학[簡単に断れない]. 이성현 역. 서울: 좋은책만들기.

片平直樹(2012). 불청객 아빠[ベラスノアとキックオフ!]. 고향옥 역. 파주: 김영사. (원저는 2009년에 출판).

한국일보(2006. 2. 6.). 동화로 배우는 경제, 개성상인의 신용.

국립중앙박물관 홈페이지: www.museum.go.kr

한국민족문화대백과사전 홈페이지: https://encykorea.aks.ac.kr

한국학중앙연구원 홈페이지: https://encykorea.aks.ac.kr

http://jr.naver.com/s/study_story/view?contentsNo=2172

http://blog.daum.net/kmozzart

찾아보기

[인 명]

[내 용]

저자 소개

이근매(Keun-Mae, Lee)
평택대학교 재활상담학과 및 상담대학원 미술치료학과 교수
평택대학교 부설 미술치료상담원 원장
한국예술심리치료학회장
한국예술심리상담사협회장
한국콜라주심리치료연구회장(콜라주가족상담전문가, 콜라주진로상담전문가, 슈퍼바이저)
한국미술치료학회 및 한국학습상담학회 학회장 역임(현 고문)

아오키 도모코(青木智子, Tomoko Aoki)
일본 헤이세이국제대학교 스포츠 및 건강학부 교수
일본 카가와영양대학교 건강서비스센터 심리상담사
일본 임상심리사 및 공인 진로상담전문가(1급)
일본 아트테라피 연구소 연구원 및 슈퍼바이저
한국콜라주심리치료연구회 회원(콜라주가족상담전문가, 콜라주진로상담전문가, 슈퍼바이저)
일본 콜라주심리치료 관련 첫 박사학위 취득

그림과 미술작품의 이해를 돕는
상징사전
Dictionary for Symbol

2017년 7월 15일 1판 1쇄 발행
2019년 1월 11일 1판 2쇄 발행

지은이 • 이근매 · 아오키 도모코
펴낸이 • 김 진 환
펴낸곳 • (주) 학지사
04031 서울특별시 마포구 양화로 15길 20 마인드월드빌딩 5층
대표전화 • 02) 330-5114 팩스 • 02) 324-2345
등록번호 • 제313-2006-000265호
홈페이지 • http://www.hakjisa.co.kr
페이스북 • https://www.facebook.com/hakjisabook

ISBN 978-89-997-1205-0 93180

정가 25,000원

저자와의 협약으로 인지는 생략합니다.
파본은 구입처에서 교환하여 드립니다.

이 도서의 국립중앙도서관 출판시도서목록(CIP)은 서지정보유통지원시스템 홈페이지(http://seoji.nl.go.kr)와 국가자료공동목록시스템(http://www.nl.go.kr/kolisnet)에서 이용하실 수 있습니다.
(CIP제어번호: CIP2017004977)